FREEDOM BETRAYED

Herbert Hoover's Secret History of the Second World War and Its Aftermath

Herbert Hoover

裏切られた自由

フーバー大統領が語る第二次世界大戦の隠された歴史とその後遺症

ハーバート・フーバー

ジョージ・H・ナッシュ＝編　渡辺惣樹＝訳

【上】

草思社

FREEDOM BETRAYED
Herbert Hoover's Secret History of the Second World War and Its Aftermath

This edition published by arrangement with Susan Schulman,
A Literary Agency, New York through The English Agency (Japan) Ltd.

裏切られた自由【上巻】◉目次◉

第1部

裏切られた自由　（下巻）目次

凡例

○原著者（ハーバート・フーバー）による注記は、本文中に番号ルビを振り、章末に「原注」としてまとめた。

○編者による注記は、本文中に＊で示し、「編者注」として奇数ページ小口に掲載した。あるいは本文と原注内に、〔編者注〕として示した。

○訳者による注記は、本文中に＊で示し、「訳注」として奇数ページ小口に掲載した。あるいは本文と原注内に、〔訳注〕として示した。

○＊が奇数ページ最終行近くにある場合は、「編者注」「訳注」は次の奇数ページ小口に掲載した。

編者謝辞

『裏切られた自由』出版プロジェクトに際して、ハーバート・フーバー財団[1]からの支援は何物にも代えがたいものでした。財団からは本書編集作業への助成金をいただいております。ここに出版がなったのは、同財団の理解と協力の賜物であり、深く感謝の意を表したいと思います。本書は、「フーバー・戦争・革命・平和研究所」[2]（以下「フーバー研究所」とする）のプロジェクトとして出版されたものです。

フーバー研究所には、ハーバート・フーバー元大統領の個人的なメモなどを含む膨大な資料が眠っています。同氏が精力的に収集したものです。これらは元大統領の「大事業*（Magnum Opus）」の一環として収集されていたものです。編集作業には同研究所のジョン・ライジアン所長と研究員のスティーブン・ラングロワおよびリチャード・ソウサ両氏の惜しみない協力を得ることができました。二〇〇九年夏、私は同研究所資料館に足繁く通うことになりましたが、そこでは学芸員のリンダ・バーナード、リャリャ・ハリトノーヴァ、キャロル・リーデンハム、ニコラス・シーケルスキ各氏の協力を得ました。資料館での作業を終えてからも、Eメールや電話で継続的な支援をいただきました。フーバー研究所滞在中は、デボラ・ヴェンチュラおよびセレステ・スゼート両氏が書類整理や、スタンフォード大学に保存されている資料調査に尽力してくださいました。

また、チャールズ・パーム氏（元資料館館長）はすでにリタイアされていますが、いまでも資料館の近くにお住ま

＊訳注：後述されるが、フーバーは回顧録出版プロジェクトを「大事業」と呼んだ。「大事業」は未発表に終わったが、本書の出版で公になった。

いになり、私の同館訪問のたびにミリアム夫人とともに歓迎してくださいました。パーム氏はハーバート・フーバーについての深い知識をお持ちになっており、多くのアドバイスをいただきました。

またアイオワにあるハーバート・フーバー記念図書館（大統領図書館）は小さな施設ではありますが、本書編纂には欠かせなかった資料が多く保存されております。館長のティモシー・ワルシュ氏をはじめ同館スタッフの方々には本書編纂事業に賛同していただき、惜しみない協力を得ることができました。特にマット・シェーファー氏には資料収集のアドバイスをいただきました。また、私の問い合わせにもすぐに対応してくださいました。氏の同僚のジム・デトレフセン、スペンサー・ハワード、リン・スミス、クレーグ・ライト各氏からの助けも貴重なものでした。また図書士研修生のウェズレイ・ベック、メリー・ケイト・シュローダー両氏からもたびたび助けていただきました。

ボブ・クラークおよびアリシア・ヴィヴォーナ両氏にはフランクリン・D・ルーズベルト記念図書館およびハリー・S・トルーマン記念図書館所蔵の資料検索に尽力してもらいました。

私の住まいの近くにあるマウント・ホーリーヨーク・カレッジの図書館には紹介状を出していただいて、資料収集をスムーズに行なうことができました。また五大学図書館共同利用担当官のロバート・ウィリフォード氏（サウス・ハドレイ図書館）およびその後任のデシレー・スメルサー氏の協力で必要資料の検索がスムーズになりました。歴史家の研究には図書士や学芸員の方々の理解と協力が不可欠です。ここに名前を挙げた方々には、この場を借りてあらためて感謝の意を表したいと思います。

調査および執筆作業は出版の重要なプロセスです。フーバー元大統領が「大事業」のために残した膨大な資料探索の過程で、多くの方々と仕事をすることができました。フーバー研究所出版や同研究所メディア担当セクションに働く方々との仕事は実に楽しいものでした。ジェニファー・プレズリー、マーシャル・ブランシャード、バーバラ・アレリャーノ、サラ・ファーバー、シャーナ・ファーレイ、ジェニファー・ナヴァレット、ジュリー・ラギエーロ、エリン・ウィッチャー、アン・ウッド。こうした方々はその職務を忠実にこなす専門家集団でした。

本書の校正にはローリー・ギブソンとジェニファー・ホロウェイが、索引作成作業にはマーシー・フリーマンの各氏があたってくれました。レベッカ・オールグッド氏とハーバート・フーバー記念図書館協会は、同協会が版権を保有する後述の歴史記録あるいは歴史書の引用許諾取得に力を貸してくれました。

ハーバート・フーバー元大統領が、この「大事業」のための資料収集を開始したのは六五年以上前のことでした〔訳注：二〇〇九年時点〕。その資料収集や保管に携わった当時の方々にもこの場を借りて感謝しなければならないと思います。以下にその方々を列挙しておきます（アルファベット順）。

スーダ・L・ベイン、ロレッタ・F・キャンプ、リタ・R・キャンベル、W・グレン・キャンベル、M・エリザベス・デンプシー、ジョーン・ダイド、ジュリアス・エプステイン、ダイアナ・ハーシュ、アーサー・ケンプ、クローネ・ケルンケ、バーニス・ミラー、ヘーゼル・ライマン・ニッケル、マデリーン・ケリー・オドネル、マリー・ルイーズ・W・プラット、メリー・ルー・スキャンロン、ケイ・スタルカップ、シンシア・ウィルダー、ナオミ・イエーガー。

もう一人忘れてならないのはハーバート・フーバー三世です。彼は「ピート」の愛称で呼ばれ愛されていましたが、本書出版（二〇〇九年）の数カ月前に逝去されました。彼は祖父の成した事績に多大な関心を寄せておりました。この「大事業」計画への関心ももちろん高いものがありました。

私は本書編纂に一年半以上関わってきましたが、多くの困難がありました。難しい局面で私を励まし続けてくれたのは姉のナンシー（作家）でした。

最後になりましたが、ジェニファー・ホロウェイは本書原稿を打ち込む作業を担当してくれました。彼女にとってもその作業は大事業でした。感謝の意をここに表したいと思います。

＊原注

1 〔訳注〕「Herbert Hoover Foundation」。皮革加工会社を創業したウィリアム・H・フーバーの孫（ハーバート・W・フーバー・ジュニア）によって始められた財団。第一回助成金事業は一九九〇年から。

2 〔訳注〕「Hoover Institution on War, Revolution and Peace」。後に大統領となるハーバート・フーバーが、一九一九年にスタンフォード大学内部に設立したシンクタンク。フーバーは同大学の卒業生である。

編者序文　ハーバート・フーバーのミステリアスな「大事業」

政治家たちの失敗

一九五一年十一月、広報専門会社役員ジョン・W・ヒルは、ニューヨークでハーバート・フーバーと夕食を共にした。この頃は、アメリカにとって不幸な時代だった。特に保守派共和党員にとっては辛い時期だった。一年前から始まった朝鮮戦争は激しさを増し、ハリー・トルーマン政権はこの戦いの出口を見出せていなかった。この年の初めには、大統領は、ダグラス・マッカーサー将軍を突然解任していた。極東軍事総司令官であった将軍は保守派のヒーローであり、その解任の報にハーバート・フーバーも、そして多くのアメリカ国民も驚愕した。

トルーマンの民主党リベラル政権は、海外においては共産主義勢力に対する外交の弱腰を、国内においては共産主義者による破壊工作への対応の甘さを、保守派から厳しく糾弾されていた。

先の大戦終結から世の中は目まぐるしく変化した。戦いが終わった時点では明るい希望が溢れていた。ナチスドイツと日本帝国は戦いに敗れ、ファシズム思想は完全に支持を失った。国際連合の創立はこれからの世界に平和が訪れる吉兆に感じられた。それからわずか六年で、ヨーロッパもアジアも第三次世界大戦勃発の危機に瀕してしまったのである。ヨーロッパではソビエトによる鉄のカーテンが降ろされた。我が国の次なる敵はソビエトと共産中国（中共）であった。

ニューヨークで交わされたフーバーとヒルの間の会話は次のようなものだった。

「世界はまさにぐちゃぐちゃになってしまいましたね」（ヒル）

「そのとおりだ」（フーバー）

「私は従前からこの混乱は（我が国の）政治家たちの失敗に原因があると考えてきました。この問題については誰かがしっかりとした本を書き残すべきだと思っています。そうした本が出版されれば、長きにわたって読み継がれる書になるはずです。たとえば、『世界を変えた一五の戦い』[1]（E・S・クリーシー著）と同様に古典となるにちがいありません」（ヒル）

「まったくそのとおりだと思う。しっかりした本が書かれなくてはならない。その第一章の内容がどんなものになるべきかは、今ここで君に教えることができる」（フーバー）

「それはどんなものですか」（ヒル）

「一九四一年六月、ヒトラーはソビエトとの戦いを開始したが、フランクリン・ルーズベルトはソビエトを助ける側にまわった。我が国はあの二人の馬鹿野郎（ヒトラーとスターリン）を徹底的に戦わせればよかったのだ。それが第一章になる」（フーバー）

「素晴らしい本になるのではないですか。ぜひご自身でお書きになったらどうですか」（ヒル）

「僕には時間がない。君が書いたらどうかね」[2]（フーバー）

この会話の中でフーバーはある事実を隠していた。フーバーはこの時点ですでに数年間にわたってこのテーマでの本の執筆を進めていた。一九三〇年代から一九四五年までのアメリカ外交を網羅的に扱い、かつ批判的に叙述することがテーマであった。特に、ソビエトを同盟国とした大戦期のルーズベルト外交の誤りに厳しい目を向けたものだった。

二人のこの夜の会話から二〇年が経った一九七一年、ヒルはインタビューを受けた。その際、かつて自身がフーバーに提案した内容の本が誰によっても書かれないことを嘆いた。たとえば『世界を変えた一五の戦い』に似た『世界を変えた一五の政治家の過ち』という本が世に出てしかるべきであった。

「そういう本が出版されれば大きな話題になる。著者が指摘する政治家の失敗を弁護するものが必ず現われる。それ

が議論を生み、ベストセラーになること請け合いだ」[3]（ヒル）

実はこの日のおよそ八年前、フーバーはこの趣旨の本の原稿を完成させていた。ヒルは外交の失敗をオムニバスのように集成した内容の本を考えていたようだ。しかし、フーバーの原稿はある一つの外交的失敗に焦点を絞ったものだった。フーバーは当初、第二次大戦中の自身のメモワールのようなものを構想していた。しかし、しだいにより野心的な構想に変容していった。あの戦争をじっくりと再吟味し、歴史修正主義者として、ルーズベルトの誤った外交（The lost statesmanship）を告発する書になっていた。それは歴史修正主義者と呼ばれることにまったく動じない覚悟のある内容であった。

フーバーは書き上がった原稿に「裏切られた自由」と標題を付けていた。彼とスタッフたちは、ちょっとしたユーモアを込めてその原稿をラテン語で「Magnum Opus（大事業）」と呼んでいた。確かにそれは気の利いた命名だった。実際フーバーの作業は「大事業」だった。彼は、一九四四年からおよそ二〇年間にわたって膨大な量の原稿を書き、繰り返し推敲している。若干の修正作業を残して「大事業」がほぼ終了したのは一九六三年九月のことであった。その後は出版に向けての作業に移っている。しかし出版はかなわなかった。フーバーの命は一九六四年十月二十日に尽きたのである。二カ月前に九〇歳の誕生日を迎えたばかりだった。

フーバーの相続人は「大事業」を出版しないことに決めた。それ以降およそ半世紀にわたって、原稿はひっそりと誰の目にも触れることなく保管されていたのである。

いま読者が手にしている本こそ、一九六三年から六四年にかけてフーバー自身が確認し最終的に承認した原稿によって完成したものである。したがって、歴史研究者の目に触れるのはこれが初めてである。

一九六〇年代以降、フーバーの「大事業」について触れた学者はいたが、原稿そのものについてはまったくの謎であった。またその内容以外についても首を傾げることがあった。なぜフーバーは七〇歳という高齢に達するまでこの「大事業」に着手しなかったのだろうか。着手してからの彼は粘り強くかつ不屈の精神力で「大事業」に邁進したが、その熱狂的とも言えるエネルギーはどこから湧いてきたのだろうか。彼はどのようにこの「大事業」のコンセプトを打ち出し、どうリサーチを進めたのだろうか。その作業に誰かの助言や助力を受けたのだろうか。死期が近づいたころ、彼は原稿を極秘扱いしたが、それはなぜなのだろうか。「大事業」はフーバーにとって最高度の重要性を持っていたことは間違いないが、なぜ彼の死後すぐに出版されなかったのだろうか。

　こういった疑問に加え、フーバーは、ルーズベルトとあの大戦、あるいは自分自身について何を語っていたのだろうか。強い興味が湧く。内容についてはいま、読者が読み進めている本書に赤裸々に述べられているが、原稿を取り巻く前記のいくつかの問いに答えを出すのは簡単ではない。それについてはこの序文の後半部分で触れることにする。

ルーズベルトの〝失策〟の背景

フーバーの「大事業」を正確に理解するためには時代を少し遡り、この原稿が扱う時代背景を知っておく必要がある。

　一九三三年三月四日、フーバーはホワイトハウスの住人でなくなった。それまでの歴史ではその職を去った大統領は表舞台から消えていくのが常だった。フーバーはそうではなかった。たしかに短い間、故郷カリフォルニアの自邸に戻り政治活動から遠ざかった。[*]彼は一九三四年秋に『自由への挑戦』[4]を上梓した。この本は一九三〇年代に台頭した一群の国家主義的思想（ナチズム、ファシズム、共産主義、社会主義あるいは統制主義）を強く批判する哲学的な書であった。ここで彼の定義する統制主義はルーズベルトの進めるニューディール政策を指していた。

　フーバーには、ルーズベルトのニューディール政策は資本主義システムの改革とか、あるいは制度の維持を目的とした政策とはとても思えなかった。むしろ秩序あるアメリカ的自由を破壊する集産主義者の攻撃としか感じられなかった。フーバーは、「我が国は個人主義を上手に抑制してきた歴史がある。それを社会主義が破壊しようとしている。我が国に危機が迫っている」と語っていた[5]（一九三三年）。これ以降、フーバーは急速に左傾化するルーズベルトの政策を止むことなく批判した。ルーズベルト批判の保守系論客の急先鋒となった。

　フーバーは共和党進歩派の立場を取っていた。つまり、自らをセオドア・ルーズベルト元大統領の伝統を引く政治家だと見なしていた。カルヴィン・クーリッジ元大統領のような伝統的保守政治家だとは考えていなかった。周囲もそのように彼を評価していた。**

ところが一九三〇年代半ばにはアメリカ政治の中心が左にずれていった。結果的にフーバーの拠り所は相対的に右にシフトした。フーバーは自らの進歩主義的な思想とニューディールを進める者たちとの考えの違いを明確にしなくてはならなかった。自らの考えを「伝統的リベラリズム」とし、統制的ニューディール政策信奉者の考えを「偽りのリベラリズム」と呼んだ。

「ニューディール政策はリベラリズムを変質させた。この政策は、集産主義的であり、強制を伴い、政治権力の集中を招いている。その結果、(私が主張してきた)『伝統的リベラリズム』が保守主義そのものになった」[6]と主張した。進歩党の信条を持った政治家は、ばりばりの保守主義者と見なされることになった。

フーバーは、公には認めていないが、一九三四年頃から次期大統領選（一九三六年）への出馬を考えていたようだ。[7] しかしルーズベルトへの挑戦の道が消えると（一九三六年の共和党予備選で敗北）、ニューディール型リベラリズムやその信奉者批判の先頭に立った。米国全土で講演し、その危険性を訴えたのである。[8]

一九三八年の初め頃から、フーバーの反ニューディール講演もその内容が変化を見せた。ヨーロッパに目をやれば、ドイツではアドルフ・ヒトラーのナチス党が、イタリアではベニート・ムッソリーニのファシスト党が台頭していた。ソビエトではスターリンが権力を掌握し、共産党幹部を粛清し、数百万の市民を収容所に送り込み強制労働に従事させていた。スペインでは、フランシスコ・フランコ将軍の国民戦線が内戦を有利に進め左翼政権を脅かしていた。フランコ将軍はドイツとイタリアの支援を受けていた。一方の左翼政権はモスクワの影響下にあった。ヨーロッパは動

＊訳注：旧邸は現ルー・ヘンリー&ハーバート・フーバーハウスとなっている。スタンフォード大学構内にある。
＊＊訳注：共和党進歩派は、一九一二年の大統領選挙で共和党から分離した進歩党（Progressive Party）の考えを継承する。進歩党から立候補したセオドア・ルーズベルトは、共和党候補ウィリアム・タフトと保守票を奪い合って共倒れとなり、民主党候補ウッドロー・ウィルソンが当選した。

乱がいつ始まってもおかしくない状態にあった。

フーバーは決して文字どおりの意味での孤立主義者ではなかった。第一次世界大戦では物資や食糧の欠乏に苦しむヨーロッパの人々の救済活動を精力的に展開し、数百万の人々の命を救っている。一九二〇年には、ベルサイユ条約の批准を訴え、国際連盟に加入すべきだと主張した。そうすることで荒廃したヨーロッパを再興でき、政治的安定も確保できると信じた。大統領（一九二九―三三年）に就任すると、軍縮交渉を進め、大恐慌からの脱却のために多国間協定を結ぶことを提唱した。フーバーは第一次大戦前も戦中もヨーロッパで過ごした。その経験もあってヨーロッパの国々のライバル関係と憎しみの渦巻く旧弊からの解放に、アメリカが何とか力を貸せるのではないかと信じた。しかし一九三八年になるとヨーロッパは前述のような動乱の世界となってしまった。フーバーはそこから意図的に距離を置くことを決めた。ところが、彼にとってはきわめて残念なことであったが、時の大統領ルーズベルトはフーバーとはまったく違う方向に外交の舵を切ったのである。

一九三八年一月十五日、フーバーはラジオを通じて、アメリカがこれから取るべき外交政策について国民に語った。[9]

「アメリカ国民は攻撃を受けることがあれば、すべての力と精神力を動員して最後まで戦うことを覚悟しなくてはならない。そうすることでしか我が国の独立は維持できない。戦いの覚悟を持つことが我が国に対する攻撃への防御そのものである」

「しかし同時に自制も必要である。我々が戦うのはあくまでも攻撃された場合である。そうでなければ中立の立場を取るべきである。我が軍を、多国間の戦いの始まりを防ぐため、といった理由で介入させるようなことがあってはならない」

「同様の思惑で、他国に対して経済制裁や禁輸などという措置を取ってはならない。むしろ経済発展と国民の幸福を求めて他国と協力することが肝要である」

「紛争回避のためには人々の倫理観に訴えることが必要だが、同時に和平維持と紛争解決のための国際機関が必要である」

右記のスピーチから明らかなように、フーバーは孤立主義という言葉が内包する利己的な意味での孤立を主張してはいなかった。実際に、ラジオを聴く者に、「孤立政策をとることができると考えることは幻想である」と訴えている。また彼はクエーカー教徒である生い立ちから、戦いを忌避するだけの平和主義者に思われそうだが、決してそうではないことがわかる。他国に干渉することを戒める「不干渉主義者」だったのである。一九四一年十二月七日〔訳注：真珠湾攻撃を指す〕まで、彼はこの立場を決して変えなかった。アメリカが戦争するときはその安全保障が脅かされる攻撃を受けたときだけであり、そうでない限りは外国の揉め事に関与しない。そういう態度を保つべきである。フーバーは不干渉主義の立場で国民に訴え続けていた。

彼が外国の揉め事に巻き込まれることを嫌うのには理由があった。

フーバーは、一九一四年まではロンドンを拠点にして鉱山技師として働いていた。その経験を通じて、旧世界（ヨーロッパ）と新世界（アメリカ）の文明は、過去三〇〇年にわたる歴史を経て、まったく違うものになっていることに気づいた。[10] フーバーは第一次世界大戦期にはドイツ占領下にあるベルギーへの食糧支援に携わった。前線に出てソンムの戦いも見ている。* 戦中も戦後もヨーロッパ各国は昔ながらのパワーポリティックスによる外交を繰り広げた。フーバーは、ヨーロッパがリベラリズムとはまったく逆の方向に進み、そして泥沼に沈んでいく様を見たのである。彼は、アメリカはヨーロッパとは違うという考えを『アメリカ個人主義論』**[11] という著作にまとめ上げた（一九二二年）。彼は、不干渉主義の考えが、国内世論を鑑みても、正しいらしいことがわかっていた。フーバーはラジオ講演を通じて、「勝者も敗者と同様に苦しむことになる。その苦しみは経済にも心にも及ぶものだ」と訴えていた。もし次なる戦いにアメリカが関与すれば、国家の抱える負債は膨れ上がり、預金者の富を（インフレーションによって）奪っていくことになるだろう」[12]と予言していた。

＊訳注：一九一六年七月から十一月半ばまでフランスのソンムでドイツ軍と英仏軍が戦った。犠牲者は両軍で一〇〇万を超えた。

＊＊訳注：井川忠雄訳、有朋堂書店、一九二四年刊。

「もし我が国が再びヨーロッパの戦いに介入すれば、我が国の民主的政権はそのことがもたらす衝撃に耐えられないであろう。民主主義国家として生存することさえ危うくなるに違いない」[13]。フーバーにとってその理由を挙げることは難しくはなかった。ヨーロッパの全体主義と戦うためにはアメリカ自身が全体主義化せざるを得ないことは自明だからだった。一九三八年初めには次のように述べ、警告を発した。「干渉主義者たちは民主主義を救うために参戦すべきだと主張するが、その戦いのためには我々自身が専制的な国家にならざるを得ないことを考えてもみない」[14]

国民に警告を発して一カ月が経とうとする頃、フーバーはヨーロッパに旅立った。一九一九年以来、久方ぶりのヨーロッパへの旅だった。西ヨーロッパ・中央ヨーロッパ諸国はフーバーを歓迎した。第一次大戦中、そして戦後に彼が見せた人道支援に心から感謝したのである。数週間にわたって続いた歓迎のレセプションで授与された名誉学位や勲章は数えきれないほどで、彼自身いくつそれを受けたか失念するほどであった[15]。ヨーロッパを旅したのは、ベルギーをはじめとした国々からの招待であった。彼自身もヨーロッパ訪問を考えていただけにタイミングがよかった。旅の目的は栄誉心を満たすためではもちろんなかった。どうしてもヨーロッパの政治社会情勢の現実を自分の目で見ておきたかった。もう一度政治の舞台に戻りたいという思いがあった可能性もある。政治家としての信用（箔）をつけるためには、ヨーロッパ情勢を自ら確かめることは重要だったのであろう。三月末まで続いた旅を通じて、一二カ国の指導者、政府高官あるいは有力者と会うことができた。会談することができた指導者の中にはアドルフ・ヒトラーとネヴィル・チェンバレンがいた。

彼のヨーロッパの旅は七週間で、長い旅とは言えないが、ナチスドイツによるオーストリア併合がこの時期にあった*。フーバーはこの頃の見聞を詳細に残しているので、「大事業」の資料の厚みがこの旅によって膨らんだとも言えそうだ。

三月二十二日にイギリス首相ネヴィル・チェンバレンに会っている。彼との対談がフーバーの地政学的な視点をいっそう深化させたことは間違いなさそうだ。フーバーは、チェンバレンに、もしもう一度大戦が起きるようなことになれば大英帝国は消滅する、とにかく戦いを避けるようにすべきだ、とはっきりと言ったらしい。明確に自分の考えを伝えたと、フーバー自身が親友に語っている。その際にナチズムの拡張的なやり方をある程度まで容認することが必要だろうとも述べている。また「ドイツは籠に押し込められた勇猛な動物のような国であり、フランスとその同盟国に囲い込まれた状態にあると憤懣を募らせている。ドイツを籠に閉じ込めようとするかぎり、危険な国家であり続ける」とも語っていた。

また次のようにも語った。「ドイツは（籠から出され）ある程度の自由を容認されれば、西ヨーロッパ方面で問題を起こすことはないだろう。ドイツが西ヨーロッパを攻撃することは考えられない。ドイツの目は東、つまりウクライナ方面を向いている。ドイツの東方への野心はイギリスの脅威にはなり得ない」

フーバーによれば、チェンバレンは同意見であった。[16]

実際、フーバーは語気鋭くこの考えをチェンバレンに伝えたらしい。彼はドイツが関わる紛争が必ず起こると予期していた。

「ドイツはヨーロッパ大陸の猛者《もさ》である。ただ彼らは陸の民であり海の民ではない。そして彼らの目は東を向いている。紛争は、フランスとの間ではなくロシアの平原で起きるだろう。ドイツが東方での戦いを進めることは西欧文明にとっては幸いとなる[17]」

「西ヨーロッパの民主主義国が、ドイツの進める戦争に引き込まれ、その結果が残虐で非道なロシア（ソビエト）の政治を救うことになってしまえば、それこそが本当の悲劇である[18]」

これはフーバーの政治的「勘」であった。彼は、この考えにチェンバレン首相は百パーセント同意したと記録している。[19]

フーバーは、一九三八年三月までにはヨーロッパで戦いが始まることは確実であると考えていたことがわかる。ただ、それが現実になるのは少なくとも一年半以上先になると見ていた。[20]公的な場での発言は楽天的な物言いに換えて

＊訳注：この事件は一九三八年三月十三日に起きた。

いる。
「近い将来において全面的戦争が起こるようなことはないだろう」[21]（三月十八日に、ロンドンの新聞への発言）
ニューヨークに帰ってからもメディアには、すぐに戦争が始まるようなことはないと語っていた。[22]
「ヨーロッパの空気は全体的に『防衛』であって『攻め』ではない。したがって、各国に戦争の準備は見られるものの、戦いを回避できる可能性は残っている」[23]

フーバーは言葉を選んで楽観的な感想をメディアに語ったものの、戦争勃発の強い懸念は持っていた。一九三八年三月三十一日の全国ネットのラジオ放送では、ヨーロッパ内部の戦争に向かう不気味な動きを語っている。計画経済という名の政策で軍拡を進める独裁政権、政府の巨額債務、保護主義的貿易政策、機能不全の国際連盟。こうした言葉を使いながらヨーロッパの危機を解説した。
「横行するテロ、暴力、強制収容所、ユダヤ人迫害、思想裁判」などの問題を挙げ、ヨーロッパの倫理的頽廃についても触れた。

ナチスドイツで実際に見た反自由主義的ファシズムについても注意を促している。
「（ナチスドイツは）スパルタ主義の国である。その根底には、人種差別感情とナショナリズムが混じり合った神秘主義的な要素がある」

フーバーは、ファシズムは失敗すると考えていた。しかし、「ファシズムがすぐにでも崩壊するような幻想を持ってはいけない」と警戒を促した。そうなるまでにはかなりの時間がかかると見ていたのである。

こうしたヨーロッパ情勢の前に、アメリカ国民はどのような態度を取るべきなのか。それについては確固たる考えがあった。
「他国の戦争には関わらないことである。アメリカは決してヨーロッパに関与してはならない。ヨーロッパ諸国には、それが我が国の方針であるとわからせなくてはならない。ヨーロッパの民主主義国家の側に与《くみ》するような行動も慎まなくてはならない」

フーバーの主張は、ルーズベルトの隔離演説（侵略性のある国家は積極的に隔離しなくてはならないとする主張）とは大きく異なっていた＊。

アメリカが英仏の対独・対伊戦争に参入すればどうなるか。イギリスの帝国主義のもたらした諸問題に関与せざるを得なくなり、フランスは共産主義ソビエトと提携しているがそれにも巻き込まれる。それだけではない。イデオロギーの相違に基づく戦争を戦うことになってしまう。それは宗教戦争と変わらない。信仰の違いで戦うことは文明の破壊行為そのものなのである。

「和平を維持するためには、民主主義国家だけではなく、独裁国家ともうまくやらなくてはならない。他国の人々がどのような政体を選択しその運命を託そうが、我が国とは関係ないことである。世界の国々を、戦争すると脅かして、正しい方向に導くことなどできはしない[24]」

フーバーはアメリカの軍事力あるいは経済力を戦争に使うよりも、戦争をしないという国際世論の形成に向けるべきだと主張した。

「確かに世界各国にファシスト的熱狂の空気が満ち、計画経済化が流行《はや》っている。そうした風潮の中で個人の自由は圧殺されている。我が国がなすべきことは、真のリベラリズムの光を灯し続けることである。決して（ヨーロッパの）戦争には関与せず、我が国内の民主主義を再活性化させ、さらに進化させること。これこそが人類の未来への貢献である。知的誠実さを追求し続け、希望の灯を絶やさない。それが我が国の取るべき道である[25]」

フーバーがこのようにアメリカ国民に訴えたのは、アメリカの理想とは異なる外国政府とも共存しなくてはならないことを悟ってもらいたかったからである。[26]彼はこの後も機会あるごとに同様の主張を繰り返し、国民の理解を求めた。一九三八年四月八日、フーバーはサンフランシスコで演説し、現実のヨーロッパの空気がいかなるものかを聴衆に想像させた。その上で、アメリカがそれに巻き込まれていないことがいかに大事であるか説明した。

＊訳注：ルーズベルトによる隔離演説は一九三七年十月五日にシカゴでなされた。

「カリフォルニアの皆さんには想像力を働かせて、ヨーロッパの状況を感じ取ってほしい。たとえば次のように想像してほしい。オレゴン州境に五〇万の兵力と二〇〇〇の航空機が、ネヴァダ州境に四〇万の兵力と二〇〇〇の航空機が集結し、アリゾナ州では数万人の兵士が訓練を重ねている。すべてがカリフォルニア州への侵入のためである。それに備えて四〇万の兵力を養わなくてはならない。そのためには重税を覚悟し、すべての家庭が化学戦に備えてガスマスクを用意しなくてはならない。州の政治は専権的であちこちに強制収容所ができあがっている。こういう状況を頭の中で想像してみてください（このおぞましい状態に陥っているのがヨーロッパなのです）。ヨーロッパがカリフォルニアから七二〇〇マイル（一万一五〇〇キロメートル）も遠隔の地にあることにほっとするではありませんか[27]」

フーバーは、ヨーロッパに渦巻く人種差別の危険性をも認識していた。しかし「我が国の独立が脅かされるようなことはまったくあり得ない[28]」と訴え、軍事的な不安は一切ないとカリフォルニアの聴衆に言って聞かせた。

フーバーはヨーロッパを覆っている集産主義的な考えや、そうした思想に基づく経済政策がアメリカに悪影響を及ぼす可能性については警戒していた。三月三十一日の講演では次のように述べていた。

「私は我が国で実施されているいわゆる計画経済というものは、ファシズム思想の一端が現われたものだと考える。もしそうでないというのなら、ヨーロッパのファシズムの勃興と我が国の計画経済が同時期に始まったのは偶然の一致だと説明する以外にない[29]」

この問題については、一週間後のサンフランシスコでの講演でもあらためて触れた。ヨーロッパでは少なくとも一二の国が、自由主義に基づいた国民政府の考えを捨て専制主義的な政府を選択した。それは三億人近くが専制国家の中で暮らしていることを意味する。そうなってしまったのは、真の自由主義を犠牲にして、経済の民間部門を社会主義化させ政府の指示で動かすことを容認したからである。計画経済化のありとあらゆる手段を試したのである。

なぜそうした状況に陥ったのか。不況の中で（将来への）不安と恐怖が高まり、経済への期待がしぼんだ。民間経済は活力を失い、どうしてよいかわからず、その困難からの救済を求めて国家に頼った。自らの持つすべての自由を投げ出して国に頼ってしまったのである。フーバーは、西欧文明は社会主義や共産主義に向かったのではなく、ファシズムに向かったと理解した。

ヨーロッパで起きていることがアメリカでも始まるのだろうか。一九三八年初めにはアメリカ経済も思わぬ不況に後戻りした。失業率は一九三三年のレベルに戻った。フーバーはアメリカのこの状況を見て強い不安を抱いた。ファシズム化したヨーロッパ諸国での経済政策と、ルーズベルトが進める政策（ニューディール政策）が、気味が悪いほど似ているのである。フーバーは次のように語っている。

〈我が国の経済は、まだファシズムが目指しているところまでは行ってはいない。しかしその方向に進みつつある。必ず民間経済の士気（活力）は萎《な》えていく。[30]〉

フーバーは、アメリカがファシズムの狙う方向に向かうことは何としてでも避けなければならないと考えていた。一九三八年は中間選挙〔訳注：十一月〕があるだけに、彼はこのスピーチ後の七カ月間は、ルーズベルト政権を徹底的に批判し続けた。彼は（ニューディール政策のもたらした）政権内部のモラル低下を舌鋒鋭く攻撃した。ルーズベルト政権のネポティズム（縁故主義）、巧妙な予算流用、ニューディール政策反対派を貶めるプロパガンダ。ルーズベルトの政権運営がアメリカの自由主義を危機に晒していると訴えた。国民自身が主人となる政府のあり方から逸脱するやり方だと警鐘を鳴らした。[31]アメリカは集産主義に向かってひた走っていると警告した。

過去一九年間、ヨーロッパの一二カ国以上が、「名前は違うが我が国のニューディール政策と同様の政策を取[32]」り、しだいに自由を失ったのである。

「計画経済はヨーロッパにおける壮大な実験であった。その結果、民主主義が危機的状況に陥った。経済行為における自由と政治的自由は有機的に結合していることの証である[33]（経済の自由の喪失は同時に政治的自由を失う）」

「ニューディールを推奨することは、独裁政治を進めることと同じである。目的を達成できれば手段は問わないという思想である。彼らの物言いに誤魔化されてはならない[34]」

こうしたフーバーに代表されるルーズベルト政権批判の声は有権者に届いていた。十一月八日の選挙結果にそれが表れた。共和党が大きく議席を伸ばしたのである。*

この頃、ヨーロッパでは大きな危機があった。しかし何とかそれを避けることができた。ヒトラーによるズデーテンラント併合問題（ドイツ人の多いチェコスロバキア西部の領土の帰属問題）で、協定（ミュンヘン協定）が成立したのである。** フーバーもこの協定が成ったことにほっとしていた。[35] ほとんどのアメリカ国民も同様に安堵した。ルーズベルトも、少なくともこの時点では喜んでいた。ルーズベルトはネヴィル・チェンバレン首相に対して、「協定がなったことをあなたと共に喜びたい。世界も同じように感じている」と語っていたのである。[36]

協定成立後、ヒトラーは短いコミュニケに署名した。チェンバレン首相が書いたものだが、それは次のようなものだった。

「（英独両国は）二度と戦いを起こすことを望まない」

これを持ってロンドンに戻ったチェンバレンは、最高の和平文書であると喜んだ。

協定成立直後には、フーバーは懐疑的であった。友人のウォルター・リヒテンシュタインに次のような不安を吐露していた。

「今度の協定を素直に喜べない。何かもっと悪いことが起こる気がする。そうならなければよいのだが[37]」（十月三日）

それでも十月二十六日のニューヨークの講演では、協定を楽観的にとらえようとしていたことがわかる。

「この協定には欠点もあるが、少なくとも喫緊の危機を回避できた。戦いの始まる可能性はずいぶんと低くなった。まだヨーロッパにも和平維持を望む強い意志がある。民主主義を重く見るヨーロッパの政治家は、和平維持のためにいがみ合いの気持ちを落ち着かせる猶予期間を求めたのである」

それでもフーバーは不安であった。万一ヨーロッパで民主主義勢力と独裁主義勢力の戦いが起こっても、アメリカは干渉すべきではないと力説した。

「自由主義者の経済政策が戦争経済を基礎にするようなことがあってはならない。ヨーロッパの戦争に介入すれば、我々の政府自身がファシスト化する。個人の自由を制限するだろうし、そうなってしまえばそれを元どおりにするには数世代もかかってしまうだろう」

そして何よりも、アメリカの介入は何の益にもならないことであった。我が国はヨーロッパの争いに干渉することは可能だが、ヨーロッパに和平をもたらすことはできない。なぜなら、ヨーロッパは多民族で構成され、国境紛争があちこちにあり、互いを恨む感情は千年以上にわたって消えていないからである。

たとえばアメリカがフランスの側に立てば、好むと好まざるとにかかわらずロシア（ソビエト）と同盟することを意味してしまう。したがってアメリカが取るべき最善の策は、ヨーロッパの争い事には干渉しないことなのである。

不干渉の政策を取ったとしても、アメリカはその独立を脅かされることはない。全体主義国家のドイツ、イタリア、日本が覇権を握るようなことがあってもアメリカに対しては何もできない。アメリカは、太平洋と大西洋とでしっかりと守られている。アメリカは南北アメリカ大陸の中心国家であるし、これからもその地位が危うくなることはない。

フーバーは、ヨーロッパのファシスト国家の攻撃性はイデオロギーだけに起因しているとは考えていなかった。それぞれの国の人民を食糧や物資の不足から何とか救いたいという思いもあったことを見抜いていた。その狙いは、イギリスやフランスと戦うことで達成することはできない。このように理解していたから、ファシスト国家は東に向かうと考えていた。その考えをネヴィル・チェンバレン首相にも明かしていた。この思いをはっきりとアメリカ国民に訴えたのは十月二十六日のことである。

「ドイツなどのファシスト国家は、西欧民主主義国家との戦いを望んでいない。彼らは東方への拡張を目論んでいる。我々が彼らの動きに介入しない限り、ファシスト国家がイギリスやフランスに戦争を仕掛けることはない」

ミュンヘン協定は（ドイツの）西方への拡張を警戒して結ばれたように思われていたが、フーバーはそのように考

＊訳注：下院では八八議席から一六九議席、上院では一六議席から二三議席。しかし民主党の優勢は変わっていない。
＊＊訳注：ミュンヘン協定の調印は一九三八年九月三十日。

えなかった。ミュンヘン協定で、ドイツの東方への侵攻を妨げている障壁を取り払ったのだと解釈した。そのことのほうが、ズデーテンラント併合をヒトラーに認めた、という表面上のことよりも重要だとの判断であった[*38]。

しかし、この数カ月後には、ネヴィル・チェンバレン首相は態度を変えた。ドイツの東方への拡張欲求を抑えることに決めたのである。これにはフーバーは驚いた。

一九三九年三月十五日、ナチスドイツ軍はチェコスロバキアに侵入した。突然の侵攻に驚いたチェコスロバキアは抵抗もできなかった。フーバーはこの行為は破廉恥だと憤った。「チェコスロバキア国民はこの非道に対して必ず立ち上がるに違いない[39]」と述べ、ドイツを批判した。

このチェコスロバキア解体（一九三九年春）までは、ヒトラーの狙いはドイツ系住民の多い地域を併合することであり、ベルサイユ条約でなされたドイツへの不正義の解消にあると理解されていた。しかし、ドイツ系住民の少ないチェコスロバキア解体となると、そうした理解が間違っていたことになる。

ヒトラーはこれに続いてポーランドに対して、東プロシアとドイツを分かつ境界地になっていたいわゆるポーランド回廊と自由都市ダンツィヒ〔訳注：現在のグダニスク〕を要求した。これに対して、英仏両国はヒトラー抑え込みの方針を決定した。ヒトラーの要求そのものよりも、むしろ両国の素早い方針転換の決定が意外であった。一九三九年三月三十一日、ネヴィル・チェンバレン首相はイギリス議会で、深刻な面持ちで次のように語った。

「ポーランドの独立を脅かす事件が起こり、同政府が国軍をもってそれに抵抗する場合は、英国政府はポーランド政府に対していかなる支援も惜しまない[40]」

フランスもこれに同調した。言い換えれば、ドイツがポーランドに侵攻すれば英国は対独宣戦布告すると約束したのである。

英仏両国の外交方針の突然変更にフーバーは驚いた。

「ヒトラーが東進したければさせるというのがこれまでの考え方だったはずではないか。現実的に英仏両国がヒトラーのポーランド侵攻を止められるはずがない。これではロシアに向かうスチームローラー（ドイツ軍）の前に、潰してくださいと自ら身を投げるようなものではないか[41]」

フーバーは、チェンバレンの方針変更が良い結果を出してほしいと思う気持ちはあった。しかし、ヨーロッパの荒廃はもはや避けられないのではないかと危惧した。[42] 四月半ばには友人らに、戦争を避けることができるか否かはイギリスの外交方針にかかっていると語っていた。

「イギリスの精神はまだまともだろうから、戦争を避けたいと思っているはずだ。イギリスには世界最高レベルの外交官もいる[43]」

イギリスの戦争回避に向けての外交に期待を寄せながらも、ポーランド独立を保障してしまったことに失望した。歴史上最悪の決断であった。[44] イギリスはこれから始まろうとするヒトラーとスターリンの戦いの間に、障害物として、自ら割って入ってしまったのである。ヒトラーのスチームローラー（強大な軍事力）の前にわざわざ身を投げ、ぺちゃんこになるのである。[45] ネヴィル・チェンバレンの最大のミスだった。フーバーは多くの友人にその考え方を伝えていた。[46] ポーランド独立を保障する英仏のコミットメントの愚かさは、本書（「大事業」）の主張の重要なポイントである。[47]

チェンバレンの方針変換は、ヒトラーの外交を抑制する効果はなく、ヒトラーの矛先をかえって西に向けるものであった。フーバーは、ヒトラーは西に軍を向けようなどとはまったく考えていないと読んでいた。[48]

いったいなぜチェンバレン首相は従来の対独外交方針をあっさりと変更させてしまったのか。友人宛ての手紙（一九三九年三月末）の中で三つの理由を推察している。[49]

一、チェンバレンは、自分が（過度な）宥和主義者ではないとアピールしたかった。

二、英仏両国によるドイツに対する虚勢を張ったブラフ（虚仮威《こけおど》し）だった。

三、アメリカが英仏を支援するという期待があった。

＊訳注：東方への衝動（Drang nach Osten）とも呼ばれる。

特に第三のポイントは重要である。フーバーの不干渉主義のロジックの根幹となる考えと深く関わるからである。

フーバーは一貫して不干渉主義を主張してきたが、その主張のニュアンスは徐々に変化している。一九三八年末までは、その主張は、世界情勢を分析しながらいくつかの仮定を設定したうえで議論されていた。しかし、一九三九年に入ると、アメリカの安全保障を脅かす原因はベルリン（ヒトラー外交）にあるのではなく、ワシントン（ルーズベルト外交）にあると確信するに至る。つまりアメリカの安全保障はルーズベルトの不正直な（本心を隠した）おせっかい外交にあることに気づいたのである。

ルーズベルトは年頭の一般教書演説（一九三九年一月四日）で、ヨーロッパから「危険な嵐」が押し寄せてくると国民に警戒を促し、団結と軍備増強を訴えた。「民主主義国家は、（全体主義国家による）侵略的外交をいつまでも放置しておくわけにはいかない。そのままにすれば我が国の安全保障も脅かされる」

〈（そうした外交の牽制には）言葉だけでは効果がない。戦争に訴えるという方法もあるが、それだけが選択肢ではない。武力を行使しない方法で、我々の考えを伝えることができるはずだ。侵略国家に我々の不快感を感じ取らせなくてはならない。

　いまのアメリカができることは、侵略国家をアシストするような外交をしないことである。また、何もしないで傍観する外交もだめだ。[50]〉

フーバーはこのルーズベルト演説に危うさを感じた。二月一日にはラジオ番組の中でルーズベルトを強く批判した。「大統領は言葉以上の強力な方法で外交にあたると語った。確かに武力行使はしないとしているが、（交渉相手に対する）威嚇的な外交は必ずや軍事衝突となる。大統領が主張する新しいスタイルの外交は、我が国の伝統的外交方針の大転換を意味する。これほどの変更をする権限は大統領にはない。国民と議会だけが持つ権限である。我々は次の点を真剣に検討しなくてはならない。

一、これまでの不干渉主義的外交方針を変更するのか。
二、どの国が侵略国家だと決めることができるのか。
三、侵略国家と決めた場合、そうした国に対して、我々は禁輸措置、経済制裁、製品ボイコットといった政策を取るのか。
四、我が国が攻撃されない場合（安全保障が脅かされない場合）でも、そうした制裁を実施するのか。
五、アメリカ大陸に対する軍事的侵略に備えるという理由で必要以上の軍備増強を是とするか。
六、侵略国家牽制のために、『言葉以上戦争以下』の政策をもって他国と共同行動を取ることを容認するか。
七、世界の警察官になることは正しいことなのか」

フーバーは右記すべての問いにきっぱりと「ノー」と答えるべきだと主張した。

アメリカの安全保障が危機に晒されている現実はどこにもない。軍事的な脅威もないし思想的な攻撃を受けているわけでもない。ましてや思想攻撃に軍事力で対抗することはできない。アメリカが自由主義の希望を灯し続けることができれば、全体主義思想は必ず時間とともに衰退する。アメリカは他国からの攻撃を恐れる必要はまったくなく、第一、侵略国家とされている国々はアメリカを見ていない。全体主義国家は必ず内部から崩壊する。ドイツ、ロシア（ソビエト）、日本がアメリカを攻撃するなどという考えはヒステリー（妄想）である。これがフーバーの見立てであった。[51]

フーバーは自国の大統領の政策を懸念していた。軽率な判断によるものか、あるいは周到な計画があるのかは不明だが、アメリカをヨーロッパの戦いの泥沼に引き込んでいこうと考える大統領（ルーズベルト）は、妖怪のように感じられた。フーバーは、ルーズベルト政権は、国内政策の失敗から国民の目をそらすためにそのような態度を取っているのだと考えた。[52]しかし、しだいに、そうではなく、ルーズベルトとその取り巻きが意図的にそうした政策を取っているのではないかと疑うようになった。取り巻きの中でも特にウィリアム・C・ブリット（駐仏大使）が舞台裏で、英国、フランス、ポーランドに対して、ドイツには強硬姿勢を取るように教唆しているのではないか、戦争という事態になれば、アメリカの参戦まで約束しているのではないかと疑った。

この視点は「大事業」プロジェクトの重要なポイントである。

「私は、一瞬たりとも、ドイツやイタリアが我が国を攻撃する可能性を考えたことはない。英仏の世論を動揺させ対独宥和政策を捨てさせたのはルーズベルトだと確信した。両国を対独強硬姿勢に持っていったのはルーズベルトなのである。ルーズベルトは（世論工作のために）世界全体が（全体主義国の）危機に晒されていると誇張し、彼らからの攻撃に敗れてしまえば世界から民主主義が消える、と国民を怯えさせたのである[53]」

こう語る数カ月前〔訳注：四月〕のことだが、「ルーズベルトがすべきだったのは、ヨーロッパのごたごたから距離を置き、適当な時期に、仲裁者としての役割を果たすことだった」と近しい友人に伝えていた。

「（仲裁役を買って出ることになれば）和平維持に大きな貢献ができたはずだった。少なくともルーズベルトがチェンバレンと同じような態度を取っていれば、世界（の和平維持）のために役立っていたに違いなかった[54]」

しかしルーズベルトは仲裁役の立場を取らず、ヒトラーに対して要求書を送りつけた（四月十五日）。内容は送付前にワシントンで公開されたが、最低でも今後一〇年は、他国への侵略行為をしないと約束させるものであった。その「他国」については三〇カ国が具体的に明記されていた。ヒトラーが同意すれば、上記三〇カ国から「互恵的な確約を取り、アメリカは、軍縮と公平な通商を目指す外交交渉の場の設定に尽力すると約束したのである[55]。ヒトラーは、この提案を拒否し、国会でルーズベルトの要請を容赦なく批判した[56]（四月二十八日）。

ヒトラーの国会演説の一週間前、フーバーは、ルーズベルトのヒトラーへの要求書は「ひいき目に見ても人気取り」であると冷ややかに見ていた。

「（ルーズベルトのやり方はドイツなどの全体主義国家に対する）プロパガンダを目的としたものである。（彼が真に事態の改善を望んでいるのであれば）要求を突きつける相手（ドイツとドイツ国民）を侮辱してはならなかった。彼のやり方は、ドイツにその要求を受け入れさせるようなものではなかった。状況がこれほど悪化している中で、アメリカを仲裁者にさせる道筋を示せなかった[57]」

時の経過とともに、フーバーは、ルーズベルトはヨーロッパのごたごたに参入したがっているのではないかとの疑念を強めていった。[58] 七月末には次のように述べていた。

「アメリカができることは、ヨーロッパ諸国に対して、彼らの戦いに一切加担しないとしっかりと伝えておくことだ[59]」

フーバーはルーズベルトのやり方を制御すべきだと考え、四月初めには、議会に対してヨーロッパのパワーポリティックスへの非介入を要請し、議会の承認なき（戦争行為の可能性がある）経済制裁を実行させないよう訴えた。[60] この訴えの一週間後には『リバティー』誌上で、はっきりとルーズベルトの名を出して、アメリカはその外交方針を過激なまでに変えてしまっていると非難した。

「これだけの変更をする場合には、その是非をアメリカ国民に問うべきである[61]」

フーバーはここにきて、アメリカの自由を脅かしているのは、野放図にその権限の拡張を図る大統領府（行政府）であることを確信した。

八月に入ると大統領府批判のトーンをいっそう高めている。『アメリカン・マガジン』誌（八月号）では過激にも感じられるタイトルをつけた論考（「我が国は若者を戦場に送るべきか」）を発表した。この中でアメリカを戦争に引き込む三つのベクトルがあると指摘した。一つは我が国民を刺激する外国勢力のプロパガンダ、二つ目は、そのプロパガンダに乗り、誤った考えでヨーロッパ問題への干渉を説く政府関係者や民間人、三つ目は、現実に進行している政府の諸政策である。その政策は、公には介入を否定しながら裏ではヨーロッパ問題への介入を意図するもので、最終的には戦争となってしまう政策なのである。

フーバーはこの論文で、ヨーロッパの不和の渦に巻き込まれる危険性を訴えた。そしてルーズベルトはその渦に飛び込もうとしていると指摘してみせた。ルーズベルトはヨーロッパの戦いのチェスボードにアメリカをプレイヤーとして参加させようとしている、それは必ずや悲惨な結末を迎えるだろうと訴えた。

アメリカに強い意志があれば、ヨーロッパの揉め事から距離を置ける。しかし残念なことに、ヨーロッパ問題に深入りすることでその意思に変更を加えようとする者がいる。そう憂慮したのである。

〈我々がまずしなくてはならないことは、責任ある者が、それは当然にルーズベルトを含むが、アメリカが攻撃を受けない限り、ヨーロッパの戦いには参入しないと声明を出すことである。そして、とにかくヨーロッパのパワーゲームに関わらないことである。

ヨーロッパには若者を送らない。それが我が国の方針なのである。[62]〉

フーバーはヨーロッパ問題への不干渉の立場を取っている。しかし、その地で進行している人道上の悲惨な状況に無関心ではなかった。一九三八年の十一月九日から十日にかけて発生した水晶の夜（クリスタル・ナハト）事件には、多くのアメリカ国民と同様に衝撃を受けた。ナチスに扇動された群衆がユダヤ人の住宅やシナゴーグなどを襲った事件である。全国に広がった暴動で多数のユダヤ人が命を失った。およそ三万人のユダヤ人が逮捕され収容所に送られた。ユダヤ人所有の七〇〇〇の商店や会社、二〇〇〇のシナゴーグが破壊された。

事件の数日後にはフーバーを含む六人の著名人が、この事件をラジオの特別番組の中で次のように糾弾した。

「（ユダヤ人に対する）不寛容が爆発したことに怒りの気持ちで一杯である。これほどの事件が歴史上あっただろうか[63]」

この一週間後にはさらに語気を強めてこの蛮行を非難した。

「中世スペインでユダヤ人に対する激しい迫害があったが、今回の事件はそれに匹敵する」[64]*

この問題についてフーバーは、言葉による非難だけではなく行動も起こしている。一九三九年初めにはハーバード大学学長によるユダヤ人救済プロジェクト資金募集の活動を支援した。ドイツ系ユダヤ人学者をアメリカの学術機関に迎えようとの企画であった[65]。

また、ワグナー・ロジャース法案の成立を支持した。この法案は、ドイツからの移民数割当の上限にかかわらず、二万人のドイツ系ユダヤ人の子供たちの受け入れを可能にするものだった[66]（一九三九年四月）。

この頃、友人から、ルーズベルト政権がヨーロッパのユダヤ人を英国領東アフリカに植民させる計画があることを聞いた。ルーズベルトは、この計画の責任者にフーバーが最適であると考えていることも聞いている。フーバーは友人のルイス・ストラウスに、計画の実現を願っていると語っている。[67]しかしこの構想も第二次世界大戦の勃発とともに立ち消えになった。[68]

七月に入ると、フーバーは将来起こるかもしれない戦争の残酷さを少しでも軽減させようと、具体的な行動を起こした。すべての国に、食糧支援の船舶や民間船を攻撃しないことを約束させるための活動である。フーバーは第一次大戦中の一九一四年から二〇年初めまで、ヨーロッパへの食糧支援に多大な功績があった。彼にはドイツ占領下のベルギーへの食糧支援の経験があるだけに具体的な以下のような提案をしていた。**

食糧支援船に航行制限を設けない。船舶への攻撃は陸海軍の船舶や軍需品を運ぶ船舶に限定する。この決まりを厳守させるために中立国による審判組織を設置する。実際の食糧支援は中立国の委員会が実行し、港湾封鎖がなされていても、食糧支援が滞らないようにする。同時に中立たり得るオブザーバーを交戦国に配置し、民間人を空軍機によって攻撃するようなことをさせない。[69]しかし、この提案に主要国のリーダーは何の関心も寄せなかった。[70]

フーバーの、全体主義（ナチズム、共産主義）に対する嫌悪感はますます高まっていった。一九三九年七月には次のように語っている。[71]

「私は（ヨーロッパの）民主主義国に対する同情を禁じ得ない。しかし、全体主義の攻撃があっても、防衛力を持っていると信じている。（万一、全体主義勢力に屈するようなことになっても、独裁者は必ず弱体化していく。少なくとも四半世紀の間は我が国にちょっかいを出してくるようなことはない。全体主義の下での抑圧的な、そして残酷な

＊訳注：一四九二年、カスティーリャ王国とアラゴン王国で発せられたユダヤ人追放令を指す。およそ二〇万人が追放された。
＊＊訳注：第一次大戦中、イギリスがドイツの港湾を封鎖し、食糧も軍需品と定義したため人道的食糧支援も困難であった。フーバーはベルギー食糧支援の責任者だっただけにその問題に詳しかった。

政治運営は必ずその内部からの反発を生む）」

「（すでに）ユダヤ人への迫害や宗教グループへの抑圧は、世界の反感をかっている。（ナチス政権、共産党政権、ファシスト政権は）国民に約束した生活水準の向上も成し遂げていない。自由を知る国民は（たとえいったんは全体主義に屈しても）、必ず民主主義を取り戻す」

フーバーの主張は、国民を抑圧する政府が恒久的に続くことはあり得ないという点にあった。

フーバーの視点からは、アメリカはあくまでも救世主的国家でなくてはならなかった。平和を尊び、憐れみを持つ国、政治的にはニュートラル。そして常に自由の灯火を掲げ、常識の通じる国でありつづけなくてはならなかった。法を重んじ、国際的には経済協力を推し進める。軍縮を目指し、迫害された人々がいれば救済する。こうした貢献ができる国家でなくてはならなかった。

アメリカが参戦してしまえば、それができなくなり、アメリカらしさは失われる。全体主義国家と効果的に戦うために、アメリカ自身が全体主義的国家に変質せざるを得なくなるからである。その結果、失われた自由の回復には何世代もかかるだろう。そうなることをフーバーは恐れた[72]。

一九三九年八月二十二日、ナチスドイツとソビエトが相互不可侵条約を締結した（不可侵条約にはポーランドを独ソ両国で分割する秘密条項があった）。両国はそのイデオロギーの対立で敵対関係にあると信じていただけに世界を驚かせた。ヒトラーはこれによって東部方面での不安を除き、もし英仏がドイツの対ポーランド外交交渉に干渉すれば、安心して（軍事的）抵抗が可能になった。

フーバーは八月末にはカリフォルニアにいたが、ヨーロッパの民主主義国が、ヒトラーとの妥協点を何とか見出してほしいと願っていた。ヒトラーの要求は、ドイツがポーランド回廊経由で（ドイツ系住民が多数派の）自由都市ダンツィヒと接続する権限であった。フーバーは、ダンツィヒ事案についてはヒトラーは何らかの妥協の用意があるように思っていた。妥協がなれば、その条件は世界が納得できるものになりそうである、との期待があった。もちろん、チェコスロバキア併合への道筋をつけるようになってはならなかった。（ドイツ系住民の少ない）チェコスロバキアを併合することには世界の理解はまったく得られないからである。

「チェコスロバキア併合への道筋さえないことがわかれば、ダンツィヒやポーランド回廊をめぐるごたごたで、ヨーロッパは戦争を始める理由などない」[73]

ただ、ダンツィヒ案件は、次のチェコスロバキア併合の地ならしではないかとの疑念は無視できないほどに高まっていた。ヒトラーは（チェコスロバキア併合に比べれば）ダンツィヒの問題など大したことではないと思っているのではないかと疑われた。

結局、一九三九年九月一日、ヒトラーの軍隊がポーランドに無警告で侵入し、この二日後、英仏両国は対独宣戦布告した。九月十七日にはソビエトもポーランドに侵攻した。こうして国家としてのポーランドは消えた。

九月一日夜、フーバーはラジオ番組で、アメリカの不介入をあらためて訴えた[74]。

「今度の戦いは消耗戦となろう。きわめて残酷な戦いとなり、（戦いが終わっても）その後の四半世紀は窮乏を強いられる生活になるだろう」

「（ナチス体制を嫌うアメリカ国民は、民主主義国に同情するだろうが）アメリカはヨーロッパの問題を解決できないことを肝に銘ずるべきだ。我が国ができることは、あくまで局外にいて、アメリカの活力と軍事力を温存することである。その力を必ずや訪れるはずの和平の時期に使うべきである。それこそが我が国の世界への貢献のあり方である」

この年の秋、フーバーは不干渉をより積極的に訴えはじめた。十月初めには、「冷静になろう（英仏両国は敗れることはない）。彼らは世界の海を支配している。敵が疲れきるまで待つということも可能だ。最悪の場合でも、膠着状態に陥るだけだ」[75]と述べ、干渉勢力を牽制した。

ワシントンの議会では、中立法の修正議論が始まった。ルーズベルトが修正の音頭を取っていた。交戦国への武器禁輸条項を外し、戦争状態にある国への武器輸出を可能にしようというのだ。フーバーはその修正の悪影響が最少となるように動いた。彼は、英仏への武器供給を可能とすること自体には反対しなかった。両国が現金で買い付ける限りは容認する立場を取った。*そうすることで、「高まる干渉主義の圧力を鎮められる」[76]と考えたからだった。

ただし、戦いを残虐なものにする性質の武器の売却には反対した。チャールズ・リンドバーグ[77]らとともに、武器禁輸条項の修正については制限を設けたうえで解除することを提案した。売却できる武器は、対空砲や防衛機能に特化した航空機などに限り、爆撃機や潜水艦などの攻撃性のある兵器、あるいは市民を恐怖させる類の武器の販売は完全に禁ずる内容であった。[78]

しかし、十月二十六日、ワシントン議会上院はフーバーの妥協案に基づく法案を否決した[79]（五六対三六）。この数日後、実質無制限に武器輸出が可能になる修正案が可決された。ルーズベルトが望んでいた内容だった。英仏両国はたちまち、米国製武器の大量購入を始めた。

フーバーは、アメリカの局外中立を担保できるのは、国民の意志かあるいはルーズベルトがはっきりとそうした方針を打ち立てるかのどちらかしかないことを悟った。[80]しかし、現実にはルーズベルトは、過去二年にわたって、介入に向けての動きを進めていた。フーバーはそれに我慢がならなかった。[81]「大統領は我が国を最終的には参戦させる考えだ」。これがリンドバーグら友人との（一九三九年九月時点での）共通認識であった。[82]

大統領の動きを牽制し、国内の不干渉世論を支えるためフーバーは積極的に動きはじめた。『サタデー・イブニング・ポスト』誌（一九三九年十月二十七日号）で、「ヨーロッパには二六もの民族が混在し、地獄への道へ誘う悪魔の声が満ちている」、「第一次世界大戦時の苦い経験があるからこそ、我が国がヨーロッパに平和を構築できるなどという幻想をもってはならない」、「和平の再構築はヨーロッパの人々自らの手でなされなければならない」、「憤りの気持ちで理性を曇らすようなことがあってはならない」と訴えた。

この後も同誌上や他の媒体を使って国民への訴えを続けた。

「怒りや憎しみの感情を抑制し、ヨーロッパの戦いが終わるのを待つべきだ。和平の動きが始まった時こそが、我が国が支援の手を差し伸べる時なのである」[83]

不干渉主義を訴えるフーバーに思いがけない訪問者があった。ニューヨーク市にいたフーバーのもとにマイロン・

テイラーという男が突然やって来た。彼はルーズベルトからのホワイトハウス訪問要請の書状を持参していた。二日後にホワイトハウスで、ヨーロッパの戦いの犠牲者支援のための新組織設立について話し合いたいという内容であった。マイロン・テイラーは元USスチール会長であった。

女性や子供の被災者の救援に特化した新組織をホワイトハウスの肝煎《きもい》りで設立し、その運営をフーバーに任せたいということだったが、これにはルーズベルト夫人エレノアの意向が強く働いていたことは間違いなかった[84]。

フーバーはその場で要請を断わった。理由は、赤十字がそのような目的を持った組織としてすでに存在するからだった。アメリカ赤十字が、能力ある人物にそのヨーロッパ部門を担わせればすぐにでも仕事は始められる。

なぜ新組織構想が浮かんできたかについては、テイラーが明かしてくれた。ルーズベルトは、赤十字には軍隊に付属する組織としての機能を果たさせたいと考えていた。フーバーは、赤十字が軍の医療組織のような狭い範囲で仕事をする時代は終わっていると反駁した。また、赤十字と同じような性質の仕事をする組織を新たに作ることは、煩わしく時間ばかりかかることも説明した。この時のフーバーのメモから、彼がこの構想にまったく関心を示さなかったことがはっきりしている。

テイラーには、被災者支援プログラム*へのアドバイスを望まれれば喜んで受けると伝えた。その一方で、彼自身は、とにかくアメリカがヨーロッパの戦いに巻き込まれないよう全力を尽くしたいとはっきりと述べたのである。

結局フーバーはホワイトハウス訪問要請を受けなかった。「私自身がホワイトハウスを訪問すれば、無用な憶測を呼んでしまう。また党（共和党）に対する責任がある」と大統領に伝えてほしいと要請しただけであった。

フーバーは、共和党はルーズベルトがヨーロッパ問題への非介入の立場を取るのであれば、必ずその政策を支持する、との確信を持っていた[85]。

ホワイトハウスは、テイラーを通じての断わりで諦めなかった。ルーズベルトはこの案件をアメリカ赤十字会長の

＊訳注：アメリカが購入資金をファイナンスしないという意味である。

ノーマン・H・デイヴィス[86]と協議した。その上でルーズベルトはデイヴィスを遣ってフーバーの説得にあたらせた（九月十四日）。ヨーロッパ支援事業について全責任を負える立場での要請であった。[87]

この申し入れについてもフーバーは難色を示した。赤十字は、ヨーロッパにも組織があり、人材も豊富で、こうした活動をするための十分な権威がある。いま最も支援を必要としているポーランドに対する活動にもすぐ着手できるはずだ。[88]この回答に加えてもう一点重要な理由をデイヴィスに語った。

「大統領は、この構想を来年（一九四〇年）の選挙戦キャンペーンに利用しようとする魂胆があるのではないか[89]」

フーバーは、デイヴィスとの協議の中で、自らの考えを書面にまとめ、彼を通じて赤十字幹部会に伝えることに同意している。そして翌日にまとめた正式書面の中で、赤十字がヨーロッパ支援事業を一本化し、全国的な救援基金設置を提案したのである。[90]また十八日に予定されているワシントンでの幹部会への出席も、幹部委員に就くこともやぶさかでないと伝えた。しかし、大統領と直接接触することはあくまで拒否した。[91]

フーバーの冷たい反応を感じて渋々ワシントンに戻るデイヴィスに、フーバーは一つの提案をした。それは、彼がデイヴィスに手渡した提案書面をメディアに公開することであった。そうすることで、（ルーズベルトとフーバーの間で何かが話されているという）無用な臆測を払拭することができるし、デイヴィスのフーバー訪問の理由を不可解に思っている世論への対処になると考えたからであった。

デイヴィスはこの提案を断わっている。赤十字幹部会は、フーバーの「素晴らしい提案」を、世間より先に知り、それを検討する機会を持つべきだと考えたからである。それを聞いたフーバーは（幹部会での説明のために考慮していた）ワシントン行きを取りやめた。[92]

一九三九年九月十八日、赤十字は幹部会を開催し、検討の結果フーバーの提案を否決した。赤十字は従来からの業務、つまり民間からの義援金をもとにした緊急支援に専心すべきで、政府資金を使い長期にわたって大量の人々を飢えから救うという業務とは一線を画したい、というのが否決の理由だった。もう一つの理由は、ヨーロッパ情勢がまだ混沌としていて、民間人救済には実際にどのような作業が必要になるかわからない、というものだった。デイヴィスは、もう少し様子を見ていたいと回答した。もう一点、官僚主義的な理由もあった。国内の失業率が相変わらず高く物資不足も目立っていた。そんな中でヨーロッパ救済の事業を開始したくないというものであった[93]。

赤十字の決定後、数日にわたってフーバーとデイヴィスは意見交換を続けている。このやりとりを通じて、フーバーはルーズベルトに思惑があるのではないかとの疑念を強くした。共和党の元大統領をヨーロッパ救援事業に釘付けにすると同時に、面倒で不人気になるだろう救済資金集めの仕事を任せようという魂胆ではないか[94]。フーバーは、ルーズベルト自身が彼の意向を確認せず、代理人を使ってきたことにも気分を害していた[95]。

大統領夫人（エレノア）は、夫妻ともども恥をかかされたように感じていたらしかった。九月の末には友人に、「彼（フーバー）は大統領に会おうともしなかったわ」と不満げに語っていた[96]。ルーズベルトは少し違う形で不快感を表している。ルーズベルトは九月二十日に超党派の国家連帯会議を開催した。民主・共和両党のリーダー格の人物一四人を集め、中立を守るにはどうすべきかを協議してもらうのが会議の趣旨であった。一九三六年の大統領選共和党候補の一人アルフ・M・ランドン[97]には声がかけられた。しかし、おそらく意図的なものだろうが、フーバーには誘いがなかった[98]。

アメリカ赤十字の幹部会でもフーバーへの不満が出た。幹部には共和党員がいたが、彼らでさえ、フーバーとはうまくやれない、彼はアドバイスをしたいのではなく、命令したいのだ、と述べるほどであった[99]。

無用な思惑が生まれるのを避けたいという理由で、フーバーは赤十字での協議にさえ行こうとしなかった。さらにルーズベルトからのワシントンへの招きにも応じていない。一週間で二度の招きを断わった。彼のこの頑なな態度は普通ではない。その理由は、これまで誰も指摘していないが、フーバーは暗殺を恐れていたのかもしれない。

一九三三年三月四日、彼の大統領職が公式に終了した。ワシントンでの新大統領就任式への出席を済ませ、ニューヨーク市に戻る際、フーバーはシークレットサービスに同市までの護衛を要請した。暗殺を恐れたのである。しかし、当時の法律では、前大統領も一般市民に戻ってしまえば、そうしたサービスを受けることができなかった。シークレットサービスはフーバーの要請を断わった。

フーバーは、シークレットサービスに護衛を断わらせたのはルーズベルトではないかと疑った。そのことがずっと許せないでいた。その後六年半の間、ルーズベルトがワシントンに滞在している時期には（一度だけ例外があるが）、同市を訪れようとはしなかった。前大統領がワシントンに行く場合、儀礼的にでも現職大統領を訪問する義務があるとフーバーは思っていたからだった[100]。

一九三九年九月半ば、フーバーはシークレットサービス問題についてのわだかまりをマイロン・テイラーかあるいはノーマン・H・デイヴィスに打ち明けたようである。このことはすぐにルーズベルトに伝えられた。ノーマン・H・デイヴィスはルーズベルトの言葉をフーバーに届けた。就任式の日にフーバーの護衛をやめさせるような命令をシークレットサービスに出したことなどない、なぜフーバーがルーズベルトに冷たいのか理解できない、というものだった。フーバーはルーズベルトの言葉を信じられないようであった[101]。

確かにフーバーがルーズベルトに会おうとしなかったのはルーズベルトへの反感であったとしても、フーバーには現状の事態からすればより大事なことがあった。もし、ルーズベルトの要請を受け、ヨーロッパ救援事業に関わってしまえば、敵側の陣営に取り込まれてしまうことになるのを危惧した。自身の政治的な立場が偏向することになる。戦争介入か非介入かの議論の最中に、そして一九四〇年の大統領選が近づいている時期に、自身の立場に政治的な色をつけたくなかった。

それでもポーランド系の国民からは（経験豊富な）フーバーにポーランド難民への救援事業をリードしてほしいとの要請が強かった。ノーマン・H・デイヴィスも、アメリカ赤十字によるヨーロッパ（難民）の状況調査報告書をフーバーに提出すると伝えてきた。フーバーは、アメリカ赤十字の動きは遅すぎるし、救済を始めるにしても規模が小さすぎると不満であった[102]。

こうした状況にあって（ルーズベルトの要請やアメリカ赤十字とは別に）、フーバーはかつてヨーロッパ食糧支援に携わった仲間とともにポーランド救済委員会（ＣＰＲ：The Commission for Polish Relief）を設立した（九月二十五日）。フーバー自身は名誉会長となり、表に出ない形で活動をリードした。その後数カ月で、数十万ドルの義援金を集め、四六〇万ポンド（約二一〇〇トン）の食糧支援を実施した。食糧のほとんどはルーマニア、ハンガリー、リトアニアに逃げていたポーランド難民に届けられた[103]。

十二月になると新たな救援事業を始めなくてはならなかった。十一月三十日、ソビエトが小国フィンランドに侵攻したのである。フィンランドは、第一次世界大戦時に受けた米国からの借款をきちんと返済し続けていた唯一の国だった。フーバーはフィンランド侵攻の報をカリフォルニアで聞いた。強烈な反共主義者であった彼は、卑劣な文明破壊行為であると激しくソビエトを批判した。あのチンギス・カンのヨーロッパ侵攻に匹敵する蛮行だと憤った[104]。

十二月三日、フーバーはニューヨークの友人ルイス・ストラウスから電話を受けた。彼の伝える内容は驚くべきものだった。

この日の朝、ストラウスのもとにフィンランド公使ヤルマル・プロコペから電話が入った。公使はストラウスの友人であったが、彼の声はひどく沈んでいた。彼はワシントンを文字どおり駆けずりまわりフィンランド支援を要請した。同情の声は溢れていたが、何か具体的な支援をすると約束してくれた者は一人もいなかったのである。アメリカ赤十字さえ同じ態度であった。

ストラウス（一九一七年から一九年までフーバーの個人秘書だった）は、フーバーに、フィンランド食糧支援事業をリードするように願った。第一次世界大戦時にフーバーが行なった対ベルギー食糧支援事業（ＣＲＢ：The Commission for Relief in Belgium）と同様の活動をフーバーに願ったのである。アメリカの食糧支援があれば、節約できた資金をソビエトと戦うための武器購入にあてることができる。

プロコペ公使はその晩ストラウスを訪問している。対フィンランド救援構想はストラウスが、公使の訪問前後にフーバーに伝えた。フーバーはそれに躊躇なく同意し、ストラウスにフィンランド救援基金設置を指示したのである[105]。

この翌日には、カリフォルニアから、かつてのベルギー救援事業時代の友人にコンタクトし、フィンランド支援の活動を開始した[106]。同時に、アメリカ国民に支援を訴える文書を準備した[107]。

フーバーは、このフィンランド救援構想について、「大事業」に残した資料の中で、その狙いを説明している。もちろん単純にフィンランド国民を助けたいという動機が第一だが、ほかに二つの動機があった。

一つはアメリカ政府によるフィンランドへの金融支援の実現に向けて、それを後押しする世論を醸成したかったことである。もう一点は、共産主義の本質とソビエト政府の性格というものをアメリカ国民に知らしめたかったのである。

彼はロシアの蛮行を激しく非難した。

「ソビエトはまさに怪物である。なんの挑発も受けていないにもかかわらず、あの小さなそして弱々しい民主主義国家フィンランドを侵略した[108]」

あちこちで（フーバーの構想とは別個の）支援の動きが始まっていた。フーバーもただちに支援に立ち上がりたかった[109]。しかし、彼自身が行動する前に、フィンランド政府の同意を取りつけておく必要があった[110]。十二月五日、フーバーはプロコペ公使に長距離電話を入れ、同意を得た。フーバーがメディアに対して、フィンランド救援事業の発足を発表したのはこの晩のことであった[111]。

翌日、フィンランド救援基金が正式に設立された。二日後、ニューヨークで設立総会が開催されフーバーは会長に選出された。フィンランド政府の同意の象徴としてプロコペ公使が名誉会長に就任した[112]。

ただ問題が一つあった。フィンランド救援基金設立を急いだために、アメリカ赤十字に事前のコンタクトを取らなかったのである。フーバーには赤十字副会長の肩書があった。十二月五日、ストラウスが、赤十字が独自にフィンランド救援事業を始めるようだと伝えてきた。赤十字のメディアへの発表は翌六日になるとのことだった。アメリカ赤十字はこの一週間前には、そうした計画がないとプロコペ公使に伝えていたはずであった。フーバーは赤十字側に何らかの意図があるのではないかと心配だったが、その晩には、自らの進めるフィンランド救援基金の方針をメディアに発表した[113]。

初めの一手とも言えるメディアへの公表はうまくいった。翌日（十二月六日）の『ニューヨーク・タイムズ』紙は、赤十字のフィンランド救済計画と義援金募集の記事に並べて、フーバーらの進める救援事業の発足をも報じてくれたのである[114]。

それでも、アメリカ赤十字の方針変更でフーバーが板挟みになったことは間違いなかった。これまでのフーバーは、ヨーロッパ救援事業ができる唯一の組織として赤十字を評価し賞賛していた。少なくとも、赤十字がポーランド救援事業でもたもたするまではそう評価していた。

しかし、アメリカ赤十字は突然積極的な行動に打って出た。たちまち二万五〇〇〇ドルの予算をつけ、内一万ドルをすでにイギリスに送金し、フィンランド赤十字向けの医薬品購入に充てていた[115]。二つの組織の調整が必要だと考えたフーバーは、デイヴィスに電話を入れた（十二月七日）。フィンランド救済の事業を本当に本格的に始めるか確認した。そうであるなら、彼も協力を惜しまないと告げたのである。フーバーによれば、デイヴィスは、赤十字は（フーバーが考えているほどの）幅広い形での活動はできない、と答えたらしい。フーバーは救援事業を半々で分担したらどうかと提案したが、赤十字では共同事業はできないと断わられた。このため、フーバーは、次回の国民への支援要請の場では、赤十字に対しては従来どおりの、医療関連品や衣類の寄付をしてほしい旨の訴えはすると約束した。また、フーバーの組織（フィンランド救援基金）は、赤十字との協力を惜しまないとも伝えた[116]（フーバー談）。

いずれにせよアメリカ赤十字は、フーバーが計画しているような広範囲のフィンランド支援は考えていないことが確認できた。（事業の重複が避けられることを確認した）フーバーは、あらためてフィンランド救援基金の設立をメディアに発表した。フィンランド国民の苦しみを少しでも緩和させたい。それが設立の趣旨であった[117]。

フーバーは全国の新聞社に義援金募集の窓口になってくれるよう要請した。これによって運営コストの削減が期待できた。全国でおよそ一二〇〇の新聞社が協力を約束してくれた[118]。国民のフィンランド支援は盛り上がりを見せ、新聞は、全国で集会やチャリティーコンサート、義援金を呼びかけるラジオ番組、劇場での集まりが続いた。フーバーの狙いどおり国民の関心が高まり、義援金募集に弾みがついたのである。

義援金の額については多くの人から集まったものの、少額のものが多かった。基金の口座はチェース・マンハッタン銀行に開設してあったが、万一活動資金が不足した場合は、フーバーの個人資産一〇万ドルで口座の資金不足を補《ほ》塡《てん》することを約束した。[119]

フィンランドの状況だが、世界が驚くほど、ソビエトの侵攻に粘り強い抵抗を見せていた。そのことがアメリカ国民に強い共感を呼んだ。政治家、教会関係者（牧師ら）、スポーツ選手あるいは映画俳優がこぞって基金への義援金を訴えた。また本人らも資金を出した。たとえば女優グレタ・ガルボ[120]は五〇〇〇ドルの小切手を基金に送ってきた。[121]義援金募集のキャンペーンは一九四〇年に終わったが、総額でおよそ三五〇万ドルを集めることができた。[122]

義援金募集キャンペーンはうまくいったが、舞台裏ではその成功に対する反感が生まれていた。その活動には、デイヴィスが語ったように、アメリカ赤十字も医薬品を中心にした支援事業のための義援金を募集していた。その活動には、全米の赤十字組織（三〇〇〇の支部、七〇〇〇の分会）が携わり二三〇万ドルを集めている。[123]ただフーバーの組織の評判に比べたら見劣りする活動であった。デイヴィスはこれに不満げであった。フーバーは二つの組織は協力し合ったと述べていたが、デイヴィスはそうは考えていなかった、国民を混乱させたとこぼしたのである。[124]

デイヴィスは不満ではあったが引き下がらざるを得なかった。彼の率いる赤十字のフィンランド支援は有機的に組織されていなかったことは事実であり、フーバー自身が、フィンランド国民への全面的な支援を赤十字がすると決めさえすれば、彼は活動を停止し、赤十字に協力すると約束していたからであった。そうした経緯の中で、二つの組織はそれぞれ別々に活動したのである。[125]

フーバーは、赤十字幹部が彼の活動に苦虫を嚙み潰していることに気づいていた。彼らは赤十字の領分が侵されていると不快だったのだ。[126]

赤十字の悪感情は縄張り意識に基づくものだった。しかしホワイトハウスの住人（ルーズベルト）は、フーバーの活動をまったく違う視点から苦々しく眺めていた。全米でフィンランド救援ムードが盛り上がると同時に、救援活動を進めるリーダー（フーバー）に対する賞賛の声も高まった。フーバーに国民の関心がこれほど集まったのは、彼の退任以来初めてのことだった。一九四〇年の大統領選挙を前にして、再びフーバーの名が紙面に躍るようになったのである。

ルーズベルトや彼の取り巻きは、フーバーは共和党の有力な大統領候補の一人であると見なしていた[127]。彼らは、フーバーがフィンランド救援活動を指揮する本当の狙いは政界へのカムバックを狙っているからだと疑っていた。精力的に動いているフーバーが不気味だった。この頃のルーズベルト政権は、フィンランドに対して、言葉での同情や励まし以上には具体的な行動を何一つ取っていなかった[128]。そのため政権幹部は、ポーランド系あるいはフィンランド系などの移民が、ヨーロッパの救済に本当の関心を寄せているのはフーバーだと感じることを恐れていた。ルーズベルトはフーバー潰しに動いた[129]。

一九三九年十二月半ば、ルーズベルト側に立つメディアは、フーバーの評判を貶める作業を開始した。この動きをルーズベルトは知っており、黙認した[130]。

最初にフーバーを批判したのは、ニューディール政策推進派のコラムニスト、ドーリス・フリーソン[131]だった。彼女は、フィンランド救援事業をフットボールに喩え、フーバーはデイヴィスの赤十字チームが戦っている試合を乗っ取り、脇に追いやった、と非難した[132]。彼女以外のジャーナリストも、フーバーが救援事業を開始した時点で、赤十字はすでにその事業をスタートさせていたと書いた。フーバーは、フィンランド救援基金の設立に際して、赤十字になんの連絡もしなかった、彼の事業は邪魔だった、とする赤十字関係者のコメントも取り上げた[133]。

きわどい報道があったのは十二月十三日から十五日にかけてであった。ワシントンとニューヨークの新聞が、ルーズベルトは、三カ月前にフーバーにフィンランド救援事業の指揮を執ってくれるよう要請した、しかしフーバーは政治的理由でそれを辞退した、というものであった。情報の出所は間違いなくルーズベルトか、デイヴィスだった[134]。

メディアによるフーバー批判が続くなか、ルーズベルトは記者会見（十二月十二日）の場では、フーバーと赤十字の間に軋轢《あつれき》があることなど聞いていないと平然としていた[135]。このわずか二日後、ホワイトハウスのスティーブン・アーリー報道官は記者会見で、メディアの伝える内容を認めた。大統領は、戦争勃発時に、デイヴィスを通じてヨーロッパ救援事業全体を統括してほしいと確かに要請した。しかしフーバー元大統領はそれを断わった、と語ったのである[136]。

反フーバーの動きはこうして始まった。もしメディアの報道が正しければ、人道主義者であるはずのフーバーの活動は純粋な利他的行動ではないことになる。世間に疑われれば、フーバーの人道主義者としての評判は貶められ、共和党予備選にも悪影響を与えかねなかった。

そうは言っても、ホワイトハウスからの攻撃に反駁するのは容易ではなかった。大統領は確かに九月初めには、フーバーにヨーロッパ救援事業の新組織設立を打診していた。そのことは否定できなかった。それを断わり、救援事業は赤十字に任せるべきだと言ったことも事実だった。デイヴィスには、一九四〇年の共和党大統領候補の座を狙っていることもほのめかしていた（九月半ば）。また彼がその時点で辞退した理由、つまり「アメリカがヨーロッパの戦いに巻き込まれないように全力を尽くしたい」を（世間に）はっきりとさせることにも躊躇《ためら》いがあった。（それならなぜフィンランド救援基金のための余計な仕事に関わっているのかと、逆に非難される可能性があったからだった。

十二月十四日、ニューヨークでフーバーの記者会見があった。ホワイトハウスでのアーリー報道官のブリーフィングの少し前のことである。集まった記者たちは、ヨーロッパ救援事業の総司令官（General Director）に就いてほしいというルーズベルトの要請を断わったのは、一九四〇年の大統領選への出馬の思惑があり、ルーズベルトのニューディール政策に加担していると見られたくなかったからだ、という報道の真否を問うた。

これに対するフーバーの憤りは尋常ではなかった。メディアがそのような悪意の報道をすることは、いってみれば、善意の井戸に毒を入れることだ、とメディアの姿勢を詰《なじ》った。彼の進めるフィンランド救援基金とアメリカ赤十字との間にはなんの軋轢もない。それが彼の答えだった。[137]

フーバーが憤りを見せた報道には事実関係にいくつかの間違いがあった。その意味では記者に反駁するのは容易であった。ある記事では、フーバーは、デイヴィスに代わって会長職を打診されたとしていたが、そのような事実はないと否定した。[138]

アーリー報道官がホワイトハウスで行なった会見内容に反駁するのは少し面倒だった。それでも報道官の説明には事実誤認があった。アーリーは、ルーズベルトがフーバーに接触しようとしたのはヨーロッパでの戦いが始まる前のことだと説明していたが、時系列的に間違いがあると反論できた。フーバーも彼のメディア担当秘書ローレンス・リッチーも、報道官は混乱しているのではないかと述べた。フーバーとホワイトハウスの間では確かに戦いの勃発前から協議していることがあった。しかしそのテーマは政治亡命者の扱いの（保護）問題であって、難民救済の件で打ち合わせたことはなかったのである。[139]

いずれにせよフーバーは、ルーズベルトに味方する者からの（いわれなき）批判に我慢ならなかった。放置すれば自身の評判が貶められることになる。フーバーはリッチーをワシントンに遣った。報道の間違いを示す書類を準備し、ワシントンにいる新聞記者やコラムニストに接触させたのである。[140] リッチーの用意した資料には、九月に交わされたデイヴィスとの交信の写しも含まれていた。

これで、堰《せき》を切ったように始まったフーバーへの攻撃（非難）を何とか食い止めた。[141] 友人のジャーナリストらの励ましもあって、政敵からの中傷をかわすことができたのである。[142]

フーバーは、メディアに（中傷の）情報をリークしたのはノーマン・H・デイヴィスだろうと疑っていた。フーバーは防衛の手段を考えねばならなかった。フーバーのもとにはデイヴィスからその後も電話があったが、彼には知らせずに電話での会話を録音した[143]（録音を文字に起こしたものはフーバーが保管している）[144]。そうした中で、本当の黒幕はホワイトハウスの住人（ルーズベルト）だとフーバーは確信する。[145] この一件の数年後、フーバーは「大事業」の草稿の中で、フィンランド救援基金の騒動を次のように書いている。

「ルーズベルト氏*は、フィンランド救援基金の仕事を何としても妨害せよ、と部下に命令した。フィンランド国民（の窮状）とは無関係に、個人的な感情で私を侮辱したかったのである[146]」

ルーズベルトが実際に命令を下したかどうかは別にして、フーバーがそのように信じたことは事実である。それが

＊訳注：本書には大統領という職名を使わずルーズベルト氏（Mr. Roosevelt）としている箇所が多い。フーバーが、ルーズベルトを大統領として評価していないことを示す表現だと思われる。したがって、「Mr. Roosevelt」と書かれている箇所はそのまま「ルーズベルト氏」として訳出する。

いなかろう。

両者の関係をいっそう悪化させた。この件が、フーバーの「大事業」のモティベーションの一つとなったことは間違いなかろう。

二人の感情はもつれはしたが、フィンランドへの救援は民間資金だけでは足りないだろうという点については一致していた。フィンランド侵攻（ロシア・フィンランド戦争）のあった第一週には、ルーズベルト政権は一〇〇〇万ドルのフィンランド政府向け借款を実施した。これは復興金融公社（ＲＦＣ）を通じて実行された。この資金はアメリカ国内での民生品の購入にあてられ、実務にはフーバーの右腕であるルイス・ストラウスがあたった。[147]

一九四〇年一月、ルーズベルトは議会に対して、借款の増額を要請した。[148] フーバーもこの提案にはすぐに賛意を示した。[149] 議会は提案の数週間後にあらたに二〇〇〇万ドルの追加借款を決めた。使用用途は民生品の購入に限定されていた。[150] 議会で承認された翌日、ヘルシンキにいる代理人を通じてこの成果を伝えている。

「追加支援は我々のアメリカ国民への支援要請の結果である。ルーズベルト政権は（我々が盛り上げた）国民世論に押されて議会への働きかけを進め、その結果が追加支援となった[151]」

確かにフーバーの言うように、新聞の見出しに「フィンランドの苦悩」が躍るように仕掛けたのはフーバーのチームであった。それによって民間人からの支援を増やすことができた。世論のフィンランド侵攻への憤りが高まらなかったら、ルーズベルト政権もワシントン議会もフィンランド支援にこれほどの金額を拠出しなかったに違いない。

しかし、アメリカ政府が一九四〇年三月に実施した支援は遅きに失した。侵入したソビエト軍に圧倒されたフィンランドは、三月初めにはソビエトに講和を乞わざるを得なかった。[152]*

フーバーは講和条約後もフィンランド救援基金を存続させ、難民支援資金の送金を続けた。[153] 戦いそのものが終わり、アメリカ政府の新たな借款もなくなったので、フーバーには再び時間的余裕ができた。

確かに、ルーズベルトの反フーバー工作の「第五列」に属する連中がでっちあげた噂[154]（政治活動の場への復帰を動機としたフィンランド難民救済）には何の根拠もなかったが、幸運にも、一九四〇年春には、フィンランド救援活動の仕事の量が減ったことで、政治家として再エントリーの好機が到来した。自らの政治信条の実現に向けての準備ができた[155]。結局ルーズベルトの周辺が恐れていたことが現実になったのである。

フーバーの、選挙戦に向けての戦略は単純だった。（不干渉主義の主張を封印し）自身のこれまでの政治活動に対する評価を強調した。評論や講演を通じて、共和党の中でも最も経験豊富でかつ知的な政治家であることを訴えた。共和党大会では、力強いスピーチで、共和党にとっての最高の候補になれると訴えた。しかし大会（一九四〇年六月二十五日）では彼は選ばれなかった。彼の主張を単調で面白味がないと感じたのか、共和党大統領候補には新人のウェンデル・ウィルキー[156]が選出された。

それでも共和党大会のフーバーの演説は熱がこもったものだった。ルーズベルト政権とそれを支える「全体主義的リベラル」を激しく非難した。ルーズベルト政権の二期八年で、どれだけの自由が毀損されたかを訴え、行政府の運営の失敗の様を語った。アメリカ国内で自由が弱体化したのは、自由を蔑《ないがし》ろにする思想が広まり、政府組織との戦いに自由を求める層が劣勢になった結果である。この戦いは、ヨーロッパでは勝負がついてしまった。一九一九年以降、個人の自由は計画経済を求める人々によって侵食され、独裁制に変容した。

「ヨーロッパのどの国にも目を星のように輝かせ、経済の計画化ができて、人々をそれに従わせることができると信じる者がいた。彼らは、すべての経済問題を解決できるのは国家であると考えた。こういう考えを持っていながら、自身はリベラルな思想家だと勘違いしている。彼らは、官僚制度に支えられた経済の独裁化（計画経済化）を指向しても、言論の自由が守られ、自由な投票による政府と秩序ある正義の実現が可能だと考えた。こうした連中が『全体主義的リベラル』であり、ニューディール政策の生みの親なのである」

ヨーロッパで始まった戦いに決して参戦してはならないと「冷静なリアリズム」を主張した。

「我が国の安全が脅かされている現実はない。我々は三〇〇〇マイルの広がりを持つ海（大西洋）に守られていることを忘れてはならない。この海に遊弋《ゆうよく》する鯨までを潜水艦だと思い込んで恐れるようなことがあってはならない。

＊訳注：両国の講和条約調印は三月十二日。

大統領の一番の使命は、戦いになることを避けることである。決して戦いを煽るようなことをしてはならない。また憎しみを煽るようなことをしてはならない[157]」

フーバーは、この演説は共和党代議員の心を揺さぶれると自信を持っていた。しかし、会場のほとんどの代議員は彼のスピーチを聞き取ることができなかった。演説が終わってからの反応も鈍いものだった。フーバーも彼の支持者もマイクに何らかの仕掛けがなされていたと疑った。大会の議長はウィルキーの支援者だった。彼による工作があったと考えられる。おそらくそうだったのではないかと思われる。また、会場内にウィルキー候補支援者が溢れていたが、入場許可証を不正に水増ししていた疑惑があった[158]。

フーバーにとって共和党予備選に敗れたことはショックであった。敗北の数週間後には六六歳の誕生日がやってくる。次のチャンスはなかった。大会を終えたフーバーは、友人に、自分の時代は終わったと漏らした[159]。「釣りにでも出かけるとするか。政治のことは忘れたい[160]」と、大会後彼を取材した記者に語っている。

六月二十八日、フーバーは親しい者に次のように書いた。

〈世の中にはどうにもならないことがある。修正の利かないミスもある。ただ変わらない友人の支えはありがたい。あなたの変わらぬ支援は私の財産です[161]。〉

フーバーが回顧録の執筆を開始したのはこのひと月ほど後のことであった[162]。しかし、回顧録をのんびりと執筆することなどとてもできない事件が発生した。自身がそうしたくても周りがそうさせなかっただろうし、彼自身がいてもたってもいられなかったのだろう。ヒトラーが、西ヨーロッパへの侵攻を開始したのである〔訳注：一九四〇年五月十日〕。六月末には、ノルウェー、デンマーク、ベルギー、オランダそしてフランスのほとんどがナチスドイツの支配下に入った。残っているのは新首相に選出されたウィンストン・チャーチルの率いるイギリスだけになっていた。* このイギリスもどれだけ耐えられるか誰にもわからない状況だった。

一九四〇年の夏はまことにおぞましいものだった。バトル・オブ・ブリテン**が激しさを増す中で、フーバーはまさに針の筵《むしろ》に座っている気持ちであった。フーバーはイギリスがドイツの空からの攻撃に屈するようなことはなかろうと固く信じてはいた[163]。

イギリスは最終的にドイツからの攻撃に耐えたが、そのことがフーバーに非介入を訴える新しい論拠を提供した。「わずか数十マイルのイギリス海峡***を渡れなかったヒトラーの軍隊が、どうして我がアメリカの安全を脅かすことがあろうか[164]」

この年の秋の大統領選挙はウェンデル・ウィルキーがルーズベルトに挑んでいたが、ウィルキーの選挙戦はまとまりがなかった。フーバーは、ルーズベルト三選を阻止する活動に身を投じた****。

「ルーズベルト政権は、大統領への権力集中を進めている。この集中は我が国をナチズムやファシズムに導いていく。この政権はアメリカを戦争へ戦争へと近づけている[165]」とルーズベルトの政治姿勢を激しく非難した。フーバーは、十月三十一日、ネブラスカ州（リンカーン）の演説でもルーズベルトを攻撃した。ルーズベルトは、今日の世界の難局にあってアメリカ外交を担えるのはルーズベルトだけであるというキャンペーンを展開していたが、それを酷評したのである。

「（ルーズベルトは大統領であった過去七年間に）何一つとして和平を模索する外交をしていない。彼のやってきたことは我が国を戦争に巻き込んでしまうようなことばかりだった」

「ままごとのような外交で、虎（のように凶暴な国）に針を刺して怒らすようなことばかりやっている。彼の外交がどんな結果を生むのか。それはこれからの歴史が証明していくだろう。ルーズベルトの幼稚な外交は、非現実的な希

*訳注：チャーチルは五月十日に首相就任。
**訳注：イギリス上空の制空権を巡る英独空軍の戦い。
***訳注：最狭部はおよそ三四キロメートル。
****訳注：一九四〇年の大統領選挙は十一月五日であった。

望を持たせたり、あるいはヨーロッパの動きを無意味に刺激するだけのものである」

ルーズベルトが、ソビエトを国家として承認（一九三三年）したことについても非難した。

「革命を拡散しようとするソビエトの米国内攪乱《かくらん》工作で、我が国は過去六年間にわたって苦しんできた。彼らは我が国内でそうした工作はしないと言ったが、その約束は守られていない」

フーバーは、ルーズベルトの大言壮語、誇張に満ちた宣伝戦、戦争ヒステリーを煽る言辞を批判した。もしアメリカがヨーロッパの戦いに参入したら、長い長い戦いになると警告した。それは一年半くらいで終わるような代物ではなく、三〇年戦争*に匹敵する長期戦になる可能性を指摘した。フーバーは、「イギリスには我が国の法律の許容範囲での可能な限りの支援を実施し、国防を充実させる」ことは必要だが、介入してはならないと訴えた。[166]

このスピーチの一週間後、ルーズベルトは三選された。十分な票差をつけての再選であった。残念な結果ではあったが、[167]フーバーは一つだけ自分を慰めることができた。

前述したフーバーのネブラスカ州での演説の前日にルーズベルトはボストンで演説していたが、その中で次のような公約をせざるを得なかったのである。

〈ここには父であり母である者がたくさん私の話を聞きに来てくれている。もう一度はっきり言います。これまでにも何度も言ってきたことですが、ここであらためて繰り返します。あなた方の息子さんが外国の戦争に遣られることは決してありません。[168]〉

フーバーは、ウィルキーが勝利した場合は住居をワシントンに移す考えであった。フーバー夫妻はSストリート二三〇〇番地に邸を所有していた。一九二〇年代の商務長官時代に暮らした家であった。しかしルーズベルトの三選で、フーバーは仕事の場をニューヨーク市に置くことに決めた。

一九四〇年十二月三日、彼と妻ルー（Lou）は、同市にあるウォルドルフ・ホテル併設のウォルドルフ・タワー三一号Aに入居した。フーバーはこの部屋でその後の人生の大半を過ごすことになった[169]。彼が「大事業」を進めたのもこの部屋であった。

ルーズベルトの三選を許してしまったが、フーバーのルーズベルト外交への嫌悪の情は変わることはなかった。その思いはしだいにルーズベルトとの私情を交えた戦いになっていった。

フーバーは、この前年から始まっていたポーランド支援の活動を強化する方策を探っていた。できることならポーランド亡命政権〔訳注：ロンドンにあった〕を含む外国政府を巻き込んだ事業にしたかった[170]。一九四〇年二月二十九日、フーバーはワシントン議会の公聴会で証言した。アメリカ政府の二〇〇〇万ドルの対ポーランド支援の是非がテーマだった[171]（この日、ルーズベルトはワシントンを留守にしていた）。

一九四〇年の春から夏にかけてヨーロッパでは戦火が拡大した。それにともないフーバーの支援活動の対象も拡がっていった。五月半ばにはベルギー軍はドイツ軍の攻勢になす術もなかった。フーバーは、ベルギー救援委員会（CRB：The Commission for Relief in Belgium）を設立した。これは第一次世界大戦時にフーバーの名を一躍知らしめることになったベルギー支援組織と同じ組織名であった[172]。

CRB設立の二週間後には、「連合救援基金」創設を話し合う、一一の支援組織の集まりに参加した。ヨーロッパ全体の民間人支援が目的だった。この会議で募集した義援金の支出実務は、一つの組織に任せることが決定し、新組織（アメリカ支援金管理機構：American Relief Administration）の会長にフーバーが選任された[173]。

フーバーらの活動に時期を合わせるように、ルーズベルトとアメリカ赤十字もその活動を活発化させた。たんなる偶然の一致ではなかっただろう。五月十日、アメリカ赤十字は、国民に向けてヨーロッパ義援金構想を発表した。最低でも一〇〇〇万ドルを募集し、ヨーロッパ救援資金に充てるという計画であった。現実には予定金額の倍の額が集まった[174]。フーバーは、赤十字の事業には協力すると約束していたから、この事業への支援を惜しんでいない。

＊訳注：一六一八年から一六四八年まで続いた宗教戦争。

しかし、フーバーはルーズベルト政権の真意を疑っていた。実情は彼が心配していたとおりだったようだ。内部情報に通じた者が、大統領夫妻はノーマン・デイヴィスと会い、フーバーをヨーロッパ支援の先頭に立たせないこと、ルーズベルト夫人のエレノアをフランスに遣って（ヨーロッパ支援の）活動のイニシアティブを取らせることを決めたと知らせてきた[175]。

それから数週間後のことであるが、ルーズベルトは政府資金から五〇〇〇万ドルを拠出してアメリカ赤十字を使って外国の窮乏を救いたいと議会で訴えた[176]。議会はその予算を承認した[177]。支援活動におけるフーバーの業績を知っている者がルーズベルトに、（今回の予算措置の実行には）フーバーを充てるのがよいのではないかとの意見を述べている。ルーズベルトの答えは「よく検討してみよう[178]」であった。

七月には五〇〇〇万ドルの予算措置がなされた事業を具体的に進める組織を設立することになり、ルーズベルトは閣僚二人に赤十字との調整を任せた[179]。

一週間後、フーバーは友人に次のように不快感を吐露している。

「ルーズベルトはヨーロッパ救援事業に可能な限り我々を関わらせないようにしているようだ。戦争難民が飢えて死のうがどうでもよいのだろう[180]」

フーバーがこのような物言いをしたのは、ルーズベルトが赤十字を贔屓《ひいき》にしていたことに気分を害しているのではなく、フーバーが考えている大きなスケールでの救援構想に対するルーズベルトの（冷淡な）態度に不満だったからであろう。

一九四〇年夏、フーバーを含めてヨーロッパ情勢に詳しい者は、ヨーロッパでかなり深刻な飢饉が発生するのではないかと懸念しはじめた。数百万の犠牲者が出る可能性が危惧された[181]。こうした事態の回避のため、フーバーは、友人のヒュー・ギブソンをロンドンに、もう一人の友人をベルリンに遣った。英独両国に、アメリカが主導する中立の救援活動を認めさせるためであった。ドイツ占領下にあるポーランド、ノルウェー、オランダには急ぎ食糧支援が必要だった。もしその支援がなければ一八〇〇万人もの人々が餓死するだろう、とフーバーは怖れた[182]。

彼は、（自身の第一次大戦期の）ベルギー食糧支援の経験をもとに、次のような明確な方針を打ち出した。ドイツに対しては、占領下にある四カ国で食料品の徴発をしないことを約束させる。また、中立国の支援組織の食糧分配権限を認め、ドイツが妨害しないように監視させる。一方イギリスには、食糧支援船をドイツ占領地域の海上封鎖対象から外すことを約束させる。この作業に関わるコストは毎月二〇〇〇万ドルから四〇〇〇万ドルが見込まれるが、四カ国の亡命政府に（その管理する資産から）これを拠出させる。[183]

八月半ば、フーバーの構想はイギリスのメディアがリークしたこともあり、公の場で構想を説明することにした。[184]反応は必ずしも良かったとは言えなかった。ドイツは提案に前向きの姿勢であったが、イギリスのウィンストン・チャーチル政権が難色を示した。彼らは、港湾封鎖を対独戦の最も強力な武器と考えていただけに、その効果が弱まることを嫌ったのである。占領地域の管理はドイツの責任であり、ドイツには十分な食糧がある。これがイギリスの論理だった。

ドイツが支援される食糧に手を付けないとしても、*大量の食糧支援によって、ドイツ経済にかかる圧力が緩和されてしまうことを恐れた。[185]

八月二十日、チャーチル首相は議会演説で、港湾封鎖が実施されている中で、支援食糧を占領民に届けることを絶対に（categorically）認めない、食糧支援は、苦しみを長引かせるだけであって、ナチスの利益になるだけだ、と主張した。[186]

チャーチルによってフーバーの支援構想に手枷足枷がはめられることになった。後になってのことだが、フーバーは、チャーチルは食糧支援計画を成功させるための細かな条件を意図的に誤解したり無視した、と厳しく非難している。フーバーは、（食糧が軍用に回されないような）一定の条件をドイツに課そうとしていたが、チャーチルはこの

＊訳注：第一次世界大戦中の港湾封鎖では、イギリスは食糧を軍需品に分類した。イギリスはドイツとの戦いでは食糧を武器として考えていた。

点を無視したのである。[187]

チャーチルがなぜこうした態度を見せたのかについて、フーバーは、ワシントン（ルーズベルト政権）の教唆か、指導があったのではないかと疑った。ロンドンに遣ったギブソンからは、まずルーズベルト政権がフーバー構想を承認しなければ、イギリスの方針を変えさせるのは不可能だとの報告があった。しかし事前承認を得ることなどとてもできないことであった。[188] フーバーは、ルーズベルトとアメリカ赤十字は、彼の仕事の妨害を図っていると友人に憤懣をぶつけている[189]（八月半ば）。

「ニューディーラーの連中（ルーズベルトおよびその支持者）にとっては、反対派（不干渉主義勢力）に具体的で建設的な人道支援などしてもらいたくないし、ヨーロッパの人々が飢えて死んでもかまわないのだろう[190]」

ロンドンによる妨害を受けて怒り心頭だったが、この年の大統領選が終わるまでは事を荒立てないことに決めた。共和党政権になった時点で、ワシントンの方針を急ぎ変えさせることができると期待したからである。[191]

「私には、飢えに苦しむ三〇〇〇万の人々を放っておくことはできない。大統領選が終わったらもう一度動く」と友人のヒュー・ギブソンにその思いを打ち明けていた。[192]

結局ルーズベルトが再選されてしまったが、だからといってフーバーのヨーロッパ支援の思いが萎《な》えることはなかった。十一月十五日、彼はヴァッサー大学*で講演し、大がかりな国際的な食糧支援を実施すべきだと訴えた。

支援を待っているのは五つの小国（フィンランド、ノルウェー、オランダ、ベルギー、ポーランド中央部）であり、四カ国はドイツ占領下にある。三七〇〇万人が対象となり、うち一五〇〇万人は子供である。支援活動を成功させるには条件がある。ドイツは（国際機関の）独自の活動を許し、第三国の監視〔訳注：軍用への転用の監視〕を認めなくてはならない。一方のイギリスは、食糧支援の船舶は港湾封鎖の対象外にしなくてはならない。[193] この日に発売された『コリアーズ』誌には、「飢えたヨーロッパを救え（Feed Hungry Europe）」と題した論文を寄稿した。[194] 選挙戦後、フーバーの人道支援活動は再び活発化したのである。

アメリカ国民は確かにナチスドイツと戦うイギリスに同情的ではあった。しかし、ドイツ占領下にある民主主義国に確実に起こる食糧不足を放置することはできないという空気もまた強かった[195]。ルーズベルトはこうした状況を憂慮していた。アメリカ世論が、ヨーロッパで発生するだろう飢餓の責任は、頑なに港湾封鎖を続けている（食糧支援船を近づけない）イギリスにある、と考えるようになっては困るのである。イギリスの戦いの正当性に対する疑義が生じ、ルーズベルト政権の親英的外交政策の継続が危うくなる可能性があった。

十一月二十八日、ルーズベルトは、フーバーのヨーロッパ食糧支援構想について協議するため、ノーマン・H・デイヴィスとトーマス・W・ラモント[196]（J・P・モルガン）を呼んだ。ラモントは、フーバーと会ったばかりであった。ラモントは、フーバー（の活動）を、十分に（政権の妨害とならないように）制御できると述べた[197]＊＊。

一九四〇年十二月七日、フーバーは、正式に「民主主義五カ国食糧支援全国委員会」を設立した。彼は名誉会長となり、かつての支援組織を支えた仲間を主要ポストに据えた。全国委員会の狙いはシンプルだった。ドイツ占領下にある人々を飢えから救う、そのために何かしなくてはならないと願うアメリカ国民の気持ちの受け皿になる。具体的には、イギリス、ドイツ両政府に対する世論を盛り上げ、中立組織による救援活動を実施することであった。両政府にはそれを可能にする協定を結ばせる必要があった[199]。より単純な物言いをすれば、フーバーが私的な場面で述べていたように、五カ国の周囲に巡らされている壁を取り払って食糧を届ける、ということである[200]。いずれにせよ、最も厄介な障害は、イギリスの態度であった。したがって、フーバーの支援活動はまずロンドンにその方針を変えさせる宣伝工作から始まった。

フーバーの方針に対してロンドンの反応は素早かった。全国委員会設立の三日後（十二月十日）には早くも英国駐米大使が、港湾封鎖は解除しないとの声明を出した。

＊訳注：ニューヨーク州ポキプシーにある私立女子大学。一九六九年から男女共学。
＊＊訳注：ラモントはJ・P・モルガンの共同経営者であり、ウィルソン政権時代から国際主義の信奉者（民主党支持者）だった。一方で、ハーディング、クーリッジ、フーバーと続く共和党政権とも良好な関係を保っていた[198]。

「現状では、フーバーの要求する食糧支援は、ドイツの戦争行為を支援することになる。結果的にヨーロッパの（ナチスからの）解放を遅らせることになる。飢饉が起こる可能性はかなり誇張されている」[201]

英国の方針を変えさせたいとするフーバーの動きは、チャーチル政権によってたちまち門前払いにされたのである。フーバーはこの状況を何とか打開しようと試みたが事態は変わらなかった。[202] ルーズベルト政権の後ろ盾を持つイギリスは決して妥協しようとはしなかった。一九四一年初め頃（二月）のことであるが、国務次官のサムナー・ウェルズ[203]は、フーバーの活動はローガン法（The Logan Act）に触れる可能性を仄めかした。外国政府と（ワシントン政府とは別に）交渉にあたっていることを問題視したのである。[204]* ルーズベルト自身も、（支援を願う）五カ国の外交官に、この事業にフーバーが関与していなければ支援はスムーズに進むはずだ、などと話していた。[205]

ルーズベルトの妨害工作を、フーバーは織り込み済みだった。しかし、親英派の民間人から上がる声高なフーバー批判は辛かった。彼らは各地の集会でフーバーの支援構想は、英国を弱体化させ、敵を利することになる、と批判し続けた。[206] なかには、フーバーは反英のプロパガンダを行なうほどのイギリス嫌い（Anglophobe）だ、と攻撃する者もいた。[207]

こうした妨害はあったものの救援事業への支援はやまなかった。特に宗教指導者の協力が顕著だった。[208]（フーバーへの非難にもかかわらず）多くの国民は、数百万の民間人を救える方法を何とか模索すべきだと感じていた。[209] フーバーも（英米政府の協力がなくても）じっとしてはいられなかった。避けられるはずの飢饉で一〇〇〇万人いや二〇〇〇万人もの人々が飢えていくのを座視できなかった。[210] そうはいっても、アメリカ参戦を求める勢力が（フーバーが考える）国際協力が必要なプロジェクト推進の強い向かい風となっていった。

この逆風に立ち向かうためには、アメリカ世論を敵に回したくないという英国の気持ちを利用して、英国政府に圧力をかけ、港湾封鎖の方針を緩和させる必要があった。ルーズベルトにも、世論を背景にして、英国へ圧力をかけさせねばならなかった。しかし、ヒステリックなフーバー批判、故意に誤解させるプロパガンダや誹謗中傷の続いている中では、これはなかなか難しい作業だった。

この作業は戦いといってもよかった。およそ一年の間にあった策謀の数々をここで書くことはしない。何があったかはフーバー自身が語っている。[211] ただ、この戦いは、クエーカー教徒の人道主義者フーバーに激しい怒りをもたらし、その憤りが長く消えなかったことについては書いておくべきだろう。フーバーは、（港湾封鎖を緩和しない）イギリス首相チャーチルとルーズベルトを激しく非難した。

「（チャーチルは）極端な軍国主義者である。戦いにはつきものの飢餓で女や子供が死んでも、そのことで戦争が（イギリスの勝利で）早く終わるのであれば、かまいはしないと考えていた」[212]

ルーズベルトは救援活動を、フーバーを貶めることで妨害した。ルーズベルトに対する憤りはフーバーの「大事業」の中で語られている。[213]

ルーズベルトの妨害により、第一次大戦中に実施した対ベルギー食糧支援のような大規模な活動を行なうことは叶わなかった。フーバーは、食糧支援事業だけに集中するわけにはいかなかった。ルーズベルトの参戦を目指す政策とも戦わなくてはならなかった。

一九四一年一月、ルーズベルト政権は武器貸与法を議会に諮《はか》った。同法は英国およびその同盟国に対して途方もない額の武器支援を可能にするものだった。この法律の性格について『ニューヨーク・タイムズ』紙（一九四一年一月十一日付）は次のように報じている。

「アメリカ防衛に役立つと考えられる場合には、外国政府に、旧式新式を問わずあらゆる武器を、ほぼ無制限で供給できる権限を大統領に与えるものである」

この法案にフーバーは反対だった。武器支援そのものに反対したのではない。この法律が、行政府（大統領）に自由裁量の権限を付与していることに反対したのである。これが可決されれば、「議会を実質的に廃止させることと同じだ」[214] とその危険性を指摘した。

＊訳注：ローガン法はアメリカ政府との間で懸案を抱える国と、政府の承認なく個人が交渉することを禁じている。

「この法律で大統領は開戦権限まで持つことになり、議会は追認するだけの機関になり下がる。このままでは我が国そのものが国家社会主義国家に変貌し、ルーズベルト自身が独裁者となる。枢軸国に反対する人間が真の独裁者という（情けない）ことになってしまう」

友人には、「国民の九五パーセントは、この法律は単にイギリスを武器支援するだけの法律だと理解している」と、その懸念を打ち明けた。[215]

武器貸与法は三月十一日に成立した。これがとんでもない性格の法案だったことは間違いない。どのような政府に対してであれ、その国を防衛することがアメリカの安全保障に寄与すると大統領が認定すれば、連邦政府組織は、当該政府防衛のための武器を製造し供与できることになった。大統領は、自らの判断で、一三億ドルを上限に、武器の貸与*を含んだ（外国政府）支援ができることになった。[216]

チャーチルは法律の成立を喜んだ。「疑いの余地もなく歴史上で最も倫理的な行為である[217]」とまで後に述べている（一九四一年十一月）。フーバーはイギリス支援そのものには反対はしなかったが、法律の性格に危険なものを感じた。議会権限（戦争決定権限）を（行政府に）丸投げしたようなものだと感じたのである。

武器貸与法を巡る議論を通じ、（そして法案が可決されたことで）フーバーは落ち込んだ。「この法律は世論をますますアメリカ参戦の方向に向けてしまうだろう」と危惧した（三月九日）。戦争に巻き込まれれば二〇年も続くような長期戦になるだろうし[218]、国民も戦争（やむなしの）心理に陥り、九〇日もすれば参戦となるのではないかと心配した。[219]

フーバーは、「来年の夏は釣りを楽しめそうもないな。それまでには僕は強制収容所に入っているだろう[220]」と自虐的な冗談まで言うようになった（四月五日）。

四月初め、新聞記者の質問に答える形で、今後半年の（ヨーロッパでの）戦いの展開を予想した。（アメリカ国民は）憲法の規定あるいは民主的な手続きも経ずに我が国が戦争へ戦争へと引きずられていることに気づいていない。半年も経たないうちにそれに気づかされることになろう。アメリカは、英国向けに（武器供給の）船団を組み、それがドイツ潜水艦との戦いに巻き込まれ、アメリカ国民の命が犠牲になるだろう。ルーズベルト政権の（干渉主義的）外交政策、野放図に繰り広げられるイギリスのプロパガンダ、（親英的）ニューヨーク知識人の言論、（これから出てくるだろう）アメリカ人犠牲者、ヒトラーによる蛮行。こうしたことが重なって、我が国の好戦気分が高揚するだろう。これを制御できなくなるかもしれない。これがフーバーの見通しだった。

フーバーは新聞記者の問いに一八の予測をしている。注目すべきは一八番目の警告であった。

「西欧文明国は、スターリンのための和平を作るために、自らを犠牲にしてしまう」[221]

フーバーのソビエトに対する警戒感、共産主義イデオロギーへの嫌悪は決して新しいものではなかった。ソビエトフィンランド侵攻を受けて、ルーズベルト政権がソビエトを国家として承認したことがそもそも間違いだったとするる論文を雑誌に寄稿していた（一九四〇年春）。ソビエトを承認したことは、「壮大なる政治的、倫理的失策」であり、「ボルシェビキ政権を認めることで、アメリカの政治・文化を毒させるきっかけを作ってしまった」。またルーズベルトの進めるニューディール政策は、それが共産主義者に悪用されない工夫がなされていない、と批判した。[222]

一九四一年春にも、国内では、共産党員による破壊工作活動が続いていたが、フーバーの懸念はもっと他にあった。ヨーロッパの戦争の終結が遅れたら世の中がどうなっていくのか、ということであった。

一九四一年二月二十八日、フーバーは国務長官コーデル・ハルを訪ねた。ヨーロッパ（食糧）支援の案件であった。この時ハルは、フーバーに重大な情報を打ち明けた。ドイツはロシア方面の前線に一二五万人を動員し、ロシアは恐怖におののいている、というものだった。[223]

ハルは、ドイツは最終的にはソビエトに攻め入るだろうが、同時にイギリスへの攻勢も激しいものになろう、とフーバーに語ったのである。[224]

「ドイツは世界征服を目指している。イギリスが落ちれば、次は南米諸国を味方につけて、アメリカを攻撃する」。

＊訳注：貸与の具体的条件は曖昧にしたままの見切り発車であった。

それがハルの見立てだった。

フーバーはこのハルの考えにはまったく同意できなかった。[225]

「ドイツが対米戦争など考えているはずがない。遠い将来までのことは見通せないが、近未来にそのようなことはあり得ない」

「仮に英国を降伏させたら、次に彼らが向かうのはロシア（ソビエト）である。ドイツは陸軍の国であり海軍の国ではない。対ソ戦には二個軍団で対処できるかもしれないが、アメリカ大陸を攻撃するとなれば膨大な海の設備（海軍軍船や民間船）を必要とする」

「ドイツの戦争目的は、『東方からの囲い込み』の打破である。もし英仏がドイツの、東方や南方への拡張に反対していなければ、戦争はそちら側で起きていた。ドイツは西に攻めてはこなかった。もちろん、東方征圧の後にドイツがどのような行動をとるかについては誰にもわからない」

「ただはっきりしていることは、東方の領土獲得が終わるまでは西部方面では戦争はなかったということだ」

ハルが、ドイツの英国侵攻が近いと述べたことは気になった。一九四一年四月には、前米国駐英大使ジョセフ・P・ケネディ[226]は、英国は九〇日以内に降伏するのではないかと予測していた。[227]英国が近いうちにドイツとの講和を求めることになろうと予測していたのは、ケネディ前駐英大使だけではなかった。アメリカ陸軍情報将校のトルーマン・スミス大佐[228]も同様の考えであった。

フーバーはこうした人々から、英国は、ルーズベルトの助けが得られるという望みを持っていなければ、すぐにでも、あるいはもっと早くに、ドイツとの講和を求めていただろう、という意見を聞いていた。[229]五月三十一日、フーバーは、チャールズ・リンドバーグに対して、英国はドイツに勝てないと語っている。[230]

この頃、フーバーは、英独両国が講和条件を探る交渉に入っているとの噂を耳にするようになった。彼は講和が成立することを期待していた。[231]そうなれば（フーバーの考えていたように）ヒトラーは思う存分にその軍隊を東に進めることができるのである（東方への衝動〔Drang nach Osten〕を満たすことができる）。

結局、ヒトラーは、英国との講和成立を待たなかった。一九四一年六月二十二日、共産ロシアへの攻撃を開始した。ウィンストン・チャーチルはすぐさまソビエト支援を申し出た。「血に飢えた残虐なベルリンの浮浪児」と、共に戦うことを提案した[232]。チャーチルの提案に続いて、ルーズベルト政権は、ソビエトが英国との共闘を約束すれば、武器貸与法によるソビエト支援があることを仄めかした[233]。

ドイツの対ソ戦開始はヨーロッパ情勢を大きく変えた。フーバーの不干渉の主張にあらたな弾みをつけるものでもあった。六月二十三日、フーバーはメディアに対し、ドイツが東方に向かったことでイギリスへのプレッシャーは大きく減じることになろうと語った[234]。また、ドイツのソビエト侵攻は世界の歴史を変える大事件であり、これについてアメリカ国民に語っておく必要があると考えた。信頼する友人ジョン・C・オラフリン***に次のように書いている[235]（六月二十六日）。

〈私は、ドイツは対ソ戦争に勝利すると信じている。そして世界の頭痛の種になっている共産主義の中枢を始末するだろう。そうなった時にヒトラーはイギリスに対して講和条件を提案してくるだろう。その条件は受け入れ可能なものとなろう。私はこの内容を国民に訴え、私のこの予想が現実になる前に、我が国が介入するようなことにならないようにしたい。〉

フーバーの見立ては衝撃的だった。ヨーロッパ情勢が彼の予想どおり動いていけば、ナチスドイツはヨーロッパの覇権を握り、英国は（その状況を認める）暫定協定を結ぶことになろう。そして、アメリカが介入することなく戦い

＊訳注：上陸侵攻を意味していると思われる。
＊＊訳注：冒険飛行家のリンドバーグは、アメリカの不干渉政策を求めるアメリカ第一主義委員会のスポークスマン的存在であった。
＊＊＊訳注：オラフリンは『アーミー・アンド・ネイヴィ・ジャーナル』紙の発行人である。

は終わるのである。

オラフリンに自らの胸中を打ち明けた三日後、フーバーはラジオの全国放送でその思いを訴えた。彼は、その後も、その訴えが自身の人生の中でも最も重要なイベントだったと書いている。

フーバーはこのスピーチで、七つの理由を挙げてアメリカの非介入を訴えた。[236] なかでも、ソビエトと同盟関係を結んではいけないと強く主張した。

「ソビエトは、血にまみれた圧政と恐怖の国である。ソビエトの軍国主義的共産主義の陰謀は世界の民主主義の理想に反する。アメリカがそんな国を急いで救いに行く義理はない」

「（我が国の介入を主張する者が挙げる）戦うべき理由に、四つの自由を守るというものがある。* もしソビエトを同盟国にすれば、四つの自由の実現のためというスローガンは悪い冗談になってしまう」

「（我が政府は数日前にソビエト支援を約束したが、それによって）この戦いを正当化する理念（四つの自由の実現）は死んだのである」

「もし我が国が参戦し勝利したとしよう。その勝利は、スターリンの共産主義支配を盤石にするのを助けるだけのものになるだろう。彼らがそれを世界に広げる手助けともなる。四つの自由の実現のために、ソビエトと同盟を組むなどということは茶番劇以外の何物でもない」

数年後、「大事業」編纂時のことであるが、フーバーは、ドイツは短期間のうちにソビエトを攻略するだろうと予測した者を（自嘲を含めて）批判した。[237] しかし、そうであってほしいという気持ちもあった。そうなったとしてもアメリカにとってなんの問題もないとして落ち着いてもいた。[238]

ドイツが勝利しても、アメリカの安全保障が脅かされることはない。アメリカは十分な防衛力がある、北アメリカへのドイツの侵攻などあり得ない、とまったく心配していない。

「（他国を支配しようとする）邪悪な考えは結局は失敗に終わる。ヒトラーが仮にヨーロッパ大陸での覇権を握ったとしても、憎しみをたぎらせた数千万の人々を抱え込むことになる。戦いそのものが（ドイツの勝利で）終わってもナチスのシステムは崩壊する。たとえ征服されたとしても、すでに自由を味わった人々は、ナチス統制下の奴隷状態に甘んずることはできない。征服したとしても被征服民を体制の中に『消化』して組み込むことは不可能である[239]」

八月になると次のようにも述べている。

「世界の対立はもはや、抑圧と自由の二項対立などという単純なものではない。そのことは英国がドイツとの戦いのためにソビエトと同盟するという現実を見るだけでよくわかる[240]」

フーバーは、二人の独裁者（ヒトラーとスターリン）を思う存分戦わせるべきだと考えていた。だからこそアメリカ国民には、じっくりと成り行きを見守るべきだと訴えた。「ヒトラーは内部からの反発で潰されるに違いない」からであった。

また次のようにも語っている。

「つい一〇週間ほど前には全体主義者の完全勝利が危惧される現実があったが、いまでは、全体主義者のヒトラーとスターリンが兄弟殺しのような戦いを繰り広げている。彼らは日に日に互いを弱体化させているではないか[241]」

フーバーは国民に対して近視眼的な考えの危険性を訴えた。

「動く前にまず冷静に考えてほしい。ソビエトがドイツの攻勢に対して戦うことは当然である。しかし決して忘れてならないのは、ソビエトも、民主主義国家の敵であるという事実である。我が国が若者をヨーロッパに遣りその戦いに勝利しても、その後に何が起こるのか。ソビエト支配下にある数百万の人々の将来、それだけではなくヨーロッパ全体の将来と我が国の民主主義へどんな悪影響が出るのか。そのことに思いをいたすべきである[242]」

一九四一年の夏は、フーバーには実に危うく感じられた。アメリカ世論が参戦やむなしの心理に陥ってしまうのではないかと心配した。ルーズベルトは宣戦布告なき戦争への道を密かにひた走っているようであった。

＊訳注：ルーズベルトはこの年の年頭教書演説（一月六日）で四つの自由を訴えた。言論と表現の自由、信仰の自由、欠乏からの自由、恐怖からの自由である。

一九四一年六月二十日、フーバーはスタンフォード大学構内の一角にある塔のような建物を「フーバー研究所」の施設として寄付した。

「当研究所の目的は、和平の構築を目指すことにある。ここに収集された多くの資料は、戦争をしたい連中にとっては邪魔になるものだろう」と述べたうえで、特に第一次世界大戦時に使用された戦争（プロパガンダ）パンフレットのコレクションに注目すべきことを訴えた[243]。

「戦争は殺人を正当化する。嘘も容認する。当研究所には、先の大戦の際の（戦争を煽る）パンフレットが集められているが、この物言わない資料をすべての政府がしっかりと見ておくべきである」

「いま我が国には、ヨーロッパの交戦国が作成した戦争（プロパガンダ）パンフレットが溢れている。我が国民を欺き、まともな思考を曇らせている」

フーバーの訴えはスタンフォードの著名な卒業生にとっては面白いものではなかった。卒業生一七六名が、ルーズベルト大統領を支えるよう国民に訴える声明を発表していたからである。国家的危機にあって国民の一致団結した大統領支持が必要だと訴えていた。大学教授たちも、アメリカは、全体主義の脅威に対して具体的な行動を取るべきだと主張していたのである[244]。

こうした動きにフーバーは失望し怒りを爆発させた。

〈共産主義を支援してもよいとするアメリカ知識人の頭はどうかしている。スタンフォード大学の教授がそんなことを主張しているが、私にはまったく理解できない。彼らは、我が国が参戦し勝利したら、それがロシア（ソビエト）にとってどんな意味を持つのか少しでも想像したことがあるか[245]。〉

この頃のフーバーは極東情勢についても憂慮していた。

一九四〇年夏、ルーズベルト政権の実施した日本向けの鉄屑と航空燃料の輸出制限を（私的な場面では）批判していた。*

「このような経済制裁は、ガラガラヘビを突っつくようなものだ。放っておくべきである。これでは我が国はトラブルをわざわざ作り、自らを巻き込むようなものだ[246]」

一九四一年の夏から秋にかけてのルーズベルト政権の極東政策は対立を煽るものになっていっただけに、フーバーの不安はますます高まった。

「ルーズベルト政権の対日政策には驚いてしまう。（ルーズベルト政権の）やり方は威嚇そのものだ。我が国はこれまでの三年間はただじっとしていればよかったのである。日本は放っておいても自壊していたはずである[247]」（八月の発言）

九月になると、フーバーは、ルーズベルトとその取り巻き連中は、日本を利用して裏口から（対独）戦争に参入しようと、あらゆる策を弄していると確信した[248]（日本はドイツ、イタリア両国と同盟関係にあった）。フーバーは、日本の合理的な行動は、ロシアの分裂を見越しての東シベリア攻略だろうと読んでいた。そうなればアメリカにも都合がよいと考えていた。しかし、我が国がソビエトと事実上の同盟関係に入ったことから、日本はそのオプションを取れなくなった[249]。

秋になると、フーバーは気が滅入ってきた。ルーズベルトが、日に日に狡猾《こうかつ》な手法で、日本を利用して参戦しようとしていることが明白になっていたからである[250]。十一月一日、もはや戦いは避けられない。太平洋方面で数日のうちに勃発する可能性がある、と友人に不安を打ち明けた[251]。

この頃になるとフーバーも、宿命論的な戦争不可避の観念に襲われるようになっていた。アメリカの参戦を避けることができるとしたら、ヨーロッパ方面で何らかの講和が実現するしかないと悲観的だった。その可能性があるとしたら、ドイツの対ソ戦終了後になるだろうと考えていた[252]。

＊訳注：同年八月一日に許可制になった。

気持ちは減入ったがフーバーは諦めなかった。十一月には、『サタデー・イブニング・ポスト』誌に三回シリーズの論文を発表した（フーバーは、この論文を一九三四年から三五年にかけて執筆したとしている）。この論文は後に『アメリカ最初の十字軍』のタイトルで出版された。一九一九年のベルサイユ講和会議での経験をもとにした論文だった。アメリカの理想主義が、ヨーロッパ諸国の歪んだ思惑によって妨害され、裏切られる様を描いた陰鬱な内容だった。[253]そして、それがまた繰り返されると忠告したものだった。

十一月十九日、フーバーはラジオで講演した。ヨーロッパの戦いは泥沼化した。そこに我が国が軍をおくれば、若者は無駄死にになる、と介入の愚を訴えた。[254]同時に、その機能を失いかけていた中立法[255]をさらに無力化しようとするルーズベルト政権や議会の動きを牽制しようとしたが、成果はなかった。[256]

真珠湾攻撃の数日前のことだが、日本の駐米大使館の代理人であった法律事務所が、バーナード・バルーク[257]を通じて、ルーズベルトとの接触を望んでいた。フーバーはそれが実現するように努力した。これは我が国との間で取りあえずの暫定協定を結ぼうという藁《わら》にでもすがろうという（日本の）最後の試みであった。[258]

フーバーは十一月半ばにはアメリカの参戦は不可避と観念した。友人のヒュー・ギブソンと、戦争後にどのような最終的和平の形を目指すかについての論文の執筆を開始した。[259]この頃、彼がどれほどの憤懣を覚えていたかは友人のアルフ・M・ランドンに宛てた手紙（十一月二十九日付）で確認することができる。[260]

〈もはやこの混乱の中でできることは、我々のこれからの目標を絞り込むことしかない。防衛力強化や民主主義国支援といった限定的なものにすべきだ。それ以上のことを目標にすると必ず問題が起きる。まず我が友国が、あくまで（講和交渉をせず）軍事的勝利を目指せば人命や資源を浪費することになる。仮に軍事的に勝利しても恒久的和平の構築は難しい。（戦争に勝つ過程で）我が国内に集産主義体制ができてしまうだろう。ロシアへの支援は現時点では合理的に感じられるかもしれないが、必ず世界中がそのつけを払うことになる。〉

日本の真珠湾攻撃はフーバーが右記の手紙をしたためた一週間後のことであった。これによって、フーバーの米国の参戦回避の戦いが終わった。一九三八年以来、彼はその戦いを続けてきた。一九四〇年の共和党大統領予備選への出馬、数百万の飢えたヨーロッパ民間人の支援、アメリカ不干渉主義の訴え。彼は戦いに敗れたのである。

真珠湾攻撃を受けて、フーバーは対日戦争を戦うためには協力を惜しまないことをすぐさま明確にした。国を愛する者の行為であった。十二月八日、次のように述べた。

「大統領は、当然にしなくてはならないことをした（訳注：対日宣戦布告）。大統領は、国民の全面的支援を受けるべきである。我が国の唯一の目標は日本との戦いに勝利することである」[261]

フーバーの公の声明は右記のようなものだったが、これまでの考え方が間違っていたとは思っていない。真珠湾攻撃のあとになっても親しい友人には、「みんなわかっていることだと思うが、ガラガラヘビをしつこく針で刺した結果、我が国は咬《か》まれたということだ」[262]、「いつかこの戦いの審判を受ける時が来る。そのときにこそ我々の主張が正しかったことがわかるだろう」[263]と語っていた。

フーバーは公的には国民の団結を訴えた。しかし、ホワイトハウスが彼の助けを求めてくるようなことはあるまいと考えていた。[264]それでも、ルーズベルトとの関係改善を二度ばかり試みている。一九四二年初めのことであるが、友人のジョン・C・オラフリンを通じて、仲介に立つ人物をホワイトハウスに遣った。その結果わかったのは、ルーズベルトはフーバーに何らかの不満を持っていることであった。その不満の具体的な内容についてはフーバーもオラフリンも書いていない。[265]

フーバーが忘れることのできないのは（許せないのは）、ルーズベルト政権では、ホワイトハウスがフーバーを直接的にも間接的にも貶める情報の発信源であったことだった。フーバーの知る限り、そんなことをした大統領は一人もいなかった。[266]

アメリカ参戦からしばらくすると、国内での労働力不足が目立ってきた。この問題についてもフーバーは協力を申し出た。この時は友人のバーナード・バルークを通して接触した。バルークが、ホワイトハウスでフーバーの名前を出した途端、ルーズベルトはあからさまに拒否反応を示した。

「僕はキリストじゃあない。フーバーはもう死に体だ。墓場から連れ戻すようなことはしない」[267]

こうしてフーバーは「四年間のフラストレーション」に悩まされることになったのである。[268] しかし、真珠湾攻撃から日本降伏までの間、じっとしていたわけではない。むしろ忙しくしていたと言えよう。先述のようにヒュー・ギブソンと執筆した論文『恒久和平実現の問題点(*The Problems of Lasting Peace*)』を上梓した。同書はベストセラーになり、特に共和党内部の、戦後は不干渉主義でいくべきではないかという姿勢の醸成に寄与した。[269]

フーバー研究所の資料収集も精力的に進めた。またウェンデル・ウィルキーの共和党内の影響力を削ぐ努力も怠らなかった。ウィルキーの「ワン・ワールド的国際主義」をフーバーは嫌った。* また、国内における食糧生産の問題などについても積極的に発言した。もちろんこうした活動はルーズベルトを苛立たせた。

また、何度かドイツ占領下にある地域への食糧支援計画を再提案した。[270] これについてルーズベルトは、連合国救済復興機関(UNRRA)を設置し、その指導者にハーバート・リーマンを起用することで対処した。この新組織は、フーバーが第一次大戦期に設立し成功を収めたアメリカ救済機関(ARA)と同じようなものであった。これを聞いたフーバーは、リーマンに会いアドバイスしている。この後フーバーは、表舞台に出なかった。

一九四四年末、ヨーロッパでの戦いも大勢が決した頃、次のように嘆いた。

「この政権は、我々に救援事業に関わらせようとしない。我々は外から混乱の様を見ているほかに術がない」[271]

フーバーは戦いの成り行きから目を逸らさなかった。一九四二年七月末頃にも、ドイツの攻撃でソビエトが崩壊することを期待していた。そうなれば、世界に革命を拡げようとする勢力が消え、最終的に訪れる平和もより長く続くだろうと期待したからである。[272] しかし、フーバーの思いとは裏腹に、ソビエトは崩壊しなかった。彼はますます不安になった。一九四四年半ばには、スターリン型共産主義がポーランド、ユーゴスラビア、東ヨーロッパ五カ国を席捲することになると危惧した。おそらくドイツもそうなってしまうのではないかと心配した。[273]

秋になるとその不安はますます深まった。「もはや世界に安全な地はない」[274]、「世界は集産主義に向かって進んでいる[275]」と絶望的な気持ちを吐露している。

いまから振り返ってみれば、ルーズベルトにとっては、政敵フーバーを排除するのではなく、何らかの戦争遂行の役割を与えた方が賢明であったかもしれない。そうすればフーバーに考える時間を与えなかったに違いない。しかし結果的に、真珠湾攻撃後、フーバーはたっぷりと考える時間ができた。回顧録から、さらに進んで「大事業」の構想を得たのである。ルーズベルト外交の失策をみる「十字軍戦士的な預言者（The Crusader-prophet）」から、より大局的な視点での見方を提示する「十字軍戦士的歴史家（The Crusader-historian）」に変貌したのである。

「私がチャレンジする最大のテーマ」

フーバーの「大事業」構想は一九四一年十二月七日に生まれたと言ってもよいだろう。ルーズベルト政権の日本に対する貿易制裁や日本を挑発する外交は、日本政府をぎりぎりまで追いこんでしまった。その結果ガラガラヘビ（日本）は、我が国に咬みついた（真珠湾攻撃）。

真珠湾攻撃の翌日、親友のウィリアム・R・キャッスル・ジュニアに、日本との戦いに関わるすべての文書の保存を要請した。同氏は、フーバー政権時代には国務次官を務めていた（キャッスルに宛てた依頼文書は史料1として収録した。下巻「付属関連文書」参照）。フーバーは友人のキャッスルとエドガー・リッカードに、真珠湾攻撃までのルーズベルト政権の（対日）外交交渉の内幕について一冊の本にまとめたいと述べていた。フーバーは、太平洋方面の戦いは避けることができたと信じていた[276]。

一九四二年三月になると、フーバーは一九三〇年以降の対日外交に関わる資料の収集に忙しかった[277]。すでに第一章も書き上げていた[278]（史料3として収録、下巻「付属関連文書」参照）。

＊訳注：ウィルキーの本質は親英主義者だった。一九四〇年の選挙戦敗北後は、ルーズベルトの対英外交のメッセンジャーの役割を果たし、対独戦を鼓舞した。

また一九四二年の初め頃から、この本の準備のために、一九三八年から四一年までの出来事を日記風にまとめはじめた。[279] もちろんこれは本当の意味での「日記」ではない。しかし、日付を確認しながら、その時点で起きた世界の事件と関連させながら書き留めたものだった。この「日記」には後日、当時の交信記録や講演記録あるいはその時の感慨を短くまとめたメモを加えていった。[280]「日記」は最終的にタイプされたが、一四〇〇ページのボリュームにまでなった。[281]

フーバーは、この日記を、執筆時に記憶を呼びもどすために利用するつもりだった。結果的にそれが、第二次世界大戦を語り研究する上での資料の宝庫になった。

この頃、彼の構想に役立つことが起きていた。大戦期を通して、彼の住むニューヨーク市の住まい（ウォルドルフ・タワー）に多くの人が訪れたのだ。彼らは著名人で、かつ幅広い人脈を持つ者が多かった。彼らの「内部情報」をもとに、ルーズベルトの行状を語り合った。

訪問者にはジョセフ・P・ケネディ（前駐英大使）、トルーマン・スミス大佐（陸軍情報将校）、パトリック・ハーレイ大使、[282] バーナード・バルーク、ジェイムズ・ファーレイ[283]（前郵政長官）、あるいはジャーナリストのコンスタンチン・ブラウンや同じくH・V・カルテンボーンなどがいた。

フーバーは、彼らとの会話や彼らのもたらした情報を聞き、それらをしっかりと記録し、歴史に誤解を生まないようにしなければならないとの思いを強くしている。訪問者が帰ると、会話内容を備忘録にまとめファイルに整理した。これらは「大事業」の重要な資料となった[284]（付属史料2および7はその好例である）。

また大戦中は、ほぼ毎週のペースで、信頼できる友人ジョン・C・オラフリンから、ワシントンの情勢を伝える、詰め打ちしたタイプで長文の報告書が届けられた。オラフリンは、『アーミー・アンド・ネイヴィ・ジャーナル』の発行人であった。[285] オラフリンは陸軍上層部と親密な関係があった。ジョージ・C・マーシャル将軍（陸軍参謀総長）とも親しかった。そうしたことから彼からの報告には濃密な情報が詰まっていた。これによって、フーバーは、ワシントンの最新情勢やゴシップの類まで知ることができた。オラフリンから寄せられた情報の一部は「大事業」に収録されている。

先にフーバーは真珠湾攻撃前の米日関係にテーマを絞った本をまとめる計画に着手したと書いたが、これを打ち切っている。テーマへの興味を失ったということが理由ではない。このことは本書の重要なテーマの一つが、ルーズベルトの対日外交の失策であることからも明白である。

一九四二年の時点では、ルーズベルトの極東外交をしっかりとした情報をもとに非難するまでの準備が整っていなかったのだ。そのため、回顧録（日記）をまとめる作業に重点を移したのである。この頃フーバーは七〇歳になろうとしていた。*

前述のように、一九四〇年七月には回顧録の準備に本格的に取りかかっていた。[286] この年の十二月には、一九一四年頃までの草稿を完成させた。[287] 一九四二年夏には、第二巻に収録される原稿に着手した。[288] 一九四三年から四四年には第三巻分を書いた。[289] 一九四四年春には第一巻の原稿を、この年の暮れには第二巻の原稿の修正を終えた。[290]

フーバーの仕事の進め方はいつも同じであった。草稿は手書きである。それを秘書にタイプ打ちさせる。鉛筆でタイプ原稿に修正を入れる。この作業を何度か繰り返すのである。この間に、次の章の構成を練り草稿を書いていった。タイプ打ちの原稿修正がある程度進むと仮の印刷にかけ、製本した際の体裁を確認した。さらにそれを基に校正を繰り返した。それが終わるとあらためて印刷となる。この一連の作業には多くの時間とコストが費やされた。校正を繰り返すプロセスにかかる費用は大変なものだったが、このプロセスを欠かさなかった。このやり方は複写機が登場するまで変わることはなかった。[291]

面倒な作業にフーバーは数人の秘書を雇った。リーダー格はバーニス（バニー）・ミラーだった。彼女は一九四〇年末に採用され、一九六〇年代初めまでフーバーに仕えた。スタッフの一人ロレッタ・F・キャンプは一九四一年暮れに採用されフーバーの死まで仕え、**「大事業」編纂作業の中心人物となった。[292]

*訳注：一八七四年八月十日生まれ。

一九四三年春、フーバーは、エール大学で経済学の講師をしていた若者アーサー・ケンプをアシスタントに採用した。ケンプはフーバーの農業問題に関する講演原稿や寄稿を代筆した。彼の雇用期間はわずか数週間で、アメリカ陸軍航空隊に入隊した。それでも二人の関係は良好で、戦争が終わると、再びフーバーのもとに戻った。[293]

一九四四年一月七日、最愛の妻ルーがウォルドルフ・タワーの自邸で急逝した。三カ月足らずで七〇歳になろうとする時に世を去ったのである。フーバーの悲しみは深かったが、それを回顧録の執筆でまぎらわした。六月には、後に回顧録第一巻となる最終校正前の原稿が仮印刷された。一八七四年に生まれてから一九二一年までを扱っていた。十一月には商務長官になるまでの期間と（これが第二巻となる）、大統領時代を扱う原稿を終えた（これが第三巻となる）。すべての巻をトータルすると九〇〇ページを超えた。[294]

この時点では、内容のほとんどが、鉱山技師時代のメモワールと、ヨーロッパ救援活動や大統領時代の業績についてのものであった。したがって、大統領選に敗れた一九三二年以降の内容はまだ明らかではなかった。

フーバーは一九三二年の選挙で国民から拒否され、再選できなかった。

その後の人生は自らの考え（主張）が正しかったことを立証することに費やされた。このような人生を送った大統領はかつていなかった。彼に近いとかろうじて言えるのはリチャード・ニクソンとジミー・カーターだけだろう。彼にそれができたのは、確固たる政治的・倫理的信念があったからである。アメリカは世界に「自由の光」を灯し、それを絶やさない国であり続けるべきだ。それが彼の信念であった。ルーズベルトの進めるニューディール政策はこの信条に反している。だからこそ、これから書こうとするメモワールは、（自身の信念の正しさの証明となるだけに）議論を呼ぶことになるが、その作業に邁進したのである。

政治家としての活躍の場を世論が望まなくても、少なくとも、一九三三年以降アメリカが犯してきた過ちに抵抗した事実を文書に残すことができれば、それはそれで思想的な勝利（an ideological victory）であった。したがって回顧録の後半部分は、ルーズベルト的リベラリズム（Rooseveltian Liberalism）への抵抗の記録となっていった。

一九四四年秋から執筆を開始した回顧録は第四巻を構成した。当初、「一二年間：一九三二―一九四四」と題されたが、後に「アメリカに蔓延した集産主義（Collectivism comes to America）」に変えられた。[295] テーマは一九三〇年代にニューディールの名で始まった集産主義に対するフーバーの戦いの記録であった。[296]

この頃、フーバーはもう一つ原稿を書きはじめている。第二次世界大戦に特化した内容であった。彼がいかにしてアメリカの参戦を阻止しようと行動したか。それを記録することが主題だった。フーバーはこの部分の原稿を「戦争本（War Book）」と呼んでいた。初期の目次案を見ると、「第五巻：第二次世界大戦」となっている。[297] 最終的には、この原稿が「大事業」に発展していくことになる。

草稿（すでに何度か修正されているが）は十二月十三日にできあがった。ルーズベルトについて語っているが、その大意は次のようなものである（下巻「付属関連文書」史料6）。

〈一九三八年から、ヨーロッパで戦いの始まった直後（一九三九年九月）までは、ルーズベルトは参戦を考えてはいなかったと思う。彼が干渉主義的な政治手法をとったのは、ニューディールの失敗を国民の目から逸らすためだったのだろう。権力者がよく使う、昔ながらの手法である。外国からの侵略の危険を訴え、パワーポリティックスに参画したかった。つまりマキャベリズムなのである。

しかし、現実に（ヨーロッパで）戦いが始まると（一九三九年九月）、我が国を一歩一歩戦争に近づけていった。一歩近づくたびに、国民に向かっては「戦争に巻き込まれないために」あるいは「戦争ではない手段」などという枕詞を用い、あたかも和平を指向しているように見せかけた。アメリカの若者を外国での戦争に絶対に送り出さないとまで約束した。

しかし、一九四〇年の選挙に勝利すると、彼の物言いは変質した。「戦争でない手段」とは言わなくなったし、絶対に介入しないとも言わなかった。一九四一年に入ると、宣戦布告なき戦争に匹敵する挑発行為をドイツに仕

＊＊訳注：一九六四年十月二十日。

掛けはじめた。その数カ月後には、挑発は日本に対しても始められた。[298]〉

ルーズベルト外交についてのフーバーの解釈は、真珠湾攻撃があっても変わらなかった。[299]また言わずもがなであるが、第四巻部分の「戦争本（War Book）」は、単なる回顧録でかたづけられるものではなくなったのである。この部分の概要を示す箇所に次のような記述がある。

「我が国が第二次世界大戦に参戦するまでに、その裏で何があったのかを白日の下に晒されなければならない。そうしてこそ初めて、なぜ我が国が参戦してしまったのかについての最終的な歴史を書くことができる。もし私の寿命が十分に長ければ、それを書きたいと思う[300]」

その後は、先に書いたとおり、フーバーは執筆作業に没頭した。一九四五年初め、友人のエドガー・リッカードはその日記に、「（フーバーは）参戦に至るまでを丁寧に書いた論文を準備しているようだ。私はその原稿のほとんどに目を通した。ルーズベルトが、意図的に我が国の参戦を実現したという内容であった。若者を外国の戦地に送らないという公約にまったく反していたのである[301]」

一九四五年は連合国が勝利を収めた年であった。この年にフーバーは、自身の回想も含んだ歴史書の最初の原稿を書き上げている。そこでのテーマこそが修正主義的歴史解釈の核に発展していくのである。たとえば、彼は戦後世界のあり方を決定したのはヤルタ会談（一九四五年二月）ではなく、むしろテヘラン会談（一九四三年十一月末〜十二月）であると解釈していた。テヘラン会談こそが、戦後の悲劇的な世界を作ってしまうターニングポイントであると見ていた。一九四五年末のことであるが、「テヘランで、チャーチルとルーズベルトは、バルト諸国併合、フィンランド西部、ポーランド東部、ベッサラビア〔訳注：現モルドバ共和国〕などの併合を黙諾した。邪魔されずにロシア一国で行動することを許した」と書いていた。[302]

一九四五年十一月十五日に書かれた原稿では、フーバーは、ルーズベルトが一九四一年の理念として掲げた四つの自由と、戦後に築かれた現実の世界がいかに異なっているかを描写していた。四つの自由の一番目は言論と表現の自由であった。しかし戦後になってヨーロッパに住む一億五〇〇〇万もの人々にとって、その自由は失われたか、戦前よりもひどいものになった、と書いた。

一九四一年のルーズベルトは、自らの理想の実現は我々の世代で可能だと訴えたが、これについてもフーバーは疑義を呈した。「知恵と理解力が少しでもあれば、ルーズベルトの言葉を信じる者はいない。彼の言葉はちょっとした物知りの大道演説と変わりはしない。あのゴルゴダで、無知な民衆の感情を煽る行為と変わらない[303]」と痛烈な批判を浴びせた。

フーバーは第四巻に続いて第五巻に、ナチス占領下のヨーロッパの人々への食糧支援事業について書くつもりだった。彼の事業がいかにしてチャーチルとルーズベルトに妨害されたかを書き残そうと考えた[304]。しかし、フーバーはこの部分については第六巻で扱うことにした。

結局、第四巻部分の「戦争本」が「大事業」となり、第二次世界大戦時の外交の失敗とそれがもたらした厄災を扱うことになった。

一九四六年初め、先述のアーサー・ケンプは陸軍を退役するとニューヨークに戻り、フーバーのアシスタントに復帰した。ケンプは、ニューヨーク大学で経済学を教える助教授となり、博士号取得を目指しながらフーバーの作業を助けたのである。彼は、これを七年にわたって続けた[305]。

ケンプはさすがに経済学の専門家であり、保守主義の人物であったから、回顧録の第三巻をまとめる作業やその修正に貢献した。第三巻は、大恐慌時代を扱うもので、ケンプはフーバー大統領の政策に間違いがなかったことを記すのに貢献した[306]。しかし、ケンプの仕事の中心は第四巻の「戦争本」をまとめ上げるアシスタント業務であった。細かな事実チェックをこなし、原稿の修正が必要だと思われる箇所を探し出した[307]。

ケンプは、関係者の回顧録、研究論文、政府刊行物その他の歴史関連書籍を渉猟し、アメリカ参戦までの経緯を調査した。年を追うごとに、新しい資料が刊行されていた。議会で実施された真珠湾問題調査会の記録、ニュルンベルク裁判記録、国務省発行の「外交問題（Foreign Relation）」シリーズ、第二次世界大戦を著したウィンストン・チャーチルの複数の著作などである。ケンプは、これらの本の内容を簡潔にまとめフーバーに提出している。また重要となる部分は秘書にタイプさせ、フーバーが後日、必要であれば使える（引用できる）ようにした。一九四六年から五三年にかけてのケンプは、まさにフーバーの代理人として、資料の読み込みに膨大な時間を費やしたのである。[308]

ケンプの復帰で「戦争本」プロジェクトに拍車がかかった。一九四六年二月半ばの備忘録（下巻「付属関連文書」史料8参照）には、フーバーが主張するつもりだった一二のテーマについてのチェックが、ケンプに任された。文法、単語の取捨選択、言い回しのチェックだけではなく、ケンプが疑問に感じる点を指摘させた。また今後の仕事ではこの一二のテーマを常に念頭に置いて仕事をするよう指示している。それは次のようなものであった。[309]

a　独ソ戦は不可避だったか。

b　ヒトラーの西ヨーロッパの民主主義国家〔訳注：英仏両国〕への攻撃は、ヒトラーの方針を邪魔した結果として起きたものだったのか。

c　ポーランド支援を西ヨーロッパの民主主義国家が確約して、ヒトラーの邪魔をしなければ、ドイツと西ヨーロッパとの戦争はなかったのではないか。

d　イギリスが、スターリンとの調整もできていないのに、ポーランド支援を約束してしまったのは、イギリス外交における最大級に愚かな失敗ではなかったか。

e　北米大陸はヒトラーから攻撃される恐れはまったくなかったのではないか。

f　ヒトラーがソビエト攻撃を決めた時点で、その恐れはさらに弱まったのではなかったか。

g　ルーズベルトは右記の情報を一九四〇年十一月頃には摑んでいた。したがってなおさら、「イギリス救援」とか「侵攻を防ぐ」などという理由で、我が国の参戦を正当化する根拠は薄かったのではないか。

h　（ルーズベルトによる）ドイツ潜水艦に対する攻撃命令は宣戦布告なき戦争行為であり、憲法違反ではないか。

i　日本との戦争は、日本を意図的に挑発した結果として起きたのではないか。

これらのテーマを一見しただけで、フーバーのプロジェクトが単なる回顧録の編纂でも、世俗と離れた学問的研究でもないことがわかる。彼は自身の思いに強い確信があった。それだけに彼に必要なのはその確信を裏付ける議論の余地のない証拠だった。彼はそのような証拠が存在することを疑わなかった。彼が主張しようとしていることは（当時は）驚くべき内容であるだけに証拠がどうしても必要だった。

フーバーは自身の考えを裏付ける資料や補強証拠を探し続けた。一九四六年五月、フーバーは東京でダグラス・マッカーサー将軍に会った*（下巻「付属関連文書」史料9参照）。

将軍との会話の中で、彼ははっきりと次のように述べた。

「日本との戦いは戦争したくて仕方のない狂人が望んだことだ」

狂人の隠喩がルーズベルトを指していることは疑いようがなかった。マッカーサー将軍は、彼の意見に同意した。さらに将軍は、一九四一年七月の対日経済制裁は挑発行為であったと、フーバーと考えを同じくしていたのである。挑発があったからこそ日本との戦いは確実なものになったのである。マッカーサー将軍は、もう一点、フーバーの考えに同意した。それは、一九四一年秋にはルーズベルトは、日本の近衛〔訳注：文麿〕首相との間で何らかの暫定協定を結ぶことができたということである。和平を探ろうとしていた近衛首相は、我が国との関係改善を望んでいたのである。その近衛の講和を求める態度に対して取ったルーズベルトの対応も「大事業」の中心テーマになっていった。「フーバー研究所」の仕事も忙しくなっていた。フーバーは（研究所の資料として）歴史的価値のある文書の収集を加速させた。壮大な破壊（第二次世界大戦）とその後の歴史に関わる価値ある資料を世界中に求めた。この作業は戦争終結前から始めていて、まずアメリカ第一主義委員会の持つ資料を揃えていた。（併せて有志から）二三万五〇〇〇

*訳注：フーバーは世界食糧支援事業でトルーマン大統領から協力を求められ、世界各国を視察した。期間は一九四六年三月から六月である。日本滞在は五月四日から六日まで。

ドルに上る寄付を集めることができた。

一九四六年の世界視察の旅で訪れたヨーロッパでは、ナチスドイツの宣伝相ヨーゼフ・ゲッベルスの日記の一部を収集できた。また、地下に潜ったポーランド抵抗勢力の資料も集めることができた[310]。

しだいにフーバー研究所には、国を追われた者、反共産主義者、ヨーロッパの研究者らが訪れるようになった。集められた資料は歴史研究の宝庫となった。当然、こうした資料はフーバー自身の研究にも大いに役立ったのである。

多忙なフーバーにトルーマン大統領が、世界各国の食糧事情と飢餓の状況を視察してほしいと要請した（一九四六年）。フーバーは依頼に応えた。彼の訪れた国は計三八カ国、旅した距離は五万マイルに上った。翌年（一九四七年）には、再びドイツとオーストリアの現地調査に出た[311]。この経験は「大事業」の最終部分の執筆に役立った。

このように作業に集中できない事情もあったが、一九四七年半ばには「大事業」も最終校正の段階にたどり着いた。構成は編年体とし、一九三八年から四六年までを各年ごとに詳述していた。一年が一つの「章」を構成していたが、一九四一年分は「章」と呼ぶには厚すぎるかもしれない。この年については二四〇ページを費やしていた。「大事業」（回顧録第四巻）の最終校正刷には第四校あるいは第五校のラベルが貼られていた（繰り返しの修正があったことがわかる）。一〇九九ページに及ぶ大著に膨れ上がっていた[312]。この大著も回顧録として準備する全六巻のうちの一巻にすぎなかった。

第四巻（「大事業」）も十分ボリュームがあり、詳述されていたが、第五巻でもルーズベルトに対する強烈な批判が用意されていた（これについては史料12、13として下巻巻末に示した）。この中でフーバーは、ルーズベルトの間違った外交を痛罵している。そして「ルーズベルト氏は戦争を欲していた」と書いた。この段階になると、フーバーの回顧録はルーズベルト、そしてチャーチルを糾弾する検事調書のごときものに変容した。二人を歴史の法廷に立たせる書になっていく。

一九四七年半ば、ルーズベルトの後継大統領ハリー・トルーマンからフーバーに、新しい連邦政府組織を主宰するよう要請があった。新組織は行政機構改革委員会（The Commission on the Organization of the Executive Branch of the Government）が正式名称だが、委員長となったフーバーの名を冠し、フーバー委員会と呼ばれている。フーバーは委員長のポストを一年半担当した。ここで交わされる激しい議論で、フーバーの年齢の半分ほどにしかならない若い委員もくたくたになるほどだった。また多くの作業をしばらく外部に委託したこともあり、フーバーは委員会の作業のスピードを少し落とさなければならなかった[313]。

忙しい日々であったが、一九四八年には時間を作り、回顧録第二巻と第三巻の修正作業にあたった[314]。そうした状況にあっても、「戦争本」（第四巻）のことがフーバーの頭から離れなかった。一九四九年末になると、第四巻の新たな校正刷ができあがった。二年前に比べてまた厚みが増していた[315]。一九四九年には、不干渉主義者の友人で外交官のウィリアム・R・キャッスル・ジュニアに、彼の日記の中にある、開戦前の日米関係に関わる部分について書き出すよう依頼している[316]。フーバーは資料の収集にどこまでも執心していたのである。

また保守系のコラムニストであるジョージ・ソコルスキー[317]に、ルーズベルト政権（一九三三―四五年）に入り込んだ共産主義者とそのシンパのリスト作成に力を貸してくれるよう依頼した（史料15）。一九四八年のアルジャー・ヒス裁判[318]を受けて、ルーズベルト、トルーマン両政権に侵入した共産主義者の（アメリカ外交への）影響が重大であると考えたからであった。確かにこの時期のアメリカ外交は左翼系（left-wingers）の影響を受けていた。これは特に対中外交に目立っていた。

一九五〇年、フーバーは秘書を新たに一人増やし、議会証言などで明らかになった共産主義者らのリスト作成にあたらせた。それをカードファイル化して自身の執務室に置いた[319]。情報の一部は「大事業」の資料となった。

この頃ウィンストン・チャーチルが、自身の「大事業」となる『第二次世界大戦』[320]を出版していた。フーバーは書き手としてのチャーチルの能力は買っていたが、内容については評価していない。彼に対する批判を「戦争本」に掲載すると決めた（下巻「付属関連文書」史料1、14、16参照）。しかし、理由は後述するが、この部分を原稿から外している。

一九五〇年初め、「アメリカに蔓延した集産主義」と題された第四巻が校正印刷に回された。ルーズベルト政権の初めの二期を扱い、総ページは五三八ページであった[321]。フーバーはその序文でこの巻の意義を次のように簡潔に記している。

〈私がこの回顧録をまとめたのにはいくつかの理由がある。第一に、我がアメリカが過去三〇〇年にわたり築いてきたアメリカ的政治を止めてしまったことが、いかに愚かであったかを論証することである。第二に、歴史の中に穢《けが》れのように入り込んでいる嘘を取り除くことである。第三にその当時、私がいかに考えていたかを示すことである。〉

彼は自身が大統領を辞してからの時期を三つに分割した。それぞれ「アメリカの集産主義に対する戦い（The Crusade against Collectivism in America）」、「一九三三年から四七年におけるアメリカ外交回顧」、「第二次世界大戦における食糧問題と経済」と題されていた[322]。

第四巻の第二部の部分には、「アメリカを参戦させないための我が戦い、および一九三三年から四五年までのルーズベルト外交とその顚末」とあり、「（不参戦の主張は）ルーズベルトの挑発的で憲法に違反する外交によって真珠湾攻撃となり、葬られた」と書いている。第三部には、（おそらく副題の一案として）「第二次世界大戦の四人の男たち（The Four Horsemen in World War II）」のラベルも貼られていた[323]。

一九五〇年五月二十一日、ルイス・ストラウスに回顧録が相当進捗したと知らせている。その中で、内容を次のように分けて説明した[324]。

一、一八七四年〜一九一四年　若き日々
二、一九一四年〜一九一九年　第一次世界大戦期の食糧支援と再建
三、一九一九年〜一九二九年　アメリカ再構築、商務省での八年間

四、一九二九年～一九三三年　政策、開発そして改革
五、一九二九年～一九三三年　大不況と一九三二年大統領選挙戦
六、一九三三年～一九四〇年　アメリカに蔓延した集産主義
七、一九三八年～一九四七年　アメリカ外交政策
八、第二次世界大戦期の食糧支援（あるいは第二次世界大戦の四人の男たち）

校正を何度も重ねていて、実際に書かれたページは三〇〇〇ページを超えている。これだけの量のせいか、自身の仕事にはっきりしないところも出てきている。たとえば、右の七番目（一九三八年から四七年）は三部構成となっていたが、この手紙の一〇日後には、一九三八年から五〇年まで二部構成で書いたとする手紙をストラウスに出している。また、第七番目はほぼ完成し、「アメリカに蔓延した集産主義」と「第二次世界大戦の四人の男たち」は脱稿したとも書いていた[325]。

このように事実関係に混乱が見えているが、繰り返されるタイプ打ちと校正の作業の中で思い違いが生じたのだろう。この頃のことをアーサー・ケンプは次のように述べている。

「私たちは八巻あるいは十巻いや十二巻の書を、同時並行的に進めているような感覚だった[326]」

一九五〇年も終わる頃になると、出版作業に入った。単行本化の出版社にはマクミラン社を、雑誌連載は『コリアーズ』誌を選んだ。フーバーは、『コリアーズ』誌の編集長ダイアナ・ハーシュを大いに気に入り、後に彼女を自らのスタッフに採用し、他の論文の編集にもあたらせている[327]。

一九五一年から五二年にかけて、「フーバー回顧録」三巻が出版された。第一巻は「冒険の時代：一八七四―一九二〇年」で、一九五〇年五月に発売された。ストラウスに書いた一番目と二番目の時期を扱っていた。第二巻は「商務長官時代、大統領時代」で前記の三番目と四番目の時期をカバーしていた。第三巻は「大不況」と題され、前記の五番目と、六番目の一部の時期を扱っていた。

第三巻が上梓されたことは大きな進捗であったが、同巻の成立だけでも大きな業績であったが、これに続く第四巻「大事業」への重要な布石ともなった。第三巻には、大統領時代に取った不況打開の経済政策が正しかったことを示す論証と、彼の後任（ルーズベルト）の取った政策への辛辣な批判が盛り込まれた。原稿に目を通した歴史家アラン・ネヴィンズが、[328]書かないほうがよいのではないかと指摘した部分であった。[329]

第三巻の最終章は「余波（aftermath）」と題され、「アメリカに蔓延した集産主義」論文の前半部分を使って書いたものであった。見出しには、「アメリカにやって来たファシズム」、「思想統制と人格攻撃による集産主義」などがあった。フーバーは小見出しにも十分に工夫を凝らし、大不況を終焉させたのはルーズベルトの進めたニューディール政策ではなく、第二次世界大戦であったことを示唆している。

結果的に第三巻は、メモワールと弁明とニューディール政策がアメリカにもたらしたファシズムの描写が混じり合った内容となった。[330]この作品でフーバーは、単なる思い出話を語る元政治家ではなく、「十字軍戦士的な歴史家」であることを初めて実証したと言える。言うまでもなくこの著作はその手始めとなるものであった。[331]

ところが、これ以後回顧録の出版が止まってしまう。一九五〇年五月、フーバーは親しい友人に、次に続く第四巻、つまり「戦争本」[332]の「第二次世界大戦の四人の男たち」などを扱う部分は当面は出版しないことになる、と打ち明けたのである。おそらくその理由は、書かれる内容がきわめて衝撃的で、まだ生存している関係者を強く刺激することを恐れたためだと思われる。

出版は延期させたが、フーバー自身の研究はやまなかった。この年、「戦争本」のタイトルを「政治家たちの失策（Lost Statesmanship）」に変えている。このタイトルは、しっかりとフーバーの考え方（ルーズベルト批判）を示している。[333]アシスタントのアーサー・ケンプも、新しい著作に関する調査を続けフーバーへ情報を提供した。[334]

フーバーは（将来の出版に備えて）、編集作業や修正を繰り返していた。（出版延期の結果）第四巻の扱う最終年が変わり、一九四五年から四七年となった。さらに一九五〇年初めの段階では、一九四九年の中国の共産化まで扱う可能性が出てきた。

一九五二年の大統領選挙では、二〇年にわたる民主党政権が終わり、共和党政権となった〔訳注：アイゼンハワー政権〕。一九五三年初め、「政治家たちの失策」部分の印刷校正作業を終えた。校正の終わった原稿は全八十九章、一〇〇一ページの大部になっていた[335]。

原稿を読んだ関係者の多くは、この部分はフーバーの作品の中でも最高の出来栄えだと感じた。フーバー研究所の所員の一人は、「体に電気が走るような感動を覚えた[336]」と語るほどだった（この部分の一部は下巻「付属関連文書」史料17、18に掲載）。忌憚なく、怖じけることなく明確に、そして容赦ないほどにアメリカの戦時期の外交の愚かさとその結果を書いている。

〈共産主義が二億のロシア人、九億のアジア人をがっちりと押さえ込んでしまった。それだけではなく、世界の近代文明の存立までをも脅かしている。当然ながら世界のどこにも平和は訪れてはいない。

私はこのメモワールの中で、ルーズベルトとチャーチルが人類にもたらした厄災を語ることにした。ここではもはや、二人が人類最大の敵（スターリン）に見せた暗黙の了解、あるいは彼に対する宥和的態度について繰り返し語る必要はない。

彼らはスターリンとともに、世界に訴える宣言を繰り返し、また裏では彼と密約を結んだ。一九四三年十一月のモスクワ宣言*、同年十二月のテヘラン会談、一九四五年二月のヤルタ会談、同年八月のトルーマンが出席したポツダム会談、そしてトルーマンの一九四五年から五一年までに見せた対中外交。これらはすべて、文明への裏切り行為として、破壊された文明の墓銘碑に刻まれなければならない。

奴隷状態の下、悪夢の中でのたうつ人々は、時にルーズベルトの言葉（約束）を思い返すことがあろうが、現

＊訳注：十一月一日に発表されたモスクワ宣言は、「ルーズベルト、チャーチルおよびスターリンの名で発表された残虐行為に関する声明文」である。

実は警察国家の中で生きていることを思い知らされるのである。
これからも共産主義はますますその影響力を拡げようとしている。[337]〉

最終章は盛り上がりがあり、かつ刺激的な内容で、そこには、米英の指導者が一九三三年以来犯した一九の大罪が列挙されていた。ルーズベルトによるソビエトの国家承認（一九三三年）、ポーランドの独立保障（一九三九年）、真珠湾攻撃以前の日本に対する宣戦布告なき開戦行為（一九四一年）、ドイツのソビエト侵攻後に見せたソビエトとの暗黙の同盟関係（一九四一年。これはアメリカ政治の最悪の決断である）、日本に対する全面的経済制裁（一九四一年夏）、日本の近衛首相の和平提案に対する侮蔑的な拒絶（一九四一年九月）、カサブランカ会談で発表された無条件降伏要求宣言（一九四三年一月）、モスクワ宣言およびテヘラン会談時のソビエトに対する宥和方針で許容したバルト三国などへの侵略（一九四三年）、ヤルタ会談におけるモンゴルおよび満州のソビエト支配容認の密約、和平を探っていた日本に対して使用した原子爆弾の非道徳性、自身の選んだ左翼思想を持つ顧問の意見を中国に強制し、（蔣介石に厳しい）マーシャル将軍の対中交渉によって中国を失ったトルーマン外交。

フーバーは、この時期の自身の態度に絶対の自信を持っていた。「私は一貫してアメリカの参戦に反対してきた。そのことを言い訳したり詫びたりする必要など毛頭ないと思っている[338]」と強気であった。

それから数年後のことであるが、アシスタントのアーサー・ケンプが、元の原稿の内容のままで（最終章の）「政治屋」の部分を発表したら、現在の情勢下では、そのインパクトは強烈過ぎるのではないかと危惧した[339]。

確かにこの時期は朝鮮戦争の最中であり、（反共の）ジョセフ・マッカーシー議員が登場し、ルーズベルトのヤルタ会談が問題視されていた。そして中国を失ったのは誰の責任であるかが激しく議論されている時期だった。それだけにフーバーの著作は、世間を驚愕させることになっただろう。編者（ナッシュ）にとっては驚くべきことに、フーバーは出版を保留し続けた。一九五一年から五二年の時点でも、第四巻（「大事業」）の発表は当分ないだろうとしているのである[340]。出版保留の考えは一九五三年二月四日の時点でも変わっていない。この日に、友人ルイス・ストラウスにそう語っているからである。[341]

大きなインパクトを生むであろう原稿の出版を見合わせてはいるが、校正はダイアナ・ハーシュに依頼している（一九五三年二月十日）。『コリアーズ』誌での連載のためではなく、さらに校正を進め彼女の意見を聞くためであった。[342] ハーシュはその後七カ月以上にわたって校正作業に携わり、改善のためのアイデアを出した。[343] フーバーは、彼女に二五〇〇ドルを支払っている。当時としてはかなりの金額である。[344]*

さて「アメリカに蔓延した集産主義」の部分についてであるが、フーバーはこの部分を独立した一冊の本にまとめようと決めた（一九五一年春）。タイトルは、「十字軍戦士として戦った時代（The Years as Crusader）」とし、アメリカ国内に侵入した集産主義との戦いを中心にした内容であった。[345]

一九五三年春には原稿は四十六章に及び、印刷校正も終え、「十字軍戦士の時代」に改題された。内容は大きく四つのテーマに区分されていた。大統領退任後の私生活、慈善事業への献身（ボーイズ・クラブなどの支援）、第二次大戦期のヨーロッパ難民救援事業、アメリカ国内における集産主義との戦い（三〇年代から四〇年代）の四つである。[346]

フーバーは本のタイトルにはっきりと「十字軍戦士」という単語を使っている。この言葉が内包する理想主義、行動主義の意味合いを以て、ルーズベルト、トルーマン両政権の時代に進めた自らの戦いを描写しようとした。しかし、この原稿についてもすぐに出版しようとしていない。おそらくその理由は存命だったトルーマンらの政治家についてあまりに率直に描写しているからだったのだろう。[347] こうして「十字軍戦士の時代」の出版も見合わせることになり、再び「大事業」に向けての調査、修正、編集、校正といった作業が繰り返される日々となった。

一九五三年、アシスタントのアーサー・ケンプがニューヨーク大学（ＮＹＵ）で博士号を取得し、七年間の講師生活も終えた。彼はクレアモント男子大学**（カリフォルニア州）での教授職を得た。[348] これによって、フーバーは大事な

＊訳注：現在価値にして二万ドルを超える額である。
＊＊訳注：現クレアモント・マッケナ・カレッジ（現在は共学）、ロサンジェルス郊外にある。

アシスタントを失うことになったが、ケンプはその後も、研究に役立ちそうな新しい資料についてまとめたり、必要に応じてフーバーの原稿をチェックしたりして彼の仕事を支援している。特に一九五四年と五五年の夏の間の貢献は大きかった[349]。しかし、ケンプがカリフォルニアに移ったことで、「大事業」編纂作業のスピードが鈍ったのは確かだった。

作業の停滞は決してフーバーの気力が萎《な》えたためではなかった。むしろその逆で、フーバーは活力に溢れていた。一九五三年夏、ワシントン議会は新しい行政機構再編委員会の設置を決めた。アイゼンハワー大統領は、フーバーに委員長就任を要請した。老いた共和党員として、そしてルーズベルトの政策に反対し続けた政治家として、自らの主張が正しかったことを示す大きなチャンスが巡ってきた。（ルーズベルトが）肥大化させた連邦政府組織と巨額な連邦政府支出をスリム化させるよい機会だった。「政府内に潜んでいる社会主義思想」をチェックし、「アイゼンハワー政権が（民主党政権から）引き継いだ負の遺産」を整理する絶好の機会に恵まれたのである[350]。

社会主義思想に影響（汚染）された経済システムを立て直し、（連邦政府内に）密林のごとく繁茂したニューディール思想を叩きのめす絶好の機会であった。委員会は第二次フーバー委員会と呼ばれることになり、二年間にわたって改革作業にあたった。彼の活躍は賞賛を浴びた。作業の続いていた一九五四年八月十日、フーバーは八〇歳の誕生日を迎えた。

翌年（一九五五年）、フーバー委員会の仕事を終えると、あらためて宙ぶらりんになっていた回顧録（第四巻以降）をどうするかの判断を迫られた。一つのアイデアは、大作となった「十字軍戦士の時代」を分冊にして出版することであった。一九五五年末、「十字軍戦士の時代」の第四部を、「アメリカン・ライフに忍び寄った集産主義に対する聖戦（The Crusade against Collectivism in American Life）」と題して独立の原稿とした。印刷校正を終えたこの本は二八二ページであった[351]。

ところが分冊構想が出た後すぐにフーバーは考え方を変えている。理由ははっきりしないが、回顧録第四巻部分、つまりおよそ二〇年間の彼の共和党員としての動きを示す部分は出版されなかった。

その理由の一つとして考えられるのは、新しい出版企画が持ち上がったことである。一九五五年から五六年初めにかけて、第一次世界大戦中の対ベルギー食糧支援の詳細を語るプロジェクトが動きはじめた。大戦期とその後に行なわれた大規模な食糧支援を記録するというものであった。一九五六年六月には、このために新規にアシスタントを雇っている。新卒のウォルター・R・リヴィングストンである。初めは三カ月の雇用であったが、結局二年半にわたってアシスタントを務めた。この企画は当初二巻にまとめるつもりであったが、しだいに三巻構想に、そして最後には四巻のプロジェクトとなった。世界の困窮する人々に対するアメリカの膨大な同情の記録であった。アメリカのというよりも、ほとんどフーバー個人の記録であった。事実、彼の第一次、第二次大戦期の活動の結果、何百万人もの命が救われていたのである。リヴィングストンは、一九五八年末には辞めているが、この頃にはフーバーのスタッフは四巻それぞれを同時並行的に編集する作業に没頭していた。[352]

食糧支援の記録にも先述のダイアナ・ハーシュの協力を得ている。彼女は四巻のうち、少なくとも三巻の編集に関与している。この頃フーバーは、この本に「四四年（Forty-four Years）」とタイトルをつけていた。[353]

結局、『アメリカン・エピック』[354]*と改題されて、一九五九年から六四年にかけて出版された。総ページ二〇〇〇ページ近い大著で、アメリカの優しさ、憐れみの気持ち、良心に従う行動といったものを示す価値ある書となった。大戦期にこうした活動があったことをアメリカ国民のほとんどは知らなかったのである。

ここまでの記述で、歴史家としてのフーバーは単純に前に前に進むタイプではないことが読者にわかってもらえたと思う。

一九五七年初め、つまり『アメリカン・エピック』編集の作業が忙しかった頃だが、また新しいアイデアが浮かんできた。ウッドロー・ウィルソン元大統領についての評伝を書くことであった。このテーマをなぜ、現在進行形の本（『アメリカン・エピック』）の中のパリ講和条約の部分に組み込まなかったのかはよくわからない。[355]

＊訳注：エピックとは歴史的叙事詩の意味である。

ウォルター・リヴィングストンを始めとしたスタッフの作業はこの新しい本にシフトし、他の企画を一時棚上げした。スタッフは、必要な資料を収集してフーバーに提出した[356]。新企画の原稿はかなりのスピードでできあがっていき、加筆修正や編集には、ダイアナ・ハーシュらも加わった[357]。こうして『ウッドロー・ウィルソンの試練』が完成した[358](上梓は一九五八年四月二十八日)。元大統領自身が他の大統領を語る初めての書となった。フーバーの作品の中でもとりわけ評価の高いものである[359]。

一九五〇年代半ばになると、彼の暮らすウォルドルフ・タワー三一号Aは、住居というよりも、執筆工場と表現したほうがよさそうな状態となった。一九五六年六月八日、スタンフォード大学出版部部長に、マクミラン社で出した第三巻までの体裁と同様の原稿が準備できたと伝えている[360]。当時を知る秘書の一人によれば、この頃には七つの企画が同時進行していて[361]、「大事業」、つまりルーズベルト批判本はそのうちの一つという状態だった。

この時期になっても政治家としての仕事がなくなったわけではなかった。一九四九年一月から一九五九年四月までの間を見ても、フーバーは、一八五回もの講演をこなしている。これは大きな講演会だけをカウントしたものである。この時期に七冊の著作を上梓していたことになる[362]。スタッフがつけていた記録によれば、一九五七年六月から五八年七月末までの間、フーバーは、まさに「一週間に七日」働いた。講演依頼はひっきりなしで、一六二〇件の要請があった。このうち彼は三〇の講演を引き受けている。この時期に一冊の新刊を上梓し、ブリュッセルで開催されたベルギー万博には、アイゼンハワー大統領の名代として赴いた*。

この時期には秘書四人とアシスタント一人がいたが、五万五〇〇〇通の手紙を発信している。この数には誕生カードやクリスマスカードなどは含まれていない[363]。

秘書やアシスタントは、フーバーの効率的な仕事ぶり、記憶力とエネルギーに圧倒された。八十代となった彼の起床は毎朝五時半頃だった。午前六時には執務を始めた。(ほぼ毎日)アポイントをとった訪問者があった。一杯のコーヒーは決まって七時から七時半の間に飲んだ。こうした時間以外、午前中は執筆作業に没頭した。亡くなる最後の月まで、執務中は常にネクタイを締めスーツ姿であった。

昼食は素早くすませ、書類を持って寝室に移った。秘書らは、フーバーはベッドで休むのではなく、書類を読んでいたのだろうと推察している。午後三時頃には秘書らと少し長めのコーヒーブレークを取った。時に訪問者もあった。休憩を終えるとデスクに戻り、再び執筆を始めた。それを終えるのはたいてい午後六時か七時頃であった。

フーバーは夜、執筆することはなかった。午後六時、七時以降の作品にまともなものは一つもないと秘書らに語っていた。夕食は（隣接の）ホテルから部屋に運ばせて、ほぼ毎晩来客と一緒にとった。その後は、トランプで「カナスタ」を楽しみ、午後一〇時には床に就いた。

しかし晩年の数年はこのルーチンに変化があった。午前二時頃に目が覚めることが多くなり、缶スープを温めて食べると、その後数時間にわたって手紙を書いたり原稿の執筆にあたった。そして再び床に就くのだった。秘書がやって来る頃には、書いたばかりの原稿や手紙がタイプされるのを待っていた[364]。

このような生活ぶりは休暇に出てもあまり変化がなかった。一九四〇年末頃からフーバーは、クリスマス休暇のシーズンが終わると、フロリダのキーラーゴ・アングラーズ・クラブに出かけている**。彼は、そこに船上で暮らせるハウスボート「キャプティヴァ」号を所有していた。ここでのボーンフィッシュ***釣りをするのが楽しみであった。休暇の時も執筆活動を続けていた。たとえば『ウッドロー・ウィルソンの試練』の原稿もここで書いている。また、フーバー研究所や自邸から持参した資料もあったから、仕事を忘れることはなかったのである[365]。

フーバーは病気になった時も仕事を休もうとしていない。一九五八年四月十九日、ニューヨーク市で胆嚢《たんのう》の手術をした。友人の多くが命にかかわる手術だと考えていたが、二週間でウォルドルフ・タワーに戻り、もう二週間あれば元の生活に復帰すると語り周囲を驚かせた[366]。

＊訳注：ベルギー万博のテーマは「科学文明とヒューマニズム」、会期は一九五八年四月十七日から十月十九日。入場者総数は五〇〇〇万人を超えた。
＊＊訳注：キーラーゴはフロリダ半島南端にあるサンゴ礁群島。
＊＊＊訳注：熱帯の浅瀬に生息する細身で銀色の海産魚。

『アメリカン・エピック』の構成を考える中で、フーバーはある悩みを解決している。悩みとは、第二次大戦中の食糧支援の部分をどのように書いたらよいかということだった。『アメリカン・エピック』の第四巻でそれを扱ったが、何度も書き直し、また簡潔化し部分的に表現を穏やかなものにした。「第二次世界大戦の四人の男たち」の題で書いた原稿（一九五〇年から五一年脱稿分）には辛辣な表現もあったが、それを穏やかな表現に変えたのである。[367] 実際、『アメリカン・エピック』の第四巻には、回顧録の第六巻で扱おうとした内容を書き込んでいた。

この段階で、回顧録の中で、どのように書くか未解決な部分は「アメリカン・ライフに忍び寄った集産主義への十字軍戦士の聖戦」の部分であった。また「政治家たちの失策」の部分をどうするかも大きな課題として残っていた。一九五〇年代のある時期に、かつてダグラス・マッカーサー将軍の補佐を務めたボナー・フェラーズ将軍[368]が、ウォルドルフ・タワー三一号Aにやって来たことがあった。「どのような仕事をなさっているのですか」との質問に、「ルーズベルトに辛辣な本を執筆している」と答えている。[369]

しかし、言葉とは裏腹に、内容はむしろ逆の方向に進んでいた。一九五四年五月一日、アシスタントのアーサー・ケンプに対して、この夏になすべき「大事業」関連の作業について指示を出している（下巻「付属関連文書」史料19参照）。その中に、「チャーチルおよびルーズベルトについての辛辣な批評部分については注意し、（表現を）再考するように」とメモしていた。また「政治家たちの失策」というタイトルについても、「より客観的で訴求力のある」表現に変えたほうがよいかどうか迷っていて、それについても考えてほしいと書いている。

この頃、この部分は一九四一年十二月七日以前と以後に分割することを考えていた。したがって、フーバーはそれらのタイトルを（より客観的な表現である）「回顧録――アメリカ外交　一九三三年から真珠湾攻撃まで」と「回顧録――アメリカ外交　真珠湾攻撃から一九五三年まで」にすることを考えていたようである。[370]

フーバーは「戦争本」（回顧録第四巻部分）の出版延期を考えていたが、辛辣な表現の変更と客観性を強めたいという意識が高まったのはこの時期のことであった。ゆっくりとではあるが、はっきりと内容を修正しようとしたのである。特に一九五九年以降については、非難を抑制した内容に修正していった。

同時に脚注部分の説明を加え正確性を増していった。「戦争本」を回顧録の一部とはしていたが、このような作業を通じて回顧録というよりはむしろ博士論文と呼ぶにふさわしいものに変化していった。

たとえば、ウィンストン・チャーチルを非難していた脚注部分を削除している（削除された部分は下巻「付属関連文書」の史料14・16参照）。また「政治家たちの失策」部分の序は新しく書き直していて（一九五七年。下巻「付属関連文書」史料20参照）、五〇以上の参考文献のリストを挙げている。このことはフーバーが検討資料の幅を広げ、それらを読み込み理解したことの証であった。

フーバーは「政治家たちの失策」のテーマで、辛辣な（ルーズベルト）批判の書の準備を進めていることを、一九三八年以来公言していた。[371] ルーズベルトとチャーチルに（歴史の）裁きを受けさせたいという気持ちは消えてはいない。ただその方法論が少しずつ変化してきたのである。陪審員である国民（読者）に、彼らの間違いを正面から訴えるのではなく、国民自身が考えながら彼らが間違っていたと結論付けることができるように、控えめな表現に変えていった。そのために、はっきりとした、そして反論できない証拠を提示することにしたのである。

最終的に、フーバーは自身の意見を原稿から外した。このことは、読者がこれから目を通すことになる本書の内容から理解できよう。意見ではなく「当時の指導者自身の言葉や行為」を示すことにしたのである（もちろんそれを補強する他の資料も提示している）。

なぜフーバーの主張にこのような「転調」があったのだろうか。それを示す直接的な証拠はない。したがって推察するしかない。先に書いたように、一九五三年にはフーバー委員会の指揮を任されている。また彼の八〇歳の誕生日には多くの賞賛を受けた。このことと「転調」が関係しているのかもしれない。多くのアメリカ国民にとって彼は老いて成熟した政治家であり、ステータスの高い人物となっていた。したがって、現実の政治とは距離を置く存在であることが期待されていた。

アシスタントのアーサー・ケンプは強烈な保守主義者で、彼の言葉は辛辣だった。その彼がニューヨークから去った（一九五三年）ことで、フーバーの言葉の棘を抜いた可能性もあった。また、編集を担当したダイアナ・ハーシュらが、辛口の表現を和らげたのかもしれない。

一九五〇年代半ば、『ニューヨーク・タイムズ』紙副編集長だったニール・マックニールが、引退後に、フーバーの仕事に深く関わるようになった。[372]彼は、フーバー委員会で（調査結果文書の）編集を担当した後に、フーバーの執筆アドバイザーになった。[373]このマックニールも、フーバーの筆鋒の棘を和らげた一人だった。

棘を抜くことにはそれなりのリスクがあった。回顧録のような調子で単純に厳しく批判することをしない分、提示する証拠は確実で、かつ一般人がその重要性を読み取れるものでなくてはならなかった。また（時の経過とともに）新資料も増えていった。たとえば一九五五年には、国務省は、ヤルタ会談関連の資料を公開した。長い間公開が望まれていた資料だった。これも十分に検討が必要な情報の「宝の山」であった。新しい資料の読み込みと併せて、これまでの原稿内容あるいは脚注の加筆修正の作業もあった。こうした作業も（感情を抑制した）学問的色彩を高めるのに役立った。

他にも表現を和らげた部分があった。一九五八年には、「政治家たちの失策」の導入部の原稿を書いた。タイトルは「ルーズベルト氏との個人的な関係」となっていた。この中で、二人の関係は第一次世界大戦から一九二〇年代にかけては良好なものだったと書いた。フーバーはこのことを長い間認めようとはしてこなかった。

関係が崩れたのは一九二八年の大統領選であった。ルーズベルトが、フーバーや彼の顧問らを批判する政治パンフレットを配布してからのことである。（その内容に）フーバーはフェアでないものを感じた。また真珠湾攻撃後のことであるが、フーバーはできることは協力すると伝えたが、ルーズベルトからの返事はなかった。二人の共通の知り合いであるバーナード・バルークやスチムソン（陸軍長官）は交遊関係の復活をルーズベルトに勧めていたが、ルーズベルトはそれを無視している。フーバーはルーズベルトの態度を次のように分析している。

「彼の態度は理解できないことはない。私は講演の中で、彼の外交政策にはっきりと反対であることを示したからだ。それが彼には我慢できなかったのだろう[374]」

結局、ルーズベルトについての回想部分は「大事業」の原稿からは外され、他の著作に収録された。[375]フーバーは確かに表現を和らげたが、（ルーズベルトの）過ちを明らかにしたいという気持ちを抑えきれたわけではなかった。一九五八年には、原稿のタイトルを若干修正し、「政治家たちの失策――アメリカ国民の試練」にしている。[376] この校正刷が印刷所から出校されたのは一九五九年一月のことだった。真珠湾攻撃以前までしか扱っていないにもかかわらず、八〇〇ページを超えていた。一九五三年時の原稿と同じように彼の意見は辛辣だった。[377]

〈歴史は、ルーズベルト氏の政治家としての資質を問い続けるに違いない。彼の失策を列挙すれば次のとおりである。参戦しないと国民に訴えた公約、武器貸与法、宣戦布告なき対独・対日戦争、共産国家ソビエトとの同盟、太平洋方面での講和を探る動きへの度重なる拒否、国民の恐怖（アメリカが攻撃される可能性）を煽る一二のスピーチにある嘘。そして最後に強調しなくてはならないのは、我が国の（開戦権限に関わる）憲法の規定への抵触である。こうした問題は、日本が真珠湾を攻撃した、という事実を指摘するだけで免罪にはならない。[378]〉

こうして「大事業」の新しい骨格ができあがっていった。フーバーは、一九四〇年代後半から次々に明らかになる、ルーズベルト、トルーマン政権に潜り込んでいた共産主義スパイの動向に強い関心を寄せていた。下院非米活動委員会を中心とした議会の調査結果を読み込んでいた。他の保守系の人々と同じように、次から次に暴露される共産主義者、その同調者《シンパ》の工作活動に驚愕した。そして（そのような工作に）困惑した国内のリベラル派が、一九四〇年代から一九四九年の共産党の勝利までの間に、アメリカの対中外交に与えた（悪）影響に強い警戒感を持った。彼と同じような感覚を持った者にリチャード・ニクソン、ジョージ・ソコルスキー（ジャーナリスト）あるいはユージーン・ライオンズ[379]（ジャーナリスト）がいた。彼らはいずれもフーバーと親交を持っていた。[380]

フーバーが共産主義者の工作に強い関心を持っていたことは、「大事業」の原稿に、早くも一九五四年の段階で、そのことを扱った章（「アメリカン・ライフに忍び寄る共産主義勢力」）があることから明らかである。[381] 一九五七年になると、これを示す資料が、フーバーのファイルに溢れた。リストにすると三四ページにもなった（下巻「付属関連文書」史料21参照）。

一九五〇年代半ば、フーバーや保守系共和党員は、一九三〇年代から四〇年代に政府組織に侵入した共産党員の工作活動には重大な関心を寄せた。決して過去のことと割り切れるものではなかった。強烈な反共主義者であったフーバーは、「ルーズベルトの左翼に甘い考えが共産主義者の浸透を可能にした」と結論付けた。さらに重要な点は、彼らの工作が「戦争か和平かの判断に大きな影響を与えた」ことだと書いた（一九五九年）。彼らの工作がアメリカに大きな厄災をもたらし、その結果は「決して無視できるものではない」と主張した。「蜘蛛の巣のように張り巡らされた工作の数々[382]」（政治学者ジェームズ・バーナム[383]が使った用語）が引き起こした事件の連鎖を、歴史家は理解しなくてはならないと訴えたのである。

一九五九年一月の段階になると、「アメリカン・ライフに忍び寄る共産主義勢力」の部分は原稿の第十六章とされ、七二ページが費やされている。[384]その後、この部分を二分割して、第四章、第五章とした。この後さらに三つの章を加筆した。共産主義者の主張や行動、アメリカのソビエト国家承認（一九三三年）、クレムリンからのアメリカ「攻撃」について詳述し、これを、「大事業」の導入部に持ってきた。タイトルは、「自由人にもたらされた知的・道徳的厄災」とした。

普通に考えれば、「大事業」の最初に、共産主義とはいかなるものかについて語り、アメリカ国内で誰がその思想に共鳴し、（ソビエトの）エージェントになっていたかを語る理由はなかった。それまでの導入部は、一九三八年の世界動向の説明であった（その後の校正版では一九三三年の世界情勢が導入部となった）。しかし、（共産主義の危険性を教えたいという）教訓的な動機から、共産主義者の工作を導入部に持ってきたのだろう。この構成についてはその後も変わることはなかった。

この再構成が「大事業」全体の枠組みにも強く反映されることになった。つまり、「大事業」の目的が、第二次世界大戦におけるアメリカ外交の愚かさとその政策遂行者の責任を分析するだけではなくなったのである。アメリカン・ライフが大きく変質したことから起きた厄災の原因をも書き込む必要性を感じたのである（下巻「付属関連文書」史料22参照)。(当時は)第三次世界大戦の危機感があった。それは共産主義者との戦いであった[385]。(現実に起きている)冷戦を見ながら、その厄災の原因を伝えなくてはならないと考えた。

一九五九年八月十日、フーバーは八五歳となった。この前日、彼はテレビ番組「ミート・ザ・プレス」に出演した。この時健康についての質問が出た。「まったく問題ない。気分は六八歳だ[386]」。これが彼の答えだった。

確かに彼の動きは六八歳の若々しさだった。もっと言えば、その半分の三四歳の元気さだと言ってもよかった。テレビ番組出演後の一年間で、五回の大きな講演会をこなし、三五回の公的行事に参加した。こうした行事はボーイズ・クラブのためのものだった。また二万一一九五通の手紙を出し、旅した距離は一万四〇〇〇マイル(二万二五〇〇キロメートル)に及んだ[387]。

これだけの活動をしながら「大事業」を疎《おろそ》かにはしていない。一九五九年かあるいは一九六〇年のいつ頃かははっきりしないが、「大事業」に準備した膨大な原稿は少し長すぎ、圧縮しなくてはならないと考えたらしい。なぜ彼がそう決めたかはよくわからない。いずれにせよ、一九六一年夏には、その圧縮版を完成させた。修正第五版である。この簡約版には「アメリカ国民の試練(The Ordeal of the American People)」という仮題をつけた[388]。

ここまできてもまだ「大事業」の出版には紆余曲折があった。一九六〇年代の初め(具体的な期日は不明)、フーバーは、出版準備を進める傍ら、近しい友人たちに原稿の校閲を依頼した。ニール・マックニール、H・V・カルテンボーン[389](ラジオ・コメンテーター)、フランク・メイソン(元NBC副社長)の三人である。マックニールを取りまとめ役にした[390]。

一九六一年初め、彼らに最終稿を渡し、監修を依頼した[391]。編集作業にはもう一度ダイアナ・ハーシュを起用した[392]。また原稿の紛失を恐れて、カリフォルニア州の法律事務所に、原稿二部を送付し保管を依頼している[393]。「大事業」の完成を急いでいたフーバーは、アーサー・ケンプにも連絡を取った(一九六一年八月)。クレアモント男子大学を一時離れてニューヨークに戻り、出版に向けての最後の作業を手伝ってほしいと告げた。「私の人生最大のプロジェクトだ。君が来てくれれば十分なことはする」と約束した[394]。しかし、残念ながらケンプには、それができない事情があり断わらざるを得なかった[395]。

ケンプが参加できなかったことは残念だったが、「大事業」は着々と進行し、一九六二年初めには修正第六版が完成した[396]。これは、第五版を精読し、鉛筆で修正し、それを秘書やアシスタントに改めてタイプさせたものだった。この頃はゼロックス「複写機」も使え、作業は進捗した。この作業による修正が終わったものが第六版だった。この頃は印刷所を使っての校正印刷はしなくなっていた。複写機の会社からきれいに仕上がった校正刷が上がってくると、それを三人のアドバイザー・チームに送った[397]。

一九六二年三月、親友ルイス・ストラウスはキーラーゴ島で避暑中のフーバーを訪ねているが、そこでもフーバーが「大事業」の作業を続けているのを見た。その頃の原稿には新しい題名「裏切られた自由」が付けられていた。そして、この題名が最終版にも使われることになった[398]。この頃、フーバーは二年以内に出版ができると考えていた。ストラウスは、フーバーの言葉を聞きながら、この「大事業」があるからこそフーバーはより長く生きようとしていると感じたと述べている。ストラウスが訪問を終え、帰る間際にフーバーは秘密を打ち明けた。自分は病を得ているが重篤で、医者からは余命一年と言われているというのである。フーバーは、このことを誰にも、フーバーの二人の息子に対しても、明かさないようにストラウスに頼んだ[399]。

余命宣告されたことは大きな重荷にはなったようだが、友人らから寄せられた原稿への批評や助言には心を温められた。特にカルテンボーンのそれはありがたかった。カルテンボーンは、「素晴らしい作品」だと賞賛し、できるだけ早い出版を勧めた[400]。

マックニールは、この作業に協力的だった。ただ、ヒトラーとスターリンを「悪魔（Satan）」とか「魔王（Lucifer）」といった言葉で描写するのは避けたほうがよいとアドバイスしている。マックニールは、こうした言葉を使うことで内容の客観性が損なわれることを心配した[401]。

マックニールは、フーバーの「大事業」の価値は内容の客観性にあると考えた。書かれた言葉から滲《にじ》んでくる訴えに価値があると考えた。彼は、フーバーの個人的な感情が出てしまっていると思われるところを修正した校正原稿を返している。[402]フーバーのこのような（友人のアドバイスを聞く）やり方は、一〇年前の進め方とは対照的だった。

一方、フランク・メイソンは、一九六一年初めの時点では原稿内容に共感していた[403]（この原稿のタイトルはまだ「政治家たちの失策」であった）。しかし、その後の一、二年でメイソンは批判的になった。フーバーとの会話の中で自身の意見を伝えている。ついには、フーバー生存中に出版しないように意見した。これにはフーバーも納得できなかったようだ。一九六二年末頃までは修正原稿をメイソンに送って意見を求めていたが、以降はそれをしていない。[404]

一九六二年八月二十日、フーバーはニューヨーク市内の病院に定期検査入院した。八八歳になっていた。八日後に、腸に発見された腫瘍の切除の手術を受けた。悪性ではあったが、医師は再発の可能性はないと告げた。[405]

およそ一カ月の入院生活を終えると、フーバーはウォルドルフ・タワーの自邸に戻った。術後の回復は驚くほど早かった。ベッドの上でも、原稿の修正作業ができるほどになっていた。メディアは、フーバーは、歴史的に大きな意味のある本の執筆作業を行なっていると少し曖昧な表現でその様子を報じている。[406]

癌との闘いの中でもフーバーの仕事の勢いが衰えることはなかった。その年の十一月には「裏切られた自由」の第一部を完成させ、三人のアドバイザーのもとに原稿を届けている。[407]

最終版として送ったものをさらに修正したが、フーバーはその修正版をZ版と名付けた。アルファベットの最後の文字Zを使ったことに意味があった。[408]ここまで来てもまだ修正を加え、「最終の最終版」はZ＋H版となった。

一九六二年十一月、フーバーはスタッフたちに、「大事業」は三部作にするとの決定を伝えた（下巻「付属関連文書」史料24参照）。それまでは二部作の予定であった。フーバーは過去一年間にわたって、大戦後すぐに混乱の中で共産主義化した四つの国（中国、ドイツ、朝鮮、ポーランド）については、それぞれの国の詳細を語るケーススタディを試みていた。これらは第二部の中に入れる予定であった。第二部は真珠湾攻撃以降の時代を扱っていた。一九六三年も押し詰まってくると「大事業」の最終形がしだいに形になってきた。初めて「裏切られた自由」のタイトルで意図した構成の原稿になったのである。[409]

ここまで読まれた読者はいくつかの疑問を持ったに違いない。なぜフーバーは、「大事業」の原稿を何度も修正したのか。なぜ、作業をいつまでも終わらせなかったのか。こういった疑問である。その答えの一つは、新しい資料が続々と出てきたからであった。しかし、本質的な理由は他にあった。フーバーは、「完全主義者」だったのである。内容もさることながら、正確な句読法にこだわりを見せ、コンマなどの使用法にもずいぶんと気を遣った。[410]

フーバーは大統領時代も、議会演説でも、選挙演説でも、その原稿をスピーチ・ライター任せにせず、自ら繰り返し推敲した。たとえば一九三一年の年頭教書のスピーチ原稿は、二二回も修正している。[411]その後のラジオでのスピーチ原稿も二九回修正したことがあった。[412]

フーバーの進める「大事業」では、彼の完全主義者的な側面がいっそう強まっている。彼はルーズベルトの外交政策を批判的に書き込むことで多くの知識を得た。そして、そのことで彼自身が攻撃の的になる危険性を十分に覚悟していた。最終的なタイトル「裏切られた自由」、それだけでもホワイトハウスの判断ミスや、裏切り行為を示唆するのに十分なインパクトがあった。フーバーは友人に次のように述べていた。

「この本に書き込んだ言葉、文章、日付についてはすべて確認し、証拠を持っているものばかりである[413]」

フーバーはいかなる批判にも耐えられるように準備していたのである。

フーバーが繰り返し修正をしたのには、もう一つの理由があったらしい。それは書き手としての自信のなさである。彼は、スタンフォード大学卒業時に、英作文で苦労した。[414]スペルの間違いをしばしば犯した。たとえば「大事業」の原稿でも、スターリン（Stalin）のスペルを「Stallin」としていた。

彼の文章そのものは「どっしり（robust）」としたもので表現力も優れていた。それでも、彼は友人の校正を頼りにするところがあった。校正を頼めば、常に修正が入った。それが「大事業」の仕上がりを遅らせていた。

一九六二年も押し詰まった頃、フーバーは最後の仕上げに力を振り絞った。この頃、彼のもとでは六人の常勤秘書と、会計担当一人が働いていた（下巻「付属関連文書」史料24参照）。それぞれに役割分担を示し、現在進行形のプロジェクトの完成に向けて全力を尽くすように指示している。要するにスタッフに対して「大事業」最終版（裏切られた自由）と、『アメリカン・エピック』第四部の完成に向けて努力するように指示したのである。

六人の秘書は週五日の勤務を続けていたが、フーバーのメモには「六人のうち誰かは常に自分と一緒にいてほしい」とか、「毎日（every day of the week）」とかの表現が増えていた。また「私の状態に鑑みて」という言葉もあった。明らかに不安な健康状態を示唆していた。秘書たちには常に助けになってもらいたい気持ちが強かった。

一九六三年の春から夏にかけて、最終版（Z＋H版）の第一部を保守系の友人に送った。ダグラス・マッカーサー将軍、アルバート・C・ウェデマイヤー将軍[415]、ルイス・ストラウス、ウィリアム・C・ミューレンドール[416]、レイモンド・ヘンレ、アルバート・コール[417]、リチャード・ベルリン[418]などである（下巻「付属関連文書」史料26参照）。フーバーは、原稿の扱いについては注意深かった。配布する友人によっては、原稿に「極秘（Top Secret）」のラベルを貼っていた。

こうした友人には、内容だけでなく、出版の時期についても意見を聞いていた。帰ってきた言葉は、内容については文字どおり激賞であり、時期についてはできるだけ早いほうがよいというものばかりだった。誰もが素晴らしい作品であると認めたのである[419]。

この頃のフーバーは必ず出版しなくてはならないという強い義務感に背中を押されていた。彼はアメリカ国民の前に、過去三〇年にわたってアメリカ国民が謳歌していたはずの自由がいかにして裏切られてきたかを示す十分な準備ができていた。それができるのは十分に長生きをして、裏付けの資料も収集できたからであった[420]。

フーバーは「大事業」をきわめて厳粛な作業だと認識していた。そして世を去る前には必ず完成させると決めていた[421]。一九六三年の初め頃、友人に対して、この「大事業」三部作を自身の遺言として遺すつもりであると伝えた（下巻「付属関連文書」史料25参照）。

秘書らには、「残された時間はあまりない。これ（「大事業」の出版）が最も重要な仕事として残っている」と語っていた（一九六三年六月。下巻「付属関連文書」史料27参照）。

ところが、これほど出版への意欲を示していながら、フーバーは未だ最終的な出版のゴーサインを出すことを逡巡していた。「まだ準備が整っていない」[422]と友人に漏らした。「史料25」にあるように、事実確認などの作業にあと二年は必要だと考えたのである。その問題を克服するため、フーバーは、ニューヨークのオフィスの役割分担を変更し、かつフーバー研究所の学芸員に事実確認作業を依頼している。[423]

こうした作業を進める中、病が悪化した（一九六三年六月）。メディアはその容態を、「消化管に出血が見られ、貧血」を起こしていると報じた。[424] 実際は潰瘍からの出血がひどく致命的な症状だった。一時は、フーバーの息子の一人が、ケネディ大統領に連絡し、父親の死が避けられないと知らせている。[425]

ところが、驚いたことに（潰瘍からの）出血が止まり、フーバーはしだいに体調を回復したのである。担当医らは「奇跡的な」ことだと驚いた。[426] 集中治療室に運ばれたフーバーは、二人の息子に、心配するな、必ず回復する、まだやることがたくさんある、と言っていた。[427]

一九六三年の夏はほとんど病院のベッドで過ごし、身体も弱っていた。八月十日は、八九歳の誕生日だった。この日の『ニューヨーク・タイムズ』紙は、フーバーが一時オフィスに戻って、三〇年越しの「大事業」を完成させる作業をしていたと伝えている。[428]

九月二十六日、フーバーは友人のジョージ・マルディキアン[429]に次のような私信を出した。

〈私の体調は少しずつ回復している。私の大事な計画、つまり第二次世界大戦の分析と裏切られた自由についての大事業も、スタッフが、すべての文章について誤りがないかを確認する最終段階にあります。およそ一年で終わる見込みです。[430]〉

ここまで執筆が進んでいながら、フーバーはまだ修正の誘惑に勝てないでいた。一九六三年九月から翌年の春頃にかけて、「最後の最後」となる修正を「Z＋H版」第二部に加えている。修正のほとんどがマイナーなものであったから、第一部と第二部については実質的に一九六三年九月時点で完成していたと言えよう。また、四カ国のケーススタディ分析も数カ月前にやめて（終わって）いた。[431]

完成を迎えた「大事業」の第一部、第二部はおよそ八〇〇ページとなっていたが、一九四〇年代から五〇年代の版に比べれば相当に圧縮され簡潔なものになっていた。それでも大作であることに変わりはなかった。スタッフが仕上げ作業を進める中、フーバーはどこで出版させるかの検討に入った。

フーバーは、アルバート・コールの意見に従って、第一部をリーダーズ・ダイジェスト社*に送付し、簡約版を検討させている。[432] 同社幹部が内容に大いに感銘していたこともあって、フーバーは、一九六四年にはリーダーズ・ダイジェスト社が簡約版を掲載すると決めるのではないかと思っていたようだ。[433] しかし同社は第三部がまだできていないことから、簡約版にするのは難しいと考えたらしい。結局、同社による簡約版掲載は日の目を見なかった。[434]

一方で、他の出版社も原稿に興味を示していた。強い反共姿勢の新聞社『シカゴ・トリビューン』紙やハースト・コーポレーションのリチャード・ベルリンがフーバーの作品のシリーズ化を検討していた。[435] 一九六四年に入ると、『アメリカン・エピック』を出版していたヘンリー・レグネリーが名乗りを挙げた。レグネリーの父親は、（アメリカのヨーロッパ戦線への不干渉を訴えた）アメリカ第一主義委員会を財政的に支援していた人物だった。[436]

こうした出版社が名乗りを挙げていながら、フーバーは出版を迷っている。フーバーには、歴史の事実をアメリカ国民に伝えたいという強い気持ちと、（大統領退任後に失われた）彼の名声を回復したいという二つの願いがあった。どうしたら、「国民に真実を伝える」と決めた十字軍的な役割と、回復していた良識ある政治家というイメージのバランスがとれるかに悩んだのである。

フーバーは（現在は国民から良いイメージを持たれているが）過去に味わった悔しさを決して忘れてはいなかった。それは、ウィンストン・チャーチルに強い敵意を持ち続けたことからも理解できる。ある時、スタッフの女性が、メトロポリタン美術館で開かれたウィンストン・チャーチル展を見に行ったことがあった。** フーバーはそのスタッフに、

＊訳注：新刊書籍の抜粋簡約版を売りにした雑誌社。
＊＊訳注：チャーチルは晩年は絵を描くことを趣味にした。

なぜあんな男（that man）の絵など見て時間を無駄にするのか、と言って怒った[437]。

一九六三年のことだったが、フーバーはデウィット・ウォーレス（リーダーズ・ダイジェスト社の創業者）に次のように書いている。

「私は、彼らがどれだけ自由を裏切ってきたかを、彼ら自身の口で語らせると決めた。*そうでなければ、他者がどれだけその事実を訴えても決して信じてもらえないだろう[438]」

糾弾の手段は少しずつ変わってきたが、彼の究極の狙いそのものには変化はなかった。フーバーは、友人のニール・マックニールに、「大事業」にはどれだけのコストがかかっても、そしてその出版でどんな結果になっても一向にかまわないとまで述べていた[439]。

これだけの決意がありながら、それでも「大事業」が出版されれば、左派（リベラル）陣営から激しい「火山の噴火のような」罵声が浴びせられることを憂慮した[440]。フーバーは、これに加えて、タイトルの「裏切られた自由」が、ハリー・トルーマンの感情を傷つける可能性があることを心配していた。数年来、二人の関係は良好だったからである。

そのこともあって、一九六三年十一月、フーバーは、友人のマックニールを通じて、トルーマンに「裏切られた自由」の出版計画が進んでいることを伝えた。タイトルの「裏切られた自由」については、共産主義者の欺瞞を意味していて、アメリカの指導者の言動を非難しているものではないと説明させた。マックニールは、「大事業」は、基本的に記録（ドキュメンタリー）の企画であって、政治的意図はないと伝えた。フーバーはトルーマンを評価していただけに、意図的に彼を攻撃しているように思われたくはなかったのである。トルーマンからは、彼がやろうとしていることで、トルーマンのフーバーに対する評価が変わるようなことはない、という言葉が返ってきた[441]。

しかし、トルーマンへの気遣いは必ずしも正直なものではない。初期の原稿では、トルーマンの外交政策を手厳しく批判していたのである（下巻「付属関連文書」史料18参照）。また「裏切られた自由」の内容も決して、批判の対象を共産主義者だけに限っていない。正確を期した言い方をするなら、フーバーの糾弾の対象はトルーマンではなかった。

フーバーは、スタッフが「裏切られた自由」の最終作業を進めている中で、彼のチームが過去五年に成し遂げた成果（他の作品の出版）については十分に満足していた。一九五九年、六〇年には、『アメリカン・エピック』の第一部と第二部を上梓し、一九六二年には、同第三部と、演説集（*Addresses Upon the American Road* シリーズ）の第七部を出版した。同年には、フーバーが子供たちに宛てた手紙を集大成した『大人になるということ（*On Growing Up*）』も上梓した。この作品は友人のウィリアム・ニコルスが編集している。また趣味で出した『釣りの楽しみ――気分爽快』も出版できた。一九六四年半ばには、『アメリカン・エピック』の第四部と完結編となる第五部を上梓した。

八五歳から九〇歳までの五年間で七冊の新刊を世に問うことができたのは素晴らしい成果だった。

ただ、最も重要な「大事業」（裏切られた自由）の出版だけは終わっていなかった。一九六四年初め、最終作業のペースにしびれを切らしたフーバーに、フーバー研究所も監修にあたるべきだとの勧めがあった。それを受けて、第一部、第二部を同研究所研究員ジュリアス・エプスタインに送付した。[442] エプスタインはすぐに作業を進め、八月半ばには、あと数カ月で作業を終えられると連絡してきている。[443]

最終チェックの作業をカリフォルニア（フーバー研究所）に委ねたことで、フーバーはもう一つ新しい計画を構想した。一九六四年四月十八日、友人のボナー・フェラーズ将軍に、これまで扱ってこなかった部分についての新しい著作を考えていると伝えている。それは「ダグラス・マッカーサー将軍解任（朝鮮戦争時）に関わる内容」[444] であった。

その一方で、元大統領には最期の時が刻一刻と近づいていた。フーバーは一九六三年五月二十二日以来、自邸を「居心地のよい修道院」と呼び、[445] そこから出ようとしなかった。結局、彼は死の時までウォルドルフ・タワー三一号Aの自邸で暮らしたのである。[446] 一九六四年二月、腎臓から出血があり、肺に感染が見られた。回復はしたものの、体

＊訳注：彼らの残した資料に語らせるという意。

力は著しく低下した。八月に九〇歳の誕生日を迎えると、彼の周りには看護婦が多くなっていた。一年前には七人いたアシスタントも秘書二人だけになり、看護婦の数のほうが多かった[447]。

この時点になっても『ニューヨーク・タイムズ』紙は、フーバーは次の作品（第三十三作）にとりかかっていると報じていた。フーバー自身が「大事業」と呼ぶ著作だが、テーマはソビエトによって仕組まれた工作で、それはルーズベルトがソビエトを国家として承認した一九三三年から始まっていた、という内容だと書いた[448]。フーバーが、雷のような、驚くべき内容を世論に訴えようとしていることを伝えるもので、最も真実に近い報道だった。

死期を迎えたフーバーを見舞うことができたのは、それを許された数少ない親友だけであった。フーバーは「大事業」のこれからに悲観的な考えを訴えるようになった。彼の心に何か大きな変化があったようだった[449]。弱気になった理由の一つは、生きている間に「大事業（裏切られた自由）」が本の形にならないことを悟ったからかもしれない。

十月半ば、ひどい体内出血があった。一九六四年十月二十日、フーバーは自邸で息を引き取った。九〇歳二カ月十日の生涯であった。

フーバーの遺品や収集した資料、文献などは、ニューヨークのハーバート・フーバー財団（一九五九年設立）に譲るよう遺言されていた[450]。

残された「大事業」の計画については、三人のアドバイザー・チーム（カルテンボーン、マックニール、メイソン）ではなく、フーバー財団に決定権が移されていた。今後の対応については財団が決めることになった。

財団が最初に決めたのは、フーバー研究所が最終原稿（Z＋H版）を完成させることであった。一九六五年には、作業を担当しているエプスタインに他の数名の学芸員が加わり、編集作業にあたった[451]。

この頃、マックニールはフロリダに住んでいたが、フーバー財団の委託で、エプスタインが修正した第一部の確認作業にあたった。この部分はエプスタインに送られる前にはマックニールが編集していたのである[452]。

この年の夏の終わりには、フーバー研究所の確認を終えた第二部がフーバー財団を通じて、マックニールのもとに届いた。マックニールはすぐに確認作業にとりかかったが、四度目の作業であった。マックニールは、フーバー財団に対して、原稿は一つにまとめたほうがよいとの意見を伝えている。元新聞編集者ですでに七五歳になっていたマックニールが編集を終えたのは、一九六六年初めのことであった[453]。

一九六六年五月、マックニールは、フーバー財団に、「裏切られた自由」を二巻本としてまとめ、未完成稿と謳《うた》ったうえで出版することを提案した。フーバー元大統領が死の直前まで書き続けた原稿として発表するのである。未完成とする理由は第三部が完成していないためであった[454]。

後事を託された息子のアラン・フーバーは、マックニールから戻された修正原稿をフーバー財団のメンバーに配布し、今後の扱いについて意見を求めることとした[455]。この時点で、「裏切られた自由」はいったん小休止の状態となったのである[456]。

一九六七年に入った頃、フーバーの友人の一人レイモンド・ヘンレが、ハーバート・フーバーの事績を関係者の口述で記録する企画を立ち上げていた。そこでインタビューを受けた者たちの間で、「裏切られた自由」の出版が遅れている理由が話題になった[457]。その理由として次の二つの可能性が噂された。

原稿内容が出版に値する価値がないか、フーバーの政敵による激しい反発の恐れがあるかだった。二番目の理由は気になるところであった。

フーバーは、息子のアランに宛てたメモ（一九六二年から六四年頃）の中で、フーバー個人も、そしてその思想についても激しい中傷に晒されたことを打ち明けていた。そのひどさは、アメリカ史上で公的な立場に立った者に対する攻撃の中でも最大級ではないかとも書いていた。当時はすでに彼への個人攻撃は弱まってはいたが、「裏切られた自由」の出版で、それが再燃する可能性を示唆していた。メモの中で、「火山の噴火のような」非難が起きない時期まで出版を控えたいことも匂わせていた[458]。

フーバーが亡くなった状況で、「裏切られた自由」の出版がフーバーの遺言であったとしても、フーバーに対する攻撃が再び始まる恐れがあった。フーバーは晩年においては、いわれなき中傷を相当程度払拭できていたのである。

結局、フーバー財団は出版をやめることにした。こうして、「裏切られた自由」の内容が国民の目に触れることはなくなってしまったのである。

なぜ出版取り止めの結論に至ったのかは当時の関係者にしかわからないが、彼らはみな亡くなっている。長男ハーバート・フーバー・ジュニア（一九〇三―六九年）も次男アラン・フーバー（一九〇七―九三年）も、当時の財団の幹部も残っていない。したがって確定的なことはわからないが、出版取り止めの理由は、『裏切られた自由』の出版が巻き起こすだろう大きな反響を危惧したのだろう。特にフーバーの葬儀は威厳あるものだっただけに、*葬儀の直後の出版はまずいという判断があったのかもしれない。

どのような理由であったにせよ、出版中止の結論が出てから半世紀が経った。「どんな心の傷も時が癒してくれるものである（この言葉はリンカーン政権の陸軍長官エドウィン・スタントンが一八六五年に述べたものだった）」。ハーバート・フーバーの残した言葉はもはや古典に属する。彼の残したものはアメリカ文化の財産である。フーバー研究所が編者（ナッシュ）を招聘し、『裏切られた自由』の出版事業を託したのは二〇〇九年のことだった。その結果、完成したのが、読者がいま手にしている書なのである。

編者の結論：『裏切られた自由』は何を伝えようとしているのか

『裏切られた自由』は、きわめて重要な作品である。ハーバート・フーバーは第二次世界大戦期に執筆を開始した。すでに書いたように、当初は「回顧録」として出発したのであり、その中心テーマはルーズベルトの、真珠湾攻撃までの外交政策を批判することにあった。しかし、しだいにそのテーマは拡がりを見せ、ルーズベルトの大戦期の外交と、それがもたらした戦後の世界の姿まで扱うことになった。

戦後はソビエト帝国（The Soviet empire）がとんでもない拡がりを見せ、共産主義者との戦い（冷戦）が勃発した。このような事態をフーバーは歴史家の視点で観察した。フーバーは、ルーズベルト政権の対ソビエト外交の愚だけではなく、のちにソビエトのエージェントであることが判明した政権内のアドバイザーや彼らへの協力者の影響についても強い関心を持った。フーバーの視点からすると、冷戦の悲劇は、一九三三年から五三年にかけてのアメリカの指導者の判断ミスの結果であった。彼らの失敗が、戦後敵国となったソビエト連邦をあまりに強力な国家にしてしまったのである。そのことを立証する作業が「大事業」のテーマとなった。

「大事業」の最終形となった『裏切られた自由』は、フーバーの回顧録の部分と、アメリカ外交史が混在したものになっている。すでに書いたように、フーバーは晩年には、自身の影（個人的な回想部分）が作品の前面に出ないように工夫した。それでもこの作品は回顧録的な性格を残している。およそ十二章分にそのような性格が色濃い。

それでも、表現をより客観的なものに修正していることは間違いない。そうすることで研究者の批判にも耐えられるようにしたのである。フーバー個人の意見や論争を呼ぶ表現には固執せず、詳細な脚注（出典）を示し、表現も感情を抑えたものに工夫している。その結果として『裏切られた自由』は、回顧録の側面と、学問的価値を持つ歴史書の側面を併せ持った。

ここで歴史研究者が定義する一次資料と二次資料に言及しておきたい。一次資料は筆者自身がある事件の証人であるか、あるいはその事件に実際に関与していたことを記しているものである。二次資料は、記述していることに筆者が直接関わっていないものである。このような意味で言えば、『裏切られた自由』にはこの二種類の資料が混在していると言える。

読者におかれては、この二つの違いに留意しながら本書を読んでいただきたい。完全な学術研究書としてみれば、そうとは言い切れないところもある。それは二次資料の部分である。また本書は半世紀前の作品である。伝統的な意味での資料を基にしていないところもある。執筆時点では公開されていない情報もあったからである[459]。

フーバーが依拠した資料は、当時においてフーバーやその他の研究者に公開されていたものである。それには、当時の指導者の回顧録などが含まれる。そうした資料は、後の研究者が手にすることができる資料のほんの一部である。

本書にはそのような瑕疵《かし》が内在してはいるが、読者の興味をそそる貴重な情報も記されている。第二次世界大戦期

＊訳注：中傷による非難は払拭されていた。

とその後の歴史を研究する専門家にとっては、本書に書かれていることのほとんどが既知である。しかしそうは言っても、本書の持つ重要性が減じることはない。それには二つの理由がある。

まず第一点は、フーバーの「大事業」に示された視点は、戦後一〇年以上にわたって盛んとなった修正主義史観の好例であるということだ[460]。実際、この「大事業」は、おそらく修正主義史観を示す最も野心的でかつ系統だった書であると言ってよいだろう。その修正主義史観を提示したのが、他でもないアメリカ元大統領だったということが重要なのである。

フーバーは本書の中で、現在でも議論が絶えない重要な点を問うている。

ネヴィル・チェンバレン首相は一九三九年三月に、ポーランドの独立保障を約束したが、それは誤った外交ではなかったか？　ルーズベルトは、国民を欺き、憲法に違反して、海軍に対独戦争を始めさせていなかったか？　一九四一年秋には、日本との間に暫定協定が結べる可能性があったのに、その機会を意図的に潰したのはアメリカ政府ではなかったか？　一九四一年から四二年にかけて、ソビエトを同盟国としてルーズベルトが扱ったことは、とんでもない失敗ではなかったか？　ルーズベルトは、テヘラン会談において、あまりにスターリンに宥和的ではなかったか？テヘラン会談（ヤルタ会談ではない）は、大西洋憲章への裏切り、もっと言えばアメリカの戦争理由に対する裏切りではなかったか？　枢軸国に対する無条件降伏要求は間違った政策ではなかったか？　一九四四年に始まったヨーロッパ大陸における反撃は、南フランスからではなく、バルカン半島から始めるべきではなかったか？　ルーズベルトは、蔣介石の国民党政府をヤルタ会談で裏切ったのではなかったか？　日本に対する原爆使用は必要だったのか？アメリカの連邦政府組織（ホワイトハウス、国務省、財務省）に潜入したソビエトのエージェントやその協力者は、アメリカ政府の外交に負の影響を与えたのではないか？　外交顧問の中には左翼思想を持つ者が多かったが、彼らの陰謀で、トルーマン大統領の対中国外交が歪められ、結果的に中国を共産化させてしまったのではないか？

重要な点はこれだけではないが、こうした問いに対して、フーバーは、本書の中で自身の考えをはっきりと示しているのである。彼の歴史認識は決して独りよがりの（偏った）ものではなく、当時の、そして彼の死後のオピニオンリーダーの考えも反映している。そうであるからこそ、歴史研究者は、ここで示される考え方について理解を深めておく必要がある。

さらに言えば、本書で示す彼の疑義は、決して旧弊で陳腐な考えではないということだ。すでにヴェノナ文書[461]によって、ワシントンに潜入したソビエト・エージェントの戦時における驚くべき活動の様子は、歴然としてきた。一九四〇年代のソビエト・スパイの影響についてはいまこそ真摯な検討が必要になっている[462]。本書ではソビエト・スパイの影響についてしっかりと書き込まれている。

確かに半世紀という時間が経ってはいるが、本書は歴史研究のための本質的な価値を失っていない。その理由の一つは、我々に突きつけられている問いかけが鋭いからである。特に倫理性に関わる問いは鋭く厳しい。その問いを突きつけられた私たちは、フーバーが批判する我が国の外交の結果として生まれた現在の世界に住んでいることを、あらためて思い知らされることになるのだ。

たとえば第三部は、四つの国のケーススタディであるが、これを読めば、第二次世界大戦期のアメリカ外交について、もう一度検討しなくてはならないと思わざるを得ない気持ちになる。

フーバーは、私たちに、歴史を作るのは「人」であることを教えてくれる。第二次世界大戦期に多くの決定がなされた。その決定には間違いがあった。それは世界の多くの人々にとって生と死を分かつものだったのである。

本書を狭い分野の研究書として読んではならない。むしろ、私たち読者に、過去の歴史解釈をもう一度検討すべきだと訴える書である。彼の結論を受け入れられないとしても、もう一度考え直してみたいと思わせる力を持っている。

本書が重要である二つ目の理由は、一次資料が多く掲載されていることである。それらは、二十世紀のリーダーの一人として、フーバーがどのように世界を見ていたかを示す重要な資料であり、その価値は高い。およそ二〇年間にわたってこの事業に費やしたフーバーの労力は途方もないものだった。人生をかけた一大事業であり、彼の考え方を示す重要な著作となった。フーバーという政治家が、大統領を辞してからどのような人生を歩んだか。本書を読まずにそれを語ることはできない。本書は偉大な人物を理解するための必須文献でもある。

およそ七〇年前に、フーバーは本書の最初の文章を書きはじめた。その頃の彼は失望の連続であった。一九四〇年の共和党大統領予備選に敗れ、アメリカの参戦を止めることもできなかった。始まった戦争の中で、再びヨーロッパの難民を救援しようとしたが思うように進まなかった。それでも彼は戦いをやめなかった。言論の世界を中心に活動を続けた。

一九六四年、彼の亡骸は生地のアイオワ州ウェストブランチに葬られた。十分に豊かで、誇りある人生であった。彼がたった一つだけ成し得なかったのが本書『裏切られた自由』の出版であった。しかし誰かが言ったように、「歴史は絶えることなき（過去との）対話の作業である」。本書が上梓されたことで、ハーバート・フーバーは、我々と歴史の対話の場に、半世紀を経たいま再び登場したのである。

ジョージ・ナッシュ
サウス・ハドレイ、マサチューセッツ州　二〇一〇年十月

＊原注

1 〔訳注〕*The Fifteen Decisive Battles of the World.* 一八五一年、イギリスで出版された。世界の歴史を大きく変えた戦い一五を挙げている。

2 John W. Hill oral history (1971), pp. 5-6, copies in the Hoover Institution Archives（以下 HIA と表記）at Stanford University and in the Herbert Hoover Presidential Library（以下 HHPL と表記）, West Branch, Iowa. HHPL（ハーバート・フーバー記念図書館）に保存されているフーバーの日程表によれば、フーバーは一九五一年十一月にヒルと初めて会った。

3 Hill oral history, pp. 5, 17.

4 *The Challenge to Liberty,* Charles Scribner's Sons, 1934.

5 Hoover to Edward Eyre Hunt, September 14, 1933, Post-Presidential Individual File（以下 PPI と表記）, Herbert Hoover Papers, HHPL.

6 Hoover to William Allen White, May 11, 1937, PPI, Hoover Papers, HHPL.

7　再選を考えていたことを示す資料は多い。長年の友人であったエドガー・リッカードの日記（ＨＨＰＬ所蔵）にフーバーの当時の動きが記されている。また一九三〇年代のフーバーの政治活動については次の書に詳しい。
Gary Dean Best, *Herbert Hoover: The Post-Presidential Years*, Hoover Institution Press, 1983.
Richard Norton Smith, *An Uncommon Man: The Triumph of Herbert Hoover*, Simon and Schuster, 1984.

8　Herbert Hoover, *Addresses upon the American Road, 1933-1938*, Charles Scribner's Sons, 1938.

9　同右、pp. 300-308. あるいは *New York Times*, January 16, 1938, pp. 1, 4.

10　Herbert Hoover, *America's First Crusade*, Charles Scribner's Sons, 1942, p. 76.

11　〔訳注〕Herbert Hoover, *American Individualism*, Best Books, 1922.

12　*Addresses upon the American Road, 1933–1938*, p. 301.

13　同右、pp. 301-302.

14　同右。

15　フーバーは記者に対して、七つか八つの名誉学位を受けたが正確な数字はわからない、勲章は一五から一八くらいだ、と語った。*Palo Alto Times*, March 29, 1938. 本記事のファイルはＨＨＰＬ所蔵。

16　William R. Castle Jr., diary, March 7, 1939, HHPL. この日記の中で、一年前にフーバーがネヴィル・チェンバレンに語った言葉を、キャッスル氏がフーバーから聞いたとおりに記録したとされる。フーバーはキャッスル氏に、この話は誰にも打ち明けたことがない、と語っていた。

17　Hoover, notes of his interview with Neville Chamberlain, March 22, 1938, as printed in "An Examination of Europe," pp. 43-44, in the 1947 page proof edition of the 1938 section of his Magnum Opus, in Herbert C. Hoover Papers, Box 3, "M. O. 6" envelop, HIA. Hoover's original notes have not been found. A condensed version of them appear in the final version of the Magnum Opus in this volume.

18　同右。

19　同右。

20　フーバーは、チェンバレンに対して、ドイツは戦争の準備に一八カ月必要だろう。その後はいつ戦争になってもおかしくない、と語ったことが右の出典に記録されている。

21　*New York Times*, March 19, 1938, p. 3.

22　*Palo Alto Times*, March 29, 1938; *San Francisco News*, March 29, 1938; *New York Herald Tribune*, March 29, 1938; copies of all in Clippings File, HHPL. See also *New York Times*, March 29, 1938, p. 10.

23　*New York Herald Tribune*, March 29, 1938.

24　*New York Times*, April 1, 1938, pp. 1, 4, 5. あるいは *Addresses upon the American Road, 1933–1938*, pp. 309-324.

25　同右。

26　Hoover to Hugh R. Wilson, April 25, 1938, "Hoover, Herbert," Hugh R. Wilson Papers, HHPL.

27　*Addresses upon the American Road, 1933–1938*, pp. 325-336 (full text of speech: pp. 325-334).

28　同右、pp. 327, 329.

29 *New York Times,* April 1, 1938, p. 5. あるいは *Addresses upon the American Road, 1933–1938,* p. 323.

30 *New York Times,* April 9, 1938, p. 1. あるいは *Addresses upon the American Road, 1933–1938,* pp. 332–333.

31 *New York Times,* April 26, 1938, p. 4. あるいは *Addresses upon the American Road, 1933–1938,* pp. 335–342.

32 *New York Times,* May 6, 1938, pp. 1, 19. あるいは *Addresses upon the American Road, 1933–1938,* pp. 343–354.

33 同右。

34 *New York Times,* September 29, 1938, p. 22. あるいは Hoover, *Further Addresses upon the American Road, 1938–1940,* Charles Scribner's Sons, 1940, p. 4.

35 本書下巻「付属関連文書」参照。「史料18」

36 Frederick W. Marks, *Wind over Sand: The Diplomacy of Franklin Roosevelt,* University of Georgia Press, 1988, p. 146. あるいは Robert E. Hertzstein, *Roosevelt & Hitler: Prelude to War,* Paragon House, 1989, p. 216.

37 Hoover to Walter Lichtenstein, October 3, 1938, PPI, Hoover Papers, HHPL.

38 *New York Times,* October 27, 1938, pp. 1, 15. あるいは *Further Addresses upon the American Road, 1938–1940,* pp. 85–92.

39 March 27, 1939, Public Statements File, Hoover Papers, HHPL.

40 *New York Times,* April 1, 1939, pp. 1, 3.

41 友人 Ray Lyman Wilbur 宛て March 30, 1939 as printed on pages 42–43 of the 1947 page proof edition of the 1939 section of his Magnum Opus, in Herbert C. Hoover Papers, Box 3, "M. O. 6" envelope, HIA.

　ウィルバー宛て書簡のオリジナルは見つかっていない。チェンバレン首相の対独方針変更演説は三月三十一日であるから、右記資料にある日付は間違いだろう。ただ方針変更については、ロンドンでは三十日に、米国では翌三十一日にはメディアに漏れていた。三月三十一日の『ニューヨーク・タイムズ』紙（一面）でそれがわかる。手紙の日付に曖昧さが残るものの、ポーランドへの支援の約束に対するフーバーの考えがよくわかる。同じような意見を複数の友人に吐露している。

42 Hoover to William R. Castle. Jr., April 10, 1939, PPI, Hoover Papers. HHPL.

43 Hoover to John C. O'Laughlin, April 14, 1939, Herbert Hoover Subject Collection, Box 320, HIA.

44 本書下巻「付属関連文書」参照。「史料8、14」

45 本書下巻「付属関連文書」参照。「史料18」

46 Raymond Moley diary, June 11, 1940, Raymond Moley Papers, Box 1, HIA. あるいは Payson J. Treat notes of a talk with Hoover, August 25, 1940, Payson J. Treat Papers, Box 45, HIA. あるいは Hoover "diary," November 10, 1940, Arthur Kemp Papers, Box 23, HIA. この日付の日記には次のような記述がある。「十一月十日、チェンバレンが亡くなった。彼は対ポーランド政策で失敗した」。英仏のポーランドへのコミットメント（独立保障）が最大の失敗であったと考える者は少なくなかった。フーバーの親友の一人ウィリアム・R・キャッスル・ジュニアはフーバー政権末期に国務省次官であったが、彼も同じような考えを日記に残している（一九四一年二月二十八日付）。

47　本書下巻「付属関連文書」参照。「史料18」

48　一九三九年二月一日のシカゴでの講演で、「ヒトラーの目は西に向けられてはいない。東を向いている」と語っている。*New York Times*, February 2, 1939, p. 6. あるいは Hoover, *Further Addresses upon the American Road, 1938-1940*, p. 100.

49　友人Ray Lyman Wilbur宛てMarch 30（?）, 1939.

50　*New York Times*, January 5, 1939, p. 12.

51　*New York Times*, February 2, 1939, p. 6. あるいは Hoover, *Further Addresses upon the American Road, 1938-1940*, pp. 93–103.

52　Hoover to Ashmun Brown, April 3, 1939, PPI, Hoover Papers, HHPL. あるいは Hoover to John C. O'Laughlin, February 8, 1938, Herbert Hoover Subject Collection, Box 320, HIA.

53　Hoover to John C. O'Laughlin, July 18, 1939, Herbert Hoover Subject Collection, Box 320, HIA.

54　Hoover to William R. Castle, Jr., April 14, 1939, PPI, Hoover Papers. HHPL. あるいは Hoover to John C. O'Laughlin, April 14, 1939, Herbert Hoover Subject Collection, Box 320, HIA.

55　*New York Times*, April 16, 1939, pp. 1, 41.

56　*New York Times*, April 28, 1939, pp. 1, 8.

57　Hoover to John C. O'Laughlin, April 21, 1939, Herbert Hoover Subject Collection, Box 320, HIA.

58　Hoover to John C. O'Laughlin, July 18, 1939, Herbert Hoover Subject Collection, Box 320, HIA.

59　Hoover to John C. O'Laughlin, July 25, 1939, Herbert Hoover Subject Collection, Box 320, HIA.

60　*New York Times*, April 8, 1939, p. 6.

61　Herbert Hoover, "President Roosevelt's Foreign Policy," *Liberty*, April 15, 1939, pp. 5-8. 同写し Hoover, *Further Addresses upon the American Road, 1938-1940*, pp. 104-115.

62　Herbert Hoover, "Shall We Send Our Youth to War?" *American Magazine* 128（August 1939）, pp. 12–13, 137–139. 同写し Hoover, *Further Addresses upon the American Road, 1938-1940*, pp. 116-128.『アメリカン・マガジン』の発売は七月四日（*New York Times*, July 5, 1939, p. 4）。フーバーは本論文の一部をラジオの全国放送（七月五日）で発表している（*New York Times*, July 6, 1939, p. 9）。

63　Hoover broadcast protesting persecution of German Jews, November 14, 1938, Public Statements Files, Hoover Papers, HHPL. あるいは *New York Times*, November 15, 1938, pp. 1, 4.

64　*New York Times*, November 23, 1938, p. 7.

65　*An Uncommon Man*, p. 268.

66　*New York Times*, April 23, 1939, p. 1.

67　Lewis L. Strauss to Hoover, March 14 and 15, 1939, PPI, Hoover Papers, HHPL. あるいは Hoover to Strauss, March 25, 1939, "Hoover, Herbert: General, 1938-39," Name and Subject File I, Lewis L. Strauss Papers, HHPL. フーバーをユダヤ人植民計画の責任者に推したのは、バーナード・バルークであった。一九三九年の春から夏にかけてのストラウスとの交信で、フーバーがこの計画に関心を示していたことがわかる。フーバーが植民の場所にどこを想定していたかについてはメモが残っている（Hoover memorandum concerning possible area of settlements of Jewish refugees, June 9, 1939, Public Statements File, Hoover Papers, HHPL)。

68 *An Uncommon Man*, pp. 268–269.

69 *New York Times*, July 7, 1939, pp. 1, 6. あるいは *Further Addresses upon the American Road, 1938–1940*, pp. 129–138.

70 それでも国内およびヨーロッパのメディアからは、中立の調査機関設置構想は評価された。*New York Times*, September 16, 1939, p. 9.

71 *Further Addresses upon the American Road, 1938–1940*, pp. 125, 127. 一九三九年四月十五日、ドイツとロシアの破壊的な思想はすでにそのピークに達している、と述べている（*Further Addresses upon the American Road, 1938–1940*, p. 111）。

72 同右、p. 127, pp. 114–115.

73 Hoover to John C. O'Laughlin, August 28, 1939. あるいは Herbert Hoover Subject Collection, Box 320, HIA.

74 *New York Herald Tribune*, September 2, 1939, Clipping File, Hoover Papers, HHPL; Vital Speeches 5 (September 15, 1939): 736. 戦い勃発の二日前、次のように書いている（Hoover to Frank Kent, August 30, 1939, PPI, Hoover Papers, HHPL）。「私は、民主主義国の勝利を望んではいるが我が国は介入してはならない。その理由は多々ある」

開戦後もその考えは変わっていない。数週間後のラジオ講演でも次のように訴えている（*New York Times*, October 21, 1939, p. 6）。「私は英仏両国などの同盟国への同情の念を禁じ得ない。そうであっても我が国は介入すべきではないと確信する。戦争終了後に我が国はそうした国々の復興を助けなくてはならない。おそらく我々にとって最も難しいのは、非介入の立場を取り続けることだろう」

75 *New York Times*, October 4, 1939, p. 12. あるいは *New York Herald Tribune*, October 4, 1939, Clipping File, Hoover Papers, HHPL.

76 Hoover to John C. O'Laughlin, September 4, 1939. あるいは Herbert Hoover Subject Collection, Box 320, HIA.

77 〔訳注〕Charles Lindbergh（一九〇二—七四）冒険飛行家。非介入主義のシンボル的存在となった。

78 Edgar Rickard diary, September 12, 1939, HHPL. あるいは Charles Lindbergh, *The Wartime Journals of Charles Lindbergh*, Harcourt Brace Jovanovich, 1970, p. 270. あるいは *New York Times*, October 11, 1939, pp. 1, 16.

79 Edgar Rickard diary, October 26, 1939.

80 「国民的な非介入決議のようなものがあれば介入を避けることができる」（Hoover speech, September 1, 1939, cited in note 67）

81 Hoover to John C. O'Laughlin, September 24, 1939. あるいは Herbert Hoover Subject Collection, Box 320, HIA.

82 *The Wartime Journals of Charles Lindbergh*, p. 260, 272.

83 たとえば *New York Times*, September 26, 1939, p. 12. あるいは同紙 February 3, 1940, p. 1.

84 Franklin D. Roosevelt calendar, September 6, 1939 (meeting with Taylor), Franklin D. Roosevelt Library, Hyde Park, New York（以後ルーズベルトL）; Eleanor Roosevelt to Bernard Baruch, September 10, 1939, Eleanor Roosevelt Papers, Series 100, ルーズベルトL; Eleanor Roosevelt to Marie Meloney, September 10, 1939, Eleanor Roosevelt Papers, Series 100;

Hoover memorandum of conversation with Myron Taylor, September 11, 1939, PPI, Hoover Papers, HHPL. Taylor was former chairman of U. S. Steel.

85　Hoover memorandum of conversation with Taylor, September 11, 1939; Hoover memoranda, September 18, 1939, of his conversation with Taylor on September 11, "Roosevelt, Franklin D. —Drafts re FDR," Post-Presidential Subject File, Hoover Papers, HHPL; Hoover memorandum, n. d., of his September 11, 1939, meeting with Taylor, in National Committee on Food for the Small Democracies（以後 NCFSD）Records, Box 61, HIA.

　フーバーは、九月十一日のテイラーとの会談について十八日に詳しく書きとめている。最初のメモには、「アメリカがヨーロッパの戦争に介入しないように全精力を注ぐつもりだ」とテイラーに語った、とあったが修正のメモには、「私自身が我が国に貢献できることは、全精力をかけて我が国が戦争に介入しないよう努力することだろうと考えている」とある。若干のトーンダウンが見られる。このことはすでにこの時点で出版の構想があったことを示唆している。

86　〔訳注〕Norman H. Davis（一八七八―一九四四）外交官。ウッドロー・ウィルソン政権では国務次官。一九三八年にルーズベルトによりアメリカ赤十字会長に就任。同じ年に国際赤十字会長にも就いた。

87　Stephen T. Early diary, September 12 and 13, 1939, Stephen T. Early Papers, FDRL.

88　Hoover to Norman H. Davis, September 15, 1939, RG 200—American Red Cross, Group 3（1935–46）, File Class 900. 02: Finnish Relief Fund, Box 1316, National Archives and Records Administration, Washington, D. C. A copy is in the Norman H. Davis file, PPI, Hoover Papers, HHPL.

89　The quoted words are Eleanor Roosevelt's in a letter to Marie Meloney, September 17, 1939（Eleanor Roosevelt Papers, Series 100）. エレノアは、フーバーの言葉をルーズベルトを通じて聞いたものと思われる。ルーズベルトは九月十六日に、デイヴィスと協議している（Early Diary, September 16, 1939）。

90　Hoover to Davis, September 15, 1939（原注88からの引用）.

91　同右あるいは Rickard Diary, September 14, 1939; Davis to Hoover, September 22, 1939（原注88からの引用）.

92　Norman H. Davis memorandum of telephone conversation with Hoover, September 19, 1939（原注88からの引用）. あるいは Davis to Hoover, September 22, 1939, Hoover to Davis, September 24, 1939（原注88からの引用）.

　デイヴィスによれば、フーバーはワシントン行きを了承していた。しかしデイヴィスが、提案内容を幹部会に諮る前の公開を断わったため、フーバーはワシントン行きをやめた。フーバーによれば、公開はあくまで提案であった。しかしデイヴィスの反対でそれを撤回したと述べている。フーバーは、意見書が幹部会で検討されることは確認していた。もし幹部会が彼の意見を受け入れるようなら、ワシントンに行き、幹部会に参加し計画を進める意向であったらしい。いずれにせよフーバーがワシントンに現われなかったことで、赤十字とルーズベルトはフーバーに不快の念を抱いた。これが結果的に、フーバーの第二次大戦時の貢献に大きな足枷となった。

93　Davis memorandum of telephone conversation with Hoover,

September 19, 1939; Hoover "diary" for September 20, 1939, Herbert C. Hoover Papers, Box 145, HIA; Davis to Hoover, September 22, 1939.

94 Rickard Diary, September 19, 1939; Hoover "diary" for September 20, 1939.

95 フーバーが気分を害していたことは三月十八日に書かれた彼の原稿でわかる。三月十一日のマイロン・テイラーとの会談について次のように書き留めていた。

「もし大統領が真に私の協力を望むなら、電話か手紙による直接の打診があってしかるべきだろう」(NCFSD Records, Box 61)

　この件についてエレノアも次のようにコメントしている。

「フーバーさんは、フランクリン（ルーズベルト）が直接連絡しなかったことに気分を害したようだ。そう感じたとしても致し方ないでしょう。直接話をすべきだったと思います。ただ、周囲の者が、まず探りを入れたほうがよいとアドバイスしたのです」(Eleanor Roosevelt to Marie Meloney, October 8, 1939, Eleanor Roosevelt Papers, Series 100)

96 Eleanor Roosevelt to Martha Gellhorn, September 27, 1939, Eleanor Roosevelt Papers, Series 100.

97 〔訳注〕Alf M. Landon（一八八七―一九八七）カンザス州知事（一九三三―三六年）、一九三六年、大統領選の共和党候補。ルーズベルトに大敗した。中立法に基づく武器禁輸に反対し、英国支援を主張した。

98 *New York Times*, September 21, 1939, pp. 1, 16.

99 Harold Ickes diary, September 23, 1939, Harold Ickes Papers, Library of Congress.

100 シークレットサービスの護衛拒否事件については、いくつかの証言がＨＨＰＬとＨＩＡのファイルに残っている。また Edmund W. Starling, *Starling of the White House*, Simon and Schuster, 1946, p. 306 にも詳しい。

　一九三三年から四〇年の間、フーバーがワシントンを二度しか訪れていないことは注目に値する。一九三六年十二月十一日の訪問の際には、ルーズベルトはワシントンにいなかった。二度目の訪問（一九三八年十二月九日）の時にはルーズベルトはホワイトハウスにいたが訪問していない（*New York Times*, December 10, 1938, p. 11）。この時には朝早くワシントンに列車で入り、友人と朝食を取ったあと、カーネギー財団の年次総会に出席した。彼は同財団の理事だった。会議終了後そのままニューヨークに戻った。ワシントン滞在はわずか六時間であった。

　一九四〇年二月末には議会の公聴会で証言するためワシントンに行かざるを得なかった。ある新聞コラムニストによれば、証言を了承したのはその時期に、ルーズベルトは休暇でワシントンにいないことが確認できていたからだった。

「フーバーは、ルーズベルトがワシントンにいる時期には、どんな理由があってもそこには行かないと常に言っていた。ホワイトハウスに行くのを徹底的に嫌った」(Leonard Lyons, "The Lyons Den," *New York Post*, April 14, 1940, copy in "Finish Relief Fund, Inc.: Printed Material Clippings 1940," Post-Presidential Subject File, Hoover Papers, HHPL)

101 フーバーは、現職大統領がホワイトハウスにいる場合、前大統領は必ず訪問する義務があると思い込んでいたようである。

Rickard diary, September 14, 1939.

102 Davis to Hoover September 27, 1939（原注88からの引用）.

103 この時期の救援活動の救済は左記資料で確認できる。

Herbert Hoover, *An American Epic*, vol. IV, Henry Regnery Company, 1964, pp. 4-9. あるいは Hal Elliott Wert, "Flight and Survival: American and British Aid to Polish Refugees in the Fall of 1939," *Polish Review* 34, no. 3, 1989. あるいは Hal Elliott Wert, "U. S. Aid to Poles Under Nazi Domination, 1939–1940," Historian 59, Spring 1995. あるいは Hoover to Rufus Jones, November 25, 1939, NCFSD, Records, Box 61.

104 *New York Times*, December 1, 1939, p. 8.

105 Lewis L. Strauss, draft letter（unsent）to Arthur Krock, December 15（?）, 1939, "Hoover, Herbert: General, 1938–39," Name and Subject File I, Strauss Papers. あるいは Strauss to Rudolf Holsti, December 18, 1939, "Finnish Relief Fund, Inc.: Correspondence, 1939," Name and Subject File II, Strauss Papers. あるいは Strauss to Bernice Milller, March 21, 1946, Strauss File, PPI, Hoover Papers, HHPL. あるいは Strauss, *Men and Decisions*, Doubleday & Company, 1962, p. 66.

ストラウスは、プロコペ公使の訪問を受けた後に、フィンランド救援基金構想についてフーバーに電話し、それにフーバーが同意した、と三カ所で説明している。ただ一九四六年に彼がフーバーの秘書バーニス・ミラーに宛てた手紙では、公使訪問の前にストラウスはフーバーに電話を入れたとなっている。

この点はフーバーを嫌う者の視点からは重要な問題となっている。彼らは、フィンランド救援構想はフーバーの利己的な都合で行なわれたもので、真に利他的な動機ではないとする。彼らは、フーバーは、フィンランド政府とも外交官とも相談せず救援構想を練ったのではないかと疑っている。例：アーサー・クロック執筆のコラム（*New York Times*, December 15, 1939, p. 24）

106 Hoover, night letter to Edgar Rickard, December 4, 1939, NCFSD Papers, Box 61.

107 *Men and Decisions*, pp. 66–67.

108 Hoover "diary" for December 5–6, 1939, Herbert C. Hoover Papers, Box 145, HIA. なお、この日記は本来の意味での日記ではない。二年後に、時系列に整理し、備忘録にしたものである。

109 Hoover night letter to Edgar Rickard, December 5, 1939, Rickard File, PPI, Hoover Papers, HHPL. あるいは Rickard diary, December 4, 1939.

110 Hoover night letter to Edgar Rickard, December 4, 1939.

111 Strauss draft letter to Krock, December 15（?）, 1939. あるいは Hoover night letter to Edgar Rickard, December 5, 1939. あるいは *New York Times*, December 6, 1939, p. 1. あるいは *Los Angeles Times*, December 6, 1939, p. 1. あるいは "Hammering Hoover," *Newsweek* 14, December 25, 1939, pp. 12–13.

112 Finnish Relief Fund, Publicity Division, press release, December 8, 1939, NCFSD Records, Box 61. あるいは *New York Times*, December 9, 1939, pp. 1, 5.

113 Hoover night letter to Edgar Rickard, December 5, 1939. あるいは Rickard diary, December 5, 1939.

114 *New York Times*, December 6, 1939, p. 1.

115 同右。

116 "Finnish Relief Fund"（unsigned memo）in Norman Davis file, PPI, Hoover Papers, HHPL. あるいは "Finnish Relief Fund"

(unsigned memo), "American Red Cross: Correspondence, 1933-44", Post-Presidential Subject File, Hoover Papers, HHPL. あるいは Hoover "diary," December 7, 1939, Herbert C. Hoover Papers, Box 145, HIA. あるいは Breckinridge Long diary, December 7, 1939, Breckinridge Long Papers, Box 5, Library of Congress.

117 *New York Times*, December 9, 1939, p. 1, 5. あるいは Norman H. Davis memorandum, December 14, 1939, of conversation with Hoover on December 12 and 14, first file cited in note 80 above.

　デイヴィスによれば、フーバーは、幅広い義援金募集活動を始めることを彼に伝えている。デイヴィスが赤十字はそういった活動を計画していないとフーバーに説明したからである。

118 *New York Times*, December 9, 1939, p. 5. 同じく同紙 December 12, 1939, p. 16.

119 Hoover to Chase National Bank, December 26, 1939, NCFSD Papers, Box 61.

120 〔訳注〕Greta Garbo（一九〇五―九〇）スウェーデン生まれのハリウッド女優。

121 Clippings File for December 1939-March 1940, HHPL.

122 *An American Epic*, vol. IV, p. 12（この書での募金額総計は三五四万六五二六・一一ドルとなっている）。あるいは *New York Times*, October 15, 1940, p. 9（この記事では総計は三四三万ドルとなっている）。フーバーらの募った金額は世界からフィンランドに寄せられた義援金の半分に相当した。

123 Hall Elliott Wert, "Hoover, Roosevelt and the Politics of American Aid to Finland, 1939-1940," in Robert W. Hoeffner, ed. *World War II: A Fifty Year Perspective on 1939*, Albany, NY: Siena College Research Institute Press, 1992, p102.

124 Davis memorandum, December 14, 1939.

125 同右。

126 Hoover "diary," December 7, 1939.

127 Harold Ickes diary, November 26, 1939. あるいは Breckinridge Long diary, December 7, 1939. あるいは "U. S. Aid to Poles Under Nazi Domination, 1939-1940," p. 519.

128 一九三九年十二月十日、ルーズベルト政権は、復興金融公社（RFC）を通じてフィンランドに一〇〇〇万ドルの借款を実施している（*New York Times*, December 11, 1939, pp. 1, 5）。ただその使途は、米国産の余剰農産物や民生品購入に限定されていた。ルーズベルトはフィンランドを支援すると表明してはいたが、フィンランドが最も期待していた軍事面での支援をしようとはしなかった。

129 Harold Ickes diary, December 24, 1939.（この部分の日記は、*The Secret Diary of Harold Ickes*, vol. III, Simon and Schuster, 1955, pp. 95-96. にあり）

130 リベラル（民主党系）の新聞『*St. Louis Post-Dispatch*』はその論評（一九三九年十二月二十日付）で、フーバーは大統領選のキャンペーンにフィンランド救援活動を利用しているのではないかと書いた。ホワイトハウスのメンバーの一人がこの記事をルーズベルトに見せている（Wert, "Hoover, Roosevelt and the Politics of American Aid to Finland, 1939-1940," p. 98）。

131 〔訳注〕Doris Fleeson（一九〇一―七〇）ジャーナリスト、コラムニスト。

132 Doris Fleeson column in Washington *Times-Herald*, Decem-

ber 11, 1939, copy in Raymond Clapper Papers, Box 151, Herbert Hoover folder, Library of Congress.

133 Doris Fleeson/Fred Pasley article in Washington *Times-Herald*, December 12, 1939, p. 8, copy in Clapper Papers, Box 151, Hoover folder あるいは Raymond Clapper column in *New York World-Telegram*, December 13, 1939, copy in Misrepresentations File, Chronological File Series, December 1939 folder, Hoover Papers, HHPL. あるいは Arthur Krock column in *New York Times*, November 15, 1939, p. 24. あるいは "Hammering Hoover: The New Deal Tries to Link His Finnish Aid to Politics," *Newsweek*, December 25, 1939, pp. 12-13.

134 Clapper column, December 13, 1939. あるいは *New York Journal-American*, December 14, 1939, copy in Misrepresentations File, Chronological File Series, December 1939 folder, Hoover Papers, HHPL. あるいは *New York Daily News*, clipping (United Press story), December 14, 1939, Clippings File, HHPL. あるいは *Christian Science Monitor*, December 15 (?), 1939, Misrepresentations File, December 1939 folder. あるいは *Los Angeles Times*, December 15, 1939, p. 7. あるいは *New York Times*, December 15, 1939, pp. 13, 24. あるいは Doris Fleeson column, *New York World-Telegram*, December 15, 1939, Clippings File, HHPL.

135 *New York Times*, December 13, 1939, p. 1.

136 Stephen T. Early diary, December 14, 1939. あるいは *New York Times*, December 15, 1939, p. 13.

137 Public Statements File, Hoover Papers, HHPL. あるいは *New York Journal-American*, December 14, 1939. あるいは *New York Daily News* (?), Clipping, December 14, 1939. あるいは *Los Angeles Times*, December 15, 1939, p. 7. あるいは *New York Times*, December 15, 1939, p. 13.

138 *New York Journal-American*, December 14, 1939.

139 Hoover draft press release, December 14, 1939. あるいは Lawrence Richey press release, December 14, 1939, both in NCFSD Records, Box 61. あるいは *Los Angeles Times*, December 15, 1939, p7. あるいは *New York Times*, December 15, 1939, p. 13. フーバーとリッチーは、アーリー報道官はヨーロッパ難民（ユダヤ人）をアフリカに植民させるプロジェクトと混同している、と反論した。

140 Edgar Rickard diary, December 15, 1939. あるいは transcript of Hoover telephone conversation with Norman Davis, December 19, 1939, Misrepresentation File, December 1939 folder, Hoover Papers, HHPL.

ルイス・ストラウスは『ニューヨーク・タイムズ』紙のアーサー・クロックに抗議した。しかし、わずかな訂正が十二月十五日になされただけだった。Strauss letter (unsent) to Krock, December 15, 1949 (and cover memo), "Hoover, Herbert: General, 1938-39," Name and Subject File I, Strauss Papers. *New York Times*, December 19, 1939, p. 22.

141 Transcript of Hoover conversation with Davis, December 19, 1939.

142 Ashmun Brown column in *Providence Journal*, December 17, 1939, copy in Clippings File, HHPL. あるいは *Chicago Herald-American* editorial, December 19, 1939, copy in Misrepresentations File, December 1939 folder, Hoover Papers, HHPL. あるい

は John C. O'Laughlin to Hoover, December 23, 1939, Herbert Hoover Subject Collection, Box 320, HIA. あるいは Frank R. Kent column, December 28, 1939, Kent file, PPI, Hoover Papers, HHPL.

143 Edgar Rickard diary, December 15 and 16, 1939.

144 原注140からの引用、あるいは the Davis file, PPI, Hoover Papers, HHPL.

145 この結論に至ったのはワシントンにいるジョン・C・オラフリンからの情報である。O'Laughlin to Hoover, December 16, 1939, Herbert Hoover Subject Collection, Box 320, HIA.

146 Hoover, 1947 page proof edition of his Magnum Opus, 1939 section, p. 128, in Herbert C. Hoover Papers, Box 3, "M. O. 6" envelop, HIA.

一九三九年十二月八日の日記（実際は一九四二年にまとめたもの）で、アメリカ世論のフィンランドへの同情の大きさに、ルーズベルト政権は動揺したと疑っていることがわかる。政権内部にいた非共産主義者は、この世論に乗った（ルーズベルト政権主導の）救援活動を進めたかった。政権内部の共産主義者はフーバーのフィンランド救援基金活動そのものを嫌っていた。それでもアンチ・フーバーという点では一致した、と解釈している（Herbert C. Hoover Papers, Box 145）。

147 *Men and Decisions*, p. 66.

148 *New York Times*, January 16, 1940, pp. 1, 10.

149 同右、January 18, 1940, p. 4.

150 同右、March 1, 1940, p. 4, October 15, p. 9.

151 Hoover to Robert Maverick, March 1, 1940, NCFSD Records, Box 61.

152 *New York Times*, March 14, 1940, p. 2. フーバーは講和条件がフィンランドに過酷であると非難した。〔訳注：モスクワ講和条約（一九四〇年三月十二日調印）により、フィンランドは領土の一部をソビエトに割譲することで独立を保持した〕

153 *New York Times*, March 15, 1940, p. 8. 同紙 October 15, 1940, p. 2. 同紙 October 27, 1940, p. 26. あるいは *An American Epic*, vol. IV, p. 13.

154 フーバーはルーズベルト支持者で自身を攻撃する連中を「第五列（Fifth Columnist）」と呼んだ。Hoover "diary", December 16, 1939, Herbert C. Hoover Papers, Box 145, HIA.

155 一九四〇年春からの共和党大統領選の政治活動については、原注7に挙げた出典に詳しい。

156 〔訳注〕Wendell Willkie（一八九二—一九四四）企業法務を専門とする法律家。元民主党員。一九三九年に共和党に移り、翌年の共和党大統領予備選に勝利した。

157 共和党大会でのフーバー演説の全文は *New York Times*, June 26, 1940, p. 17. あるいは Herbert Hoover, *Addresses upon the American Road, 1940–1941*, Charles Scribner's Sons, 1941, pp. 205–223.

158 Rickard diary, June 28, 1940. あるいは同日記 review of 1940. あるいは Hoover "diary" for June 25, 1940, Herbert C. Hoover Papers, Box 145, HIA. あるいは *Herbert Hoover: The Post-Presidential Years*, pp. 162–163. あるいは *An Uncommon Man*, pp. 284–285. あるいは Allan Hoover to Thomas T. Thalken, March 23, 1978.（原文は編者〔ナッシュ〕が所蔵）

159 Hoover to William Starr Myers, Larry Sullivan, and John Spargo, June 29, 1940（separate letters）, PPI, Hoover Papers,

HHPL.

160 *New York Times*, June 30, 1940, section I, p. 2.

161 たとえば Hoover to Arthur M. Hyde and Mark Sullivan, June 28, 1940 (separate letters), PPI, Hoover Papers, HHPL.

162 Edgar Rickard diary, review of 1940.

163 Hoover to O'Laughlin, August 15, 1940, Hoover Subject Collection, Box 321, HIA.

164 *Addresses upon the American Road, 1940–1941*, p. 45.

165 October 22, 1940, Public Statements File, Hoover Papers, HHPL.

166 スピーチ全文は、*Addresses upon the American Road, 1940–1941*, pp. 34–51.

167 Rickard diary, November 6, 1940.

168 Samuel I. Rosenman, comp., *The Public Papers and Addresses of Franklin D. Roosevelt*, 1940 volume, New York, 1941, p. 517.

169 Rickard diary, November 30 and December 4, 1940. フーバー夫妻はスタンフォード大学キャンパス内にも自邸があり、夏はこちらで過ごすことが多かった。

170 Hoover to Roy W. Howard, March 1, 1940, PPI, Hoover Papers, HHPL. あるいは Breckinridge Long diary, April 4 and 30, 1940. あるいは William R. Castle Jr. diary, April 20 and 26, 1940.

171 *New York Times*, March 1, 1940, pp. 1, 5.

172 同右、May 16, 1940, p. 11. あるいは Castle diary, May 16, 1940. あるいは Rickard diary, May 18, 1940.

173 Hoover to Rufus Jones, May 31, 1940 (plus enclosed memorandum), NCFSD Records, Box 62.

174 *New York Times*, May 11, 1940, pp. 1, 8 and September 12, 1940, p. 7.

175 Hoover telegram to Norman H. Davis, May 12, 1940, NCFSD Records, Box 62. あるいは Rickard diary, May 18, 1940.

176 *New York Times*, June 12, 1940, p. 25.

177 同右、June 21, 1940, p. 19.

178 Senator Francis Maloney to Franklin D. Roosevelt, June 14, 1940 (plus enclosure). あるいは Roosevelt to Maloney, June 17, 1940, both in President's Personal File 2279, Franklin D. Roosevelt Papers, ルーズベルトL。

179 *New York Times*, July 28, 1940, pp. 1, 5.

180 Hoover to Edgar Rickard, August 5, 1940, NCFSD Records, Box 62.

181 *New York Times*, July 6, 1940, p. 4. あるいは同紙 August 7, 1940, pp. 1, 3. ヨーロッパの赤十字関係者は、この年の秋までにおよそ三五〇〇万人が飢えに苦しむ可能性を指摘していた。米国駐ベルギー大使は、この冬には、およそ八〇〇万のベルギー国民が深刻な食糧不足に陥ると警告していた。

182 *New York Times*, Aug 11, 1940, section I, p. 1.

183 同右、Aug 12, 1940, p. 8.

184 同右、Aug 12, 1940, p. 8. あるいは Aug 11, 1940, section I, p. 8. あるいは Hoover cable to Edgar Rickard, August 14, 1940, NCFSD Records, Box 62.

185 同右、Aug 12, 1940, pp. 1, 8.

186 Great Britain, Parliament, House of Commons, *Parliamentary Debates*, 5th Series, vol. 364, p. 1162. あるいは *New York Times*,

Aug 21, 1940, p. 4.

187 *An American Epic*, vol. IV, p. 20.

188 Hoover to William R. Castle Jr., August 21, 1940, PPI, Hoover Papers, HHPL.

189 Rickard diary, August 13 and 19, 1940.

190 Hoover to Castle, August 21, 1940.

191 同右。

192 Hoover to Hugh Gibson, October 4, 1940, Hugh Gibson Papers, HIA.

193 *New York Times*, November 16, 1940, pp. 1, 7. あるいは *Addresses upon the American Road, 1940-1941*, pp. 121-131.

194 Herbert Hoover, "Feed Hungry Europe," Collier's 106 (November 23, 1940). この号が発売されたのは十一月十五日である。

195 "Food for Conquered?" *Newsweek* 16, December 16, 1940, pp. 17-18.

196 〔訳注〕Thomas W. Lamont（一八七〇―一九四八）銀行家。一九一一年からJ・P・モルガンのパートナー。

197 *New York Times*, November 29, 1940, pp. 1, 17. あるいは *The Secret Diary of Harold Ickes*, p. 385.

198 〔訳注〕トーマス・ラモントの民主、共和両党との関係についてはロン・チャーナウ著『モルガン家――金融帝国の盛衰』上巻（日本経済新聞社、一九九三年）第十章「第一次世界大戦」および第十一章「爆発」を参照。

199 *New York Times*, December 8, 1940, Section 1, p. 44. あるいは Hoover to David Lawrence, December 9, 1940 (plus enclosure), David Lawrence Papers, Box 57, Princeton University. なお全国委員会は「五カ国」をその名称から削除した。

200 Hoover to R. Douglas Stuart Jr., December 6, 1940, "America First Committee: 1940-46," Post-Presidential Subject File, Hoover Papers, HHPL.

201 *New York Times*, December 11, 1940, pp. 1, 20.

202 *New York Times*, March 11, 1941, pp. 1, 6. フーバーの信頼する情報源であったジョン・C・オラフリンによれば、ルーズベルトとサムナー・ウェルズ（国務省）が、フーバーの事業を妨げる首魁であった。彼らが英国政府に働きかけ、港湾封鎖解除の要請を拒否させていた。

John C. O'Laughlin to Hoover, February 24, 1941, Herbert Hoover Subject Collection, Box 321, HIA.

203 〔訳注〕Sumner Welles（一八九二―一九六一）国務次官（任期は一九三七―四三年）。

204 *New York Times*, February 18, 1941, p. 7. あるいは Castle diary, March 5, 1941.

205 Castle diary, March 5, 1941.

206 たとえば *New York Times*, February 18, 1941, p. 7.

207 Castle diary, March 29, 1941.

ワシントンの政治ゴシップ記者であるドリュー・ピアソンとロバート・アレンは、フーバーをイギリス嫌いと罵り、フーバーは、イギリスによってその計画が拒否されたことで怒り心頭に発している、と書いた。Pearson and Allen column, December 1, 1940, copy in Thomas W. Lamont Papers, Box 98, Baker Library, Harvard Business School.

208 *New York Times*, March 17, 1941, p. 8.

209 フーバーの全国委員会は、少なくない数の著名スポンサーを獲得した。ジョン・パーシング将軍、各地の大学学長、有名作家あるいは元外交官らである。スポンサー・リストの一部は *New York Times*, January 13, 1941, p. 6 にある。

210 Hoover to Walter Lippmann, April 11, 1941, PPI, Hoover Papers, HHPL.

211 *An American Epic*, vol. IV, pp. 29–73.

212 同右、p. 17.

213 フーバーの親友であるウィリアム・R・キャッスル・ジュニアとエドガー・リッカードの日記には、ルーズベルトからどれほどの妨害があったかが記録されている。一九四一年三月五日のキャッスルの記録には、信頼できる筋から、ルーズベルトが関係五カ国の外交官に対して、フーバーさえいなくなれば食糧支援はよりスムーズになる、と語ったことを聞いたとある。
　フーバーによれば、ルーズベルト政権とチャーチル政府の圧力が確かにあり、全国委員会との協力関係を断った亡命政府もあった（*An American Epic*, vol. IV, pp. 68–73）。

214 *New York Times*, January 17, 1941, p. 1.

215 Hoover to Castle, March 1, 1941, PPI, Hoover Papers, HHPL.

216 Lend-Lease Act as approved, March 11, 1941, *United States Statutes at Large*, vol. 55 (Washington, 1942), pp. 31-33.

217 *New York Times*, November 11, 1941, p. 4.

218 Hoover to O'Laughlin, March 9, 1941, Herbert Hoover Subject Collection, Box 321, HIA.

219 *New York Times*, March 29, 1941, p. 4. あるいは Hoover to Ben S. Allen, April 2, 1941, PPI, Hoover Papers, HHPL. あるいは Rickard diary, April 9, 1941.

220 Hoover to Arthur M. Hyde, April 5, 1941, PPI, Hoover Papers, HHPL.

221 Hoover to William J. Gross, April 7, 1941, PPI, Hoover Papers, HHPL.

222 Hoover, "Russian Misadventure," *Collier's* 105, April 27, 1940, pp. 21-22, 75-77, reprinted in Hoover, *Further Addresses upon the American Road, 1938-1940*, pp. 158-171.

223 Hoover memorandum of conversation with Cordell Hull, February 28, 1941, PPI, Hoover Papers, HHPL.

224 Castle diary, February 28, 1941. 奇妙なことに、フーバーは、ハルがドイツの対英攻勢が強まるだろうという予測については、原注222のメモに残していない。しかし、フーバーは、ハルとの会談後、友人のキャッスルに会っている。キャッスルが、その日フーバーから聞いたことを日記に残した。

225 Hoover memorandum of conversation with Cordell Hull, February 28, 1941.

226 〔訳注〕Joseph P. Kennedy（一八八八―一九六九）駐英大使（一九三八―四〇年）。ジョン・F・ケネディ大統領の父。

227 Rickard diary, April 17, 1941.

228 〔訳注〕Truman Smith（一八九三―一九七〇）陸軍情報将校。ドイツ軍幹部との親交があったことから、親独派と見なされた。

229 Rickard diary, April 17, 1941. あるいは Hoover memorandum of a conversation with Colonel Truman Smith, June 1, 1941, PPI, Hoover Papers, HHPL.

230 *The Wartime Journals of Charles A. Lindbergh*, p. 498.

231 同右、あるいは Sumner Welles to Franklin Roosevelt, June 24, 1941 (plus enclosure), President's Secretary's File, Departmental File, Box 77, "State: Welles, Sumner," Roosevelt Papers,

ルーズベルトL。先のウェルズのファイルには、彼が英国駐米大使ハリファックス卿と交わした会話の内容が保管されている。ハリファックスは、「フーバーが、ドイツはイギリスに講和特使を派遣し、挙国一致内閣の一部指導者は、講和交渉にチャーチル内閣が応じなければ閣外に去ると脅している、などといったデマを流している」とウェルズに語ったと記録されている。ハリファックス卿は、講和使節がドイツから派遣されたなどというのはまったくのでたらめであると主張しているが、フーバーは事実だとしている。

232 *New York Times*, June 23, 1941, pp. 1, 8.

233 同紙、June 25, 1941, p. 1.

234 同紙、June 23, 1941, p. 1.

235 Hoover to O'Laughlin, June 26, 1941, Herbert Hoover Subject Collection, Box 321, HIA.

236 スピーチ全文は *Congressional Record* 87 (June 30, 1941) A3178-81. あるいは *Addresses upon the American Road, 1940-1941*, pp. 87-102.

237 本書第三十五章参照。

238 Hoover to O'Laughlin, June 26, 1941, July 7, 1941, and August 3, 1941; all in Herbert Hoover Subject Collection, Box 321, HIA.
フーバーは七月七日の手紙で、ソビエトの敗北を予測している。しかし、そうなったとしても彼は何も心配する必要はないとしている。ドイツの勝利後もヒトラーは一〇〇万以上の軍を配置し、地下に潜るだろうOGPU（ソビエト秘密警察）と対峙しなくてはならない。ソビエトそのものはもぬけの殻である。ただ小麦と石油は手にするだろう、としている。八月三日の手紙では、独ソ戦の最終的な勝利者はヒトラーになるだろうと予測している。

239 *Addresses upon the American Road, 1940-1941*, pp. 91-92, 96, 101.

240 フーバーらの共同声明（一九四一年八月五日）。*New York Times*, August 6, 1941, p. 6.

241 *New York Times*, September 17, 1941, pp. 1, 12. あるいは *Addresses upon the American Road, 1940-1941*, pp. 103-114 (for the full text of his speech).

242 *Addresses upon the American Road, 1940-1941*, p. 111.

243 同右、pp. 196-198.

244 George H. Nash, *Herbert Hoover and Stanford University*, Hoover Institution Press, 1988, p. 114.

245 同右、pp. 114-115.

246 Hoover to O'Laughlin, August 5, 1940, Herbert Hoover Subject Collection, Box 321, HIA.

247 Hoover to O'Laughlin, August 3, 1941, Herbert Hoover Subject Collection, Box 321, HIA.

248 Hoover to Castle, September 4, 1941, PPI, Hoover Papers, HHPL.

249 Hoover to O'Laughlin, September 6, 1941, Herbert Hoover Subject Collection, Box 321, HIA.

250 Rickard diary, October 10, 1941.

251 Julius Klein to Hoover, June 20, 1942. この書簡の中で、一九四一年十一月一日のフーバーの言葉が書かれている。Julius Klein Papers, Box 3, HIA.

252 Castle diary, October 11, 1941.

253 *The Saturday Evening Post*, November 1, 8 and 15, 1941.

254 Hoover address in Chicago, November 19, 1941, Public Statements File, Hoover Papers, HHPL. あるいは *New York Times*, November 20, 1941, pp. 1, 20.

255 〔訳注〕Neutrality Act. 一九三五年制定。外国が戦争状態にあると大統領が認めた場合、軍需物資の輸出禁止を可能にする法律。

256 Hoover to Wallace H. White Jr., November 5, 1941. あるいは Hoover to Robert E. Wood, November 12, 1941. 両資料とも PPI, Hoover Papers, HHPL. あるいは Hoover telegram to Representative Ritter, November 13, 1941, Public Statements File, Hoover Papers, HHPL.

257 〔訳注〕Bernard Baruch（一八七〇―一九六五）第一次大戦時の戦時産業局長官。ルーズベルトの大統領顧問。

258 *Herbert Hoover: The Post-Presidential Years*, pp. 304-306.

259 Castle diary, November 20, 1941.

260 Hoover to Alf M. Landon, November 29, 1941, PPI, Hoover Papers, HHPL.

261 *New York Times*, December 9, 1941, p. 44.

262 Hoover to Castle, December 8, 1941, PPI, Hoover Papers, HHPL.

263 Hoover to Boake Carter, December 11, 1941, PPI, Hoover Papers, HHPL.

264 フーバーがこう語ったのは、友人のジュリアス・クラインに対してである（十一月一日）。Klein to Hoover, June 20, 1942. あるいは Hoover to William Hyde Irwin Jr., December 18, 1941, PPI, Hoover Papers, HHPL.

265 O'Laughlin to Hoover, February 21, 1942. あるいは Hoover to O'Laughlin, February 24, 1942. あるいは O'Laughlin to Hoover, February 25, 1942. すべて Herbert Hoover Subject Collection, Box 322, HIA.

「大事業」の初期の草稿の中で、フーバーは次のように書いている。

「私はルーズベルトに、バルーク氏やオラフリン氏を通じて、どのような協力も惜しまないと伝えた。しかしルーズベルトからは何の回答もなかった」。Hoover, 1947 page proof version of Magnum Opus, 1941 section, p. 232, in Herbert C. Hoover Papers, Box 37, "M. O. 7" envelope, HIA.

266 Hoover to O'Laughlin, February 24, 1942.

267 Alonzo Fields oral History (1970), p. 18, copies at HIA and HHPL. あるいは *An Uncommon Man*, p. 309.

268 「四年間のフラストレーション（four years of frustration）」という表現は、一九三九年から四三年までの食糧支援活動の際の憤懣を表すのに使われた。同じ表現が、一九四一年から四五年までの経験の描写にも使用された。

269 Herbert Hoover and Hugh Gibson, *The Problems of Lasting Peace*, Doubleday, Doran and Company, 1942.

270 〔訳注〕Herbert Lehman（一八七八―一九六三）ニューヨーク州知事（任期は一九三三―四二年）、上院議員（一九五〇―五七年）。

271 Hoover to George Barr Baker, September 2, 1944, George Barr Papers, Box 3, HIA.

272 Hoover to O'Laughlin, July 14, 1942.

273 Hoover to William E. Barrett, August 4, 1944, PPI, Hoover Papers, HHPL.

274 Hoover to Homer E. Mann, November 20, 1944, PPI, Hoover Papers, HHPL.

275 Hoover to Francis W. Hirst, December 3, 1944, PPI, Hoover Papers, HHPL.

276 Rickard diary, February 22, 1942. あるいは Castle diary, March 5, 1942.

277 Castle diary, March 5, 1942. あるいは Rickard diary, March 9, 1942.

278 Hoover, "Going to War with Japan"（transcript dated 3/17/42）, Arthur Kemp Papers, Box 4, Envelope 40, HIA.

279 「日記」は the Herbert C. Hoover Papers, Box 145, HIA. および the Arthur Kemp Papers, Boxes 4 and 23, HIA にある。

280 「日記」は日記の体裁であるが、内容には後日付加されたものがある。

281 「日記」の最終バージョンは the Herbert C. Hoover Papers, Box 145, HIA にある。

282 〔訳注〕Patrick Hurley（一八八三―一九六三）フーバー政権では陸軍長官。第二次世界大戦期にはルーズベルトの特使としてソビエトなど多くの国を訪問した。

283 〔訳注〕James A. Farley（一八八八―一九七六）ルーズベルト政権の郵政長官（任期は一九三三―四〇年）。

284 備忘録は、「大事業」ファイルの中に分散して保管されている。それらは HIA, PPI, HHPL にある。編者（ナッシュ）は、これまでのフーバー研究を通じて、会話の記録をまとめた備忘録はおよそ二〇冊あり、黒い表紙の写真アルバムのような厚いファイルになっていたと聞いている。本書の編集作業を通じてもこのファイル原本は見つかっておらず、行方は不明である。現存しているかもわかっていない。また現物を見た研究者にも会っていない。

285 オラフリンからの大量の報告書は左記に保管されている。

The Herbert Hoover Subject Collection at HIA.

The O'Laughlin folders in the PPI file at HHPL.

The John C. O'Laughlin Papers at Library of Congress.

286 最も早い草稿の日付は一九四〇年七月である。*The Memoirs of Herbert Hoover* Book Manuscript File, Box 1, HHPL.

287 Rickard diary, review for 1940.

一九五一年、フーバーは回顧録の第一巻を上梓した。その中で、草稿を書きはじめたのは一九一五年から一六年にかけてだと書いている。またその後の分についても一九二〇年から二四年にかけて書き続けたとしている。しかし、その頃に書かれた原本は見つかっていない。HHPLに残されている資料からすると、回顧録の執筆開始は一九四〇年夏であろう。その後第二、第三巻が出版されているが、フーバーは右と同様な書き方をしている。第二巻の草稿は一九二五年から二六年、一九三三年から三六年および一九四二年から四三年に書いたと記している。また第三巻のほとんどは大統領退任後の三年間で書き上げ、最終部分は、一九四二年から四四年に書いたとしている。しかし一九四〇年以前に書かれた草稿は見つかっていない。

一九四〇年以前の草稿は、書きつけのようなまとまりのないものだった可能性がある。残された資料からすれば、回顧録の準備は第二次世界大戦中になされたものと考えられる。彼の親友エドガー・リッカードの一九四〇年末の日記にも、この年にフーバーは自叙伝の執筆を開始したとある。

288 *The Memoirs of Herbert Hoover* Book Manuscript File, Box 1,

HHPL.

289 同右。

290 同右。

291 Loretta F. Camp to Rita R. Campbell, August 8, 1964, Hoover Institution Records, Box 2800, Magnum Opus folder, HIA.

292 Rickard diary, review of 1940. あるいは Loretta F. Camp oral history (1969), pp. 1–4, copies at HIA and HHPL.

293 Arthur Kemp oral history (1969), pp. 1–8, copies and HIA and HHPL.

294 これらの校正用印刷は *the Memoirs of Herbert Hoover* Book Manuscript File, HHPL に保管されている。

295 "Twelve Years 1932–1944," chapter 1 (dated 12/19/44 and Dec. 24–28, 1944) in "The Aftermath: Twelve Years 1932–1944 Edition, Incomplete Drafts, December 1944," *Memoirs of Herbert Hoover* Book Manuscript File, Box 13, HHPL.

296 Hoover, "Twelve Years 1932–1944," chapter 1, p. 21 (page proof version), in "The Aftermath: Twelve Years 1932–1944 Edition Undated," *Memoirs of Herbert Hoover* Book Manuscript File, Box 13.

297 Hoover, table contents of "Volume V: World War II," June 4, 1945, in "Magnum Opus: 1932–44, Vol. V (1)," Magnum Opus Materials, Box 5, HHPL.

298 Hoover, "Twelve Years 1932–1944" (typescript dated December 13, 1944), in "Magnum Opus: Vol. V (2)," Magnum Opus Materials, HHPL.

299 同右。ここに次のような記述がある。
「私の、現在進行形の事件についての解釈はその細かいところでは誤っていることもあるが、重要な点の解釈では正しいことはこれからの歴史が証明してくれるはずだ」

300 Hoover, "Twelve Years 1932–1944" (typescript dated December 13, 1944), in "Magnum Opus: Vol. V (2)," Magnum Opus Materials, HHPL.

301 Rickard diary, March 23, 1945.

302 Hoover, "Roosevelt's Foreign Policies in World War II" (typescript, November 16, 1945), in Arthur Kemp Papers, Box 23, Envelope 50, HIA.

303 Hoover essay on Roosevelt's "Four Freedoms" proclamation, November 15, 1945, Kemp Papers, Box 23, Envelope 50, HIA.

304 See table of contents of Volume V.（原注297に既出）

305 Kemp oral history, pp. 5–8.

306 同右、pp. 14, 15, 17.

307 同右、pp. 12, 13, 15.

308 同右、pp. 25, 37. The Kemp Papers and Herbert C. Hoover Papers at HIA. このファイルにはケンプの作成したレポートが数多く保管されている。たとえば一九四九年三月一日付レポートは、J. F. C. Fuller の著した『第二次世界大戦』についてのものである（the Kemp Papers, Box 28）。

309 Hoover memorandum to Kemp, February 11, 1946, Kemp Papers, Box 37, Envelope 12, HIA.

310 *Herbert Hoover and Stanford University*, pp. 118–119. あるいは Bertrand M. Patenaude, *A Wealth of Ideas: Revelations from the Hoover Institution Archives*, Stanford University Press, 2006, p. 140.

311 フーバーは世界食糧飢饉問題視察の旅の模様を *An Amer-*

ican Epic, vol. IV に詳述している。

312 This version of the Magnum Opus is found in the Herbert C. Hoover Papers, Box 3, HIA.

313 *The Post-Presidential Years,* pp. 302-303, 312, 327-330.

314 *Memoirs of Herbert Hoover* Book Manuscript File, Boxes 7, 9 and 11.

315 厚みの増した版は、the Herbert C. Hoover Papers, Boxes 9 and 10, HIA.

316 William R. Castle Jr. to Hoover, October 19 and November 2, 1949, Hoover Papers, HHPL.

この頃フーバーは、キャッスルに日本に関わる部分についての校正を依頼している。キャッスルは了承した（Hoover to Castle, November 23, 1949, PPI, HHPL. あるいは "Notes on Magnum Opus from W. R. Castle 1949," Magnum Opus Materials, Box 4, HHPL）。

317 〔訳注〕George Sokolsky（一八九三―一九六二）コラムニストとして『ニューヨーク・ヘラルド・トリビューン』紙や『ニューヨーク・サン』紙に寄稿。ユダヤ系。

318 〔訳注〕Alger Hiss（一九〇四―一九六）ルーズベルト側近。ヤルタ会談にも出席。一九四八年十二月、ソビエトのスパイとしての容疑がかかり議会証言。翌年、偽証罪で起訴される。一九五〇年に有罪判決を受けた。近年、ヴェノナ文書などでヒスがソビエトのエージェントであったことは確実になっている。

319 新規に採用された秘書は、Madeline Kelly（後に Madeline Kelly O'Donnell）. Her oral history (1969), at HIA and HHPL. あるいは Marie Pratt oral history (1970), pp. 23-24 at HI and HHPL. あるいは Arthur Kemp to Hoover, August 26, 1954, Kemp Papers, Box 26, HIA. あるいは Madeline O'Donnell to Hoover, April 25, 1961, and Bernice Miller to Madeline O'Donnell, May 23, 1961, both in Herbert C. Hoover Papers, Box 123, HIA.

320 〔訳注〕全六巻で、一九四八年から五三年にかけて出版された。一九五三年、ノーベル文学賞受賞。

321 二八三ページまでが第一期ルーズベルト政権（一九三三―三六年）を扱い、第一部となっている。校正刷には第五校と記されている。日付は４／７／50（一九五〇年四月七日）とある（The *Memoirs of Herbert Hoover* Book Manuscript File, Box 13）。

第二部（第二期ルーズベルト政権〔一九三六―四〇年〕、二八四ページから五三八ページ）は the Kemp Papers, Box 47, folder 63, HIA にある。

322 *Collectivism Comes to America,* pp. 1-2.

323 Page proofs of *The Four Horsemen in World War II* (215 pages, dated May 2, 1951), Herbert C. Hoover Papers, Box 19, Envelope "M. O. 19," HIA.

324 Hoover to Lewis Strauss, May 21, 1950, PPI, Hoover Papers, HHPL.

325 Hoover to Lewis Strauss, May 31, 1950, PPI, Hoover Papers, HHPL.

326 Kemp oral history, p. 16.

327 Diana Hirsh, Herbert C. Hoover Papers, Box 142, HIA. あるいは Diana Hirsh correspondence file, PPI, Hoover Papers, HHPL. あるいは *New York Times,* November 21, 1992, p. 48.

328 〔訳注〕Allan Nevins（一八九〇―一九七一）歴史家。オックスフォード大学やコロンビア大学で教鞭を執った。

329 Allan Nevins to M. S. Latham, June 20, 1951, PPI, Hoover Papers, HHPL.

330 Herbert Hoover, *The Memoir of Herbert Hoover*, Vol. III: *The Great Depression 1929-1941*, The Macmillan Company, 1952, p. 408. あるいは Kemp oral history, pp. 14-15.

331 アシスタントのアーサー・ケンプはこの第三巻を次のように評している。「これは決してフーバー氏の個人的な思い出を語るメモワールではない。ニューディール政策を辛辣に批判する書である。その意味で、私たちはかなりの作品に仕上げることができたと自負している」(Kemp oral history, p. 17)

332 Hoover to Strauss, May 21, 1950.

333 Bernice Miller to Hazel Lyman Nickel, September 23, 1953, Magnum Opus Materials, Box 4, folder 2, HHPL.

334 for example, Kemp's book review (January 2, 1952) of William L. Langer and S. Everett Gleason, *The Challenge to Isolation, 1937-1940*, in Kemp Papers, Box 28, HIA, and Kemp's book review (October 20, 1952) of George Racey Jordan, *From Major Jordan's Diaries*, in Kemp Papers, Box 24, HIA.

335 この最終校正版のほとんどは Herbert C. Hoover Papers, Box 11, HIA に保管。

336 Hazel Lyman Nickel to Bernice Miller, May 22, 1952, Magnum Opus Materials, Box 2, folder 2, HHPL.

337 Hoover, *Lost Statesmanship* page proof (April-May 1953 version), p. 804, Herbert C. Hoover Papers, Box 11, "M. O. 21" envelope, HIA.

338 下巻「付属関連文書」史料18参照。

339 Kemp oral history, pp. 24, 26.

340 Hoover to Strauss, May 21, 1950, Hoover, introduction to *The Years as Crusader*, April 26, 1951, in Herbert C. Hoover Papers, Box 10, "M. O. 19" envelope: "*The Year as Crusader* as of 4/26/51," HIA.

341 Hoover to Strauss, February 4, 1953, PPI, Hoover Papers, HHPL.

342 Loretta F. Camp to Diana Hirsh, February 10, 1953, Herbert C. Hoover Papers, Box 142, Envelope 19b, HIA.

343 Diana Hirsh comments and suggestions on draft of *Lost Statesmanship*, n. d. あるいは Arthur Kemp to Hoover, April 17, 1953. あるいは Kemp to Hirsh, April 23, 1953 (attached to an undated handwritten note by Hoover). All in Kemp Papers, Box 25, HIA. See also Kemp to Hirsh (plus attachment), April 23, 1953, Herbert C. Hoover Papers, Box 142, Envelope 19b, HIA. あるいは Hirsh to Hoover, June 15, 1953, PPI, Hoover Papers, HHPL. あるいは Hoover to Hirsh, June 28, 1953, PPI, Hoover Papers, HHPL.

344 Hirsh to Hoover, June 20, 1957, PPI, Hoover Papers, HHPL.

345 The page proofs of *The Years as Crusader* are in the Herbert C. Hoover Papers, Box 10, "M. O. 19," envelope, HIA. The manuscript is 280 pages.

346 Hoover, "Introduction" to *The Crusader Years* (page proof edition as returned from the printer, May 29, 1953), in Herbert C. Hoover Papers, Box 13, "M. O. 23" envelope, HIA.

347 右記の三四〇ページで、トルーマンを次のように分析している。
「(トルーマンは)二重人格的なところがある一方で、人好きのする正直な人物である。悪意や人を貶めようということはせず、むしろ友人を大切にするところがある。おそらく彼は心情的には決して左翼ではなく保守の考えを持っていたのだろう。しかし、彼には(左翼思想についての)知識に乏しく、彼らに対する本能的な警戒心を持ちえなかった」
「トルーマンは要するにペンダーガースト一派の思想を受け継いでいる政治家である。投票行為は思想ではなく利益の有無だと考える人物だ」〔訳注:トルーマン支持者であるトム・ペンダーガーストは、民主党の利益誘導型政治を代表する人物であった。トルーマンの出身地カンザスシティの実業家でギャングのボスでもあった〕
この当時フーバーとトルーマンとの関係は悪くはなかっただけに、このような描写のある著作の出版を躊躇った可能性がある。

348 Kemp curriculum vitae attached to his 1968 oral history.

349 この時期のケンプの貢献は、たとえば次のようなものである。
Kemp report to Hoover, October 12, 1953, on William L. Langer and S. Everett Gleason, *The Undeclared War, 1940-1941*, in Herbert C. Hoover Papers, Box 142, Envelope 19b, HIA. あるいは Kemp report to Hoover, October 19, 1953, on Herbert Feis, *The China Tangle*, in Kemp Papers, Box 28, HIA. あるいは Kemp note to Hoover on *Lost Statesmanship* manuscript, August 26, 1954, Kemp Papers, Box 26, HIA. あるいは Kemp to Bernice Miller, July 25, 1955, and Miller to Kemp, August 2, 1955, "Hoover, Herbert," Arthur Kemp Papers, Box 3, HHPL. (Note: The latter is a separate collection from the Kemp Papers at HIA cited earlier in this footnote and in previous footnotes.)

350 at the Bohemian Grove Encampment, August 1, 1953, Public Statements File, Hoover Papers.

351 Herbert C. Hoover Papers, Box 17, "M. O. 33" envelope, HIA. 校正用プリントは印刷所から一九五五年十一月二十五日から十二月二十日頃に戻ってきている。この頃、すでに次のバージョンとなる「集産主義に抗するわが聖戦(*My Crusade against Collectivism*)」の原稿に取りかかっている。この校正用プリントは一九五五年十二月二十三日に戻っている。内容は「聖戦の時代」に書かれた原稿と違っていた。一九五五年十二月一日に原稿に書きつけた「12/1/55. New Collectivism」とされたメモを見ると、独立小分冊構想はこの時期にやめることを決めている(the Herbert C. Hoover Papers, Box 19, "M. O. 36" envelope, HIA)。
ロレッタ・F・キャンプによれば、一九五五年の段階で、フーバーは「聖戦の時代」を八つの部分に分けていた。それぞれの部分のタイトルに「聖戦」の単語が冠せられていた。たとえば「アメリカン・ライフに忍び寄った集産主義に対する聖戦(*The Crusade against Collectivism in American Life*)」、「連邦政府の浪費に対する聖戦(*Crusade against Waste in the Federal Government*)」、あるいは「聖戦の本――ファミリー・ライフ(*Crusade Book—Family Life*)」などとされていた(Camp to Bernice Miller, August 8, 1964)。

352 Leon E. Seltzer memorandum, June 8, 1956, attached to

Seltzer to Dare Sartk McMullin, June 8, 1956, from Charles Palm's files as director of the Hoover Institution Archives (Palm files). あるいは Walter R. Livingston oral history (1969), pp. 3–6, copies in HIA and HHPL. リヴィングストンがフーバーの下で働きはじめたのは一九五六年六月十日である。「困窮する人々への同情の記録」(enterprises in compassion) の言葉は、*An American Epic*, vol. I, Henry Regnery Company, 1959, p. xiii に使われている。

353 Hirsh to Bernice Miller, May 16, 1958, December 30, 1958. あるいは Hirsh to Hoover, July 8, 1959. あるいは日付のないメモ (“Diana Hirsh has finished working on Manuscript”). All in Hirsh file, PPI, Hoover Papers, HHPL.

四四年間は、フーバーのベルギー支援事業が始まった一九一四年から一九五八年を指していると思われる。Hirsh file によれば、彼の大統領時代の米国内での支援事業にも言及されているが、この部分はフーバーが後に削除している。

354 全四巻を出版したのは、シカゴの保守系出版社ヘンリー・レグネリー社であった。ヘンリー・レグネリーの父親は、真珠湾攻撃以前は、不干渉主義を主張する活動家であった。ヘンリーは、第二次世界大戦後のアメリカ外交を批判する論文の出版でよく知られている。彼に関する資料は　Regnery Papers として HIA にある。

355 Hoover to J. Reuben Clark, March 4, 1957, PPI, Hoover Papers, HHPL. あるいは Livingston oral history, pp. 6–7. あるいは Neil MacNeil oral history (1967), p. 30, copies at HIA and HHPL. ウッドロー・ウィルソンについて、そのテーマだけで一冊にまとめたほうがよいとフーバーに提案したのは、マックニール (Neil MacNeil) であった (マックニール談)。

356 Livingston oral history, pp. 6–7.

357 Hirsh to Hoover, June 20, 1957; Hoover to Hirsh, June23, 1957; Bernice Miller to Hirsh, June 24, 1957 & August 1, 1957; All in Hirsh File, PPI, Hoover Papers, HHPL.

358 McGraw-Hill Book Company press release, April 27, 1958, “Books by Hoover: *Ordeal of Woodrow Wilson*, Correspondence, 1958, March-April,” Post-Presidential Subject File, Hoover Papers, HHPL.

359 評価の例としては左記。
Timothy Walch, “The Ordeal of a Biographer: Herbert Hoover Writes about Woodrow Wilson,” *Prologue* 40 (Fall 2008), p. 12–19.

360 Leon E. Seltzer memorandum, June 8, 1956.

361 Marie Pratt oral history, pp. 1, 21.

362 “Resume of Mr. Hoover's Activities, January 1946–April 1959,” in “Hoover's Statistics: 1946–1964”, Post-Presidential Subject File, Hoover Papers, HHPL.

363 “Statistics, June 1957–July 31, 1958,” in “Hoover's Statistics: 1946–1964.”

364 この時期の生活ぶりを示す資料は多い。たとえば the MacNeil, O'Donnell, and Pratt interviews cited earlier and my conversations with several people who worked for Hoover in Suite 31-A in his final years.

365 Hal Elliott Wert, *Hoover The Fishing President*, Stackpole Book, 2005, p. 334.

366 同右、p. 332. あるいは *New York Times*, April 20, 1958, p. 1

and May 4, 1958, p. 1.

367 このことは次の二つの資料の比較でわかる。The text of volume IV of *An American Epic* および一九五一年五月二日付、page proofs of *The Four Horsemen of World War II*.

368 「(フェラーズ准将は) 真珠湾攻撃に天皇の責任はないことは明らかで (東京裁判前に) それをはっきりさせなくてはならないと感じていた」(Herbert P. Bix, Inventing the "Symbol Monarchy" in Japan, 1945-52, *The Journal of Japanese Studies*, vol. 21, No. 2, 1995, p. 319)

〔訳注：Bonner Fellers (一八九六—一九七三) 米国陸軍准将。日本占領期にマッカーサー将軍の補佐として来日。天皇の存在が日本再建に必要だと助言したとされる。日本文化に造詣が深かった。一九四五年九月二十七日、昭和天皇は米国大使館にマッカーサー将軍を訪問したが、その際まず天皇を迎えたのがフェラーズ准将だった。天皇に戦争責任はないと考えていた人物である〕

369 Bonner Fellers oral history (1967), p. 28, copies at HIA and HHPL.

370 Hoover to Kemp, May 1, 1954, PPI, Hoover Papers, HHPL. および下巻「付属関連文書」史料19参照。

371 Hoover, Introduction, p. 21, to *Lost Statesmanship* (July 1, 1957, page proof version), Herbert C. Hoover Papers, Box 19, "M. O. 39" envelope, HIA.

372 Frank E. Mason oral history (1966), p. 53, copies at HIA and HHPL.

373 *New York Times*, December 31, 1969, p. 25.

374 Hoover, "My Personal Relations with Mr. Roosevelt" (typescript, September 26, 1958), copies in Herbert C. Hoover Papers, Box 21, "M. O. 42" envelope, HIA, and in "Roosevelt, Franklin D. あるいは Drafts re FDR," Post-Presidential Subject File, Hoover Papers, HHPL.

375 Timothy Walch and Dwight M. Miller, eds., *Herbert Hoover and Franklin D. Roosevelt: A Documentary History*, Greenwood Press, 1998, pp. 209-211.

376 A partial typewritten draft (returned from the printer on January 8, 1959), Herbert C. Hoover Papers, Box 24, "M. O. 49" envelop, HIA. Page proofs are Box 26, "M. O. 51" envelope.

377 一九五九年の原稿では、フーバー研究所の収集した膨大な資料の価値が強調されている。またこの原稿の一巻・第七〇章では、真珠湾攻撃以前のルーズベルトの失策七例が挙げられている。

378 Hoover, *Lost Statesmanship: the Ordeal of the American People*, vol. I (1959 page proof edition), part XII, chapter 70, pp. 300-301, Herbert C. Hoover Papers, Box 26, "M. O. 51" envelope, HIA.

379 〔訳注〕Eugene Lyons (一八九八—一九八五) ＵＰＩ記者。

380 ライオンズはフーバーについて二つの伝記を著している。

Our Unknown Ex-President, Doubleday & Co., 1948.

Herbert Hoover: A Biography, Doubleday & Co., 1964.

381 Herbert C. Hoover, Papers, Box19, "M. O. 39" envelope.

382 Hoover, *Lost Statesmanship: the Ordeal of the American People*, vol. I (1959 page proof edition), part III, chapter 5, p. 5. あるいは下巻「付属関連文書」史料23参照。。

383 〔訳注〕James Burnham (一九〇五—一九八七) アメリカの

政治思想学者。共産主義思想に傾倒したが後に反共思想に転じた。

384 同右、chapter 16. フーバーは共産主義者の活動については継続的に資料を収集している。

385 本書の著者自身の「序」の言葉参照。

386 Herbert Hoover, *Addresses upon the American Road, 1955-1960*, The Caxton Printers, 1961, p. 75.

387 "Statistics, August 7, 1959-August 10, 1960," in "Hoover's Statistics: 1946-1964."

388 Copies of "Edition. No. 5" of *The Ordeal of the American People* are in the Herbert C. Hoover Papers, Boxes 41 and 42, HIA and in the Magnum Opus Materials, Boxes 3 and 6. これらは互いに若干相違する内容となっている。フーバーは修正第五版、あるいは一九四〇年代末から五〇年代初めには第六版としている。一九五九年の修正を始めた時に校正数をあらためて数え直したらしい。事情をよく知るニール・マックニールによれば、厳密に数えれば修正版は十一から十二になるようである。

修正第五版の前には、第四版があり、一九六一年七月一日の日付で、ゼロックス社から戻されている。その一部は以下に保管されている。

Herbert C. Hoover Papers, Box 33, "M. O. 64" envelope, HIA. この版（第四版）にもフーバーが力を入れていたことがわかる。右記の Boxes 30-33 にある資料からそれがわかる。

389 〔訳注〕Hans von Kaltenborn（一八七八―一九六五）世界情勢を当意即妙に論評することで定評があった。

390 Hoover to Kaltenborn, October 21, 1963, PPI, Hoover Papers, HHPL（フーバーはカルテンボーンを監修委員会アドバイザーとしている）。あるいは MacNeil oral history, p. 49. マックニールはこの中でいつ監修委員となったかを言っていない。マックニール関連の資料からすると、一九六四年であることがわかる。しかし、フーバーの彼宛ての書簡からすると、これもはっきりしない。

391 Frank E. Mason diary, January 17 and 19, 1961, Frank E Mason Papers, Box 29, HHPL. あるいは Hoover to MacNeil, March 23, 1961, Neil MacNeil Papers, Box 1, HHPL. あるいは Kaltenborn to Hoover, May 3, 1961, PPI, Hoover Papers, HHPL. フーバーはここでは最終版を、「私の大事業の新版（my new magnum opus）」、「大事業簡約版（a condensation of a greater one）」と書いている。

392 Kay Stalcup to Diana Hirsh, March 23, 1961, PPI, Hoover Papers, HHPL.

393 保管を依頼されたのは弁護士のイラ・リリック（Ira Lillick）である。彼はフーバーの古くからの友人で、スタンフォード大学の理事でもあった。彼が保管していた二部の原稿はリリックの死後、フーバー家に返却され、現在は他の「大事業」の資料と併せてＨＨＰＬに保管されている。

394 Hoover telegram to Kemp, August 7, 1961, "Hoover, Herbert," Kemp Papers, HHPL.

395 Kemp to Hoover, August 8, 1961, "Hoover, Herbert", Kemp Papers, HHPL.

396 Hoover to Kaltenborn, March 11, 1962. あるいは Loretta F. Camp to Kaltenborn, March 14 and April 6, 1962. All in Kaltenborn file, PPI, Hoover Papers, HHPL.

397 Hoover to Kaltenborn, March 11, 1962. あるいは Camp to

Kaltenborn, April 6, 1962. あるいは Hoover to MacNeil, June 21, 1962, MacNeil Papers, Box 1.

398 Lewis Strauss memorandum for his files, March 27, 1962, "Hoover, Herbert: 1962," Name and Subject File II, Strauss Papers. あるいは MacNeil oral history, p. 44. マックニールによれば「裏切られた自由」のタイトルはフーバー自身が付けた。

399 Strauss memorandum for his files, March 27, 1962.

400 Kaltenborn to Hoover, May 3, 1961, April 21, 1962, April 24, 1962. all in PPI, Hoover Papers, HHPL.

401 MacNeil to Hoover, May 1, 1961, MacNeil Papers, Box 1.

402 MacNeil to Hoover, November 11, 1961, copies in MacNeil Papers, Box 1, and in Herbert C. Hoover Papers, Box 115, vertical file folder, HIA.

403 Mason diary, January 17, 1961. メイソンは、「政治家たちの失策」の初期の原稿に目を通している（一九五四年）。内容が論争を呼ぶものであったことは確かだった。メイソンはこれを賞賛し、一九五四年の中間選挙前に出版するように勧めている。Mason, undated note (ca. 1954) to Hoover, "Hoover Books: Magnum Opus," Mason Papers.

404 MacNeil oral history, p. 55. あるいは Mason to MacNeil, February 11, 1966, "MacNeil, Neil: 1966–68," Mason Papers. メイソンが一九六二年末に受領したのは修正第十版だった。note on "M. O. 120" envelope in Herbert C. Hoover Papers, Box 56, HIA.

405 『ニューヨーク・タイムズ』紙は、一九六二年八月二十八日から九月十七日にかけて、フーバーの健康状態を頻繁に報じた。

406 *New York Times*, September 6, 1962, p. 20.

407 Hoover to Kaltenborn, December 3, 1962. あるいは Hoover to MacNeil, December 3, 1962, both in PPI, Hoover Papers, HHPL. あるいは Hoover to Mason, December 3, 1962, "Hoover Books: Magnum Opus", Mason Papers.

メイソンに送った原稿には「親愛なる友人へ、フーバー」とサインされていた。メイソンとの間の論争を忘れているかのようである。

この三人の他にも、「裏切られた自由」最終版を、ウィリアム・L・ホワイト（ジャーナリスト）とルドルフ・N・シュリンガー博士（主治医の一人）に送った。二人とも出来栄えに感心している。See White to Hoover, December 18, 1962. あるいは Schullinger to Hoover, December 19, 1962, both in Herbert C. Hoover Papers, Box 115, vertical file folder, HIA.

408 A note on the "M. O. 120" envelope in Box 56 of the Herbert C. Hoover Papers at HIA says of its contents (Edition No. 10 of Volume I): "This edition #10 corrected and later became Edition Z."

一九六三年初めにカルテンボーンに宛てた書簡に、彼の意見を取り入れたZ版にし、これでいよいよ最終版だ、数カ月以内に脱稿したいと書いている（Hoover to Kaltenborn, January 20, 1963, PPI, Hoover Papers, HHPL）。

409 これについての詳細は、後述の「出典および編集方法について」と第三部についての編者のコメントを参照されたい。

410 フーバーと仕事をした者は一様に彼のこの性格を指摘している。また、彼は自身の語句の使い方や言い回しを変えるのを嫌った。Kemp oral history, p. 13. あるいは Livingston oral history, pp. 7, 11–14. 要するに彼の作品（の表現法について）はフーバー自身が決定していた。もちろん自身が納得すれば修正することを躊躇っていない。

411 Theodore J. Joslin diary, December 6, 1931, Theodore J. Joslin Papers, HHPL.

412 Frank E. Mason to Michael Horacek, n. d. (probably ca. September 1976), "Magnum Opus: 1976-77," Mason Papers.

413 Perry Shoemaker oral history (1970), p. 21, copies in HIA and HHPL.

414 *Herbert Hoover and Stanford University*, pp. 17-18.

415 〔訳注〕Albert Wedemeyer（一八九七―一九八九）陸軍大将。第二次世界大戦では中国・ビルマ戦線で米陸軍および国民党軍の対日戦争を指揮した。

416 〔訳注〕William C. Mullendore（一八九二―一九六八）南カリフォルニア・エジソン社社長。保守系の運動に関わる。〈http://archiveswest.orbiscascade.org/ark:/80444/xv02410〉。

417 〔訳注〕Albert Leslie Cole（一八九五―一九八九）『リーダーズ・ダイジェスト』初代編集長。

418 〔訳注〕Richard E. Berlin（一八九四―一九八六）ウィリアム・ハースト系出版社の総帥。

419 このやりとりのほとんどは左記にある。
Herbert C. Hoover Papers, Box 115, vertical file folder, HIA.
Some of it can be found in the relevant PPI files at HHPL.

420 MacNeil oral history, p. 53. あるいは Shoemaker oral history, p. 22. あるいは Strauss memorandum for his files, March 27, 1962. ストラウスは、一九六二年に、フーバーに対して、「大事業」を世に出す責務があると語っており、フーバーはその言葉に励まされていたようだ。

421 Walter Trohan oral history (1966), p. 31, copies at HIA and HHPL.

422 Hoover to MacNeil, March 28, 1963, PPI, Hoover Papers, HHPL. あるいは Hoover to Kaltenborn, March 28, 1963, Herbert C. Hoover Papers, Box 115, vertical file folder, HIA. あるいは Hoover to William C. Mullendore, March 28, 1963, Herbert C. Hoover Papers, Box 115, vertical file folder, HIA.

423 for example Rita R. Campbell (Archivist, Hoover Institution) to Elizabeth Dempsey, July 11, 1963. あるいは Loretta F. Camp to Campbell, July 15, 1963; both in Herbert C. Hoover Papers, Box 66, envelope #10, HIA. あるいは Mary Lou Scanlon to Campbell, July 18, 1963, Palm files. あるいは Campbell to Scanlon, July 29, 1963, Palm files. あるいは Campbell to Scanlon, August 5, 1963, Herbert C. Hoover Papers, Box 115, vertical file folder, HIA.
ほかにもニューヨーク事務所とフーバー研究所のやりとりを示す資料は多い。

424 *New York Times*, June 15, 1963, p. 24. 同紙はその後も容態を伝えている。

425 Mason oral history, pp. 10-11.

426 *New York Times*, June 21, 1963, p. 6.

427 Mason oral history, p. 10.

428 *New York Times*, August 10, 1963, p. 20.

429 〔訳注〕George Mardikian（一九〇三―七七）アルメニア系アメリカ人。レストラン経営で成功し、アルメニアからの移民を受け入れる運動に関わった。自由勲章（Medal of Freedom）を受勲（一九五一年）。

430 Hoover to George Mardikian, September 26, 1963, PPI, Hoover Papers, HHPL.

431 これについては後述の「出典および編集方法について」を参照されたい。

432 Hoover to DeWitt Wallace, October 2, 1963, copies in "Hoover Books: Magnum Opus," Mason Papers, and in Magnum Opus Materials, Box 4, HHPL.

433 DeWitt Wallace to Hoover, September 24, 1963, "Hoover Books: Magnum Opus," Mason Papers. あるいは MacNeil to William L. White, November 4, 1963 and February 15, 1964, MacNeil Papers, Box 1. あるいは Hoover to Clarence Budington Kelland, November 6, 1963, PPI, Hoover Papers, HHPL. あるいは MacNeil to Hobart Lewis, March 16, 1964, MacNeil Papers, Box 1 and MacNeil file, PPI, Hoover Papers, HHPL.

一九六四年三月、フーバーの息子の一人が、「裏切られた自由」の一部と二部をリーダーズ・ダイジェスト社副社長に送付した（Allan Hoover to Hobart Lewis, March 18, 1964, copy in MacNeil file, PPI, Hoover Papers, HHPL）。明らかにフーバーは、この時点でも同社が簡約版掲載に興味があると思っていた。

434 Undated draft letter from an unnamed *Reader's Digest* executive to "Al" (Albert Cole?), ca. 1963-1964, copy in "Hoover Books: Magnum Opus," Mason Papers. あるいは Charles Edison to Hoover, December 14, 1963, Magnum Opus Materials, Box 4, folder 3, HHPL.

フランク・メイソンによれば、リーダーズ・ダイジェスト社の幹部はフーバーに対して、出版の意向があると仄めかしたが、実際はその気はなかったらしい。

Mason note on a letter to him from Michael Horacek, September 7, 1976, in "Magnum Opus: 1976-77," Mason Papers.

435 MacNeil oral history, p. 48. この二社が手を挙げたのはフーバーの死後の可能性がある。マックニールの説明は時期がはっきりしていない。

436 Henry Regnery to W. Glenn Campbell, August 11, 1964, Hoover Institution Records, Box 2800, Magnum Opus folder.

437 編者（ナッシュ）によるニューヨーク市での当該スタッフ・インタビュー（Joan Dydo; April 6, 1989 および Cynthia Wilder; April 7, 1989）。

438 Hoover to Wallace, October 2, 1963.

439 MacNeil oral history, p. 53.

440 Hoover to Kelland, November 6, 1963. あるいは Hoover memorandum to his son Allan, n. d. (but sometimes between early 1962 and 1964), in "Freedom Betrayed manuscript: Memos to Staff and Letter Regarding Hoover Foundation, n/d," Loretta Camp Frey Papers, HHPL.

441 MacNeil to Allan Hoover, November 13, 1963. あるいは MacNeil to Herbert Hoover, n. d. (late November 1963) both in Magnum Opus Materials, Box 4, folder 3, HHPL. あるいは F. Clifton Daniel to Harry S. Truman, November 13, 1963, and Truman to Daniel, November 18, 1963, both in "Hoover, Herbert C.," Secretary's Office File, Post-Presidential Papers, Harry S. Truman Papers, Harry S Truman Presidential Library, Independence, Missouri. あるいは MacNeil oral history, pp. 24-25.

442 Bernice Miller to W. Glenn Campbell, March 30, 1964. あるい

は Julius Epstein to Bernice Miller, March 31, 1964; both in Herbert C. Hoover Papers, Box 115, vertical file folder, HIA.

443 Julius Epstein to Loretta F. Camp, August 11, 1964, copies, Herbert C. Hoover Papers, Box 115, vertical file folder, HIA. あるいは in Julius Epstein Papers, Box 181, HIA.

444 Hoover to Bonner Fellers, April 18, 1964, PPI, Hoover Papers, HHPL.

445 *New York Times*, August 10, 1964, p. 49.

446 同右、February 26, 1964, p. 71. 同じく February 28, 1964, p. 10.

447 同右、August 10, 1964, p. 49.

448 同右、p. 33.

449 Shoemaker oral history, p. 25. ＨＨＰＬにあるフーバーの日程表によれば、シューメーカーがフーバーを最後に訪れたのは一九六四年八月五日である。

450 Herbert R. Collins, *Wills of the U. S. Presidents*, Communication Channels, 1976, pp. 190–194.

451 Epstein to the Department of the Treasury, December 6, 1964, Epstein Papers, Box 181. あるいは Rita R. Campbell to Allan Hoover, April 20, 1965, Palm files. あるいは Allan Hoover to Rita R. Campbell, April 26, 1965, Palm files. あるいは Rita R. Campbell to W. Glenn Campbell, May 6, 1965 (plus attachment), Palm files. あるいは Allan Hoover to Frank E. Mason, June 15, 1965, "Hoover, Allan: 1965–67," Mason Papers.

452 MacNeil to Mason, March 27, June 8, and July 29, 1965, "MacNeil, Neil: 1964-65," HHPL.

453 MacNeil to Mason, February 2 and 18, 1966, HHPL. あるいは MacNeil to Allan Hoover, March 4, 1966, MacNeil Papers, Box 1.

454 MacNeil to Allan Hoover, March 4, 1966. あるいは MacNeil to Mason, "MacNeil, Neil: 1966–1968," Mason Papers.

455 Allan Hoover to MacNeil, May 31, 1966, MacNeil Papers, Box 1.

456 フーバー財団は一九六六年十月時点では方針を決めていない。MacNeil to Mason, October 15, 1966, "MacNeil, Neil: 1966–1968", Mason Paper.

457 Graham Stuart oral history (1967), pp. 16–17. あるいは John K. Stuart oral history (1967), p. 53. あるいは William S. Nicholas oral history (1968), pp. 19–20. All at HIA and HHPL.

458 Hoover memo to his son Allan. 原注440に既出。

459 第二次世界大戦期の英国の内閣の記録が研究者に公開されたのはフーバーの死後数年後のことだった。

460 これについては Justus D. Doenecke, *Not to the Swift: The Old Isolationists in the Cold War Era*, Buckell University Press, 1979. に詳しい。

461 〔訳注〕「ヴェノナ」は一九四三年から始まったアメリカのソ連暗号傍受・解読プロジェクト。

462 John Earl Haynes and Harvey Klehr, *Venona: Decoding Soviet Espionage in America*, Yale University Press, 1999.（『ヴェノナ』ジョン・アール・ヘインズ／ハーヴェイ・クレア著、中西輝政監訳、ＰＨＰ研究所、二〇一〇年刊）。あるいは John Earl Haynes, Harvey Klehr, and Alexander Vassiliev, *Spies: The Rise and Fall of the KGB in America*, Yale University Press, 2009.

出典および編集方法について

基礎となる原稿

一九四〇年代から一九六四年にかけて、フーバーとそのスタッフは「大事業」編纂に膨大な時間を費やした。当初は、第二次世界大戦そのものに焦点を当て、フーバー自身の回想を中心にまとめた一巻本にする計画だった。後にこの本を「戦争本（War Book）」と呼ぶようになったが、しだいにそのボリュームが増えていった。一九六三年までには、二巻の分量となり、第三巻についても準備中であった。

二十数年の間に、何度も原稿を修正している。タイトルも四度の変更があった。最終的に「裏切られた自由」となったのは、彼の死期が近づいた一九六三年初め頃であった。何度も校正を繰り返し、第一〇校まで進んでいたものをZ版とした。アルファベットの最後の数字を当てて最終版であるとの含意を持たせた。それでも、完全主義者のフーバーが我慢できず加筆修正を加えたので、「最終版の最終版」を意味するZ＋H版となった。長い間の執筆と編集で、ファイル・ボックスは資料で溢れた。

数多くの校正作業が行なわれたため、今回の出版事業にはどの版を用いるべきかの判断に迫られた。もちろん、Z＋H版をベースにするのが妥当であった。一九六三年九月の段階で、第1部、第2部はフーバーが出版したい内容で完成していた。細かな修正がZ＋H版にもあったので、ここではそれを反映させた。第3部の国別（四カ国）ケーススタディについては、最終形に最も近いと考えられる原稿を選び出した。

『裏切られた自由』の第1部・第2部のZ＋H版（一九六三年九月版）は、タイプ打ちされた原稿が四分冊で、フーバー研究所アーカイブ（スタンフォード大学内）に保存されていた（Herbert C. Hoover Papers, Box 70）。もう一セットは、アイオワ州ウェストブランチのフーバー大統領図書館にあった。最初の二分冊は、『裏切られた自由』の第1部を構成するものだったが、そのラベルのZ＋H部分にはチェックマークが書き込まれていた。このマークはおそらくフーバー自身が目を通したことを示すものだと考えてよいだろう。残りの二分冊は第2部を構成するものである。これに付けられたZ＋H版ラベルにはチェックマークがなかった。このことは、フーバーはまだ目を通していないことを示すと考えられる。フーバー研究所に保存された後半の二分冊には「未校正（uncorrected 1964）」の手書きの書き込みがある。

一九六三年夏以降、フーバーは、それまでのような系統だった校正作業ができなくなった。それでもスタッフは事実関係に誤りがないか丁寧に確認作業を続けた。そのせいもあり、フーバーも作業をやめてはいない。一九六三年九月から翌年の春まで、第2部（Z＋H版）にあたる箇所の校正にあたった。

ハーバート・C・フーバー文書には最後の校正を終えた原稿（Z＋H版第2部）が二つのボックスに収められていた（Box 63, Envelope 6 および Box 64, Envelope 7）。この原稿の束は大別すると二つになっていて、一つには「リサーチ用」とあり、もう一つには「フーバー手持ち用」を示すマークが記されていた。これらは『裏切られた自由』の第11編から第18編（第43章から第85章）にあたっている。この原稿には鉛筆でごくわずかな直しが入れてあった。これはフーバー自身が入れたものである。

Z＋H版はボックス70にも一組あったが、それには修正の跡は見られない。ボックス64で見つかった秘書のメモによれば、一九六四年三月三十日時点で、第14編から第18編（第61章から第85章）についてフーバーが鉛筆で修正した部分は、（最終印刷用の）セットのほうではまだ直されていないことがわかる。いずれにせよ、最終段階での修正がフーバーの最後の考えを示していることは確かである。したがって、この時期の鉛筆で加えられた修正部分は本書の原稿には反映させた。

ボックス63とボックス64にあった原稿の扱いは難しかった。「リサーチ用」の原稿には、フーバーの手ではない修正が書き込まれていた。その修正が、「フーバー手持ち用」に転記されていた。転記は一九六四年一月頃になされていた。このあたりの修正は、ロレッタ・キャンプによるものだった。彼女は、フーバーの秘書の中でもベテランで、二〇年以上、彼のもとで働いていた。彼女がこの転記作業を、フーバーの承認なしで行なっているとは考えにくい。したがって、「フーバー手持ち用」に記された修正は（それが自身の書き込みではないとしても）、フーバーの意思を示しているものとして採用した。

「リサーチ用」にも「フーバー手持ち用」にも、単語を挿入（加筆）したような修正があった。これはキャンプ女史のものではなく、誰かが後から加えたらしい。また、ところどころに、キャンプ女史の意見として、文章の位置を変えるというような修正のメモがあった。しかしそれについては、フーバー自身が同意しているかどうかは定かではなかった。

したがって、このような（フーバーの修正の意思が確認できない）箇所については、その修正を受け入れず、Z＋H版（Herbert C. Hoover Papers, Box 70）のものに戻した。そうしなかったものについては脚注に明示した。

編集の考えをまとめると、①ボックス63・64の原稿の内、フーバー自身の書き込みと、②彼の承認があって修正が転記されているものは本書では修正した（この考え方をとらない例外は、第53章「原注4」および第55章「原注2」である）。

フーバーの最終段階での修正は、いつの場合でも、言葉の変更か、文章のささいな修正であった。文意が大きく変わるようなドラスティックな修正はない。したがって、「大事業（裏切られた自由）」の第1部、第2部は（スタッフによる細かなチェックを除き）一九六三年九月に完成したと見なした。

またボックス70にあった原稿には、ペンで入れられた若干の修正があった。またところどころにカードやメモが挟まれていた。おそらく友人の誰かが修正を提案したものだと思われる。おそらくこの人物は、ニール・マックニールであろう。こうしたカードやメモについては、フーバーが承諾しているか否かの確認が取れないので、そこにある修正提案は本書の原稿には採用していない。

要約すれば、本書は一九六三年九月の段階に完成したZ＋H版をベースにしていること。また修正部分については、一九六三年九月から翌年三月の間に、フーバー本人によってなされたものか、本人が修正を承認しているものに限ったということである。

完成していない第3部については少々難しかった。すでに書いたように、一九六一年頃にフーバーは構想を拡げている。五カ国のケーススタディを書き込むことを決めた。（アメリカ外交の拙策で）大戦後、大混乱に陥ったか、共産主義者の手に落ちた国々について詳述しようと試みた。その国々とは、ポーランド、中国、朝鮮、日本、ドイツであった。これも先に書いたことだが、フーバーは一九四六年に、トルーマン大統領の要請で、これらの国々を訪問した（ドイツについては一九四七年）。

フーバーは構想の当初は、ケーススタディを、第2部の後半に書き込むつもりであった。しかし、一九六二年のある時期に、独立した第3部にすることに決めたようだ。彼の残したファイルから、日本のケーススタディは省くことを決めた。一九六二年暮れにスタッフに宛てたメモ（下巻「付属関連文書」史料24参照）で、ポーランド、中国、朝鮮、ドイツの順で取り上げると、伝えている。

第3部のケーススタディ部分については、タイプされた完全原稿が残されていない。しかし、彼が何を書き込もうとしていたかは、残された大量のファイル（原稿）で十分に理解できる。各国のケーススタディには、きちんとラベルが貼られていた。それは一九六一年から六三年に貼られたものである。それぞれの国について多くの原稿が残っている。特にポーランドと中国の部分は、入念な校正が繰り返しなされていることがわかる。

このような状態であったので、出版すべき原稿（四カ国のケーススタディ）を決めることができた。編者は各ケーススタディで、最後に部分的にタイプされた原稿を選び出した。また、フーバーがこうした原稿に修正を加えようとしたことがわかる部分も選び出した。この作業を経て、本書第3部の原稿を完成させた。フーバーはケーススタディの執筆を一九六三年に終えているが、おそらく彼の意図する最終形に近い内容になったと思う。

こうして、フーバーが構想していた四カ国のケーススタディを本書に収録することができた。それぞれの原稿がどこにファイルされていたかについては、第3部の注に示した。

本書の構想とその拡がりを示し、またフーバーが本書で伝えたかったことを理解するのに役立ちそうな史料を「付属関連文書」として下巻巻末に載せた。史料選択はあくまで編者の判断である。付属文書の出典はそれぞれの箇所に示した。

編集の基本的な考え方

ここまで原稿の扱いについて説明したが、本書出版にあたっての編集の基本方針も示しておきたい。

編者は、本書の一次資料としての価値の重要性を重視した。二十世紀における著名な政治家が遺言として残した原稿の価値を（損なわないよう）常に念頭に置いた。フーバーは亡くなっている。私の編集について何も意見することができない。したがって、五〇年前のフーバーの言葉を可能なかぎりそのままの形で読者に伝えるよう留意した。

そうはいっても、すべてを残されたフーバーの原稿どおりに、というわけにはいかなかった。時に文法の間違いやタイプミスがあり、それについては編者が校正した。コンマをつけたり外したり、文字を大文字や小文字に修正したり、強調する部分を示す作業である。これらの作業は、かつてフーバーがスタッフに指示していた「クリーンアップ（清書）」のようなものである。つまり整理編集（copyedit）である。その過程では、決して文意を変えたり、文章を書き替えることがないように心がけた。

数は少ないが、意味が不明瞭な点があった。そこに言葉やワンセンテンスを挿入することで内容が鮮明になる。このようなケースでは私の言葉を入れた。また、目次については、フーバーのオリジナルを少しすっきりしたものに修正した。

編者は、事実関係や数字について再チェックすることはしていない。また出典についても確認することはしていない。これらの作業は、フーバーのスタッフが、一九六三年から六四年に行なったきわめて重要で時間のかかった作業である。

編集や校正の過程で、出典とされている文献については、そのほとんどをクロスチェックした。かなりの箇所で、転記の際のタイプミスや転記違いが見つかった。発見できたところについては、修正した。またその箇所に説明がいる場合はそれをカッコ内か注で示した。

要するに編者が行なったのはフーバーの原稿を残されたままの形で出版することであり、編者は、正確性の担保のためにどうしても必要と思われる訂正や、清書をしたということである。

原稿に残された脚注部分についてだが、およそ二〇年以上にわたった事業であるだけに修正が繰り返し行なわれていて、注釈の数も多い。そのためフーバーの注の付け方には一貫性が欠けていた。特に文献引用を示す方法に一貫性がなく、章ごとに異なる場合があった。一つの章の中でやり方が違っている例もあった。また一つの章の中で引用が重複する例もあった。脚注の中でそれをしている例もあった。フーバーは、ほとんどの場合「ibid」（同上、同右などの意）とせず、（繰り返しの場合でも）再度すべてを書いている。

右記に挙げた問題や、フーバー独特の表現法であることから、編者にとって納得できる編集ができない場合もあった。その一つの解決法は、読者の混乱を覚悟したうえで、フーバーの原稿の注のママにすることである。もう一つの方法は、脚注や注部分を、現在行なわれている（学術論文の）手法に全面的に書き替える方法である。この場合は、（本文と脚注のスタイルが異なる）アナクロニズムの怖れがあり、さらには、フーバーの持つ「独特な声」の妙味を犠牲にする懸念があった。

編者は結局、この問題に関しては中道の姿勢で臨んだ。脚注の価値は、読者に出典を示すことである。このことを念頭に、脚注にはフーバーの記述をそのまま載せ、欠けている情報（たとえば出版年や場所）をカッコ内に示すことにした。これによって、興味ある読者は原典にあたることができる。またフーバーの書き方（独特な声）に魅了されている読者にしてみれば、オリジナルな脚注に触れることができる。また私の付記も役立つことになろう。

それでも、明らかに修正したほうがよいと考えられる部分についてはそのようにした。注の部分には、多くの繰り返しの記述があった。たとえば、一つの章の中で出典表記が繰り返されている場合は「ibid」に替えた。また、フーバーの記述では、『ニューヨーク・タイムズ』紙を「*the New York Times*」としていたが、「the」は外した。注の番号については、調整が必要であった。また特に政府刊行物の表記については、出典がより明確になる形に改めた。

こうした編集は「清書」であって、フーバーの語る内容や、彼が自身の主張を裏付ける証拠資料を変えてしまう類の作業ではない。そしてまた、これによって彼の原稿の学術的な価値が変わるものでもないと判断している。繰り返しになるが、私は自身の編集作業は限定的なものに留め、フーバーのオリジナルな脚注の内容を留めながら、重要な情報を読者に提供したつもりである。

ハーバート・フーバーは厳密な意味で言えば学者ではない。しかし彼は、多くの著作をものした作家である。アマチュアではあるが歴史家である。彼には三〇以上の著作がある。読者が手にしている本書『裏切られた自由』はその中でも、最も野心的な作品であった。編者は、彼の声が読者に届くよう努めた。編集にあたっては、彼の思いがそのまま読者に伝わるよう心がけたつもりである。

第1部

序

この大陸に、最初にやって来たピルグリム・ファーザーズ（清教徒たち）は、この地に「自由」の精神を抱いてやって来た。「自由」がアメリカらしさの「火花」[1]（活力の源）であった。しかし、この「自由」の精神は、四度の危機に晒された。その危機とは次の四つの事件である。

アメリカ独立戦争
南北戦争
第二次世界大戦
冷戦

我が国の政治指導者は、独立戦争と南北戦争の危機を乗り越え、自由の精神をさらに拡げることに成功した。それによって我が国は、強力な国家として成長し、歴史上稀に見る繁栄を遂げた。

第二次世界大戦では、連合国とともに、ナチズムやファシズムのもとで生まれた軍事力（軍事国家）を壊滅させた。ところが、そうすることで平和は訪れなかったのである。第二次世界大戦期には、スターリンは、共産主義独裁を強化し、ロシア帝国を拡大した。そしていま世界は危機に瀕している。厳しい冷戦の真っただ中にあり、我々の存在さえも危うくしている。そうでありながら、このソビエトは連合国の一員だったのである。

我々は自由を守らなければならない。世界の自由諸国を防衛する責務を我が国は負っている。そのことは、第三次世界大戦を現実には意味することになる。我が国がこの役務を果たすことは、我々の将来を危機に晒すことにもなる。

本書は回顧録であるが、その目的は、いつ、どこで、いかにして、誰が、道を誤って第二次世界大戦となったか、そしてなぜいま第三次世界大戦の危機を迎えているのかを順を追って明らかにすることである。このような状況に陥ったことは、自由が裏切られたからである。本書の中で、このような状況になってしまう決断がなされた時に、誰が警告を発し、声を挙げて反対したかを述べることにしたい。

本書では、発生した事件についての私自身の感想といったものは書かない。当時の指導者の言動を示すことで、真実が浮かび上がってくるような記述にした。またそれを裏付ける資料も出てきているが、そうしたものもここに示した。

過去に起きた真の事実を基にした判断なくして、我々は将来を考えることはできない。いま現在においても、アメリカの国民も政治指導者も、我が国の自由が、社会主義あるいは中央集権的な政府組織の中で、危機に瀕していることに気づいていない者が多い。

ここに至る数々の事件の真相や、世界の指導者の言動の本質を精査し、なぜこんな世界になってしまったのかを考えることは難しい作業である。残されている資料は、人間同士の誤解あるいは文明間の誤解を示すものが多い。そうした誤解は不可避的に発生するものだろう。しかし、問題は、重要な資料が、意図的に隠蔽されたり、破棄されたりすることである。

それでも、たとえば自由を裏切ってしまうような密約があった場合であれ、その後に何があったか、どんな出来事が起きたかで、その密約の存在を示すことが可能である。また、何かを隠した場合でも、政府の発行物を丁寧に読み込めば、隠されたものがなんであるかわかってくる。隠蔽は、時にメディアや歴史家によって暴かれることもある。首脳会談の内容が、「議事録を作らなかった、あるいは議事録が見つからない」という理由で公開されないこともある。

それを示す好例は、第二次世界大戦期のルーズベルト、チャーチルの二人の第三回会談である。この会談に関わる資料は完全な形で公開されることが約束されていたが、未だ公開されていない。もう一つの例は、テヘラン、ヤルタ両会談について発表された文書である[2]。かつて国務省に勤めた高官が、重要書類の破棄や、内容の削除を命令され、実際にその指示どおりにしたと証言した。本書の第2部で、それを示す文書を載せた。

このような隠蔽があっても、首脳会談に参加したメンバーの証言、自伝あるいは著作を通じて、真実が見えてくることもある。

まず初めに、私自身が第二次世界大戦への参戦についてどのように考えていたかを読者にはっきりさせておかなければならないと思う。

私は、第一次世界大戦の参戦については支持した。しかし、先の大戦については、ヒトラーがソビエトを攻撃し、我が国がロシアの同盟国となるのではないかと思われ始めた時期に、私は次のように（ラジオで）全国民に訴えた（一九四一年六月二十九日）。

〈私たちは、ヒトラーの残虐性、侵略性をよくわかっている。彼のやり方は民主主義を危うくするものである。ポーランド、ノルウェー、オランダ、ベルギー、デンマークそしてフランスが危機に陥っている。しかし今日、私が皆さんに訴えたいのはこうした国々のことではなく、スターリンについてである。

いま、我が国は、スターリンに対して、そして（彼が進める）軍国主義的な共産主義の陰謀に対して援助を約束しているのである。我が国が参戦するとしたらその理由は、四つの自由を実現するためではなかったか。しかしソビエトへの支援で、その主張は、もはや冗談にしか聞こえなくなってしまった。

我が国がソビエトを同盟国として参戦し、その戦いに勝利したとしよう。それが何を意味するか。スターリンがロシアにおける共産主義支配をがっちりと固めることを助け、さらには共産主義が世界に拡大することを後押しするための勝利ということになってしまう。

いま二人の独裁者――ヒトラーとスターリン――が死闘を繰り広げている。二人はイデオロギーに凝り固まった夢想家であり、兄弟のようなものである。この「兄弟戦争」でどちらかは消えていく。いずれにせよ両者とも弱体化することは必至である。

真の政治家であれば、我が国は、この戦いを注意深く見つめるという選択をするべきである。我が国は、防衛力をしっかりと整備し、ヒトラーとスターリンの消耗を待つべきである。

そうなった時点で、世界で最も強力な国家として（我が国の考えを）世界に訴えるべきである。必ず世界はその声に耳を傾ける。もし（ヨーロッパの）戦いに我が国が参戦してしまえば、我が国力も衰えてしまう。

そして何より、我が国の掲げる理想にもかかわらず、スターリンと同盟を組むことは、我が国がヒトラーと同盟を組むことと同じであって、アメリカ的理念への叛逆である。[3]〉

筆者（フーバー）の本書執筆にあたっての考え方を読者にまず伝えておきたい。過去六〇年間、私は世界各国の政治、経済の動向を観察できる機会を得た。このような立場にいられた者は少なく、同じような経験をした者もいまではほとんど生きていない。私はこれまでに世界四五カ国で暮らしたり働いたりした。なかには複数回滞在した国もある。イギリス、フランス、ドイツ、ロシア、中国、イタリア、日本あるいはラテンアメリカ諸国などである。国王に、あるいはファシストや共産主義者などの独裁者に雇われたこともある。また一方で、自由主義国家の政治家や宗教的指導者との親交もあった。第一次世界大戦前には、アジアでは汚い町に暮らし、ヨーロッパでは冷酷な階級間の壁の存在を見た。私がどうしても忘れられないのは帝政ロシア時代に見た知識人の姿である。男も女も鎖に繋がれ、シベリアに送られていった。

私は我が国の連邦政府で働いた経験がある。トータルにするとおよそ二〇年の経験だが、外国政府や要人と関係を持つことができた。この期間に二つの特別なミッションを担当した。それはあの二度の世界大戦時に発生した飢饉と疫病から人々を救うプロジェクトだった。関係国は五〇を超えた。この活動を通じて悲惨な状況の中で苦しみぬく人々の姿を見た。数百万の人々が飢えに苦しむ姿をこの目で見た。子供の遊ぶ姿がどこにも見えない町、道沿いをとぼとぼと歩く飢えた人々の群れ。彼らは子供を連れ、持てるだけの財産を背負っていた。そして多くが道端で息絶えた。

共産主義とその悪辣なやり方も見てきた。一九一七年十一月ニコライ・レーニン*がロシアの権力を奪取した。彼らは、間髪を入れず、周辺の国々を支配下に置こうと動きはじめた。彼らは、第三インターナショナルの訓練された工作員網と、ロシア皇帝の残した金《きん》、そして（政治に都合よく使える）国内の飢饉を武器にした。

第一次世界大戦休戦の前後、**ソビエトロシアは、国内の多くの都市、あるいは州を丸ごと、また（周辺）国の全土を支配下に置いた。飢饉救援事業では、こうした場所での活動が必要だった。彼らのやり方に対処しなくてはならなかった。彼らの悪巧みに対抗するための効果的なやり方は、軍事力ではない。飢えて病んだ人々を救う活動のほうが、機関銃よりも強い力があった。そうした人々に自由への希望を与え続けるのである。カール・マルクスの思想を吹き込むよりも、よほど効果的である。我が政府は、唯物主義や不可知論に対抗するためにキリスト教思想を持ち込むことはなかった。我々はその思想の実践を示しただけであった。

私はこの時期に、共産主義思想、彼らの用いる手段、思惑といったものを学んだ。テキストには共産主義の始祖カール・マルクスの著作[4]と、英文で入手できるレーニンの論文をおもに使った。レーニンは狂信的なマルクス思想の追随者であった。そして第三インターナショナル***での議事録も集めた。この組織が、世界共産革命を計画していたのである。

一九二一年のことであるが、レーニンを含むソビエト政府の高官から、同国内で進行する飢饉への援助を求めてきたことがあった。私はこの時あらためて共産主義思想の本質を思い知ることになった。

当時私は商務長官であった****。私は長官の立場で、アメリカ国民の支援を募り、飢饉救援組織を設立し指導した。当時（アメリカはソビエトを承認していなかったので）救援基金として国の資金は使えず、民間からの義援金だけが頼りだった。ソビエト指導者は、我々の活動で、二〇〇〇万人以上の命が救われたと認め、我が国の厚情を決して忘れないと書面にした。しかし、その言葉はたちまちに、そして何のためらいもなく、忘れ去られたのである。[5]

本書執筆にあたって役立ったのは、収集した多くの資料である。第一次世界大戦が勃発した頃、「フーバー研究所」（スタンフォード大学内）図書館を発足させた。現在は二五〇〇万点以上の貴重な文書、講演録、書籍、日記、パンフレット、会見記録、各国語による条約文書などを所蔵している。また、著名人による親書の類も多い。こうした資料は私に預託されたものがほとんどである。

本書の準備に二〇年以上を費やしたが、各国語で書かれた資料を入念にチェックする必要があった。外国語による文書は翻訳作業が必要だった。普通であればとても対応できなかったが、幸い友人や私のアシスタントあるいは研究所のスタッフによって重要度の低い文書を外すことでこれが可能になった。

本書は、基本的には編年体で、時系列に沿って記述している。また大きな事件、つまりその後の世界のあり方を変えてしまった事件については詳述した。各章の記述はテーマを重視しているため、必ずしも年代順の記述にはなっていないところもある。

戦後になって敵国から押収した大量の文書や記録もあり、それらは、連合国側の指導者が決断を下す時点では知ることができなかった内容である。したがって、決断の是非を判断する際に、そうした敵国の文書を使うことはフェアではない。戦後になって利用できるようになった資料については、注にそのことを示しておいた。

各国の指導者が会談し重大な決定をしている。その場合、同時期の軍事的な状況を確認し、決断の背景を書いた。

---

*訳注：ウラジーミル・レーニンは論文著作をニコライ・レーニンの名で発表した。
**訳注：休戦は一九一八年十一月十一日になった。
***訳注：別名コミンテルン。一九一九年から四三年まで国際共産主義運動を指導した組織。
****訳注：ハーディングおよびクーリッジ政権で二期務めた。

人類の将来について重大な決定がなされたが、それらは軍事的な決定というよりも政治家の決断（政治決定）であることがほとんどだったと、私は考えている。

＊原注

1　米西戦争と第一次世界大戦が我が国の自由の精神を脅かしたとする者もある。しかし、この二つの戦いは、むしろ自由の精神を世界に拡散したと考えられる。いずれにせよ、この二つの戦争期にアメリカ国内の自由の精神が脅かされたことはなかった。

2　テヘラン会談の文書は「テヘラン・ペーパーズ」として、国務省が公開。*Foreign Relations of the United States, Diplomatic Papers, The Conferences at Cairo and Teheran, 1943*, Unites States Government Printing Office, Washington, 1961.

ヤルタ会談の文書は「ヤルタ・ペーパーズ」として、国務省が公開。*Foreign Relations of the United States, Diplomatic Papers, The Conferences at Malta and Yalta, 1945*, Unites States Government Printing Office, Washington, 1955.

3　筆者のスピーチ全文は第四節に掲載した〔編者注：本書第34章の原注4を参照〕。

4　筆者の古文書コレクションの中に、カール・マルクスとフリードリヒ・エンゲルスによる『共産党宣言』（一八四八年）のオリジナル本がある。オリジナルは世界に三冊残っているとされる。

5　我が国の二つの大戦期および戦後の難民救援活動については『アメリカン・エピック』（全四巻）で詳述した。この支援によって総計一〇億人が救われた。

An American Epic, Henry Regnery Company, 1959, 1960, 1961 and 1964.

また左記の著作も参照されたい。

The Ordeal of Woodrow Wilson, McGraw-Hill Book Company, Inc., 1958.

第1編　自由人が苦しむことになる知的頽廃と倫理的背信

第1章 共産主義思想の教祖、指導者、主義・主張およびその実践

共産主義とは何かを語る前に、まず人類に大きな惨禍をもたらしたこの思想が、どのように発生し勢いを得てきたかについて書いておきたい。共産主義になじみのない読者には役立つものと思う。

共産主義思想というものは必ずしも新しい考えではなかったが、それが経済制度、社会制度との関連性の中で、明確に提示されたのは『共産党宣言（*Manifest der Kommunistischen Partei*）』によってであった。一八四八年に二人のドイツ人社会経済学者（カール・マルクス、フリードリヒ・エンゲルス）が発表した著作である。マルクスはこの頃ロンドンに住んでいて、ニューヨークのホレス・グリーリー[1]が編集していた『ニューヨーク・トリビューン』紙への寄稿によって、生活の糧の一部を得ていた。いまから思うと皮肉なことである。

二十世紀に入ってから共産党宣言を主唱した大立者はニコライ・レーニン（本名ウラジーミル・イリイチ・ウリヤノフ）だった。彼はロシアから追放されていたが、第三インターナショナルの組織に参加した。一九一七年四月、彼を密かにロシアに戻したのはドイツだった。当時ロシアには、民主的なケレンスキー政権ができていたが、同政権に対する革命を起こすためであった。もう一人の共産主義者レオン・トロツキーはアメリカに暮らしていたが、彼もレーニンのもとに馳せ参じた。

初期の段階のロシアの共産主義者は、二つのグループに分裂した。ボルシェビキは暴力革命を指向し、メンシェビキはむしろ非暴力的な革命を指向した。結局レーニンの指導するボルシェビキが勝利し、一九一七年十一月、権力を

掌握した。メンシェビキの多くはボルシェビキに加わり、そうでない者は粛清された。レーニンは人民委員会議議長として、ロシアの独裁者の地位に就いた。その体制は彼の死まで続いた（一九二四年一月）。スターリンが彼の後継者となり、独裁が彼の死まで続くことになる（一九五三年三月）。スターリンの亡骸は、レーニン廟に葬られた。

スターリンの死後は、不安定な三頭体制となった。その三人とは、ラヴレンチー・ベリヤ、ゲオルギー・マレンコフ、ヴャチェスラフ・モロトフである。この後はニコライ・ブルガーニンが指導した。一九五八年にはニキータ・フルシチョフが権力を握った。彼はスターリンとその業績を批判した。スターリン批判は一九六一年十月三十日に最高潮に達した。この日、レーニンの横に葬られていた彼の亡骸は撤去されたのである。

フルシチョフ以降の指導者も、マルクスとレーニンに対する尊崇の念には変わりはなかった。二人の肖像はロシア（ソビエト）のどこにあっても見ることができた。赤の広場で行なわれる毎年十一月の革命記念日には、ソビエトの指導者はあらためて二人（の思想）への忠誠の心を表するのである。

共産主義の本質とその実践

共産主義思想は第一に、人々の心を燃え立たせる病の思想である。信じる者の熱情は、キリスト教徒やイスラム教徒のそれと同じである。共産主義思想は、救済思想であるが、それに反抗する者を許さない。時とともにその思想体系、（拡散の）手段、組織体系を進化させてきた。その本質は強烈な拡張意識と、人間の感情（たとえば信仰心）の徹底的な抑圧である。その思想は残酷でサディスティックでさえある。

独裁について

この問題についてレーニンは次のように書いている。

「独裁とは、科学的に解釈すれば、制限なき絶対的権力である。法的規制に制限されることなく、力だけに頼る権力である。それ以外に定義できない[2]」

スターリンはこの考えに同意している（一九二四年）。

「レーニンのプロレタリアート独裁の理論は決してロシア独特のものではない。どの国にでも当てはまる考え方である。ボルシェビキ思想はロシア的現象ではない。レーニンが言うように、『どこにでも適用可能なモデルとなる方法論』[3]である」

宗教とモラルについて

レーニンはカール・マルクスの無神論について次のように述べている。

「宗教は人々にとっての阿片である。宗教は精神的なジン（酒）のようなもので、資本の奴隷となった人々が、人間らしく生きたいという望みから逃避するためのものである[4]」

「宗教は人々にとっての阿片である」という言葉は、赤の広場の近くにある政府の建物にしっかりと刻まれている[5]。

国際関係について

レーニンは一九一八年三月八日に次のように語っている。

「戦争にあっては、（法的な）手続きに拘泥するようなことがあってはならない。歴史をしっかりと認識しておくことである。条約は、力を獲得するための手段である。歴史がはっきりと疑いの余地なく示しているのは、敗者が条約を結ぶのは、力を回復するための手段としてそうするのである[6]」

一九一三年の初めには、スターリンもまた国際間の条約について軽視する考えを明白にしていた。

「外交官の言葉は行動と裏腹でなければならない。そうでなければ外交官の価値などない。言葉は言葉、行動は行動。違っていてもよいのである。洗練された言葉こそが、汚い行為を隠してくれる。真面目な外交官は、涸《か》れた水であり、あるいは木偶《でく》の坊の役立たずである[7]」

共産主義革命は暴力による

レーニンは次のように書いている。

「大国間のありようは、力によってのみ決まる。[8]

社会主義の勝利は可能である。数カ国で、いやたった一カ国でも勝利することはできる。勝利した国の労働者《プロレタリアート》が、資本主義国との戦いの先頭に立つ。彼らは、すでに資本家の生産手段を手中にし、社会主義者としての生産が可能になっているからである。他国の抑圧された人民を惹きつけ、資本に対する反乱を煽る。必要であれば、労働者を収奪する階級や国に対する暴力も厭わない」[9]

これに続いてスターリンも次のように書いている（一九二四年）。

「ある一国で社会主義が完全に勝利するには、他国のプロレタリアートと力を合わせなくてはならない。また、最初に勝利した国のプロレタリアートが他国の革命を支援することで、革命はより迅速かつ完全なものになる。

それではどのような支援ができるのだろうか」

スターリンはこの自問に、レーニンの言葉を利用して答えている。

「まず、はっきりさせておくべきことは、勝利した国は、すべての国に革命を惹起させ、その社会的発展を支援しなくてはならない、ということである（Lenin, *Selected Works*, Vol. VII, p. 182)。

第二に、（革命に成功した国の）プロレタリアートは、資本家の財産を没収し、それを社会主義的生産に転化させるのであるが、（一国の成功に留まらず）他の資本主義国に対しても立ち上がらなければならない。そうした国の抑圧された階級をまとめあげ、資本家に対する反乱を仕掛けなくてはならない。抑圧を続ける階級に対してあるいは国家に対しては、必要とあれば、武器を取ることを厭ってはならない」[10]

スターリンは、一九三九年三月十日の演説では、訓練された革命家の必要性について訴えている。

「若手の中核となる者に共産主義を叩き込むためには、科学的なアプローチが必要である。また専門的な訓練もいる。

科学的思考の中で最も重要なのは、社会の発展に関わるマルクス・レーニン主義の考え方である。社会発展の法則である。プロレタリア革命の法則である。社会発展の最終段階でプロレタリアートが勝利する法則である[11]」

労働組合とストライキによる破壊工作

レーニンは、一九二〇年四月、支援者に対して次のように語っている。

「最も重要なことは、どのようなやり方を用いてでも、どんな犠牲を払ってでも、またそれが不法行為であっても、労働組合内部に入り込むことが肝要である。その組織内で、共産主義者としての行動をいかなる犠牲があっても取らなくてはならない[12]」

一九二五年のスターリンの言葉は次のようなものである。

「我が国の革命は国内全労働者によって支持されなければならない。少なくとも、もう数カ国で同じように勝利しなくてはならない。最初に革命を成就させた国が、他国からの干渉や、国内の反動に打ち勝たなくてはならない。社会主義の最終的勝利には必要な条件である[13]」

第六回コミンテルン（一九二八年七月、八月）では、次のような決議がなされている。

「資本主義国家の内部にいる共産主義者は、『戦争に対してはゼネストで対抗せよ』という訴えは拒否しなくてはならない。その主張に効用があるというような考えは幻想である。しかしながら、その（資本主義国の）戦争がソビエトに対してなされようとする場合においては、大規模なストライキ乃至《ないし》はゼネストを実施する機会を探らなければならない。それは、ソビエトに対する戦いが始まる前あるいは対ソ戦の動員が始まっている時になされなくてはならない[14]」

議会に対する破壊工作について

これについてはレーニンが次のように述べている。

「革命的プロレタリアートは、ブルジョア的議会に参加しなくてはならない。それは大衆を教育するためである[15]」

そして再びレーニンはこう述べている。

「ブルジョア的議会あるいは似たような反革命的制度を打倒することができないかぎり、共産主義者はその制度の中で活動しなくてはならない。そうした制度下の労働者の中には、宗教家に惑わされたり、農村の生活の単調さで頭が麻痺している者がいる。そうした制度の中にあっても活動しなければ、ただ単に不平を漏らす小児と同じである[16]」

一九二〇年六月、レーニンはこう述べた。

「コミンテルンは、植民地あるいは後進国におけるブルジョア民主主義と暫定的な同盟を結ばなければならない。そうであっても、彼らと同化してはならない。プロレタリア運動の独立性は、それがどれほど未発達な段階にあろうとも、保持しなくてはならない[17]」

一九三五年には第七回コミンテルンがモスクワで開催された。そこにおいても、どんな国であれじりじりと風穴をあけていくという強固な意志を示す演説がやむことがなかった。コミンテルン書記長ゲオルギ・ディミトロフ[18]（ブルガリア）は「トロイの木馬」の故事を引き、それに倣うことを説いた[19]。一九四〇年、マーチン・ダイズ下院議員[20]は、「トロイの木馬」戦術の危険性を説く本を出版した[21]。

国家間あるいはグループ間抗争の煽動について

一九二〇年十一月、レーニンは次のように述べている。

「我々は資本主義国間の利害対立を利用しなくてはならない。一方を他方にけしかけるのである。……共産主義者は無関心を装いつつ、ひたすら、そうした国において共産主義プロパガンダ工作を進めればよい。ただそれだけで終わってはならない。共産主義者の合理的な戦術とは、互いの敵意を煽って利用することである[22]」

一九二一年、第一〇回ロシア共産党大会でスターリンは外務人民委員の論文を批判して次のように訴えた。

「チチェーリン[23]（外務人民委員）は、帝国主義国家の内部矛盾について過小評価をしているようだ……しかしながら矛盾の存在は確かである。外務人民委員はその理解の上に立って行動している。外務人民委員の機能として大事なことは、こうした内部矛盾を考慮しながら、それを利用した作戦を立てることである[24]」

同じ年に、スターリンは『プラウダ』紙にも次のように書いている。

「我が党がなすべきことは、我が国を囲い込む資本主義国家や政党間の矛盾や対立を利用することである。帝国主義の崩壊がその狙いである[25]」

スターリンの一九二四年の言葉は次のようなものである。

「プロレタリアート国家に敵対するブルジョア国家間における矛盾、いがみ合い、あるいは戦争といったものは、革命に至る準備的要素である[26]」

講和不可能について

この問題についてレーニンは次のように語っている。

「ブルジョアジーとの戦いに勝利した国において、プロレタリアートが他国に戦争を仕掛ける場合がある。その狙いは、社会主義思想の拡散である。そのような戦いは正当化され得る。それは『聖戦』でもある[27]」

「我々自身が、泥棒である資本家の悪党どもを容認するようなことにでもなったら、彼らは我々の心臓を一突きにしてこよう。我々のすべきことは、彼らを互いに戦わせることである。社会主義と資本主義は共存できない。両者の間に和平はない。最終的にはどちらかが勝者となる。敗者になれば葬送曲が流れるだけである。それが我がソビエト連邦で流れるか、あるいは資本主義国で流れるか。そのどちらかしかない[28]」

一九三八年六月二十三日、外務人民委員のマクシム・リトヴィノフ[29]はこの点についてあらためて言及している。

「資本主義を残すかぎり、恒久的和平の構築は不可能である[30]」

一九三九年十二月二十一日、スターリンは自身の誕生祝いの言葉に応えて次のように話した。*

「同志諸君。私は全身全霊、必要なら我が血を流しても、労働者階級プロレタリアート革命と世界の共産主義のために尽くす。この言葉に嘘はない[31]」

先の大戦中、アメリカ、イギリス両国と同盟関係に入ったことについては、自由と民主主義に関して歯の浮くような声明を何度も発している。一九四二年には大西洋憲章を受け入れるとした。こうしたやり方こそが、レーニンが説いていた「身をかわしながらのトリック（dodges and tricks）」であった。これについては第二次世界大戦を扱う章で詳述したい。

筆者がここに引用したレーニンやスターリンの言葉が、戦時の大言壮語に過ぎないと思う読者には、現代の共産主義世界の指導者の声を聞いてほしい。一九五五年九月、ニキータ・フルシチョフは東ドイツ共産党代表団に次のように述べている。

「西側では、ジュネーブでの四カ国会議**以降、ソビエトの指導者に変化があったようだとの話が出ているらしい。確かに、笑顔が増えたが、活動方針にはいささかの変化もない。

我々の笑顔が、マルクス、エンゲルス、レーニンの思想の放棄だと考える者は大ばか者である。そのような時代が来ることはない。『エビが口笛を吹く日』を待つようなものである[32]」

一九五六年十一月十七日、フルシチョフはモスクワ駐在の（西側）外交官を前に、次のように語っている。

「あなたたちの好き嫌いにかかわらず、歴史は、我々の側に傾斜しているのは明白だ。あなた方（西側諸国）は我々に潰される運命にある[33]」

一九五七年十一月二十二日にはこうも言っている。

「我々共産主義者、そして当然にソビエトの政治家もみな無神論者である[34]」

＊訳注：スターリンは一八七八年十二月十八日生まれ。

＊＊訳注：一九五五年七月十八日、スイスのジュネーブで四カ国首脳（アイゼンハワー大統領〔米〕、イーデン首相〔英〕、ブルガーニン首相〔ソビエト〕、フォール首相〔仏〕）が会談した。議題は冷戦下における安全保障問題であった。

一九五九年一月には次のように発言している。

「我々はずっとマルクス、エンゲルス、レーニンの教義に従ってきた。そしてこれからもその教えどおりにやっていく。ソビエト共産党は世界の共産主義運動を超越した存在である。比喩的な表現をすれば、我が党は高い山に登っているのである。さらなる高みを目指す我々を雪崩《なだれ》も土砂崩れも止めることはできはしない。要するに我々の共産主義の運動は誰にも止めることはできない。国際共産主義運動をいっそう団結させることで、社会主義陣営の力をますます強化しなくてはならない[35]」

同年九月四日のフルシチョフの発言は、共産主義の資本主義に対する最終的勝利を予言したものだった。

「ソビエト連邦ブロックの経済は改善が続いており、我々は辛抱強くさらなる改善を待っていればよい。一方の資本主義ブロックは、自らの墓穴を掘っているような状態である（放っておけばよい）。我々が墓穴を掘ってやるようなことをする必要もない[36]」

クレムリンでのボルシェビキ革命四三周年記念祝賀会の席上でフルシチョフは次のように演説した（一九六〇年）。

「我々は世界の共産化のために努力を続けているが、戦争そのものはその目的達成に役立たない。むしろ邪魔になるだけである。我々は人心を掌握しなければならない。（西側との平和的）共存を実現すること。互いの不干渉を確実にすることが肝要である。我々は鞭を使って人々を共産主義に導く必要はない。共産主義思想は（我々が積極的に動かなくても）、世界を席捲する[37]」

一九六一年四月十四日のフルシチョフ演説は以下のとおりである。

「一九一七年に始まった十月革命以降、社会主義を拡大させてきた。ゆっくりとそして大胆に、あの偉大なるレーニンの主唱した道を辿っている。もはやこの道に立ちはだかって邪魔する勢力はない[38]」

このようなフルシチョフの強気の発言には十分な根拠があった。レーニンが生きていた頃、共産主義は世界人口のわずか五～六パーセントを占めるに過ぎなかった。しかしその人口は三〇パーセントを超えている。自由主義諸国の間にも共産主義化の動きは活発である。

共産主義思想のイデオロギー的勝利に向けての共産主義者の努力は、フルシチョフの演説にはっきりと表れている。そのことは、中国駐モスクワ大使（潘自《はんじ》力《りき》）に語った次の言葉が参考になる（一九六三年二月十五日）。

「資本主義をその墓穴に放り込んで土をかける作業は、我々と中共との共同作業になることを約束する[39]」

一九六三年四月二十日、フルシチョフはイタリアの新聞編集者（イタロ・ピエトラ）のインタビューで次のように語った。

「異なる社会制度を持つ国との平和的共存は、イデオロギー面での共存も可能であることを意味しない。我々共産主義者は思想上の共存を認めてこなかったし、これからも認めるつもりもない。この点については妥協の余地はまったくない。異なるイデオロギーの抗争の場面においては、我々は常に攻勢の立場をとる。共産主義思想を強化していく[40]」

＊原注

1　〔訳注〕Horace Greeley（一八一一―七二）新聞編集者。奴隷制廃止などを訴えた社会改革運動家でもあった。

2　V. I. Lenin, Selected Works, Volume VII, *After the Seizure of Power* (*1917-18*),（International Publisher, New York, 1943）"A Contribution to the History of the Question of Dictatorship", October 20, 1920, p254.

3　J. V. Stalin, *Works*, Volume IV, *1924*, Foreign Languages Publishing House, Moscow, 1953, "The October Revolution and the Tactics of the Russian Communists," p. 382.

レーニンの引用は以下による。

Lenin's *Selected Works*, Volume VII, *After the Seizure of Power* (*1917-1918*), International Publishers, New York, 1943, "The Proletarian Revolution and the Renegade Kautsky," p. 183.

あるいは、

Joseph Stalin, *Selected Writings*, International Publishers, New York, 1942, p. 14.

4　V. I. Lenin, *Selected Works*, Volume XI, International Publishers, New York, 1943, "Socialism and Religion," p. 658.

5　H. V. Kaltenborn, *Fifty Fablous Years*, G. P. Putnam's Sons, New York, 1950, p. 131.

6　J. V. Stalin, *Works*, Volume VII, *After the Seizure of Power*

(*1917–1918*), "Speech in Reply to the Debate on the Report of War and Peace," March 8, 1918, p. 309.

7 J. V. Stalin, *Works,* Volume II, *1907–1913,* Foreign Languages Publishing House, Moscow, 1953, "The Election in St. Petersburg," January 12 (25), 1913, p. 285.

8 V. I. Lenin, *Selected Works,* Volume III, *The Revolution of 1905–1907,* International Publishers, New York, 1943, "The Two Tactics of Social-Democracy in the Democratic Revolution," p. 126.

9 V. I. Lenin, *Selected Works,* Volume V, *Imperialism and Imperialist War* (*1914–1917*), International Publishers, New York, 1943, "The United States of Europe Slogan," August 23, 1915, p. 141.

10 J. Stalin, *Problems of Lennism,* Foreign Languages Publishing House, Moscow, 1940, pp. 115–116.

11 Joseph Stalin, *Selected Writings,* "Report on the Work of the Central Committee to the Eighteenth Congress of the Communist Party of the Soviet Union," March 10, 1939, pp. 466–467.

12 V. I. Lenin, *Selected Works,* Volume X, International Publishers, New York, 1943, "Left-Wing Communism, an Infantile Disorder," April 27, 1920, p. 95.

13 Joseph Stalin, *Works,* Volume VII, *1925,* Foreign Languages Publishing House, Moscow, 1954, "The Results of the Work of the Fourteenth Conference of the R. C. P. (B.)," May 9, 1925, p. 120.

14 *The Struggle Against Imperialist War and the Tasks of the Communists* (Workers Library Publishers, New York City, March 1932), pp. 28–29.

15 V. I. Lenin, *The Constituent Assembly Elections and the Dictatorship of the Proletariat* (Foreign Languages Publishing House, Moscow, 1954), p. 36.

16 V. I. Lenin, *Selected Works,* Volume X, "'Left-Wing' Communism, An Infantile Disorder," April 27, 1920, p. 100.

17 V. I. Lenin, *Selected Works,* Volume X, International Publishers, New York, 1943, "Preliminary Draft of Theses on the National and Colonial Questions," June 1920, p. 237.

18 〔訳注〕Georgi Dimitrov（一八八二―一九四九）ブルガリア共産党員。スターリンとの関係は良好だった。戦後ブルガリア首相となる。

19 United States Department of State, *Foreign Relations of the United States: Diplomatic Papers, The Soviet Union, 1933–1939* (〔Government Printing Office,〕 Washington, 1952), pp. 228–244. あるいは 76th Congress., 1st Session, House Report No. 2, *Investigation of Un-American Activities and Propaganda,* Report of the Special Committee on Un-American Activities pursuant to H. Res. 282 (75th Congress) January 3, 1939, p. 27.

20 〔訳注〕Martin Dies（一九〇〇―七二）下院議員（テキサス州）。下院非米活動調査委員会（ダイズ委員会、一九三八年から四四年）を指揮。

21 Martin Dies, *The Trojan Horse in America,* Dodd, Mead & Company, New York, 1940.

22 V. I. Lenin, *Selected Works,* Volume VIII, *The Period of War*

Communism（*1918-1920*）, International Publishers, New York, 1943, "Speech Delivered at a meeting of Nuclei Secretaries of the Moscow Organization of the Russian Communist Party (Bolsheviks)," November 26, 1920, pp. 279, 284.

23　〔訳注〕Georgii Chicherin（一八七二―一九三六）一九一八年から三〇年まで、外務人民委員（一九二三年以降は外務大臣）を務めた。

24　Joseph Stalin, *Works*, Volume V, *1921-1923*, Foreign Languages Publishing House, Moscow, 1953, "The Tenth Congress of the R. C. P. (B.)," March 10, 1921, p. (41-) 42.

25　Joseph Stalin, *Works*, Volume V, *1921-1923*, Foreign Languages Publishing House, Moscow, 1953, "The Party Before and After Taking Power," August 28, 1921, p. 113. あるいは David J. Dallin, *Russia & Postwar Europe*, Yale University Press, New Haven, 1943, p. 74.

26　Joseph Stalin, *Works*, Volume VI, *1924*, "The Foundations of Leninism," p. 161. あるいは David J. Dallin, *Russia & Postwar Europe*, p. 74.

27　V. I. Lenin, *Selected Works*, Volume VII, *After The Seizure of Power*（*1917-18*）, "Left-Wing' Childishness and Petty Bourgeois Mentality, May 1918, p. 357.

28　V. I. Lenin, *Selected Works*, Volume VII, *The Period of War Communism*（*1918-1920*）, "Organization of the Russian Communist Party（Bolsheviks）," November 26, 1920, pp. 288-297.

29　〔訳注〕Maxim Litvinov（一八七六―一九五一）外務人民委員（一九三〇―三九年）。

30　United States Department of the State, *Foreign Relations of the United States: Diplomatic Papers—The Soviet Union, 1933-1939*, pp.（587-588-ed）.

31　*New York Times*, December 22, 1939.

32　*New York Times*, September 18, 1955.

33　*Time* Magazine, November 26, 1956.

34　Interview with William Randolph Hearst, Jr., November 22, 1957; *Provda*, November 29, 1957. Quoted in〔U. S.〕Department of State, *Soviet World Outlook*〔Department of State Publication 6836〕(Washington: 1959), p. 47.

35　Speech at the Twenty-first Congress of the Communist Party of the Soviet Union, January 27, 1959. あるいは Moscow radio broadcast, January 28, 1959. Quoted in Department of State, *Soviet World Outlook*, p. 67.

36　*New York Times*, September 5, 1959.

37　同右、November 8, 1960.

38　同右、April 15, 1961.

39　同右、Western Edition, February 16, 1963. あるいは *Life* Magazine, March 1, 1963.

40　同右、April 22, 1963.

第2章　ソビエトの国家承認　一九三三年十一月

ウッドロー・ウィルソン大統領は、第一次世界大戦が終了した時点で、ロシアの共産主義政権を承認しない方針を発表した。大統領の非承認の考えは、イタリア駐米大使（アヴェッザーナ男爵）に語ったベインブリッジ・コルビー国務長官[1]の言葉によく表れている[2]（一九二〇年八月二十日）。

〈ボルシェビキは少数派でありながら、暴力と悪巧みで権力を奪取し政府組織を掌握した。それによって残酷なまでの抑圧的政治を行なっている。

彼らは、ロシアにおけるボルシェビキ思想の将来は、他国における革命が成功するか否かにかかっているとはっきり言っている。他国の中には、我がアメリカも含まれている。

第三インターナショナルは、ボルシェビキ政府によって支援されているが、その目的は世界に革命を惹起させることだと公然と述べている。

他国を冷笑的に否認する国との間には相互信頼が生まれるはずもない。したがって我々はソビエトのように、我が国の制度を破壊することを決めている国を承認することはできない。〉

ウィルソン大統領自身もこれを追認する発言をしている。大統領自身がレーニンの革命の性質を理解していた。実際、パリ講和会議（一九一九年）では、共産主義者の暗躍を経験していた。この時代、共産主義者は、多くの都市の公的組織を掌握し、ハンガリーでは国家そのものを乗っ取っている。講和会議の主要国委員会では、もちろんウィルソン大統領もメンバーだったが、大統領は共産主義者の企みに対抗しなくてはならなかった。

筆者も、彼らと戦わなければならない役目を担うことになった。[3] 私の共産主義との戦いは軍事力を行使するものではなかった。彼らの勢力圏内にある民主主義勢力への食糧支援活動であった。

このような経験があっただけに、（ウィルソン大統領に続いた）ハーディング大統領、クーリッジ大統領は、ロシアを断固として承認しなかった。私自身も、ソビエトの国家承認に反対した。自由な人々を抑圧する陰謀に、我が国がわざわざ門戸を開放してやるようなことがあってはならなかった。四代の大統領（ウィルソン、ハーディング、クーリッジ、フーバー）と、それぞれの政権の六人の国務長官は、（ソビエト政権成立後）一五年にわたってこの方針を堅持した。

ルーズベルト氏が大統領となった時期にも、共産主義者が我が国への工作を仕掛けていることははっきりしていた。それを示す二つの大きな事件があり、ルーズベルト氏もそのことを知っていた。一つは、一九三二年のいわゆる「ボーナス行進」と呼ばれるデモであり、もう一つは、モスクワで作られた偽ドル札のバラマキである。偽札は共産主義の活動のために使用された。

ワシントンで行なわれた「ボーナス行進」についてここでは詳しく論じないが、第一次世界大戦の復員兵が、議会に（金銭的）救済を求めた行動だった。*

陸海軍の情報部門は、この行進が共産主義者によって組織されていることを突き止めている。彼らは、復員兵を利用して、政府転覆を狙っていた。筆者は、この頃、「ボーナス行進」の背後に共産主義者がいると公の場で訴えた。私の主張が想像の産物でないことを示す証拠がある。デモの三年後（一九三五年）に第七回コミンテルン大会がモス

*訳注：一九三二年五月から七月にかけて、ワシントン市内で復員兵がボーナス（一時金）を求めて示威行動を起こした事件。

クワで開催されたが、そこで、共産主義者がこの事件に関与していたことが報告されたのである。[4]

罪業を悔いた（転向した）共産主義者も、この行進はモスクワからの指示に従っていたと告白した。アメリカ共産党の前書記長ベンジャミン・ギトロー[5]は次のように内幕を暴露した。

〈一九三二年五月十九日、共産主義者組織である「復員兵労働者連盟（Worker Ex-Servicemen's League）」が、「ボーナス行進」暫定委員会を設立した。委員会の中に潜入していた共産党員は、コミンテルンから派遣された工作員やアメリカ共産党指導者と連日にわたって行進の戦略、戦術を協議し、具体的な行動計画を練った。[6]〉

元共産主義者で後にテネシー州で副保安官となったジョン・T・ペイスは次のように述べている。

〈私は行進グループの左翼（共産主義者）勢力の指導を担当した。共産党の指導者からは、とにかく騒乱を起こせと命じられていた。流血騒ぎを起こせ。そのためにはなんでもやれという指示だった。復員兵が何人死のうが、共産党にとってはどうでもよかった。[7]〉

また偽札については、ルーズベルト氏が政権の座に就く前に、私自身、ソビエトが数百万ドル規模でドル札を偽造していることをルーズベルト氏に説明した。偽札は、ヨーロッパ、中国、中東で使われていた。我が国の連邦準備銀行は、国内および外国政府にも注意を促していた。

ルーズベルトの大統領の就任式の二カ月前（一九三三年一月三日）、ドイツ人のハンス・デチョウという男がアメリカ入国時に逮捕された。彼は大量の偽ドル札を所持していた。翌日には、ニューヨークで、ロシア人医師バレンタイン・グレゴリー・バータンが逮捕された。偽札使用の容疑だった。彼は以前にも偽札を使用していたことが、デチョウの所持品などから明らかになり、有罪判決を受け収監された。

ルーズベルト政権発足直前の一九三三年二月二十四日、『ニューヨーク・タイムズ』紙は、ソビエト政府が偽札に関与していることを報じた。[8]

ロシアの国家承認交渉

一九三三年十月十日、ルーズベルトは全連邦中央執行委員会議長の（ミハイル）カリーニンにメッセージを送った。大統領就任からわずか八カ月後のことである。ソビエトに特使派遣を促し、ワシントンで国交を結ぶ（アメリカによるソビエト承認）協議を求めるものであった。メッセージを受けた七日後、ソビエトは外務人民委員のマクシム・リトヴィノフを特使として派遣すると回答した。[9]
一九三三年十一月十六日、リトヴィノフは（国家承認の条件として）下記のようなソビエトの方針（約束）を提示した。

〈以下の諸点がソビエト社会主義連邦政府の変わらぬ方針である。

アメリカ合衆国の内政には一切関与しない。

アメリカ合衆国の平穏、繁栄、秩序、安全を傷つける行為やアジテーション、プロパガンダを一切しない、そしてさせない。アメリカ合衆国の領土および所有する権利を侵したり、政治的変化をもたらし社会秩序を乱すような行為はしないし、させない。

アメリカ政府を転覆させたり、社会秩序を混乱させる目的を持つ団体や組織を作るようなことはしない。[10]〉

これに加えて世界各国に対しても平和的態度を取ることを表明した。[11]
コーデル・ハル国務長官はすぐさまこの声明を賞賛した。[12]*

右の対ソ交渉でルーズベルトは、アメリカが第一次世界大戦期にロシア政府に行なった借款の返済を求めた。ルーズベルトの提案した返済方法は変則的なものだった。アメリカ政府はソビエトに新たな借款を（相場より）高いレートで実施する。その（相場を超えている）過剰支払い分を、大戦期の借款返済に充てる（見なす）、というものであった。

借款総額の決定については再交渉されることになるが、七五〇〇万ドルから一億五〇〇〇万ドルになる見込みだった。[13]（その作業が終わるまでは）右のスキームによる新たな借款は実行されないことになっていた。一九三四年十月には、新規借款なしに、以前の借款の存在を認めるようなことはない（とにかく新規借款を実行せよ）とリトヴィノフは語った。[14]（結局、交渉は物別れとなり）一九三五年一月三十一日、ハル国務長官は（このスキームによる）借款返還交渉の中止を発表した。[15]

ソビエトは、我が国による国家承認を勝ち取ると、アメリカ政府転覆活動はしないという約束をたちまち反故《ほご》にした。リトヴィノフは、国家承認の報を、（アメリカ国内の）三人の共産主義者幹部に伝えた。この内の一人、D・H・ドゥブロウスキーは、元ソビエト赤十字の会長だったが、次のように証言している（下院非米活動委員会での証言、一九三九年）。

〈リトヴィノフは満面の笑みを浮かべて、我々に言った。「欲しいものは全部取った。奴らは、ソビエトはアメリカに借金があることを認めるよう迫ったが、私は交渉することだけは認めた」
奴らがわかっていないのは、この交渉はこの世の終わりまで続くということだ。[16]〉

両国が協定に調印してからわずか四八時間で、アメリカ共産党は、革命を目指す活動を継続する旨の声明を発した。[17]
ベンジャミン・ギトローは、自著の中で、リトヴィノフはアメリカ共産党幹部とニューヨークで会談し、彼の調印した文書はアメリカ共産党の活動を拘束しないと伝えた、と書いている。アメリカ共産党は第三インターナショナルのメンバーであったが、リトヴィノフは、自分が署名した文書は、ソビエト政府だけを拘束するもの（アメリカ共産党を束縛しないもの）だと説明した。

〈心配無用だ。あんな調印文書は紙切れ同然だ。ソビエトとアメリカの外交関係の現実の中ですぐに忘れられる。〉[18]

一九三三年十一月十七日、リトヴィノフは記者会見に臨んだ。アメリカがソビエトを承認したことで、アメリカ共産党のプロパガンダ活動に何らかの影響が出るのか、という質問に次のような意味深長な答えを返している。

〈ロシア共産党はアメリカに関与しない。アメリカ共産党も我が国に関与しない。〉

プロパガンダを止めるという約束が第三インターナショナルの活動に影響を与えるか、という質問には、次のように答えている。

〈第三インターナショナルについては、今回の調印文書では一切触れられていない。文書に書かれていないこと、つまり文書の狙いではないことまでを読み取ろうとしてはいけない。〉[19]

我が国がソビエトを承認したことは、国家としての信頼性のお墨付きを世界各国に与えたようなものだった。我が国の決定に他の国々も追随した。（共産主義者の）陰謀を抑えていた蓋がこうして開いた。そして、その結果がもたた

＊訳注：アメリカがソビエトを国家承認したのはこの日（一九三三年十一月十六日）である。

らした状況に世界はいまでも苦しんでいる。

＊原注

1 〔訳注〕Bainbridge Colby（一八六九—一九五〇）ロバート・ランシング国務長官解任を受けて短期間国務長官を務めた（任期は一九二〇年三月から翌年三月）。

2 U. S. Department of State, *Papers Relating to the Foreign Relations of the United States, 1920*, Volume III (Washington: 1936), pp. 463-468. あるいは Herbert Hoover, *The Ordeal of Woodrow Wilson*, McGraw-Hill Book Company, New York, 1958, p. 150.

3 *The Ordeal of Woodrow Wilson*, Chapter 10. あるいは *An American Epic*, Volume III, Chapter 13, 35 passim.

共産主義政権の残酷さを示す証拠・証言には事欠かなかった。ジョージ・ヴェルナツキーはかつてエール大学でロシア史を教えていた人物であるが、一九三一年に次のように書いている。「いわゆる内戦の結果亡くなった人々とは別に、レーニンの粛清で死んでいった者の数は計り知れない。そして、彼のとった経済政策の結果もたらされた飢饉によって亡くなった者もきわめて多い。レーニンに指導された政府がどれだけの人間の命を奪ったか。レーニンは歴史上でも稀に見る恐ろしい暴君なのである」(*Lenin, Red Dictator*, Yale University Press, 1931, p. 320)

4 U. S. Department of State, *Foreign Relations of the United States: Diplomatic Papers—The Soviet Union, 1933-1939*, Government Printing Office, 1952, p. 229.

5 〔訳注〕Benjamin Gitlow（一八九一—一九六五）アメリカ共産党創設者の一人。一九三〇年代末に保守主義に転向。告白書を執筆した。

6 Benjamin Gitlow, *The Whole of Their Lives*, Charles Scribner's Sons, 1948, pp. 226-227.

7 *New York Journal-American*, August 28, 1949. あるいは *Congressional Record*, Senate, 81st Cong. 1st session, Vol. 95, Pt. 9, August 31, 1949, pp. 12529-12531. あるいは *Communist Tactics Among Veterans' Groups* (Testimony of John T. Pace), Hearing Before Committee on Un-American Activities—House of Representatives, 82nd Cong. 1st session, July 13, 1951, pp. 1925-1964（ペイス氏の議会証言は一九五一年まで非公開であった）。あるいは Chicago *Daily Tribune*, June 1, 1951.

8 『ニューヨーク・タイムズ』紙の報道は、ソビエト諜報部員だったウォルター・G・クリヴィツキーの証言で正しかったことが明らかになった。証言は、『サタデー・イブニング・ポスト』誌（一九三九年九月三十日号）に掲載された。「偽ドル札」とタイトルの付いた記事の中で、クリヴィツキーは、一九二八年から三二年にかけてスターリンは大がかりな偽ドル札計画を立案したことを明かした。クリヴィツキーが本物のドル札をソビエトに送り、ソビエト政府の印刷組織が一〇〇〇億ドル相当の偽札を印刷した。

W〔alter〕. G. Krivitsky, *In Stalin's Secret Service*, Harper & Brothers Publishers, 1939, pp. 116-138.

9　U. S. Department of State, *Foreign Relations of the United States: Diplomatic Papers—The Soviet Union, 1933-1939*, pp. 17-18.

10　同右、pp. 28-29.

11　ジェイムズ・ファーレイがこの内幕を左記の書で明かしている。

James A. Farley, *Jim Farley's Story: The Roosevelt Years*, McGraw-Hill Book Company, Inc., 1948, pp. 43-44.

12　U. S. Department of State, *Foreign Relations of the United States: Diplomatic Papers—The Soviet Union, 1933-1939*, p. 39.

13　同右、pp. 26-27, 63-165.

14　同右、p. 160.

15　同右、pp. 172-173.

16　〔U. S. Congress, House of Representatives, Special Committee on Un-American Activities,〕 *Investigation of Un-American Propaganda Activities in the United States*, 76th Congress, 1st Session, pp. 5148-5149.

17　*New York Times*, November 19, 1933.

18　*The Whole of Their Lives*, p. 265.

19　*Daily Workers*, November 20, 1933.

第3章 米国内におけるクレムリンの工作

アメリカのソビエト承認によって、国内における共産主義者の数は増加し、その活動もいっそう活発化した。FBI(連邦捜査局)の調査によれば、アメリカ共産党員の数は承認前にはおよそ一万三〇〇〇であったが、一九三八年の半ばには八万を超えている。[1]

一九三六年、ウィリアム・C・ブリット駐ソ大使はワシントンに次のような警告を寄せた。

〈我々は、ソビエト政府、共産党あるいはその党員と友好関係を築けるというような幻想を、一瞬たりとも抱いてはならない。[2]〉

連邦政府組織の重要なポストに共産党員が就いていたが、そのことは、マーチン・ダイズ下院議員を議長とする下院非米活動委員会の調査でしだいに明らかにされていった(一九三八年)。ダイズ議員は、一九四五年一月三日に病気のため議員を辞めているが、それまでずっと議長職にあった。この委員会はその後も異なる委員長の下で現在(本書執筆時)でも活動を継続している。[3]

一九五〇年には、上院においても司法委員会(安全保障小委員会)で、下院非米活動委員会と同様の調査を始めている。上院の委員会の活動も執筆時点において続いている。[4]

こうした委員会によって、我が国政府の転覆を画策した叛逆者や陰謀に加担した人物を示す長大なリストが発表されている。要するに、ソビエトの国家承認を受け、共産党はアメリカ人メンバーを政府の重要機関の職員に就かせ、国家安全保障に関わる情報にアクセスできるようになった。その結果、国家の重要な意思決定に大きな影響を与えることになった。

共産党は労働組合にもメンバーを潜入させ、階級間憎悪を煽り、ストライキを扇動した。さらに大学では、学生の心に我が国の根本となる思想や制度に疑いを持たせる種を撒き散らした。彼らは人々の間に、親共思想を植えつける組織を作っていった。さらには原爆製造に関わる情報まで盗み出していた。

共産主義者は、一般人の扇動よりも、むしろ知識人を誘惑し党員とすることを重視した。もちろん一般人は、計画された騒乱や社会混乱を惹起するには重宝な存在であった。

共産党がアメリカ国内に作り上げた組織の資金は、ソビエトの金《きん》によって調達されていた[5]。工作員はモスクワから派遣され、彼らがこうした組織の監督にあたった。彼らのアメリカの出入国の際には、偽造パスポートが使われた。一九三九年、国務省のパスポート担当部署は次のように警告している。

〈パスポートに関わる法を破る動きが広がっている。これで利益を受けているのはソビエト連邦である。我が国の外交政策の障害にもなっている[6]。〉

下院非米活動委員会は、アメリカ共産党は完全にモスクワの直接監督下にあると結論づけた[7]。アメリカ共産党員は、ソビエトによる非合法の支援だけでなく、公に設立されたソビエトの公的機関が利用できた。その中心はワシントンのソビエト大使館であった。外交特権に守られた大使館が、ソビエトのスパイ活動の本部となっていた[8]。

ソビエト政府と国営タス通信は、ホワイトハウスや、議会での記者会見に出席できた[9]。一九三三年以降、文化交流機関や民間の貿易会社がソビエトによって設立されたが、こうした組織もソビエトのプロパガンダ活動やスパイ活動の根拠地となった。

共産主義者の活動にルーズベルト大統領がどのような態度をとったかは、ダイズ委員長の証言が参考になる。ダイズ議員が非米活動委員会の委員長時代にルーズベルトとホワイトハスで交わした会話の内容がわかっている。ダイズはインタビューに応えて、この時のことを次のように証言した。

〈一九三八年八月八日だったか十日だったか、委員会では（労働組合組織の）ＣＩＯ[10]に関わる聴聞を行なった。するとホワイトハウスから呼び出しの電話が入った。ホワイトハウスに向かうと、そこにはシェパード上院議員[11]がいた。私が部屋に入ると大統領と議員が話し込んでいた。

その時大統領はシェパード議員に、「マーチン（ダイズ）をどうしたらいいかね」と尋ねていた。「どういう意味ですか」と返したシェパード議員に、「共産党員を調査するという作業は間違っているな」と言ったのである。

大統領は要するに、共産主義（者）の調査をやめさせたかったのである。そして、私の調査はナチスの（工作）活動に向けられるべきだと言ったのである。[12]〉

一九四一年十二月、真珠湾攻撃の少し前にも、ダイズ議員はホワイトハウスから呼び出された。この時の模様を彼は次のように述べている。

〈ルーズベルトの執務室に入ると、一人の記者がそこにいた。ルーズベルトはこれからの会話を彼に記録させる、その写しは私も入手できると言った。

私は一時間以上にわたって、政府内部で何が行なわれているかを大統領に訴えた。「共産主義者二〇〇〇人が連邦組織の内部に入り込んでいて、彼らはどんな情報にもアクセスでき、欲しいものは何でも盗んでいく」と警告した。

話を終えた私に、「君の目には誰もが共産主義者に見えるのだろう。君のベッドの下にも共産主義者がいるかもしれないよ」と言ったのである。私はあの言葉をはっきりと覚えている。[13]〉

ダイズ議員が言うように、共産主義者はあらゆる組織に入り込んでいたのである。そのことは次に続く二つの章で詳述することにする。彼らは、多くの連邦政府組織やきわめて重要な部門にまでがっちりと根を張っていたのである。

＊原注

1　Informaton provided by FBI.

2　U. S. Department of State, *Foreign Relations of the United States: Diplomatic Papers—The Soviet Union, 1933-1939,* (a collection of Department of State documents not made public until 1952) p. 294.

3　同委員会から優れた報告書が提出されている。たとえば以下。

Excerpts from Hearings Regarding Investigation of Communist Activities in Connection with the Atom Bomb, Eightieth Congress, Second Session, September 1948.

Hearings Regarding Communist Infiltration of Radiation Laboratory and Atomic Bomb Project at the University of California, Berkeley, Calif.,-Vol. I, 1949, Vol. II, 1948 and 1949, Eighty-first Congress, First Session.

Guide to Subversive Organizations and Publications by the Committee on Un-American Activities, U. S. House of Representatives, December 1, 1961.

4　委員会から優れた報告書が提出されている。たとえば以下。

U. S. Senate Permanent Subcommittee on Investigations of the Committee on Government Operations, Hearings, 83rd Congress, 1st Session, *Communist Infiltration in the Army,* 1953. あるいは Hearings, 83rd Congress, 1st and 2nd Session, *Army Signal Corps-Subversion and Espionage,* Part 1-10, 1953-1954. あるいは Hearings, 83rd Congress, 1st Session, *Security-United Nations,* Part 1-2, 1953.

U. S. Senate Internal Security Subcommittee, 84th Congress, 2nd Session, *Report for the Year 1956,* Section IV, 1957. あるいは its Hearings, 82nd Congress, 1st and 2nd Session, *Institute of Pacific Relations,* Part 1-15, 1951-1953.

U. S. Senate Internal Security Subcommittee Hearings, 83rd and 84th Congress, *Interlocking Subversion in Government*

Departments, Part 1–30, 1953–1955.

同右、83rd Congress, 1st and 2nd Session, *Activities of United States Citizens Employed by the United Nations*, Part 1–6, 1952–1954.

5 Benjamin Gitlow, *The Whole of Their Lives*, Charles Scribner's Sons, New York, 1948, pp. 117, 119, 123. あるいは下院非米活動委員会報告による。

6 〔U. S. Congress, Senate, Committee on the Judiciary, *Internal Security Annual Report for 1956*:〕 *Report of the...Subcommittee to Investigate the Administration of the Internal Security Act and Other Internal Security Laws* to the Committee on the Judiciary, United States Senate, Eighty-fifth Congress, First Session, Section VII, United States Government Printing Office, 1957, pp. 214–215. あるいは *The Whole of Their Lives*, p. 114.

7 U. S. Congress, House Special Committee on Un-American Activities, *Investigation of Un-American Propaganda Activities in the United States*, House of Representatives, 76th Congress, 3rd Session, Report No. 1476, January 3, 1940, p. 4.

8 *Report of the...Subcommittee to Investigate the Administration of the Internal Security Act and Other Internal Security Laws* to the Committee on the Judiciary, United States Senate, Eighty-fifth Congress, First Session, Section II.

9 同右、Section VIII.

10 〔訳注〕Congress of Industrial Organizations（ＣＩＯ）。一九三五年に設立されたアメリカおよびカナダの産業別組合会議。

11 〔訳注〕Morris Sheppard（一八七五―一九四一）上院議員。民主党（テキサス州）。

12 Interview in the *U. S. News & World Report*, August 20, 1954, pp. 57ff. ダイズ下院議員とシェパード上院議員がホワイトハウスを訪れたのは一九三八年八月十五日である。

13 同右、p. 58.

第4章　共産党メンバーの連邦政府組織への浸透

我が国政府内部にどれほどの共産主義者が入り込んでいたかを正確に把握することは、とてもできないだろう。そうした人物が判明する頃には、すでに長期間にわたって職員だったケースがほとんどである。

この指摘は、感情的に高ぶった反共主義者の戯言ではなく、事実である。本章では、共産主義者の政府組織への浸透の実態を実例で示したい。彼らは、クレムリンの指令に従って、我が国の政策に関する情報や軍事科学情報を盗み出していたのである。[1]

ソビエトへの情報提供者は、軍組織の重要部門、あらゆる政府部局、議会内の委員会に入り込んでいた。なかにはホワイトハウスに出入りできる者までいた。政府職員として、ソビエト、ドイツ、フランス、イタリア、英国、ラテンアメリカ諸国、中国などに派遣された者もいた。先の大戦中は、顧問や書記官として連合国首脳の会談に出席する者すらいた。

クレムリンは情報組織の構築には次のようなやり方を取った。まず細胞（cells）となる共産党員に、政府内に忍ばせた情報提供者をまとめあげさせた。このような細胞を、知識人団体、大学構内、労働組合あるいは新聞社や出版関係にも潜入させた。

細胞ができると次に「フロント（fronts）」となる人間を選び出した。必ずしも党員でなくてもよかった。共産主義思想に共鳴する者が細胞となり、共産党員によって選び出されたフロントたちが、プロパガンダ工作活動あるいは資金調達活動にあたった。

ここでは初期のソビエトのスパイ工作活動の例としてウィテカー・チェンバースのケースを挙げたい。チェンバースはソビエトのスパイであったが、後にそのことを悔やんだ人物である。彼は連邦政府内に細胞を作り、長期間スパイ工作活動にあたった。それが明らかになったのは彼の告白によってであった。

告白によれば、党員によって構成されていた細胞は、まず農務省に入り込むことに成功した（一九三三年）。我が国のソビエトの国家承認があった直後のことである。当初この細胞の指導者はハロルド・ウェアー（農務省顧問）であった。ウェアーの後任には、ネイサン・ウィットが就いた。彼は一九三四年にルーズベルトによって全米労働関係委員会のメンバーに任命された人物である。彼の後任はジョン・アプトである。[2]

この細胞のメンバーの数は七人を超えていて、いずれも農務省の幹部職を得ていた。一九三四年から三七年の間、チェンバースは、収集した情報を、我が国内にいるソビエト担当者に送る〝伝動ベルト〟役を果たしていた。

情報の伝達役を務めていたのは彼だけではなかった。別の細胞の伝達役だったエリザベス・ベントレーが、一九四一年から四五年までの活動を告白している。彼女は政府の中枢に巣食った二つの細胞からの情報をソビエト担当者に伝達していた。ベントレーは、ベルト役の他にも、細胞とは関係のない（共産主義）シンパから資金や情報を集めていた。彼女は、一九五三年の上院法務委員会内部機密保全調査小委員会（以下ＳＩＳＳ）での聴聞で、彼女の知る細胞の他にも二つの細胞が活動していたと証言した。[3]

他にもハーバート・フックス、モータイマー・ライマー、ジェイムズ・Ｅ・ゴーハムらが委員会のヒアリングで証言した。彼らはみな連邦政府職員であると同時に共産党員でもあった。彼らは、一九三四年から四六年までの、政府組織内における情報工作活動を証言した。ここに挙げた人物は、チェンバースが証言した細胞組織については何も知らなかった。自身の所属する細胞の指導者について告白したのである。[4]

先の大戦の勃発間近になると、彼らの活動は活発化し、防衛関係組織、情報収集組織、研究機関、民間企業、核開発機関といった我が国政府のあらゆる組織に細胞を潜り込ませていた。戦争が終了すると彼らは民間人組織の中に細胞を潜ませた。その活動は何年にもわたって継続された。

実態をはっきりと読者に理解してもらうために、細胞となっていた三七人のリストを挙げておく。そうすれば、ソビエトによる水面下の工作の規模が理解できると思う。三七名については役職名と在任期間を示した。共産党員であったことを認めた者ばかりである。もちろんここに挙げた三七名は政府組織内に潜入したスパイのほんの一部であるが、それでも共産主義者がどれほど広範囲にわたって我が政府組織内に浸透していたかがわかるはずだ。リストに掲げた情報はすべて議会の調査報告、大陪審での証言など、公的な記録に拠っている。

○バリー・G・アルバウム[5]（博士号）
空軍研究員　一九五〇—五二年
共産党員履歴　自白
党員期間　一九四四—四五年

○イサドーレ・アムダ[6]（博士号）
研究開発局および海軍省軍需局　一九四三—四四年
共産党員履歴　自白
党員期間　一九三八—四四年

○ルイス・バラムス[7]（大学教授）
原子力エネルギー委員会、マンハッタン計画（原爆開発）一九四三—四四年
共産党員履歴　自白
党員期間　一九三六—四一年

○ウィテカー・チェンバース[8]
公共事業促進局　一九三七年

共産党員履歴　自白
党員期間　一九二四―三七年
○ジェイムズ・チャーノウ[9]
連邦政府、国連職員　一九四二―四七年
共産党員履歴　自白
党員期間　一九三八（―？）年
○ハリマン・H・ダッシュ[10]
陸軍通信隊（連邦通信研究所、ニュージャージー州）一九四七―五〇年
共産党員履歴　自白
党員期間　一九三三―三九年、一九四七―五〇年
○ロバート・R・デイヴィス[11]
バークレー放射線研究所（カリフォルニア州）一九四二年
原子力委員会ロスアラモス（原子）爆弾計画　一九四三―四八年
共産党員履歴　自白
党員期間　一九四三（―？）年
○ケネス・エッカート[12]
米国陸軍　一九四四―四五年
共産党員履歴　自白
党員期間　一九四八（―？）年
一九三一年から三三年の間、モスクワのレーニン大学で訓練を受けた。
○マックス・エリッチャー[13]

海軍省軍需局　一九三八―四八年
共産党員履歴　自白
党員期間　？
○スティーブン・M・フィッシャー[14]
陸軍省情報教育局　一九四四年
共産党員履歴　自白
党員期間　？
○ハーバート・フックス[15]（大学教授・法学）
上院鉄道持ち株会社等調査委員会スタッフ　一九三六―三七年
全米労働関係委員会　一九三七―四二年
全国戦時労働委員会　一九四二―四五年
全米労働関係委員会　一九四六―四八年
共産党員履歴　自白
党員期間　一九三四―四六年
○クラウス・フックス[16]（博士号）
原子力委員会ロスアラモス（原子）爆弾計画　一九四四―四六年
共産党員履歴　自白
党員期間　一九五〇年、イギリスでスパイ容疑で有罪服役。
○ウェンデル・ファリー[17]（大学助教授・物理学）
レーダー研究（ＭＩＴ）一九四三―四五年
共産党員履歴　自白

党員期間　一九三八―五一年
○アーヴィング・ゴールドマン[18]（博士号）
米州問題調整官　一九四二―四三年
陸軍ＯＳＳ（戦略情報局）一九四三―四五年
国務省　一九四六―四七年（六月）
共産党員履歴　自白
党員期間　一九三六―四二年
○ジェイムズ・エドガー・ゴーハム[19]
鉄道退職者委員会（Railroad Retirement Board）　一九三四―三五年
職業促進局（Workers Progress Administration）　一九三五年
上院鉄道持ち株会社等調査委員会スタッフ　一九三六―三八年
鉄道従事者連盟（Brotherhood of Railroad Trainmen）　一九三八年
証券取引等監視委員会（ＳＥＣ）一九三八―四二年
価格統制局　一九四二―四七年
民間航空委員会　一九四七―五六年
共産党員履歴　自白
党員期間　一九三四―四三年
○ピーター・Ａ・グラジス[20]
フォード・インスツルメンツ等軍需産業　一九三六―四五年
陸軍通信局　一九四五―五〇年
共産党員履歴　自白

党員期間　一九三四（三五？）―五一年
○デイヴィッド・グリーングラス[21]
米国陸軍　一九四三―四四年
原子力委員会　一九四四―四六年
共産党員履歴　自白
ローゼンバーグ事件*の原爆情報漏洩に連座、有罪。
○デイヴィッド・ホーキンス[22]（博士号）
原子力委員会ロスアラモス（原子）爆弾計画（すべてのファイルにアクセス可能）一九四三―四五年
歴史家
共産党員履歴　自白
党員期間　一九三八―四三年
○ドナルド・ホートン[23]（博士号）
陸軍省顧問　一九四三―四四年
共産党員履歴　自白
党員期間　一九三五（六？）―四四年
○フェリックス・A・インスラーマン[24]
陸軍国防関連部局　一九四六―四九年
共産党員履歴　自白
党員期間　？

＊訳注：ソビエトに原爆製造情報を流していたローゼンバーグ夫妻が有罪死刑となった事件（一九五〇―五一年）。

○レオン・J・カミン[25]
政府内レーダー研究
共産党員履歴　自白
党員期間　一九四五―四六年、一九四七―五〇年
○フレッド・J・キティー[26]
陸軍通信局エヴァンス通信研究所　一九四二―四五年
陸軍機密任務（於ベンディクス社）一九四五―五二年
共産党員履歴　自白
党員期間　一九三八―四一年
○ジョン・ラウトナー[27]
陸軍情報部　一九四二―四五年
共産党員履歴　自白
党員期間　一九三〇―五〇年
○ウィリアム・T・マーチン[28]
米国陸軍　一九四三年あるいは四四年
戦時労働委員会　一九四四年あるいは四五年
共産党員履歴　自白
党員期間　一九三八―四六年
○ジェイムズ・マクナマラ[29]
連邦仲裁委員会シンシナチ支部コミッショナー　一九四二―五三年
共産党員履歴　自白

党員期間　？

○フィリップ・モリソン[30]（博士号）

原子力委員会ロスアラモス研究所　一九四二—四六年

（陸軍省代表として、原爆の影響調査で日本訪問。アメリカ平和十字軍のリーダー、司法長官はこの団体を工作機関と認定）

共産党員履歴　自白

党員期間　？

○フランク・F・オッペンハイマー[31]

カリフォルニア大学放射線研究所研究員、原子力委員会オークリッジおよびロスアラモス研究所　一九四一—四七年

共産党員履歴　自白

党員期間　一九三七—四一年

○ドリス・W・パウエル[32]

米国陸軍需品科　期間不明

共産党員履歴　自白

党員期間　？

○リー・プレスマン[33]

農務省顧問、農業調整局　一九三三—三五年

連邦政府職員救済機構　一九三五年

共産党員履歴　自白

党員期間　？

プレスマンが農務省に潜入した細胞（ウェアー・グループ）だったことは、エリザベス・ベントレー、ウィテカー・チェンバース、ナサニエル・ワイルらの証言でわかっている。一九四八年のＨＵＡＣでの証言を、憲法修正第五条（黙秘権）を行使して拒否。

○モータイマー・ライマー[34]
証人尋問官（全国労働関係委員会）一九四〇―四七年
共産党員履歴　自白
党員期間　一九三五（六）―四三年

○シドニー・ルビンスタイン[35]
米国陸軍　一九五三―五四年
共産党員履歴　自白
党員期間　一九四七年

○ジョン・サウンダース[36]
陸軍通信隊（通信研究所）
共産党員履歴　自白
党員期間　一九四七―四九年

○ネイサン・サスマン[37]
海軍省検査官　一九四〇―四二年
軍事機器製造会社（ウェスタン・エレクトリック社）一九四二―四七年
共産党員履歴　自白
党員期間　一九四二―四五年

○エヴリン・テイラー[38]（スターン）

国際連合　一九四六年
共産党員履歴　自白
党員期間　一九四二―四五年

◯ナサニエル・ワイル[39]
農業調整局　一九三三年
共産党員履歴　自白
党員期間　一九三二―三三年
ワイルは農務省に潜入した細胞（ウェアー・グループ）。一九三九年に共産党を脱党。一九五〇年にＦＢＩに出頭し証言。

◯フランク・Ｃ・ホワイト[40]
テネシー渓谷開発公社　一九三六年
連邦住宅局　一九三七年
国務省　一九四六年
国際連合　一九四六年―
共産党員履歴　自白
党員期間　一九三七年

◯マーシャル・Ｊ・ウォルフ[41]
米国陸軍　一九四二―四五年
国務省　一九四六年
国際連合　一九四六年―
共産党員履歴　自白

党員期間　一九三八年

ここまで挙げた人物は、共産党員として工作活動に関わっていたことを自白した者たちである。しかし、自白した者ばかりではない。共産主義活動に関与していたことが裁判で明らかになり、何らかの法的措置が取られた者のリストが以下である。

○ホースト・ベーレンスプルング（博士号）
陸軍ＯＳＳ（戦略情報局）一九四三年
詳細はハンス・ハーシュフェルト博士の項参照。

○アブラハム・ブロスマン[42]
軍需産業技術者、レーダー製造施設（ポートジャーヴィス、ニューヨーク州）一九五三年
司法妨害容疑で有罪、服役（二年）一九五〇年。「ハリー・ゴールド裁判」を参照。

○ジュディス・コプロン[43]
法務省　一九四三―四九年
共産党工作員への情報漏洩の疑いでＦＢＩにより逮捕。司法手続き上（捜査上）瑕疵《かし》があったことから有罪を免れる。

○ロバート・Ｗ・ドーレイ[44]
米国陸軍　一九五二―五三年
スパイ容疑で軍法会議により有罪　一九五三年

○ハンス・フライシュタット[45]
陸軍通信隊　一九四四―四六年

原子力委員会特別研究員　一九四九年
陸軍通信隊内部での査問で容疑晴れず（一九四四―四六年）。
○ハンス・ハーシュフェルト[46]
陸軍ＯＳＳ（戦略情報局）一九四三年
ワシントンで採用されたドイツ人。
ヨハンナ・コーネン・ベーカーに対する大陪審における宣誓証言で、ロシア・スパイ組織で連絡役を務めたことを認める。彼と先述のベーレンスプルングが、ベーカーに情報を届ける。彼女に届けられたＯＳＳ報告書は、ロバート・Ａ・ソブレンを通じてソビエトに送られた。
○アルジャー・ヒス[47]
農業調整局　一九三三年
上院軍需産業調査委員会法律顧問　一九三四年―
司法長官スタッフ　一九三四―三六年
国務省、特別政治問題部長（Director of Office of Special Political Affairs）　一九三六―四七年
ヤルタ会談大統領補佐官　一九四五年
国際連合設立事務局（国連憲章起草）一九四五年
共産党活動との関わりについての証言で偽証し有罪（一九五〇年、五年の服役刑）。
○アルド・イカルディ[48]
陸軍ＯＳＳ　一九四一―四五年
イタリアの裁判で、ＯＳＳの同僚ウィリアム・Ｖ・ホロハンを共産主義者だとして殺害を命じた罪で有罪、終身刑となる。本人のいない欠席裁判だった。イカルディはイタリアに戻らなかったため刑は執行されていない。
○エマヌエル・Ｓ・ラーセン[49]

海軍情報局中国および極東分析担当　一九三五—四四年
国務省専門官　一九四四—四五年
○カール・G・ロドルチェ[50]
陸軍OSS　一九四一—四五年
イタリアの裁判でOSSのホロハン大佐殺害に関与した罪で一七年の刑が確定。本人はイタリアに戻らず刑は執行されていない。
○カール・アルド・マルザニ[51]
雇用促進局　一九三九年
情報調査局　一九四二年
陸軍OSS　一九四二—四五年
国務省　一九四五年
共産主義者との関係を示す証拠隠匿により米国内の裁判で一年半の服役刑（一九四七年）。
○ウィリアム・パール[52]（博士号）
海軍省　時期は不確定
空軍関係研究員　一九三九—四六年
連邦大陪審で有罪（偽証罪・一九五三年六月五日）
ローゼンバーグ事件に関与（後述のローゼンバーグの項参照）。
○カート・ポンガー[53]
米国戦争犯罪委員会（ドイツ）　時期不明
スパイ罪で有罪（一九五三年六月八日）
オットー・フェルバーの項参照。

○ウィリアム・ウォルター・レミントン[54]
テネシー渓谷開発公社　一九三六―三七年
全国資源配分計画委員会　一九四〇―四一年
価格調整局　一九四一―四二年
戦時生産計画委員会（War Production Board）一九四二―四四年
アメリカ海軍、ロシア語通訳　一九四四―四五年
ロンドン、経済使節団　一九四五年
戦時動員局（Office of War Mobilization and Reconversion）一九四五年
大統領府　一九四五年
商務省、ソビエトおよびその衛星国への輸出承認担当　一九五〇年

○ジュリアス・ローゼンバーグ
陸軍通信隊、原子力委員会（検査員）一九四〇年代
妻〔訳注：エセル〕とともに連邦大陪審に起訴され有罪（一九五三年）。死刑執行。彼のビジネス・パートナーであったデイヴィッド・グリーングラスは大陪審の宣誓証言で、原爆に関わる情報をローゼンバーグに流したと語る。ソビエトに流すことが目的であった。また、ローゼンバーグが、グリーングラスに対して、陸軍通信隊の近接信管を盗み、ソビエトのエージェントに渡したと話していたと証言した。*

○モートン・ソベル[55]
海軍省軍需局　一九三八―四一（？）年
ローゼンバーグ事件で有罪（連邦裁判所、一九五一年）

＊訳注：近接信管は、敵機に近接した時点で砲弾を爆発させる信管。当時は難しい技術であった。

○ウォーラス・H・スプラドリング[56]
陸軍予備役（少佐）一九四〇年代
海軍に職を求めた際（一九五一年）の申込書に共産主義者であることを隠した。連邦監獄に五年の刑を宣告される（一九五三年一月五日）。
○アルフレッド・K・スターン、マーサ・ドッド・スターン[57]
スパイ罪で連邦大陪審によって起訴（一九五七年九月八日）。チェコスロバキアに逃亡し、アメリカ国内では裁判を受けていない。
○オットー・フェルバー[58]
陸軍情報部、米国戦争犯罪委員会（ドイツ。カート・ポンガーの項参照）
一九五三年にスパイ発覚。
○ヘンリー・ジュリアン・ワドレイ[59]
オックスフォード大学
連邦酪農委員会（Farm Board）一九三〇年
農務省　一九三二年
国務省　一九三六年
外国経済管理委員会　一九四三年
農務省　一九四四年
国連経済復興救援委員会　一九四六年
共産党との関係についての供述を黙秘権で拒否。
ウィテカー・チェンバースに大量の資料を提供していたことを認める[60]（一九四九年）。
○ジョージ・ショー・ウィーラー[61]

全国労働関係委員会　一九三四―三八年
労働省　一九三八―四二年
戦時生産計画委員会　一九四二―四三年
外国経済管理委員会　一九四三―四五年
陸軍省、ドイツ占領軍政下の労働力非ナチス化部門責任者　一九四五―四七年
一九四四年、公務員忠誠委員会は、ウィーラーはその共産党の活動が公務員にふさわしくないと決定。トルーマン大統領が復職させる。その後ソビエト圏に亡命。

◯ジェーン・フォスター・ズラトフスキ[62]
陸軍OSS
一九五七年七月八日に大陪審によりロシアのスパイ容疑で起訴。米国帰国を拒否。

◯ジョージ・ズラトフスキ[63]
陸軍OSS　一九四三―四八年
一九五七年七月八日に大陪審によりロシアのスパイ容疑で起訴。米国帰国を拒否。

共産主義者の活動の詳細については、その性格上、異なる内容が多い。しかし彼らが共産党員であり、我が国に対する破壊工作活動に関与していたことは間違いない。[64]
右に示した人物の他に、以下の人物も工作活動に関与していた。

◯ジョージ・ブレイク・チャーニィ[65]（ジョージ・ブレイク）
米国陸軍（太平洋方面）
共産党員（一九三三年以降）として、労働組合書記、組合組織オーガナイザー、州責任者を歴任。一九五六年七

月三十一日、連邦裁判所にスミス法違反の疑いで起訴される。* アメリカ政府を暴力によって転覆させることを訴えた罪で有罪（二年の服役刑）。

○モリス・U・コーヘン[66]

テクニカル・リサーチ研究所（モンクレア、ニュージャージー州）一九四二年

グサック機械製作所（陸軍指定品製造。ロングアイランドシティ、ニューヨーク州）一九四三―四五年

共産党員か否かの証言を拒否。

○ハロルド・ウェアー[67]

農務省　一九三四年

省内にウェアー・グループを構築。一九三五年死亡。

○ネイサン・S・ウィット[68]

農業調整委員会　一九三三―三四年

全国労働関係委員会　一九三四―四〇年

共産党員か否かの証言を拒否。

まだ他にも連邦政府職員でありながら共産党員として活動していた者はいるが、紙幅の都合上ここに挙げられない。関与についての質問に、憲法修正第五条（黙秘権）を行使した者がいることにも注目してほしい。はっきりしていることは、あらゆる連邦政府組織に工作員が潜入していたことである。もちろん彼らは自分に不利であれば黙秘権の行使は許されるが、国家の安全保障の観点からすれば、そういった人物は、危険分子であると見なすことはできる。

他にも、（共産党との関わりを否定する）宣誓をしておきながら、共産党との関わりをもって反政府活動を実行していた者がいる。

すべての人物を本書で挙げることはできないが、ワシントンにはそうした人物の存在を示す情報は十分に存在する。一九四七年七月、公務員監視委員会（The Civil Service Commission）委員長アーサー・S・フレミングは、下院歳出委員会で、およそ一三〇〇人の公務員が国家忠誠違反で解雇されたと証言した。さらに（本格的な）忠誠心調査が実施されたら、二万九〇〇〇人ほどの連邦政府職員が、政府に侮蔑的な態度であることが明らかになろうとも述べた。侮蔑的な言動は必ずしも共産主義活動と同じものではないが、そうした人物を連邦政府職員として雇用することが望ましくないことは明白である。

一九四九年、下院非米活動委員会は、政府職員のうち三〇〇〇名が共産党員であったことを発表した。一九五三年には、二〇〇〇人以上が危険分子として解雇されたが、具体的な氏名は公表されていない。

一九五五年九月二十八日、公務員監視委員会委員長フィリップ・D・ヤングは、機密保持計画のもと、一九五三年五月二十八日から一九五五年六月二十日の間に二万七二〇名の政府職員を解雇したと上院調査委員会に報告している。一九五五年十一月二十八日、同じくヤング委員長は、一九五三年五月二十八日から同年九月三十日の間に、三六八五名の職員を機密保持上の理由で解雇したことを報告している。さらに五九二〇名が、（履歴書への）不実記載が発覚したことで辞職したことも明らかにした。

原子力委員会でも同様な問題があったと、前委員長のルイス・L・ストラウスが自著[69]『*Men and Decisions*』の中で語っている。初期の七年間で、四九四人が安全保障上の問題をクリアできず（解任され）、およそ四〇〇〇人が辞職していったと書いている。

ここまでの記述で、こうした（共産主義活動に関与した）人物が、我が国の外交政策を捻じ曲げ、軍事機密を盗み出したことは明らかである。その結果、我が国はソビエトからの脅威に備えるために数十億ドルもの（無駄な）費用をかけなくてはならなくなったのである。

＊訳注：スミス法は外国人登録法。登録と指紋届出を義務付けた法律。

＊原注

1　本章では議会の調査委員会の報告を基礎にしている。その詳細は以下のとおり。

【下院非米活動委員会（以下ＨＵＡＣ）】

連邦政府機関への共産主義者潜入（Infiltration）の方法についてのヒアリング　一九五二年

政府機関におけるスパイ行為（espionage）についてのヒアリング　一九四八年

政府機関への共産主義者潜入の方法（その教育方法：education）についてのヒアリング　一九五三年

放射能実験施設および原爆開発プロジェクト（カリフォルニア大学バークレー校：放射線研究所）に潜入したスパイについてのヒアリング　一九四八―五〇年　一巻―三巻

政府機関（Government）への共産主義者潜入の方法についてのヒアリング　一九五五―五六年

【上院法務委員会内部機密保全調査小委員会（以下ＳＩＳＳ）】

教育過程（educational）におけるスパイ工作活動についてのヒアリング　一九五二―五三年

政府機関に対する工作活動（subversion）についてのヒアリング

国連に採用されたアメリカ人職員による工作活動についてのヒアリング

太平洋問題調査会（ＩＰＲ）についてのヒアリング　一九五一―五二年

【上院政府活動監視委員会常設小委員会（以下ＰＳＩ）】

陸軍通信隊におけるスパイ工作活動についてのヒアリング　一九五三―五四年

政府印刷局（ＧＰＯ）のセキュリティーについてのヒアリング　一九五三年

2　HUAC Hearing, 80th Congress, 2nd session, *Espionage,* July 31-September 9, 1948, pp. 565ff.

3　SISS Hearings, 83rd Congress, 1st session, *Interlocking Subversion—Report,* July 30, 1953, pp. 2-3.

4　HUAC Hearing, 84th Congress, 1st session, *Government,* December 13, 1955, testimony of Herbert Fuchs, Part 1, pp. 2957-3019. あるいは December 14, 1955, testimony of Mortimer Reimer, Part 2, pp. 3022-3043. あるいは 84th Congress, 2nd session, February 14, 1956, testimony of James E. Gorham, Part 3, pp. 3111-3136.

5　SISS, Hearings, *Educational,* 82nd Congress, 2nd session, September 25, 1952, pp. 209-222, 224-228.

6　HUAC, Hearings, *Education,* Part 3, 83rd Congress, 1st session, April 22, 1953, pp. 1047-1050.

7　SISS, Hearings, *Educational,* Part 10, 83rd Congress, 1st session, May 13, 1953, pp. 951-964.

8　HUAC, Hearings, *Espionage,* 80th Congress, 2nd session, 1948, pp. 564-565, 1286.

9　SISS, Hearings, *United Nations,* 82nd Congress, 2nd session, December 11, 1952, pp. 321-324.

10　PSI, Hearings, *Army Signal Corps,* Part 10, 83rd Congress,

1st session, 1954, p. 431.

11　HUAC, Hearings, *Radiation Laboratory*, v. 1. 81st Congress, 1st session, April 22, 1949, pp. 279ff. あるいは *New York Times*, June 11, 1949.

12　SISS, Hearings, *Union Officials*, 82nd Congress, 2nd session, 1952, pp. 41ff.

13　*New York Times*, March 9, 1951, p. 12: 3.

14　SISS, Hearings, *Interlocking Subversion*, Part 20, 83rd Congress, 2nd session, July 6, 1952, p. 1501.

15　HUAC, Hearings, *Government*, Part 1, 84th Congress, 1st session, December 13, 1955, pp. 2957ff. あるいは *New York Times*, March 15, 1956, March 23, 1956.

16　Joint Committee on Atomic Energy, Hearings, *Soviet Atomic Espionage*, 82nd Congress, 1st session, April, 1951, p. 1.

17　*New York Times*, January 16, 1954, p. 6: 3-4.

18　SISS, Hearings, *Educational*, Part 6, 83rd Congress, 1st session, April 1, 1953, pp. 721ff.

19　HUAC, Hearings, *Government*, Part 3, 84th Congress, 2nd session, February 14, 1956, pp. 3113-3115.

20　PSI, Hearings, *Army Signal Corps*, Part 9, 83rd Congress, 2nd session, 1954, p. 377.

21　Joint Committee on Atomic Energy, *Soviet Atomic Espionage*, 82nd Congress, 1st session, April 1951, pp. 3 and 60-144.

22　SISS, Hearings, *Educational*, Part 9, 83rd Congress, 1st session, May 8, 1953, pp. 931ff.

23　同右、Part 12, 83rd Congress, 1st session, June 8, 1953, pp. 1083-1086.

24　PSI, Hearings, *Subversion and Espionage in Defense Establishment and Industry*, Part 2, 83rd Congress, 2nd session, February 20, 1954, pp. 97ff.

25　PSI, Hearings, *Subversion and Espionage in Defense*, Part 9, 84th Congress, 1st session, January 15, 1954, p. 361.

26　PSI, Hearings, *Army Signal Corp*, 83rd Congress, 1st session, Part 1, December 1953, pp. 62-66.

27　SISS, Hearings, *Educational*, 82nd Congress, 2nd session, October 1952, pp. 244-255.

28　HUAC, Hearings, *Education*, Part 3, 83rd Congress, 1st session, April 22, 1953, p. 1015.

29　HUAC, Hearings, *Government-Labor*, Part 3, 83rd Congress, 1st session, September 15, 1953, pp. 3028ff.

30　SISS, Hearings, *Educational*, Part 9, 83rd Congress, 1st session, May 7, 1953, pp. 899ff.

31　HUAC, Hearings, *Radiation Laboratory*, Vol. 1, 81st Congress, 1st session, June 14, 1949, pp. 356ff.

32　PSI, Hearings, *Army Civilian Workers*, 1954, p. 16. あるいは *New York Times*, March 12, 1954, 〔p.〕 11: 1.

33　HUAC, Hearings, *Cimmunism in the United States Government*, Part II, 81st Congress, 2nd session, August 28, 1950, pp. 2844-2901. あるいは HUAC, Hearings, *Espionage*, 80th Congress, 1948, pp. 1021-1029. あるいは *New York Times*, August 4 and August 21, 1948, and August 28, 1950. あるいは SISS, Hearings, *Educational*, Part 6, 83rd Congress, 1st session, March 30, 1953, testimony of Nathaniel Weyl, p. 712. あるいは James Burnham, *The Web of Subversion*, The John Day

Company, New York, 1954, pp. 36–37.

34 HUAC, Hearings, *Communist Infiltration of Government*, 84th Congress, 1st session, Part 2, December 14, 1955, pp. 3023ff.

35 PSI, Hearings, *Army Signal Corps*, Part 9, 83rd Congress, 2nd session, March 1, 1954, pp. 369ff.

36 PSI, Hearings, *Army Signal Corps*, Part 10, 83rd Congress, 2nd session, March 1954, pp. 462ff.

37 PSI, Hearings, *Army Signal Corps*, Part 1, 83rd Congress, 1st session, December 8, 1953, pp. 57ff.

38 SISS, Hearings, *United Nations*, 82nd Congress, 2nd session, 1952, pp. 324–326. あるいは *New York Times*, January 2, 1953, (p.) 1: 2.

39 SISS, Hearings, *Educational*, Part 6, 83rd Congress, 1st session, 1953, pp. 710ff.

40 HUAC, Hearings, *Propaganda Activities*, 76th Congress, 3rd session, Vol. II, Part 2, 1940.〔Editor's note: Hoover is referring here to U. S. Congress, House of Representatives, Special Committee on Un-American Acitivities, *Investigation of Un-American Propaganda Acitivities in the United States*, Executive Hearing, vol. II, 76th Congress, 3rd session, 1940, pp. 656–660.〕

41 SISS, Hearings, *United Nations*, vol. I, 82nd Congress, 2nd session, October 24, 1952, pp. 171–182. あるいは *New York Times*, January 2, 1953.

42 *New York Times*, November 5, 1953, p. 21: 3.

43 同右、March 6, 1949.

44 同右、November 1, 1953.

45 同右、May 13, 1949, p. 1: 6–7, p. 15: 5.〔編者注：フーバーのフライシュタットについての説明には一部間違いがある。彼はノースカロライナ大学で物理学を学んでいたが、共産党員であることを公然と認めていた。その彼が、原子力委員会の特別研究員の身分を持っていることがわかった（一九四九年）。これは議会で大きく取り上げられた。フライシュタットは議会で証言するとともにテレビメディア（「ミート・ザ・プレス」）にも出演した。議会と原子力委員会は、特別研究員となる資格要件に共産党員でないことを示す宣誓書に署名することを決めたが、彼は署名を拒否した。その結果、特別研究員資格は剝奪された。こうした事情にもかかわらず彼は起訴されていない。また一九五三年から五四年にかけて実施された陸軍通信隊にかかわる調査委員会の記録にも彼の名は出ていない〕

46 *New York Times*, July 11, 1961, p. 14: 1.

47 HUAC, Hearings, *Espionage*, 80th Congress, 2nd session, 1948, pp. 642ff. and p. 1163. あるいは *New York Times*, January 26, 1950.

48 *New York Times*, November 7, 1953, p. 1: 5–6.〔編者注：一九四四年、OSSのイタリア工作の最中に、OSS部員のウィリアム・ホロハン大佐殺害を仕組んだとの嫌疑があったが、イカルディは議会証言でそれを否認した。この件では偽証罪で起訴されたが、イカルディは無罪を主張した。一九五六年の裁判では同氏の弁護人エドワード・ベネット・ウィリアムズは、裁判長に無罪を認めさせることに成功した。弁護人は、議会でのヒアリングは、偽証を誘導するための罠で、議会本来の調査の目的とはほど遠い内容だったと説明した。弁護人は、きわめて反共的なホロハン大佐を殺害したのはイタリア共産党であり、イカルディも（同じく起訴されている）同僚のカール・ロドルチェも暗殺に関与していないと訴えた。この件については *New York Times,* April 15, 17, 18, 20, 1956. あるいは Edward Bennett Williams, *One Man's Freedom,* Atheneum, New York, 1962, pp. 30–58 参照〕

49　ラーセンは、「アメラシア事件」〔訳注：アメリカのアジア政策を扱った専門誌『アメラシア』誌のスタッフのスパイ事件〕で、起訴内容に対しては争わなかった（不抗争申し立て）。その結果、政府情報漏洩の罪で五〇〇ドルの罰金刑となった。

50　*New York Times,* November 7, 1953.〔編者注：原注48参照〕

51　同右、May 23, 1947.あるいは SISS, Hearings, *Interlocking Subversion,* June 1953, Part 12, p. 802.

52　*Exposé of Soviet Esionage, May 1960,* prepared by FBI, Department of Justice, transmitted by direction of Attoney General for use of SISS, 86th Congress, 2nd session, July 2, 1960, Senate Document No. 114.

53　同右、あるいはHUAC, Report, *Patterns of Communist Espionage,* January 1959, p. 40.

54　*New York Times,* January 28, 1953.

55　同右、March 30, 1951.

56　同右、January 6, 1953.

57　同右、September 10, 1957, p. 21:1-3, October 15, 1957, p. 15:6.

58　*Exposé of Soviet Espionage,* May 1960. あるいは HUAC, Report, *Patterns of Communist Espionage,* January 1959, p. 40.

59　HUAC, Hearings, *Espionage,* Part 2, December 1948, pp. 1429–1449.

60　*U. S. News & Report,* November 27, 1953, p. 23.

61　（need evidence of Civil Service Commission Loyalty Board findiings）〈マッカーシー上院議員演説〉*New York Herald Tribune,* November 25, 1953.〔編者注：*New York Times,* November 25, 1953 にも本件に関わる記事あり〕

62　*New York Times,* July 9, 1957.

63　同右。

64　〔編者注〕この部分の主張について、前述のリストの人物が、共産党員であったかどうか、あるいは現実に破壊工作活動にあたったか否かは、詳細を示しきれていない。原注45、48、50を参照されたし。

65　*New York Times,* August 1, 1956. あるいは同紙 April 16 and September 18, 1956.

66　SISS, Hearings, *Educational,* 83rd Congress, 1st session, Part 10, May 1953, pp. 995–999.

67　HUAC, Hearings, ***Communism in the United Stats Government,*** Part 2, 81st Congress, 2nd session, August 28, 1950, pp. 2853, 2996. あるいは *The Web of Subversion,* pp. 69–70. あるいは HUAC, Hearings, *Espionage,* 80th Congress 2nd session 1948.

68　HUAC, Hearings, *Espionage,* 80th Congress 2nd session, August 20, 1948, pp. 1029, 1033.

69　Lewis L. Strauss, *Men and Decisions,* Doubleday & Co., NewYork, 1962, p. 261.

第5章　共産党の「フロント」組織

共産主義者たちは、国民生活のあらゆる分野に侵入し工作活動を進めていた。彼らはその活動のために「フロント」組織を構築した。下院非米活動委員会は「フロント」組織を次のように定義している。

〈共産主義活動を表立って行なうことが歓迎されないところで、共産主義者によって設立された、あるいは乗っ取られた組織または出版物。擬態することで、共産主義者の真の性格をわかりにくくしてしまうため、共産主義「フロント」は、我が国において最も効果的な「武器」になっている。[1]〉

「フロント」組織を作る場合、まず組織の中心に共産主義者を据え、その周囲に、一群のリベラル思想を持つ同調者《シンパ》を配置する。「フロント」周辺部にいる者は罪の意識を持たず、悪賢さもない。なかにはただ何かの活動に参加したいだけの者もいる。

J・エドガー・フーバー*は、下院非米活動委員会で次のように証言している。

〈彼らが最初にすることとは、「フロント」組織に、もっともらしい理想主義的な響きのある名称をつけることである。[2]〉

右のような「フロント」組織は、レーニンの言うところの「伝動ベルト（transmission belts）」と見なされるものである。このタイプの組織について、レーニンは次のように書いている。

〈プロレタリアート独裁は、労働者全体を包含する組織によって成し遂げられるものではない。まず前衛（共産党）からその力を受け伝えるベルトとなる組織（伝動ベルト）がなくてはならない。そのベルトから（革命の）力を、進歩階級（知識人階級）に伝えなくてはならない。進歩階級が労働者全般にその力を拡大していくのである。[3]〉

アメリカにおける「フロント」組織は、一九三三年にロシアの国家承認後に作られた。彼らは、暴力による国家転覆を表立って表明しないかぎり、合衆国憲法の人権保障規定（Bill of Rights）によって保護される。彼らは、保護を受けるために十分に注意深かった。最終的な狙いは、それを隠しはしたが、アメリカに共産党政権を樹立することにあった。

一九六一年十二月までに、一〇〇〇を超える「フロント」が、立法府（連邦および州議会）や司法（連邦および州検察）などによって工作機関であることが公になっている。[4]このような組織を分類すると、彼らの実態がわかりやすくなる。[5]

まず、六一の「フロント」組織が、政治に関与していた。これらは、「アメリカ共産党」「共産主義者政治連盟」「連合共産主義者党」「アメリカ労働党」などといった名称を使っていた。この内の少なくとも一六の組織は、各州の政策立案組織、たとえば社会法制協議会（Conference for Social Legislation）、として法制度を（彼らの活動に有利な

＊訳注：初代ＦＢＩ長官。任期一九三五―七二年。

ように）変更させようとしていた。

また四七の組織は、基本的人権を主張する団体であり、次のような名称を使っていた。「市民人権連盟」「緊急市民人権委員会」「全国人権連盟」「人権会議」。「人権会議」は全米に地方組織を持っていた。

自由あるいは民主主義を標榜する団体もあった。「民主主義および知的活動の自由を求めるアメリカ委員会」「民主主義行動協議会」（支部多数）などがそうである。

「フロント」組織や、委員会と名のついた組織は、四七の大学などの教育機関、二四の書店あるいは出版取次店、五一の新聞・通信社・雑誌社などに設立されていた。軍の基地内にも合計一三三の組織があった。

芸術家、科学者、文学者、教育者の団体もこうした組織となっていた。「世界科学者連盟」「革命的作家連盟」「アメリカ芸術家連合」「芸術科学教育全国評議会」あるいは「全国芸術文学協会」といった名称であった。

五つの組織は宗教団体と関連していた。たとえば「社会活動を目指すメソジスト派連盟」「応用宗教国民協会」といった組織である。

また六つの組織は女性運動と結びついていた。「アメリカ女性会議」「世界女性会議」「兵士の妻、恋人の会」「世界民主主義女性連盟」などである。

一三の組織は、復員兵との関わりがあった。「アメリカ復員兵評議会」「進歩派復員兵連合」「アメリカ合衆国復員兵評議会」「平等を求める復員兵連合」「旧軍人アメリカ連盟」などである。

また外交関係に関与しようとする団体もあった。「ギリシャ・アメリカ評議会」「自由イタリア協会」「自由ユーゴスラビア・アメリカ委員会」「民主主義極東政策委員会」「中国民主主義友の会」「朝鮮人民党アメリカ委員会」などである。

外国語を話す移民グループ内の組織もあった。およそ二六カ国語ものグループがあった。各国語別の組織数は、ユーゴスラビア一九、ポーランド四、イタリア四、ハンガリー四、ルーマニア二、フィンランド五、エストニア三、リトアニア五、チェコスロバキア二であった。少数民族グループには、「外国生まれ（のユダヤ人）を守るシカゴ・ユダヤ人委員会」「ロサンジェルス・ユダヤ人ブラックリスト委員会（Jewish Blackbook Committee of Los Angeles）」などがあった。

五一の組織は共産ソビエトに対する理解を深めるとの目標を掲げていた。「米露協会」「米ソ関係アメリカ評議会」「国際赤色救援会（International Red Aid）」などがそうである。

なかにはアフリカ理解を訴える組織もあった。「アフリカ問題評議会」「アフリカ問題国際委員会」がそうである。

一一〇の組織が平和を訴える活動を目指している。「平和を目指す全国労働協議会（地方支部有）」「ヤンキーは来ない委員会（Yanks Are Not Coming Committee）」「世界平和のための文化・科学会議」「アメリカ反戦会議」「反戦世界委員会」「世界平和評議会」などである。

三二の組織はスペイン内戦において共産主義者を支援していた。「アブラハム・リンカーン旅団」「スペインの自由を求めるアメリカ委員会」「スペイン支援緊急委員会」「スペインの民主主義を支援するソーシャルワーカー委員会」「スペイン支援連合委員会」「アブラハム・リンカーン旅団復員兵部門」などがそうである。

少なくとも四八の組織が学生や青年層で構成されていた。ほとんどが地方組織を持っていた。「社会主義青年連盟」「学生の権利協会」「一〇代芸術クラブ」「青年共産主義者クラブ」「青年進歩派市民委員会」「青年労働者連盟」「アメリカ青年会議」「民主主義を求めるアメリカ青年」「国際学生連盟」「イーストベイ青年文化センター」などである。

六九の組織は労働運動に関与した。「アメリカ独立共産主義者労働連盟」「労働組合権利合同委員会」「全国失業者評議会」「労働組合諮問委員会」「労働者連合」などがそうである。

農民の組織は四つあった。「統一農民同盟」「西部農業進歩派評議会」「農場研究」などである。

消費者団体にも「フロント」組織があった。「全国消費者連盟」「消費者ユニオン」などである。

法曹界には五つの組織があった。「全国法律家組合」「国際民主法律家協会」などである。

レジャー産業（テレビ、ラジオ、劇場、演劇等）には四三の組織があった。「演劇集団」「ハリウッド劇団同盟」「演劇労働者連盟」「映画芸術家委員会」「新演劇連盟」「人民オーケストラ」「人民合唱隊」「演劇労働組合」「映画写真家連盟」「芸術家・作家組合」などがそうである。

二三の組織が黒人グループの中に作られていた。「黒人の権利を求める闘い」「全国黒人会議」「全国黒人労働者会議」「黒人文化評議会」「スコッツボロ防衛委員会」などの名称がついていた。

三九の組織が共産主義スパイを擁護し、有罪となった共産党スパイ、あるいは破壊行為の煽動者の恩赦を求めていた。

六二の組織が特定の人物を支援していた。ハリー・ブリッジ*支援に六組織、アール・ブラウダー〔訳注：アメリカ共産党指導者〕支援に五組織、ゲアハルト・アイスラー**の支援に二組織、トーマス・ムーニー***支援に五組織があった。モートン・ソベル****とローゼンバーグ夫妻の支援には四四もの組織が関与していた。

「フロント」組織の中には分類が難しいものもある。その多くは失業問題と関連していた。「国際労働者救援会」「相互扶助連盟」「ダウンリバー市民委員会」「アメリカ投資家ユニオン」「千人委員会」といった組織である。

示威行動の組織化は「攻撃開始パレード」「統一メーデー委員会」などが担当していた。デモを煽るこうした組織はすべて工作機関と認定されている。

ジョン・L・ルイスの事例

共産主義者は、労働組合運動を乗っ取り、操ろうとしていたが、それを本格化させたのはジョン・L・ルイスであった。彼は鉱山労働者組合の指導者だったが、CIO（産業別組合会議）の組織化に成功した（一九三五年から三六年）。彼はすでに知られていた共産主義者を補佐につけた。ルイス自身は共産主義者ではなかったが、権力維持のためにあらゆる手段を使った。

CIOは設立当初から政治活動に関わり、PAC（政治活動委員会）なるものを作らせた。目的は、ワシントン議会の議員候補や、大統領候補の中で、組織に都合の悪い者を葬ることであった。下院非米活動委員会は彼らの活動を次のように報告している。

〈CIOの幹部委員会はPACを組織した。四九人の委員がいたが、少なくとも一八人は、アメリカ共産党に絶対の忠誠心を持つ者だった。[6]〉

PAC委員長はシドニー・ヒルマンだった。ルーズベルト政権では、労働問題の有力顧問であり、大統領や、戦時生産統制委員会に対して強い影響力を持っていた。ロシア生まれのヒルマンは、ロシアの初期の革命を経験した。一九〇七年にアメリカにやって来ると、労働者の組織化に関わった。一九一四年には、強力な組合であるアメリカ衣料産業合同労働組合の委員長となった。後に上院で証人喚問を受けているが、[7]一九二二年にはアメリカ共産党の党員であった。この年に彼はいったんモスクワに戻っている。ソビエトロシアを擁護する論文を執筆し、共産党活動にも積極的に関わった（下院非米活動委員会報告）。

ヒルマンの補佐役の一人がPAC顧問弁護士リー・プレスマンだった。プレスマンはアメリカ共産党員（一九三四年入党）であり、一九三四年から三五年にかけて連邦政府の要職を歴任した。一九五〇年八月二十七日に党員であったことを公にした。[8]

PACは、傘下組合員の組合費を義務化し、政治資金に年間二〇〇万ドルを集めている。ヒルマンは議会の求めたPACの記録文書の提出を拒否した。

＊訳注：港湾労働者組合指導者、アメリカ共産党員。
＊＊訳注：ドイツ共産党員、米国移民申請で虚偽報告。
＊＊＊訳注：労働運動家。一九一六年の爆弾事件で有罪。
＊＊＊＊訳注：ゼネラル・エレクトリック社の技術者。

ＣＩＯそしてＰＡＣは、選挙の際にはどの候補に組織的に反対すべきかのリストを作成している。そのリストは実質的に共産党が作成した内容と同じであった。

一九四四年の民主党（大統領候補選出の）大会におけるヒルマンの影響力はきわめて大きかった。この年のランニングメイト（副大統領候補）の選択にあたって、ルーズベルトが、「シドニーと調整してくれ」と言ったことはよく知られている。

もう一つの組合連合組織（ＡＦＬ：アメリカ労働総同盟）も共産党の影響下にある者が主要メンバーだった。共産党員による組合組織の乗っ取りを全国労働関係委員会がチェックするようなことはなかった。委員長も顧問弁護士も共産党員であったからである[9]。

＊原注

1　下院非米活動委員会。*Guide to Subversive Organizations and Publications*, revised and published as of January 2, 1957, pp. 1-2.

2　下院非米活動委員会。*Guide to Subversive Organizations and Publications*, 〔82nd Congress, 1st Session, House Document No. 137〕May 14, 1951, p. 6.

3　V. L. Lenin, *Selected Works*, Volume IX, International Publishers, New York, 1943, p. 6.

4　Committee on Un-American Acitivities, U. S. House of Representatives, *Guide to Subversive Organizations and Publications*, May 14, 1951, January 2, 1957, December 1, 1961.

5　「フロント」組織に関わる詳細情報はフーバー研究所が所蔵。研究者は閲覧できる。

6　U. S. House Special Committee on Un-American Activities, 78th Congress, 2nd Session, *Investigation of Un-American Propaganda Activities in the United States...Report on the C. I. O. Political Action Committee, 1944* (House Report No. 1311), p. 4.

7　U. S. Senate Committee on Judiciary, 81st Congress, 1st Session, *Hearings before the Subcommittee on Immigration and Naturalization*, on S. 1832, September 14, 1949, pp. 785, 800.

8　*New York Times*, August 28, 1950.

9　この件については第４章参照。〔編者注：フーバーは第４章で、全国労働関係委員会の委員でありかつ共産党員であった人物四名を列挙している。その中の一人は、法律顧問補佐であり、事務長を務めている。四名の中で委員長あるいは法律顧問を務めた者はいない。一九三〇年代から四〇年代にかけての全国労働関係委員会を舞台にした共産主義者の活動は、*The Web of Subversion*, pp. 101-107 参照〕

第2編

開戦前年（一九三八年）の各国の状況分析

序

一九三六年から三七年は、スターリンとヒトラーが軍事力強化を推し進めた年であった。両国とも強硬な外交を展開しただけに、私（フーバー）は戦争になるのではないかとの嫌な感じをもった。我が国にも厄災が降りかかるのではないかと心配になっていた。二人の独裁者は互いに牙を剝いていがみあっているだけではなく、ヨーロッパやアジアで領土拡大を狙っていた。

先に書いたように、この頃、ヨーロッパ各国の政府あるいは組織から多くの訪問要請が続いていた。その趣旨は、先の大戦中およびその後の私が関わった救援活動に感謝の意を伝えたいということだった[1]。

私は、こうした招待を受けることにした。（事態の悪化する）ヨーロッパを訪問し、現実を見ることで、アメリカ国民に何らかの助言ができるかもしれないと考えたからである。大西洋の向こうに勃興する力の本質と危険性を伝えたいと考えた。

私が訪問したのは以下の国である。ベルギー、オランダ、フランス、イギリス、ドイツ、ポーランド、チェコスロバキア、オーストリア、スイス、ラトヴィア、エストニア、フィンランド、スウェーデン、ノルウェー。スイス・ジュネーブにある国際連盟本部にも訪れることができた。

私の旅にはペリン・ガルピン君とポール・スミス君が同行してくれた。二人が、旅程を組み、要人との面会のスケジュールを調整してくれた。要人との会談にも同席してくれた。我々一行は一九三八年二月九日、客船ワシントン号でニューヨークを発った。三月二十八日にノルマンディー号で帰国した。

本編では、イタリア、ロシア、中国そして日本の情勢についても述べる。この時の旅ではこれらの国々を訪問しなかったが、仕事で訪れ住んだこともあった。こうした国における情勢についてもよくわかっているつもりである。いずれの訪問地でも、政治、経済の状況について各国の指導者と語り合うことができた。なかには古くからの友人関係にあった者もいた。そうでない者とも忌憚なく語り合い意見を交換できた。しっかりとした意見の持ち主ばかりだった。彼らとの会話を二五年後の今、ここに書き出そうと思う。会話を交わした多くがすでに世を去っているが、彼らの言葉を記すことで、彼らに迷惑がかかることはないと信じている。

この旅でのインタビューは三〇〇を超えた。政府要人や高官との会談だったが、大学を訪れることも多かった。名誉博士号を受けることもあった。地方政府や民間人主催のレセプションにも招かれた。こうした場からホテルに帰るたびに、何を話したか、何が語られたかを備忘録に書き留めた。本編での記述はこの備忘録に頼っている部分が多い。[2]八年後（一九四六年）に、戦後のヨーロッパを視察したが、一九三八年の状況を知っていたことが役立った。[3]

第一次世界大戦後、ベルサイユ条約が結ばれる頃には、ヨーロッパ二三カ国で議会制が採られていた。この数字にはソビエトロシアは含まれない。それから一九年後（一九三八年）にヨーロッパを旅したことになるが、その様相は大きく変容していた。一〇カ国がファシスト政権化し、これらの国々の総人口は二億四〇〇〇万を超えた。

民主主義国として機能していた国は一三に減っていた。それらは以下の国々であり、総人口は一億四〇〇〇万人であった。

イギリス、ベルギー、フランス、オランダ、デンマーク、フィンランド、エストニア、ラトヴィア、リトアニア、スウェーデン、ノルウェー、スイス、チェコスロバキア。[4]

＊原注

1　救援活動の詳細は *An American Epic* の第一・二・三巻に詳述。

2　一九三八年の旅のメモ（備忘録）による。

3　Chapter [85-ed.]

4

「閑話休題」とでも言えそうなエピソードがある。第一次世界大戦が終わってしばらくした頃、ウィーンの天文台が、ある惑星に私の名をつけた。続いてブリュッセルの天文台も星に私の名前にちなむ命名をした。天文学者の間では、存命の人物の名前を星の命名に使うことは避けられていたので、私の名前を使うことに抗議があった。天文学ではギリシャ神話の神々の名前を使うことが好まれた。いったん私の名前は外されたが、ウィーンとブリュッセルの天文台は、私の名の前にギリシャの神の名をつけることで折り合いをつけた。私の名は惑星の名前となって未来永劫残ることになった。

　星の名だけではなく、ベルギー、北部フランス、オーストリア、チェコスロバキア、ポーランドの町のいくつかが、通りの名前を私の名を冠したものに変更してくれた。またポーランドのある公園には私の像が据えられた。しかし第二次世界大戦中に、ドイツやソビエトは占領地域の「フーバー通り」を自国の英雄の名前に替えてしまった。特に残念だったのは、ワルシャワの公園にあった私の銅像がナチスの仕掛けた爆弾で破壊されたことであった。一九四六年にその公園を訪れたが、銅像に私の頭はなかった。このエピソードは、一九六二年二月十八日付『*This Week*』誌に書いた。スターリンの亡骸がレーニン廟から撤去された事件に併せて語ったことである。〔編者注：ここで語られているフーバーにちなむ名前を冠した惑星は「932 Hooveria」と「1363 Herberta」である〕

第6章　ベルギーとフランス

ベルギーについて

一九三八年の視察旅行で最初に訪問したのはベルギーだった。ベルギーの指導者とは第一次世界大戦期の五年間にともに働いたことがあった。

ベルギーという国は、長きにわたってヨーロッパ大陸の強国の狭間で細々と生き延びてきた。そのかわり（自国生存のために）情報には敏感だった。ブリュッセルは情報が集まる街だった。ヨーロッパで最も政治情勢に関する情報が入る国であったと言ってよい。会談することができたのは国王レオポルド三世、ポール・ジャンソン首相、閣僚、野党指導者らであった。政治家だけでなく大学の学長、教授、実業家、労働運動の指導者にも会うことができた。米国駐ベルギー大使のヒュー・ギブソン君にも会うことができた。

レオポルド三世は、高い倫理観を持ち、ヨーロッパの抱える問題を理解していた。いろいろ語りあったが、彼はヨーロッパ情勢を次のように観察していた。

〈ヒトラーと彼の掲げる国家社会主義はもちろん脅威である。彼らの政策には人種差別政策と、外国への侵略性があるだけに恒常的な脅威となっている。しかし、ドイツだけが問題なのではなく、フランスもヨーロッパを不安にしている。
フランス政界は意見の相違が際立っている。リーダーシップを発揮できる者がおらず、政治は混乱している。弱体化したフランスは不安要因である。強いフランス、強力なイギリスの二つがあってこそ、ヒトラーはヨーロッパの西部方面にはちょっかいを出せないのである。しかし、いまのドイツはフランスをまったく恐れていない。[1]〉

私は、イギリス外交について国王の考えも聞いた。イギリスが、なぜヒトラーのベルサイユ条約とロカルノ条約体制*破棄の動きに寛容であるか、国王の考えを尋ねた。ヒトラーは、再軍備を進め、ラインラントに進駐し、日本との協力関係を強化していた。** 国王の考えは次のようなものだった。

〈イギリスは、ロシア（ソビエト）の軍事力の伸張を警戒している。フランスを信用していない。要するにイギリスは昔ながらの「勢力均衡《バランス・オブ・パワー》外交***」を展開しているのだろう。[2]〉

フランスの弱体化の要因について尋ねた。

〈おそらく一番の原因は、先の大戦で多くの（有能な）人材が一世代そっくり失われたことだろう。しかし直接的な原因は、共産主義者が跋扈《ばっこ》し、共産主義的な思想が蔓延したことだ。その結果フランス社会が混乱した。特に（社会党の）レオン・ブルム首相になってその影響が顕著になった。[3]〉

この頃、レオン・ブルム政権は倒れていて、カミーユ・ショータン政権に代わっていた。国王は、ベルギーがフランスとの軍事協定を破棄したのは、フランスを信用できなくなったことがその理由であり、フランスは弱体化している一方でロシア（ソビエト）との提携を進めている、と警戒したからだ。フランスのロシアとの提携にベルギーは巻き込まれたくなかった、と説明してくれた。

ベルギー首相も同様の考えを持っているようであった。私は彼に、なぜ多くのヨーロッパの民主国家がファシスト的独裁に移ったのかを尋ねた。彼の回答は包括的であった。

〈貧困、社会主義者、リベラル思想に助けられた共産主義、政府資金のバラマキ、デマゴーグ、政党乱立、妥協による連立政権。これらが原因だ。リベラルの連中は、全体主義的な経済政策と個人の自由が両立できると考える。民主主義から全体主義への動きは当初はゆっくりとしたものだった。しかし、不況のなかでその動きが加速した。結果的に、経済システムはむしろ混乱し、失業者が増えた。[4]〉

ヒトラーとスターリンの衝突の危険性を感じたベルギーの指導者は不安になっていた。ベルギーは、大国が衝突すれば必ず犠牲となるからであった。

閣僚数人とも話すことができた。アメリカとの関係について彼らの考え方を初めて聞いた。私は意識して、「アメリカはヨーロッパに対してどういう態度で向き合えばよいか」という質問をぶつけた。彼らの答えを要約すれば次のようなものだった。同じような答えを、他のヨーロッパの小国の指導者から何度も聞かされた。

〈戦争ということになれば、アメリカは局外に立つべきだ。アメリカだけは、安定した社会を維持し、自由主義

*訳注：ロカルノ条約（Locarno Pact）、英仏独伊ベルギー五カ国で調印された条約。フランス・ベルギー国境現状維持、ラインラント非武装化などを約した。この条約でドイツは国際連盟加入。一九二五年調印。
**訳注：日独防共協定（一九三六年）、日独伊防共協定（一九三七年）を指す。
***訳注：ヨーロッパ大陸の最も強力になる国を叩くというイギリスの伝統的な外交方針。

的な考えと強い経済力を持ち続けてほしい。そうしてくれれば、戦争が終わった時に我々はアメリカを頼りにすることができる。局外にいてほしいと考えるもう一つの理由は、アメリカの主張する民族独立あるいは自由の考え方はヨーロッパにはなじまないからだ。アメリカの主張を持ち込めば、むしろヨーロッパ域内では対立が激化し、妥協が遅れてしまう。どのように問題を解決するかはヨーロッパ自身が考え出さなくてはならない。もし（アメリカも参戦する）全面戦争となれば、ヨーロッパ文明は死んだも同然になろう。ヨーロッパが再生するためにも、アメリカはその力を（非介入の立場を取ることで）温存し続けてほしい。アメリカだけは戦争がもたらす人心の荒廃や物理的破壊から無縁でいてほしい。〉

私は、戦争になるとすれば、どこが発火点になると思うかと聞いた。ベルギーの政治家の答えは同じだった。同じ答えは他の国でも繰り返し聞くことになった。

〈不可避的に起きるのはドイツとロシア（ソビエト）の衝突だ。イデオロギー、政治経済の仕組みが違いすぎる。ドイツ人は陸の民である。彼らの強みは陸軍であり、領土が欲しい。したがって必ずロシアと衝突する。ロシアだけに彼らの欲しいものがあるからだ。そして同時に彼らが最も危険だと考えている共産主義を一掃してしまいたいと考えている。一方のロシアは、ドイツがイギリスや西ヨーロッパの国と戦ってくれればよいと願っている。そうなれば民主主義（国家）もドイツという国家も弱体化して一石二鳥なのだ。ヨーロッパの民主主義国がやってはいけないことは、ドイツと戦うことである。それが最も愚かなことだ。ドイツと戦うようなはめになってはいけない。そんなことになれば民主主義国家の士気は低下し、ロシアを喜ばせ、その結果共産主義が世界に跋扈するだろう。〉

戦争はいつ頃始まると思うかの質問には、次のような答えが返ってきた。

〈誰にもわからない。一年、二年で起きるかもしれないし、起きないかもしれない。しかし、戦争の恐怖がヨーロッパの政治家を居ても立ってもいられなくしている。いずれにせよヨーロッパは、危なっかしいベルサイユ体制の上でバランスを失っている。爆弾がいつ破裂するかわからない状況にある。[5]〉

フランスについて

私が最初に訪れたのはベルギーからパリに向かう途上のリール*であった。第一次世界大戦時の救援事業の際にはこの町が活動の中心となった。当時のフランスの仲間たちが、活動に対する謝意を伝えてくれた。彼らとの交流の場を利用して、州政府や大学関係者あるいは実業家や労働運動の指導者の意見を聞くことができた。

第一次大戦時にともに苦労したエドモン・ラベ君と、ルイ・シェヴリヨン君、それにアメリカ大使館のロバート・D・マーフィー君が、リールからパリへの自動車の旅に同乗してくれた。車中では、フランスやヨーロッパ全般の政治状況を語り合う時間がたっぷりあった。

パリでは、ジョルジュ・ボネ外務大臣が私を訪ねてくれ、アルベール・ルブラン大統領のもとに案内してくれた。こうした要人の他にもカミーユ・ショータン首相や、フランス銀行総裁、ソルボンヌ大学学長、六人の政府高官、二人の上院（元老院）議員、四人の副大臣、二人の元駐米大使、六人の市長、二人のエンジニア、二人の編集者、二人の経済専門家、二人の労働運動指導者、七人の教育関係者、一人の詩人、六人の米人記者、三人の米国大使館職員と会うことができた。結局、フランスやヨーロッパの事情に詳しい四八人の人物と話ができたことになる。彼らの考えをここに記す必要はない。要約すれば、彼らの意見は、ベルギーで聞いた意見と同じであったからだ。「フランスの外交方針に重大な影響を与えているのは、ドイツの台頭への恐怖心である」と、みな口を揃えた。

＊訳注：ベルギーとの国境に接する町。

パリまでの旅に同行してくれたラベ君は、リエージュ大学学長であり、当時パリで開催中の万博の総裁でもあったが、*次のような意見であった。

〈フランスは一国だけでヒトラーと戦う力はない。そのため他国との軍事同盟に頼っている。イギリス、ポーランド、チェコスロバキアなどに加え、一九三五年にはソビエトロシアと提携した。我々の国防は、陸軍とマジノ線**にかかっている。[6]〉

これに比べると、シェヴリヨン君の物言いはより悲観的だった。

〈我が陸軍に対するナチズムと共産主義の影響は無視できないものがある。また先の大戦で一つの世代が消えたようなもので、その喪失を埋める次世代のリーダーが育っていない。あの大戦の時には存在した(民族の)活力というものが未だ回復していない。[7]〉

フランス議会では弱小政党が乱立していた。一九一九年(ベルサイユ会議)から私の訪問時(一九三八年)までの間、政権は短命で平均六カ月しかもたなかった。この間に四一回〔訳注:三一回の誤記?〕の政権交代があった。レオン・ブルムは一九三六年六月に首相になったが、彼は、複数の左翼政党と共産党に支持され、急進的な人民戦線政権を作り上げた。

ブルムは、ルーズベルトが実施したニューディール政策をフランスに持ち込んだ。しかしそれは経済界を怯えさせただけだった。生産は縮小し、輸出が減少する一方で輸入が増加した。資本は海外に逃避し、金の準備高も減少した。通貨交換も困難になっていった。ブルムは軍事面を強化することはなかった。航空機は月産五〇機であったものが一七機に激減した。ドイツは毎月三〇〇機から四〇〇機を生産していた。戦車にいたってはおよそ七〇〇両を保有していることになっていたが、まともに動かせるのはわずか八四両だった。

ブルム政権は一九三七年六月に倒れた。私の訪問した時点での首相はカミーユ・ショータンだったが、彼もフランスの現状を変えることはできていない。フランスの状況は私を不安にさせるには十分であった。

＊原注

1〜7　これらの内容は一九三八年の旅の備忘録にあるメモに拠る。〔編者注：レオポルド三世とは一九三八年二月十八日に会談している〕

＊訳注：一九三七年開催の万博を指している。フーバーのパリ訪問時には万博は終了していた。

＊＊訳注：マジノ線はフランスの東部国境に構築した対独防衛のための要塞群。

第7章　ドイツとイタリア

ヒトラー訪問

ヒトラーが政権を奪取してから五年が経っていた。私は彼の演説、行動、あるいは書いたものを通じて、ヒトラーには三つの固い信念があることに気づいていた。第一はベルサイユ条約でばらばらになったドイツを再統一すること、第二は資源確保のためにロシアあるいはバルカン半島方面に領土を拡張すること、第三はロシアの共産主義者を根絶やしにすることである。第二の狙いは「生存圏（Lebensraum）」の概念として知られている。

三つの目標はヒトラーのエゴイズムの集大成とも言える。彼の考えはドイツ国民にも支持されていた。ドイツ国民は第一次大戦の敗北がもたらした屈辱を晴らしたかった。国をばらばらにされ、非武装化された。降伏後も港湾封鎖は解かれず、その結果多くの国民が餓死した。[*] また休戦後、ドイツの多くの都市で（共産主義者の）反乱があったが、それは残虐なものだった。国民はそれを忘れていなかった。

ベルリンにはチェコスロバキア経由で、車で入った。途次にドイツの新住宅開発計画を見たかった。一九三八年三月七日、私たちはベルリンに入った。到着するとすぐにヒトラーから招待があった。その知らせを伝えた特使によれば、総統は、ドイツが飢えと病に苦しんでいる時期（休戦期間）に私が行なった救済活動に感謝の意を伝えたいとのことだった。またその後の時期のドイツ人児童への救援活動や、私が大統領時代に起こった世界不況時におけるドイツ支援に対しても感謝したいとのことであった。

私は彼の招きを受けた。ヒトラーの考え方を理解したいという思いがあったからだ。[**] 私は新任の駐独大使ヒュー・ウィルソン君に伴われて会見に臨んだ。予定では一五分の会見であったが、ヒトラー総統はその時間を大幅に延長した。彼は、私が住宅開発現場を見てきたことを知ると、その計画について詳細に説明してくれた。説明は明快なものだった。彼は十分な情報を持ち、記憶力の良さを感じさせた。少なくとも我々が話題にした非政治分野ではそうであった。会話を通じて、メディアや書籍の、ヒトラーはナチス・グループが単なる飾りとして擁立した無能な人物だという評価が嘘であることが確信できた。彼自身が「ボス」であることは疑いようがなかった。

ヒトラーとの会話の中で、かなり危険な狂信者だと感じさせられることが二度あった。ある心のボタンに触れられると、突然怒りを爆発させた。それは、同席の大使（ヒュー・ウィルソン）が、ロシアの共産主義者のことを話題にしたときに起きた。また私が、世界の経済情勢を語る際に「民主主義」という用語を使い、それについて大使がコメントした際にも怒りの感情を見せた。ただ怒りの程度は共産主義者を話題にした際よりは若干は穏やかだったが、その性質は同じようなものだった。ヒトラーは共産主義の政体も、民主主義の政体もどちらも嫌っていた。

私にとってドイツについての情報源は旧友のテオドール・レーヴァルト君だった。彼は第一次世界大戦時には、内務大臣であり、ベルギー救援活動に協力してくれた政治家だった。彼はナチスを嫌っていた。彼以外にも多くの指導的立場にいる人物に会えた。その一人にヒャルマル・シャハト[***]がいた。彼には（第一次）大戦前にもその後にも会ったことがある。彼は、経済問題については饒舌であったが、ナチス政権については警戒していたのか何のコメントも発しなかった。

---

*訳注：大戦期、イギリスはドイツの港湾を封鎖したが、休戦後もそれを解かなかった。その結果、食糧不足で多くのドイツ国民が飢えに苦しんだ。イギリスの政策を非難する政治家も多かった。

**編者注：会見は一九三八年三月八日正午に予定されていた。

***訳注：ナチス政権でライヒスバンク総裁、経済相など歴任。

ドイツを理解するのに、米国駐ベルリン大使館での会話も役立った。そこには、AP通信のベテラン記者のルイス・ロッホナー君、大使館付商務官のダグラス・ミラー君、駐在武官のトルーマン・スミス大佐がいた。ミラー君は私が商務長官時代の部下であった。

ロッホナー君とミラー君は、ナチス政権下の暮らしがどのようなものか説明してくれた。その内容については多くの書物に紹介されているので、ここでは繰り返さない。私の関心は和平あるいは戦争といったものにあった。ミラー君によれば、ドイツの農業を含む全産業で戦争のための準備がなされているらしかった。準備はいつ完了するのかとの私の問いに対する答えは、「おそらくあと一年半だろう」であった。

スミス大佐はドイツの軍備拡張について説明してくれた。彼はドイツの航空機生産が年間四八〇〇機という規模で進められていると教えてくれた。あと一年半で二〇〇万人規模の動員が可能な戦いを始められるだろうとのことであった。

ヒトラーはベルサイユ条約を無視し、再軍備を進めた。ラインラント進駐も条約無視の行為だった。ロカルノ条約も無視した。ドイツの条約無視がどのような結果になっているか、私は質問した。イギリスは抗議せず、むしろ対ソビエトの軍事力強化を歓迎しているようであり、フランスは、抗議するにはあまりに弱々しい存在だった。ウィルソン大使も、ヒトラーはドイツ再統一の強い意思を持っており、近いうちにドイツ人の多いズデーテンラント（チェコスロバキア）、そしてオーストリアの併合を目指すだろうという意見であった。

スターリンに対するヒトラーの態度

ヒトラーとスターリンの二人の独裁者の危険性は何にもまさっていた。それだけにヒトラーがスターリンをどう見ているかに興味があった。ヒトラーの反共産主義の考えが変わりようのないことは歴然としていた。

一九三六年三月七日、ヒトラーは次のように語っていた。

〈ソビエトロシアは、革命を憲法で賛美し、かつ主張する。国家の信条として世界革命を志向していることを表明している。[1]〉

同年九月十二日のニュルンベルクでの演説は次のようなものだった。

〈もし私がウラル山脈に眠る鉱物資源、シベリアの森林資源、ウクライナの穀倉地帯を確保できれば、ドイツと国家社会主義指導体制は豊かになれる！。[2]〉

この二日後には同じくニュルンベルクで次のように演説した。

〈我々と共産主義は違う。共産主義との溝は決して埋まらない。その溝は深くなるばかりである。提携（unite）などはあり得ない。[3]〉

右記の類の演説は少なくない。

一九三六年十月二十四日、ドイツとイタリアが提携（ベルリン・ローマ枢軸）した。この提携はイタリアのチャーノ外相のベルリン訪問を受けて成立した。その結果、独伊両国の英仏に対する相対的な力関係は優位になった。提携文書には、「ヨーロッパ文明（の持つ社会文化構造）に対する脅威への共同防衛」が謳《うた》われていた。一カ月後にはドイツは日本との間にも防共協定を締結した（一九三六年十一月二十五日）。同様の協定は翌年イタリアとも結ばれている（一九三七年十一月六日）。日独防共協定は次のように謳っていた。[4]

〈ドイツ帝国政府および日本帝国政府は、コミンテルンの狙いがあらゆる手段を使った国家破壊と国家支配にあることを認識し、コミンテルンの内政干渉を看過することは国家の安寧と国民の幸福を危うくすると考える。同時に世界平和の維持にとっても脅威となるものである。したがって独日両国は、共産主義者の工作に対して、共同で防衛することが望ましいと考え、次のような合意に達した。

コミンテルンの活動に関する情報を共有し、対策を協議し、連携して対処する。

同じように国内の安定を脅かされている国家にも連携を促し、本協定に沿った精神に基づき対処することを勧奨する。〉

この防共協定に対して、ソビエトは間髪を入れず反発した。十一月二十七日付の『ニューヨーク・タイムズ』紙はそれを次のように報じている。

〈本日のソビエト議会は、ナチス党ニュルンベルク大会に対する激しい反発の場となった。アドルフ・ヒトラー総裁や同党幹部による（共産主義に対する）嫌悪感の大合唱に、ソビエトは明確に反論する。〉


ソビエトは、特に、ヒトラーのウクライナ奪取についての言及に苛立ち、「やれるものならやってみろ。たちまち敗北し、押し戻されるだろう」[5]と受けて立ってみせた。

十一月二十八日には、外相のマクシム・リトヴィノフが次のように語った。[6]

〈独日の反共協定は、我がソビエトに対する軍事行動を覆い隠そうとする煙幕である。日本はそのことをはっきり認識している。日本は、直近の四八時間の間に、極東方面で二回にわたって我々に攻撃を仕掛けている。

イタリアもドイツに倣って、日本に対して、日独協定と同様な協定を結びたいと考えているとの情報を得ている。〉

一九三六年十一月二十六日、AP通信は、「ソビエトロシアは、日本とドイツの協定がソビエトを狙った軍事協定であることを示す文書を持っている、と『プラウダ』が伝えた」と報じた。[7]
こうしたやりとりからわかるように、私のドイツ訪問時に、スターリンに対するヒトラーの敵意が静まるようなことは考えられなかった。

ドイツ・ナンバー2との会見

ナチス理解に役立ったのは、ヒトラーの右腕である陸軍元帥ヘルマン・ゲーリングとの会見だった。彼が私を昼食に招いてくれたが、私は彼の心を探るにはよい機会だと考えた。ウィルソン大使も私にゲーリングの招待を受けるよう勧めてくれた。彼もまだゲーリングと会えないでいた。

昼食の場はベルリンから少し離れたところにあるカリンハルであった。ここには彼の狩猟用の別邸があった。[8]食事の前に、ゲーリングは私を書斎に案内した。そこには私たちの他には通訳がいるだけだった。彼は私への質問をメモ書きしていた。彼はまず、私の、（第一次）大戦中・大戦後の救援活動にドイツ人はみな感謝していると述べた。彼は、二度とドイツは飢饉に見舞われることはないだろう、領土内で自給できるほどの農業生産を進めていると語った。私はこの言葉を信じなかった。彼の言葉は、むしろ、戦争の先触れに聞こえた。

ゲーリングからは、経済に関わる質問もあった。また、工業部品の標準化に関わる特別な質問もあった。部品の標準化は私が商務長官時代に始めた政策だった。部品の標準化には関係者の自発的な同意が必要だと説明すると、彼は「もし私が朝にその仕事を任されたら正午までにはそれを終えている」と答えた。

私は鉱山技師時代にロシアで働いたことがあった。第一次世界大戦前のことである。彼はロシアにおける鉱山資源について質問したが、私の持っている情報はあまりに昔のもので、すでに世に知られている以上の情報はなかった。

会話を終えると、彼は小さなボタンを押した。すると壁にヨーロッパの地図が照らし出された。そこにはドイツと隣接する国が異なる色で示されていた。ゲーリングは私にチェコスロバキアを示して、この国の形が何かに似ていないかと尋ねた。何も思い浮かばないでいるとゲーリングは、「ドイツに突きつけられた矢尻だ。我がドイツの体に突き刺さっている」と説明した。

私は、ゲーリングはヒトラーよりも物わかりがよさそうに感じられた。また頭の回転も速そうだった。ただ、彼のブルドッグのような首と厳しい顔つきは、非情な人物、いやもっと言えば、きわめて残酷な人物であることを示しているようだった。

ナチス政権の特徴、つまり個人の自由の破壊、物質優先・軍事優先の思想、ユダヤ人に対する迫害といったことについては、すでに多くの文献が語っている。私の（ベルリンの）ホテルに電話をかけてきた者は、みな慎重な物言いであった。彼らは私との会話が盗聴されているらしいことに勘づいていたからである。

市内では制服様の服を着ている市民が多く見られた。どのヨーロッパの町に比べてもそういう人間の数が多かった。こうした見聞も含め、何とも言いようのない抑圧と恐怖の空気がこの国に充満しているのを感じた。

私はドイツから国境を越えポーランドに入るとほっとした。この気分は私の観察の正しさを示すものかもしれなかった。

イタリア

私はこの時の旅ではイタリアを訪問しなかった。しかし、ムッソリーニが、ベルサイユ条約に恨みを持っていることは各方面から伝わってきていた。第一次世界大戦でイタリアが連合国側に立って参戦したのは一九一五年のことである。参戦にあたっては英仏両国との間に密約があった。参戦すればイタリアには領土拡張が認められていた。しかし、ベルサイユ会議ではイタリアの要求のほとんどが無視されたのである。[9]

一九三八年当時、ファシスト党の創設者であるベニート・ムッソリーニは絶対的権力を謳歌していた。一九二二年から始めた彼の改革はうまくいっていた。政府と軍を組織改革し、公務員改革も実施した。鉄道などの公共サービスの効率も上がっていた。工業・農業振興にも力を入れていた。結果としてイタリアは繁栄を取り戻していた。ドイツを含むヨーロッパ各国は、彼のやり方にならった。当時のヨーロッパにおける議会政治はうまく機能していなかったからである。ムッソリーニのやり方は、第一次世界大戦時に民主国家であるアメリカやイギリスが行なった政策の模倣であることに気づくアメリカ人はほとんどいなかった。

一九三六年五月、イタリアはエチオピアに侵入した。国際連盟はイタリアに制裁を科したが、それはすぐにやんだ。一九三八年には、ムッソリーニはヒトラーと同様に共産主義者を敵視していた。防共協定の創設メンバーであり、ヒトラーと共に、（スペイン内戦では）フランシスコ・フランコ将軍を支援し、スペインにおけるソビエト支援の共産革命に対抗した。

英仏両国は、ムッソリーニがヒトラーに近づくことを止めたかった。イタリアのアフリカにおける領土要求に妥協的だったのはそのためだった。イタリアのエチオピア支配も容認した。一九三七年一月二日には、英国はイタリアとの間で、地中海方面の勢力圏について確認書を交わした[10]。

イタリアとの宥和外交の結果、一九三八年初めには、アンソニー・イーデン外相が辞任する事態となった。それでもイギリスは同じような対イタリア外交を継続し、一九三八年四月十六日には新たな覚書を交わした。しかし結局はファシスト党の首魁（ムッソリーニ）をヒトラーから離反させることは叶わなかった[11]。

＊原注

1　Adolf Hitler, *My New Order* (Edited by Raoul de Roussy de Sales), Reynal & Hitchcock, New York, 1941, p. 378.
2　同右、p. 400.
3　同右、p. 403.
4　*Documents on International Affairs*, Royal Institute of International Affairs, London, 1936, pp. 297-298.
5　*New York Times*, November 27, 1936, p. 1: 8.
6　同右、November 29, 1936.
7　同右、November 27, 1936.
8　我々の乗った車が邸内の庭に入っていくと、守衛に止められた。すると一四人から一六人の「猟師の格好をした男たちがホルンを持って現われた。そしてジークフリート〔訳注：ワーグナーの歌劇『ニーベルゲンの指輪』（四部作）の一部〕にある猟師の呼び声（the Huntsman's Call）」を吹奏してみせた。私がこれまでに聞いたどの演奏よりも素晴らしいものだった。

　このパフォーマンスが終わると車で玄関に移動した。今度は違う雰囲気の「役者」たちが迎えた。私は昔観た「馬上の乞食」という劇を思い出した。劇中では一二人の執事とそれぞれの執事に付く一二人の従僕がいたはずだった。そこにも同じ人数が揃っていた。おそらく役者の中にはシークレットサービスも混じっていただろう。訪問者がホスト（ゲーリング）に危害を加えるようなことがないようにするためだ。数人は我々の傍にいて、どんな対応もできる位置にいた。

　カリンハルの邸は壮大であった。たくさんの部屋があったが、それぞれがウォルドルフ・アストリアホテルのダイニンググルームほどの広さがあった。家具は実に高級で、壁には素晴らしい絵画が飾られ、その他の芸術品も置かれていた。二、三のナポレオンの胸像もあった。ゲーリングはさほど裕福ではない軍人の家庭に育った。これほどの生活は将軍の収入ではとてもできないものであろう。

9　イタリアは、ベルサイユ条約で各国に割り当てられた委任統治にも強い不満があった。条約によって他国は多くの委任統治領を得た。イギリスは一六〇万七〇五三平方マイル（約四二〇万平方キロメートル）の領土と三五〇〇万の人口、フランスは、四〇万二三九二平方マイル（約一〇〇万平方キロメートル）と四〇〇万の人口、日本は太平洋方面に八三三平方マイル（約二二〇〇平方キロメートル）と一三万三〇〇〇の人口および山東省と同地の二〇〇〇万の人口を獲得した。ベルギーも一万八〇〇〇平方マイル（約四万七〇〇〇平方キロメートル）と四〇〇万の人口を得ている。イタリアはこうした国の領土獲得よりもはるかに少なく、新たな人口数百万を得たに過ぎなかった。

10　*New York Times*, January 3, 1937. あるいはイギリス外務省文書、Italy No. 1 (1937). *Declaration by his Majesty's Government in the United Kingdom and the Italian Government regarding the MEDITERRANEAN [With an Exchange of Notes regarding the status quo in the Western Mediterranean dated December 31, 1936] Rome, January 2, 1937. Presented by the Secretary of State for Foreign Affairs to Parliament by Command of His Majesty*. London: H. M. Stationery Office, 1937. 4p (Cmd. 5348).

11　一九三七年九月二十六日、ベルリンでヒトラーはムッソリーニを迎えた。その歓迎に応えてムッソリーニは次のように述べた。当時のパワーポリティックスのありようを示す一つの（ブラック）ユーモアである。

「最も偉大な真の民主主義を達成した国は、ドイツと我がイタリアである」(Paul Schmidt's, *Hitler's Interpreter*, The Macmillan Company, 1951, p. 73.)

フーバー・ヒトラー会見（1938 年 3 月 8 日，ベルリン）
左からフーバー，ヒトラー，ポール・シュミット博士（通訳，ドイツ外務省），
ヒュー・ウィルソン（米国駐ドイツ大使）

次頁上：フーバーとオーストリア大統領（ヴィルヘルム・ミクラス）会見
（1938 年 3 月 4 日，ウィーン）

次頁下：フーバーとポーランド大統領（イグナツィ・モシチツキ）会見
（1938 年 3 月 12 日，ワルシャワ）

Herbert Hoover Presidential Library; © Acme Photo

Herbert Hoover Presidential Library; © AP Photo

Herbert Hoover Presidential Library

フーバーとフィンランド大統領（キュオスティ・カッリオ）会見
（1938 年 3 月 15 日，ヘルシンキ）

Hoover Institution Archives

フィンランド救援集会を伝える広告（1939 年 12 月，ニューヨーク市）

Hoover Institution Archives

ポーランド救援を訴えるフーバー
(1939年10月11日〔プラスキ・メモリアル・デイ〕ニューヨーク市)

左頁上：フィンランド救援チャリティーのフーバーと女優ガートルード・ローレンス
(1940年1月4日，ニューヨーク市)

左頁下：フィンランド救援基金をポパイに扮した役者から受けるフーバー
(1940年冬，ニューヨーク市)

Hoover Institution Archives

Hoover Institution Archives

フィンランド救援パーティー（1940 年 1 月 12 日，ニューヨーク市）
（左からタルラー・バンクヘッド，フーバー，ヘレン・ヘイズ，キャサリン・ヘップバーン）

左頁：フーバーとヒュー・ギブソン共著による『永続的平和の諸問題』の広告
（『ニューヨーク・タイムズ』紙，1942 年 6 月 30 日付）

Nationwide Praise for a Great American Book

THE PROBLEMS OF LASTING PEACE
by HERBERT HOOVER and HUGH GIBSON

MAJOR GENERAL FRANK R. McCOY, President of the Foreign Policy Association. ". . We have, in this book, the ever present help of responsible men of the most valued experience. They are to be congratulated for giving it to the public."

GENERAL CHARLES G. DAWES, Former Vice-President of the United States. "This book is a product of *genius* and *high statesmanship*. . . . It should become a permanent authority and source book."

ADMIRAL WILLIAM V. PRATT, Former Chief of Naval Operations. " . . . This book . . lays the foundation stones upon which the house of peace may be erected later. It is the beacon light to guide the mariner through stormy seas, past the jagged reefs and shoals, upon which so many good ships have been lost, into the quiet harbor."

BAINBRIDGE COLBY, Secretary of State, Wilson Cabinet. " . . . I cannot but think that *a masterwork* such as this which clarifies the aims of the United Nations will prove a major contribution to the victory."

J. REUBEN CLARK, Jr., Former Under Secretary of State. " . . . . If this text were studied in every high school and college . . . we would have an informed youth that would come nearer placing the United States in its proper place in world affairs than any generation which has preceded it."

HON. HUGH R. WILSON, Former American Ambassador to Germany. "The book is a *wise* and *dispassionate* analysis. It is characterized by tolerance and humanity. It will be indispensable..."

WOMEN WRITERS

MARGARET DELAND, Author. "A noble book. For all its gentleness and dignity it has great power. There could not be a more substantial, more reliable or more important contribution to sound thinking."

INEZ HAYNES IRWIN, Author. ". . . I wish it might be made obligatory for all American citizens to read this book."

MARY HASTINGS BRADLEY, Author. "Mr. Hoover and Mr. Gibson have done a truly great thing, something that no one else could have done. And it is finely done, clear, logical and earnest. I hope it will have weight while there is yet time."

CARRIE CHAPMAN CATT. "The Hoover-Gibson book will prove invaluable to the makers of the peace."

DOROTHY CANFIELD FISHER, Author. ". . . a stimulating and useful contribution to the thinking of our country."

MARY E. WOOLLEY, Teacher. "Now is the psychological moment for the publication of a book like THE PROBLEMS OF LASTING PEACE. . . ."

ROSE WILDER LANE, Author. "Everybody must read this great American book."

EDITORS

WILLIAM ALLEN WHITE, Editor, The Emporia Gazette. "I do not recall when I have read a book which seems so *timely*, so *sane*, and at the same time so full of courage. . . . The making of this book is a great patriotic service. . . . a *brave* path toward a new world resting upon realizable ideals."

FELIX MORLEY, Former Editor, The Washington Post. ". . . A guide book for the discovery of a happier world . . . the equivalent of a major military triumph now. . . . If it can be placed in German hands this slim volume will alone do much to create the 'second front' of which there is such need. . . . It is no exaggeration to say that this guide book for the discovery of a happier world is what men of goodwill in every country have been eagerly, though none too hopefully, awaiting."

WILLIAM L. CHENERY, Editor of Collier's. "A scholarly and statesmanlike approach to a problem of enormous difficulty which every thoughtful American is searching to solve. . . . A powerful stimulant to honest and clear thinking."

M. S. SHERMAN, Editor, The Hartford Courant. " . . . is the most realistic approach to the subject that has yet been made . . . the book exhibits on every page statesmanship of the highest order and a sincerity of purpose utterly devoid of passion and prejudice. . . . The authors have made a contribution of immense importance to the clarification of peace objectives. . . ."

FULTON OURSLER, Former Editor of Liberty Magazine. "An able, constructive work of major importance; a fresh approach to a gigantic problem; a wise book; a book generous in spirit."

WHEELER McMILLEN, Editor, The Farm Journal. "The road map for humanity is in *The Problems of Lasting Peace* . . . those methods that must be utilized if a truly durable peace is to be the fruit of victory. It has the distilled essence of tolerant realism."

EDUCATORS, AUTHORS AND RELIGIOUS LEADERS

JAMES R. ANGELL, former President of Yale University. ". . . . I only hope it may have the widest possible reading. Its clear analyses and the wisdom and sanity of its conclusions . . . cannot fail to exercise a most wholesome influence."

DR. DANIEL A. POLING, Editor, Christian Herald. "This book is timely and imperative. I congratulate the authors on the tone and temper and comprehensive statesmanship of what has been written. They have produced a source library for the peace-makers."

REV. JAMES M. GILLIS, Editor of The Catholic World. "That indispensable book, *The Problems of Lasting Peace* . . . I read it immediately with supreme satisfaction . . . invaluable . . . the resumé of facts that are too recent to have found place in works of history and yet not recent enough to be in the day's newspapers. . . . Not only for that reason, but because of the eminently sound philosophy that dominates the work, I am thankful to have it."

RABBI NORMAN GERSTENFELD, Washington Hebrew Congregation. ". . . This . . . book will be found invaluable for . . . winning the peace. It ought to be read by every American citizen . . ."

EDGAR EUGENE ROBINSON, Professor of History. "The premises are honestly and clearly stated. The conclusions are inescapable, and brilliantly formulated. In this book . . . is to be found much of the wisdom of which the world is so greatly in need."

OLIVER ST. JOHN GOGARTY, Author, Member of the Irish Free State Senate 1923-1936. "It is a scholarly and masterly exposition. . . . It is more than this. It will be a revelation to the nations of Europe of the wisdom, the genius for statesmanship and disinterestedness of the United States. What an antithesis to Mein Kampf is this well-thought-out . . . demonstration of the paths that lead to peace on earth and among men of goodwill."

JAMES T. SHOTWELL, Chairman, the Commission to Study the Organization of Peace. "The chief purpose of this volume is the education of the American people for the new and inescapable tasks which confront it. The method of presentation is a stroke of genius. . . ."

CARL W. ACKERMAN, Dean of Columbia University School of Journalism. "An enduring peace will need a blueprint as much as a victorious war requires blueprints for war industries. The authors of *The Problems of Lasting Peace* present a blueprint for public discussion."

THOMAS J. WATSON, Former President, International Chamber of Commerce. ". . should be read and studied by the thinking people of all nations."

COLUMNISTS AND COMMENTATORS

DAVID LAWRENCE. "Every once in a while men with governmental experience and background give themselves unreservedly to the preparation of a book done objectively, fairly, non-politically, they perform a service of transcendent value to their fellow citizens. Such a book—*it may prove the most valuable work of our times*—has just been published by Herbert Hoover and Hugh Gibson. . . . a truly American statement of what might be termed practical idealism. The book will help Europeans as well as Americans. . . ."

LOWELL THOMAS. "This volume . . . is memorable . . . few authors have been better fitted. . . ."

WILLIAM PHILIP SIMMS, Washington. " . . . . So objective and so thorough is this work that what they have produced *is nothing less than a state paper and will be so regarded here.* . . . They . . . blaze a trail for a durable peace. . . . they insist again and again that the American people must begin right now to think of the problems of peace and 'think in a far larger frame than ever before.' Such being the case, they can do no better than to start with this book."

GEORGE SOKOLSKY. "Herbert Hoover and Hugh Gibson began working together twenty-eight years ago. . . . These two experienced men have joined their knowledge and wisdom. . . . It can be said categorically that of all the master figures of the world today, only one, Winston Churchill, has had a career in war and peace comparable to Hoover's . . . if you want to know more, read it."

FRANK KENT. "Its great value is its contribution of fundamental sanity to the discussion and the convincing completeness with which it marshals and analyzes the basic facts which cannot be ignored if finally civilization is to save itself. The background of the book is the skillful and impressive summing up of the record. . . . The long quest for effective international cooperation has never been as lucidly nor as forcefully presented. Aside from the thoughtful and penetrating interpretation of facts and ideas, the book is remarkable for the exceedingly practical suggestions for dealing with hitherto insoluble economic, social and racial problems. It is notable also for its fairness. . . ."

RAYMOND MOLEY. "The amazing equipment each of these men brought to the job, the unexampled detachment with which they could examine the problem . . . of the principles on which a lasting peace must rest . . . the freshness and constructive work of these men. They have performed an invaluable service. From here on no thinking of the post war world can ignore the job Hoover and Gibson have done. They have truly raised a standard to which wise and honest people regardless of party may repair. And that is statesmanship of a high order."

WYTHE WILLIAMS. "Presented with a statesmanlike approach that should prove not only stimulating to the thinking of our country but invaluable to those who sit around the peace table."

BOB DAVIS. "Not only is the book the most timely document now offered to the public, but it is a demonstration of reserve and common sense in dealing with world affairs. It has a mounting quality, enriched by the experience of both authors . . . It is a demonstration of courage . . . should be in the little red school houses that dot the landscape . . ."

REVIEWS

NEW YORK TIMES BOOK REVIEW (Front Page Review by Anne O'Hare McCormick)

"The position and the experience of the authors would make this book of first importance even if the subject and ideas advanced in its pages were not of supreme importance to the American people. . . .

"It is more than a literary event when a former President of the United States and a diplomat and international negotiator of 30 years' standing, both deeply involved in the last war and its aftermaths, undertake to write a preface to peace-making. . . .

"This book makes a new approach to the problems of peace and war. . . . In page-long summaries covering whole epochs, it traces the outline of history that makes the efforts of H. G. Wells seem diffuse and compendious. . . .

"Mr. Hoover was a non-interventionist before we were forced into the conflict but in no sense was he ever an isolationist. No man in public life has a wider acquaintance with the world. . . . The truth about Mr. Hoover is that he has remained through all his varied and panoramic life as typically American as his native Iowa. . . . It is because his reactions are so often typical that this book has such significance and value.

". . . It is an honest, courageous contribution to a debate that will mean the fate of our country and the world."

NEW YORK WORLD-TELEGRAM (Harry Hansen). "Their book should lead to clarification of the Atlantic Charter . . . and help us keep abreast of peace aims."

NEW YORK DAILY NEWS (Alicia Patterson). "How can we achieve lasting peace? . . . These questions are thoughtfully analyzed and evaluated by two gentlemen who know what they are talking about. . . This is one of the soundest and fairest judgments of war and peace to come out of the current debacle."

WALL STREET JOURNAL (Thomas F. Woodlock). "The method they have followed . . . is in sharp contrast to the disorderly and emotional treatment of the subject with which we have been surfeited. . . . It is all done with notable restraint and absence either of Utopian blueprints or high sounding abstractions . . . which makes the reading attractively easy. . . . There is much more that can be said of the merits of this book. . . ."

BOSTON POST (William E. Barrett). "'Nations can blunder into war. They cannot blunder into peace.' It is a phrase to remember. Herbert Hoover has seen the waging of war and the making of peace. The pooling of experience which created this book . . . remarkable for its detachment, its lack of political bias, its freedom from war hatred or race prejudice. . . . No review can do justice to this book. . . . It is a book that will outlive our time."

NEW YORK HERALD TRIBUNE (Mark Sullivan. "The personal participation of two exceptionally intelligent and humane men in the most ambitious attempts at peace ever made, coupled with the scholarly study of all man's attempts at peace, give this book a unique value."

BOSTON HERALD TRAVELER (George Long). "A book of unusual significance has just been published. Decidedly more than a literary event."

PHILADELPHIA INQUIRER. "A stimulating study of the dynamic forces in peace and war based on the combined realism and idealism which is the essence of statesmanship."

PHILADELPHIA RECORD. "No one now studying the all-important questions of peace and post-war plans can afford to overlook this thoughtful and stimulating book."

ROCHESTER TIMES-UNION. "Here is a book treating the problems of peace realistically. . . . Even to a layman it seems rooted in common sense, a quality which may after all serve the world better than the hocus-pocus of high diplomacy."

INDIANAPOLIS STAR (Corbin Patrick). " . . . is expressed with great sincerity and conviction . . . They rank as elder statesmen . . . and are remembered with gratitude by the peoples of oppressed Europe. No one is in a better position to know. . . ."

INDIANAPOLIS TIMES. ". . . An important addition. . . . Messrs. Hoover and Gibson have gone straight to the root of the problem."

SAN FRANCISCO CHRONICLE (Joseph Henry Jackson). "It is no use to say 'Oh, but the peace makers will take care of us.' . . . The peace makers took care of it for us once. . . . If we look forward to anything real in the way of peace we'd better inform ourselves, then make certain that those who represent us do so fully. . . . How to make sure of this? One way is to read *The Problems of Lasting Peace*. . . . They . . . put forward a method of approach. . . . You should go to the book itself . . . most significant, it will stimulate straight thinking about a tremendously complicated and difficult problem."

EDITORIALS

KANSAS CITY STAR. " . . . It ought to be possible to make a peace that will last longer than the peace that followed Versailles. . . . A keen analysis of the problems is embodied in a new book. . . . Both men have had unusual training . . . a helpful book. . . ."

MINNEAPOLIS TRIBUNE. ". . . an earnest, liberal, practical book . . . sure to influence thinking. . . . Everybody who wants to get closer to bedrock . . . will find rewarding reading . . . so packed with meat that it is possible only to hit the high spots. The authors have made an intensively honest, impartial effort to help raise . . . 'a standard to which the wise and honest can repair.'"

SPRINGFIELD (Massachusetts) REPUBLICAN. "The book . . . is likely to re-enforce the increasingly general insistence upon a wise and durable post-war settlement . . . win a large and helpful hearing . . . in a germinal sense the peace conference . . . has already begun."

NEWARK (New Jersey) EVENING NEWS. "Out of their many years of public service, national and international . . . have prepared a valuable volume."

BOSTON NEWS BUREAU. "A notable contribution . . . they have charted for us the cloudy areas . . . should be required reading for the thoughtful . . . now so mentally befuddled by noisy and emotional exhortations."

SAN FRANCISCO EXAMINER, NEW YORK JOURNAL-AMERICAN AND HEARST PAPERS. ". . . will have significant place in literature of these critical years . . . both write with authority . . . its merits are in analyses and definition of gathering forces. . . . We want a peace that will last. . . . Can it be done? Yes, it can be done. . . . It has never been done before but it will be done in time. We will surely try. . . . The book which Mr. Hoover and Mr. Gibson have written is part of that effort."

(NOTE: Further reviews will be published later.)

5th large printing

THE PROBLEMS OF LASTING PEACE is a big, cloth-bound book of almost 300 pages. It has been priced at only $2.00 to help make possible the widest distribution of the volume to American men and women everywhere.

$2

DOUBLEDAY, DORAN.

To your Bookseller or

DOUBLEDAY, DORAN & CO., INC., Dept. 226, Garden City, N.Y.

Please send me immediately .... copies of THE PROBLEMS OF LASTING PEACE by Herbert Hoover and Hugh Gibson. I will deposit with postman $2.00 for each copy ordered, plus few cents postage and handling. I understand that I may return the book within 5 days and my deposit will be refunded in full; otherwise the deposit will be considered as payment in full.

Name ....

Address ....

City .... *State* ....

☐ Check here if you wish to enclose cash with this order, thus saving postage and handling charges. Same return for refund privilege applies, of course.

If resident of New York City, add 1% City Sales Tax

Order From Your Bookseller TODAY—or USE THE COUPON

During the coming years, and probably for the rest of your life, your entire existence will be affected by the tremendous questions analyzed in THE PROBLEMS OF LASTING PEACE. That's why you should get this remarkable book now, read it, and prepare today to exercise your rights and duties as an American citizen in helping to plan the world of tomorrow.

Just fill out the coupon at the left and your copy of THE PROBLEMS OF LASTING PEACE will be sent to you immediately. *SEND NO MONEY*—when the book arrives merely deposit $2.00 plus few cents postage and handling charges with your postman. If you are not satisfied with it, you are at liberty to send it back within five days *for a full refund of* your deposit. Otherwise, the deposit will be considered as payment in full.

Tear out this coupon NOW. Hand it or mail it to your bookseller. Or, if more convenient, mail it to DOUBLEDAY, DORAN, Dept. 226, Garden City, N. Y.

Herbert Hoover Presidential Library; © Acme Photo

上院外交委員会小委員会で，ドイツ占領下のヨーロッパ支援を訴えるフーバー
（1943 年 11 月 4 日，ワシントン DC）

第8章　オーストリア、チェコスロバキア、ポーランド

オーストリア

オーストリアはサンジェルマン条約*によって人口六〇〇万の小国になり下がったものの、首都ウィーンはヨーロッパの知性を代表する都市であり続けた。しかし、ヒトラーによって併合されてしまうのではないかと不安が街を覆っていた。

ここでは、首相のクルト・シュシュニックと会談した。彼は数日前ベルヒテスガーデン**で行なわれたヒトラーとの交渉の模様を話してくれた。ヒトラーはオーストリアに併合を要求していたが、シュシュニックはヒトラーには屈しなかった。彼はオーストリア議会で、そう演説していた。しかし、結局は私との会談の一〇日後に、ドイツ軍が侵攻し、オーストリアはドイツに併合された。

シュシュニックに対する私の印象はあまりよくない。有能さを感じなかった。それでも貴族的な気品があった。また、行動する政治家というよりも学生のような感じだった。ただ勇気と正義感だけはあるようだった。

*訳注：第一次世界大戦において連合国とオーストリアがパリ郊外のサンジェルマン・アン・レイで結んだ条約（一九一九年九月十日調印）。
**訳注：ザルツブルク郊外の町。ヒトラーの山荘があった。

彼に、「アメリカに何を期待するか」と聞いた。彼の答えは次のようなものだった。

〈ヨーロッパのパワーポリティックスと戦争に巻き込まれてはいけない！　貴国の国民にはヨーロッパの内部で働く力関係を決して理解できない。アメリカの介入は事態を悪化させるだけだ。アメリカは（自由主義）文明が栄える国であり続けてほしい。〉

晩餐会では、ルドルフ・ノイマイアー（財務大臣）、ビクトル・キーンベック（オーストリア銀行総裁）や経済学者らと話すことができた。彼らに、一九三一年に起きたヨーロッパ経済失墜の原因について意見を聞いた。あの不況はウィーンが発生源であった。* 私の大統領在任中の大問題がいわゆる大恐慌への対応であり、それがオーストリアの金融恐慌からの影響を受けていただけに関心があった。

彼らの分析は次のようなものだった。

〈一次的要因と二次的要因がある。一次的な要因にもいくつかある。
第一は、ヨーロッパ各国の経済体制そのものが先の戦争で弱体化していたことだ。
第二は、ベルサイユ条約によって、ダニューブ渓谷に五つも国をつくってしまい、それぞれが関税障壁をつくってしまったことである。鉄道料金は差別的なものになってしまった。輸入規制が導入され、この地域の生産性を削いでしまった。その結果、地域の金融の中心地であったウィーンの金融セクターが弱体化した。
第三は、賠償金と戦争で発生した政府の負債である。どちらも返済不可能なものだった。それでも何とかしようとする力が働いて、金融システムや為替相場を混乱させた。輸出を増やそうとする圧力で販路も混乱した。
第四は共産主義化し孤立したロシアの生産力の低下である。ロシアからの食糧や原材料の輸出が減り、かつヨーロッパ製品の輸出先であったロシア市場もそのほとんどが閉ざされてしまった。

第五は、ベルサイユ条約が締結され、国際連盟が設立されたにもかかわらず、各国の軍事費が徐々に増大し、赤字財政を余儀なくされたことである。

第六は、全体主義的なリベラリズムの台頭である。この思想は、政府支出によって雇用機会を増やすことができ、かつ官僚の統制で生産性を上げられると考えるものだ。しかし結局は民間資本（の自由な活動）を脅かしただけだった。そのため投資意欲が減退し、失業者も増えてしまった。

第七は、政府が公共投資を増やしたことである。失業者を減らしたい政府は公共投資でますます赤字を増やした。国内だけでなく外国からの借款に頼ることになった。また（意図的に）インフレ政策を取った。政府は、輸出入を統制することで通貨を防衛し、金《きん》の流出を防ごうとした。それがさらなる失業者の増加につながった。

このすべてが先の戦争（第一次世界大戦）とベルサイユ体制に起因している。もしあの戦争がなければ、現在の不況はなかったのだ。

亀裂は最も弱いところに起きる。つまりオーストリアが最も弱かったということだ。それに、フランスが短期債の返済を求めて事態を悪化させた。彼らがそうしたのはオーストリアとドイツの経済的統合案（一九三一年）に反対し、その実現を阻みたかったからである。〉

チェコスロバキア

チェコスロバキア訪問中は、アメリカ公使のウィルバー・J・カー君のところに泊めてもらうことになった。彼は、エドヴァルド・ベネシュ大統領、ミラン・ホッジャ首相、カミル・クロフタ外相、エミル・フランケ教育相など五〇人を超える有力者との会談を用意してくれた。

＊訳注：ヨーロッパの金融恐慌はオーストリアの銀行クレディ・アンシュタルトの破綻（一九三一年五月）がきっかけだった。

第一次大戦の頃から、私はベネシュ大統領を知っていた。彼は、和平維持のためには西ヨーロッパの民主国がドイツに対して厳しい態度を取らなければいけないと主張していた。イギリスがドイツの再軍備を容認したことにも憤っていた。彼は、フランスとの軍事協定、そして共産国家ソビエトとも同じように提携することでドイツに対抗しようとした。大統領は国内政治の緊張については語らなかった。ホッジャ首相は、ズデーテンラントのドイツ系住民に対してヒトラーが独立を煽動していると苦々しげに語った。

彼らの主張は、チェコスロバキアの都合によるアジテーションの側面がある。チェコスロバキアの問題は、サンジェルマン条約で規定された国づくりに違背したことに起因している。この条約では、チェコスロバキアは、州の自主性が決められていた。したがってズデーテンラントでも、二五〇万人のドイツ系と、二〇〇万人のスロバキア系が自治的な地方政府を運営することになっていた。しかし、結局は中央政府がすべての重要事項を決める体制にしてしまった。チェコ人は一五〇年以上にわたって隣国から圧迫を受けてきた。したがって彼らは、ズデーテンラントのドイツ系もスロバキア系も信用していなかった。国際連盟は、この国の少数民族の扱いについて再検討を求めたほどであった。

大統領も首相も、自国の軍事力を誇った。陸軍は五〇万を擁し、十分に装備された予備役一〇〇万があると自慢した。人口比で考えれば、この数字はアメリカで、四五〇万の正規軍と、九〇〇万人の予備役をもつことと同じであった。彼らが和平を念頭に置いているとはとても思えなかった。

チェコスロバキアの戦略は、フランスとロシアと提携し、ドイツを囲い込むことにあった。しかしこの考え方には問題があると思われた。ロシアは信用できず、フランスの軍事力は当てにはならなかった。プラハに暮らすアメリカ人の間でも、チェコスロバキアが国として存続できるか懐疑的な者が多かった。確かにこの国は、経済的な進捗を見せていた。芸術、教育、工業も独立後には、ベネシュ大統領、ホッジャ首相の指導力もあり、興隆を見せていた。国民は勤勉で勇気もあり賞賛に値した。しかし、政治的視点から見れば、ヒトラーとスターリンの間に挟まれたこの国の将来は危うく感じられた。

ポーランド

一九三八年三月十日、ポーランドに入った。国境からポーランド外務省のミハウ・クウァピシェフスキが同行してくれた。彼は、私の先の大戦時の救援活動に感謝の意を伝えるために多くの歓迎会を準備していると教えてくれた。国境には特別列車が用意されていて、ポズナン、クラクフを経由してワルシャワに入った。ポズナン、クラクフでは、地方政治家、大学学長や教授らと語り合った。彼らは一様に、ポーランドから自由が消えていることを嘆き、この国がヒトラーとスターリンによって、「割られるのを待つ胡桃《くるみ》」のようなものだと憂えていた。

私のワルシャワ訪問の一八年前には、民主主義的なイグナツィ・パデレフスキ政権から独裁的なユゼフ・ピウスツキに代わっていた。ファシスト的な政権といってよかった。その後は彼の支援者だった「大佐グループ」が政権を牛耳っていた。*私の訪問時もこのグループが政権を握っていた。

私は長時間にわたってポーランドの首脳と話すことができた。イグナツィ・モシチツキ大統領、フェリツィヤン・スワヴォイ・スクワトコフスキ首相、シェンベック（伯爵）外務副大臣、ヴァツラフ・イェドジェイェヴィチ教育相、エドヴァルト・リッツ＝シミグヴィ元帥などである。シミグヴィ元帥は、陸軍の元帥というよりも「ポーランドの元帥」といってもよく、この国の真の実力者であった。この他に、学界、実業界、労働運動指導者、かつて食糧支援にともに苦労した旧友らおよそ百人強の人物と会うことができた。

確固たる意見を持つ人物に、なぜポーランドはファシズムあるいは独裁主義に舵を切っているのか、と（相手の気分を害さないように）丁寧に尋ねた。誰もが、同じような答えを返した。共産主義や社会主義は体制を内側から腐らせる。また議会は小党乱立で建設的な政府を作ることができない。ポーランドを共産主義の脅威から救うためには強い政府が必要だ（だから独裁主義に向かわざるを得ない）。それが彼らの一致した考え方であった。

＊訳注：ピウスツキは一九三五年に死去している。

大統領、首相、外務副大臣との会談でも、ポーランドの置かれた立場が危険なものであることが強調された。彼らはヒトラーとスターリンに挟まれている現実が不安だった。ドイツとソビエトが戦うようなことがあれば、ポーランドの独立は再び失われ、場合によっては分割もあり得ることを憂慮していた。スクワトコフスキ首相は、西ヨーロッパの民主国家はヒトラーとスターリンを抑止するにはあまりに脆弱であると嘆いた。

この時点では、明らかにポーランドは、ヒトラーともスターリンともうまくやっていきたいという意思があった。その一方で軍隊を強化し侵攻を思いとどまらせる努力も続けていた。

ポーランドは確かに独裁的傾向を強めていた。それでも一九三八年のポーランドには同時期のドイツより自由があった。強制収容所もなかったし、(人種によって)財産を処分させられることもなかった。また報道の自由もあるように感じられた。

懸念はあったものの、明るさがあったことも確かである。ベルサイユ条約によって得た独立で、経済活動も文化活動も活発だった。ただ私には、やはり政治体制がきわめて脆弱であると思われた。

第9章　ラトヴィア、エストニア、フィンランド、スウェーデン

ラトヴィア

ラトヴィアではカルリス・ウルマニス大統領と会談できた。この旅で最も想い出深い会談の一つだった。

ウルマニス大統領は一八七七年にラトヴィアに生まれたが、一九〇五年にネブラスカ州に移民した。一九〇九年、ネブラスカ大学を卒業すると祖国に帰った。第一次世界大戦が終わると、ラトヴィア独立と立憲政府樹立に尽力した。この頃私はヨーロッパ救援活動に従事していたので、彼との交渉も多かった。彼は私の事業に支援を惜しまなかった。彼とは英語で会話ができ、彼の表現もアメリカ的だった。政治や経済の話題でも言葉の定義や表現の意味するところを正確に理解することができた。通訳を介した会話ではなかなかできないことだった。

この頃はラトヴィアもファシスト政権であった。なぜファシスト的な政権が生まれたかについて、大統領は少数政党の乱立が大きな原因であると説明した。脆弱な国家が共産主義者の工作を受けていた。そうした状況で議会を解散し最高裁判所も廃止した。大統領はそのような中で政権を運営してきたのである。

ウルマニス大統領は、自身の政権はイタリアのファシズムを応用したものであり、自身が独裁者となっていることを率直に認めていた。しかし彼にとってこれはあくまでも過渡的な措置だった。将来は再び議会を機能させ、憲法の保障のある国に戻したいと考えていた。ヨーロッパの国々が、どのような経緯で立憲政府からファシスト的な政権に

変容していったかについて、私は彼の意見を求めた。備忘録に書きとめた彼の言葉は次のようなものだった。

〈ファシズムが興隆した原因は二つある。そしてそれをあたかも「肥料のごとく」育てる環境があった。第一の要因はヨーロッパ大陸の人々にとって議会制民主主義はなじみの浅いものだったことだ。この制度が機能するには少なくとも一つの多数派が存在することが前提になる。半ダースもの少数政党が乱立する状況では機能しない。こうした状況では政府は妥協ばかりせざるを得なくなり、建設的で前向きな仕事はできない。

もう一つの原因は、先の大戦の戦禍からの回復が非常に緩慢だったことだ。一九三一年に中央ヨーロッパで発生した金融危機は、戦争後遺症の蓄積の結果なのだ。政府の軍事支出の増大、失業者の増加、財政赤字、インフレーション、ベルサイユ条約によってできたダニューブ渓谷の国家によって乱された交易チャンネルと経済的統合、そしてヨーロッパ経済圏からのソビエトロシアの孤立といったものが集積した結果だ。

このような要因をさらに悪化させたのが、ソビエト共産党が操る第五列の存在である。彼らは労働運動組織に侵入した。知識人の中には、個人の自由と経済的全体主義が両立すると考える者が増えた。計画経済化の段階まで来ると、民間事業は萎縮した。その結果失業者が増え、その対応に政府出費が増えるという悪循環になった。そしてとどのつまりが（いまの）カオス状態ということだ。〉

ウルマニス大統領は、アメリカも〝計画経済〟化してしまい、ヨーロッパと同じ道をたどっていると警告した。私は、もしアメリカがそういうことになれば、どのような事態になるだろうかと聞いてみた。彼は私を広場が見える窓際に連れて行き、次のように言った。

〈グリーンのシャツ、赤いシャツ（共産主義者）、白いシャツ（ファシスト）を身につけた連中が街に出て、棍棒や銃を使っていがみあっている。女や子供がパンを乞うている。これがカオスだ。

軍を掌握した時には、国の秩序を回復させれば個人の自由も自然に回復するものと考えていた。しかし真のカオスの原因は「恐怖心」であることに気づいた。ビジネスマンも、労働者も、農民も、不安定な通貨や、政府の将来に怯えている。それが経済を萎縮させ人々の心を蝕んでいる。怯えた国民に対して私ができるのは、もっと恐ろしい事態を想起させることだ。我が政府の指導に従わない場合、（ソビエトの支配となり）強制収容所送りになるかもしれないと恐怖心を起こさせる。価格統制、賃金凍結、工場の強制稼働、強制就業、農産物強制供出、新通貨発行も避けられない。もし新通貨を受け取らない者がいたら逮捕も辞さない。こうした政策をとれば少しずつ秩序が回復し、社会は再び機能する。人々に自信が生まれれば最悪の事態は脱したということだ。統制経済下、ましてや集産主義体制下で個人の自由が維持できるなどとは思わないことだ。いまラトヴィアはようやく完全雇用が実現し、賃金も物価も適正に戻った。金準備が十分で通貨も安定している。〉

大統領は代議制を復活させたいと言った。私はどうやってそれを実現するのか問うた。彼の答えは次のようなものだった。

〈私は選挙区の利益を代表する議員によるイギリス的な議会政治は失敗だと考えている。行政府の長はアメリカのような、任期を決められた者があたるべきだと思う。また議員は（イギリスのような地域代表ではなく）職業別の代表によって構成されるべきだろう。人々はかつてのように、よりよい生活を願って個人で競争しているわけではない。むしろ階級や職業ごとに、よりよい条件を求めている。〉

大統領は、アメリカの議会制も（イギリス同様に）うまくいっていないと考えていた。我が国でも議員は（地域の代表というよりも）特定のグループによって支援されていて、議員はもはや自身の独立の判断ができなくなっている。ワシントンには五〇〇を超える利益団体が事務所を構え、議員を監視している。そういう状況に鑑みれば、職業ごとに、たとえば農民の代表を議員に出したほうがよいという考えだった。

私は彼の意見に与《くみ》しなかった。我が国が蟻地獄（議員が特定グループの利益代弁者に成り果てる）に落ちているとは思わなかった。しかし、ラトヴィアが大統領の考えどおりに進めてその結果がどうなるのか。それには興味があるし、試してみる価値はあるだろうとの意見を述べておいた。大統領はこう答えた。

〈〝計画経済〟化でアメリカはカオスへの道を一直線に進んでいる。民主主義が終焉を迎えている。私にはそれがわかる。自分でもそのような状況を経験し、いま、それからようやく抜け出せる時に来ているからだ。〉

大統領は続けた。

〈アメリカはこの道の専門家の助けが必要な時期に来ている。私自身が、アメリカに「帰国」して、いや「再訪問」して、手助けしたいものだ。〉

大統領の、アメリカに「帰国」するという表現がしばらく心に残った。アメリカという国は人々の心をとらえる国なのである。[1]

アール・L・パーカー代理公使の尽力で、我が大使館で、ヴィルヘルムス・ムンタース外務大臣と、ルドウィグ・エルキンス財務相と会談できた。どちらも共産主義者（ソビエト）がバルト諸国に触手を伸ばすだろうと恐れていた。ソビエトの貧困とバルト諸国側の繁栄の落差は際立っていただけに、それが侵略の呼び水になると懸念していた。

エストニア

二人のエストニア外務省職員（エドガー・V・クールヴェール君、アルバート・タッタール君）がリガまでやって来て、私たちを列車でエストニアに案内してくれた。二人は最近までモスクワの大使館で勤務していた。私たちは、ロシアとドイツの衝突の可能性を夜遅くまで語り合った。そしてロシアの内情に関する情報も得た。それについては後述する。

タリン〔訳注：エストニアの首都〕では、フリードリッヒ・アーケル博士（外相）、ウォルター・E・レオナード君（アメリカ駐エストニア公使）などと会うことができた。残念ながら大統領は病気のため面会が叶わなかった。しかしこの国の状況についてはよく理解できた。

エストニア政府も、ラトヴィアと同様、ファシストによって運営されていた。エストニアも繁栄しており、誰もが共産主義者を恐れていた。バルト諸国は一九一九年（ベルサイユ会議）に独立を果たしたが、以来、社会・経済、文化の発展は目覚ましい。生活水準はヨーロッパのどの国にも劣らないほどに高かった。人々の表情、身に着けているもの、ショーウィンドウの飾りつけ、商品の品揃えとディスプレイ、南国から輸入された商品。何もかもが経済的繁栄を感じさせた。宝石店が繁盛していることもそれを示していた。

フィンランド

ヘルシンキ港では、首相（アイモ・カーロ・カヤンデル）、外相、外務省事務局長（ハロルド・タナー）、フィンランド銀行総裁（リスト・リュティ）、二人の元大統領、下院議長（ヴァイノ・ハッキラ）、ヘルシンキ大学学長（ヒューゴー・スオラハティ）と教授たちが迎えてくれた。出版社や新聞社の代表も顔を見せていた。

彼らとの話題は、ロシア情勢と共産主義者による侵略の恐怖の二点であった。

フィンランドでは自由があっただけに、文化や経済の発展はバルト諸国と同様に目覚ましく、生活水準も高かった。彼らの反共感情は強固であったが、それ以前に反ロシア感情があった。一九一八年にロシアからの解放を実現したが、一〇〇年にもわたってロシアの圧迫の下で苦しんだ。彼らは共産主義の恐ろしさを身をもって体験していた。フィンランドは、ミルクも蜂蜜も牛肉もパンも豊富である。一方のロシアは貧困と飢えに喘いでいる。国境をわずか数マイル越えるだけで、それが如実にわかる。それだけに、ラトヴィアやエストニアがそうだったように、ソビエトに攻め込まれたらどうなるかが彼らの一番の心配事であった。

フィンランドは、他の中央ヨーロッパやバルト諸国とは異なり、議会が機能していた。私はなぜフィンランドだけにそれができるのか不思議だった。

フィンランドには、ロシアによる圧迫期を例外とすれば、三〇〇年の議会政治の伝統がある。しかし、バルト諸国にその伝統はない。それが、フィンランド議会がしっかりと機能している理由だと説明された。

スウェーデン

ストックホルムでは外相（リッカード・サンドラー）と一時間だけだが話すことができた。また、王室関係者ではルドルフ皇太子と昼食をともにできた。残念ながらグスタフ国王は不在であった。アメリカ公使のフレッド・モーリス・ディアリング君は旧知の友人だった。彼が晩餐会を催してくれた。外務大臣、有名な編集者のボルイエ・ブリリオート、二人の経済学者（ストックホルム商科大学のベルティル・オリーン教授、ストックホルム大学のミュルダール教授）らが出席してくれた。彼らも一様に、独ソ両国の衝突の危険性を憂慮していた。彼らの懸念は、これまでに私が記録した他国でのものとまったく同じものであった。

＊原注

1　ウルマニス大統領のその後について書いておきたい。私はアメリカ・ラトヴィア報道協会のオズワルド・アクメンティンスから手紙をもらった（一九六二年四月二日付）。以下が大統領のその後の運命に関わる部分である。

「ソビエトの報道によって、二〇年の時を経て、ラトヴィア共和国最後の大統領カルリス・ウルマニスの運命が明らかにされた。彼は一九四二年に亡くなっていたが、その事実は、ソビエト科学アカデミー（ラトヴィア・リガ市）の出版物『文学遺産』の中に記されていた。『文学遺産』第二号には、詩人ヤン・ライニス（元ラトヴィア教育相）の作品が収められていた。彼女の作品は大統領の死を扱ったものではなく、作品の出典部分に大統領の運命が（密かに）書かれていたのである。彼の死については、どの新聞も報じていなかった。鉄のカーテンの向こう側の秘密であった。

いまになっても、ソビエトは、ロシアにいたウルマニスの消息を公にしていない。どのような亡くなり方だったのか、遺体がどこに埋葬されたのかも不明である。

ウルマニスはカーテンが引かれ内部の見えない列車でモスクワに運ばれた。彼がモスクワに降りた時、厳重な監視がついていたのが目撃されている。彼はソビエトで裁判にも軍法会議にもかけられていない。そしてその後の運命について何の発表もない。国際世論も彼の運命を公表しろというようには動かなかった。

彼は、勇気ある政治家であり、誇り高い男だった。ソビエト支配下にあってもラトヴィアの人々は彼を忘れてはいない。彼らは、『ラトヴィアが最も輝いていたのはウルマニス大統領の時代だった』と懐かしむのである。

一九五四年、アメリカ・カナダ両国のラトヴィア人によって、ネブラスカ大学構内に彼の記念碑が建てられた」

第10章　ロシア

一九三八年の旅では、私はロシアを訪問しなかった。ロシアにとって私は「好ましからざる人物（persona non grata）」であることは疑いようがなかった。一九一九年の休戦期には多くの（共産主義者の）反乱があったが、私の救援活動はその反乱を鎮める効果があったからである。

一九二一年から二三年にはロシアの飢饉があり、私はその救援活動にも尽力した。それに対する謝意を伝える長文の手紙ももらっていた。しかし、私は過去二〇年間、共産主義を批判してきただけに彼らが私に好意を抱いているはずがなかった。

ロシアを訪問しなかったとはいえ、私には十分な経験があった。第一次世界大戦以前にはこの国を訪れていたし、大戦後の彼らの工作活動にも対処せざるを得なかった。彼らのことはよくわかっていた。

一九三八年の旅では、ロシアと近接する国々（チェコスロバキア、ポーランド、ラトヴィア、エストニア、フィンランド）への訪問の際に多くの情報を得ることができた。こうした国々の外交官はロシアの内部事情に通じていた。またこれらの国々の多くの技術者や工員がソビエトの軍需産業に従事した経験を持っていた。

共産主義を世界に広めたいという願いと、ドイツに対する恐れ。この二つの要素がスターリンを軍備増強に走らせた。スターリンは軍拡の時間稼ぎをしなくてはならなかった。そのために近隣諸国と不可侵条約を結び、国際連盟に加入し、不戦条約（戦争放棄に関する条約・一九二八年）に調印した。またフランスとチェコスロバキアとは同盟を結んだ。一九三八年末までにソビエトは不可侵条約に三七回も調印した計算になる。レーニン時代の調印が五回、スターリン時代に三二回である。

ソビエトはドイツを恐れていた。ヒトラーの激しい敵意があった。彼ははっきりと「生存圏」拡大を謳《うた》っていた。ファシズムを高揚し、防共協定をイタリアと結んでいた。この協定には後日、日本も参加した。*

反共の動きにもかかわらず、共産主義者は勢力を拡大していた。まず軍事力においては、軍需産業を育成し十分な力をつけた。第二に、自由主義国家に共産党を組織した。また工作機関の設置にも成功していた。我が国内でもそれに成功していた。それができなかった国はファシスト国家だけであった。第三にシベリアでの金《きん》の発見があった。ロシア帝国時代の金は他国の工作資金に使われ減少していたが、それを補うのに十分な金が発見されたのである。

一九三八年中頃までのソビエトの対米関係

アメリカによるソビエトの国家承認により、一九三三年十一月十七日、ウィリアム・C・ブリットが初代駐ソ大使に任命された。彼は確かに有能な男だった。共産主義者と友好関係を築きたいと望んでいた。残念なことであったが、彼はその幻想にどっぷりと浸った。

一九三五年七月十三日、ブリット大使は、マクシム・リトヴィノフ（外務人民委員）の言葉をコーデル・ハル国務長官に伝えている。リトヴィノフは先に書いたように、ソビエトの国家承認を求めてワシントンで交渉した当事者である。その彼が、アメリカ国内における第三インターナショナルの活動停止をルーズベルト大統領に約束したことはないと述べたのである。[1] 大統領に約束したのは、ソビエト（政府）自身がそうした活動をするのをやめることだけである。そう詭弁を弄したのである。

＊訳注：この部分はフーバーの誤記。正しくは、日独防共協定（一九三六年）にイタリアが参加し、日独伊防共協定（一九三七年）となった。

七月十九日のブリット大使の国務長官宛ての報告書では、より明確に共産主義者の狙いが書き込まれている。*

〈国家間の友好関係は、ソビエトにとっては、たんに休戦状態にあることを示しているに過ぎない。決して和平を生むものではない。いつか新たな戦いが始まる状態にあるということだ。現在のソビエト連邦はすべての方面で和平を求めている。しかし彼らにとっての和平とは、次の戦いまでの休息期間である。

ソビエト外務省の狙いは、自国の軍事力を難攻不落のレベルに引き上げることである。そしてスターリンが望む時には、外国への侵攻が可能なレベルにしておくことである。

共産主義者はヨーロッパで戦争が起きると確信している。

彼らは、もちろん、アメリカが対日戦争を始めてくれれば実にありがたいと考えている。

現時点での和平の状態を維持し、ヨーロッパ各国をいがみ合わせること、日米の敵対関係を煽ること、すべての国で共産主義者への献身的態度と服従を獲得し、反政府活動をクレムリンにいる共産主義の「法王」の命令で実行すること。これがスターリンの狙いである。[2]〉

これ以上的確に共産主義者の狙いを指摘した文書は他になかろう。

一九三五年七月、モスクワで第七回コミンテルンが開催された。スターリンらに混じって、アメリカ共産党書記長アール・ラッセル・ブラウダーの姿があった。他にも同議長ウィリアム・Z・フォスター、共産主義青年同盟書記長ジル・グリーン、共産党サンフランシスコ地区オルグ、サム・ダーシーらも出席していた。大会では、ブラウダー、グリーン、ダーシーが講演した。またドイツ人のヴィルヘルム・ピークも発言した。彼らはみな、アメリカ国内での労働運動への浸透とボーナス行進（一九三二年）の成功を自慢した。またサンフランシスコのゼネスト〔訳注：一九三四年〕の成功を誇らしげに報告した。[3]

ブリット大使は、一九三五年八月二日と二十一日の会議の模様を詳しく報告している。彼の報告は、会議そのものが、国家承認交渉の際に米ソ両国が合意した内容に違反していることを示していた。[4]

ブリット大使の報告を受けて、ハル国務長官はソビエト政府に正式に抗議している[5]（八月二十五日）。八月三十一日の記者発表は次のような内容だった。

〈ソビエト政府は、アメリカの政治的・社会的秩序を乱す活動をしないという約束をしていた。彼らはこのことを否定することはできない。[6]〉

モスクワは、コミンテルン独自の活動には何の責任もないと回答した。ハル国務長官は以後は抗議をやめてしまった。

ロイ・ヘンダーソン代理公使は、ソビエト軍の動向をハル長官に報告している（一九三六年一月十五日）。その中で、ソビエトの軍事費（予算）が大幅な増加を見せていることに触れていた。一九三五年には八二億ルーブルだったものが、翌三六年には一四八億ルーブルとなっていた。これによって一三〇万の軍隊の維持が可能となった。[7]一九三六年八月十八日、兵力がさらに増強され、一五〇万から二〇〇万のレベルになっていると、ヘンダーソンから報告があった。[8]

一九三六年六月初め、ブリット大使は職を辞し帰国した。後任にはジョゼフ・E・デイヴィーズが任命された（一九三六年十一月十六日）。デイヴィーズは、裕福なワシントンの法律家であったが、外交官の経験は皆無だった。モスクワに赴任すると彼はソビエトを礼賛する伝道者と化してしまった。[9]彼の態度は国務省本省への意見書でよく理解できる[10]（一九三八年六月六日付）。

＊訳注：ブリットはソビエトに赴任後、しだいにソビエトに幻滅していた。

〈ソビエトの現政権が和平を希求する態度に偽りはない。我が国とソビエトの間には何ら物理的な紛争はない。どちらかが所有し、それをもう一方が取り上げようとするなどといった案件はない。

ただ、コミンテルンの活動を通じて我が国の内政に干渉する危険性はあるが、幸いなことに、それは一九三四年〔編者注：一九三三年の間違い〕のソビエト国家承認交渉の際に、ルーズベルト大統領とリトヴィノフ外務人民委員の間ですでに話し合われており、そのようなことはしないとの合意ができている。

長い時間をかけて獲得した共通の基盤として、米ソ両国はともに恒久的な和平を望んでいると私は考えている。私見では、我が国に関して共産主義の危険性はない。〉

デイヴィーズ大使は、リトヴィノフが次のような指示を、一九三八年六月二十三日に出していたことを知れば目が覚めるかもしれない。リトヴィノフの指令は、デイヴィーズ大使が右記のソビエトへの（宥和的）意見書のわずか二週間ほど後に出されたものである。

〈資本主義制度を残すかぎり、恒久的和平の構築は不可能である。[11]〉

スターリンのヒトラーに対する態度

一九三八年のヨーロッパ情勢を把握するためには、スターリンがヒトラーをどう考えていたかを理解する必要がある。ヒトラーはその敵意を明確にしていたが、スターリンはヒトラーには宥和的な態度を見せた。その間に軍事力増強、（ドイツ国内の）第五列の構築、ヒトラーを嫌う外国政府の反ドイツ感情の焚き付けを進めた。

ドイツとの見せかけの宥和をはかる方針は、スターリンの部下であるリトヴィノフ、モロトフ、あるいはカガノーヴィッチ〔訳注：運輸人民委員〕らの、一九三五年から三八年の言動に影響した。ヒトラーは彼らの誘いに反応しなかった。それだけに共産主義者は気を揉んでいた。一九三五年一月のモロトフの発言や、一九三六年十一月十日のリトヴィノフの発言に彼らの不安がよく表れている。[12]

彼らは、ヒトラーの結んだ（日本との）防共協定（一九三六年十一月）に神経を尖らせていた。この頃のロシアとドイツの真の関係については、一九三六年から三八年に吹き荒れたモスクワでのパージの際の裁判記録によく表れている。

〈ドイツと日本のファシスト勢力は対ソ戦を準備している。ソビエトを分割してウクライナをドイツの、沿海州を日本の領土にしようと目論んでいる。[13]〉

本心はこうしたものでありながらも、スターリンはヒトラーとの宥和的な関係を築くという戦略を変えなかった。[14]

共産主義ロシアの生活

チェコスロバキア、ポーランド、エストニア、ラトヴィアおよびフィンランド訪問時に知り得た、当時のロシアの状況をここに記しておきたい。ソビエト国外のメディアの中には、この国が資本主義に向かおうとしているなどと報じるものがあるが、私に内情を伝えてくれた者は、こうした報道を真っ向から否定している。

以下が彼ら情報提供者から得た情報である。

ロシア国内では労働者の賃金には格差があり、能率給で支払われているようだ。しかし、彼らには職業選択の自由がない。職を離れることもできないし、ストライキの権利は認められていない。賃金の額は国家が決定する。職を離れれば、配給票を失う。

ロシアの農民は集団農場で強制的に働かされる。彼らが個人で使える農地は二エーカー〔訳注：およそ二四〇〇坪〕に満たない。集団農場から出ることはできない。そこを離れたら食料が配給されない。不動産所有権はなく、相続させることもできない。したがって、（不動産への投資ができず）国債を買うしかない。こうして国民の資産は国に吸い上げられることになる。ロシアの内情を知る者によれば、国債がまともに返済されたことはない。

政治将校《コミッサール》のトップらは帝政ロシア時代の威風堂々ぶりを身につけている。党指導者は一種の中流階級を形成しており、特権を享受している。給与は高額で、衣料と食料は簡単に手に入る。彼らの生活は大衆と比べたら贅沢なものである。しかし庶民の生活は、西欧の生活水準に比べれば、ロシアは貧しい土地である。

信仰は自由になったと共産主義者は喧伝しているが、それは幻想である。教会は破壊され、建物は別の目的に転用されている。教会の数は四万六〇〇〇から五〇〇〇以下に激減した。また金や銀でできたキリスト像は没収された。

人々は秘密警察に怯えている。粛清は日常茶飯事で、数百万人がシベリアに送られ強制労働に就かされている。帝政ロシア時代の政治犯はせいぜい二〇万人であった。事情通によれば、ソビエトとなってからは、その数は五〇〇〇万に膨れ上がり、毎年五〇〇万人が死んでいくらしい[15]。

これだけの政治犯の数は、ロシアにおいて多くの国民が共産主義に抵抗していることの証である。私はある大統領に、「スターリンはレーニンの生まれ変わりであり、かつ（恐怖政治で知られる）イワン四世（雷帝）の生まれ変わりであるかもしれない」と語ったことがある。これを聞いた大統領は、「それにピョートル大帝とチンギス・カンの血を加えればスターリンが出来上がる」と答えた。

＊原注

1 U. S. Department of State, *Foreign Relations of the United States: Diplomatic Papers, The Soviet Union, 1933-1939* 〔Government Printing Office, Washington, 1952〕, p. 223.

2 同右、pp. 224-227.

3 同右、pp. 228-332.

4 同右、pp. 233-235, 244.

5 同右、pp. 250-251.
6 同右、p. 259.
7 同右、pp. 285-287.
8 同右、p. 300.
9 Joseph E. Davies, *Mission to Moscow*, Garden City Publishing, Co., Inc., New York, 1943.
10 *Foreign Relations of the United States: Diplomatic Papers, The Soviet Union, 1933-1939*〔Government Printing Office, Washington, 1952〕, pp. 555-557.
11 同右、pp. 587-589.
12 *New York Times*, January 29, 1935, and November 11, 1936.
13 同右、November 27, 1936.
14 ウォルター・G・クリヴィツキーはドイツに潜入したスパイだった。『サタデー・イブニング・ポスト』誌（一九三九年四月二十九日号、一三ページ、八四ページ）に次のような記事が掲載された〔訳注：クリヴィツキーは一九三八年末にアメリカに亡命し、ソビエトの内情を暴露する記事を翌三九年から『サタデー・イブニング・ポスト』誌に寄稿していた〕。

「過去六年間のスターリンの外交の狙いは、ヒトラーとの交渉で優位に立つにはどうするかということであった。ソビエトが国際連盟に参加した時も、集団的安全保障体制を彼が提案した時も、フランスとの軍事同盟を模索した時も、ポーランドやイギリスと宥和的な外交を展開した時も、スペイン内戦に干渉した時も、スターリンはヒトラーの目を気にしながら動いていた。彼がどう反応するかを考えていた。

ヒトラーとの宥和的外交には、表立って進めるものと秘密裏に行なうものがあった。ヒトラーが強硬な政策を取るたびに、スターリンは彼との宥和を望んだ。スターリンのその態度が強まるほどにヒトラーの貪欲さが増した。

ヒトラーに対してスターリンは（求愛のような）メッセージを送り続けた。ヒトラーはそれに応えようとしなかった。彼には他に考えるところがあった。それでもスターリンは諦めなかった」

15 ここでの証言の数字は他の多くの資料と一致する。そうした資料はフーバー研究所が所蔵している。

第11章　一九三八年の中国

一九三八年の旅では中国は訪問していない。共産主義がこの国に入り込み、中国の人民はそれに抵抗し自由のための戦いを続けていた。これは全世界で起きていた自由のための戦いにおける重要部分であった。

私は十九世紀末から二十世紀初頭、鉱山技師として中国に赴任していただけに、事情はよくわかっているつもりである。満州族の清朝による支配と、外国勢力の進出に抵抗する動きは私の赴任前からあった。幼い光緒《こうしょ》帝は一八七五年に帝位に就いたが、現実に皇帝としての権能をふるえたのは一八八九年からであった。

光緒帝は有能な康有為《こうゆうい》を使って改革を断行したが、それを快く思わない西太后《せいたいごう》は皇帝から実権を剥奪し幽閉した。康有為は何とか命を失うことなく逃れることができた。康有為の進めた改革の一つに鉱山省鉄政局の設置があった。[1] 長官のチャン・イェン・マオ（Chang Yen-Mao）〔訳注：漢字名不詳〕は西太后周辺の官僚の支持を受けていたため、彼女が実権を握った後もその地位を保持した。私はオーストラリアの鉱山会社から転じ、同省の技術主任となった。チャン長官の承認の下、アメリカ人およびイギリス人の技術者六人をスタッフとして採用し、事務所を北京と天津《てんしん》に置いた。

この頃の清国は鉄鉱石を筆頭に鉱物資源を必要としていた。またコークス用石炭も必要だった。長官は各地から鉱山資源に関わる情報を集めた。私とスタッフの初めの二年間の仕事は、有望と思われる鉱物資源の調査だった。我々は中国各地を回った。河北、陝西《せんせい》、山西、山東、熱河《ねっか》、モンゴル、満州、ゴビ砂漠地方を調査した。こうした旅には私のアシスタント一人に中国の学者（〝清朝官吏〟）が一人と有能な通訳がついた。

清朝の役人は鉱山技師と一般の土木技師との違いがわからなかった。そのため私は内陸の運河の調査にあたらされることになった。私は分野が違うと言って断わったが聞き入れられなかった。調査は李鴻章《りこうしょう》の要請であった。視察した内陸運河は、内陸水運だけでなく黄河の洪水対策の機能も果たしていた。何世紀も前の技術の高さには驚かされた。私は彼らの進めてきた事業をそのまま継続するよう意見を述べた。また河北に不凍港をつくる事業も監督することにもなった。この港は直隷湾《ちょくれいわん》に面していた。

我々の仕事は、義和団の騒乱が原因で終了となった。彼らは外国人を狙い、その仕事までも攻撃目標にしたからである。我々は天津に戻ったが、そこでは我々も他の外国人も義和団や西太后の指揮下にある清国軍に包囲されていた。私とスタッフたちは外国人居留地の防衛に加わった。

義和団運動は神秘的な要素もあったが、実態は実に馬鹿げた意味のないものだった。確かなことは、外国人に対する反発の表れであったことだ。天津の租界も、北京の外国公館地区も義和団に包囲されたが、一一カ国の連合軍が派遣され解除された。[2] この事件後、私は連合軍に雇われ、破壊された鉄道の再建に携わり、またその後は華北の炭鉱債権者に雇われることになった。一九〇二年、私は中国を離れた。[3]

中国での経験から、私には、中国人が政府に変革を望んでいることがわかっていた。義和団事件が起きる前には多くの若者が外国に学んだ。我が国が義和団事件で得た賠償金を米国の専門学校の留学資金に充てたこともそうした動きに拍車をかけた。留学を終えて帰国した若者が指導的な立場についた。

自由を求める動きが爆発的に高まったのは義和団事件の一一年後のことであった。孫文の指導の下で清朝が打倒され、中華民国が成立した。孫文は国民党と呼ばれる政治組織を設立した。この組織がその後の中国の政治に大きな関わりをもつことになる。国民党のメンバーは選挙を通じて選ばれた者ではなく、改革を目指す人々によって構成されていた。私はここでは、孫文の内政改革について書くつもりはない。中国が外国からの侵入にどのように抵抗したかを述べておきたい。

孫文の政府は第一次世界大戦では連合国側に与《くみ》した。一九一九年のベルサイユ会議には代表団を遣った。彼らには残念なことに、山東省のドイツ利権は日本に認められた。それでもワシントン海軍軍縮会議（一九二二年）で、チャールズ・エヴァンズ・ヒューズ国務長官は三つの条約を結ばせている。どれも中国にとって重要な内容を含んでいた。一つ目は九カ国で結んだ、中国の主権、独立、領土そして政権を尊重するという条約（九カ国条約）である。二つ目はジョン・ヘイ国務長官が発したオープンドア（門戸開放）政策の維持である。三つ目は、日本の山東省からの撤退と、同省内の旧ドイツ利権の中国への返還を決めた日中間の条約だった。

こうした交渉が進んでいるなか、中国国内に共産主義者の浸透が始まっていた。ロシア革命からわずか三年後の一九二〇年にはすでに、軍閥と取り引きするために工作員を華北に送り込んでいた。それと同時に上海に本部を置く共産党を組織していた。一九二三年、孫文は上海にやって来ていたソ連大使を通じて、ソビエト政府に顧問の派遣を要請している。[4] 十月に入ると、ミハイル・ボロディンとヴァシーリー・ブリュヘル将軍がスタッフとともにやって来た。国民党のための憲法を起草し、孫文を生涯大統領と規定した。彼らは孫文のために陸軍を組織し、軍需品はソビエトから入手できるよう手配した。また陸軍士官養成所を広東《カントン》近くの黄埔《こうほ》に設立した。この頃の孫文の共産主義への傾倒は、国民党の目標はロシア共産党のそれと同一であると声明を出したことからも明らかであった。

一九二三年には北京方面でも動きがあった。駐北京大使レオ（レフ）・カラハンは、北京に赴任すると華北の軍閥と交渉を始めている。一九二四年に彼らとの間で友好関係を樹立する協定書を結んだ。ソビエトは南の国民党政府とも華北軍閥ともうまくやれる関係を構築した。

こうした状況のなかで、中国人民の将来の指導者となる人物が現われた。一人は蒋介石であった。軍人であった蒋は、黄埔陸軍士官養成所（黄埔軍官学校）校長となった（一九二四年）。もう一人は、朱徳《しゅとく》で、雲南省の高等師範学校を卒業し*、共産主義に染まった人物である。共産党指導者の立場は後に毛沢東に取って代わられた。

孫文は一九二五年三月に世を去った。蒋介石は軍官学校の生徒とともに国民党の実権を握ったが、それはロシアの承諾の上でのことだった。一九二六年末、蒋介石はロシアと袂を分かち、一九二七年四月には上海を掌握した。さらに南京を首都とした反共政府を樹立したのである。

ボロディンの指導下にある共産主義者は、漢口《かんこう》および広東での蜂起を画策したが、蔣介石はこの動きを抑え込んだ。ボロディンは放逐されソビエトに帰国した。しかし、毛沢東が残余の兵士をまとめ、江西省で勢力を持ち、蔣介石軍の攻撃に耐えていた（一九三〇年から三四年）。最終的には江西省を捨てざるを得なくなり、いわゆる長征を開始する。陝西省延安《えんあん》までおよそ六〇〇〇マイル（およそ九七〇〇キロメートル）の逃避行だった。毛はこの地で「中華ソビエト共和国」を組織した。軍組織および資金をモスクワが支援した。

この時期に、蔣介石は他にも問題も抱えていた。一九三一年、日本が満州および華北方面に侵入した。国際連盟は日本の侵略であると非難したが、日本を撤退させることはできなかった。

一九三七年には日本は中国との全面的な戦いに入った。日本は、太平洋沿岸部すべてを含めて華北・華中を征圧した。同年十一月、蔣介石は首都を四川省重慶《じゅうけい》に移さざるを得なくなった。重慶への物資の補給は、香港あるいはインドシナ方面からのルートがあった。

自由中国のために日本と戦っていた蔣介石と国民党は、華北の毛沢東の共産党と一時的に停戦した（一九三七年）。しかし国共の〝統一戦線〟も一九三八年には脆弱なものになった。国民党は、共産党が約束に違反し政治支配を拡大していると憤った。一方の共産党は、蔣介石が独裁的権力を行使していると非難した。[5]

＊訳注：四川省成都の高等師範学校。その後、雲南省の雲南陸軍講武堂に入学。

＊原注

1　*The Memoirs of Herbert Hoover,* Vol. I〔the Macmillan Company, 1951〕, pp. 35-72.

2　義和団の乱と当時の外国勢力の動向の詳細は *Memoirs,* Vol. I, p. 47 に詳しい。〔訳注：義和団の乱については訳者著『日米衝突の萌芽　1898―1918』（草思社）「義和団の乱　その一～その四」（二三〇～二四六ページ）を参照されたい〕

3　その後、一九一〇年〔編者注：一九〇九年の間違い〕に満州を再訪した。また一九四六年にはアメリカ政府の使節として、南京で蔣介石と会見した。

4　この状況については左記の書に詳しい。
George E. Sokolsky, *The Tinder Box of Asia,* Doubleday, Doran and Co., New York, 1932. および George Creel, *Russia's Race for Asia,* The Bobbs-Merrill Company Inc., Indianapolis, 1949.

5　United States Department of State, *United States Relations with China*〔Department of State Publication 3573〕（1949）, pp. 45-53. あるいは Don Lohbeck, *Patrick J. Hurley,* Henry Regnery Compnay, Chicago, 1956, pp. 250-252.

第12章　日本

一九三八年の旅では日本を訪問していないが、この国も重要である。日本の一九三八年半ばの状況を簡単に記しておきたい。

日本は天皇（Emperor）を元首にした立憲君主制の国である。天皇は宗教的にも頂点に立つ存在であった。また議会制（国会）の国でもある。首相や閣僚は名目上、天皇による任命である（元老の承認が必要である）。その政府は帝国議会に対して責任を持ち、かつ議会の監督を受ける。内閣には一点だけ立憲体制の国にしては不可思議なところがある。陸海軍がその大臣を指名するのである。

日本には、外国から「リベラル」と呼ばれる有能なグループがあった。彼らが軍部の横暴を抑制し、政治的に優位を占めていた時期があった。たとえば一九二二年には、国務長官チャールズ・エヴァンズ・ヒューズが提案した条約〔訳注：ワシントン海軍軍縮条約〕に調印し、ベルサイユ条約で承認された山東半島の利権の返還にも応じている。

しかしリベラル・グループの立場は不安定だった。彼らは身の危険を顧みず、軍国主義者（war lords）に抵抗したが、多くの人物が、軍の急進派によって暗殺されている。こうして日本は、「リベラル派」が失墜し、極東における積極的な軍国主義の中心となった。先に書いたように一九三一年には中国を攻撃し、満州を併合（annexed）した。国際連盟による介入（intervention）があったが、日本は拒否した。連盟にはアメリカも協力していた。*

一九三七年には中国に全面侵攻（invasion）し、先に書いたように、華北・華中および太平洋岸を征圧した。ワシントンでは、一九三八年半ばまで、日本の動きを牽制し中国政府を支援することが検討されたが、そのような政策は採用されなかった。

＊訳注：一九三三年、国際連盟総会（二月二十四日）で日本軍撤退要求の決議案が採択された（賛成四二、反対一、棄権一）。日本は三月二十七日、連盟からの脱退を決めた。連盟に対してはスチムソン国務長官が対日強硬策を取るよう働きかけた。

第13章　国際連盟の衰退

ヨーロッパ訪問の際に、私はジュネーブを訪れた（一九三八年二月）。旧友たちを訪ね、国際連盟の状況がどうなっているか確かめたかったのである。その頃、国際連盟は設立からおよそ二〇年が経っていたが、その力は衰え、崩壊しかねない状態だった。

連盟は、自由な人々の政府が作り上げた所産であった。ウッドロー・ウィルソン大統領の理想をもとにした国際連盟には、独裁国家がメンバーになってはいけなかった。しかし、ソビエトロシア、ドイツあるいはその他の独裁的な小国家を加盟国にしてしまった。私のジュネーブ訪問の数週間前、英国首相チェンバレンは「連盟は引き裂かれた」と嘆いていた。連盟がどのような経済制裁あるいは軍事制裁を決定しようが、それがイギリスの国益に適《かな》わなければ、連盟の決定に従う必要はないとまで述べた。国際連盟は、ばらばらになりかけていた。イギリスのこの姿勢が瀕死の状態にあった連盟に最後の止めを刺したようなものだった。

ジュネーブでは、事務総長のジョゼフ・アヴノール（フランス人）君ら六人の連盟幹部や各国代表と会談できた。誰もが連盟がその政治力を失ったことを嘆いていた。アヴノール君は、ヨーロッパの和平維持に何の具体案も持っていなかった。彼はファシズムが台頭した責任は共産主義者の工作活動にあると考えていた。またイギリスの対独外交にもヒトラー台頭の責任があると見ていた。ヨーロッパは昔どおりの勢力均衡《バランス・オブ・パワー》による和平政策に退行し、「集団安全保障という理念は無視されている」と嘆いていた。

独裁者と勢力均衡の再燃。国際連盟の枠外で結ばれる軍事協定あるいは不可侵協定。国際連盟はその力を削がれていたのである。国際連盟は和平維持の組織としては死んだと判断せざるを得なかった。

彼らはアメリカの責任、つまり連盟に加盟しなかった責任にも言及した。これについては私にはどうすることもできないことであったが、次のように質問で返した。

〈あなた方は、ウィルソン大統領の反対にもかかわらず、ベルサイユ条約で撒き散らしてしまった厄災*が、いまのようなヨーロッパにしてしまった原因だとは思いませんか。大統領は、連盟のメンバーは自由主義の国家だけに限定しなければ機能しないと言っていませんでしたか。

戦後ヨーロッパ諸国は財政を均衡させずに濫費を繰り返し、インフレを招きましたが、それを我が国が止められたとでも言うのですか。また各国は貿易障壁を築き軍事協定をばらばらに結んでいきましたが、アメリカがそれを止めることができたとでも言うのでしょうか。各国に小党が乱立し、その結果ファシズムが台頭しましたが、それもアメリカの責任ですか。

アメリカは陸軍軍縮を目指す連盟の提案に全面的に協力しました、その動きを止めたのはヨーロッパの国でした。海軍軍縮の問題についても連盟が失敗した後にイニシアティブをとったのはアメリカではありませんでしたか。中国での日本の戦いを止めさせる連盟の動きに、アメリカが協力しなかったとでも言うのですか。〉

私は、アメリカが国内問題に影響力を行使すべきであると主張するのは、ヨーロッパの多くの国への軍事介入を要求するのと同義であるとも述べた。彼らとの会談は概念的な言葉と曖昧な考えのやりとりに終始し、最後は堂々巡りになって、アメリカの連盟不参加がヨーロッパ問題の原因ということにされてしまった。しかしヨーロッパに自由が失われた問題は、ひとえにヨーロッパ諸国自身の選択の結果なのである。

国際連盟の名誉のために付言するが、連盟は弱小国間の問題の解決には成功したし、大国間の紛争をめぐって話し合いの場を持たせることには成功していた。しかし、国際的に大きな問題については無力であった。連盟の成功が目立ったのは、経済・社会政策あるいは健康問題に関わる分野であった。こうした分野で設立された機構が十分な役割を果たしていた。たとえば国際連盟の兄弟機構とも言えるＩＬＯ（国際労働機関：International Labor Organization）は労働環境の標準を定めるのに大きく貢献した。また国際司法裁判所（The World Court）も機能していた。ベルサイユで恒久的な和平を維持しようとした努力は、それ以前の五〇〇年間の国際関係に比べれば大きな進捗であった。

＊訳注：ドイツに対する過重な賠償金、民族を考慮しない国境の線引きなどを指すと思われる。

第14章　イギリス

大陸諸国の訪問後、イギリスに向かった。この頃のイギリスは数々の難題を抱えていた。彼らのアジア植民地における共産主義勢力の拡大はその一つだった。大英帝国の中でもアジア植民地の生活水準は低かった。それだけに、共産主義者が、少数の富裕者の富を持たざる者（have-nots）に分配するという訴えは魅力的に響いた。

イギリスのソビエトとの問題は、第一次世界大戦後すぐに始まっていた。共産主義者《コミンテルン》は一九二〇年に、東方諸民族会議を開催した。会議には大英帝国の植民地からも代表が派遣された。

一九二一年三月十六日、イギリスはソビエトと通商協定を締結しているが、閣僚であり、またイギリス通商委員会の委員長でもあったロバート・ホーン卿は、ソビエトの通商代表M・クラッシンに対してソビエトの反英活動に苦言を呈し[1]、インドでは、イギリス支配の転覆を画策し、反英勢力に武器を供給していると非難した。

にもかかわらず、イギリスはソビエトを国家承認し、大使を派遣した（一九二四年）。しかしイギリス議会は国家承認を批准しなかった。ソビエトが、イギリス陸海軍の内部に共産党の細胞を潜り込ませようとしていることが発覚したからだった。一九二六年五月から十一月にかけて、ソビエトは、イギリスの炭鉱労働者のストライキに一〇〇万ドル以上を提供した。イギリス政府は、ソビエトによる内政干渉の実態を白書にして発表した。[*]

一九三〇年にはいったんソビエトとの通商条約が結ばれたが、一九三二年には破棄された。[**] 一九三三年三月、ソビエト政府に雇われていた英国ヴィッカース社[***]の社員数名が破壊工作活動の容疑で収監された。彼らはソビエトに軍需工場を建設するために赴任していたのである。イギリス政府は彼らの釈放を要求し、ほとんどのソビエト製品の輸入を禁止した。ソビエトもイギリス製品の禁輸で対抗した。一九三三年七月一日に社員が解放されると禁輸制裁は解除された。一九三四年三月、あらためて両国間に通商条約が成立した。

イギリスの集団安全保障政策から勢力均衡への回帰

「イギリスは、ソビエトとの対抗上、ヒトラーを育成している」。大陸諸国の大半はこう考えていた。私自身が経験した会談の場でもそうした意見が出されていた。いわゆる（大陸国家間の）勢力均衡《バランス・オブ・パワー》を促進するイギリス外交は、自国の防衛を念頭に置いた伝統的な手法であり、効果的だった。イギリスは、人口は少ない割に世界各地に植民地を持っていた。世界には反帝国主義的な空気が広がっていた。

イギリスの勢力均衡外交においては、均衡が崩れたり、大英帝国の安全保障に都合が悪くなれば、支持する国あるいは逆に抑制する国を（あっさりと）替えてしまうことがよくある。

当時の状況は次のように理解されていた。

一、英国のアジア植民地は共産主義者の工作により危機に晒されている。

二、英国はルール地方のヒトラーの占領を黙認した。

三、ベルサイユ条約ではドイツ陸軍兵力は一〇万が上限とされていた。この条件に違背して二〇万規模の軍拡をヒトラーが進めた時点で、イギリスは（本当の意味での）抗議をしていない。

大英帝国の政治（外交）手腕は、メディアや文学者の目に簡単にはわかるようなものではない。英国がその方針を明確に示すことは期待できない。イギリスがどのような外交術を使ってくるか誰にもわからないが、ヨーロッパの崩

*訳注：一九二七年五月にイギリスは通商協定を破棄し、国交断絶。
**訳注：一九二九年に国交回復し、三〇年四月に暫定通商条約が結ばれたが、三二年のオタワ協定に関連して十月に破棄。
***訳注：航空機製造メーカー。

れかけている和平の枠組みを支えきれるかどうかは、ひとえにイギリスの手腕にかかっている。

チェンバレン首相との会談

英国滞在中、チェンバレン首相から招待を受けた。世間話程度の話題から、突然、ヨーロッパの大陸情勢について私の思うところを聞いてきた。私以上に英国のほうが情報を摑んでいるはずだし、私の考えは「勘（hunches）」でしかない、と答えた。首相はそれを聞くとにっこりして、確かに私には情報はあるが、その「勘」の一つでも聞きたいというものだった。

私はホテルに帰って、彼に語ったことを書き留めた。私が話したことは新しいニュースでもなんでもない。私のその時点での情勢分析のようなものであった。

〈一九一四年の大戦勃発以前のヨーロッパには希望、自信、発展、自由といったものがあった。あれから二四年が経ったが、人々からそうした感情は消え、恐怖と諦めが広がり、自由も抑圧されている。この状況を免れている国はほとんどない。この悪い状況を作り出しているのがドイツとロシアである。

ロシアはいま、ドイツに対する防衛準備で忙しい。ロシアが現時点で何か積極的に出てくることは考えられない。彼らができるのは、他国への内政干渉（工作活動）程度だろう。

ドイツの顔は東（ロシア）を向いている。ドイツ民族は陸の民である。彼らはさらなる領土の拡大を目指し、資源を欲している。増大する人口を養わなくてはならない。

飢えたドイツに開かれた広大な土地はロシアとバルカン半島である。

ドイツには復讐の念が根強い。国土を再統一したいと願っている。こうした要素に、独裁政治、拡張する軍、共産主義を潰すという強い意志、ヒトラーの不安定な性格といったものが重なる。これらがいつか大きな爆発を惹き起こすだろう。

再びハルマゲドンが起こるかもしれない。それが私の「勘」である。私はそのハルマゲドンはロシア領土で起こってほしいと思っている。決してフランスとドイツの国境付近で起きてほしくない。

私の得ている情報では、ドイツは一八カ月で準備を整えるということである。その後は何が起きても驚かない。[2]〉

チェンバレン首相は私の「勘」に同意し、次のように述べた。

〈民主主義国家の中のアキレス腱になっているのがフランスだ。あなたも見てきたと思うが、彼らはロシアと手を組もうとしている。ヒトラーは、まず最弱国を叩こうと考えるかもしれない。〉

もしこの時点で、メディアのインタビューを受けていれば、私はチェンバレン首相は真に平和を希求する政治家であると論評しただろう。誠実であり、信念を持ち、それを実行しようとしていた。また、まさにイギリス紳士の気風を備えていた。

イギリスではもう一人の有力政治家であるロシアン卿とも会談の機会があった。彼のほうから朝食を共にしてくれたのである。ロイド・ジョージ首相の秘書であった彼とは、第一次大戦の頃からよく知った間柄だった。その頃はフィリップ・カー君という名で知られていた。ロシアン卿は、訪米時にパロ・アルトの私の邸を訪ねてくれたことがある。私のヨーロッパ訪問の少し前のことだった。

ロシアン卿に対しても、チェンバレン首相に伝えたのと同様の私の「勘」を話した。彼は私の考えに完全に同意すると言ってくれた。この時期のロシアン卿は、ヨーロッパ大陸へは干渉すべきではないとの立場を取っていた。しばらくしてから、少し前に彼が貴族院で行なった演説原稿の写しを届けてくれた。一九三七年三月二日のものである。内容は以下のとおりだが、そこには予言的な言葉があった。[3]

〈近年、高尚な言葉とされる「集団安全保障」の新しいシステムは、まずフランスと小協商国*とポーランドの間で結ばれた。これにフランスとロシアの間に締結された（仏ソ）相互援助条約（The Treaty of Mutual Assistance between France and Russia）が加わった。この条約はロシアとチェコスロバキアの間で結ばれた条約とほぼ同一のものだった。これが一方の「集団安全保障」システムとすれば、過去の歴史からもわかるように、それに対抗するシステムができてくる。それがベルリン・ローマ枢軸である。これにドイツと日本の間で結ばれた反コミンテルン協定が加わった。

（我が国で）「集団安全保障」システムの考え方を支持する者は、三つのグループに分類できる。まず真に和平を願うグループである。彼らは、ロシア・フランスの相互援助条約に我が国が与《くみ》すれば、戦争という悪魔への魔除けができると信じている。しかし実際はそんなことはできない。逆に、敵対国が同様の体制を構築して対抗するからである。次々に危機的状況が生まれ、最後には、馬鹿野郎か悪党のどちらかが戦争のボタンを押す羽目になる。

第二は、反ファシスト連合を作りたいグループである。彼らはなぜか共産主義よりもファシズムのほうが危険だと考える。私自身はこの二つの思想に異なるところはないと考えている。どちらも我々が正しいと信じている制度を嫌い、それとは正反対の制度を志向する。

最後は、ドイツが怖いというグループである。

ロシア・フランスの相互援助条約は、万一戦いが始まった場合、その戦いを西で起こさせることになる。戦いが東ヨーロッパで始まれば、イギリスは心配することはないはずである。

結局、イギリスが大陸の戦いに干渉する理由は、大陸を無政府状態にしておきたいという狙いしかない。私は、そんな目的のために我が国の若者を死なせたくない。〉

イギリスのその他の課題

当時のイギリスは内外に難問が山積していた。第一次世界大戦はこの国の精気を奪った。大戦初期には一〇〇万の志願兵が集まった。彼らの士気は高かった。言ってみればイギリスの精鋭であった。それをほとんど失った。戦いの長期化で犠牲者の数は膨らんだ。

生産力も経済力も衰えた。一九一四年以前は、石炭を輸出した貨物船が安価な原料を満載して戻ってきた。イギリスに行けば（工業製品は）なんでも揃い、ヨーロッパの「よろず屋」の役割を果たしていた。しだいに石油や電気にエネルギー源が転換すると、それまでの石炭輸出と石炭船の復路を利用した原料輸入の形態が崩れていった。

イギリスには、カルテルやトラストの悪弊があった。イギリス産業界は、自由競争で生産性を高めるのではなく、価格統制や流通支配などの手法を使って利益の最大化を図った。こうした行為はアメリカでは違法であった。

イギリス議会もこの問題を調査していた。私の旧友で調査委員会のメンバーの一人だったフィリモア卿は、労働者一人あたりの生産性をアメリカと比べた数字を教えてくれた。イギリスはアメリカの労働者一人分の生産に一・二五人から四人を要していた。平均すれば二・一二人の数字だった。

それでもイギリスには将来性はあると思われた。私自身はイギリス人がよくわかっているつもりだし、イギリス本土でも、大英帝国領土でも働いた経験があった。イギリスは現在の苦境から脱出できると思われた。彼らの国民性には厳格なところがあり、篤い信仰心があった。自由の重要性もわかっていたし、若い世代が育っていた。この国が衰退するとは思えなかった。もちろん、戦争が再び起こらないという仮定に立った予測ではあった。

＊訳注：チェコスロバキア、ユーゴスラビア、ルーマニア。

＊原注

1　*The Times* (London), March 17, 1921.

2　当時は知られていなかったが、ヒトラーは一九三七年十一月五日に、ナチス幹部に秘密裏に次のように語っていた。私のヨーロッパ訪問の四カ月前のことである。ナチスの第一の目標は「生存圏」の拡大だった。彼はまず専制政治による国力強化を考えたが、ドイツ国内には資源が不足していて拡大は難しかった。第二に積極的な貿易による国力強化の考え方があったが、世界各国が貿易障壁をめぐらしていた。第三の方法は、オーストリア、チェコスロバキア、ポーランドを併合し領土を拡大することであった。

フランスとイギリスの干渉を避けたいヒトラーは、生存圏拡大に第三の方法を選択した。ヒトラーは次のように述べている。「ドイツにとって重要なことは、征服コストが最も低い場所を考えることである」(Office of United States Chief of Counsel for Prosecution of Axis Criminality, *Nazi Conspiracy and Aggression* 〔Documents from International Military Tribunal at Nurnberg, Germany〕, U. S. Government Printing Office, Washington, 1946, Vol. III, pp. 295ff.)

3　〔Great Britain, Parliament,〕 *The Parliamentary Debates*, Fifth Series, Volume CIV, House of Lords, Second Volume of Session 1936-37, His Majesty's Stationery Office, 1937, pp. 391-399 〔403-ed〕.

第15章　ヨーロッパ情勢についての私の国民への報告

ヨーロッパの旅を終え、客船ノルマンディー号で海霧の中をロンドンから帰途についた。出航を待つ間、そして航海の途次、今回の旅で得たヨーロッパ情勢についてまとめることにした。アメリカ国民に最新の情報を伝えるためである。私には、報告会をしてほしいとの依頼が電信で届いていた。

しかしその報告には制約があった。私自身の考えを述べるにあたって、それを裏付けるヨーロッパの指導者の言葉を使えなかった。彼らは私を信用して本音を吐露してくれていた。

もう一つ大きな問題があった。私自身は、スターリンの共産主義と、ヒトラーのドイツ・ファシズムの衝突は不可避だと見ていたが、ヨーロッパではそれを回避しようと多くの人々が懸命な努力を続けていた。私は自分の考えを表明することで、彼らの努力が水泡に帰すようなことはしたくなかったし、彼らに諦めの気持ちを持たせたくなかった。私の結論は、彼らの努力は、結局は無駄になるというものだったからである。

帰国後、私はニューヨーク（一九三八年三月三十一日）[1]、サンフランシスコ（同年四月八日）、オクラホマシティ（同年五月五日）の三つの都市で国民に訴える機会を持った。そのスピーチの一部を示したい。アメリカ国民にヨーロッパの危機的状況を伝えたかった。[2]

ニューヨーク講演

〈皆さんに、我が国の将来がヨーロッパ情勢に左右されるだろうことをあらためて強調する必要はないでしょう。ヨーロッパが我が国に及ぼす影響は、経済、思想、政治といった場面に表れてきます。ヨーロッパの（悪）影響を百パーセント避けることはできません。しかし、悪影響を及ぼす要因の本質を理解しておく必要があります。そうすることで、犯しやすい過ちを防ぐことができるのです。いずれにしても、暴力（戦争）という形で現われるその影響を少しでも弱めなくてはなりません。

今夜の話は、外国あるいは外国政府に対して何を為すべきか、説教をするためのものではありません。私も含めたアメリカ人に、外国の方々に対して何をすべきかを諭す権限はありません。しかし、そうした動きが我々自身に影響を及ぼす場合、我々自身も考えなくてはならないのです。

ヨーロッパでは独裁制が台頭しています。一九年前、（ロシアの）ケレンスキー政権を含めれば五億人のヨーロッパの民は、人々の選んだ代表による「代議政体」の下にありました。

しかしいま、「代議政体」の基準たる表現の自由、報道の自由、信仰の自由、個人の自由、少数意見の尊重といった尺度で評価すれば、自由の消えた国がほとんどです。そうした国にいま、三億七〇〇〇万人が暮らしているのです。

ヨーロッパでは軍拡競争が起きています。有史以来未曾有の規模の競争です。ヨーロッパでは「戦争マシン（war machine）」が大きな音を立てフル稼働しています。兵士たちが再び塹壕に入るのは時間の問題です。

それでも一縷《いちる》の光明は見えています。ヨーロッパの不況からの回復は我が国に先行しています。失業者はほとんどいません。全面戦争がただちに始まるようなことはないでしょう。各国の戦争準備はまだ終わっていません。

そんな中で、平和を求める精神は失われていません。不安定な勢力均衡を回復させる動きも出ており、緊張を緩和し和平の道を探るグループも活動しています。政治家にも、危うい和平の維持を可能にする優れた人物がいて、その努力を続けていています。しかし、軍備増強が続き、恐怖と敵意の中で暮らす状況がこのまま持続するはずはありません。それでも戦いが始まらないかぎり、まだ希望があります。新しい政治思想と、社会秩序を保ってきた旧来の思想がぶつかりあっている。人々は解の見えない迷宮に迷い込み、そこからは苦悶の声が聞こえてくる。

これがいまの状況です。我が国にも重大な影響をもたらしかねないこの状況に無関心ではいられません。ヨーロッパでは一四カ国がファシズム思想を受け入れています。そこに暮らす人々の数は二億四〇〇〇万となっています。これに共産主義下のロシアの民一億四〇〇〇万が加わるのです。我がアメリカがこの傾向に何の影響も受けていないと思ってはいけません。〉

サンフランシスコ講演

このスピーチでは、自由を謳歌するカリフォルニアが、もしヨーロッパの国のように全体主義国家に囲まれてしまったらどうなっていくか、比喩を交えて語り、聴衆の想像力に訴えた。

〈五〇万の軍隊と二〇〇〇機の戦闘機や爆撃機がオレゴン国境（州境）に、そして四〇万の兵士と二〇〇〇の航空機がネヴァダ国境（州境）に集結し、カリフォルニアを睨んでいる状況を想像していただきたい。アリゾナでは数万人規模の軍隊が演習を繰り広げ、カリフォルニア侵攻を狙っている。そういう状況になれば、カリフォルニアに住むことが不安になるのは当然です。侵攻に備えて高い税金を覚悟して四〇万人規模の兵士を用意したとしても、不安な日々は続くでしょう。周囲の敵と合従連衡《がっしょうれんこう》外交を繰り広げても不安の種は消えず、カリフォルニアでの生活は息苦しいものになるでしょう。

かりにカリフォルニアが全体主義国家になってしまえば、それはそれで問題が出てきます。人々の魂（精神）は国家に委ねられることになります。国家の指導に従わず、昔ながらの考えを貫こうとすれば強制収容所が待っています。農民は、国家が指示する作物を栽培するよう強制されます。酪農家は、国家のために豚や牛を飼うことになります。一般労働者は、働く場所を指定され、給与は国家が決めるのです。労働組合は解散となります。国の作ったリクリエーション組織に入れば、（国家を称える）歌を歌わされ、行進するのです。それに従えば生活は保障されます。そうでなければ強制収容所での生活が待っています。こうした状況に疑いを持たず、何の反感も持たなかったとしても、非生産的と見なされれば、同じく強制収容所送りとなるのです。言論の自由についても、反対は許されない。（政府の考えに沿った）賛成の意見のみに発言の自由が与えられる一方通行なのです。

自由を失う恐ろしさを過小評価してはなりません。それが共産主義下あるいはファシズム下であったとしても変わりはありません。彼らが作り上げる経済組織（体制）は個人の自由の犠牲の上に立つものです。そこにはキリスト教の伝統である憐れみの気持ちが入り込む余地はありません。残酷な仕打ちがあるだけです。

我がアメリカは、過去一五〇年の間、ヨーロッパとは違う歩みを続けてきたと考えていました。今回のヨーロッパの旅で私はその思いをいっそう強くしました。我が国には自由を求め、常に進歩を求める国民が育っています。個々人の思いは、泉から溢れ小川となり、さらに大きな流れとなって国民全体に広がっているのです。

この自由の泉を涸らすようなことは、もはや誰にもできないのです。〉

オクラホマシティ演説

ここでは、ヨーロッパに蔓延する共産主義とファシズムの危険性について語った。

〈ヨーロッパには一四のファシズム国家が形成されたが、どの国も、自由を放棄しようなどと考えてファシズムを目指したわけではありません。ファシズムが、経済停滞を克服する万能薬に思えたのです。彼らは（ファシズム思想の下に）計画経済を実施しました。貨幣操作、価格統制、呼び水的経済政策、赤字を厭わない財政出動、高課税。これが計画経済のやり方です。政府の独裁的な指導と、社会主義的な（ノルマ）競争のなかで民間の活力は削がれていったのです。彼らは右のファシズムと左の共産主義の中間に解決策があると勘違いしていました。* 政治家たちは、階級間の憎しみを煽るやり方で新しい政策を次々に打ち出したのです。そうした政策を進めるたびに、選挙区での腐敗が進行し、政府内には知的頽廃が生まれました。そうやって倫理観が失われていったのです。

こうして民間経済の推進力を押しつぶしてしまったのです。

世界の潮流は我が国の「自由人（free man）」として生きるという考えに対する挑戦です。皆さんにはっきりとお伝えしたいのは、そうした国で責任ある立場にいる人々が、我が国との軍事協定を望んでいないことです。借款も求めていません。彼らは、アメリカだけは自由の火を灯し続けていてほしいと願っています。私たちの灯す自由の火こそが世界の希望の灯火となるのです。〉

革命についての考察

一九三八年の旅を通じて、革命について考えさせられることが多々あった。革命は野望を抱く男たちを権力の座に就ける。そうなるとプロパガンダが力を発揮し、国民に自己犠牲を強いる。国民は新たな栄光を提示され目標を持つことができる（ように感じる）。国は常に国家の力を（国民に）見せつけようとする。それが領土拡張あるいは軍事占領という行動となる。

フランス革命でも同じようなことが起きた。我がアメリカ独立革命（戦争）後も同じだった。我が国の場合に幸いだったのは、拡張しようとする場所にはほとんど人が住んでいなかったことである。そのために他国との戦争をしないで済んだだけだった。

今回の旅で得た結論は、ファシズムと共産主義の衝突は不可避だということである。この衝突で世界は大混乱に陥

＊訳注：両思想のように極端にならなければうまくやれそうだという考えの存在の指摘。

るだろう。大事なのは、アメリカがこの混乱に巻き込まれないことである。

＊原注

1　スピーチの全文は左記の書に掲載。〔Herbert Hoover〕*Addresses Upon the American Road, 1933-1938*〔Charles Scribner's Sons, New York, 1938〕, pp. 309-324, 325-334, 343-354.

2　私は講演の中で「民主主義」という用語を使った。その意味するところは、現在この言葉が意味するものと同じであった。しかし、この頃以降の四半世紀で、共産主義者やファシストが「民主主義」の本当の意味を腐敗させてしまった。それゆえ誤解を避けるために、ここでは、「民主主義」の用語を避け「代議政体（representative government）」という言葉を使うことにする。

第3編

アメリカ外交政策の革命的大転換

第16章 ルーズベルト大統領による不干渉主義の放棄と干渉主義的外交の始まり

ルーズベルト大統領は、第一期の四年間で多くのスピーチをこなした。スピーチの量を合計すれば四〇万語に及ぶ。その中で外交について語ったのはわずか三〇〇〇語である。一回のスピーチ分の語数にしかならない。彼は外国の揉め事への不干渉を訴えたジョージ・ワシントンの言葉をよく引用した。どちらかと言えば、かなり過激な不干渉主義と言えた。[1]

スピーチ以外にも不干渉主義の態度を示すものがあった。彼が政権を取った頃もその後も、議会は与党民主党が多数派であった。それにもかかわらず、国際司法裁判所への関与を渋っている。国際司法裁判所はウッドロー・ウィルソン元大統領の残した遺産のようなものだった。ハーディング、クーリッジそして私の、三代続いた（共和党の）大統領がそろって国際司法裁判所への参加を求めていた。私が、エリフ・ルート（元国務長官）らと修正案を用意し、（民主党が多数派の）上院の支持を受けやすくしたにもかかわらずである（ルーズベルトは国際司法裁判所への参加を進めなかったのである）。

また、ドイツ、日本、ロシアの（軍事的）脅威が高まっても、ルーズベルトは防衛予算を削減した。私の政権当時の予算から二五パーセントも下げている。また一九三五年、三六年、三七年と中立法を制定し、また修正したりして、外国への武器輸出を難しくした。自由の防衛のために戦っている国に対しても武器の供給ができなくなったのは、侵略国家にとっては都合がよい状況であった。侵略国には武器の生産能力が十分にあった。

ルーズベルトの不干渉主義的外交が、がらりと変わったのは一九三七年十月五日からである。この日、彼はシカゴで演説した。この演説は後に「隔離演説（quarantine speech）」と呼ばれることになる。[2]演説の前にスピーチ内容が公表されていた。しかし実際のスピーチは公表されていた内容とは違っていた。以下は実際のスピーチの内容である。[3]

〈世界の九〇パーセントの国々の和平や自由が、一〇パーセントの国によって脅かされている。国際秩序、国際法は危機に瀕している。九〇パーセントの人々は、法の支配の下で安寧に暮らしたいと願っている。数世紀にわたって築いてきた普遍的な秩序や倫理に従って生活したいと考えている。そこでは自らの意志を反映させることができる。

しかし、残念ながら世界中で法秩序が崩壊している。

これが伝染性のある病の結果であったら、感染者は隔離しなくてはならない。そうしなければ、共同体を病気の蔓延から守ることができないからである。〉

このスピーチの分析には私も同意するが、その裏にある干渉主義的態度については納得できない。この後すぐに明らかになったのであるが、ルーズベルトのいう独裁者の中にスターリンは含まれていなかった。

ハル国務長官はこの頃は孤立主義の立場を取っていた。彼はルーズベルトのスピーチを聞いてひどく驚き、（私が感じたように）メッセージが真に意味するところを感じとって心配している。彼は、ルーズベルトの演説で、彼の進めていた和平工作は半年前の状態に戻ってしまったと記している。[4]

翌日の記者会見では、干渉主義への傾斜は若干後退した。

記者「昨日のスピーチには何か倫理観に依拠した憤りのようなものを感じたが、大統領の（不干渉の）姿勢に変化があったのでしょうか」

大統領「何も変わっていない。スピーチのとおりである」

これに続いて、大統領は、スピーチ内容と中立法との整合性を問われた。経済制裁のようなことを意図しているのかと質問されたのである。

大統領「いや、そのようなことは考えていない。『制裁』はあまり使いたくない言葉である。私はそのような言葉は使わない」
記者「和平を希求する国が話し合いを持つ（持たせる）というようなことを考えているのでしょうか」
大統領「そうしたことは考えていない。会談をしても何も解決しない」
記者「外国のメディアは（昨日のスピーチは）実質のない態度表明に過ぎないと論評しているようですが」
大統領「それは『ロンドン・タイムズ』のことかね」
記者「もし何か具体的な計画があるとすれば、中立法を修正せざるを得ないのではないですか」
大統領「いや、それは必要ないだろう」[5]

これが記者とのやりとりであった。大統領の孤立主義の姿勢は、このスピーチを以て終わったのである。この日を境に、我が国は他国への干渉を開始した。三カ月後の一九三八年一月、大統領は、各国の協調を促すことについて、イギリスの考えを探った。チェンバレン首相は、ルーズベルト氏がイニシアティブをとることに当初は消極的であったが、二週間後に態度を変えた。その後、ルーズベルト氏が国際協調を訴えることはなかった。[6]

一九三八年一月十四日、チェンバレン首相は、イタリアのエチオピア併合を承認したいと大統領に伝えてきた。ルーズベルトはこれに反対した。しかし四月十六日、イギリスが承認すると、ルーズベルトは、イギリスの決定は和平を求める動きの一つであると述べた。ただアメリカは非承認を続け、侵略的な外交に抗議する姿勢を変えていない。[7]

これは、私の政権時代に日本の中国〔訳注：満州〕併合を承認しなかった方針と同様であった。[8]

＊原注

1　ルーズベルトはその演説で、「巻き添え（entanglements）」あるいはその逆の「巻き添え拒否（unentangled）」という用語を使っている。たとえば一九三五年八月三十一日、同十月二日・十七日・二十三日、一九三六年六月十二日、同八月十八日など。

2　W. L. Langer and S. E. Gleason, *The Challenge to Isolation,* 1937-1940, Harper & Brothers Publishers, 1952, pp. 18ff. この本では「隔離演説」をルーズベルトの反「非介入主義」の姿勢（干渉主義）を示す根拠としている。しかし、それ以前の彼が非介入の方針であったことには触れていない。

3　〔Samuel I. Rosenman, comp.〕*The Public Papers and Addresses of Franklin D. Roosevelt,* 1937〔volume〕, The Macmillan Company, New York, 1941, p. 410.〔訳注：Samuel I. Rosenmanは、ルーズベルトのスピーチ・ライターである〕

4　*The Memoirs of Cordell Hull,* The Macmillan Company, 1948, Vol. I, p. 545.〔訳注：コーデル・ハル著『ハル回顧録』宮地健次郎訳、中公文庫、二〇〇一年〕

5　*The Public Papers and Addresses of Franklin D. Roosevelt,* 1937〔volume〕, pp. 423-424.「隔離演説」およびそれに伴う混乱の詳細については、左記参照。
Charles A. Beard, *American Foreign Policy in Making, 1932-1940,* Yale University Press, 1946, pp. 186-222.

6　Sumner Wells, *The Time for Decision,* Harper & Brothers Publishers, 1944, pp. 65ff. あるいは Keith Feiling, *The Life of Neville Chamberlain,* Mcmillan & Co., London, 1946, pp. 336ff. あるいは Charles C. Tansill, *Back Door to War,* Henry Regnery Company, 1952, pp. 368ff. あるいは *The Memoirs of Anthony Eden, Earl of Avon: Facing the Dictators,* Houghton Mifflin Company, 1962, pp. 622-645.

7　〔Samuel I. Rosenman, comp.〕*The Public Papers and Addresses of Franklin D. Roosevelt,* 1938〔volume〕, The Macmillan Company, 1941, pp. 248-249.

8　*The Memoirs of Herbert Hoover, 1920-1933, The Cabinet and the Presidency,* The Macmillan Company, 1952, pp. 372ff.

第17章　言葉より行動

一九三九年一月四日、大統領は議会演説で、外交政策の遂行にあたっては断固とした行動も辞さない、と述べた。

〈戦争という手段を使わなくても、言葉以上に強い影響を発揮できるやり方はいくらでもある。(言葉よりも強い方法を使って)私はアメリカ国民の気持ちを、侵略的な外交を続ける政府に訴える。[1]〉

たしかにこの演説後方針どおりの動きがあった。同日、大統領は、ウッドリング陸軍長官*および参謀本部と協議し、航空機四万機の生産計画を打ち出した。将来、イギリスあるいはフランスに供与することを念頭に置いていた。参謀本部は、四万機の生産となれば、数年の期間を要すると大統領に説明し、六〇〇〇機の生産計画となった。[2]

一九三九年一月三十一日、ホワイトハウス内で、上院軍事問題委員会の秘密会がもたれた。ルーズベルトは出席者に、「我が国の国境はフランスにある」と述べた。さらに英仏両政府と緊密な協議を進めていること、また先のスピーチでの「言葉より強い手段」とは、独裁者との戦いにアメリカが参入しなくてはならないことを意味している、と語ったのである。[3] 秘密の会合だっただけに(逆に)出席の議員は内容を友人らに漏らした。ホワイトハウスは大統領の発言を否定したが、メディアはそれが本当のことであると報じた。[4] 上院では、大統領は我が国を密かに戦争に導こうとしているとしてルーズベルトは非難された。[5]

私は、大統領が言う「言葉以上の」手段が何を意味するか検討した。戦争一歩手前のやり方（short of war）について分析し、ラジオを通じて説明した（一九三九年二月一日）。

〈いま世界中に悪意のある動きが溢れていることは、ここで説明するまでもありません。世界二〇カ国が、個人の自由を犠牲にしてでも専制国家の中で暮らすことを選んでしまいました。彼らが専制政体を信用するのは、独裁者が羊の皮をかぶりユートピアの実現を訴えるからなのです。そうした専制国家はすでに戦争を始めるか、他国を脅しています。いま世界は恐怖におののき、張りつめた空気に満ちています。第一次世界大戦前の五倍の数の兵士が武装を終えているのです。

アメリカ国民は、専制国家のやり方が残酷で、かつ少数派に対して非道な扱いをしていることに憤っています。それを許すイデオロギーに怒っています。軍備を増強しながら攻撃的な外交を進めることに警戒感を強めています。

私たちは感情を抑えた分析と議論をしなくてはなりません。こうした状況は個人だけの問題ではなく、国家の死活問題でもあります。

危険の程度を冷静に見極める必要があります。冷静な分析評価の上に立って攻撃的な国とどう向き合うかを議論しなくてはならないのです。その議論は国内の党派の違いを越えたものでなくてはなりません。

ルーズベルト氏は、「言葉以上、戦争一歩手前の手段」を取ると言っています。彼の（干渉主義的な）外交を可能にするための軍事力増強を訴えています。

「言葉以上、戦争一歩手前の手段」として考えられるのは、一方の側だけに食糧、原料を供給し、金融支援を行ない、かつ武器を供与することです。敵対する側には、禁輸政策、製品ボイコットといった経済制裁を科すので

＊訳注：任期は一九三六年九月から四〇年六月。

す。

このような政策を取ることは、これまでの我が国の中立の方針から大きく逸脱することになります。中立ではなく他国の戦争に介入することなのです。他国に対して説得するのではなく、無理強いする政策です。ハル国務長官は、我が国は他国の内政や外交に干渉することはないと、わずか六〇日前に声明を出したばかりです。ルーズベルト氏の主張は、国務長官の声明を否定するものです。ルーズベルト氏のやり方は必ず報復を生んでしまいます。したがって、それに備えて軍備増強をしなくてはなりません。増強の程度は、アメリカ本土防衛に必要な軍備を大きく上回るものになるのです。

経済制裁は民間人の生活を直撃します。民間人のほとんどは婦女子なのです。人工的な飢饉で飢え死にさせる行為は、空爆によって彼らを殺すのと同じことです。

間接的にせよ直接的にせよ、他国に自国の考え方を強制する行為は、戦争につながってしまいます。しっかりした（軍備を持つ）国であれば、そうした強制には力で対抗してきます。経済制裁を考える者はすでに戦争を考えているのです。

経済制裁のような、全体のバランスを勘案した外交であれば、制裁を受ける国も戦いに打って出るようなことはしないと主張する者がいます。

しかし、ヨーロッパの長く悲惨な歴史は、そうしたやり方は最終的には戦争になることを示しています。（ルーズベルト氏の）方針は、我が国が第一次世界大戦以後に取ってきた外交方針から大きく逸脱することを意味しています。

（ルーズベルト氏の発言を聞いた）ヨーロッパの民主主義国は、アメリカが外交方針を変更したと理解してしまいました。もし彼の発言が我が国の方針の全面的な変更を意味しないのであれば、彼らはただ惑わされているということになります。

我々がこの問題を理解するために有効なのは、次のように自問することです。

一、これまでの中立政策を破棄するのか？
二、侵略者である国を誰が認定するのか？　我々自身がその判断をするのか？
三、我々は侵略国家とされた国に、禁輸、製品ボイコット、経済制裁を実施するのか？
四、我々自身が攻撃されない場合でも、こうした政策を取るのか？
五、防衛に必要以上の軍備力を充てるのか？
六、このような政策を他国と協調しながら行なうのか？
七、我々は世界の警察官になろうとしているのか？
ルーズベルト氏の狙いが何を意味するか。我々が、彼や議会の動きを注視すれば、それが少なからずわかってくるのです。いずれにせよ、盲目的に軍備増強に走ることがないようにしなくてはなりません。〉

アメリカ本土の安全保障

前記の問いの答えを出す前に、そして力による解決（たとえそれが戦争一歩手前までの手段で留める場合であったとしても）を覚悟する前に、我が国の安全保障が外国からの攻撃で本当に脅かされているかどうか検討したい。外国からの攻撃には二つの意味がある。一つはイデオロギーによるものであり、民主主義を破壊する攻撃である。もう一つは軍事力を伴う攻撃である。軍事侵攻については我が国への直接攻撃と、ヨーロッパやアジアの我が国の友国に対する攻撃の二つがある。

イデオロギーによる攻撃（penetration）

イデオロギーによる攻撃は、それがロシアの共産主義であれ、ドイツの国家社会主義であれ、イタリアのファシズムであれ、攻撃された国の国内問題となる。この種の攻撃に対しては戦艦や戦闘機で防衛することはできない。私は、我が国が独裁者に対してあるいは彼らの思想に対して、思想戦を挑むことを想定していない。なぜならそのような戦いは、中世の宗教戦争と同じ結果を生む。いやそれよりも悲惨になる可能性がある。

仕掛けられた思想戦に対しては、共産主義者、社会主義者あるいはファシストを我が国の組織内に潜入させないことだ。自由の大切さを理解する社会には、このような思想は侵入できない。私は、自由の灯火を絶やさないことが重要だと考える。その光の中では、全体主義的な思想（それは偽りの思想と呼んでもよいが）は生きていけない。全体主義的思想は、倫理的なあるいは精神的なインスピレーションによって生まれたものではない。金銭欲を根本とするイデオロギーなのである。

いずれにせよ、思想戦にさらなる軍費を投入しても何のメリットもない。

物理的攻撃の危険性

我が国の民主主義を軍事力で攻撃する危険性についてだが、現実的な議論をしたい。この危険性を煽る言説があちこちから上がっているが、そうしたものは捨象して考えてみたい。

ヨーロッパという地域では独裁者が存在しない場合でも、結んだ条約の不具合や、人口増やあるいは食料不足が原因で危機的状況が起きる。アメリカの独立以前からのヨーロッパの歴史である。新聞にそうした危機が報じられても驚くことではない。戦争をすることなしに落としどころを探る努力がなされているに過ぎない。

第一次世界大戦後、防衛力は攻撃力を上回っている。独裁者も、西欧民主国家を攻撃しようとすれば、それを迎え撃つ防衛線*が難攻不落であることに気づかされることになろう。空爆によって大きな打撃を与えることはできるが、反撃されることは必至であり、解決の道を妨げることにもなる。私は、西側民主主義国は（全体主義国家からの）軍事攻撃に十分に耐えられると考えている。

注意が必要なのは、婦女子に対する虐殺があった場合である。我々は感情の生き物である。そうした蛮行に憤る。それが先の大戦で我が国が参戦した大きな理由だった。私は、どのような国の指導者であれ、婦女子を虐殺するほど愚かだとは思わない。現実に、スペインや中国でそうした事件が起きているが、そうした行為は、軍事施設に対する攻撃の際に誤って起きたものだと釈明されている。しかし、（我が国に）怒りの感情が起きていることが（そうした事件再発の）抑止力になっている。

独裁者が我が国に軍事行動を仕掛けることがない理由は他にもある。独裁国は多くの要求を掲げているが、その要求は我が国には向かっていない。ドイツの関心は東にある。日本の関心は西のアジアにある。ロシアの独裁者は国内問題で手一杯である。イタリアはその恨みを英仏両国に向けている。イタリアは先の大戦に参戦したにもかかわらず望みが果たされなかったが、イタリアの問題は（外交交渉で）解決できないものではない。

もう一点、重要なことを見逃してはならない。ヨーロッパではどの国であれ一般人は戦争を望んでいないということである。彼らは戦いになることを恐れている。

ヨーロッパ情勢についてこのように述べたとしても、私は楽観論者ではない。むしろヨーロッパ情勢の悪化を心配している。ただ私が主張したいのは、言葉で伝えられているほど深刻ではないということである。深刻化していない状況であるからこそ、戦争になることは避けられると訴えているのである。

ヨーロッパの国々が直面している戦争の危険性は我が国にはないと言ってもよい。東のヨーロッパとは三〇〇〇マイル（約四八〇〇キロメートル）、西のアジアとは六〇〇〇マイル（約九七〇〇キロメートル）も離れている。二つの大洋によって守られていると言ってよい。どのような航空機も、大西洋の距離の三分の一、あるいは太平洋の五分の一までしか行動できない。爆弾を積載しかつ基地に帰還するにはそれが限界である。独裁者が我が国を攻撃することはできない。我が国は防衛力さえしっかりしていれば、彼らは我が国に対してどうすることもできない。

日本、ドイツ、イタリアあるいはロシアが、我が国を攻撃するなどということはあり得ない。そのような言説はヒステリーに他ならない。

なかにはこちらから海を越えて、我が国の交易権を保全すべきだとの主張がある。しかしこれについては、戦争の

＊訳注：マジノ線のような要塞防衛網を指す。

手段を取らずとも平和的な交渉で実現できる。ただ辛抱が必要なだけである。

最悪のシナリオ

我が国が、自国（本土）防衛の目的以外で軍事力を行使しなくてはならないと考える場合、検討しておくことはまだある。

我が国がヨーロッパあるいはアジアの戦いに参入しようとする場合、仮にそれが戦争一歩手前の手段だとしても、我が国の参戦が何をもたらすかを考えておかなければならない。参戦の目的は、アメリカの自由（体制）を維持するためである。もし我が国の自由に基づく文明が衰退すれば、地球から自由が消えることを意味する。我々はそれだけは避けなくてはならない。我が国のためだけの問題ではない。世界の人々にとっても大切なことである。

いずれにせよ、脅かしや力によって世界に和平が生まれることはない。指導者に盲目的に従うことをよしとすれば、この世界を破滅から救うことはできない。

世界のどの国も一国だけで文明を築くことはできない。私たちは長い間をかけて生まれてきた文明の恩恵を受けて生きている。人類が築いてきた文明を守るためには、考え方を変える必要がある。我が国はたった一国となってもよいから、自由な文明を守るとの旗を掲げ続けなければならない。その旗を高く掲げながら、（独裁国の）非道あるいは迫害に怒りを示さなくてはならない。苦しんでいる人々には手を差しのべなくてはならない。

私たちは、平和的な手段を用いて和平の実現を目指すべきである。経済協力による相互の繁栄を目指すべきである。これは決して自国の安寧だけを考える（利己的な）孤立主義ではない。

人類の歴史は、たとえ正しいと考えることであっても力で押しつけることはできない。それでは恒久的な和平は実現できない。我が国民には力で解決するという主張には与しないでほしい。この国に自由の灯火を絶やしてはならない。自由の灯火を絶やさなければ世界の人々も自由への希望を諦めずにすむ。これこそが世界の人々への大事な貢献なのだ。[6]

＊原注

1　〔Samuel I. Rosenman, comp.〕 *The Public Papers and Addresses of Franklin D. Roosevelt,* 1939〔volume〕, The Macmillan Company, 1941, p. 3.

2　ウッドリング長官から、著者自身が説明を受けた情報である。

3　この大統領の言葉は、秘密会に出席していた議員から聞いた。その議員とはナイ議員、ブリッジス議員、ホルマン議員である。またそれを裏付ける話を、シェパード議員、クラーク議員、ジョンソン議員（コロラド州）からも聞いた。彼らも秘密会に出席していた議員であり、前記の発言が大統領からあったと証言した。

4　*The Public Papers and Addresses of Franklin D. Roosevelt,* 1939〔volume〕, pp. 110-115. あるいは〔Samuel I. Rosenman, comp.〕 *The Public Papers and Addresses of Franklin D. Roosevelt,* 1940〔volume〕, The Macmillan Company, 1941, pp. 323-324.

5　*New York Times,* February 2, 1939. あるいは U. S. Congress, *Congressional Record:* proceedings and debates, 76th Congress, 3rd Session, Volume 86, Part 12, Senate, October 28, 31, 1940, pp. 13598ff., 13604ff.

6　Herbert Hoover, *Further Addresses upon the American Road, 1938-1940*〔Charles Scribner's Sons, 1940〕, pp. 93-103.

第4編 一九三九年のヨーロッパ、人類の敵となる怪物たち

第18章 レイプ・オブ・チェコスロバキア

ヒトラーは、英仏両国には柔軟な外交政策をとり、近隣のドイツ民族再統一を始めた。それがラインラント進駐とオーストリアの併合だった。さらにチェコスロバキア領ズデーテンラントのドイツ人三〇〇万人の併合に動いた。[1]

一九三九年、チェコスロバキアで何が起きていたのかを述べるためには、若干の背景説明が必要だ。

チェコスロバキアは、自らが調印した条約を順守しなかった。一九一九年九月十日、チェコスロバキアはサンジェルマン条約に調印した。そこでは、スイスをモデルにした国家建設が約束されていた。スイスは多民族国家だが、自治を重んじ中央集権的な統制を最低限に留めている国であった。チェコスロバキアの条約不履行の結果、同国内の各民族の不満が高じた。特にズデーテンラントのドイツ系の憤懣は大きかった。

こうした国情の中で、チェコスロバキアはソビエトと軍事協定を結んだ（一九三五年五月十六日）。この協定はヒトラーには受け入れがたかったに違いない。一九三五年五月十九日の選挙では、ズデーテンラントのドイツ系議員が、同地区に割り当てられた国会議員総数七二議席のうち四四議席を占めた。チェコスロバキア議会の議員総数は三〇〇である。

一九三七年には、ズデーテンラントのドイツ系住民が自治権の強化をプラハの中央政府に繰り返し訴えた。一九三八年二月、ヒトラーは、同地域のドイツ系住民の保護を真剣に考えると述べた。

一九三八年四月二十四日、同地区のドイツ系住民の指導者コンラート・ヘンラインはカールスバート*の集会で、中央政府に対して八つの具体的な要求をしている。中央政府はこれを拒否した。このような状況の中で、ヒトラーは、ヘンラインをドイツに招待する一方、チェコ国境に軍隊を集結させたのである。これに対抗して、エドヴァルド・ベネシュ大統領は予備役を招集した。

五月二十一日、ベネシュは、「何人《なんびと》にも我が国の民主主義を破壊させない」と述べ、国民の定義を成文化した草稿を示した。その上で中央政府は、国家の統一強化を目指してすべての少数民族と交渉の用意があると声明を出した。[2]

六月八日、政府の対応に納得できないズデーテン・ドイツ党は、新たな要求をホッジャ首相に突きつけた。先の八カ条の要求以上の厳しい内容であった。

七月二十六日、ベネシュ政権は妥協案を提示し、議会に上程した。それは、完全な自治を認める法案であった。しかし、事態は悪化していた。ドイツ系住民は、チェコからの分離を要求し、ドイツへの併合を望むまでになっていた。ヨーロッパ全体の平和を乱しかねない事態となった。

八月初め、危機感を持ったイギリスのチェンバレン首相は、閣僚の一人であるウォルター・ランシマン（ランシマン卿）をプラハに派遣し、状況を報告するよう求めた。仲介の姿勢を見せたのである。ランシマン卿は、この問題の解決は、ズデーテンラント住民による投票で、チェコスロバキアに残留するか、ドイツとの併合を求めるかを決めるしかないと結論づけ、その旨を報告した。

一九三八年九月八日、チェコスロバキアの少数民族がプラハに集結し、それぞれの民族による自治権の強化を要求する大規模集会を開いた。ヒトラーはこの動きに油を注ぐ演説を行なった（九月十二日）。「ズデーテンラントのドイツ民族の自決権」を訴えたのである。これに対してベネシュ政権は強硬策を取った。ズデーテンラントに戒厳令を敷き、ヘンラインに逮捕状を出した。国家反逆罪の容疑であった。

九月十三日、チェンバレン首相は、イギリスのプライドを飲み込む覚悟を決めた。ヒトラーにドイツ訪問を伝え、

＊訳注：現チェコ・ボヘミア地方の都市カルロヴィ・ヴァリ。

解決策を探りたいと伝えたのである。九月十五日、会談は、（ヒトラーの山荘のある）ベルヒテスガーデンで開かれた。チェンバレンはヒトラーに対して、ランシマン案（住民投票）を認めるよう促した。このやり方であれば（仮に併合になるにしても）スムーズな移行になると説明した。

ヒトラーは対チェコスロバキア戦を覚悟していたが、ランシマン案の受け入れの可能性も示唆し、チェンバレン首相が、フランスおよびチェコスロバキア両政府と調整を続けている間は軍事行動を起こさないと約束した。

九月十九日、チェコスロバキア政府は、ランシマン案も、前日に英仏が提案したズデーテンラントのドイツ割譲案も受け入れないとの声明を出した。これを受けてヒトラーは、三個師団をチェコスロバキア国境に集結させたのである。九月二十一日、チェコスロバキア政府はランシマン案の受け入れを決める。翌日、チェンバレン首相は再びドイツに飛んだ。ゴーデスベルク〔訳注：ボン近郊〕での会談では、ヒトラーはより強硬となっていて、チェコスロバキアへの侵攻は数日で始まると説明した。

九月二十三日、戦争不可避と結論づけた英仏両国は、チェコスロバキア政府に対し、ドイツの要求を受け入れるべきだとの提案はしないと伝えた。チェコスロバキア政府は同日、軍の動員を決めた。

九月二十四日、フランスも軍を一部動員する。

九月二十七日、イギリスも海軍の動員を決定すると、その翌日にはチェンバレン首相は議会に対して、戦争状態に入っていることを説明した。そしてこの状況下で、ヒトラーから、ミュンヘンにおいて、フランスのダラディエ首相、イタリアのムッソリーニを交えた四首脳会談を開きたい旨の提案があると明かした。[3] この提案は、ダラディエ首相からムッソリーニへ、ムッソリーニからヒトラーになされたものであった。

ヒトラーがなぜこの時点で、（チェコスロバキア侵攻の）考えを変更したかについては、確定的には言えないが、おそらく英仏が軍を動員したことと、ムッソリーニが仲介に入ったことがその理由であろう。

ミュンヘン会談

一九三八年九月二十九日、四者間で合意がなされ、同日調印された（ミュンヘン協定）。内容は、ズデーテンラントのほとんどのドイツ割譲を認めるもので、割譲のプロセスは新たに設置される国際委員会が監督するというものだった。そして割譲後のチェコスロバキアの独立はドイツが保障することも約された。[4]

この協定をより複雑にしたのがポーランドであった。ポーランドはチェコスロバキア領テッシェンを要求した。ここには多くのポーランド人が住んでいたからである。

帰国したチェンバレン首相は世紀の和平維持の協定が成ったと声明を発表した。フランスでも、和平維持ができたとしてダラディエ首相が国民から熱狂的な支持を受けた。

一九三八年十月十一日、ルーズベルト大統領はマッケンジー・キング〔編者注：カナダ首相〕に次のように書いている。

〈我が合衆国は交渉の成功を貴国とともに喜びたい。あまねく世界各国は戦争が回避されたことを喜んでいる。[5]〉

しかしその後、ミュンヘン協定は（過度の対独）宥和政策の象徴にされてしまった。後にチェンバレン首相はこのことで非難を浴びることになった。海軍卿であったアルフレッド・ダフ・クーパーは、政府の方針に抗議し辞職した。アンソニー・イーデンもこれを批判し、ロイド・ジョージは、「腐った和平は和平とは言えない（a bad peace is no peace at all）」と憤った。[6]

チェンバレン批判の急先鋒に立ったのはウィンストン・チャーチルだった。彼は、イギリスは「防衛力も不安なままで、かつ国際的な安全保障体制もできていない」[7]と嘆き、「チェンバレン首相の判断は間違っている」[8]と攻撃した。ロイド・ジョージも「弱々しく、いい加減な指導者の判断だ」[9]と不満げであった。

チェコスロバキア解体

チェコスロバキアはミュンヘン協定で弱体化したが、スロバキアの独立宣言がこれに拍車をかけた。

一九三九年三月十日、エミール・ハーハ大統領は、ヨゼフ・ティソ首相を解任し内閣を解散したうえで、スロバキア（自治共和国）の首都ブラチスラヴァを軍事占領した。ティソはヒトラーに支援を求めた。

一九三九年三月十五日、ヒトラーはチェコスロバキアに侵攻した。これに歩調を合わせるように、ポーランドとハンガリーが死にゆく国チェコスロバキアの領土に侵攻した。それぞれの民族が多く住む地域を狙ったのである。ヒトラーは、反ナチス指導者を処刑し、また多くの者を強制収容所に送った。一九三九年三月二十三日、ヒトラーはリトアニアのメーメル*にも侵攻し占領した。ヒトラーはヨーロッパに拡がる戦争の恐怖という火に油を注いだのである。

アメリカの反応

一九三九年三月十七日、国務次官サムナー・ウェルズは、大統領に代わって、ドイツの侵略行為を非難する声明を発した[10]。しかしながら、こうしたヨーロッパ情勢の中で、アメリカ国民はヨーロッパの争い事に干渉しようとは思わなかった。チェコスロバキアの解体後、世論調査があったが、国民の八五パーセントが外国の揉め事に介入することに反対であった。

イギリスの反応

反チェンバレン勢力は、ヒトラーの動きを見て、チェンバレン首相追い落としに利用した。一九三九年三月十四日、反チェンバレンのウィンストン・チャーチルは次のように演説し、チェンバレンを激しく攻撃した。

〈先にミュンヘン協定がなった際に、あの合意は我が国とフランスの頭上に降りかかった大きな厄災だと訴えた。その理由は、チェコスロバキアが崩壊すれば、それがヨーロッパ全体の安定を脅かすことになるからだった。ミュンヘンではチェコスロバキアの権益を犠牲にしただけですんだが、時の経過とともに、イギリスの権益も、世界の正義と平和も犠牲になりはじめていることが明白になった。〉[11]

一九三九年三月十五日、チェンバレン首相は、議会でヒトラーの行動を攻撃したが、イギリスはヨーロッパ大陸問題で戦うようなことはしないとあらためて言明した。チェンバレンはヒトラーの行動を容認したように見えるが、それには二つの理由があった。

一つは、スロバキア共和国の独立宣言であり、もう一つは、（ドイツ侵攻時に）チェコスロバキア共和国が国民に対してヒトラーに抵抗しないように指示したことである。チェンバレンはこうした情勢に鑑みて、ミュンヘン協定はもはや無効化したとして次のように述べた。

〈（スロバキア自治共和国による）独立宣言で、我々が（協定で）保障するとしていた国境は意味をなさないものになった。したがってイギリス政府は、協定で規定された義務を負うことはない。〉[12]

一九三九年三月十七日、チェンバレン首相はバーミンガム市での演説でも、信頼を破壊するヒトラーの行動を激しく詰《なじ》っている。

一九三九年三月十日、つまりドイツのチェコスロバキア侵攻の五日前ということになるが、この日モスクワで、スターリンが重要な意味を持つ演説を行なった。ドイツはこれまで国内の共産主義者を厳しく迫害し、ロシア領土内に

＊訳注：リトアニアの港湾都市。現クライペダ。

まで「生存圏」を拡大すると繰り返し脅迫していたにもかかわらず、スターリンはきわめて対独宥和的な内容の演説をしたのである。

〈いま、ヨーロッパはごたごたしているが、そこには、我が国（ソビエト）を焚き付けてドイツと衝突させようとする悪意がある。理由なく両国間に対立を起こそうとする企みである。〉

スターリンは、ヨーロッパの民主国がヒトラーを焚き付けてソビエトに向かわせようとしていると非難した。ヨーロッパの民主主義国が、オーストリア併合の際にも、ドイツのチェコスロバキア侵攻の際にも、しっかりとした介入をしていない。その真意は、ヒトラーにソビエトを攻撃させることにある。そのようにスターリンは述べた。

この日の演説は冗長なものだっただけに、その意味するところを捉えるのは難しかった。それでも、以下の部分は、スターリンの疑念をはっきりと示している。

〈ヨーロッパやアメリカの政治家、あるいはジャーナリストは、（ドイツが）ウクライナに侵攻するのを待ちきれずにイライラしている。その苛立ちのなかに、彼らの底意が見えている。彼らはドイツに東に向かってほしいのである。そう願っているにもかかわらず（ヒトラーの目が）西を向いていることに我慢がならないのである。彼らがチェコスロバキアの領土をドイツに与えたのは、その後に予定されているソビエト侵攻のご褒美なのだ。しかしいま、ドイツは（英仏の）望みどおりに動くことを拒否している。逆に彼らを死者の国に送り込もうとしているのである。

（イギリスは）ヨーロッパ大陸の問題に不干渉の立場を取っているが、それで本当の狙いを達成できないことはすぐにわかるだろう。

彼らは（不干渉主義を取ることで）独ソの戦いを望んでいる。

それが資本主義国の狙いである。〉

これがスターリンの演説であった。さらに次のように付言した。

〈我々は戦争を願う者たちの企みには乗らない。戦争に巻き込まれることを拒否する。彼らは、火中の栗を他者に拾わせるのが得意である。

我々はただ赤軍の陸海軍戦力を徹底的に強化するのみである。[13]〉

＊原注

1　第2編第8章で一九三七年以前のチェコスロバキアの情勢を詳述した。

2　*New York Times*, May 22, 1938.

3　ルーズベルト大統領も会談の要請を行なっていた。しかしその要請は会談が決定した後に届いていた。ルーズベルトの周辺は、彼がミュンヘン会談の実現に貢献したと語ったが、後日イギリスから公表された資料から、会談の実現に功があったのはチェンバレン首相らであり、ルーズベルトはほとんど関与していないことがわかっている。この件については後述する。

4　チェコスロバキアは翌年（一九三九年三月）ドイツに併合される。ヒトラーのミュンヘン協定での約束は不正直なものだった。チェコスロバキア侵攻計画は何カ月も前から計画されていたことがニュルンベルク裁判に提出された資料でわかっている。〔Office of United States Chief of Counsel for Prosecution of Axis Criminality,〕 *Nazi Conspiracy and Aggression*, Vol. I, United States Government Printing Office, 1946, pp 515ff.

5　*F. D. R.: His Personal Letters*,〔*1928–1945*〕, Vol. II, ed. Elliot Roosevelt, Duell, Sloan and Peace, 1950, p. 816.

6　*The Times* (London), October 27, 1938.

7　Great Britain, House of Commons, *Parliamentary Debates*, Official Report (Hansard), 5th Series, vol. 339〔Twelfth volume of Session 1937–38〕, pp. 366–367.

8　*The Times* (London), December 10, 1938.

9　同右、November 15, 1938.

10　〔Samuel I. Rosenman, comp.〕 *The Public Papers and Addresses of Franklin D. Roosevelt*, 1939〔Volume〕, The Macmillan Company, 1941, pp. 165–166.

11　Winston Churchill, *Blood, Sweat, and Tears*, G. P. Putnam's

Sons, 1941, "The Fruits of Munich," pp. 95-97. あるいは *The Times* (London), March 15, 1939.

12 Great Britain, Parliament, House of Commons, *Parliamentary Debates,* Official Report (Hansard), 5th Series, vol. 345 〔Fifth volume of Session 1938-39〕, p. 437.

13 Joseph Stalin, *Selected Writings,* International Publishers, 1942, pp. 441, 442, 444. あるいは *New York Times,* March 11 & 12, 1939.

第19章　ヒトラーのポーランド侵攻

ヒトラーは一人の戦死者も出すことなく領土を大きく拡大した。ラインラント（人口一四〇〇万）を取り返し、オーストリア（人口七〇〇万）を併合した。非難されたが、現実の抵抗はなかった。これにチェコスロバキア（人口一五〇〇万）が加わった。一連の併合によってドイツ帝国は三六〇〇万の人口増となった。もちろんこれに伴って広大な領土、資源、生産設備、食糧供給力、さらに軍事増強の潜在的な能力を獲得した。また（将来の対ソ戦争のための）チェコスロバキアからの侵攻ルートも作り上げたことになる。

次の狙いはポーランドであった。プラハ侵攻から一週間も経たない一九三九年三月二十一日、ポーランドに対してダンツィヒの割譲を要求した。（同市の大半を占める）ドイツ系住民の返還と、同市へのアクセス・ルート（ポーランド回廊）の制限解除を求めた。三月二十五日、ポーランド政府はドイツの要求をすべて拒否した。三日後、ポーランドのベック外相は、ドイツ駐ワルシャワ大使H・A・フォン・モルトケに、ダンツィヒをめぐるいかなる要求も受け入れないと通告した。[1]

英仏両国によるポーランドの独立保障

三月三十一日、ヒトラーの拡張政策に対抗して、チェンバレン首相は議会において唐突に、ポーランドを支援するとの声明を発した。チェンバレン首相は当初、ポーランド政府に対してドイツと直接交渉するよう促していたし、またドイツの要求が（ポーランドにとって）脅威になるとは認識していなかった。それにもかかわらず、彼は議会で次のように発言した。[2]

〈私はいま議会に次のように報告しなくてはなりません。ポーランドの独立を脅かす行動があり、ポーランド政府が抵抗せざるを得ないと決めた時に、我がイギリス政府には、ポーランド政府を全面的に支援する義務があります。ポーランド政府にはそのように伝えてあります。

フランス政府も同様の立場であることを付言しておきます。同政府は、私がこの場でこのように発言することを承認しています。〉

イギリス国民はこれを聞いた時点では、ヒトラーへの宥和政策が終わったと喜んだ。この声明の一三日後、英仏両国は、ルーマニアに対しても同様の支援を約束した。ルーマニアを狙っている潜在敵国はドイツとイタリアであると見なされた。

このような保証を出すことについては、たちまち懸念が呈せられた。まずロイド・ジョージが、そしてウィンストン・チャーチルが続いた。チャーチルは次のように議会で発言した。[3]

〈政府は、ポーランドに独立の保証を与えた。それを聞いて私は驚いた。決定自体には賛成である。しかしこの保証を与える前に何かあったのか。（ロイド・ジョージ議員の）一〇日前の質問にあったように、そして私が今日疑念を呈するように、保証が発せられる前に参謀本部と協議したのかということである。この質問への回答は未だなされていない。このような保証をすることが（我が国の安全保障を）脅かすものではないか、あるいはそのような保証は本当に合理的な判断なのか、つまり保証を実行する手立てを持っているのか。国民はこうした疑問が政府に投げかけられていることを知っている。そして、それに対して政府が何も答えていないことも知って

いる。〉

この時、ルーズベルト氏はまさに、「言葉より強く、戦争一歩手前の行動」を取っていたのである。つまり、イギリス政府のポーランドへの独立保障の決定は、ルーズベルト氏からの働きかけがあったのではないかと疑われているのだ。当時の駐英大使ジョセフ・P・ケネディは私に、「(本省から)チェンバレンの背中を押せ」との指示があったことを明らかにしてくれた。このことは、ジェイムズ・フォレスタルの日記からも明らかである。彼は当時海軍次官であった。彼は次のように書いている。[4]

〈私は(ケネディ)大使に、一九三八年以来、ルーズベルトとネヴィル・チェンバレンの間で交わされた会話の中身を尋ねたことがある。大使は次のように分析していた。一九三八年当時のチェンバレンの考えは、ヨーロッパの戦いにイギリスは関与しない、ヒトラーとの戦いに干渉するようなリスクは冒さないというものであった。イギリスとドイツは、何らかの(直接の)紛争がないかぎり戦うことはなかった。ブリット(米駐仏大使)が、一九三九年の夏、ポーランド問題ではドイツを絶対に阻止しなくてはならないと主張した。これがなければヒトラーは、ロシアと戦っていたはずだった。ブリットはルーズベルトに対して(ポーランドが強硬姿勢を取っても)ドイツは軍事力を行使しないと主張した。ケネディ大使は、ドイツは軍事力を行使し、ヨーロッパ全体を征圧するだろうとの考えであった。大使は一九三九年夏、ルーズベルトと電話で打ち合わせた。大統領は、チェンバレンの背中を押せ、の一点張りだった。ケネディ大使は、首相の背中を押しても意味がない、彼らに十分な軍事力があるかが問題だ、イギリスにはドイツと戦うだけの軍事力はない、と見ていた。〉

ケネディ大使の話した内容は、私がクラレンス・ディロン*から聞かされていた内容に合致した。ディロンによ

＊訳注：ディロンはウォールストリートの法律事務所の経営者。フォレスタルのかつての上司。

れば、ルーズベルトは彼に対して、イギリスに接触し、チェンバレンに対独強硬姿勢を取らせるよう工作を依頼していたのである。ディロンはこの要請を受けてロシアン卿に接触した。ロシアン卿は、おそらくディロンの要請の骨子をチェンバレンに伝えたはずであった。*〉

一九三九年三月十七日、サムナー・ウェルズ国務次官は大統領の方針に基づいて、ドイツの要求は無法で侵略的だと非難し、貿易制裁を科すとの声明を出した。[5] 三月二十二日には、大統領はワシントンで、イタリア駐米大使コロンナ皇子に次のように伝えた。

〈（戦争ということになれば）民主主義国を支援する。[6]〉

一九三九年三月二十四日は、ポーランドへの保障声明の七日前にあたるが、この日、ハリファックス卿はケネディ大使との間で交わされた会話を記録していた。ケネディ大使は、イギリス政府もフランス政府も本当に保障するのかと確かめていた。[7]

ドイツの駐英大使館はケネディ大使の動きを次のように本国に伝えている。

〈ケネディ大使が主役のようである。彼が、各国の使節に接触し、アメリカは（戦争一歩手前までは）いかなる援助も惜しまないとして、我が国に対する強硬な姿勢を取らせているようだ。[8]〉

ルーズベルト氏はポーランドに対しても、ダンツィヒ問題ではドイツとの交渉を拒否し強硬姿勢を取るよう圧力をかけた。ポーランドの頑なな姿勢は、ルーズベルト政権の意向の反映であった。

ベルサイユ条約によってダンツィヒが分離され、そこに至るアクセスが制限されたことにドイツは当初から憤っていた。たしかにこの措置はドイツに対する復讐であり、ドイツの主張には理があった。私自身、この問題は是正されるべきだと述べたこともある。[9] ポーランドはドイツを恐れていた。彼らは、ヒトラーにはどんな妥協も役に立たないと考えていた。

一九三九年九月一日、ドイツはポーランドに侵攻した。彼らはポーランド外務省を占拠すると大量の外交文書を押収し、それを公開した。資料の中には、ウィリアム・C・ブリット大使が、一九三九年一月の段階で、ポーランドおよびフランスに対し、アメリカの軍事支援を約束したことを示すものがあった。そのような約束はルーズベルトの指示がなければできなかった。ブリット大使の軍事支援の約束は、各地のポーランド大使からもワルシャワの本省に報告されていた。[10]

ブリット大使、ポーランド駐米大使イェジ・ポトツキ伯爵、そして米国務省は、ドイツが公開した文書は偽物であるとした。しかし、ポーランド大使（ポトツキ伯爵）は私に、公開された文書は本物であり、偽物と言ったのは国務省の要請があったからだと教えてくれた。偽物だとの主張を覆す証拠はある。ポーランド大使館からフーバー研究所に寄贈された文書だ。それらを翻訳してみると、ドイツが発表した内容とほとんど一致している。そのすべてをここで紹介するわけにはいかないが、ポトツキ伯爵のポーランド本省への典型的な報告を示しておく。一九三九年一月十六日のものである。ヒトラーがポーランドへの要求を明らかにした後であり、イギリスがポーランドへの独立保障を発表する二カ月前にあたる。

〈ブリットとの会話を通じて、ヨーロッパ危機に対するアメリカの対応については、ルーズベルトの指令で、すでにはっきりと決まっているようであることがわかった。彼はその考えをフランス外務省に伝えるとのことである。他のヨーロッパ諸国にも同様の考えを伝えるらしい。私はブリット大使とおよそ三〇分間話すことができた。

＊フーバー注：この日記には日付に若干の間違いがある。ポーランドに独立保障がなされたのは夏ではなく三月のことである。

以下がその会話の要点である。

一、（私＝ブリットは）ルーズベルト大統領の指示によって、全体主義国家にははっきりとノーの考えを伝える。

二、アメリカ政府は戦争準備を始める。陸海空の軍事力を徐々に強化し、そのために一二億五〇〇〇万ドルを計上する。

三、英仏両国は全体主義国家とはいかなる妥協もしてはならない。それが大統領の意思である。国境を変更するいかなる交渉の場にもついてはならない。

四、アメリカは倫理的にも、孤立主義と決別し、万一戦争となった場合、英仏の側に立つ。アメリカはこの目的達成のために資金を投入し、戦争に必要な資源は確保する。[11]〉

もう一点、ユリウシュ・ウカシェヴィチ駐仏ポーランド大使からの報告書を示しておく。一九三九年二月にワルシャワの本省に送られたものである。

〈もし英仏と独伊が戦うことになれば、英仏は敗れるだろう。そうなると、アメリカの安全保障にとってもドイツは危険な存在になる。したがって、開戦当初からアメリカが英仏側に立って参戦するだろうことを予測するのは難しくはない。おそらく開戦後すぐ、というよりも少し時間をおいての参戦になるだろう。ブリット大使の言葉は次のようなものであった。

「戦争が始まってすぐに参戦というわけにはいかないだろう。しかし結局参戦になる」

当面は、彼の発言についての私の意見は書かないことにする。ただ、ルーズベルト大統領は、フランス側につくこと、独伊を牽制すること、イギリスの宥和姿勢を壊そうとしていることは確かである。[12]〉

この内容に関して米国務省は情報を公開していない。

勢力均衡へのシフト

ヒトラーのポーランドに対する要求と、それに対する英仏のポーランド独立保障によって、世界が緊張した。勢力均衡《バランス・オブ・パワー》が大きくシフトしたことが明らかになったからである。世界は保たれていた和平が不安定化したことに気づいた。このパワーシフトがドイツ、ソビエト、日本にどう影響したかが以下の分析である。

ヒトラーのドイツ

ヨーロッパのパワー・バランスはヒトラーの側に傾いていた。ドイツの拡張と英仏の黙認の結果だった。しかし、英仏の独立保障でパワーシフトが起きた。ヒトラーがポーランドに対する要求を貫徹すれば、英仏との、つまり西部戦線での戦いになる。スターリンは、ヒトラーのロシア嫌いをわかっているだけに、そうなればスターリンは英仏側について参戦する可能性がある。ヒトラーは、二正面での戦いを避けるためには、スターリンとの間で何らかの協定を結び、東部戦線での戦いを回避する必要が出てきた。

スターリンのソビエト

ソビエトが、自らの目的を遂行するために、これほど有利な立場に立ったことは歴史上なかった。ピョートル大帝の治世以来、広大な土地を抱えながらも、バルト海方面への拡大を望んできた。第一次世界大戦の結果、バルト海への出口は、わずかにレニングラード*を残すのみとなった。フィンランド湾の港は夏季しか使えなかった。西欧諸国とドイツとの紛争は、バルト海方面の領土回復の絶好のチャンスだった。

*訳注：現サンクトペテルブルク。

さらに言えば、ドイツが西欧の民主国と戦うことになれば、反コミンテルンの協定は崩壊し、ドイツおよび日本からの（ソビエト）攻撃の可能性は低下すると見られた。

日本の状況

ロシアにとって日本からの攻撃はきわめて現実的なシナリオだった。ロシアのウラジオストクに築いた軍事基地、特に航空部隊は日本にとって脅威であった。日本の家屋は紙と木で出来ているだけに空爆には神経質であった。日本は中国への侵攻に伴いシベリアに一〇〇〇マイルに及ぶ前線を築いていて、両国の衝突は頻繁に起きていた。シベリア侵攻は日本にとって魅力ある選択肢だったが、それをすれば、アメリカが中国、ロシアの側に立って参戦する可能性を見ていた。アメリカはただでさえ中国に同情的であった。

簡単に言ってしまえば、右の侵略的諸国家の中で、共産主義者だけが有利な立場を得たのである。彼らは民主主義国家側にも、ヒトラーの側にも立てるポジションを得た。戦うか戦わないかも選択できた。彼らは共産主義イデオロギーの拡散にきわめて有利な立場となった。したがってヨーロッパのパワー・バランスは一気にスターリン有利に傾いた。

＊原注

1 〔Republic of〕 Poland, Ministerstwo spraw zagranicznych 〔Ministry of Foreign Affairs〕, *Official documents concerning Polish-German and Polish-Soviet Relations, 1933-1939, The Polish White Book*, Hutchinson & Co., London, 1939, pp. 61-69.

2 Great Britain, *Parliamentary Debates*, Fifth Series, Volume 345, House of Commons, Official Report, p. 2415 〔March 31, 1939〕.

3 同右、Vol. 347, House of Commons, Official Report, p. 1846 〔May 19, 1939〕.

4 *The Forrestal Diaries*, edited by Walter Millis, The Viking

Press, New York, 1951, pp. 121-122.

5 The full text is given in〔U. S. Department of State,〕*Peace and War, United States Foreign Policy, 1931-1941*, United States Government Printing Office, Washington, 1943, pp. 454-455. あるいは *New York Times*, March 18, 1939.

6 William L. Langer and S. Everett Gleason, *The Challenge to Isolation, 1937-1940*, Harper & Brothers, 1952, p. 78.

7 Great Britain, Foreign Office, *Documents on British Foreign Policy: 1919-1939*, London, H. M. Stationery Office, 1951, Third Services, Vol. IV, 1939, p. 499.

8 *Documents on German Foreign Policy, 1918-1945*, Series D (1937-1945), Volume VI: *The Last Months of Peace, March-August 1939*, Her Majesty's Stationery Office, London, 1956, p. 51.

9 私の政権時代、ワシントンをラヴァル仏首相が訪問したことがあった。彼も、ダンツィヒはドイツに返還されるべきだと訴えていた。また（ポーランドの海へのアクセスを保障した）ポーランド回廊部分も縮小されるべきだとの考えを示していた。

10 この問題についてのアメリカ国内でのドイツのコメントは左記。

Documents on German Foreign Policy, 1918-1945, Series D, Volume IX: *The War Years, March 18, 1940-June 22, 1940*, United States Department of State, Washington, 1956, pp. 45, 48, 225, 281, 624. あるいは The German White Book, No. 3.〔編者注：*The German White Book: Documents Concerning the Last Phase of the German-Polish Crisis*, German Library of Information, New York, 1939, a reprint (with a prefatory note) of the German White Book of the same title published by the German Foreign Office in Berlin in 1939, after the German invasion of Poland.〕

11 Germany Auswärtiges Amt, *The German White Paper*, Howell, Soskin & Co., 1940, Seventh Document, pp. 32-33, issued by the Berlin Foreign Office.

12 同右、Ninth Document, pp. 43-45, issued by the Berlin Foreign Office.

第20章　アメリカは兵士を遣るべきか？

私は、ここまでに述べたようなヨーロッパの動向が我が国にどのように影響するかを、アメリカ国民にわかってもらうよう努力した。その一環として二つの論文を『リバティー』誌（一九三九年四月十五日号）と『アメリカン・マガジン』誌（一九三九年八月号）に寄稿した。

『リバティー』誌に寄稿した論文は、ヒトラーとスターリンのイデオロギーの危険性を分析したものだった。その一部は左記のようなものだった。

〈我が国民のほとんどが、ナチズムもファシズムも社会主義もそして共産主義も嫌いである。これらの思想は我が国民の理想の否定であり、すべての自由を抑圧する。たとえばドイツでは、ユダヤ人の迫害が起き、ロシアでは、信仰の自由が破壊されている。我々の正義の常識からすれば、とんでもない行為である。また、我が国の保障する言論の自由を悪用して、我が国の自由の破壊を目指す言論活動や集会には憤りを感ぜずにはいられない。[1]〉

『アメリカン・マガジン』誌の論文のタイトルは、「アメリカは兵士を遣るべきか？」とした。このタイトルをつけることで、国民に戦争の意味するところを明確に理解してもらいたかった。以下はその論文の一部である。

〈我が国民は、再び戦争に引きずり込まれるのではないかと危惧している。我が国が若者を戦場に送ることをやめてからずいぶんと経つ。先の大戦を記憶する国民は人口の三分の一である。

私たちは、近代戦争がいかなるものかをあらためて見つめる必要がある。私はおそらく数少ない戦争の悲劇を見てきた人間の一人だろう。戦いの初めから終わりまでを見てきた。あの戦争のもたらした惨禍はまだ終わっていないと言ったほうがよいだろう。

私は現場で悲惨さを味わった。それだけではなく、普通では見えない、戦争を起こしてしまった力〔訳注：戦争になるメカニズム〕をこの目で見てきた。したがって皆さんにあの戦争がいかなるものだったかを語る資格があると思っている。

私は開戦前のヨーロッパをよく知っています。ロシア、ドイツ、フランス、イタリアそしてイギリス。こうした国々を旅行者として見てきたのではありません。現実に仕事をし、生の姿を見ていました。〉

戦争とはいかなるものか

〈最初に伝えたいのは、戦争とはいかなるものかです。同時代を生きた者、そして実際に前線で戦った者は思い出すのもためらうほどの悲惨さを味わっています。私たちの（平和な）今日は、先人の勇気、ヒロイズム、男意気といった精神の賜物なのです。私はあの悲惨さをすべて忘れてしまいたい。しかし、世界は再び戦争に向かっています。そうであれば、あの悲惨さをもう一度思い起こさなくてはなりません。勝利の栄光で忘れかけた、汚れて、悪臭の漂う、そして死体の溢れた塹壕の中の光景です。悲しみに暮れる母親、妻、子供たちの姿です。枯れ葉病で世界中の花が消えたような時代があったのです。民族を問わず人類すべてが苦痛を味わったのです。

私自身、ソンムの戦いを見ています。[2] 民間人の立場でこれを経験した者はほとんどいません。遠くから見えるどこまでも続く塹壕には一五〇〇万人の兵士が蠢《うごめ》いていました。一万もの砲からの攻撃を受けて彼らは蟻のように動きまわっていたのです。この戦いで五〇万の兵士が命を落としています。道の右側を、悲しげな、諦めきった表情の兵士が前線に向かっていました。もちろん太鼓もドラの音もありません。道の左側からは、傷ついた兵士が前線から下がってくるのです。この光景が忘れられるはずがありません。そして、これは数ある戦いの一部に過ぎないのです。

戦死した者、一生不具として暮らさなくてはならなくなった者は一〇〇〇万にも及んでいます。記録に残らずに死んだ者も数百万に上るはずです。いま、かつての戦いの地には何マイルも続く十字架の列を見ることができます。激戦地となったイーペルでは、イギリス兵だけでも一五万の墓標を見るのです。これも死者のほんの一部に過ぎません。彼らの見せたヒロイズムに感銘はしても、もし彼らがいま生きていれば、世界はより豊かだったはずなのです。

悲惨な光景は前線に限られるものではありません。私はその光景を思い出したくもありませんが、道路には、避難する老人、女、子供たちが何マイルも続いていました。彼らはやって来る軍隊から逃げ、焼かれた村を捨ててきたのです。誰もが疲労困憊《こんぱい》し飢えていました。戦争の続く間こうした光景が何度も繰り返されたのです。

民間人も容赦なく銃殺されています。戦時下のルールを破った疑いで殺されていきました。法のルールに則ったものではありません。おとなしくさせ服従させるための目的で、男も女もそして子供も殺されていきました。すべての正義感、常識、寛容そして慈悲の心が消えていたのです。軍隊の目的はただ戦いに勝つことにあります。彼らは殺し殺される集団なのです。

恐怖は地上だけのものではありませんでした。空からの攻撃もありました。私は女や子供が地下室に逃げ込んで震えている姿を見ました。

さらに問題なのは、非人道的な兵糧攻めによって相手を服従させるという戦術です。このやり方をどちらの側も採用したのです。連合国側は海上封鎖で食糧支援を難しくし、中央同盟国（The Central Powers）側は潜水艦戦で食糧支援船舶を危険に晒しました。もちろん海上封鎖も潜水艦戦も、婦女子を飢えさせようとするものではないと抗弁されます。それでも女や子供は飢えで命を落とし、食糧不足による病で死んでいきました。その数は数百や数千ではありません。数百万単位なのです。

休戦（一九一八年十一月十一日）以降も飢饉は続き、疫病が蔓延し、数百万の人々が死んでいきました。命拾いした者も、心にも体にも癒すことのできない傷を負うことになったのです。これが戦争の実態です。決して忘れてはなりません。

我が国が先の大戦に介入し前線で戦った期間はわずか数カ月に過ぎません。それにもかかわらず、一三万人が亡くなりました。四七万人が年金に頼る生活を余儀なくされています。あの戦いに四〇〇億ドルを費やしました。現在、我が国民の四分の一から三分の一が、満足できる生活水準にありません。もし四〇〇億ドルが無駄に使われなかったら、我が国民の生活はこれほど苦しいものになっていなかったのです。多くの国民がこの四半世紀、苦しみ続け、未だに苦境の終わりは見えていません。

我が国は再び戦う必要があるかもしれない。しかし、その戦いは我が国土での戦い、つまりアメリカを防衛する場合に限られます。防衛のためには血を流すことになっても仕方がありません。

第一次世界大戦では、誰もが参戦を主張するようになり、結局私もそれに従ってしまいました。我々はドイツに直接攻撃されたと考えたし、和平を（他国に）強制することは可能だと信じました。戦争をやめさせるには戦争が必要だとも考えました。そうすることで自由を世界に拡散し、世界がより平和になると信じたからです。しかしその期待は裏切られたのです。裏切られた以上、同じ間違いをしてはなりません。〉

私は、最後にウィルソン元大統領の功績を述べながらヨーロッパ情勢を分析した。

〈ウィルソンは（少なくとも）数カ国には自由をもたらしました。時の経過とともに憎しみと貪欲さが消え、彼の残した国際連盟はベルサイユ体制の欠陥を是正できる可能性もありました。ウィルソンは国際連盟へのアメリカの加盟を実現できませんでした。その意味では、彼はあの戦いに部分的に負けたとも言えます。

いま私たちは、あの戦いに命を賭けた我が国兵士の行為を、真の意味では誇りに思えません。なぜなら、我が国には、ヨーロッパの平和実現にとってのぞっとするような障害の本質をまったく理解できなかったからです。我が国の理想主義だけではヨーロッパに和平をもたらすことはできませんでした。

いまヨーロッパで起きている事象は、ベルサイユ体制の失敗がもたらしたものなのです。

再び力と力が衝突しています。その原因は、あの大戦の時と変わらないのです。ドイツとイタリアの独裁者は、ソビエトの共産主義という独裁に対峙することで権力を極めました。フランスは、民主主義国でありながら、再びロシアと手を組もうとしています。ロシアは独裁国なのです。もし、ドイツとイタリアがフランスを席捲したら、イギリスは危機に晒されることになります。こうなれば再び恐ろしい状況が現出するでしょう。〉

私はこうしたヨーロッパ分析に加えて、アメリカ国内の変化に関わる危険性も指摘した。

〈もう一つ指摘しておかなくてはならないのは、我が国政府の外交政策の変質です。ルーズベルト大統領は、ヨーロッパの勢力均衡の中に我が国を参加させようとしています。

彼は、戦争一歩手前までの手段で参加が可能だとしています（本当に可能でしょうか）。

もしヨーロッパの独裁者が、我が国は参戦しないと信じれば、軍備拡張を抑制する可能性はあります。しかし、我が国の言葉以上の、そして戦争一歩手前までの貢献の約束に連合国がそれ以上の価値を認めてしまったら、連合国側は我が国の兵力投入を見込んで、軍事力を行使していく可能性があります。兵力を消耗させてしまっても我が国がそれを補うと期待するからです。

いま私たちの目の前でおかしなゲームの枠組みが出来上がっています。我が国の方針は、ならず者の独裁者を隔離するというものでした。ところが、我が陣営内に二、三の独裁者を囲い込んでしまっているのです。

私たちは我が大陸に自由の光を灯し続けることだけはできます。このことが世界の人々に向けての最高の貢献ではないでしょうか。

我が国の責任ある立場にいる者は、断固たる態度で、公的にも私的な場面でも、我が国は攻撃されないかぎり、ヨーロッパの戦争には関与しないと主張すべきなのです。我が国はヨーロッパのパワーゲームの中に引きずり込まれるようなことがあってはならないのです。[3]〉

＊原注

1 Herbert Hoover, 〔"Foreign Policies Today,"〕 *Liberty Magazine*, April 15, 1939, pp. 5-8. あるいは Herbert Hoover, *Further Addresses Upon the American Road, 1938-1940* 〔Charles Scribner's Sons, 1940〕, p. 107.

2 フーバーは、ベルギー食糧支援事業でドイツ参謀本部と交渉を繰り返していた。その際に、ソンムの戦いの観戦に招かれた。フーバーは観戦所から、実際に戦いを見た。Volume 1, *Memoirs of Herbert Hoover*, 〔The Macmillan Company, 1951〕, p. 193.

3 Herbert Hoover, "Shall We Send Our Youth to War?" *American Magazine*, August, 1939, pp. 12-13, 137-139. あるいは Herbert Hoover, *Further Addresses Upon the American Road, 1938-1940*, pp. 116-128.

第21章　スターリンの協力を求める連合国とヒトラー

連合国の試み

ポーランドの独立保障声明を出したイギリスは、ヒトラーに対し、ポーランドの保護者になったようなものだった。その二週間後、イギリスは、スターリンとの提携の道を探りはじめた。[1] フランスも同じ方針を採った。フランスのほうが伝統的にロシアとの関係は良好だったし、彼らにはロシアと結んだ軍事協定もあった。[2]

一九三九年五月三日、ソビエト外務委員のマクシム・M・リトヴィノフが更迭され、ヴャチェスラフ・モロトフに代わった。これは嫌な兆しであった。リトヴィノフは、西欧民主主義国との友好関係の保持に前向きだったが、新任のモロトフはごりごりの共産主義者だった。残酷で、狡猾《こうかつ》で、共産主義による世界支配を理想とする人物だった。

連合国に対するスターリンの要求、つまり提携の条件は、チェンバレン首相の議会での説明（五月十日・十九日、六月七日）で徐々に明らかになっていった。[3] スターリンはイギリスに、ロシアの旧領土を含むフィンランド、エストニア、ラトヴィア、リトアニア、東プロシア、ベッサラビア、ブコビナ*の併合を認めるよう迫った。バルト諸国は交渉の成り行きを不安げに見守った。もちろん民衆による抗議活動も発生した。

ロンドンでは相変わらず、チャーチル、ロイド・ジョージ、イーデンが、チェンバレン首相を攻撃していた。一九三九年五月十九日の議会では、ロイド・ジョージが、ポーランドを防衛すると言うが、ロシアの助力なしでそれが可能かと問い質した。チャーチルはスターリンの要求を受けるべきだと主張し、イーデンらも同調した。[4]

チェンバレン首相は、チャーチルらの攻撃があっても、（併合を要求されている地域の）人々の自由を弄ぶことに良心の呵責《かしやく》があった。チェンバレンはスターリンの要求には応えず、西欧諸国との提携でドイツからの攻撃の危険性が減ると主張した。英仏の交渉団がモスクワに到着したのは八月十一日のことだった。結局、何の成果も生まずに帰国の途に就いた。そして突然、独ソ不可侵条約締結が発表されたのである（八月二十三日）。

ヒトラーの巻き返し

ヒトラーがどのように巻き返しを図ったかについては、ドイツ敗戦後に連合国が押収した資料に詳しい。それによれば、ドイツとの交渉を最初に仕掛けたのはスターリンであった。一九三九年五月、ロシア側から、ナチス・ソビエト貿易協定締結の打診があった。この交渉は、モロトフと、ドイツ駐ソ大使フリードリヒ・フォン・シュレンブルクの間で進められることになった。ヒトラーは、ロシアの共産主義政府の破壊と、「生存圏」拡大の強い意思があっただけに、ヨアヒム・フォン・リッベントロップ外相を通じて、その交渉には最大級の注意を払うよう指示した。[5]

五月三十日、ヒトラーは考えを変えた。駐ソ大使に対し交渉を進めるよう命じている。しかし、この指示もたちまち変更され、いったん中止が命じられた。六月五日、シュレンブルク大使は、モロトフから「政治情勢についてのみ」協議したいとの申し出があったことを本省に伝えた。[6] 六月三十日、リッベントロップ外相は再び交渉の中止を命じている。

ヒトラーがスターリンとの交渉に二の足を踏んだ理由の一つは、ドイツがポーランドに侵攻した場合、連合国は本当に対独戦争を始めるか否かの見極めがつかなかったからである。もう一つの理由は、チェンバレン首相があらためて交渉を求めてきたからであった。これについては後述する。八月十二日にヒトラーが幹部に対して語った言葉が、

＊訳注：現ウクライナおよびルーマニアをまたぐ地域。

ヒトラーの公式通訳であったポール・シュミットによって記録されている。

〈民主主義国の連中は、我がドイツほどには強力ではない。彼らは戦いを挑んでこないだろう。[7]〉

シュミットによれば、ヒトラーはイタリアのガレアッツォ・チャーノ伯爵（外相）にも次のように語っていた。

〈私は、イギリスもフランスも全面戦争（a general war）には踏み切らないと確信している。[8]〉

しかし、八月十四日になると、ヒトラーは突如として連合国の態度に強い警戒感を持った。モスクワのシュレンブルク大使にスターリンとの交渉を急ぎ進めるように指示したのである。[9] ヒトラーはひどく急いでいた。八月二十日には、スターリンに対して自らの名で親電を送り、ロシアの条件を呑んだうえで、リッベントロップ外相をモスクワに遣り協定を結びたいと伝えている。[10]

八月二十三日、独ソ不可侵条約が成ったことがモスクワから世界に発信された。条約にはモロトフとリッベントロップが署名した。西欧民主主義国に向けて強烈なパンチが炸裂したのである。しかし条約の真に意味するところが知れるのは、しばらくしてからになる。ヒトラーとスターリンの提携は（西欧民主主義国にとって）非常な脅威となる代物だった。条約は次のようなものであった。[11]

〈ドイツ帝国とソビエト社会主義共和国連邦（ＵＳＳＲ）は、両国の和平関係の強化を目指し、下記のとおり取り決めた。

第一条　両国はいかなる武力行為、侵略行為をもってしても相手国を攻撃することはない。当該国単独行為でも、他国との共同行為でも、攻撃することはない。

第二条　第三国が調印国を攻撃する場合、他方はその第三国の支援を一切しない。
第三条　両国は将来も常に協議を続け、両国の利害に関わる問題では情報を交換する。
第四条　両国は、調印相手国を敵対視するグループに参加しない。
第五条　両国に利害衝突が発生した場合、両国は友好的に意見を交換し、解決を図る。必要な場合は、仲裁委員会を設置する。
第六条　条約期間は一〇年とする。失効一年以内にどちらの側も条約破棄を明らかにしない場合は、さらに五年間の自動延長とする。
第七条　条約は一切の遅滞なく批准され、批准文書の交換はベルリンで行なわれる。本条約は調印後ただちに有効となる。
条約はドイツ語、ロシア語によりモスクワにて結ばれた。
一九三九年八月二十三日

ドイツ帝国　リッベントロップ
USSR　モロトフ〉

条約文書とは別に、両国はポーランド侵攻を（秘密に）取り決めていた。その協定書では、エストニア、ラトヴィア、フィンランド、ルーマニア領ベッサラビアおよびリトアニアの一部をソビエトが取ることが決められていた。一方、ヒトラーは西ヨーロッパの獲得についてはまったくの制約なしで進めることができるという内容であった。[12] これによって、ヒトラーは、二〇年にわたったバルト諸国とポーランドの独立は終焉を迎えるのである。

ヒトラーは、ムッソリーニに対して（対ソ）ベルリン・ローマ・東京協定が崩れたことを説明した。八月二十五日にはムッソリーニに対して長文の説明文書を送っている。ムッソリーニは、ドイツの動きを好意的に捉えたが、戦争が起きた場合、それに参入する準備は整っていないと答えている。

この条約で、ヒトラーは東京（日本）との提携をも破ったことになった。これは日本に大きなショックを与え、平沼〔訳注：騏一郎〕内閣は崩壊した。

英国のヒトラーとの再交渉

先述したように、連合国側もヒトラーも互いに牽制し合いながらスターリンとの提携を模索していた。戦争を避けたかったイギリスは、ヒトラーとの直接交渉の場を持ちたいとも考えていた。一九三九年の五月から七月の三カ月間、英独の実務担当者は何度も会い、妥協点を見出す作業を続けていた。八月二十二日、チェンバレンはヒトラーに親書を送った。チェンバレンはこの時点では、ヒトラーとスターリンの間で協議されている条件など知らなかったと思われる。彼は、まず休戦（動員の解除）を求めた上で、関係国によるポーランドの独立保障を前提にしつつ、ドイツの要求を考慮するとの考えを示した。ドイツの要求には植民地の帰属も含まれていた。チェンバレンは次のように書いていた。

〈ここに至っては、（ヒトラーとの直接交渉によってしか）ヨーロッパが戦争を回避する道は残っていない。[13]〉

八月二十三日、ヒトラーは要請に回答したが、チェンバレンの思いを実現する見込みはなかった。この日は、スターリンとの調印が成った日である。

ところが八月二十五日、ヒトラーは再び心変わりを見せた。ネヴィル・ヘンダーソン英駐独大使に、ダンツィヒの併合とポーランド回廊問題の妥協ができれば十分であり、英国との戦いを望まないとはっきりと伝えたのである。旧ドイツ植民地の回復要求には、それほど強い執着はなく、交渉の余地があることを匂わせていた。

この日（二十五日）、イギリスとポーランドの間に相互安全保障協定が締結されている。[14] 一〇日後にはフランスとポーランドの間にも同様の協定が結ばれた。[15] 八月二十六日付のダラディエ仏首相のヒトラー宛ての書面では、ポーランドが侵攻を受けた場合、フランスは対独宣戦布告することを伝えている。[16] これを受けてヒトラーは、ポーランド侵攻をいったんやめた。[17]

八月二十八日、イギリスは、ヒトラーがヘンダーソン大使に示した条件について回答した。旧ドイツ植民地問題については、英独両国で直接交渉を進めること、ポーランドに関わる問題についてはドイツおよびポーランドによる直接交渉を始めること、イギリスにはポーランドの独立が守られることが譲れないポイントであることがその内容であった。これは、イギリスはダンツィヒとポーランド回廊の問題についてはもはや関心がないことを意味していた。

八月二十九日、ヒトラーは、ヘンダーソン大使に、ドイツは要求内容を書面にまとめると約束する文書を手交している。長い書面であったが全体的に前向きな内容であった。

八月三十日、イギリスは、ドイツとポーランドが直接交渉に入ることを承認すると伝えた。[18] ポーランド政府も、ダンツィヒ問題とポーランド回廊問題の対独直接交渉を決めた。交渉の間は、ドイツは国境を越えて軍を進めないことが条件であった。

リッベントロップ外相は、ベルリンへの全権の即時派遣をポーランド政府に求めたと、イギリス政府に伝えた。ポーランド政府は、駐ベルリンのM・リプスキ大使にリッベントロップ外相と会見するよう指示し、大使はそれに従った。

八月三十一日、リッベントロップ外相は、ポーランド政府に対して次のような条件を提示するとした。ダンツィヒはドイツが併合する。ポーランド回廊地域については住民投票によりポーランドからの分離の是非を決める。同回廊へのアクセスは、ポーランド人およびドイツ人ともに認める、また（両民族の）相互交換〔訳注：相互の移住〕も認める。この条件をポーランドが認めれば軍の動員を解除する、というものであった。

この後、ドイツ外務省はポーランド大使が訪問したことは認めたが、同大使が調印権限を付与されておらず、ドイツは二日間を無駄にしたと述べた（こうした経緯を経て、ポーランド侵攻が開始されたのである）。

各国指導者の説明

一連の交渉の中で目立つのは、ヒトラーの不正直な態度である。特に開戦直前の八月二十二日以降に、チェンバレン首相に見せた態度だ。ヒトラーはこの時点ですでにスターリンとの約束が終わっていた。ポーランドとの直接交渉を受けるとしたのはカムフラージュである。チェンバレンとダラディエの憤りは理解できる。

九月一日、ドイツ軍が怒濤のようにポーランドへの侵攻を開始した。チェンバレンは議会で次のように語った。

〈まず明確にしておきたいのは、ドイツの要求がポーランドに対して伝達されなかったことである。ドイツは、ポーランドが決められた時間内に、つまり水曜日の夜（一九三九年八月三十日）までに全権を派遣せず、ドイツの提示した条件について協議しようとしなかった、とポーランドを責めている。

現実の状況はどうだったか。水曜日の夜、リッベントロップ外相は我が駐独大使に、ドイツの要求を早口で読み上げた。それもドイツ語であった。大使は当然、書面にすることを要求した。しかし、彼は「もう遅い。今夜十二時までにポーランドの全権が現われることはない」と答えたのである。[19]〉

翌日に行なわれたダラディエ仏首相の国会での説明はより詳細だった。ドイツの不誠実な交渉態度を強く非難した。「ヒトラーは、八月三十一日、リッベントロップ外相とポーランド大使との直接交渉を承認した。同日午後一時、ポーランド大使はリッベントロップ外相との会談を要請した。しかし、それが実現したのは午後七時四十五分である。リッベントロップは、大使に対してドイツの条件提示を拒否した。大使に全権が付与されていないことが理由だった。これは真の理由ではない」

ダラディエはこう続けた。

〈午後九時、ドイツのラジオは、ポーランドとの交渉の模様とドイツの条件を明らかにし、ポーランドがそれを拒否したと報じた。しかし、この報道は虚偽である。ポーランドにはドイツの条件が提示されていなかった。九月一日早朝、ヒトラー総統は、ポーランド侵攻を命じた。これほど明白な侵略行為はない。[20]〉

アメリカの態度

スターリンがどちらの側に付くか決めかねていた時期のルーズベルト大統領の態度は、よくわかっていない。ミステリーと言ってもよい。歴史家のウィリアム・L・ランガー[21]は、一般には閲覧できない文書を読める立場にいたが、彼も、この時期にワシントンとモスクワの米大使館との間での動きを示す記録は見つからないと述べている。

一九三九年八月初め、ルーズベルト氏はソビエト駐米大使コンスタンチン・ウマンスキーとヨーロッパ情勢について話し合っている。ルーズベルト氏は、侵略行為への対処についてヨーロッパ諸国で一般協定を結ぶことを提案した。[22]

八月十一日、独ソ不可侵条約調印の一一日前にあたるこの日、新任のローレンス・A・スタインハルト米駐ソ大使が信任状を携えてクレムリンを訪れた。大使は、ルーズベルトの親書を預かっていたが、その内容はルーズベルトがウマンスキー大使に話したものであった。スタインハルト大使は、モスクワ着任後、スターリンとヒトラーの交渉状況を知らされていた。ドイツ駐ソ大使は、公にしてはいなかったが、反ナチスの人物であった。[23]この時期のモスクワからの報告書は、国務省の保管文書から明らかに欠けている。

八月二十四日、スターリンとヒトラーの秘密調印の翌日にあたるが、ルーズベルト大統領は、イタリアのヴィットーリオ・エマヌエーレ国王、ヒトラー、そしてポーランドのイグナツィ・モシチツキ大統領に、ドイツ・ポーランド間の紛争は（第三者の）仲裁に委ねるよう提案した。[24]大統領はヒトラーとスターリンの交渉については知らなかったらしい。

八月二十五日、ルーズベルト氏は、ポーランドからは仲裁調停受諾の回答が来ており、ヒトラーにもそれに同意するよう促していると報告した。[25]この時すでに、多くの国の運命は、スターリン・ヒトラーの提携で決定づけられていたのである。

*原注

1　イギリスの当時の外交は次の文書で確認できる。
〔Great Britain, Foreign Office,〕*Documents on British Foreign Policy, 1919–1939*, 3rd Series, Vols. V and VI, Her Majesty's Stationery Office, 1952, 1953.
　したがって、イギリスの外交についての論拠は省略する。

2　同右、Vol. V, p. 273.

3　Great Britain, *Parliamentary Debates*〔Fifth Series〕, House of Commons, Vol. 347〔Seventh volume of Session 1938–1939〕, pp. 453–456, 1828–1840; Vol. 348, pp. 400–402.

4　同右、Vol. 347, pp. 1815–〔1820〕, 1840–1847〔1848〕, 1854–1860.

5　〔U. S. Department of State,〕*Nazi-Soviet Relations, 1939–1941*〔U. S. Government Printing Office, 1948〕, p. 8.

6　同右、p. 19.

7　Paul Schmidt, *Hitler's Interpreter*〔The Macmillan Company, 1951〕, p. 132.

8　同右。

9　この時期のヒトラーの迷いについては *Nazi-Soviet Relations*, pp. 15, 60, 66, 67, et. seq.

10　スターリンの条件を呑むことを決めた二日後（一九三九年八月二十二日）、ヒトラーは軍幹部を前にして、彼の真意を伝える演説を行なっている。その内容は速記記録されていた。
「我々の強みは（決断や行動が）迅速でそしてまた容赦ないことである。あのチンギス・カンの女子供の殺戮は、まさに彼の思いのままに嬉々として実行されたものだった。そうであっても、カンは歴史の上では、国づくりの英雄である」

「私は、軟弱な西ヨーロッパ諸国にどのように評価されてもまったく気にしない。私はすでに東部方面に親衛隊髑髏《どくろ》部隊（my Death's Head Units）を送り込んだ。彼らには、情け容赦なく、ポーランド人の男も女も子供も殺せと命じている。ポーランド語をしゃべる者はみなポーランド人である。こうでもしないと我が民族の『生存圏』は獲得できない。いま、あのアルメニア人虐殺のことを話題にしようとする者はどこにもいない（虐殺などすぐに忘れられる）〔訳注：オスマン帝国によるアルメニア人虐殺事件は十九世紀末から二十世紀初めに起きた事件。犠牲者は一〇〇万人を超えると見られている〕」

「ポーランドの人口を減らし、そこにドイツ人移民が植民する。諸君、私がポーランドと結ぼうとした協定は時間稼ぎであった。諸君、私がポーランドでやることはロシアも真似してくる。しかしスターリンの病は重い。ソビエトは、彼が死んだ後に屠《ほふ》ればよいのだ。機は熟した」

「私は一点だけ心配している。それは、チェンバレンなどの豚野郎が心変わりして、新たな提案をしてきた場合どうするかである。そうなったら、もはや彼らを豚小屋に戻すしかないと思っている。（奴らは）遅すぎたのである。ポーランドの殲滅《せんめつ》は土曜日早朝〔訳注：土曜日は八月二十六日か九月二日を意味する〕から開始する」

「アッパー・シレジア〔訳注：シレジアの南東部、現ポーランドとチェコ国境地域〕や保護領地区では複数の部隊にポーランド軍の制服を着けさせ（偽装の）攻撃をさせる。それを世界が信じようが信じまいがどうでもよいことである。世界は成功した事実だけを信じる」

「我々は勝利に酔い、栄光に包まれるのだ。とにかく厳しい態度で臨め。慈悲は無用である。とにかく素早くそしてより残酷でいい。西ヨーロッパの市民は、恐怖に震えるだろう。今度の戦いは人類史上最も恐ろしい戦争となる」

〔Office of United States Chief Counsel for Prosecution of Axis Criminality,〕 *Nazi Conspiracy and Aggression* 〔United States Government Printing Office, 1946〕, Volume VII, pp. 753-754.

11　*New York Times*, August 24, 1939.

12　調印された独ソ不可侵条約の原本は一九四五年五月にドイツが降伏した際に、連合軍が押収した。私（フーバー）もその原本をベルリンで見た（一九四六年四月）。その一カ月後、ニュルンベルク裁判で、ドイツ側（被告）はこれを証拠文書として採用するよう求めた。しかし、ソビエトの拒絶によって証拠採用されていない。しかし、十月十九日、原本の内容はロンドンで公表された。アメリカ政府が公式に内容を発表したのは一九四八年である。

ソビエトはなぜ証拠採用を拒否したのだろうか。ソビエトはニュルンベルク裁判で裁く側に立った。この裁判は事後法によってナチスの犯罪を裁くものであり、有罪となれば死刑であった。ソビエトは、この条約文書が証拠となれば、自身も同様の罪を犯していることが明らかになり、それが記録として残ることを嫌ったのであろう。これについては *New York Times*, January 2, 1948, p. 19: 3を参照されたい。

13　〔Great Britain, Foreign Office,〕 *Documents on British Foreign Policy, 1919-1939*, Third Series, Volume VII, Her Majesty Stationery Office, 1954, p. 171. あるいは *Documents on German Foreign Policy, 1918-1945*, Series D, Volume VII: *The Last Days of Peace* 〔*August 9-September 3*〕, *1939* (United States Government Printing Office, 1956), Doc. No. 200, p. 216.

14　条約の内容が公表されたのは六年後の一九四五年四月五日である。*Polish White Book*, pp. 100-102. あるいは *New York Times*, April 6, 1945.

15　The *Polish White Book*; Official Documents...1933-1939, p. 137ff. 〔Editor's note: see Chapter 19（第19章）原注1参照〕

16　International Military Trials, Nurnberg, 〔Office of United States Chief of Counsel for Prosecution of Axis Criminality,〕 *Nazi Conspiracy and Aggression*, Vol. VIII, pp. 529-530. あるいは *Hitler's Interpreter*, pp. 141-148.

17　ヒトラーの決断については戦後押収された文書で確認されている。*Nazi Conspiracy and Aggression*, Vol. VIII, pp. 534-536.

ニュルンベルク裁判ではゲーリングは次のように証言している。

「総統は電話で私に連絡してきた。ポーランド侵攻計画をやめる指示であった。私はいったんの中止かそれとも計画そのものの中止か確認した。『イギリスの介入を回避できるか見極めたい』という返事だった。私は、『四、五日で変化があると思いますか』と聞いた」

18 *Documents on British Foreign Policy, 1919-1939*, 3rd Series, Vol. VII, Doc. 543, pp. 413-414.〔編者注：イギリス政府は、ヒトラー政府がイギリスの提案を受け、ポーランド政府との直接交渉の準備を進めることを確認した〕

19 Great Britain, *Parliamentary Debates* (Commons), 5th Series, Vol. 351〔Eleventh volume of Session 1938-1939〕, pp. 128-129.

20〔France, Ministère des affaires étrangères,〕*The French Yellow Book, Diplomatic Documents* (*1938-1939*), Reynal & Hitchcock, New York, 1940, p. 385. あるいは *New York Times*, September 3, 1939.

21〔訳注〕William L. Langer（一八九六―一九七七）ハーバード大学教授。外交史家。

22〔William L.〕Langer, and〔S. Everett〕Gleason, *The Challenge to Isolation, 1937-1940*, Harper & Brothers, New York, 1952, p. 161. あるいは *The Memoirs of Cordell Hull*, Volume I, The Macmillan Company, 1948, pp. 656-657.

23 *The Challenge to Isolation*, pp. 124-125.

24〔Samuel I. Rosenman, comp.〕, *The Public Papers and Addresses of Franklin D. Roosevelt, 1939*〔Volume〕〔The Macmillan Company, 1941〕, pp. 444ff.

25 同右、pp. 449-450.

第22章　終わりなき人類の悲劇

一九三九年八月は、人類の長い歴史の中でも最も悲劇的な月であった。まさに破滅への序章の月であった。世界の二〇億の人々が、このドラマの進行を怯えながら見ていたのである。主役はヒトラーであり、スターリンであった。ヒトラーはエゴイストの完成形だった。第一次世界大戦敗北の恨みを一身に体現したような人物だった。他者への思いやりや同情といった感情には無縁であり、征服欲の塊でありかつ狡猾《こうかつ》だった。

一方のスターリンは、世界中に共産主義を拡散しようとする悪党だった。冷血で、計算高く、言ってみればチンギス・カンか、（ロシア帝国の歴史の中で最も冷酷だった）イヴァン雷帝の生まれ変わりのような男だった。

この二人は互いを徹底的に嫌悪し、自由主義社会を嫌った。彼らは自由な人々（free men）を破壊したかった。そして同時に互いを潰したかった。

彼らには帝国主義の悪い面がすべて現われ、二人とも歪んだイデオロギーに強く固執していた。そしてどちらも権力を求めた。

この二人が主役の舞台だったが、そこには助演級の役者、チェンバレンとダラディエがいた。チェンバレンは貴族的だが常に精神が不安定で、国内で批判を受けると考えが行ったり来たりする政治家だった。ただ強い倫理観の持ち主ではあった。ダラディエは、まさに政治家であり、常に誠意があった。ただ、虚栄心が強かった。そして（自らの立場に）怯えていた。

脇役も複数いた。常に「俺も、俺も（Me too）」のムッソリーニ、どっちつかずのポーランド外相ベック、突然「独裁者に対して立ち上がれ」と叫んでみたり「平和、平和」と訴えながら舞台に時折登場するルーズベルト、チェンバレンらを後ろから突いて非倫理的な協定を（スターリンと）結べと煽るチャーチルなどである。

こうした役者の演じる舞台を身の縮むような思いで見つめていたのは、ポーランド、フィンランド、エストニア、ラトヴィア、リトアニア、ベッサラビア、ブコビナ、ブルガリア、セルビア、ルーマニア、チェコスロバキア、ギリシャ、ベルギー、オランダ、ノルウェーの人々だった。何もできず刑の執行を待つようなものだった。

舞台の最後の幕は、スターリンがどちらの側と手を握るかの場面であった。チェンバレンがスターリンと結べば、東欧諸国を売り渡すのはチェンバレンになる。イギリスの規範意識からすれば彼にはとてもそれはできない。

ヒトラーがスターリンと結べば、これらの小国は蹂躙される。共産主義の火勢はさらに強まり、その火の粉は世界に飛散するだろう。ギリシャのコーラス隊なら次のように歌うだろう。

「破滅だ、死だ、自由諸国は死んでいく。数え切れないほどの人々が奴隷に成り果てる」

私はこの四半世紀の間、世界の重大事件を間近で見てきたが、これほどの恐ろしい状況を見るのは初めてであった。ヨハネ黙示録の四騎士が、戦い、死、飢え、悪疫をもたらすのである。現実には五番目の騎士がいて、嘘と憎しみを拡散するプロパガンダを持ってやって来る。六番目の騎士は航空機と潜水艦を携えて、男たちや無辜の婦女子を殺しにやって来る。七番目の騎士が持ってくるのは革命だ。革命となれば、人々は互いに裏切り、近親者までも血に染める。

スターリンとヒトラーの悪行で、世界に恐怖とパニックが広がる。第一次世界大戦の恐怖はまだ記憶に新しい。事態の推移を誰もがラジオにかじりついて聴いた。そして新聞を読んだ。彼らは、絶望の中で、第二次世界大戦の勃発を待つだけであった。

そして一九三九年九月一日、その火蓋が切られた。

第5編

共産主義者とナチスによるヨーロッパ征服

第23章　共産主義者とナチスによるポーランド、バルト諸国征服

ドイツとソビエトはわずか一月足らずでポーランドの征服を終えた。六〇万のポーランド軍は勇敢ではあったが装備に劣り、指揮官の能力にも問題があった。独ソ両国の戦死者は合わせても三万に届かないだろう。

征圧を終えたスターリンは、ポーランド兵の捕虜二五万人をシベリアの労働収容所に送った。民間人一五〇万もシベリアに送られた。[1] ヒトラーは数十万の捕虜および民間人を労働収容所に送り、ポーランド国内のユダヤ人コミュニティを計画的に破壊していった。

ポーランドの政権幹部はルーマニア経由で逃げのびた者もあった。彼らは国立銀行に保管されていた金塊四〇〇〇万ドル相当を運んだ。しかしその作業は困難だったため、三〇〇万ドル相当はブカレストに置いておかざるを得なかった。最終的にイギリスに逃亡し、ロンドンに亡命政権を樹立した。

民間人もその多くがルーマニアやハンガリー・ルートで脱出した。彼らはロンドンの亡命政権に指導されながら、軍を組織し連合国の戦いに参加した。ポーランド国内に残った勢力は亡命政府と連携し、地下組織を結成し、ドイツとソビエトの占領に抵抗を続けた。

私はポーランド亡命政府の要請を受け、ポーランド救援委員会を仲間とともに立ち上げた。亡命政府は組織の基金に一〇〇万ドルを拠出した。アメリカ国民からも多くの義援金が寄せられた。亡命政府は、ブカレストに残した三〇〇万ドルの金塊を基金に加えるよう委員会に伝えてきた。しかし、ルーマニア銀行は金塊の引き渡しを拒否した。

我々はニューヨークにあるルーマニア銀行の口座差押え手続きを取った。裁判所は我々の主張を認めたが、戦争が勃発したこともあり、判決そのものが出ず、資金の回収はできなかった。資金の一部は、調停により戦後になって回収できた。その資金は、救援委員会の負債の一部を解消するために使われた。救援委員会は、積極的に支援活動を続けた。その活動はイギリスの海上封鎖が実施されるまで続いた。[2]

スターリンは、ポーランドに続いてエストニアとラトヴィアを占領した。ヒトラーとの間で不可侵条約と見せかけの相互援助協定を結んでからわずか六〇日後のことであった。各都市に共産党支部を設置し、一九四〇年六月にはソビエト支配が完了した。同時期に、ルーマニアとは相互援助条約を結ぶ一方で、ベッサラビアとブコビナを奪った。

フィンランドの抵抗

フィンランドだけはスターリンの要求を撥ねつけた。スターリンがフィンランドへの攻撃を開始したのは一九三九年十一月三十日のことだった。この日、フィンランドは悲壮な決意を表明した。

〈我々はひざまずかない（スターリンにひれ伏さない）。我々は敢然と立ち上がって戦う（死は厭わない）。〉

同日、私は講演で次のように述べた。[3]

〈ソビエトは平和裏に暮らすフィンランドを攻撃した。文明の破壊行為である。まともな心を持つ世界の人々にとって、今日は実に悲しむべき日になってしまった。あのチンギス・カンの時代に戻ったのである。

人間の偉大さは、努力する姿、モラル、個性にある。知性、高い精神性、そして教育に依拠する。平和と自由を希求する心に依拠する。こうしたすべての要素を兼ね備えた国がフィンランドである。

彼らは勇敢に戦うだろう。彼らは共産主義者に圧倒されるかもしれない。フィンランドが敗れることがあって

も、必ずや再起するに違いない。正義の力は未だ絶えてはいない。〉

翌日（一九三九年十二月一日）、ルーズベルト大統領は次のような声明を発表した。

〈ソビエトが海軍・空軍を使ってフィンランド爆撃を開始したという報道に、我が国民は驚きを隠せない。紛争を平和的手段で解決せず、一方が軍事力を行使する道を選んだ。和平を願う人々、そして国際関係が法と秩序に基づくことを願う者は、（ソビエトの）軍事力行使を等しく糾弾するものである。[4]〉

ソビエト糾弾にウィンストン・チャーチルも加わった（一九四〇年一月二十日）。

〈フィンランドだけは、恐ろしい牙を向けられていながらも、自由を愛する者が取るべき振る舞いを見せてくれた。彼らの抵抗は崇高であり、我々の模範である。[5]〉

一九三九年十二月初め、フィンランド駐米公使ヤルマル・プロコペ氏は私に、フィンランド救援組織の結成を願ってきた。リスト・リュティ首相からも同様の要請があった。私は、我が国のメディアや友人の支援を受け、フィンランド救援基金を設立し、四〇〇万ドルの義援金を集めることができた。ワシントン議会も、この間に、独自に二〇〇〇万ドルの支援を決めている。

一九三九年十二月十四日、国際連盟はソビエトを侵略国と認定し、除名処分とした。[6]

プロコペ氏は、フィンランドには、英国およびスウェーデンから武器の支援があった、それだけではなく、ドイツとイタリアもフィンランドに武器を供給したと私に教えてくれた。独伊両国の武器支援は、独ソの条約が存在していることに鑑みればおかしな動きに見える。しかし、公使の情報が間違いないことは、当時のイタリア外相チャーノ伯爵の日記でも確認できる。一九三九年十二月八日の記述である。伯爵はムッソリーニの娘婿にあたる人物である。

〈フィンランド公使は、ドイツが武器供給してくれた、特にポーランド占領で得た鹵《ろ》獲品《かくひん》を融通してくれた、と私に打ち明けた。〉[7]

プロコペ氏は、ヒトラーはこの時点ですでにスターリンを裏切っているのではないかとの疑念を私に打ち明けてくれた。

一九四〇年三月七日、フィンランドはソビエト軍に抗しきれず、スウェーデンを通じて講和を求めた。五日後、途方もない額の代償を支払ってそれは実現した。フィンランドは領土を割譲したが、耕作地の四分の一にあたる広大なものだった。その結果、四五万人の国民が、国の支援なしでは暮らせない立場に追い込まれた。彼らは賠償責任を負い、かつ国の中にロシアの軍事基地が置かれることも容認しなくてはならなかった。

とはいえ、フィンランド国民は高い代償を払いながらもソビエトの侵略に抵抗したのである。ソビエトの犠牲が大きかったことは、モロトフのソビエト最高評議会への報告でわかっている（一九四〇年三月二十九日付）。戦死者四万九〇〇〇人、負傷一五万九〇〇〇人。これはフィンランドの損害のほぼ四分の三に匹敵した。

条約がもたらした悲劇

独ソ不可侵条約あるいはポーランドへの英仏の独立保障といった一連の動きが、戦争の勃発、その後の戦災による破壊を生んだ。

ソビエトは、国際連盟に加入した。ケロッグ条約〔訳注：ケロッグ・ブリアン条約〕の署名国にもなった。ソビエトは、近隣諸国と数々の不可侵条約、講和条約を締結していた。しかし、ソビエトはそれを見事なほどに無視した。

まずポーランドについて見てみたい。彼らが侵略したポーランドとの間では次のような取り決めがあった。

a、和平条約締結　一九二一年三月十八日
b、不可侵条約締結　一九三二年七月二十五日
c、不可侵条約延長　一九三四年五月五日（一九四五年十二月三十一日まで延長）。ソビエト政府は、一九三四年九月十日に、不可侵条約の有効性についてあらためて言明し、また一九三八年十一月二十六日には、ポーランド政府と共同声明まで発表している。
d、調停手続き　一九三二年十一月二十三日に手続きを取り決め
フィンランドとも次のような関係を結んでいた。
a、和平条約締結　一九二〇年十月十四日（タルトゥ〔訳注：現エストニアの都市〕で調印）
b、不可侵条約および紛争解決手続き締結　一九三二年一月二十一日
c、調停手続き　一九三二年四月二十二日
d、不可侵条約延長　一九三四年四月七日（一九四五年十二月三十一日まで延長）
このような条約が交わされていたにもかかわらず、ソビエトは一九三二年の不可侵条約を破棄するとフィンランドに伝えたのである（一九三九年十一月二十八日）。
リトアニアとは次のような関係ができていた。
a、和平条約締結　一九二〇年七月十二日（モスクワで調印）
b、不可侵条約締結　一九二六年九月二十八日（モスクワで調印）
c、不可侵条約延長　一九三一年五月六日（五年間延長）
d、不可侵条約延長　一九三四年五月四日（一九四五年十二月三十一日まで延長）
e、相互支援条約　一九三九年十月十日（この中であらためて不可侵条約の有効性を言明）
エストニアとは次のような関係であった。
a、和平条約締結　一九二〇年二月二日

b、不可侵条約および紛争解決手続き締結　一九三二年五月四日
c、調停手続き　一九三二年六月十六日
d、不可侵条約延長　一九三四年四月四日（一九四五年十二月三十一日まで延長）
e、相互支援条約　一九三九年九月二十八日（この中であらためて不可侵条約の有効性を言明）

ラトヴィアとも同じような関係であった。

a、和平条約締結　一九二〇年八月十一日（リガで調印）
b、不可侵条約締結　一九三二年二月五日
c、調停手続き　一九三二年六月十八日
d、不可侵条約延長　一九三四年四月四日（一九四五年十二月三十一日まで延長）
e、相互支援条約　一九三九年十月五日（この中であらためて不可侵条約の有効性を言明）

ルーマニアとの間にも相互不可侵条約（一九三四年六月二十九日）が締結されていたが、これもソビエトが一方的に破っている。

ナチスドイツもソビエトと同様、戦争勃発とともに多くの条約を破った。ソビエトと不可侵条約を結ぶことで、ヒトラーは、ドイツが、フィンランド、ポーランド、エストニア、ラトヴィア、リトアニア、ルーマニアと結んでいた条約を蔑ろにしたのである。いずれにせよ、ヒトラーはすでにベルサイユ条約もロカルノ条約も破っていた。ヒトラーは、こうした条約を破棄する準備をしていた。ドイツはすでに国際連盟を脱退していた〔訳注：一九三三年十月〕。しかし、ヒトラーが忘れているのは、ドイツはケロッグ条約の調印国であるという事実であった。ムッソリーニも独ソ提携を黙認したことで、彼が、ラトヴィア、リトアニア、エストニア、ポーランド、ルーマニアと結んだ条約を破ったことになった。

こうした国々の間にはあわせて五〇を超える不可侵条約が結ばれて、互いの主権を認め合っていた。条約をもとにした約束事は神聖なものとして扱われなくてはならないはずだった。しかしそれは燃えさかる炎の中で灰燼《かいじん》に帰した。

この時点においてヒトラーは、広大な領土と人口を獲得した。ポーランドだけでも一五〇〇万人の人口を増やした。この中にはポーランドおよびリトアニアのユダヤ人五〇〇万がいた。スターリンの獲得した領土と人口はそれを上回った。ソビエトは六カ国を併合し、獲得した人口は三五〇〇万に上った。彼らはみな自由を奪われ、共産主義の支配下に置かれることになったのである。

＊原注

1　Stanislaw Mikolaczyk, *The Rape of Poland*, McGraw-Hill Book Company, 1948, p. 14.〔訳注：邦訳、スタニスワフ・ミコワイチク『奪われた祖国ポーランド』広瀬佳一／渡辺克義訳、中央公論新社、二〇〇一年〕あるいは Lt. Gen. W〔ladyslaw〕Anders, *Hitler's Defeat in Russia*, Henry Regnery Company, 1953, pp. 243-244.

2　Herbert Hoover, *An American Epic*, Vol.IV, Henry Regnery Company, 1964.

3　*San Francisco Chronicle*, December 1, 1939.

4　United States Department of State, *Foreign Relations of the United States: Diplomatic Papers—The Soviet Union, 1933-1939*, U. S. Government Printing Office, 1952, pp. 799-800.

5　*Blood, Sweat, and Tears*, p. 215.

6　League of Nations, *Official Journal*, 20th Year, Part II, November-December, 1939, pp. 505-508.

7　Ciano, Count Galeazzo, *The Ciano Diaries, 1939-1943*, Doubleday & Company, Inc., New York, 1946, p. 177.

第24章　西ヨーロッパの降伏

ヒトラーのポーランド攻撃の二日後の一九三九年九月三日、英仏両国はドイツに宣戦布告した。* フランスは全軍を動員した。イギリスは志願兵を募り、大部隊をフランスに遣った。同時にドイツに対する海上封鎖を実行した。デンマークは、ドイツの攻勢に対抗できず、降伏し占領された（一九四〇年四月九日）。デンマークが占領された日に、ドイツはノルウェー南部に侵攻した。その後イギリスはノルウェー北部に進駐したが、結局退却することになった。

開戦後のおよそ七カ月は、ドイツは西部方面に軍を進めなかった。しかし冬が過ぎ、西進を妨げる道から泥濘《ぬかるみ》が消えた一九四〇年五月十日、オランダ、ベルギー、フランス三国の国境から侵攻を開始した。

チャーチルによれば、[1] 侵攻八カ月前のドイツの戦力配置は四二個師団であった。しかし侵攻時には、一二六個師団、一〇の重装備のパンサー機甲師団が加わり、空からも十分な航空戦力が支援した。一方の連合国側の戦力は、フランス九四個師団、ベルギー二二個師団、オランダ一〇個師団、イギリス九個師団など総計一三五個師団であった。最高司令官にはフランスのモーリス・ギュスターヴ・ガムランが就いた。

ドイツの攻撃が始まる前の時点では、オランダもベルギーもドイツが両国の中立を認めた条約を破るとは考えてい

＊編者注：ソビエトは九月十七日にポーランドに侵攻した。

なかった。そのために、攻撃が始まるまで英仏の支援を求めていなかった。オランダは早くも五月十四日に降伏した。無防備だったロッテルダムへの空爆で、市民一万五〇〇〇人が亡くなっている。

新たに編成されたパンサー機甲師団を使ったドイツはリエージュからセダン方面を攻撃し、ベルギーとフランスの防衛線を突破した。フランス北部軍を文字どおり蹴散らすと、北部沿岸近くの町アブヴィル〔訳注：ベルギーとフランス国境にも近い〕を攻略した。

ドイツ軍の侵攻によって、南部に展開する英仏軍主力とベルギー軍は分断された。連合軍は、ドイツが（フランスとベルギーを遮るように）築いたドイツ回廊（German corridor）の突破を試みたが失敗に終わった。ベルギー方面に閉じ込められる形になった連合軍は、武器を放棄してダンケルク[*]に撤退を開始した。ダンケルクで待ち受けた艦船がおよそ二四万の兵士をイギリスに運んだ。また九万九〇〇〇の兵士も別の海岸から救出された。[2] ヒトラーは退却する軍隊にほとんど攻撃を加えていない。

イギリス軍の撤退で、ベルギーはなす術もなくドイツに降伏した（一九四〇年五月二十八日）。

政治的混乱

連合国は戦場でも混乱していたが、各国政府の混乱もひどかった。フランスは、ダラディエに代わってポール・レイノーが首相に就いた（一九四〇年三月二十一日）。イギリスではチェンバレン内閣が五月十日に倒れ、ウィンストン・チャーチルが首相に就任した。

フランスでは、さらにレイノーが辞任し（六月十六日）、代わって五月十八日から副首相だったアンリ・フィリップ・ペタンが政権に就いた。

五月十九日、フランス政府は連合軍最高司令官ガムランを解任し、マキシム・ウェイガン将軍に代えた。ドイツ軍は、パンサー機甲師団の活躍でたちまちパリに迫り、六月十三日に同市を占領した。九日後の六月二十二日、フランスは降伏した。

チャーチルとレイノー首相は、何度か南部フランスに展開する連合軍主力の立て直しを図った。この間に二人は、ルーズベルト大統領に参戦を要請している。大統領は、議会が参戦を承認しないことがわかっており、またアメリカは戦いの準備もできていなかっただけに、フランスが抵抗する間は物資支援をすると約束するにとどまった。

フランス降伏の少し前、イギリスは、フランス北部のノルマンディー・ブルターニュ地方から、残存兵力およそ一三万六〇〇〇を救出した。これにポーランドから脱出したポーランド兵二万が加わった。[3]

フランス降伏後、ドイツは、フランス内陸部を統治させる新政府をヴィシー**に立てた。ペタン元帥を大統領に、ピエール・ラヴァルを首相に据えた。

ヒトラーの西ヨーロッパ侵攻で、ノルウェー、オランダ、ベルギーでたちまち食糧不足が発生した。いずれも食糧は輸入に頼っていた。三カ国はただちに私に接触してきた。第一次大戦時と同様の食糧支援計画を望んだのである。しかしイギリスは海上封鎖を解くことを拒否した。それでも私は仲間とともに「小民主国のための食糧支援委員会」[4]を設置した。荒廃し何もかもが不足する国の婦女子を救う活動であった。

フランスの敗北は文明の敗北であった。確かに悲惨なことであったが、フランスの崩壊はヒトラーの侵攻以前から始まっていた。頽廃したブルム政権はそこに多くの共産主義者を入り込ませた。その時点からすでに崩壊は起きていたのである。[5]

*訳注：フランス北部の港湾都市。ベルギー国境から一〇キロメートルほどに位置する。
**訳注：フランス内陸部ほぼ中央に位置する。

＊原注

1　Winston S. Churchill, *Their Finest Hour,*〔Houghton Mifflin Company, Boston, 1949〕, pp. 28–30.

2　同右、p. 115.

3　同右、pp. 193–194.

4　〔編者注〕当初、この組織は「民主主義五カ国のための食糧支援委員会」と呼ばれた。

5　第6章参照。

第25章 イギリス攻撃とその失敗

ヒトラーは、東部方面をがっちりとスターリンが守る中で、西ヨーロッパ諸国を占領した。占領を免れたのは、スイス、スウェーデン、スペイン、ポルトガル、そしてドイツの同盟国であるイタリアだけであった。ヒトラーは占領国の工業力・食糧生産力を手中にした。そこまでのドイツの犠牲は戦死者二〇万であった。この程度の犠牲は一回の召集で簡単に補えるものであった。ヒトラーは自らをナポレオンに喩えてもよいほどの勝利を収めていたのである。

唯一、問題として残っていたのはイギリスであった。ヒトラーは大陸から敵を排除することに成功した。しかし、イギリスの強烈な戦意と回復力を過小評価してしまった。また、「イギリス城の外堀（moat）」とも言えるイギリス海峡を守るイギリス海軍についても侮っていたようだ。ドイツは、いったんはイギリス海峡を征圧するための艦隊を編成した。しかし結局は、航空機による攻撃でイギリスを麻痺させることが可能だと考えた。海峡を渡るのはその後でよいとしたのである[1]。

バトル・オブ・ブリテン

ドイツが、イギリスに対し電撃的な空爆を始めたのは一九四〇年八月の初めであった。攻撃は昼間に実行された。被害は大きかったが、イギリスは歴史に残る防衛戦をやってのけた。アメリカ国民はイギリスの見せた勇気に感銘を受けながら、戦いの帰趨を見守った。ラジオを通じて戦況を語るチャーチルの声が、同情的な我がアメリカ国民の耳に届いた。確かに彼のスピーチは見事なものであった。

イギリス空軍の防衛力は高かった。そのためドイツは昼間攻撃を九月半ばまでにはほぼ中止した。本土防衛に自信を持ったチャーチルは、海峡を渡ってくる陸からの攻撃はないと読んだうえで、エジプトに駐留する英陸軍支援のための部隊派遣を決めた[2]。

九月末になると、ドイツは夜間の空爆に切り替えた。標的はイギリスの工業地帯であった。その攻撃も灯火管制の実施によって成果が少なかった。真っ暗な都市への闇雲な攻撃は、各所に散らばる工場にダメージを与えられなかった。しかし、人口密集地への爆撃は多数の犠牲者を出した。バーミンガム、リバプール、リーズ、グラスゴー、マンチェスター、ロンドンが激しい爆撃に晒された。しかし、イギリスの軍事生産に打撃を与えることも、イギリス国民の戦意を喪失させることもできなかった。

ドイツの船舶攻撃も激しかった。潜水艦による攻撃だけでなく、巡洋艦「ヒッパー（Hipper）」などが戦果を上げていた。商船の被害は甚大だった。一九四〇年六月一日から十一月三十日の半年間で、連合国および中立国は三〇〇万トン近くの船舶を失った。この数字は事故も含んでいる。また、海運力にも大きな影響が出た。戦前に比べ三〇〇〇万トンから四〇〇〇万トンの船舶を利用できなくなったのである。

こうした状況であってもイギリスはヒトラーの攻撃に耐え抜いた。

フランス海軍の動員解除

フランス政府はイギリスに対して、降伏前の口頭での約束ではあったが、フランス海軍の軍船を対英戦に使わせないとしていた。フランスがドイツと結んだ休戦協定書では、フランス海軍の船舶はフランスの港に留めることが規定されていた。仮にこの規定が順守されたとしても、外国の港湾にあったフランス軍船を使っての英国船舶攻撃は可能だった。ヴィシー政権はドイツの統制下にあり、外国の港湾にあった仏海軍船の指揮をドイツが執ることができた。

一九四〇年七月三日、イギリスは同国内の港湾に碇泊していたフランス海軍の船舶を接収した。さらにオラン[*]にいたフランス艦隊に降伏を求める最後通牒を発した。フランス海軍艦隊司令官は要求を拒否した。イギリスは艦隊に砲撃を加え、大半の艦船を使用不能にした。この戦いでフランス艦隊は、およそ一〇〇〇人の戦死者を出した。

イギリスは、フランス戦艦「ジャン・バール」と同「リシュリュー」を空から攻撃し使用不能にした。航空母艦一隻と軽巡洋艦二隻は、カリブ海のマルティニークに逃げ、アメリカ政府がこれを保護した。

チャーチルは、ただちにシャルル・ド・ゴール将軍に自由フランス軍を英国内に組織させた。

八月には、自由フランス軍とイギリス軍はフランス領西アフリカのダカールを攻撃した。しかし、ヴィシー政権軍はこれを撃退し、イギリス軍と自由フランス軍は相当な犠牲を出した（九月二十五日）。

イタリアによる英国植民地攻撃

イタリアのベニート・ムッソリーニは、独ソ不可侵条約締結時には中立を宣言した。しかしフランスの降伏（一九四〇年六月）を受け、ドイツ陣営に加わることを決意した。八月六日、イギリス植民地ソマリランドへの攻撃を開始した。英軍は同地から撤退した。九月十三日、イタリアはトリポリ（リビア）からエジプトまでのおよそ一〇〇〇マイルの地域からイギリスを排除する作戦を展開した。イギリスは、撤退を余儀なくされ、イタリア軍（七万から八万）はエジプト前線に到達した。

一九四〇年十二月九日、イギリスはインド、ニュージーランド、オーストラリアの部隊とともに反撃を開始し、イタリア軍は（エジプト方面から）押し返された（十二月十五日）。イギリスはこの戦いで、三万八〇〇〇のイタリア兵を捕虜とした一方で、損害はわずか戦死五〇〇だったと発表した。

＊訳注：北アフリカのアルジェリアの港。

＊原注

1　戦後押収された資料から、ドイツ参謀本部の海峡横断作戦に対する優柔不断ぶりがわかっている。一九四〇年七月、ヒトラーは、「シーライオン（Seeloewe: トド）」計画の準備を命じた。しかし、参謀本部の意見が割れ、制空権の確保ができるまで延期された。*Documents on German Foreign Policy, 1918-1945*, Series D, Vol. X〔United States Department of State, 1957〕, pp. 226-229, 390-391.

2　*The Challenge to Isolation, 1937-1940*, p. 666.

第6編

アメリカの干渉：言葉以上、戦争の一歩手前の行動

第26章　中立法の修正

ルーズベルト大統領は、相当に厳しい内容の中立法を、一九三五年、三六年そして三七年と作り上げてきた。[1] 私は、（身動きの取れない）中立法には反対であった。なぜなら、我が国からの武器輸出を止めたり制限をかけたりすることは、むしろ侵略者側を有利にすると考えたからである。独裁国家はすでに国内で武器生産能力を持つ一方で、平和を願う国はその能力がまったくないか、独裁国家よりは劣っている。[2]

中立法がある以上、「言葉以上、戦争以下」の方針で武器輸出問題に臨むことはできない。一九三九年三月七日、ルーズベルト氏は、（融通性に欠ける）中立法の問題点を指摘した。[3] 四カ月後の七月十四日、議会に対して中立法の修正を促した。ハル国務長官も声明を出し修正を求めている。しかし、同時に次のような警告も発した。

〈我が国は、他国の同盟関係のごたごたや紛争に巻き込まれてはならない。戦争が起きても我が国は、徹底した中立の立場を取り、戦争に引きずり込まれるようなことがあってはならない。[4]〉

七月十八日、複数の有力上院議員が、現時点では修正の必要を認めないとする声明を出した。[5] 私は、中立法が（先に挙げた理由で）実質、中立でないことを理由に、同僚の共和党議員に修正を支持するよう要請し、議員の多くがそれに応えてくれた。

七月二十一日、大統領は記者会見で、「議会の両党の幹部から、今会期中の修正は難しいことを聞かされた。翌四〇年一月からの議会での修正を目指す」と語った。しかしその後世界が大きく動いた。九月にはヒトラーとスターリンがポーランドに侵攻した。

九月五日、大統領はヨーロッパの戦いに中立であることを宣言した。これは法律に則ってなされた宣言だった。これによって交戦国への武器輸出は非合法となった。一九三七年の中立法で決められていた。[6]

大統領の中立宣言の前日（九月四日）、私はワシントンにいる友人ジョン・C・オラフリン[7]に次のように書いている。

〈我が国民の九七パーセントは反ヒトラー感情を持っている。反スターリン感情も似たようなものだ。しかし一方で、九七パーセントの国民は戦争に介入することに反対である。

（中立法に沿って）連合国側に武器を売らないということになれば、国民が感情的になる恐れがある。そのことで国民が参戦すべきだといって感情的になってしまうことも考えられる。〉

このように書いた三週間後、再び彼に次のように書き、中立法の修正が必要だと訴えた（九月二十四日）。

〈中立法の修正案件の問題の核心が日に日に明らかになっている。いま国民は大統領を不信の目で見ている。（厳しい条件の中立法を残している一方で）大統領は過去二年にわたって、（ヨーロッパの）パワーポリティックスに関わってきた。彼がこれまでどおりのやり方を続ければ、我が国は戦争に巻き込まれるか、巻き込まれたも同然になってしまうだろう。大統領は先の木曜日、議会で演説しているが、もし彼以前の三一人の大統領のように（誠意ある）スピーチをしていたら、中立法の修正など簡単にできていたはずである。〉

独裁者の説得

一九三九年四月十四日、ルーズベルト大統領は汎アメリカ連合（Pan-American Union）でのスピーチで次のように訴えた。

〈国家というものは、その将来を、一五〇〇年前のフン族やバンダル族がやったようなやり方でしか、拓《ひら》いていけないのだろうか。〉[8]

大統領は、ヒトラーとムッソリーニを意図的にフン族やバンダル族に喩えたのではなかったと思う。しかし、ドイツやイタリアのメディアはそのように解釈した。[9]

この日のスピーチで大統領は、ヒトラーの侵略的行為をリストアップして、強い調子でヒトラーを非難した。

〈ヒトラー氏は、自身もドイツ国民も、戦争の意思はないと何度も述べてきた。それが本当なら戦争など起きるはずもない。

しかし、話し合いの前から、相手に対して自らの要求が満たされなければ武器を身につけたままでいる、というのではどうにもならない。協議の場には武器を持ち込まないというのが昔からの慣わしなのである。〉

大統領は問うた。

〈ヒトラー氏は以下の国々に対して、武力侵攻しない、領土を侵さない、領土を奪わないと確約できるだろうか。フィンランド、エストニア、ラトヴィア、リトアニア、スウェーデン、ノルウェー、デンマーク、オランダ、ベルギー、英国、アイルランド、フランス、ポルトガル、スペイン、スイス、リヒテンシュタイン、ルクセンブルク、ポーランド、ハンガリー、ルーマニア、ユーゴスラビア、ロシア、ブルガリア、ギリシャ、トルコ、イラク、アラブ（サウジアラビア）、シリア、パレスチナ、エジプト、イラン。

もしそのような約束ができるとしたら、それは将来にわたるものでなくてはならない。不可侵の約束は最低でも一〇年間は守られることを意味しなくてはならない。いや、真に将来のことを考えれば四半世紀の約束を意味しなくてはならない。[10]〉

大統領は、右記の要請が受け入れられるなら、関係国との交渉に参加する用意がある、その会議は軍縮協議から始めたい、と提案した。大統領の提案に対するヒトラーとムッソリーニの反応は冷たかった。四月二十日および二十八日には、大統領の提案を罵倒する声明を発表した。

一九三九年四月二十五日、ハル国務長官は和平を希求して次のような声明を発表した。彼はその狙いを日記に残している。

〈私は各国に、頑固な孤立主義も、（その逆の）軍備拡張を目指す考えも、どちらも危険だと訴えたかった。[11]〉

確かにハルが自らの立場を利用して、ヒトラー、ムッソリーニあるいは日本の軍部の指導者に道徳的な訴えを試みたことは正しいことだった。外交チャンネルを使って言葉以上の何かを感じさせる警告も発した（一九三九年五月十七日）。このことはイタリアのチャーノ伯爵が日記に残している。

〈アメリカ大使ウィリアム・フィリップスは、「アメリカ国民はヨーロッパ情勢に一方ならぬ関心を寄せている。我が国民はみなヨーロッパからやって来ている。もし戦争ということになっても、我が国民が何もしないでいる

と思うのは愚かなことである」と強調した。[12]〉

*原注

1 第16章参照。
2 *Further Addresses Upon the American Road, 1938-1940*, p. 95.
3 *The Public Papers and Addresses of Franklin D. Roosevelt, 1939*, pp. 154-157.
4 同右、p. 382.
5 同右、pp. 387-388.
6 同右、p. 473.
7 オラフリンは、三〇年以上にわたってワシントンの動きを報じるジャーナリストであり、この頃は、影響力のある『アーミー・アンド・ネイヴィ・ジャーナル』の発行人であった。彼は長年、ワシントン政界の内幕、特に戦争や和平交渉に関わる情報を毎週リポートしてくれていた。
8 *The Public Papers and Addresses of Franklin D. Roosevelt, 1939*, p. 198. 傍点著者。
9 *New York Times*, April 15, 1939.
10 *The Public Papers and Addresses of Franklin D. Roosevelt, 1939*, pp. 202-204.
11 *The Memoirs of Cordell Hull*, Volume I, p. 622.
12 *The Ciano Diaries, 1939-1943*, p. 83.

第27章　戦いの備え

一九四〇年春、議会は国防体制に関わる調査を開始し、あまり愉快でない事実（国防力が不十分）を発表した。[1] 五月二十六日、ルーズベルト大統領は議会の発表に対して長々と反論し、自らの弁護に努めた。防衛力が不十分だとする指摘に対して、その責任を七年も前の私の政権の責任にした。私は、翌日ラジオを通じて反論した。このやりとりは国民の関心を呼んだ。我が国と外国との関わり方についての問題を含んでいただけに関心が高かった。また適切な防衛力をめぐる議論を提起する内容だった。

ルーズベルト氏は次のように述べていた。

〈私が政権に就いたのは一九三三年である。その頃、我が海軍は弱体化していた。他国に比べて見劣りしていた。軍船の能力も効率も劣っていた。旧型艦船を更新せずにいたため、相対的な海軍力は極端に弱くなっていた。

それでも私の政権下の一九三三年から四〇年の七年間に、一一億八七〇〇万ドルをかけて海軍の増強を図った。この数字は、私が政権を預かる前の七年間の海軍の予算総額を上回るものである。

また人員も七万九〇〇〇から一四万五〇〇〇に増員した。

新造艦船数は二一五であり、前政権の七年間に新造された艦船の七倍にあたる。

海軍の保有する航空機も一九三三年には一一二七機であったが、現在は発注済みと併せて二八九二機保有している。
陸軍について言えば、一九三三年には一二万二〇〇〇の志願兵だったが、一九四〇年現在は、その数は二倍となっている。また当時の陸軍は一九一九年以降ほとんど何もしてこなかった。
我々はいま、防衛力強化計画に沿って民間から人材を募っている。*
我々が民間からの人材に期待するのは、（民需と軍需のバランスを取り）生産工場の能力を最大に、そして最高の効率で運営することである。[2]〉

ルーズベルトの議会演説には数々の誤りがある。また誤解を与える表現を含んでいる。特に当時の世界の軍備（縮小の動き）の状況を無視している。

第一次世界大戦終了後から一四年間、つまりルーズベルトが大統領に選出されるまで、世界には侵略的な軍国主義国はなかった。ヒトラー、スターリンあるいは日本の軍国主義者が世界の和平を脅かすようになったのは、ルーズベルトが大統領になる数カ月前のことだった。

なによりも、彼の議会演説は、クーリッジ大統領と私の政権においては、我が国だけでなく英、仏、日本が軍縮条約の制限を受けていたことを無視している。さらに問題なのは、私の政権を引き継いでからの七年間、彼は（軍備については）ほとんど何もしてこなかった。この時期にこそ、各地で侵略的な行為が目立ちはじめていたのである。

世界で高まる危機の中で、ルーズベルトは軍事予算を縮小してきた。彼は毎年一億ドルを削減した。私の時期の予算額に戻されたのは、彼が政権を取ってから四年半後のことである。一九二〇年の国家防衛法では、陸軍の規模は士官を含め二九万八〇〇〇までは大統領の判断で増強できることになっていた。それにもかかわらず、また世界の危機が高まっているにもかかわらず、ルーズベルト政権の最初の六年間は、その規模を一八万以下にしていた。

ルーズベルト氏は、七年間で三四億三九〇〇万ドルを海軍に支出しているが、海軍の艦船規模は私の政権の時代からわずかに二六万トン増加しただけだった。

一九四〇年五月二十七日、私は次のように述べた。

〈世界情勢の変化によって、我が国も軍備をしっかりとしておかなくてはならなくなった。ただ、そのためには政府内にしっかりとした組織を作ることを要求したい。経験豊富な人材を採用し、生産、管理、労働政策を担ってもらう必要がある。そして何よりも重要なのは、そうした業務に党派性を持ち込まないことである。〉

私は軍国主義の台頭と、ヒトラーとスターリンの提携の問題を語り、次のように続けた。

〈今日、世界が世紀の危機に瀕している中で、我々は傍観者の立場にいる。そして大きな事件が起きるたびに驚愕する。恐ろしい事件が次から次に起き、たとえそれが数千マイル離れたところの出来事であっても、怒りや同情や怖れの気持ちを持つ。そして時に楽観的にもなる。我が国の防衛は大丈夫かと不安になるのも理解できる。

これからのヨーロッパがどうなるのか、戦争を起こしているヨーロッパ諸国の指導者が何を目論んでいるのか。私はいまそれを語ろうとは思わない。私が話しておきたいのは、我が国の防衛力である。いかなるヨーロッパの国にも、三〇〇〇マイルもの距離を、大西洋を越えてまでやって来ようとは思わせない、そのような防衛力整備についてである。彼らに少しでもそのような危険な考えを起こさせるようなことがあってはならない。（防衛力を高めておき）「この庭に入るべからず」の看板を立てておく気持ちが大事である。そして、その庭にははっきりとわかるように獰猛《どうもう》な犬（軍事力）を放しておく必要がある。

私はこの国に生まれ育った。我が国には過去三〇〇年にわたって、平和を希求する変わらぬ思いがある。しかし現代にあっては、その思いだけでは和平は守れない。しっかりとした防衛力が必要だ。ヨーロッパ諸国は、こ

＊編者注：この計画は国家防衛委員会（The Council of National Defense）に引き継がれる。

の考え方を忘れてしまったツケを払っている。防衛力がしっかりしていれば、攻撃を避け得たかもしれない。

いまヨーロッパには、無垢な中立国を蹂躙してもなんの痛痒も感じない国が現われている。それが我が国内に強い不安と警戒感を生んだ。しかし、そうした恐れの感情は、機甲化された陸軍の存在を目の当たりにしたり、婦女子への容赦ない仕打ちを知らされただけで湧きあがってきたのではない。我が国の防衛力を振り返った時に、それがあまりに不十分であることに気づき、驚き、そして不安になったのである。

ワシントン議会は、過去五年にわたって防衛予算を増やしてきた。一九三四年の陸海軍の予算はおよそ五億五〇〇〇万ドルであったが、今年はその倍の一〇億三〇〇万ドルとなった。それでも参謀総長は議会に対して、武器の生産能力不足を訴え、近代戦を戦えないことを嘆いている。現状の陸軍に必要な新型ライフルの不足、後れている対戦車砲、対空砲の開発、戦車の不足、沿岸警備能力の低さ。十分な防衛力の整備には一九四二年六月までかかるとしている。

議会は、現状では実戦に投入できる兵力は七万五〇〇〇に過ぎないとの報告を受けている。また、これらの兵士全員にフル装備するだけの武器はなく、これに四五万の予備役を含めた数の兵士を装備するには、最低でも一八カ月が必要であり、戦闘服さえ足りないと聞いている。

先に空軍司令官が議会で証言したが、陸軍が保有している航空機は決して近代的とは言えない。全軍用機二七〇〇の内、最新鋭機に改良できる数は半ダースに過ぎないとも述べている。また製造能力も月産三四〇機で、これは連合国からの発注分にも満たない。司令官は月産四〇〇〇機の製造が必要だとしている。

大統領は、昨晩の議会演説で、前政権（フーバー政権）は防衛力強化に無責任であったと非難した。私はこの発言については反論しなくてはならない。たとえば保有軍船であるが、私が政権を預かった時には、一一〇万トンであり、現状の一三五万トンとほとんど変わらない。この数字はルーズベルト政権の統計によるものである。

また重要なことは、防衛力の強弱は相対的なものであるということだ。いかなる政権であれ、不要な防衛予算を組んで国民を苦しめる権利はない。

第一次世界大戦が終了し、私の政権が終わる一四年間は、世界の文明国は和平に向けて努力していた。すべての主要国は海軍軍縮に同意していた。そしてその実行を相互に監視していた。またドイツはベルサイユ条約により、兵力には一〇万の上限があった。ドイツの海軍力にはほとんど見るべきものはなかった。また陸軍兵力の制限についても進展していたのである。紛争解決については平和的手段を取るという機運も高かった

この時期に我が国が組んだ軍事予算は年間およそ七億ドルであった。ルーズベルト大統領自身もこの世界の潮流を知っていたはずである。彼は就任後すぐの一九三四年の予算では軍事費を一億ドル削減している。

平和的で民主的なドイツ政府（ワイマール共和国）が崩壊し、ヒトラーが登場したのは、ルーズベルト氏が大統領選を制した二カ月後のことである。*ヨーロッパの国々が侵略的に変容し、軍拡を始めたのはルーズベルト政権の時代である。ドイツ陸軍は二五〇万規模に膨れ上がり、海軍も拡張された。ドイツだけではなく、イギリス、フランス、ロシア、日本も一気に軍拡を進めた。各国の軍事予算は四倍に膨張した。世界六〇カ国の軍事費のトータルは、四〇億ドル（一九三二年）から一七〇億ドル（一九三八年）に激増したのである。したがって、先の大統領演説で、前政権（フーバー政権）が十分な予算を組まなかったと非難するのは誇張である。

いま我々が必要としているのは、（ヨーロッパの侵略国への）逆襲ではない。十分な防衛力を備えることである。

ワシントン政府はまず、十分な武器生産を可能とする組織を設置しなくてはならない。〉

このようにルーズベルト演説に反論し、世界情勢を分析したうえで、私はいくつかの提案をした。

〈世界の経験に鑑みれば、政府に緊張が高まっている時に、産業界ではどのような準備が必要かは、はっきりし

*訳注：ヒトラーの首相就任は一九三三年一月末。

ている。

何よりもまず武器生産に関する深い知識に加えて、産業全体を見渡し、かつ労働問題にも精通する人材が必要になる。また運輸や農業についても詳しくなくてはならない。

こうした作業は、委員会とか評議会といった組織では進められないだろう。

むしろ信頼できる経験豊かな一人の人物に指揮させるのがよいだろう。

そのためにやらなくてはならないことは、

第一にワシントンに軍需局（The Munitions Administration）を創設し、

次にしっかりとした人物にその組織を任せることである。〉

私はこのように述べた上で次のように結論づけた。

〈自由を求める人々は、この大陸（アメリカ）に逃げてこざるを得なくなるかもしれない。私たちの責務は、世界の（自由を願う）人々の最後の拠り所となるこの地を守りきる準備だけは怠ってはならないことである。[3]〉

私のラジオでのスピーチを激しく攻撃したのは陸軍次官のルイス・ジョンソンだった。その批判は事実や議論に基づいたものではなかった。彼の非難を受けた翌日、五月二十九日に、私はジョンソンに対して皮肉交じりに反論した。

〈この一カ月に生起した危機に際して、ルーズベルト大統領がまた新しい評議会を設置したことには失望させられた。いま必要なのは、我が陸海軍を急ぎ再編成することであり、軍需品生産をしっかりと始めることである。それができる人物を軍需産業から登用しリーダーとしなくてはならない。幸いなことに、評議会の委員には数人の能力のある者がいる。（一人の人物が指揮した場合よりはスピードは遅くなるだろうが）評議会が、やるべきことをすぐにやれるのであれば、国民は信頼するであろう。

昨晩、ルイス・ジョンソン次官は、（私への）個人攻撃の能力を十分に備えていることを示してくれた。彼がこれまでに見せた、航空機や大砲製造の指揮能力を格段に上回るものであった。

いま我々には行動が必要であり、（何もしないまま）ファイルに綴じ込まれるような勧告書ではない。[4]〉

ルイス・ジョンソン次官は二カ月後に辞任した。彼は私に対する中傷を謝罪してくれた。私を非難するスピーチ原稿はホワイトハウスのスタッフが準備し、それを発表するよう命じられていたことも明かしてくれた。また、私のラジオ演説で、軍上層部はかなりの衝撃を受けていたことも教えてくれた。

私の演説から一月も経たず、大統領は、新人事を実施した。ヘンリー・スチムソンを陸軍長官に、フランク・ノックスを海軍長官に据えた。どちらも共和党員で、スチムソンは私の政権では国務長官であった。ノックスは、一九三六年の大統領選挙では共和党の副大統領候補だった。二人が能力のある人物であったことは間違いなかった。ここで一言付言しておきたい。ジョンソン次官はその後、私の親友の一人となったのである。

国内共産主義者の暗躍

ヨーロッパで戦いが始まると（一九三九年）、我が国内の共産主義者は、イギリスやフランス向けの軍需品生産工場の破壊工作を進め、労働争議を煽動した。[5]司法長官のフランク・マーフィーは、彼らを激しく非難した。しかしながら、ルーズベルト政権に侵入していた共産主義者が職を追われることはなかった。[6]

＊原注

1　私の政権ではダグラス・マッカーサー将軍が参謀総長、ウィリアム・V・プラット提督が海軍作戦部長であった。この体制は一九三三年に終わった。議会は我が政権の軍の動きに何の不満も述べていなかった。

2　*The Public Papers and Addresses of Franklin D. Roosevelt, 1940*, pp. 232–233, 236.

3　*Addresses Upon the American Road, 1940–1941*, pp. 4–13.

4　*New York Times*, May 30, 1939.

5　同右、October 15 & November 1, 1939.

6　アメリカの左翼は、一九四〇年六月二十二日のヒトラーの対ソ戦開始で、その立場を百八十度変えた。この日以降、この戦争は「人民戦争」と呼称を変え、彼らは我が国の参戦を主張した。

第28章　バルカン半島への干渉

大統領とハル国務長官は、バルカン半島にニューヨークの法律家ウィリアム・ドノバンを遣った。ヒトラーに抵抗する勢力を煽り、同地域の国々がドイツに併呑されるのを妨害するのが目的だった。

ハル国務長官の回顧録によれば、駐ユーゴスラビア公使アーサー・ブリス・レインから、ドノバンと共謀した工作で、摂政の立場にいるパヴレ・カラジョルジェヴィッチ皇子と首相ドラギシャ・ツヴェトコヴィッチから次のような言質《げんち》を得たと報告を受けている（一九四一年一月二十四日および二十五日）。

〈ユーゴスラビアは、ドイツに向かう兵士あるいは同地に送られる武器が同国内を通過することを認めない。[1]〉

しかし、この二カ月後、ドイツの脅かしに遭うと、ユーゴスラビアは枢軸国の一員となった（一九四一年三月二十五日）。これに納得できないドゥシャン・シモヴィッチ将軍のグループは、パヴレ皇子と首相を排除するクーデターを敢行し、若いペータル二世を国王に迎えた（三月二十七日）。

チャーチルは、このクーデターを歓迎し、ロンドンにおける保守系の集会で次のように述べた（三月二十七日）。[2]

〈今日は、皆さんにそして国民に伝えたい良い知らせがある。本日早朝、ベオグラードでクーデターが起きた。

ついにユーゴスラビア政府も正気を取り戻した。新しい政府が自由と国の栄誉を守るために組織されることになる。その勇気ある行動を大英帝国は惜しみなく支援する。アメリカからも同様の支援を受けられることは間違いない。大英帝国と連合国の願いと、ユーゴスラビアの思いは共通である。我々は手を携えて勝利を目指さなくてはならない。[3]〉

ルーズベルト氏も同政府に祝電を送った[4]（三月二十八日）。

ドイツは一〇日後（四月六日）、ユーゴスラビアに侵入した。私は次のように当時の心境をオラフリン君宛ての手紙に書いた（四月十三日）。

〈私は、大統領がユーゴスラビアに打った祝電はよくないと思っている。あの祝電は我が国からの支援を約束するものだ。彼らの心は単純だ。あのようなメッセージを受ければ、一週間以内にアメリカから飛行機が飛んできて、兵士もやって来ると勘違いする。ルーズベルトは、実際にはそのような支援が不可能なことを知っている。彼らは、結局はドイツに完敗することになろうが、その時には我が国を恨むに違いない。〉

ユーゴスラビアは、この手紙の四日後（四月十七日）に降伏した。[5]ドイツの侵攻は激しかった。ベオグラードは空爆され、市民も殺された。犠牲者は三万を超えたとメディアは報じている。

ギリシャ

一九四〇年十月二十八日、イタリアはギリシャに侵攻した。ギリシャは必死の抵抗を見せ、国王ゲオルギオス二世は、ルーズベルト大統領に支援を乞うた（十二月三日）。二日後、ルーズベルト氏は次のように返事した。

〈閣下もよくご存じのとおり、我が国政府は、外国からの侵略行為に抵抗する国やその国民を支援することを決めています。貴国が果敢に侵略に抵抗していることを知っています。貴国支援に必要なステップが（我が国において）着々と進められていることをご理解いただきたい。[6]〉

アメリカからのギリシャ支援はなかったが、イギリスはエジプト駐留軍（陸海空軍）をギリシャに派遣した（一九四一年三月十三日・十四日）。ドイツもすぐにイタリア支援に乗り出し（四月六日）、二週間後にギリシャ軍主力部隊はドイツに降伏した（四月二十三日）。ギリシャ軍降伏の一週間後、英国軍はクレタ島から撤退した。一万二〇〇〇の戦死者を出し、物理的な被害も大きかった。五月二十日には、ギリシャの基地から飛び立ったドイツ空軍機がイギリス艦隊に大打撃を与えた。二隻の巡洋艦と四隻の駆逐艦が沈み、二隻の戦艦と巡洋艦数隻も大破した。

イギリスのギリシャ支援作戦は、他方面でも大きな損害を出すことになった。一九四〇年末、イギリスはエジプトからイタリア軍を排除しながら西進し、ベンガジ（リビア）まで押し戻した。その成功もあって、北アフリカ方面からギリシャに部隊を移動させていた。しかし、北アフリカの兵力の減少で、イタリア軍によって再びエジプト領に押し戻されたのである。

一九四一年五月末、オラフリン君から、ユーゴスラビアやギリシャにおける我が国の工作についての報告を受けた。

〈今週、きわめて信頼できる筋から得た情報だが、それは大統領の外交姿勢を鮮明に示すものだ。イギリスのギリシャ方面での作戦の失敗の原因と責任は、ひとえにルーズベルトにあるというものである。ルーズベルト氏は、ユーゴスラビアとギリシャに約束した支援に執着していたようだ。つまり、ベオグラードからパヴレ皇子らを排除し、新しい政府を組織させ、パヴレ―リッベントロップ協定を破棄させるというものである。そのため、ルーズベルト氏は、何としてでも軍事的支援を敢行したかった。

彼は、この案件について、ノックス海軍長官とドノバンを呼んで長時間協議したようだ。二人は大統領に、今回のイギリスの行動につながる作戦をアドバイスしたようだ。つまり、(ヨーロッパのどこかに)対独伊戦の前線を構築することであり、その前線が出来上がれば、両国の占領下にある人々を奮起(蜂起)させることができると見込んだらしい。この作戦について、ルーズベルト氏はスチムソン陸軍長官とマーシャル将軍(参謀総長)に相談したが、二人とも強硬に反対したようだ。二人は、イギリス軍は、ドイツ軍の攻撃にとても耐えられないと主張した。また北アフリカに展開する(アーチボルド)ウェーヴェル将軍の部隊が弱体化することを心配した。彼の部隊からギリシャ方面への派遣部隊を出さなくてはならなかったからだ。ドイツ軍はギリシャとユーゴスラビアを占領し、トリポリに集結している枢軸国軍は、弱体化したウェーヴェル将軍指揮下の部隊を容易に蹴散らし、アレクサンドリアやスエズ運河方面に侵攻するだろう。これが二人の読みだった。

大統領は、参謀総長の意見よりもノックスやドノバンの意見が気に入ったらしい。彼は、自らの約束を果たしたくて仕方がなかったのだ。その意を受けたのが駐ユーゴスラビア公使のブリス・レインである。彼がユーゴスラビアに行なった約束は、アメリカは同国の独立を守る、ドイツの占領を許さないとするものだった。同じような約束はアテネの駐ギリシャ公使からギリシャにも伝えられた。

両公使は、アメリカの「全面協力(all out aid)」を約束し、両政府もそれが米政府の公式見解だと理解した。彼らにとって「全面協力」とは、武器の供与であり、陸海軍の派遣であった。両国がそのように理解したのは残念なことで、同情すべきことだった。彼らは、我が国が彼らの期待するような支援はできないことを知らなかったのである。

大統領は、約束が果たせないことを思い知らされるが、ユーゴスラビアとギリシャを落胆させたくはなかった。そこで彼は、チャーチルと連絡を取った。彼にこの二つの国を救援する軍の派遣を要請したのである。チャーチル氏はそれに強硬に反対したようだ。失敗が確実視され、そうなった場合には後の作戦に重大な影響が出ると反論した。しかし最後は大統領の要請に屈した。その結果は、スチムソンとマーシャルが心配したとおりになった。ドイツ軍は、海路を使った地中海方面の進出は考えていなかったらしいが、(ギリシャの征圧後)地中海の島々を次々に陥れ、島伝いにレバント方面（地中海東部沿岸地方）に向かった。そしてスエズ運河を目指して進軍したのである。さらにウェーヴェル将軍の部隊をエジプト方面に押し返した。

〈ヒトラーのやり方を（征圧された）人々は見せつけられた。決して忘れることのない強烈な手法だった。その結果、彼らは、ヒトラーの支配に隷従することになった。〉

極東における言葉以上の行動：一九三八～四〇年

ルーズベルト政権の対日制裁は早くも一九三八年七月から始まっていた。中国に対する言い訳のできない攻撃を牽制することが狙いだった。特定の軍需品を禁輸した。政権がメーカーに対して対日輸出を停止するよう要請したのである。[7]

一九三九年七月十日、ハル国務長官は堀内謙介駐米大使*に、日本の外交を非難する抗議文を手交した。[8]一〇日後には、同大使に対し、（国際関係におけるアメリカの考えを）「講義」した。[9]

この頃のイギリスは、ヨーロッパ情勢の悪化の中で、日本との懸案は友好的に解決しておきたかった。これに危機感を持ったハル国務長官は、英日の間でいかなる合意もなされることのないよう工作する指令を、在東京大使館のユージーン・H・ドアマン代理公使に出している[10]（一九三九年七月二十一日）。しかし、イギリスは、その三日後、日本のアジアでの立場を容認する妥協的な考え方を発表した。

七月二十六日、ハル国務長官は日本に対してさらなる牽制行為に出た。彼は、一九一一年に締結した日米通商航海条約を半年後に破棄することを通告した。「言葉を越えた」強硬な外交だった。ハルの回顧録には次のように書かれている。

＊訳注：任期は一九三八年十月から一九四〇年十二月。

〈日本に対する心理的な圧迫に加え、実質的な影響を与えることを狙っていた。いくつかの（戦略）物資の禁輪を考えていた。それまでは道義的禁輸（航空機）にとどまっていた。[11]〉

ジョセフ・グルー駐日大使はこの外交姿勢に疑義を呈していた。

〈私は大統領との二度の打ち合わせで、ひとたび対日制裁を始めてしまえば、結局は行き着くところまで行ってしまう。つまり戦争になる、との考えを伝えた。[12]〉

日本側は、当然ながら、なぜ破棄するのか尋ねている。ハルはこのことについて次のように書いている。

〈日本側に我々の意図を考えさせ続けること。それが我々にとって最善のやり方だと感じた。[13]〉

国務長官はそれでも自信がなかったようだ。回顧録の中で三五〇〇語を費やして、この件について長々と書いている。

一九三九年八月二十六日、国務長官は再び駐米日本大使に米日関係に関わる考え方を示す文書を手交した。[14]

ビルマ・ルート

ビルマ・ルートは、北部ビルマから中国雲南省に通じる数百マイルに及ぶ道路で、中国が建設したものだった。中国は軍需品の供給のほとんどをこのルートに頼っていた。他のルートは日本の侵略軍に封鎖されていた。一九四〇年夏、日本は英国に対して、ビルマ・ルートの閉鎖を要求した。この時期のイギリスは、まさにヒトラーとの死闘の真っただ中にあっただけに、日本と揉めるわけにはいかなかった。

一九四〇年六月二十七日、英国駐米大使ロシアン卿が国務省を訪ね、ハル長官に日本との覚書の写しを手交した。国務長官の回顧録にある覚書の内容は次のようなものだった。

〈英国は、この問題の解決には二つの道しかないと考えていた。一つは、日本に対する完全禁輸か、対日戦争を覚悟して米国軍船をシンガポールに派遣することである。もう一つの方法は、日本と交渉し、すべての懸案を一気に解決することである。

英国は、我が国が第一の方策を取れるかどうか確認したかった。その場合、英国は全面的に協力する意思があった。もしそれができない場合、英国の極東問題の解決案にアメリカも参画するか否かを確認しようとしていた。その妥協案は次のような内容を含んでいた。日本との間で、中国での和平構築の枠組みを協議する。その枠組みは中国の独立を担保するものとする。日本はヨーロッパにおける戦いでは中立の立場を取り、西洋諸国の東洋における植民地を尊重する。英米両国は日本に対して金融支援を実施する。日本は、連合国に対して、その敵国に（連合国から輸入した）武器を再輸出しないことを約束する。中国における外国政府の権益および特権については、ヨーロッパおよび中国での戦火が止んだ後にあらためて協議する。

私は、ロシアン卿が覚書を読み上げるのを聞いた。それが終わると、我が海軍は、説明するまでもなく、シンガポールまで軍船を遣れる立場にないことをまず説明した。また我が国がそのような意図を持つ可能性を期待してもらっては困ることも話した。実際、私はそのようなことを考えてもいなかった。第二の点については、私の考えはしばらくしてから伝えると回答した。[15]〉

翌日、ハル長官は、第二の点についても拒否することを伝えた。それでもアメリカは、イギリスとオーストラリアが、日本と中国の間の講和を図ることには反対しないと述べた。ただ次の二点に留意するよう求めている。

〈まず、日本の主張する大東亜共栄圏構想の思想は無効にするか、大きく修正される必要がある。第二に、英国も我が国も、中国の権益を日本に渡すことに反対である。要するに理念や中国の利益を犠牲にして講和を探ってはならないことである。アメリカの主張は、日本の中国侵攻に対して発した内容（一九三七年七月）から、いささかの変更もない。〉

ハルはこう付け加えた。

〈もう一点付言すれば、英国が提示した二つの方策に加え、第三の考え方もあるということだ。極東では、我が国も貴国も多くの権益を喪失してきた。こうした状況があっても関係国は、これまで貴殿が提案したような方策で、それを是正する努力をしてこなかった。要するに黙認してきたのだ。黙認という行為は便利な必要悪である。しかし、（日本の行為を）容認するということは黙認とはまったく違う意味を持ってくる。いま（貴国のように）劣勢に立っている国が、交渉によって日本の要求を認めることになれば、後戻りできなくなる。また、日本は将来にわたって問題を起こしてくるはずである。〉[16]

二週間後の一九四〇年七月十二日、英国政府は、もしビルマ・ルートを閉鎖しない場合、日本は対英宣戦布告する可能性があるとハルに伝えたうえで、ロシアン卿が、英国政府の方針は次の二案のうちどちらかを選択すると報告している。

〈大型貨物については、三カ月間はビルマ・ルートを使わせない。大型とは、昨年に実施された以上の貨物量という意味である。閉鎖期間は雨季にあたるので、いずれにせよ、輸送量は限られたものになる。もう一つの案は、軍需品については、三カ月間は完全に封鎖することである。この間に日本と中国との争いに妥協点を見出すよう

にさせたい。[17]〉

七月十五日・十八日両日も、イギリスはハルに（シンガポールへの艦船派遣を）訴えた。

九月に入ると、イギリスはあらためてアメリカ艦船をシンガポールに派遣するよう要請してきた。[18] その規模は大きければ大きいほどよいとのことであった。

十月四日、チャーチルはルーズベルトに対して、十月十七日をもってビルマ・ルートを再開すると伝えた。[19]

結局、シンガポールにアメリカの艦隊は派遣されず、ビルマ・ルートは閉ざされたままになった。その結果、中国への物資の輸送は空からのものとなり、（輸送機の）護衛はアメリカの義勇航空部隊（フライング・タイガー）が担った。

＊原注

1　*The Memoirs of Cordell Hull*, Vol. II, p. 928.
2　〔訳注〕the Central Council of the National Union of Conservative and Unionist Associations in London.
3　Winston S. Churchill, *The Unrelenting Struggle*, Little, Brown and Company, Boston, 1942, pp. 69-70.
4　*New York Times*, March 29, 1941.
5　数年後のことだが、ブリス・レイン公使は、ハル国務長官から強い圧力があったことを私に明かしてくれた。
6　*The Public Papers and Addresses of Franklin D. Roosevelt*, 1940, p. 599.
7　*Peace and War, United States Foreign Policy, 1931-1941*, Document 109, p. 422.
8　*The Memoirs of Cordell Hull*, Vol. I, pp. 632ff.
9　同右、p. 634.
10　同右、p. 635.
11　同右、p. 636.
12　Joseph C. Grew, *Turbulent Era*, Houghton Mifflin Company, 1952, Vol. II, p. 1211.
13　*The Memoirs of Cordell Hull*, Vol. I, p. 638.
14　同右、pp. 630-640.
15　同右、p. 897.
16　同右、pp. 898-899.

17 同右、p. 900.

18 同右、p. 911.

19 *Their Finest Hour*, pp. 497–498.

第7編

アメリカ国民の洗脳

第29章 「ヒトラーがやって来る！」

我が国政府が、きわめて強力な広報組織を作り報道を操作したのは、第一次世界大戦の時期である。倫理的な抑制もないまま、天才的な能力のある人々がそうした組織を主導した。その結果が我が国のヨーロッパの争い事への参戦であった。

私は同じようなことが繰り返されることを警戒し、『アメリカン・マガジン』誌に寄稿した[1]（一九三九年八月）。左記がその論文の一部である。

〈国民に真実を知らせない技術がますます蓄積されている。そのための手段にあらたにラジオ放送という武器（手段）ができた。

先の大戦の初めから、我が国民に対するプロパガンダの様をじっくり見ることになった。プロパガンダは、敵対する両陣営それぞれから仕掛けられた。そのやり口はある意味見事なもので、私は、そうしたプロパガンダの実態を示す資料を収集した。それらはスタンフォード大学の戦争資料館に保管してある。各国政府が発したプロパガンダ資料に「嘘」を見ることができる。

（我が国の広報組織から発せられた）嘘とは、「参戦しなければ、民主主義はこの世から消える」というものであった。〉

昔から、戦争によってまず犠牲にされるのは「真実」であると言われる。現在では、戦争になる以前に、プロパガンダによって「真実」は殺されるのである。

第二次世界大戦以後もアメリカ国民はプロパガンダ情報の洪水に晒され、洗脳（brainwashed）されてきた。プロパガンダ情報を穏やかに表現するなら、「限りなく薄められた真実」と言ってもよかろう。洗脳のための情報は、我が国政府高官、民間組織、ヨーロッパの各国政府および彼らのアメリカに設けたエージェントなどから発せられる。

「ヒトラーがやって来る！」キャンペーンの開始

ヒトラーの軍隊がアメリカを侵略する恐怖を煽ることが、プロパガンダ組織が狙う最初の作戦であった。その恐怖のシナリオは詳細に語られた。ヒトラーの侵攻準備、そのルート、侵略後の（野蛮な）行為などが微に入り細を穿《うが》って語られた。

大統領自身がこのプロパガンダの先頭に立ったのは、一九四〇年の大統領選挙戦の年であった。大統領は五月十日・十六日・二十六日に、ヒトラーの米国侵攻の恐怖を煽った。この演説に、政権幹部が呼応した。ハル（国務長官）、スチムソン（陸軍長官）、ノックス（海軍長官）、イッキーズ（内務長官）、パーキンス（労働長官）、ウォーレス（副大統領）、ウィリアム・ブリット（駐仏大使）、ジョン・ウィナント（駐英大使）らである。

一九四〇年七月二十二日のハル国務長官の演説は、ナチスにアメリカ大陸には手を出すなと警告するものだった。[2]

また、駐仏大使ブリットのプロパガンダ・スピーチ（同年八月十八日）は、『ニューヨーク・タイムズ』の翌日の記事で次のように報じられた。[3]

〈危機に晒されるアメリカ

私（ブリット）自身の経験と、ワシントン政府が収集した情報を総合すると、我が国はいま危機的状況にあると言えよう。我が国は、ちょうど一年前のフランスが置かれた状況にある。いま決断し行動を起こさなければ手遅れになる。

独裁者が我が国を侵略できないのは、英国艦隊の存在と、英国民の強い意志があるからだ。英国艦隊は枢軸国をいつまで閉じ込めておくことができるのだろうか。枢軸国の海軍がいつ大西洋に進出し、我が国を脅かすか。それは誰にも予測することはできない。

ただはっきりしているのは、我が国民の誰一人として、あのヒトラーがインディペンデンス・ホール*にやって来て、自由の鐘を嘲笑するような事態を望んではいないことである。**〉

大統領も負けてはいない。一九四〇年十二月二十九日のラジオを通じた「炉辺談話」で次のように述べた。[4]

〈ジェームズタウン***や、プリマス・ロック****の時代以来、我が国がこれほどの危機に晒されたことはない。ナチスの連中は、自国を征圧しただけではなくヨーロッパ全体を奴隷化している。そして（征圧した）ヨーロッパの資源を利用して、世界を支配しようとしている。

枢軸国が我が国を攻撃することなどあり得ないと訴える者がいる。これこそ希望的観測というものだ。そのような思いを持ってしまったために抵抗する心を失い、征服されてしまった民族は多い。ナチスは、他民族は劣等であると繰り返し主張してきた。劣等民族は優秀な民族（ドイツ民族）に隷属しなくてはならない。それが彼らの主張である。注意しなくてはならないのは、我が国の資源と富の存在である。これをナチスは狙っている。

現実から目を背けてはならない。他国を侵略し、支配し、腐敗させた恐ろしい力が、我が国の目の前まで迫ってきている。〉

ヒトラーが我が国を狙うという恐怖を煽るキャンペーンは、ワシントン政府は、ヒトラーの目が東を向きロシアを狙っていることがわかっていながら続けられたのである。[5]

ルーズベルト氏は、一九四一年三月十五日にも同じようなスピーチをしている。武器貸与法（後述）が成立（三月一日）してすぐの時期の演説で、ナチスのアメリカ侵攻の危機を煽っている。[6]

〈ナチスは、世界の植民地や国境の現状を変更しようとしているだけではない。彼らは世界中の、議会制国家の破壊を目指している。彼らは少数の人間に統制された国家建設を目指している。〉

大統領は、五月二十七日にも次のように国民に訴えた。[7]

〈最も重要なことは、ヨーロッパで始まった戦いが、世界全体の支配を目指す戦いになっていることだ。ナチスはもともとそのような考えを持っていた。

アドルフ・ヒトラーの狙いは、たんにヨーロッパの征服ではない。彼の最終目標は世界征圧である。もうすでに明白になっていることだが、ヒトラー主義（Hitlerism）を力を以て牽制しないかぎり、ナチスの破壊兵器は我が国を脅かすところまでやって来る。

ヒトラーが優勢になれば、彼がどのような講和条件を持ち出すかははっきりしている。

彼らはまず傀儡《かいらい》政権を作り上げたうえで、ドイツに平伏させ、世界中を鉤《かぎ》十字の旗で覆い尽くすのだ。

独裁者たちは、いま大西洋と太平洋の覇権を狙い、海軍力・空軍力の増強を進めている。

＊訳注：フィラデルフィアにある独立記念館。

＊＊訳注：自由の鐘はアメリカ独立戦争のシンボルである。

＊＊＊訳注：アメリカで最初の市民会議（一六一九年）が開催された町。インディアンとの激しい戦いがあった。

＊＊＊＊訳注：メイフラワー号が最初に上陸（一六二〇年）した地にある岩。

また、いくつかの国を経済的に締め付けている。

私は推測で話してはいない。ナチスの教本に書かれていることを述べているだけなのだ。彼らは、我が国を、そしてカナダに対する締め付けを進めている。

我が国の信教の自由はいま脅かされようとしている。

彼らは、いつでもスペインを、ポルトガルを占領できる軍事力を持っている。彼らはさらに西に出て大西洋の島々を脅かそうとしている。彼らはまずダカール〔訳注：アフリカ大陸西端の港町〕を狙い、さらにアゾレス諸島、ケープヴェルデ諸島を取ろうとしている。

ケープヴェルデ諸島からブラジルまでの距離は爆撃機や兵員輸送機でわずか七時間である。

すでにヨーロッパの戦いは南北アメリカ大陸の目前にまで迫っている。米国本土までもうすぐのところまで来ている。

大西洋の島のどこかが占領されてしまえば、たちまち南北アメリカの安全が危機に晒されることになる。〉

ヒトラーが（西に向かわず）ロシアとの戦いの火蓋を切って七週間目の八月十五日、今度はスチムソン陸軍長官が、不気味な声明を発表した。[8]

〈現在の爆撃機は数千マイルの航続距離がある。アメリカを侵略するには十分な兵器なのである。

ダカールは、現在ヴィシー政権が支配し、ドイツと友好的である。このアフリカ大陸西端の町を押さえれば、ブラジル東端まではすぐの距離となる。

枢軸国が、ブラジル国内に呼応する第五列と共謀すれば、南アメリカに（我が国を）侵略するための橋頭堡を築くことは容易である。彼らは簡単にパナマ運河の爆撃が可能となる。

そうなれば、（枢軸国の）危険に面と向かうことになる。我が国内の孤立主義者は、この時になって初めて、自国が侵略される危険を感じることができるだろう。ドイツの脅威を侮ってはならない。ドイツ軍は七〇〇万以上のよく訓練された軍隊を持ち、空軍も五〇万を要している。（ドイツの同盟国である）日本も二〇〇万の兵を保有しているのである。〉

スチムソン長官の恐怖を煽る言葉の中には、たくさんの「if（もしも）」がある。もし、ドイツがダカールを取ったら、もしドイツ海軍がアメリカ海軍を圧倒してブラジルに進出したら、もしブラジルにやって来たドイツ軍がアメリカの反攻にもかかわらず空軍基地を建設したら、もしアメリカ本土を攻撃する爆撃機を持っていたらなどと、「if」ばかりの声明である。

しかし現実には、ヒトラーの軍隊は対ロシア戦にかかりきりである。ロシア国内奥深く侵攻している。ドイツは兵士も航空機もロシアに向けているのだ。

一九四一年九月十一日、すでにヒトラーの軍隊はロシアで激しい戦いを繰り広げている。この時期にあって、今度は大統領が国民の恐怖を煽ったのである。[9]

〈宥和主義者の「ヒトラーは北米大陸には興味がない」というささやきや、「大西洋が我々を守ってくれる」という子守歌のような主張は、洗練された現実主義に立つ国民には無用の戯言《たわごと》である。〉

大統領はさらに次のように続けて、国民の不安をかきたてた。

〈ガラガラヘビがこちらに向かって咬みつこうとしている時に、咬みつかれるまで待っている者はいない。ドイツやイタリアの艦船が海を渡ろうとすれば、彼らは我が国の反撃を覚悟しなくてはならない。合衆国陸海軍の最高指揮官として、侵入者は撃退する。私はその命令を躊躇なく下す。〉

た時期である。[10]一九四一年十月二十七日にも大統領は「危険」を煽った。ドイツ軍はすでにロシアの戦いで泥沼の戦局に陥ってい

〈私の手元には、ヒトラー政府が極秘に作成した地図がある。新世界秩序を夢想する者たちが描いた地図である。そこには、南アメリカと中央アメリカの一部が描かれている。ヒトラーがこの地域の再編成を企図していることがわかる。地図に描かれた地域にはいま一四の国が存在する。ヒトラーはその国境を消してしまおうとしている。彼らは南アメリカを五つに分割し、その属国化を企んでいる。そのうちの一カ国は、我が国の生命線であるパナマ運河を領有することになっている。

手元にあるこの地図は、ナチスの狙いが、単に南アメリカを支配するだけでなく、我が国までも狙っていることを示している。

この地図の他にも、ヒトラー政府が作成した文書を入手している。そこには、ドイツが勝利したら、何をするかが書かれている。彼らが決して公表できない、公表したくない内容である。そこには宗教の廃止が謳《うた》われている。カソリック、プロテスタント、イスラム、ヒンドゥー、仏教、ユダヤ。宗派にかかわらず廃止を企んでいる。教会所有の財産は、すべてドイツ政府あるいは傀儡政権の所有となる。十字架を含むすべての宗教的シンボルは破棄され、聖職者らは追放されたり、強制収容所に送られる。ヒトラーより神を敬う者たちはそこで拷問を受けるのである。

ドイツは我が国に国際ナチス教会なるものを設置し、説教師はドイツから送り込まれる。そこで説教されるのは聖書に代わってヒトラーの著書『我が闘争』である。教会には十字架に代わって鉤十字が飾られる。〉

ルーズベルト氏が、右記で語るようなお伽話をどこで入手したかは決して明かされなかった。[11]

国民の恐怖心を煽るルーズベルト政権の政治キャンペーンに呆れた私は、ウィリアム・V・プラット提督の意見を聞いた。彼はすでに退役していたが、元海軍作戦部長であった。彼は次のような意見を述べた。

〈イギリスと（亡命）オランダ政権の保有する艦船は一六〇〇万トンである。一方のドイツ、イタリアの艦船は五二万トンに過ぎない。イギリス本土侵攻について考えてみても、イギリス海峡を越え、イギリス国内に前進基地を作ることはきわめて難しい。前進基地の設営だけでも三〇万の兵力と、商船を含む大艦隊で、一〇〇万トンを超える物資を運ぶ必要がある。前線基地ができたら、さらに一〇〇万の軍を遣らなくてはならない。この侵入に対して、英国艦隊はもちろん黙ってはいない。

イギリス海峡を渡ってイギリス本土侵攻を考えることはナンセンスである。そしてまた、イギリス本土侵攻ができなければ、イギリスを降伏させられないことも明らかである。イギリスがその艦隊を（戦いもせずに）ドイツに差し出すようなことはあり得ない。イギリスが敗北することはない。

イギリス艦隊がドイツのアメリカ侵攻を防いでいるという話もまったくのナンセンスだ。イギリス海峡を渡れないドイツが、どうやって三〇〇〇マイルもの距離のある大西洋を渡れるというのか。万が一、ヒトラーがイギリス艦隊を撃破し、大西洋を渡ってきたとしよう。その後の侵攻作戦を展開するには二〇〇万の兵力が要る。その攻撃を可能にする物資の輸送には一〇〇〇万トンの艦隊が必要になってくる。この艦隊を護衛するヒトラーの空軍はせいぜい五〇〇マイルしか飛行できない。

我が海軍が一三〇万トンの艦隊を以て待ち受けている。大西洋には我が潜水艦も遊弋《ゆうよく》している。ヒトラーの艦隊が我が国から五〇〇マイルほどの距離に近づいた時点で、一斉攻撃が加えられるだろう。上陸予想地点にはすべての沿岸警備船が集結し敵艦を待ち受けるだろう。仮に我が国沿岸に上陸できたとして、アメリカ国民は一丸となって戦いを挑む。ドイツ軍の将軍も提督もそんなナンセンスな計画を立てるはずがない。

イギリスが落ちることがあっても心配していない。ヒトラーに協力する売国奴政権がイギリス本土に生まれても、イギリス海軍はそれに従うことはないだろうし、大英帝国（英連邦）のカナダやオーストラリアの統治もできない。

我が国に、南アメリカ経由で侵攻するという言説もまったく根拠がない。ヒトラーの海軍は、北大西洋ルートでアメリカ本土を攻撃する場合に比べ、二倍の距離が必要となる。要するに、我が海軍の艦船や潜水艦に攻撃される可能性が二倍になるということである。南北アメリカ大陸にヒトラーがやって来るなどという主張はまったくの作り話であり、ヒステリーの戯言に過ぎない。〉

提督はこのように述べた上で、「日本についても、アメリカが挑発さえしなければ、我が国を攻撃することはあり得ない。彼らは我が国を標的としていない」とも付言した。

アルバート・C・ウェデマイヤー将軍は、陸軍の作戦立案に関わる重要な人物だった。彼の著作『ウェデマイヤー報告書』には次のような描写がある。

〈ルーズベルト大統領は、ナチスがダカールから南アメリカに侵攻するなどと言って国民を恐怖させた。そんな脅威などなかった。ヒトラーは一度も、南北アメリカへの侵攻など語ってはいないし、そんな計画もありはしなかった。[12]〉

将軍はこう述べている。

〈少しでも軍事学を学んでいる軍人なら、（ルーズベルトが語ったような）ドイツの侵攻計画がまったく馬鹿げていて非常識なことがわかる。[13]〉

戦後のことであるが（一九五三年十二月三十日）、アメリカ陸軍に属する歴史家であるステットソン・コンは、ドイツの南北アメリカ大陸侵攻計画に関する研究成果をアメリカ歴史学会に発表した。

〈これまでの調査で、ナチスドイツが南北アメリカに領土的野心のあったことを示す資料はないことがわかった。〉[14]

陸軍の情報関係者も私に対して、南北アメリカにドイツが侵攻する可能性はないと教えてくれた。イギリスのJ・F・C・フラー将軍は、軍の歴史に詳しい人物だが、彼は次のように書いている。[15]

〈（降伏後に）押収されたドイツの文書を見ても、南北アメリカ侵攻をドイツが検討していた形跡はない。〉

一九四五年九月一日、ジョージ・マーシャル将軍は陸軍長官に次のように報告した。

〈捕虜となったドイツ軍指揮官に対する尋問と我が参謀本部の調査から、ドイツ司令部がそのような戦略計画（南北アメリカ侵攻計画）を持っていたことを示す証拠は見つかっていない。〉[16]

アメリカ国民の洗脳を謀る者たち

国内には戦争介入を要求する多くの団体が作られた。[17]そのほとんどがニューヨークで組織されている。なかでも有力な組織が「連合軍を支援しアメリカを防衛する委員会」だった。会長は、カンザスの『エンポリア・ガゼット』紙の編集人ウィリアム・アレン・ホワイトだった。

他にも、「社会民主連盟」「自由のための戦い委員会（後にフリーダム・ハウスと改称）」「民主主義を求める委員会」「勝利を目指す市民の会（平和を勝ち取るために戦う会）」「モラルのための国民委員会」「参戦を求める連盟」「民主主義活動提携委員会」「自由防衛組織」「女性行動委員会」などがあった。すべての組織が、「ヒトラーがやって来る」と訴え、国民の恐怖を煽っていた。

こうした組織の幹部やメンバーは驚くほどに重複していた。たとえば「連合軍を支援しアメリカを防衛する委員会」の一〇人の幹部は他の八つの組織にも関与していた。他の一〇人も六つの組織の幹部だった。すべて数えたわけではないが、一九四〇年の選挙期間、つまり七月から十一月の選挙の時までに、こうした団体が発した声明や新聞広告は一〇〇を超えた。みなヨーロッパの戦いへの介入を主張するものだった。彼らはプロパガンダ資金として一〇〇万ドル以上の支援金を集めていた。

ウィリアム・アレン・ホワイトは良心的な人物だった。それだけに会員の（過激な）主張の板挟みとなって苦しんだ。会員にはアメリカの参戦をしゃにむに主張する者がいた。彼は友人に手紙を書いている。「私がこの会を組織したのは、何としてでも我が国が戦争に巻き込まれることがあってはならないとの思いからだった。その意味で私の会のスローガンは、『アメリカはヨーロッパには出て行かない（The Yanks Are Not Coming !）』であるべきなのだ」[18]

一九四〇年十二月二十六日、ホワイトは会長職を辞した。その理由を新聞『エンポリア・ガゼット』（一九四一年一月三日付）に書いた。

〈私は、戦争をしたがっている者たちの声が大きくなっているのを感じる。私にはそれが許せない。私のこれまでの人生は和平を求める活動だった。戦争は無益なのだ。〉

『クリスチャン・センチュリー』誌（一九四一年一月八日号）は次のような論説を載せている。

〈「連合軍を支援しアメリカを防衛する委員会」の東部のメンバー、つまり干渉主義者たちは、（不干渉主義者

の）会長（ホワイト）を弄んでいるようだ。[19]〉

『サタデー・イブニング・ポスト』誌（一九四一年二月一日号）も次のように書いた。[20]

〈戦争に介入したい勢力の戦術家が、当初はその真の目的を隠していたのには理由がある。しかし、本当の狙いを言わなくてはならない時は来る。彼らは参戦したくないと考える無垢な支持者を戦地に向かう貨車に乗せようとしている。〉

不干渉主義者の動き

不干渉主義者の活動も活発だった。地域で活動する団体もあったが、なかでも（全国的な組織を持った）「アメリカ第一主義委員会」が最も重要な組織だった。アメリカ第一主義委員会は、一九四〇年九月にシカゴで発足した。会長はロバート・E・ウッド元将軍だった。会員はあらゆる階層、職種を網羅していた。どこで集会を開いても、多数の参加者があった。活動資金の大半はこうした集会で集められた募金だった。いつも数十万ドルが集まった。アメリカ第一主義委員会を代表する弁士は、（冒険飛行家の）チャールズ・A・リンドバーグだった。それだけに干渉主義者の彼に対する攻撃は激しかった。信じられないほどの人格攻撃で彼を貶めようとした。

私自身は、どのグループにも所属しなかった。そのほうが発言に重みが増すと考えたからである。私は全国で精力的に非介入を訴え講演した。[21]

一九三八年十月二十六日　ニューヨーク市
一九三九年二月一日　シカゴ
一九四〇年十月三十一日　リンカーン（ネブラスカ州）
一九四一年三月二十八日　ニューヘイブン（コネチカット州）

一九四一年五月十一日　ニューヨーク市
一九四一年六月二十九日　シカゴ
一九四一年九月十六日　シカゴ

右記の演説はすべてラジオで全国に流された。

この時期の両派の対立はあまりに感情的であった。真面目な人々は両陣営にいたが、感情が理性を曇らせた。プロパガンダには個人攻撃、人格攻撃が使われた。不寛容の態度が相手に対する罵声となって表れた。大統領の演説では、不干渉主義者を攻撃する言葉が多用された。「孤立主義者」「敗北主義者」「宥和主義者」「（頭を砂の中に突っ込み、見たくないものは見ない）ダチョウ」「肘掛椅子に座った（臆病者の）戦略家」「亀」「マムシ」。不干渉主義者は、干渉主義の連中に「戦争大好き野郎」「吸血鬼」といった言葉で応酬したが、干渉主義者にはかなわなかった。

私はこのような汚い言葉で対立を煽るのは嫌だったから、「干渉」と「不干渉」という言葉だけを使った。そうすることで他者に対する敬意を示したかった。

海外勢力による洗脳

先述したように、我が国はロシアを承認した（一九三三年）。それ以来、ロシアの共産主義者に我が国内の共産主義者が加わった洗脳活動が活発化した。どのような組織が関与したかは、第3章・4章・5章で明らかにした。こうした組織が我が国民の心を腐敗させようと工作した。

イギリスも活発に活動していた。彼らは、追いつめられていただけに、アメリカ国民を洗脳することで、我が国からの支援を確実なものにしたかった。なかでもウィンストン・チャーチルは最高の煽動家だった。彼の最重要課題は、我が国を参戦させることだった。確かにチャーチルは稀代の名演説家だった。その見事な演説でドイツに屈しないとする国民を鼓舞した。彼の狙いはただ一点だった。大英帝国をヒトラーから守ることだけであった。

チャーチルは、（なぜか）スターリンの危険性を語らなかった。スターリンこそが、ヒトラーと提携した張本人であり、その結果、ドイツの英国攻撃が可能になったにもかかわらず、である。

　チャーチルの心に響く演説は、ラジオによってアメリカ国民に届けられた。それが我が国民の同情心に訴えた。一九四〇年五月十三日、首相となって三日後の議会演説は歴史に残る見事なものだった。明らかに我が国民の耳を意識したものだった。

〈議員諸君、私が首相として犠牲にできるものは、血と苦しみと汗と涙だけである。
　我々の前には、きわめて厳しい現実が待っている。長きにわたる戦いと苦しみが待っている。何のための戦いか。怪物のごとき暴君に対する戦いなのである。海でも、陸でもそして空でも、神が我々に与えてくれたすべての力を出して戦わなくてはならない。歴史上、これほどの暴政は見出し得ない。戦いの最終目標は何かと問われれば「勝つこと」であるとしか言えない。どんな犠牲を払ってでも勝利する。いかなる恐怖があっても勝つのである。そこに至る道がどれほど長く辛くても勝利する。戦いに勝たなければ（大英帝国は）生き残れない。[22]〉

　ロシアン卿（英国駐米大使）も大学等の講演を通じた啓蒙（洗脳）に忙しかった。イギリス政府関係者は毎日のように我が国の干渉主義グループに訴えるメッセージを発していた。ロシアン卿の後任のハリファックス卿もプロパガンダ活動に熱心だった。

　彼は一九四一年一月二十七日の記者会見を皮切りに、三月二十五日、四月十五日、四月二十五日、五月二十二日、六月三日、六月十八日と講演を続けた。その演説は外交的に巧みな表現を使ったものだったが、アメリカは局外に立つべきだとは指向されていないことは確かだった。

　英国は、ニューヨークに、「英国情報サービス」なる組織を設置した。（英国支援を煽るための）雑誌を発行し、パンフレット、プレス・リリースなどを作成した。また本国から有名人を招き、講演やディナー・パーティーを企画した。イギリスからは、ジョージ・ペイシュ卿〔訳注：経済学者〕、H・G・ウェルズ〔訳注：小説家、社会運動家〕、ノエル・カワード〔訳注：俳優、作家〕などがやって来た。

イギリスのプロパガンダは真実だけを語るものではなく嘘があった。その嘘の最たるものは、このままでは英国は降伏せざるを得なくなるというものだろう。降伏によって、イギリス艦隊はドイツの手に落ち、アメリカの海上防衛が脅かされるという嘘であった。

この嘘は計画されたものだった。一九四〇年の夏には、アメリカに五〇隻の駆逐艦供与を求める交渉があったが、それに合わせたように嘘が使われた。アメリカ政府は、無償供与したかった。しかし（法的に）そのようなことはできなかった。何らかの代償が必要だった。ハル国務長官が考え出した「代償」は、イギリスが持つカリブ海やカナダの軍事基地のリースであった。

交渉で問題となったのは、仮にイギリスがドイツに降伏した場合どうなるかという点だった。ルーズベルトは、チャーチルに、その場合はイギリス艦隊を大英帝国の他の地域*に退避させると約束させた。

一九四〇年六月二十八日、チャーチルは駐米大使に次のような指示を出している。アメリカ国民を洗脳する彼の能力を示すものだった。


〈大統領らに、英国がドイツの侵攻を受け、激しい戦いの末敗れたら、どうなるかを訴えるべし。イギリスにはドイツの傀儡政権ができ、ドイツの保護国となる。この時にイギリス艦隊はドイツとの交渉の材料に使われる。ドイツから好条件を引き出すためである。そして未だに我が国は、アメリカからまともな支援を受けていないことを強調せよ。[23]〉

ロシアン卿は、チャーチルのやり方では逆効果になると警告した（一九四〇年七月五・六日）。チャーチルは次のように記録している。

〈彼（ロシアン卿）は、駆逐艦を我が国に渡すということをアメリカ世論に納得させるのはきわめて難しい、と言ってきた。イギリスが降伏した場合、英国艦隊は政府の管理からはずれて、アメリカに移動させることを約束する必要がある。そうでなければアメリカの参戦はない。[24]〉

一九四〇年八月三日、チャーチルは、アメリカがイギリスの持つ空軍基地（カナダ、カリブ海）をリースしたければ、イギリスはそれに同意することをロシアン卿に伝えた。[25]しかし、ルーズベルトは、五〇隻の駆逐艦供与の見返りに、（ドイツに敗れた場合の）英国艦隊のアメリカへの配置に確約を求めた。この問題に対してチャーチルは次のように書いている。

〈八月六日、ロシアン卿は、大統領はイギリス艦隊の扱いについて返事を待っていると伝えてきた。大統領は、英国が敗れた場合に英国艦隊が敵の手に落ちたり、沈められたりすることを危惧していた。イギリス艦隊が（カナダやオーストラリアの）大英帝国のために戦いを継続することを望んでいた。この確約の有無がワシントン議会での駆逐艦供与の是非をめぐる議論に重要な役割を果たすことになると言うのだった。[26]〉

八月七日、チャーチルはロシアン卿に対して次のような指示を出した。

〈私は貴殿に何度も極秘電報で警告した。また大統領にも警告を発した。つまり、我が国が敗北し、その際に成立するだろう傀儡売国政権は何をするかということだ。残されたイギリス国民の利益をまず考える。そうなった場合の危険性を決して軽んずるようなことがあってはならない。私は、このシナリオを懸念するアメリカの憂い

＊訳注：カナダやオーストラリアなど。

を払拭しようとは思わない。数週間前に貴殿に伝えたように、（英国が敗れた場合に）英国艦隊をアメリカあるいはカナダに移動させるると確約するような議論はできない。我々の自由な意志による決断が阻害されるようなことがあってはならない。

六月四日の私の演説でも触れたが、ドイツに対する大掛かりな海戦を（イギリス独自で）仕掛けることも考えている。もちろんアメリカが参戦し、我々の同盟国になるということであれば話は違う。アメリカとの共同作戦遂行はやぶさかではない。貴殿自身も、アメリカが同盟国として参戦しない状況で、我が艦隊をアメリカに配置するようなことはないと、大統領との会談で言ったはずである。[27]〉

この二カ月前にチャーチルはカナダのキング首相に次のように指示していた。

〈アメリカに、我が国の敗北を満足げに傍観させるようなことがあってはならない。そういう見通しを持つから、我が艦隊を手に入れようなどと考える。英国政府の統制の利かない艦隊を手にしようとしている。この艦隊こそ我が帝国の守りの要である。[28]〉

八月十五日、チャーチルは大統領に親電を送った。駆逐艦の供与を求める一方で英国艦隊のアメリカ配置問題には距離を置いた内容だった。

〈英国艦隊がドイツの手に落ちることがあってはならないとする件ですが、私が六月四日に議会で発言したことをここに再録します。我が国は最後まで戦います。降伏もないし、艦隊を（ドイツに接収されないよう）沈めるようなことはありません。[29]〉

八月二十七日には、右記の親電に対するルーズベルトの質問に、次のように答えた。ルーズベルトは六月四日のチャーチルの演説について、その真意を確認していた。つまり、絶対に降伏しない、イギリス艦隊を自沈させたり他の地域に配転することはない、という方針[30]は本当にイギリス政府の公式方針なのか、という質問への回答だった。

〈閣下は、私の六月四日の演説が英国の方針そのものであるか確認してきました。ここではっきりと「イエス」と述べておきたいと思います。〉[31]

ところが、年が明けた一九四一年一月九日には、少しニュアンスが変わった。アメリカの参戦がなければ、ドイツと妥協しての講和があり得ることを仄めかした。

〈仮に全体主義政権とその精神根絶のための英米の協力が失敗に終わるようなことになれば、大英帝国は、自国の、そして大英帝国の生存のため、あるいは国力温存のため、自らの道を決めざるを得ないかもしれない。ドイツとの休戦がなってもすぐに戦いが再開して、次の休戦協定では、いっそう不利な条件が要求されてくる可能性もある。〉[32]

この頃のチャーチルは、壁際まで追いつめられていた。彼は、英国そして大英帝国を守るための必死の戦いを続けていた。

アメリカの態度

国内の、あるいはイギリスの干渉主義勢力の洗脳工作が氾濫した。それでもアメリカ国民の非介入の意志は固かった。それは世論調査にはっきりと表れていた。「ドイツに宣戦布告して、陸海軍を外国の地に遣ることに賛成ですか」

の質問に対する回答は次のようなものだった。

	はい	いいえ
一九三九年九月（戦争勃発時点）	六％	九四％
同年十月	五％	九五％
同年十二月	三・五％	九六・五％
一九四〇年四月（ノルウェー侵攻時）	三・七％	九六・三％
同年五月二十九日（フランス侵攻時）	七％	九三％

また、対ドイツ、イタリアへの宣戦布告についての回答は以下のようなものだった。

一九四〇年七月七日（フランス降伏時）	一四％	八六％
同年七月十五日	一五％	八五％
同年十月十三日	一七％	八三％
同年十二月二十九日	一二％	八八％
一九四一年二月一日	一五％	八五％
同年二月十六日	二一％	七九％
同年七月九日（ヒトラーの対露戦開始）	二一％	七九％

＊原注

1 第20章参照。

2 *The Memoirs of Cordell Hull,* Vol. I, p. 823.

3 *New York Times,* August 19, 1940.

4 同右、December 30, 1940.

5 第33章参照。

6 *The Public Papers and Addresses of Franklin D. Roosevelt,* 1941 volume, Harper & Brothers, 1950, p. 62. あるいは *The Memoirs of Cordell Hull,* Vol. II, pp. 967-973. ハル国務長官は、アメリカ政府はドイツがロシアに向かうことを知っていたと述べている。

7 *New York Times,* May 28, 1941. あるいは *The Public Papers and Addresses of Franklin D. Roosevelt,* 1941 volume, p. 181ff.

8 *New York Times,* August 16, 1941.

9 *The Public Papers and Addresses of Franklin D. Roosevelt,* 1941 volume, pp. 389-391.

10 同右、pp. 439-440.

11 ドイツ降伏の四年後、私はドイツを訪れた。我が陸軍の幹部が私に、（ルーズベルトが語ったような内容を示す）文書を見つけるように命令され、懸命に探したが、そうした文書がどこにもなかったことを明かしてくれた。また逮捕された政治指導者や将軍らを厳しく尋問したが、そのような意図をドイツが持っていたことを示す証言は出ていない。それだけではない。国務省も、ルーズベルトが語った内容を示す文書はまったくなかったとしている。

一九四〇年十一月にヒトラー・モロトフ会談があった。この時の速記録が残っているが、そこではヨーロッパとアジアの分割が議論になっている。しかし、南北アメリカ征服といった議論は一切なされていない。

12 Albert C. Wedemeyer, *Wedemeyer Reports!,* Henry Holt and Company, New York, 1958, pp. 17-18.

13 同右、p. 19.

14 *New York Times,* December 30, 1953. あるいは *American Historical Review,* Vol. LIX, No. 3, April 1954, p. 789.

15 J. F. C. Fuller, *A Millitary History of the Western World,* Volume 3, Funk & Wagnalls Company, New York, 1956, p. 629.

16 *The Winning of the War in Europe and the Pacific,* Biennial Report of the Chief of Staff of the United States Army, July 1, 1943 to June 30, 1945, to Secretary of War, p. 1.

あるいは *New York Times,* October 10, 1945.

17 歴史（家）にとって幸いなことだが、このような活動の参加者は、自らの活動を誇らしげに（少なくともその時点では）記録している。たとえばシカゴ大学のウォルター・ジョンソン教授である。彼は『孤立主義との戦い（*The Battle Against Isolation,* University of Chicago Press, 1944）』を出版している。本書のウィリアム・アレン・ホワイト委員会に関する記述はこの書に拠っている。

18 Walter Johnson, *The Battle Against Isolation,* University of Chicago Press, 1944, pp. 181-182.

19 *The Christian Century,* January 8, 1941, p. 44.

20 *The Saturday Evening Post,* February 1, 1941, p. 26.

21 *Addresses Upon the American Road,* 1938-1940 and 1940-1941に演説の全文掲載。講演で私が述べたこと（事実関係および将来予測）が正しかったことがわかる。

22 Winston Churchill, *Blood, Sweat, and Tears,* G. P. Putnam's Sons, 1941, p. 276.

23 *Their Finest Hour,* pp. 228-229.

24 同右、p. 401.

25 同右、pp. 402-403.

26 同右、p. 404.

27 同右、pp. 405-406.

28 同右、p. 145.

29 同右、p. 406.

30 同右、p. 414.

31 同右。

32 *Blood, Sweat, and Tears,* p. 447.

第8編 アメリカ外交の革命的転換

第30章　一九四〇年の大統領選挙

一九四〇年六月二十八日、共和党はウェンデル・ウィルキーを大統領候補に選出した。七月十八日には、民主党は現職のルーズベルトに三選を狙わせることに決めた。[1]

大統領の「言葉以上、戦争以下」の外交方針は、選挙期間中は鳴りを潜めた。選挙はむしろ、「アメリカは参戦しないことを約束する競争」になった。ルーズベルト氏は選挙期間中、一一回もこの約束を繰り返した。選挙運動が始まる前にも同様の主張を五回している。対抗馬のウィルキー氏は選挙期間中に同様の約束を八回した。

ウィルキー氏の選挙日二週間前の演説（十月十七日）は、その主張を最も明確にするものだった。

〈我々は若者を二度と戦場に送りたいとは思わない。私が大統領になれば派兵はない。しかし、三選を目指す大統領を有権者が選ぶことになれば派兵になる。武力でヨーロッパの和平を実現しようとしてはならないし、もともとそんなことは不可能なのである。[2]〉

選挙日〔訳注：十一月五日〕の迫った十月三十日のルーズベルト氏の主張はまことにきっぱりとしたものだった。

〈いま私の話を聞いている父や母の皆さんに、もう一度はっきり申し上げる。

私はこれまでも述べてきたように、そしてこれからも何度でも繰り返すが、あなた方の子供たちが外国の地での戦争に送り込まれることは決してない。[3]〉

ここで注意しておくべく重要なポイントは、ルーズベルト氏は、選挙期間中ヒトラーを口をきわめて罵っているが、ヒトラーと同盟関係にあるスターリンについては一切言及していないことである。私はこの点について、リンカーン（ネブラスカ州）で行なった講演で疑義を呈した[4]（一九四〇年十月三十一日）。

〈私はここで、我が国が国内の安寧、世界の和平そして独裁者に対する宥和政策についてまとめて検証しておきたい。

（ソビエトが成立してからの）一五年間に四人の大統領と六人の国務長官がいた。その一人はもちろん私自身である。民主党政権も共和党政権もあった。どの政権も、ロシアの共産主義者の政権を承認しなかったし、その政権との関わりを持つことを拒否した。

（民主党の）ウィルソン大統領は、強い言葉を使って共産党政権を罵った。

「暴力と姦計でできた上がった政権」「殺人も平気な暴君政権」「恐怖政治」「血塗られた暴君」「奴らは、革命の継続には他国での革命が必要だ、当然にアメリカでの革命が必要だなどと喚いている」「彼らは、他国の革命の金銭的支援をしている」「彼らが何を言っても信用できない」「我が国の政体の破壊を画策し陰謀工作を進める政府などを承認できるはずはない」

ウィルソン政権（民主党）に続いた共和党の大統領も国務長官も、ウィルソンの考えと同様の立場を取った。

新しい政権を承認するかしないかは、単に（国際法上の）法律的な関係あるいは通商関係を構築するだけにとどまらない。隣国がおかしなことをしたからといって、我々はその国に戦争を仕掛けるわけにはいかない。しかし、そうした国とは付き合わないという態度を示すことで、倫理的、道徳的矜持を保つことは可能である。そしてまた、そうした国を招き入れないことである。そんなことをすれば、我が国民の生活を破壊してしまう。

しかし、一九三三年十一月、ルーズベルト氏はソビエト政府を承認した。その見返りは、ソビエトは我が国民に工作を仕掛けないことを約する一片の紙切れだった。彼は、世界平和を保つことが承認の目的だと主張した。しかしソビエトは約束を違《たが》え、その後六年間にわたってアメリカ各地で暴動を煽ったのである。数十万人の国民が彼らの同志にされてしまった。国内の共産主義者たちが、ルーズベルトの選挙を応援した。彼らの票が、(共和党予備選挙で)デューイ知事(ニューヨーク州)を落とすことに貢献していた。

一九四〇年一月三日、ダイズ委員会(下院非米活動委員会)が全会一致の報告書を提出している。ルーズベルト氏がその信憑性を何とか貶めようとした報告書である。そこには次のように書かれていた。

「(アメリカ)共産党は、政党の形を取ってはいるが外国政府の工作組織である。党の活動は、明らかに、ソビエトを国家承認した際の条約(The Treaty of Recognition)に違背している。

(アメリカ)共産党は、コミンテルンの指導下にあり、アメリカ国内法規に触れる方針で行動している。(アメリカ)共産党の設立当初からモスクワから資金が提供されている。その資金を使って破壊工作活動が進められた」

また(ルーズベルトが約束した)世界平和の保持という視点からソビエトの行動を見たい。ソビエトはこの面でも約束を破っている。ソビエトは、ポーランド、フィンランド、ラトヴィア、エストニア、リトアニア、ベッサラビアに侵攻した。こうした国からの挑発は一切なかったにもかかわらずである。これらの国のほとんどが民主主義国家だった。しかし、いまでは共産主義に隷属してしまっている。ルーズベルト氏は、そうした侵略行為を倫理的に許さないとしていたのではなかったか。ところがこの数カ月の間、ルーズベルト政権はソビエトに宥和政策を取っている。ロシアに工作機械や航空用燃料を送り、ご機嫌を取っている。工作機械は我が国内でも足りない状況であるにもかかわらず、そうした政策を取っている。これがルーズベルト氏による平和のための協力の実態であり、ますますその「協力」の度合いは高まるに違いない。〉

日本に対する外交だが、選挙戦の最中にあっても、日本に経済的圧力をかけ、海軍力を使って脅していた。その結果、ベルリン・ローマ・東京の提携が、本当に軍事同盟化してしまった（一九四〇年九月末）。この軍事同盟の要点は、ヨーロッパにおける新秩序の形成は独伊両国が、東アジアにおける新秩序は日本が担うと確認したことだった。また、現在のヨーロッパでの戦い、あるいは日中の戦いに関与していない国が締結国を攻撃した場合、締結国は、政治的、経済的、そして軍事的にこれを支援するということだった。[5]この時点で対象となり得る国は、アメリカ以外にはあり得なかった。

我が国にとって不吉なものであったにもかかわらず、選挙期間中このことはほとんど国民に伝えられていない。十月二日、ウェンデル・ウィルキーはこの問題に言及した。これは私がアドバイスしたものだった。

〈ドイツ、イタリアそして日本が、我が国を戦いの対象になり得ると考えているのは明らかだ。彼らが我々に侵略的な意図を持っているのか。それとも我々がそうであるのか。

我々はどちらに向かおうとしているのか。なぜ我々はこんな立場に立ってしまったのか。最も凶暴な三つの国に、このような声明（三国同盟）を発せしめたのは、なぜなのか。いったいどんな外交をしていたのか。[6]〉

私自身も、リンカーン（ネブラスカ州）での演説でこれに触れた。

〈我が国の歴史上初めて、我が国を標的とし圧力をかけようと意図する軍事協定が生まれてしまった。

その上、この協定は我が国を両方向（ヨーロッパ方面と太平洋方面）から脅かすものだ。このことは軍事学を少しでもかじっていればわかりきったことだ。[7]〉

もう一つの我が国外交の革命的変化

ルーズベルト氏が三選を果たした時の「世の父や母に向けた」演説は未だに耳に残っている。しかし、その演説では、我が国は参戦しないという言葉はなかった。三選後のルーズベルト氏周辺の顧問らの態度は、日に日に好戦的になっていった。ハロルド・スターク提督の十一月半ばの演説[8]も、ノックス海軍長官の選挙後の演説[9]もそれを示している。また、十二月六日のスチムソン陸軍長官の日記でもそれがわかる[10]。

＊原注

1　民主党の候補者選出の模様については左記参照。James A. Farley, *Jim Farley's Story—Roosevelt Years*, Whttlesey House, McGraw-Hill Book Company, 1948, pp. 271-306.

2　*New York Times*, October 18, 1940.

3　*The Public Papers and Addresses of Franklin D. Roosevelt*, 1940 volume, p. 517.

4　*Addresses Upon the American Road, 1940-1941*, pp. 38-40.

5　*Foreign Relations of the United States, Japan: 1931-1941*, Vol. II, pp. 165ff.（そこでは日本側が解釈権を保有するとされていた）あるいは *New York Times*, November 10, 1941. あるいは H. L. Trefousse, *Germany and American Neutrality, 1939-1941*, Bookman Associates, 1951, p. 71.

6　*New York Times*, October 3, 1941.

7　*Addresses Upon the American Road, 1940-1941*, pp. 43-44.

8　Robert E. Sherwood, *Roosevelt and Hopkins*, Harper & Brothers, 1948, pp. 271-272.

9　*New York Times*, November 15, 1940.

10　Henry Stimson and McGeorge Bundy, *On Active Service in Peace and War*, Harper & Brothers, 1948, p. 366.

第31章 武器貸与法とＡＢＣ－１協定

イギリスへの軍需物資支援の懸案は、一九四〇年の大統領選挙が終わるまで放っておかれた。一九四〇年十二月八日、チャーチル首相は、長文の親書をルーズベルト氏に書いた。[1] 彼はアメリカの強力な支援を懇請した。緊急に必要とする軍需物資の詳細なリストを書き出した。そこには弾薬や艦船が含まれていた。緊急の金融支援も要請した。また（脅すかのように）ルーズベルト氏が支援を渋り、その結果イギリスが降伏した場合どのような悲劇が生じるか描いてみせた。それでも（直接の）アメリカの介入要請については慎重な書き方だった。長文の親書は次のように結ばれていた。

〈大統領殿、ナチスとファシストを倒すことは両国民共通の目的であります。この親書は、貴国の軍事介入を求めるものではありません。いま我が国が貴国に最低限お願いできることを書いた書面とご理解ください。[2]〉

十二月十三日にもチャーチルは親書を書いた。Ｕボートとドイツ空軍による攻撃で極端な物資不足に陥っていることを知らせた。[3]

大統領が記者会見を開いたのは十二月十七日である。この会見で、武器貸与法の構想を発表した。武器などの軍需品を供給し、その分は将来、物資などの形で返済してもらうという案であった。彼は次のように述べた。

〈何らかの約束、つまり戦争が終わった後の時点で返済するというような形にするとしたうえで、武器を供与したい。具体的な数字はまずおいて、必ず返すという紳士協定的なものにしたい。〉[4]

いつ、どうやって返済するのかがまったく不明であった。本当に返済されるのかも怪しかった。私たちは一度同じ経験を先の大戦でしていた。例外はあるにせよ、（イギリスは）経済的に返済不能だった。[5] 第二次世界大戦でも結局は同じ結果になると思われた。それでも、私はイギリスに対する支援はルーズベルト氏と同じようにするべきだと思っていた。ただ、最初から返済を求めない形にしたほうがよいと思っていた。あるいは、返済を回避できるような仕掛けをしておくべきだと考えていた。

一九四一年一月十日、武器貸与法案が上程された。驚いたことに、単純な軍需物資の供与ではなくなっていた。物資輸送に我が海軍を関与させる条項が入っていたのである。さらに問題なのは、宣戦布告の権限を議会から剝奪し、大統領権限にできるという条項まで含まれていたことだった。法案を一読して、私は急いで次のような声明を発表した。

〈まず議会が検討しなくてはならないのは、この法案では議会権限を大統領に差し出すことになるが、それでよいのかということだ。第一次世界大戦の時でさえ、そのようなことはなされていない。

我々は国防を目的として国内生産を最大限にしたいと思っているし、独立を守ろうとしている国への支援もしたいと考える。ところが今回提出された法案は、単純に外国を支援するだけの内容ではなくなっている。〉[6]

我が国憲法に詳しいジョン・バセット・ムーア[7]も私の解釈が間違っていないことを示してくれていた。彼は下院外交問題委員会に武器貸与法案の問題点を指摘した。[8]

〈巧妙な書き方でうまく隠そうとしているが、この法案は、開戦権限を議会から大統領に移そうとするものである。この権限は議会にあると憲法は規定する。

全体主義的思考は、我が国にまでやって来た。ついに憲法の規定を破壊するような法案が上程されるまでになってしまった。議会の持つ権限はひとたび壊されてしまうと、それを回復することはまず無理である。〉

下院野党も次のように報告していた。[9]

〈（この法案を成立させても）戦争をやめさせることはできない。（戦争によるヨーロッパ諸国の）財政破綻は免れない。独裁者の排除もできない。（この法案を通してしまえば）我が国憲法の精神（議会が開戦権限を保持する）を、戦争を避けるという目的で破壊することになる。そうなれば我が国そのものが独裁化し、戦争に参入することになる。〉

トーマス・デューイ知事はかつてニューヨーク州司法長官でもあったが、私と同意見だった。私同様の懸念を表明していた。多くの上下両院の議員も同じだった。しかし、議会で証言する政府幹部は法案の成立を求め、そうでなければ、我が国はヒトラーからの攻撃に晒されることになると述べた。

一九四一年一月二十一日、記者会見での質疑で、ルーズベルト氏は、この法案が成立しても、米海軍に外国船舶を護衛させるようなことは考えたことがないと答えている。また軍船は売らないとも言った。野党の意見書に対して、「牛が月をまたぐ」（あり得ないこと）というようなもので、老母の戯言《たわごと》[10]（原文は「ハバード叔母さんのナンセンス歌（Old Mother Hubbard stuff）」）だとまで言いきった。[11]

上院でも下院でもイギリスを助けたいと考える議員が多かった。しかし上程された法案は、解釈しだいでアメリカ船舶による軍需品の輸送あるいはアメリカ海軍による（外国船の）護衛までもが大統領権限で可能となる恐れがあった。これを危惧した議会は次のように修正したうえで成立させたのである。[12]

〈この法は、アメリカ海軍による護衛の権限を（大統領府に）付与するものでも、（これを）承認するものでもない。

この法は、アメリカ船籍の船舶が、一九三九年の中立法に反して、戦争状態にある地域に入ることを認めるものでも、（これを）許可するものでもない。〉

最終的な議会の判断は、この法律は和平実現のためのもの、であった。つまり軍需品の供給のための法律であり、アメリカ自身が戦争に巻き込まれないようにするためであると解釈された。もちろん、この法案が、憲法が議会に与えた開戦権限を大統領に委譲したものではないとされた。

このように解釈した議員は次のような面々だった。

下院議員では、ジョン・W・マコーマック（マサチューセッツ州、民主党）、ジョン・D・ディンゲル（ミシガン州、民主党）、ウィリアム・R・ポージ（テキサス州、民主党）。

上院議員では、ウォルター・F・ジョージ（ジョージア州、民主党）、アルベン・W・バークレー（ケンタッキー州、民主党）、トム・コナリー（テキサス州、民主党院内総務）、クロード・ペパー（フロリダ州、民主党）、アルバート・B・チャンドラー（ケンタッキー州、民主党）、ジェイムズ・E・マーレー（モンタナ州、民主党）、モーリス・シェパード（テキサス州、民主党）らである。

法案そのものが我が国を戦争に巻き込んでしまうとして反対に回ったのは、以下の議員である。

下院議員は、トーマス・A・ジェンキンス（オハイオ州、共和党）、バーテル・J・ジョンクマン（ミシガン州、共和党）、アッシャー・L・バーディック（ノースダコタ州、共和党）、ヒュー・ピーターソン（ジョージア州、民主党）、デューイ・ショート（ミズーリ州、共和党）、ジェイムズ・Ｆ・オコーナー（モンタナ州、民主党）。

上院議員は、ガイ・Ｍ・ジレット（アイオワ州、民主党）、アーサー・Ｈ・ヴァンデンバーグ（ミシガン州、共和党）、ジョン・Ａ・ダナハー（コネチカット州、共和党）、デイヴィッド・Ｉ・ウォルシュ（マサチューセッツ州、民主党）、Ｄ・ワース・クラーク（アイダホ州、民主党）、ロバート・Ａ・タフト（オハイオ州、共和党）、アレキサンダー・ワイリー（ウィスコンシン州、共和党）、ジョージ・Ｄ・アイケン（バーモント州、共和党）らである。

上院与党による報告書は次のような解釈を示していた。[13]

〈この法案は戦争法案ではない。むしろ我が国が戦争に巻き込まれることを防ぐものである。〉

しかし、上院野党（共和党）の解釈は違った。[14]

一、この法案の真の狙いを隠すことはできない。隠された目的は英国支援でもなく、我が国が戦争に巻き込まれないためのものでもない。

二、この法の文言を現実的に解釈すれば、大統領に途方もない権限を付与するものである。これほどの権限が大統領に与えられたことは歴史上なかった。

三、この法により大統領の独裁が可能になる。我が国を戦争に巻き込む独裁者を作ることになる。

四、開戦権限を議会から奪い、大統領府に移すものである。

五、大統領にどの国が侵略国家かの決定を委ね、いかなる制裁をするかをも決めさせる権限を付与するものである。

六、大統領の決定を国民に強制的に支持させる法律である。大統領が方針を決定したら、国民はそれに従わざるを得ないからである。

一九四一年二月八日、下院は二六〇対一六五で法案を可決した。反対の票の一三五が共和党員、二五が民主党員のものであった〔訳注：残りは諸派〕。

三月一日、私は前国務次官ウィリアム・R・キャッスルに次のように書いた。

〈今回の件ではアメリカ国民は見事に騙された。これは戦争を可能にする法律だ（a war bill）。まともな修正が難しい法案だった。しかし、国民の九五パーセントは、イギリスを支援するだけの法律だと信じている。

この法律で、開戦権限は大統領に移った。議会ができるのは、大統領の方針を盲目的に追認することだけである。この法律は大統領を独裁者にしたも同然だ。大統領が、アメリカの支援を受けられる国を決め、どのような方法でどれだけの支援を与えるのかも決めてしまう。

この法律で付与された権限を大統領がどう使うか。すぐに参戦となるかどうかはまだわからない。はっきりしているのは、この法律で我が国民はますます感情的に煽られ、その気持ちが大きな流れになり、最終的には大瀑布となってしまうことである（戦争やむなしとなる）。

すでに外国勢力のプロパガンダ情報の洪水の中で、長期的視点に立っての我が国益も、世界全体の利益も見えなくなってしまっている。真実が隠され、戦争の危険を指摘する声を上げようとすれば非難される。この法律で、支援が始まり、その支援物資を運ぶ船が大西洋を行き来することになる。そうなれば（ドイツ潜水艦に）沈められ、海軍に護衛させろという声が起きる。その護衛船が魚雷に沈み、戦死者が出る。そうなればもう戦争だ。

ここまできたら我々にできることは、我々の全エネルギーを投じてでも、国民に冷静になるように訴えることだけだ。そして、大統領には公約どおり我が国の若者の血を流さない、という約束を遵守させることである。とにかく物理的衝突にならないことが大事である。衝突がなければ、戦争状態になっているとは言えない。そうであるかぎり戦争になることを食い止めるチャンスがある。〉

三月八日、上院もこの法案を可決した（賛成六〇、反対三一）。反対票の内訳は共和党一七、民主党一三、進歩党一であった。

翌日、私はオラフリン君に次のように書いた。

〈この法律の施行で、結局は戦争不可避という世論が形成されていくだろう。イギリスによるプロパガンダ、イギリスに同情する気運、ナチスに対する怒りと恐怖の念。こうした要因が重なって軍事行動容認の心の準備が出来上がってくる。

私は、世論はそこまでいかない可能性に賭けている。近代戦は軍事的にはっきりと優劣がつくまでは終わらない。かつてのように指導者間が講和のために必要な妥協を探ることができなくなっている。憎しみに溢れた世論がそうした妥協を許さないからである。再び戦争になれば長い戦争になる。二〇年続いてもおかしくない。戦争の終わり方は、完全なる消耗か、革命ということになろう。[15]〉

ＡＢＣ-1協定

武器貸与法が成立してしばらく経った一九四一年三月二十七日、ワシントンで米英戦争指揮協定（ＡＢＣ-1協定）が締結された。政権顧問のロバート・シャーウッドは次のように交渉の模様を語っている。

〈会議は参謀総長のマーシャル、海軍作戦部長のスタークの言葉で始まった。最初の言葉は、この会議は徹底的に秘密にされなければならないというものだった。この会議の存在が世に知られたら、武器貸与法反対勢力に利用されるというのがその理由だった。予期せぬ悪影響が出ることも懸念された。

英国代表団は軍人が民間人を装い、英国調達委員会付きの技術顧問であると偽った。この会議でＡＢＣ-1協定が決定された。これは両国による戦争計画書であった。[16]〉

この秘密会議の性格については、アーネスト・J・キング提督（当時、大西洋艦隊司令官）も同じような説明をしている。

〈ABC-1協定は、アメリカが参戦した場合、アメリカ海軍の主要任務はシーレーン防衛であると定めたものだった。宣戦布告がない場合にできることは、大西洋横断の民間船の護衛であった。[17]〉

ABC-1協定の文言には戦争状態になることを想定しているものがある。

〈米英両国の最高司令官は継続的に協力し、戦争遂行時の戦略・執行を協議するものとする。連合国の最終目的は、ドイツおよびその同盟国を敗戦に追い込むことである。[18]〉

ABC-1協定には対日行動についても触れられていた。一九四一年四月二十一日から二十七日には、シンガポールでその詳細が議論された。また、八月十日の大西洋憲章の協議の場でも打ち合わせがなされたが、これについては第10編で詳しく記すことにする。

シンガポールでの協議は相当に好戦的なものだったことが次の協定書の文言からわかる。

〈我々の目的は、ドイツおよびその同盟国を敗北させることにある。したがって、極東においては、連合国の軍事力を、日本の（予想される）攻撃に耐えられるよう整備することにある。日本に経済的圧力をかけ続け、こちらから攻勢に出る機会を待つ。[19]〉

この協定書の文言が明かされたのは、真珠湾攻撃調査委員会の場であった。キング提督によれば、海軍はすでにこの協定の成立を見越して行動を起こしていた。

〈スタークは、支援部隊の艦隊創設を二月十五日の時点で命じていた。この艦隊は、三つの駆逐艦隊および四つの海軍哨戒機戦隊を支援することが目的だった。駆逐艦隊の基地は北アイルランド（ロンドンデリー）の英国海軍基地が使われることになった。基地の整備・拡張は武器貸与法から拠出された資金が使われることになっていた。[20]〉

チャーチルも回顧録でこのことを書いている。ＡＢＣ－１協定が、たんなる机上の約束事でなかったことがわかる。

〈一九四一年三月十四日、アメリカから、（民間輸送船の）護衛艦隊および支援航空部隊の基地を選定する海軍士官一行が到着した。その作業はただちに始まった。[21]〉

後に真珠湾攻撃について調査が実施されたが、その中で、スターク提督の次のような言葉があったこと（一九四一年四月三日）が明かされた。

〈（この協定が成ったことで）問題は、我が国が参戦するか否かから、いつ参戦するかに移行した。[22]〉

ＡＢＣ－１協定は、議会にも議会内の委員会にも報告されていない。憲法が議会に付与した権限はまったく無視されていた。

*原注

1 *Their Finest Hour,* pp. 558-567.

2 同右、p. 567.

3 同右、pp. 606-607.

4 *The Public Papers and Addresses of Franklin D. Roosevelt,* 1940 volume, p. 608.

5 この問題については *American Epic* 第三巻の付属資料に詳しい。

6 *New York Times,* January 11, 1941. あるいは *Addresses Upon the American Road, 1940-1941,* p. 63.

7 〔訳注〕John Bassett Moore（一八六〇—一九四七）国際法の権威。ハーグの常設国際司法裁判所裁判官など歴任。

8 *New York Times,* January 18, 1941.

9 77th Congress, 1st Session, House of Representatives Report No. 18: *To Promote the Defence of the United States,* Part 2, *Minority View* (*to accompany H. R. 1776*), p. 2.

10 〔訳注〕十九世紀初頭の伝承童謡で韻に面白さがある。最初の詩は次のようなものである。「ハバード叔母さんは、お腹を空かした犬に、何かあげようと、キッチンに行ってみました。でもそこには何もありませんでした」

11 *New York Times,* January 18, 22, 1941. この発言は公式記録（*Public Papers and Addresses*）からは削除されている。

12 77th Congress, 1st Session, House of Representatives, 1776. *Unites States at Large 1941-1942,* Volume 55, Part 1, p. 32.

13 77th Congress, 1st Session, Senate Report No. 45: *Promoting the Defence of the United States,* p. 2.

14 同右、p. 6.

15 この手紙を書いた六年後の一九四七年二月二十二日、国務長官となっていたマーシャル将軍〔訳注：任期は一九四七年一月から四九年一月〕は、プリンストン大学の講演で次のように語った。

「あの戦争は（文明の）危機であった。戦争は終わったが、その危機の度合いはさらに悪化している。国民感情にある敵意は鳴りを潜めたが、真の和平を構築できていない」（*New York Times,* February 23, 1947）

16 *Roosevelt and Hopkins,* pp. 272-273.

17 Ernest J. King and Walter Muir Whitehill, *Fleet Admiral King: A Naval Record,* W. W. Norton & Company, New York, 1952, p. 338.

18 〔United States Congress, Joint Committee on the Investigation of the Pearl Harbor Attack, 79th Congress, 1st Session,〕 *Pearl Harbor Attack* 〔*Hearing Before the Joint Committee on the Investigation of the Pearl Harbor Attack,* United States Government Printing Office, 1946〕, Part 15, p. 1489.

19 同右、Exhibit No. 50, p. 1558.

20 *Fleet Admiral King: A Naval Record,* pp. 338-339.

21 Winston S. Churchill, *The Grand Alliance,* Houghton Mifflin Company, Boston, 1950, p. 138.

22 *Pearl Harbor Attack,* Part 17, p. 2463.

第32章　護衛艦隊を遣ってはならない

「護衛ではない、パトロールである」。海軍はこう言って必ずしも正しい言葉を使わないことがある。その例が、スタークからH・E・キンメル提督へのメモ（一九四一年四月四日）である。

〈週に二、三の船団が、現在の（大西洋上の）物流を担っている。したがって七つの護衛艦隊が必要になる。[1]〉

武器貸与法の成立（一九四一年三月十一日）とABC-1協定（同年三月二十七日）を受けて、大西洋方面の動きが急遽、慌ただしさを増した。四月九日、デンマークのヘンリク・カウフマン（駐米公使）は、グリーンランドをアメリカの施政下に置き、そこに軍事基地を建設することを認める文書に調印した。[2] 四月二十四日には、大統領は、スコットランドおよび北アイルランドに軍事基地建設を決めた。[3]

四月に入ると、ヒトラーのスペイン、ポルトガル侵略が噂された。そうなるとジブラルタルと、アゾレス諸島がドイツの手に落ち、地中海が封鎖されることになる。

四月二十四日、チャーチルはルーズベルト氏に次のような電信を発した。

〈スペインが陥落するようなことがあれば、準備していた二つの部隊を英国本土から動かす。一つはアゾレス諸島の一つの島に、もう一つはケープヴェルデ諸島の一つに派遣する。アメリカ艦隊をこの地域に派遣していただけたらありがたい。[4]〉

チャーチルのこの要請にルーズベルト氏がどう答えたかについての記録は見つかっていない。しかし、チャーチルがそれにどう答えたかはわかっている。

〈よい知らせに大いに喜んでいます。[5]〉

一九四一年四月二十七日、チャーチルはラジオを通じ英国民に向かって、アメリカ艦隊派遣交渉の進展を伝えた。

〈私は、言葉では表現できないほどほっとしている。アメリカ大統領が重大な決断をしてくれた。きわめて面倒な懸案であったが、艦隊が海底に沈む可能性（ドイツ潜水艦に攻撃される可能性）まで覚悟してくれた。一〇週間前に私は戦いのための道具（駆逐艦）の供与を求めた。そうすれば戦いは我々がやると言ったのである[6]（しかし、アメリカは艦隊の派遣を決めてくれた）。〉

六月十一日、ノックス海軍長官は記者会見を開き、アメリカ駆逐艦がドイツ潜水艦に対して爆雷攻撃を仕掛けたとの報道を否定した。同じく七月二日の会見では、アメリカ艦隊が現実に護衛任務に就いていることや、ドイツ艦船と交戦状態に入ったことを全面否定した。[7]

しかし、ボストンに帰港した艦船の士官から、爆雷が実際に使用されたことが知らされた。後日、上院の質問でそれが事実だったことが確認された。

七月十九日、キング提督は、次のような作戦計画を記録している。武器貸与法の規制に何の注意も払っていないことがわかる。

〈七月十九日、キング提督は、次のような指令を出した。我が海軍はアメリカ船舶あるいはアイスランド船舶による船団を護衛する。他国船籍の船舶がこうした船団に加わる場合も同様に護衛する。[8]〉

＊原注

1　*Pearl Harbor Attack, Hearing before the Joint Committee on the Investigation of the Pearl Harbor Attack*, Congress of the United States, 79th Congress, Part 16, United States Government Printing Office, 1946, p. 2162.

2　*The Memoirs of Cordell Hull*, Vol. II, p. 936.

3　〔編者注〕これについての出典は示されていない。

4　*The Grand Alliance*, p. 145.

5　同右。

6　Winston S. Churchill, *The Unrelenting Struggle*, Little, Brown and Company, 1942, pp. 98–99.

7　*New York Times*, July 3, 1941.

8　*Fleet Admiral King: A Naval Record*, p. 343.

第9編

恒久平和実現のチャンスがあったフランクリン・ルーズベルト

第33章　ソビエトに矛先を向けたヒトラー

一九四〇年六月（二十二日）、フランスは降伏し、ヒトラーは西ヨーロッパのほとんどを征圧した。これによってヒトラーは（それまで抑えていた）野望を表に出すことになった。彼はロシアの共産党政権を破壊し、隣接地域の併合によってドイツの「生存圏」を拡大することを目論んでいた。新たな生存圏はロシア領土、バルカン半島の国々から獲得するのである[1]。

ドイツの周囲には何とか命脈を保っている民主主義国家があるだけで、ドイツの安全保障を脅かす国はどこにもなかった。英国陸軍は北部フランスから這々《ほうほう》の体《てい》で脱出したが、その際に、武器の大半を棄てていった。アメリカ世論は、イギリスに軍需品を供給することに賛成してはいたが、国民の八〇パーセント以上が参戦には反対していた。いくつかの世論調査が行なわれたが、どれも同じであった。議会でも圧倒的に参戦反対の空気が支配していた。

ヒトラーが、独ソ不可侵条約を破り、ロシアを攻撃するかもしれないという見方は、フランスの降伏後すぐにアメリカ政府に伝わった。トルーマン・スミス大佐はドイツに駐在武官として派遣されていたが、優秀な人物だった。彼は早くも六月二十日の時点で、ヒトラーの西部方面の攻勢が成功裏に終わりしだい、対ソ戦が始まるとの見方を陸軍省に伝えていた[2]。フランス降伏のおよそ一カ月後（七月二十四日）、スミス大佐は、ドイツ軍がロシア国境付近に集結していることを報告した。十月一日には、ドイツのイギリス本土への攻撃の可能性はこの年（一九四〇年）にほとんどなくなったとの意見も寄せている。

ドイツのソビエト攻撃の予兆は我が国メディアも伝えていた。ヒトラーはハンガリー、ルーマニア、そしてブルガリアに対して枢軸国側につくよう圧力をかけていた。ハンガリーは一九四〇年十一月二十日、ルーマニアはその三日後に枢軸側に参加した。ブルガリアは、ボリス国王がベルリンを訪問し（十一月十八日）、同国とソビエトとの関係を考慮してほしいと懇願したが失敗に終わっている。結局、同国も枢軸側についた〔訳注：正式参加は一九四一年三月〕。

一九四〇年十二月十一日、ワシントンに戻っていたスミス大佐は、ドイツ軍の六五パーセントが東部（ドイツ本国、ポーランド、ヨーロッパ南東部）に配置されていると報告した。この数日後には、英国本土侵攻のために準備されていたと思われる部隊は撤収していることも報告している。同時期に、ソビエト駐在武官からは、同国軍がドイツ方面に移動していると伝えてきていた。

一九四一年一月後半には、国務省次官サムナー・ウェルズは、ドイツ軍が春頃には対ソビエト戦を企んでいると、ソビエト駐米大使コンスタンチン・ウマンスキーに伝えた。ただ、その見通しを裏付けるような情報は出していない。[3] 国務省の記録によれば、一月二十一日にウェルズはロシア大使に次のように伝えた。

〈先にお話ししたように、貴殿に我が国政府の方針をお伝えする。一九三九年十二月二日に決定した貴国に対する禁輸政策、つまり「道徳的禁輸（moral embargo）」については、今後適用しないこととする[4]（傍点著者フーバー）。〉

ここで言う道徳的禁輸とは、ソビエトのフィンランド侵攻に対する制裁として一四カ月にわたって続けられていたものだった。

ウェルズの発言の背景は、ハル国務長官の回顧録に述べられている。[5]

〈一九四一年一月、ベルリン大使館の商務担当書記官サム・E・ウッズから機密電が届いた。ウッズには、反ナチスの友人がいた。その友人はナチス政権の上層部、ライヒスバンク（ドイツ中央銀行）、あるいはナチス党幹部とのコネクションがあった。一九四〇年八月頃、この友人から、ヒトラーの本部で、対ソ戦準備に関わる会議が開かれたとの知らせがウッズに入った。

ウッズは、ベルリンの映画館でこの友人とコンタクトを取っていた。友人は（隣り合わせの）席を予約しておき、チケットをウッズに送るのである。そうやってウッズの隣に座った友人が、薄暗い館内で、ウッズの上着のポケットに紙片を滑り込ませるのである。

ウッズがもたらした情報は、ヒトラーが英国本土侵攻を準備しているという情報とは好対照をなしていた。ウッズからの情報では、英国への空爆は、むしろヒトラーの本来の狙いであるソビエト侵攻を隠すために入念に計画されたものであった。

また、二一人のロシア皇帝派（Czarist）からなる暫定地方政府が結成され、（ドイツの）占領地域における経済政策担当顧問が指名されたこともウッズに知らされている。さらに大量の新ルーブル紙幣が印刷され、準備されていることも伝えられた。

ウッズからの報告が私（ハル）にもたらされた時には、すべてが間接情報に感じられ、ドイツによる意図的な、為《ため》にする情報漏洩だろうと疑った。私はＦＢＩ長官のＪ・エドガー・フーバーに意見を求めた。彼はウッズの情報の信憑性を認めていた。ウッズは、自身の情報の確からしさを確認する方法や、確認を取れる接触先についても報告していた。米国内にいるある有力なドイツ人亡命者をその確認先にしていた。私は国務次官補のブレッキンリッジ・ロングにその人物に接触するよう指示し、ロングはそれを実行した。この件については大統領とも話をした。

さらに次官のウェルズにこの情報を駐米ロシア大使にも伝えるよう指示し、彼はそれに従った。

新たな情報が入ったが、それもまたウェルズを通じてウマンスキー大使に伝えられた（三月二十日）。

ウマンスキー大使がこの情報を本国に報告したことは間違いない。〉

一九四一年二月三日、スミス大佐から、五〇万から六〇万のドイツ軍がルーマニアのロシア国境付近に集結しているとの報告が寄せられていた。

私はこの二月に、ハル国務長官と救済活動に関わる件で打ち合わせをする機会があった。その後、雑談の時間があった。私は彼に、ドイツの対ロシア政策について聞いた。彼は、（ドイツが）ロシア国境付近に一二五万人を展開させていること、ブルガリア国境付近にも少なくとも三〇万人が動員されていることを明かしてくれた。また、この動きにロシアは怯えきっているとも話してくれた。

私は多くの情報を総合して、ヒトラーのソビエト侵攻は近いと感じていた。これで英国が安全になることは自明である。したがって我が国政府は、戦争行為に近い行動を停止し、二人の独裁者が互いを破壊し合う状況を見守るべきであると確信した。私は、我が国政府は、ヒトラーが我が国を侵略するなどという広報をやめるべきだと国務長官に訴えた。ハル長官は私のアドバイスに何のコメントもしなかった。

我が国はヨーロッパにおけるこうした情報を摑んでいた。にもかかわらず、武器貸与法案が議論されている時期に、こうした情報やその結果起こりそうなことをアメリカ国民に隠していた。もしヒトラーがすでに対ソ戦に向けて軍を移動させているという情報がワシントン議会に知らされていたら、イギリスとともに我が国もヒトラーの侵略の危機に晒されているという言説が虚偽であることがはっきりしたであろう。

ヒトラーがソビエトに矛先を向けているという情報は続々と入ってきた。一九四一年三月半ば、トルーマン・スミス大佐は、「なかなか難しい判断ではあるが、おそらくドイツによる英国本土侵攻はない」と報告した。三月十七日には、ドイツ軍のロシア国境付近へのさらなる展開が見られるとスミス大佐は知らせている。

四月八日、モスクワ大使館付駐在武官イヴァン・D・イートン少佐が、ヒトラーの攻撃の可能性が高いことを知らせた。翌九日、チャーチル氏は、国民に次のように語った。

〈現状では、ヒトラーはヨーロッパ南部およびバルカン半島経由で南東部に軍を進めている。ナチスは、ウクライナの穀倉地帯あるいはコーカサスの油田地帯を狙う兆候が顕著である。[6]〉

四月十五日、駐ベルリンの武官はドイツのソビエト攻撃は確実だと報告した。五月五日、イギリス国営放送は、ヒトラーのロシア攻撃について言及した。五月十三日、再び駐ベルリン武官からワシントンに、独ソの緊張がピークに達していると報告され、ロシア国境付近に大規模のドイツ軍が集結を続けていると伝えられた。チャーチル氏は、私設秘書のジョック・コルヴィル氏に、次のように語っている。

〈私の望みはただ一つ。それはヒトラーの破壊である。私の考えは単純だ。ヒトラーが地獄の扉を開ければ（ソビエトを攻撃すれば）、議会での説明が少しは楽になる。[7]〉

この頃のヒトラーは、二億八〇〇〇万の人々の頂点に立っていた。彼の軍隊は最強で、さらに五〇個師団を、同盟国のイタリアやバルカン半島の国々から調達できた。

スターリンの防衛準備

スターリンは、（こうした事態に備えて）何もしてこなかったわけでも、知恵を絞らなかったわけでもない。彼がロシアのあらゆる資源を軍備強化に注いできたことを示す十分な情報がある。そのことについては第10章で述べた。またソビエト軍の規模については第35章であらためて書くことにする。

ヒトラーがあまりにもあっさりと西ヨーロッパを征圧したことは、スターリンには大きなショックであったろう。フランスが降伏して以来一カ月もの間、『プラウダ』にも『イズベスチヤ』にも、戦争に関わる評論が一切現われなかった。日々の政府コミュニケでは、親独的なコメントに終始した。スターリンは、最後の最後までヒトラーを信じていた。[8]

そうであっても、彼はヒトラーの外交攻勢に抵抗はした。一九四一年三月二十五日には、トルコとの中立条約を決め、四月十三日には、日独伊三国同盟の流れとは逆行する日ソ不可侵条約を締結した。

ソビエト侵攻とヒトラーの論理

一九四一年六月二十二日、ドイツ軍およそ二〇〇万がロシア国境を越えて侵攻を開始した。前線は長く、二五〇〇マイルにも延びていた。[9] 古代中国では戦いの始まりに際して激しい論戦があり、それが戦いの前触れであった。同じように、ヒトラーは侵攻の当日に、もともとソビエトと手を結びたくはなかったと語った。

〈（一九三九年八月の）独ソ不可侵条約締結は苦渋の決断だった。仕方なしに外務大臣をモスクワに遣ったのである[10]（傍点著者フーバー）。〉

その上で、ヒトラーは、スターリンの四つの条約違反を指摘した。[11]

一、バルト諸国の併合（これについては、ヒトラーは事前承諾していた）。

二、親独的なルーマニアとブルガリアの政府の転覆を謀《はか》った。

三、ダーダネルス海峡の征圧を図った。

四、ブコビナ地方に侵入した。

ロシアの反駁

ヒトラーの侵攻を受けて、モロトフ外相は、ロシアは平和を希求し、他者を傷つける行動は一切取っていないと抗議した。もちろん、バルト諸国を併合したことには口を噤《つぐ》んでいた。あの併合は、ヒトラーと手を握ったことで得た贈り物のようなものだった。[12]

一九四一年六月二十二日、モロトフは次のように語った。

〈ドイツによる我が国への侵攻は、歴史上稀に見る裏切り行為である。ドイツ政府が、我が国に対して不可侵条約上の一点の不満もないことはわかっている。それにもかかわらず我が国を攻撃した。背信の蛮行である。[13]〉

七月三日のスターリンの声明は次のようなものだった。

〈ファシスト・ドイツの突然のソビエト連邦攻撃は、一九三九年に締結された不可侵条約に反する背信行為である。我が国は和平を希求しており、条約を破るような背信行為はしない。不可侵条約は元来、国家間の和平のための条約である。どのような国であってもこうしたことをしてはならない。たとえヒトラーやリッベントロップに指導されるような国であってもだ。(ドイツとの不可侵条約で) 我々は何を得たか。我々は一年半の和平を維持できた。その間に軍備を増強し、ファシスト・ドイツの攻撃に反撃できる力を蓄えることができた。

敵は、我が国をかつてのような帝国に戻したいと考えている。我が文明を破壊しようと企む。ソビエト連邦にはロシア、ウクライナ、ベラルーシ、リトアニア、ラトヴィア、エストニア、ウズベキスタン、モルドバ、グルジア〔訳注：現ジョージア〕、アルメニア、アゼルバイジャン、トルコなどの多くの民族が暮らす。みなソビエト連邦に所属する自由な民である。ドイツはこうした人々のドイツ化を企む。ドイツの皇族や貴族の奴隷にしようとしている。[14]〉

この声明でスターリンは不可侵条約の高潔な性格を述べたが、彼の主張は虚しいものだ[15]。確かにドイツの行動は背信に相違ない。しかし、スターリンの嘆きの本質は、ヒトラーと西ヨーロッパ諸国を戦わせて、相互に弱体化させることだったにもかかわらず、ヒトラーがほとんどその軍事力を消耗せずに西ヨーロッパを席捲してしまったことにある。

そもそもドイツによるソビエト攻撃は、スターリンやモロトフにとって驚きでも何でもない。我が国務省も英国も、その可能性の高いことをソビエトに伝えていた。もっと言えば、ドイツに張りめぐらした（ソビエトの）情報網がそのことを摑んでいないはずはなかった[16]。またスターリン自身の言葉にもあるように、不可侵条約締結の狙いは、軍備増強の時間稼ぎであった。

すべてを総合すれば、ドイツのソビエト攻撃は決して驚くような事件ではないし、ソビエトがそれに何の準備もしていなかったわけではない。もちろん条約が、ヒトラーへの親愛の情で結ばれたわけでもなかった。

＊原注

1　第2編で、一九三八年のドイツ訪問で得た感触について書いた。

2　これについては、本回顧録執筆のために陸軍情報部から寄せられた情報である。

3　Forrest Davis and E. K. Lindley, *Ladies Home Journal*, July 1942, p. 107. 記事は次のように伝えていた。
「一九四一年一月半ば、サムナー・ウェルズ国務次官は、『ヒトラーは六月には対ソ戦を開始するだろう』とコンスタンチン・ウマンスキー大使に警告した」
私は記事の執筆者の一人デイヴィス氏に情報の出所を確認した。サムナー・ウェルズ国務次官からの情報だった。
『宣戦布告なき戦い（*The Undeclared War*）』（William L. Langer and S. Everett Gleason, Harper & Brothers, 1953, p. 342）では、ウェルズが警告を発したのは三月一日と書いているが、この時期まで情報を抑えたままであったとは考えにくい（*The Time for Decision*, pp. 170–171. 参照）。

4　*U. S. Department of State Bulletin*, Vol. IV, No. 83, January 25, 1941, p. 107. また *The Memoirs of Cordell Hull*, Vol. II, p. 969. 参照。

5　*The Memoirs of Cordell Hull*, Vol. II, pp. 967–968.

6 *The Unrelenting Struggle*, p. 86.
7 *The Grand Alliance*, p. 370.
8 第18章参照。
9 Adolf Hitler, *My New Order* (edited with commentary by Raoul de Roussy de Sales), Reynal & Hitchcock, 1941, p. 976.
10 同右、p. 979.
11 同右、pp. 980–986.
12 戦後の資料によれば、モロトフが嘆いた理由は他にもあったようだ。ヒトラーのソビエト侵攻の八カ月前、一九四〇年十一月に、モロトフはベルリンを訪れた。彼はそこで大歓迎を受けていた。彼は、世界をどのようにしていくか、リッベントロップ外相と長時間にわたり話し込んでいた。もちろん話題の中心は英国降伏後の大英帝国の処理であった。ヒトラーはモロトフに、英国の降伏は確実だと説明していた。この訪問で独ソ両国の友好が確かなものになったとして、ベルリンでもモスクワでも絶賛されていた。
13 *New York Times*, June 23, 1941.
14 同右、July 3, 1941.
15 第23章参照。
16 William Hardy McNeill, *Survey of International Affairs, 1939–1946: America, Britain & Russia: Their Co-operation and Conflict, 1941–1946*, Oxford University Press, 1953, p. 72, fn. 1. 赤軍情報部はドイツ軍の攻撃を予測していたが、NKVD（内務人民委員部）は、ドイツ軍のロシア国境付近への展開は、ロシアとの貿易交渉でより有利な条件を引き出そうとする脅かしの作戦だと理解した。

第34章 アメリカは局外にいて独ソの両独裁者の疲弊を待つべきとの私の主張

ドイツのソビエト攻撃で、ルーズベルト氏に永続的な和平を構築できるまたとないチャンスが到来した。世界最悪の侵略国家の二人の独裁者が、死に物狂いの戦いに突入したのである。放っておけば、遅かれ早かれ二人の悪魔の気力は萎え国力は衰退する。

しかし、そうはならなかった。ドイツの攻撃からわずか二四時間後の一九四一年六月二十三日、サムナー・ウェルズ国務次官は記者会見の席で、ロシアへの武器供給の可能性を仄めかしたのである。[1]

二十四日の記者会見では、大統領も「我が国は可能なかぎりの支援をソビエトに与える」と語った。また財務省に対しては、六月十四日以来凍結されていたロシアへの信用枠四〇〇〇万ドルの解除を命じたことも明らかにした。[2] 翌二十五日の記者会見では、ウェルズ国務次官が、大統領は中立法をソビエトには適用しないと述べた。これによってアメリカの民間船がソビエトの港に軍需品を運ぶことが可能になった。[3]

こうして武器貸与法の枠組みの中で、共産主義者への支援が決められた。共産主義国家に対してアメリカが支援する可能性など、武器貸与法が議会で議論された時には一切語られていなかった。

我が国が共産国家と提携することなど、あってはならなかった。危機感が強まった私は、ラジオを通じて国民に訴えることを決めた。私の人生の中で最も重要な演説だと思っている。一九四一年六月二十九日の夜に全国放送の時間枠を確保した。大統領のソビエト支援声明の五日後のことである。

読者にはこの演説の背景を簡単に説明しておきたい。イギリスについてだが、ヒトラーのソビエト攻撃で事態が大きく変わった。本土が侵攻される心配は消え、ヒトラーがロシアとの戦いで疲弊すれば対独戦争勝利の可能性すら見えてきた。私の二十九日の演説の七日前には、ルーズベルト大統領が我が国の若者に向けて、四つの自由を守れと訴えていた。私は放送局（シカゴ）に演説の内容を伝えていた。しかし、それ以降の事態の進展が目まぐるしく、一部修正を余儀なくされた。新たな情報の追加と古い情報の削除や、重点項目の順序の再調整を行なった。[4] 演説の主要部分は以下のとおりである。

〈六週間前、私は国民に対し、ヨーロッパの戦争にどう対処すべきかについて私の考えを述べた。

いま我が国は大きな危機に晒されている。ここにもう一度皆さんに訴えたいと思う。理性で物事を考えることのできる国民にはわかってもらえるだろうと願っている。弁舌のテクニックでの訴えではない。冷静なロジックによる訴えである。それがいま国民に必要なのだ。

合衆国憲法は開戦権限を議会に与えている。議会の承認のないかぎり、この国が戦争するようなことがあってはならない。

政府が議会に諮《はか》らないとすれば、その理由はただ一つだろう。議会がその責任を果たそうとしないからである。いずれにしても民主主義下においては、大統領が戦争をすると決めるようなことがあってはならない。（戦争をしたければ）従わなくてはならない原則がある。そうしない場合に何が起きるか。決して目をつぶってはならない。

この一週間、我が国の若者も理想実現のためには犠牲を厭うべきではないとする主張が躍った。いつの間にか我が国はスターリンに支援を約束してしまった。これは、世界の民主主義に対する軍国主義的共産主義者の挑戦を手助けするようなものだ。軍事的視点から見ればイギリスとロシアの協力には価値はあるだろう。しかし、四つの自由を守るために戦わなくてはならないという主張を悪い冗談に変えてしまうのだ。

少し振り返ってみよう。

ウッドロー・ウィルソンから始まる四人の大統領、六人の国務長官は、ソビエトロシアとの国交を拒否した。倫理や民主主義の理想に鑑みての決定だった。したがって国家承認も拒んだ。彼らはソビエトロシアが歴史上最も血塗られた恐怖政治を進めているのを知っていた。人権を蹂躙し、自由を抑圧し、神を信じる行為を力ずくで止めさせた。数百万の無辜《むこ》の人々が、正義などまったく感じられない方法で殺された。殺されなかった者は奴隷の状態にある。さらに、ソビエトは国際的な約束事も守らない。民主主義国家に対する破壊工作を進めている。我が国もその標的である。

一九三三年に我が国はロシアを承認した。その時にロシアは、我が国に対するプロパガンダや組織工作など、我が国の安寧、繁栄あるいは秩序と安全を乱す活動の停止を約束した。

しかし、七年後のダイズ委員会で、我が国共産党はモスクワの策謀に沿った政治団体として設立されたことが明らかにされた。彼らの活動は、ソビエトが成した約束に違反することばかりである。モスクワの指令に従った活動は我が国の法律を犯し、その活動資金はモスクワから出ていた。ダイズ委員会は、言ってみれば国民がすでに知っていることを明らかにしたに過ぎなかった。スターリンはヒトラーより善いというのか？

この数週間の内に、政府高官だけでなく労働運動の指導者までが、ストライキは我が国の防衛力を無力化させてしまうなどと言いはじめた。ロシアは、これまでずっと、（ストライキなどの手段で）我が国民主主義の破壊を画策していたのである。それがつい最近まで続いていた。

スターリンがヒトラーと手を握ってから二年も経っていない。両者は手を携えて民主主義を破壊してきた。ヒトラーのポーランド侵攻の九日後、スターリンも同国に侵攻した。一四日後には、ラトヴィア、リトアニア、エストニアの独立を破壊した。九〇日後には何の挑発行為もしていない民主国家フィンランドに侵攻した。スターリンの行為は侵略的ではないのか？　条約違反ではないのか？　国際法の無視ではないのか？

スターリンは民主主義が保障する自由を悪用し、民主主義を破壊してきた。彼の第五列の使い方は見事なものである。第五列がフランスを破壊したようなものだ。スターリンは我が国でも階級間の憎しみを煽った。見えない戦争を仕掛けているのがスターリンである。

我々はヒトラーの残虐な行為、侵略行為、民主主義を破壊する行為を知っている。ポーランド、ノルウェー、オランダ、ベルギー、デンマーク、フランスがその犠牲になり、それ以外の国も風前の灯火だ。しかし私が皆さんにいま訴えているのは、スターリンの行状なのである。

先の大戦で我が国は大きな犠牲を払った。その犠牲の成果の一つが、フィンランド、ポーランド、エストニア、ラトヴィア、リトアニアでの民主主義政権の成立だった。よちよち歩きのこれらの国に民主主義を芽生えさせた。彼らがそれを成熟させるために巨額な支援をしたのも我が国ではなかったか。そうでありながら、こうした国を隷属化するスターリンを支援してよいのか。ソビエトに対する我が国の支援はパワーポリティックスそのものだ。それによって、世界に四つの自由を実現させるという我が国の戦いの目的は死んだのである。

いまの状況をさらに進めて、我が国が現実に参戦し我々が勝利すれば、スターリンはロシアの共産主義を盤石にし、共産主義思想を世界各地に拡大させることになる。したがって、我が国の若者に、民主主義の回復のために戦おうなどと言うのはやめなくてはならない。世界に民主主義を取り戻すために戦わなくてはならないなどと言ってはならない。

現実主義的な政治家の結論も、倫理性を重く見る政治家のそれと一致するはずである。二人の独裁者は猛烈な戦いを始めた。これは思想を同じくするものの「兄弟間の殺し合い」のようなものだ。どちらの独裁者も間違いなく衰弱する。まともな政治家であれば、我が合衆国は、二人の独裁者の戦いを傍観しつつ、防衛力だけはしっかり保持しておこうと考えるだろう。

世界で最も強力になれる潜在力を持つ我が国が、局外から（第三者として）発言をすれば、世界の国々はその言葉に耳を傾ける。参戦してしまえば我が国も衰弱する。スターリンと提携することは、ヒトラーと手を結ぶことと同様に、我が国建国の精神を踏みにじることなのだ。

我がアメリカ国民はソビエトとの同盟ゆえに、道徳観を裏切り、自由を破壊することを許せるのか。たとえソビエトとの協力が暗黙の了解のようなものであっても同じことだ。ソビエトに協力すれば、我が国は将来必ずそのツケを払うことになろう。

このまま参戦すれば、ソビエトの侵略行為、つまり四つの民主国家の併合を容認することになる。我が国がその生き残りを助け、恐怖政治と世界の民主主義国家への工作までも続けさせることになる。

繰り返しになるが、対ソ支援に留まらず、現実に参戦し勝利しても、それはスターリンがロシア支配を万全なものにし、さらにはその力を世界中に拡散させるのに手を貸すことに他ならないのだ。（スターリンを支援する戦いであれば）私たちは、若者たちに、世界に民主主義と自由を取り戻すために命を投げ出せなどとは言えないのだ。

我々は機関銃で思想や理想を殺すことはできない。たとえ物理的戦争に敗北しても、人の心の内に理想は生き続ける。その理想の正しさが、あるいは間違いが自身で理解できるまでその思いは消えない。共産主義思想は悪の思想である。悪の思想は必ず自滅に至る「病原菌」を内包している。

我が国の将来がどんなものになるか、わかりはしない。強国であるアメリカは軍事的敗北を恐れる必要はない。防衛の準備さえしておけば敗れることなどない。しかし、精神の敗北はあり得る。それは我が国自身が自由の精神を放棄した時である。より良き世界の模範になることをやめた時である。

世界的な危機の中にあって、どのような態度を我が国が取るべきか。リスクのまったくない、あるいは修正さえ必要のない完璧な答えはない。それでも理性的に考えることのできる国民に訴えたい。破壊へと導く力には抵抗することだ。逆に、建設的な力には協力することだ。そのような態度を取ることは敗北主義でも、孤立主義でも、干渉主義でもない。

我が国は、あくまで法律の認める範囲において、イギリスあるいは中国を支援するべきである。決して我が海軍艦船や兵士を戦地に遣ってはならない。徹底的に国防の準備をすること。戦争（参戦）を煽るような言動を慎むことである。そして開戦の権限はあくまで議会が持っているという原則を守ることである。四つの自由を掲げて外国のために戦うことを主張するのはやめなくてはならない。武力を行使し、他国民の意志に反して、自由の強制をしてはならない。四つの自由の実現は、あくまで我が国内だけに留めておくべきである。我が国に自由の光が灯っていれば、他国の人々も自らの意志で自由の実現を目指すだろう。

戦いを続けている国々は必ずや力を使い果たし、我が国の軍事力、経済力、高い精神性などを頼りにする時が来る。その時が、国力を温存している我が国が正義に基づく世界の恒久的な和平構築への力を尽くすチャンスなのである。

いま自由を謳歌できる国は我が国だけとなった。我が国は人類が頼れる砂漠の中のオアシスのようなものである。（民主主義的）モラルも経済力も保持する最後の砦である。我々がこのオアシスを守りきることが人類への貢献である。

多くの国民に訴えたい。我が国は世界戦争への第一歩に踏み出してしまっている。我々はここで立ち止まり、防衛力強化に力を振り向けなくてはならない。まだ我々は理性的に考えることができる。しかし、このまま放置すれば、（理性的に考えることのできない）闇の中に迷い込むことになるのだ[5]〔訳注：傍点部分は筆者フーバーによる〕。〉

演説の他の箇所では、世界各国の軍事情勢や我が国の防衛力の現状を語った。その上で我が国への攻撃に対する備えや、我が国が他国の戦争に参入した場合に起きる経済的・社会的犠牲について述べた。さらに、我が国が戦いの当事者になった場合には戦後和平の構築が難しくなることについても説明した。

＊原注

1　*New York Times*, June 24, 1941.

2　同右、June 25, 1941.〔編者注：ここにある大統領の言葉は『ニューヨーク・タイムズ』紙の記者が述べているものである〕

3　同右、June 26, 1941.

4　修正された講演原稿は左記に収録されている。
Herbert Hoover, *40 Key Questions About Our Foreign Policy*, prepared by Dr. Arthur Kemp, Updegraff Press, New York, 1952.
　フーバーの演説の最終版は、息子のフーバー・ジュニアが所有する。修正前原稿は左記に収録されている。
Addresses Upon the American Road, 1940-1941, pp. 87-102.
（下巻第85章原注9参照。See pp. 581-82, notes 8-9.）

5　傍点は、右記原注4に示した資料にはない。フーバーは最終版原稿ではこの部分を強調したことがわかる。

第35章　ヒトラーのソビエト侵攻に対する欧米の反応

ヒトラーによるソビエト侵攻は、英米両政府の方針に地殻変動を起こした。言うまでもなく英国は本土侵攻の危機が消えたことを喜んだ。チャーチル首相は、たちまちロシア支援を決めた。物資援助や軍事行動での協力を約束した。したがって、我が国から英国への協力は、軍需品調達のファイナンスに限るだけでもよかった。

イギリス首相は、（不思議なことに）スターリンと同衾《どうきん》することに（getting into bed with Stalin）、何の躊躇《ためら》いも感じていない。チャーチルは共産主義の性格を最もよく把握していたはずだった。彼は次のように語っていたのである。

〈歴史上多くの圧政があったが、ボルシェビキによるものほどひどいものはなかった。最も破壊的で、非道である。

彼らのやり方は犯罪的であり、獣にも劣るものだった。[1]

共産主義は国の精神を腐らせる。平和時にでもその惨めさを晒すが、戦時ともなれば、忌まわしいほどに下劣になる。[2]〉

このコメントの後半部分〔訳注：原注1・2の部分と思われる〕は、フィンランドがソビエトの侵攻に果敢に抵抗している時期に出されたものだった。

しかし、チャーチル氏は、一九四一年六月二十二日の国民への演説で、こうした過去のソビエト批判に一切言及しなかった。

〈（ソビエトが犯した）過去の罪、愚かな行為とそれが生み出した悲劇。こんなものは水に流す。いまロシアの兵士が、太古の昔から祖先が耕してきた大地を必死に守っている。そして兵士の母や妻が祈りを捧げている。愛する者が無事に帰ってくるように、家族を守る稼ぎ手が傷つかないように祈っている。

ナチスの支配と戦う人々、あるいはそれと戦う国を、我が英国は惜しみなく支援する。いかなる国家いかなる人間も、ヒトラーと手を携えるかぎり我が国の敵である。[3]〉

一九四一年七月十二日、英国はソビエトと相互援助協定を結んだ。その協定では、ドイツとの講和は、他方の同意なくしては結ばないことが決められた。

〈両国政府は、ヒトラーのドイツとの戦いのために相互にあらゆる協力を実施する。

この戦いでは、両国の同意なしで、一国だけでドイツとの休戦や講和の交渉を進めたり協定を結んではならない。[4]〉

ヒトラーのソビエト侵攻に対するワシントン政府の反応

ルーズベルト氏の閣僚や顧問たちは、もともとアメリカの参戦を促していたが、ドイツのソビエト侵攻を受けてその主張を強めた。ロシア情勢やロシアの歴史をよく知る者の耳には到底信じられないような言葉で参戦の緊急性を訴えた。

ロバート・シャーウッドは、ルーズベルト政権の中枢にいた人物である。また彼は政府資料を使って第二次世界大戦の歴史も書いている。[5]その著作の中で、ヘンリー・スチムソン陸軍長官が、ヒトラーのソビエト侵攻のあった三〇時間後に、次のようなメモを大統領に渡していたことが記されている。[6]

〈この三〇時間、独ソの戦いが我が国の方針にどのような影響を与えるかについて考え続けてきた。考え方の整理をする意味もあり、参謀総長（マーシャル）や作戦本部のスタッフと意見を交換した。結論として、私の考えた方針と彼らの意見が合致したことを報告したい。

第一に、検討の条件になる事実を書き出しておきたい。

一、ドイツはおそらく早くて一カ月以内、遅くとも三カ月以内に、ロシアの占領を終えるだろう。

二、この間、ドイツが以下については侵攻を諦めたか、あるいは遅延したことは確かである。すなわち、

a、イギリス本島を含むイギリスに対する攻撃の可能性はほとんどない。

b、アイスランドを攻撃したり同島での我が国の基地建設を邪魔することはない。

c、西アフリカ、ダカールあるいは南アメリカでドイツが攻勢に出るとは考えにくくなった。

d、エジプトの右側つまりイラク、シリア、ペルシャ（イラン）方面からの攻撃の可能性は減った。

e、ドイツの攻勢はリビアあるいは地中海方面で活発になろう。

第二の点は、（ドイツの東方への転進で）手薄になった分、大西洋方面での我々の作戦がやりやすくなることである。我が国が積極的に行動することで、英国を助けることができ、かつドイツの士気を削ぐことができる。我が国の防衛体制の強化もでき、ドイツからの攻撃の備えを進められる。

大統領も知ってのとおり、マーシャルも私も、準備不足のまま、大西洋の二カ所の地域で戦いが始まることを恐れていた。一カ所は大西洋北東部であり、もう一カ所はブラジル方面であった。ドイツがロシアとの戦いを始めてくれたことで、そうした心配が消えた。我々はドイツがロシアで泥沼の戦いを終える前に行動を起こしてし

まえばよい。〉

このメモの中で、ドイツがロシアとの戦いを、最短であれば三〇日、長くても九〇日で終わると述べているのは信じがたいことである。このように意見できるのは、

（a）彼がロシアの歴史をまったく知らない人物だからであろう。ナポレオンがロシアへの攻撃で苦しんだことは、我が国の歴史教科書にも出ている話である。チャイコフスキーの『一八一二年（序曲）』を聴けば、ナポレオンがロシアの防衛力を侮った結果どうなったかを思い起こせるはずだ。*

（b）メモを書いた人物（スチムソン）は、ロシアの地理にも気候にも無知である。ロシアの防衛力はその軍隊にあるだけではない。ナポレオンはロシア陸軍の将軍だけに敗れ去ったのではなかった。どこまでも続く荒野、戦っても戦っても尽きることのない夥《おびただ》しい数の敵兵、退却の際には村を焼き払う戦術、そして厳しい冬の気候があった。数カ月でドイツ軍はその冬将軍とも戦う羽目に陥るのだ。

（c）この人物は、駐ロシア大使の国務省報告、あるいはモスクワ駐在武官の陸軍省報告をまったく無視している。本書第2編でロシアについて書いたが、その中で一九三五年から三八年までのモスクワからの情報にも触れた。そこでは、スターリンの軍は一九三六年一月の時点で一三〇万と報告されていた。装備の整った軍であった。同年八月にはその数は一五〇万から二〇〇万になっていた。

一九三七年七月、ソビエトの軍事予算は六年前の二〇倍になったことも報告された。一九三八年十月三十一日にはその数字はさらに増大していることがわかった。

一九三九年三月十日、スターリンの演説があった。その中でも赤軍の強化が強調されていた。[7]

一九四〇年七月のモスクワ駐在武官の報告は、軍およびそれを支援する軍需産業のさらなる強化について触れてい

＊訳注：『一八一二年』はチャイコフスキーが一八八〇年に作曲した。一八一二年はナポレオンのロシア遠征の年である。

た。

一九四一年七月一日には詳細な情報がモスクワから届いたが、それによれば、少なくともロシア軍の兵力はドイツ軍を上回り、主要装備品についてもドイツ軍のそれを凌駕しているとされていた。

こうした情報がある中で、マーシャルとスチムソンは、ヒトラーは九〇日で勝利するといった予測をし、大統領に注進したのである。彼らは大統領の参戦決定を早めたかった。スチムソンの評伝には次のように書かれている。この評伝はスチムソン本人がお墨付きを与えたものだ。彼の心理がよくわかる描写である[8]。

〈この間〔編者注：一九四一年四月以来〕、ルーズベルト大統領自身が考える以上の、エネルギッシュで強引とも言えるほどのリーダーシップが必要になった。スチムソンは、イギリス支援を成功させるためには、アメリカはその海軍力のかなりの部分を大西洋方面に配置しなくてはならないと考えた。

スチムソンは、一九四一年五月二十四日、大統領に対して陸海空の軍事力を大西洋方面に展開することについて議会の承認を求めるよう促した。

スチムソンは戦時同様の状況にあって、指導力を発揮できるのは大統領だけであると主張した。〉

一九四一年六月十七日の「スチムソン日記」の記述も興味深い。ヒトラーのソビエト攻撃の五日前である。

〈これまでに届いている情報からすると、ロシアが（ドイツの攻撃を受けた場合）抵抗するか、降伏するかは五分五分だと思われる。私自身は降伏するのではないかと判断している[9]」。〉

様々な反応

ドイツのソビエト侵攻直後の議会の反応は様々だった。ミズーリ州選出の民主党議員ハリー・S・トルーマン上院議員の反応は次のようなものだった（一九四一年六月二十三日）。

〈もしドイツがロシアを圧倒するようならロシアを支援し、その逆であればドイツを支援するのがよい。独裁者相互で好きなだけ殺し合いをさせればよい。私自身はヒトラーが勝ってほしくはないが、いずれにせよ、どちらの独裁者も約束事を守りはしない。[10]〉

同じくミズーリ州選出の民主党議員のベネット・C・クラーク上院議員は次のような意見だった（一九四一年六月二十三日）。

〈この戦いは典型的な骨肉相食《あいは》む戦いである。スターリンの手はヒトラーの手と同じように血塗られている。我が国はどちらの側に立ってもならない。余計なことはしないことだ。[11]

仮に我が国がスターリンを仮想同盟国として扱うようなことをすれば、共産主義をこの国に温かく迎えることと同義になる。そうであればアール・ブロウダー*は牢獄に送られるのではなく、ホワイトハウスのゲストとして迎えなくてはならなくなる。[12]〉

ウィスコンシン州選出の上院議員〔訳注：共和党〕のロバート・M・ラフォレット・ジュニア議員も次のように言っていた。

〈これからの数週間で、我々は歴史上稀に見るごまかしの言葉を聞くことになろう。OGPU**が行なったパージ

＊訳注：アメリカ共産党党首。一九四〇年に四年の刑を受け、最高裁に上告中だった。

など忘れろ、信仰の自由への迫害も忘れろ、私有財産没収も忘れろ、フィンランドへの侵攻もポーランドをハゲタカのように分捕ったことも忘れろ、ラトヴィア、エストニアそしてリトアニアを併合したことにも目をつぶれ。スターリンの悪行はあたかも、ナチスドイツとの戦いの準備作業であるかのように語られるだろう。干渉主義者たちはいまこそ参戦の時だと大きな声を上げるだろう。[13]〉

ロバート・タフト上院議員〔訳注：オハイオ州、共和党〕の言葉は次のようなものだった。

〈共産主義の勝利はナチズムよりも世界にとって危険である。[14]〉

六月二十八日、フロリダ州選出の民主党議員クロード・ペパーはラジオ番組の中で、ヒトラーが対ソ戦に勝利した場合の恐怖について語った。

〈ロシアが敗北すれば、ナチスが旧大陸を席捲することになる。イギリスの艦船、空軍機あるいは監視所を危うくするだろう。彼らはヨーロッパだけでなく、我々を狙うだろう。ポーランド、イギリス、フランス、ギリシャそしてユーゴスラビア。彼らはナチスドイツと勇敢に戦った。

ロシアが敗北すれば、ヒトラーと我が国はアラスカで接してしまう。我が国本土との間には（人口では）ベルギーと同様の小国カナダがあるに過ぎない。[15]〉

一九四一年六月二十四日のワシントン下院で、フランク・C・オスマース・ジュニア（ニュージャージー州、共和党）は次のように発言している。

〈我が国の船舶や軍需品を、我が国が大嫌いな国に送るなどという議論はやめにしたい。そんな国に送る船や資材はない。我々がすべきことは英国の支援と我が国の防衛力強化である。[16]〉

しかし同日の議会で、エステス・キフォーヴァー議員（テネシー州、民主党）は次のように反論した。

〈確かに共産主義は我が国には厄介な問題だ。しかしよく考えてもらいたい。彼らの我が国に対する攻撃は軍事力を伴うものではない。我々は共産主義に対しては、民主主義的プロセスを強化していけば対抗できる。共産主義思想の煽動者を排除すれば対処できる。そんなことはいつでもできる。しかしいま問題なのはヒトラーであり、いまこそ彼を何とかする好機である。[17]〉

この発言の二日後の二十六日には、ロバート・F・リッチ下院議員（ペンシルバニア州、共和党）が次のように述べた。

〈我が国はロシアの側に立って参戦すべきだとする主張は、ガラガラヘビやスカンクと同衾せよと主張するようなものである。[18]〉

七月一日、大統領は記者会見で、「参戦しない」という方針を少し変えた説明をした。

〈記者がこう質問した。「大統領。ヨーロッパで戦いの火蓋が切られた時に、この戦争に参入すべきではないと

＊＊訳注：ソビエト国家政治保安部の後継組織である統合国家政治局。

考えるかとよく訊かれたかと思います。大統領は、参戦しないと答えていましたが、いかがですか」

この質問に大統領は、「そんなことは言っていない、参戦しなくてすめばいいとの願望（hope）を語っただけだ」と答えた。

さらに大統領は、言葉のあやとは無関係に、一九三九年九月一日の戦いの勃発以来、我が国は局外に立つという自身の発言にぶれはないとまで主張した。[19]〉

選挙中に、我が国の父や母に向けて語った演説の中に、願望を示す「hope」などという単語はどこにもない。選挙前に彼が行なった一四回の演説の中にもその単語はない。それからわずか八カ月しか経っていないのである。

一九四一年七月三日、スチムソンは大統領に意見書を提出し、ルーズベルト氏が予定する議会演説の要点を示した。その一部が以下である。

〈軍事力の行使を回避することはあまり効果がない。いまこそ我が国は物理的（軍事的）、精神的、そして物資の支援などあらゆる手段を使って、孤独な戦いを続ける自由主義の国々を支援すべき時である。[20]〉

スターリンの真の軍事力

一九四一年七月三十日、ルーズベルト大統領は、ハリー・ホプキンスを自身の名代としてモスクワに遣った。ホプキンスは大統領に次のように報告している（七月三十一日）。

〈スターリン氏は状況を次のように分析している。

ドイツ軍は開戦時にロシア西部国境に一七五個師団を展開させた。開戦後その数は二三二個師団に増強された。スターリン氏は、ドイツはその数を三〇〇まで増やせると心配している。

スターリン氏は、ロシアは一八〇個師団を持っていたが、そのほとんどが前線近くには配置されておらず、簡単には前線に動員できないと述べた。ソビエトがドイツの侵攻にまともに抵抗できなかったのはそのためだった。しかし、形勢はだいぶ好転しているようだ。開戦以来、ソビエト軍は適正な配置になっており、師団数でもドイツ軍を上回っている。現時点では（兵力を増強した結果）前線に二四〇個師団、予備役に二〇個師団という状況である。スターリンによれば、前線に配置された部隊の三分の一はまだドイツ軍の攻撃を受けていない。

スターリン氏は、三五〇個師団の準備が可能で、一九四二年五月には反転攻勢をかけるが、こうした部隊に十分な装備を持たせることができるとしている。[21]〉

スターリンはホプキンスに、ドイツ軍は延びきった占領地域の通信施設を防衛しなくてはならず、攻撃の勢いが鈍っていると分析してみせた。ホプキンスとの会談前の一〇日間でも勢いの鈍化が目立っていた。

このスターリンの見立ては、ヒトラーは最大九〇日でソビエトを降伏させるとしていた連中の耳にはショックだったに違いない。『ニューヨーク・タイムズ』紙はルーズベルト政権の政策を支持していたが、同紙でさえ対ソ支援に慎重になっている。一九四一年八月六日の論説は次のようなものだった。

〈ウマンスキー大使の国（ソビエト）にとっては少々残念なことかもしれないが、いまようやく自由を愛する国々のロシアへの関心が高くなった。しかし、去年の夏にスターリンはどこにいたか。戦争が始まった時に、彼はヒトラーと戯れていたのではなかったか。

今日の時点ではスターリンは我が陣営にいる。しかし明日になればどうなるのかわかりはしない。またいつ陣営を転換するか、誰にも見通すことはできない。突然ヒトラーと再提携し、ナチス党の東方管区の指導者（ガウライター）に変身するかもしれない。もし我が国が、何百機もの航空機をこの国に供与する場合、そんなことが起きる前でなくてはならない。米ソ関係は十分に調整されていなくてはならない。〉

ハンソン・W・ボールドウィンは『ニューヨーク・タイムズ』紙の軍事評論家だった。彼は自著『戦争の過ち（*Great Mistakes of the War*）』の中で、次のように書いている。

〈英国にとっても我が国（アメリカ）にとっても、世界最悪の独裁者の二人がボロボロになるまで戦うことは好ましいことであった。この点については疑う余地はない。両国の戦いで共産主義もナチズムも弱体化する。そうなれば恒久的和平をもたらす可能性も高まり、民主主義を世界に確立できることになる。どちらかの独裁を支援してもう一方の独裁者を潰すことは、民主主義を潰すことにもなる。一九四一年六月二十二日は、民主主義にとってチャンスが訪れた日なのだ。〉[22]

我が国政府がスターリン支援を決めた後の七月三十日、私はスチムソン長官に以下の覚書を提出した。

〈陸軍長官殿

武器貸与法に基づくソビエト支援の前に、スターリンに条件をつけなくてはならない。自らを誤魔化してはならない。あなたも私もよくわかっているように、共産主義者との約束はいつ反故《ほご》にされるかわからないものだ。彼らはフィンランド、ラトヴィア、エストニア、リトアニアそして東部ポーランドを侵略した。ポーランドとは過去一五年間に三度、不可侵条約を結んでいた。それはスターリンがイニシアティブをとって締結したものではなかったか。ソビエトの侵攻でこうした国々の人々の独立と（自由な）生活はめちゃめちゃにされてしまった。一九三九年のスターリンとヒトラーの提携は、こうした国々の併合を進めさせた。スターリンが結んでいたフランスとの提携にも違背するものだったし、いま起きている戦いを始めさせる要因ともなった。

そしていま、ヒトラーがスターリンを攻撃している現実がある。そして我が国はそのスターリンに武器貸与法を適用し支援しようとしている。ロシアがこれまでにやってきた侵略行為で失われた国々の独立を、支援の条件にすべきである。仮にそのような条件を課したとしても守らないかもしれない。その場合でも、武器貸与法の適用の条件が、決められた期限内における約束の実行であれば、ソビエトにそのような行動を取らせることができるかもしれない。いずれにせよ、そうした条件の中で彼らがどう振る舞うかを見届けることができる。

私は現政権が、現実を見ず、左翼勢力のほうばかりを見て外交方針を決めているような気がして憂慮に耐えない。

政権幹部は現実をしっかり見つめてほしい。そうすれば世界平和にとっての光明が見えてくるでしょう。

ハーバート・フーバー〉

ルーズベルト氏は私の意見に沿った方針を取らなかった。彼に対して、私の考えのような行動を取るべきだという声がなかったのではない。ワシントンの特使としてエストニア、ラトヴィア、リトアニアあるいはポーランドに派遣された内の複数の者が大統領に対して、私が主張したように、こうした国々の自由を保障することを武器支援の条件にすべきだと訴えていた。

ローマ・カソリック（バチカン）の冷ややかな反応

カソリックの指導者は、我が国のソビエト支援の決定に不快感を持った。ソビエトは信仰の自由の敵なのである。その怒りを静めようと米英政府はバチカンに親書を送っている（七月六日）。

九月三日には、ルーズベルト氏はローマ法王ピウス十二世に親書を書いた。ロシアにおいて教会はしっかり開かれている。ロシアが生き残るほうが、ドイツが独裁を続けるよりましだ[23]。

バチカンはヒトラーが危険なことは百も承知であった。しかしヒトラーは信仰の場であるカソリック教会を抑圧してはいなかった。一方のロシアではカソリック教会は閉鎖され、その八〇パーセントが略奪にも遭っていたのである。

＊原注

1 *The Times*, London, April 12, 1919.
2 *Blood, Sweat, and Tears*, p. 215.
3 *The Unrelenting Struggle*, pp. 171-172.
4 *New York Times*, July 14, 1941.
5 *Roosevelt and Hopkins*.
6 同右、pp. 303-304.
7 第10・18章参照。
8 *On Active Service in Peace and War*, pp. 366, 371, 375.
9 William L. Langer and S. Everett Gleason, *The Undeclared War*, Harper & Brothers, 1953, p. 528.
10 *New York Times*, June 24, 1941.
11 同右。
12 *New York Herald Tribune*, June 24, 1941.
13 同右。
14 *New York Times*, June 26, 1941.
15 同右、June 29, 1941.
16 *Congressional Report*, 77th Congress 1st Session, Vol. 87, p. 5460.
17 同右、p. 5484.
18 同右、p. 5553.
19 *New York Times*, July 2, 1941. あるいは *The Public Papers and Addresses of Franklin D. Roosevelt*, 1939 volume, p. 457.
20 *On Active Service in Peace and War*, pp. 372-373.
21 *Roosevelt and Hopkins*, pp. 333-334.
22 Hanson W. Baldwin, *Great Mistakes of the War*, Harper & Brothers, 1950, p. 10.
23 この親書はルーズベルトの私的名代として派遣されたマイロン・C・テイラーが、バチカンで九月九日に手交したものである。この内容については、*The Undeclared War*, p. 795. 参照。また全文については、*F. D. R.: His Personal Letters,* 〔*1928-1945,*〕 Vol. II, pp. 1204-1205. 参照。

第10編

戦争への道

第36章　ドイツを刺激する方法　その一

国民も議会も我が国の参戦に強く反対であった。したがって、大勢をひっくり返して参戦を可能にするのは、ドイツあるいは日本による我が国に対する明白な反米行為（some overt act against us）だけであった。ワシントンの政権上層部にも同じように考える者がいた。彼らは事態をその方向に進めようとした。つまり我が国を攻撃させるように仕向けることを狙ったのである。

一九四一年四月から五月にかけて、陸海軍合同作戦計画が練られ、ノックス海軍長官が五月二十八日に、スチムソン陸軍長官は六月二日に承認した。計画の狙いは枢軸国に勝利することだった。

この計画についてはは海軍作戦部長であったリッチモンド・K・ターナー提督（中将）が次のように述べている。

〈これはドイツに対抗する二つの国（米英）の戦争計画であった。海軍省は、対独戦争とは無関係に日本との戦争の可能性も感じていた。この事態について入念に検討したが、とにかくドイツに我が国との戦争を始めさせることが重要であるとの結論に達した。そうすれば、イギリスに対する強力な支援が可能になるからである。まずドイツを敗北させるのが我々の第一目標である。（対日戦争では）太平洋中央部では限定的な戦いを、アジア方面では防衛に徹する戦いとすると考えていた。[1]〉

陸海軍合同会議の計画策定後、大西洋方面での動きが出てきた。この動きにドイツは勘づいていたはずである。一九四一年七月七日、大統領は議会に、我が軍がアイスランド、トリニダード、英領ギアナに上陸したと報告した。その内容は次のようなものだった。

〈米国海軍は本日、アイスランドに到着（上陸）した。英国軍の支援が目的だが、最終的には英軍に取って代わる予定である。
　我が国は、ドイツが大西洋上の要所を占領することを容認しない。彼らが占領すれば、我が国への攻撃の前進基地として軍港あるいは空軍基地を建設してしまうからである。我が軍が上陸したとしても同地の主権には一切の変更はない。[2]〉

ルーズベルト氏は、こう述べた上で、アイスランド首相が米軍上陸を容認していることを明かした。イギリスは、当初アイスランドからは（その守備を米軍に任せ）撤兵を考えていた。しかしその考えを修正した。これについてチャーチル氏が議会で次のように説明した。

〈我が陸軍をアイスランドにそのまま留めたいと考える。我が軍と米軍の駐留目的はアイスランド防衛である。ヒトラーがこの地の攻略を目論んでも英米両軍は協力して抵抗するはずである。[3]〉

ヒトラーの軍がアイスランドや西インド諸島を占領するということは、現実にはほとんど考えられなかった。ドイツはわずか二一マイル（約三四キロメートル）のイギリス海峡でさえ越えられなかった。ヒトラーの空軍は対ロシア戦に忙しいのである。

いずれにせよ、我が軍のアイスランド派兵は米国海軍の（積極的な）作戦行動のきっかけとなった。当時をチャーチル首相は次のように振り返っている。

〈米軍のアイスランド派兵により、米海軍はレイキャビク〔訳注：アイスランドの首都〕に向かう船団護衛を開始した。米国は戦争当事国にはなっていなかったが、外国船舶は米海軍が護衛することを認めたのである。[4]〉

タフト上院議員はアイスランド派兵に反対した。

〈大統領は憲法に認められている権限を大きく逸脱したと考えざるを得ない。[5]〉

七月九日、ノックス海軍長官は、ドイツ潜水艦に対する攻撃命令を出したことを示唆する発言をした。[6]

七月十一日、上院海軍問題委員会はノックス長官とスターク海軍作戦部長に非公開の場での証言を求めた。そこで米海軍駆逐艦がドイツ潜水艦に対して爆雷攻撃を仕掛けたことを認めた。[7]

同日、ネルソン・A・ロックフェラー*は、枢軸国と関係の深い二〇〇〇の企業および個人名を公表した。[8] 我が国は枢軸国とは未だに戦争状態になかった時にこのようなことを実行したのである。

八月五日、私はこの日、ルーズベルト政権の疑似戦争行為に対する非難声明に名を連ねた。多くの有力者が賛同していた。チャールズ・G・ドーズ（クーリッジ政権副大統領）、J・ルーベン・クラーク（クーリッジ政権国務次官）、ヘンリー・P・フレッチャー（元外交官）、フェリックス・モーレイ（ハヴァーフォード・カレッジ学長〔ペンシルバニア州〕）、ライマン・ウィルバー（スタンフォード大学学長）、クラレンス・バディントン・ケランド（作家）、アーヴィン・S・コブ（作家）、ジェラルディン・ファラー（オペラ歌手）などである。

声明文は次のようなものであった。[9]

〈我が国政府は、宣戦布告なき戦争に一歩一歩進んでいる。国民は議会に対して、政府のそのような動きに「待った」をかけるよう要求する。議会に開戦権限があることは言わずもがなだが、同時に議会は、上下両院が戦争すると決めた場合以外には、我が国が参戦しないようにする義務も負う。

現在の武器貸与法の運用は、法律の目的を逸脱している。海軍による（戦争行為に匹敵する）行動、海外での基地建設、議会承認のないソビエトへの支援約束などが次々に行なわれている。政府によるこうした行動は、議会がチェックしなければ議会の憲法上の権能を侵すものであり、民主国家の基本理念を破壊することになる。

確かに国民の代表である議会は、武器貸与法を成立させた。そしてそのことは、大英帝国と中国の持続が望ましいとする我が国の考えを表明したものでもあった。

武器貸与法では、その支援物資はアメリカ国内において被支援国に引き渡されることを想定している。[**] また支援物資は、民主主義国家の独立維持のためのものである。

我が国民は、確かに（いま危機に瀕している）民主国家のために惜しみない援助を与えることを決めた。しかしそれは、我が国の港湾においてその所有権を移すものである。[***] ここまでが我が国の法律でできる精一杯のことであり、国民感情にも合致し、我が国の安全に資することにもなる。しかしながら、いまの政府のやり方は、この支援が本当に自由と民主主義を守るためのものなのか疑いを抱かせる。専制的圧政者に対する自由を求める戦いなのかも曖昧になった。イギリスとロシアの相互協力によって、専制と自由との戦いであるという幻想を粉々にしてしまった。

この戦争が（ヨーロッパの従来どおりの）パワーポリティックスであるなら、我が国民は巻き込まれることを望んでいない。我が国が参戦することになれば、かえって我が国の民主主義の崩壊をもたらす。ヨーロッパに民

*訳注：北米南米問題調整局長（Office of the Coordinator of Inter-American Affairs）。
**訳注：支援物資の搬送は、被支援国の責任において実施する。アメリカ海軍は護衛しない。
***訳注：その後の搬送は被支援国の責任。

主主義を根付かせるといいながら、こちらの民主主義が危うくなる。いま人類にとって重要なのは（少なくとも）我が国においてだけは、自由と民主主義を守りきることなのである。

いったん参戦してしまえば、それができなくなる。我が国民の生命を犠牲するのは、我が国の独立を守るために侵略者と戦う時だけなのである。

我が国がしっかりと防衛体制を整えていれば、枢軸国が我が国の独立を脅かすようなことはない。そうではないと考える者はほとんどいない。

我々がすべきことは、自由を守るための防衛力を確かなものにすることだ。他国の戦争の結果がどうあろうと、我が国の自由が脅かされることはない。〉

大西洋憲章

一九四一年八月九日、ルーズベルト大統領とチャーチル首相は（カナダの）ニューファンドランド島沖の洋上で会談[10]した。八月十四日、下記の声明が発表された。この声明は後の歴史に大きな影響を与えることとなった。

〈合衆国大統領および連合王国（イギリス）の国王陛下政府を代表するチャーチル首相は洋上にて会談した。

この会談には両政府高官も列席した。陸海空軍関係の高官も同席した。

武器貸与法による軍需物資供給および被支援国の荷受けに関して、関係者が直面する諸問題が協議された。

英国政府軍需大臣であるビーバーブルック卿はこの協議に加わった。卿はこの後、ワシントンに向かい、詳細を米国政府関係部局と詰めていくことになっている。ワシントンの協議では、対ソビエト支援の方法についても打ち合わせがなされる予定だ。

大統領と首相は数回の会談を持ち、世界の文明がヒトラー政府およびその同盟国が始めた軍事力による征服行為で危機に瀕している状況を確認した。両国は、そうした危険に対抗するために必要な措置を取る。

両者は次のような共同声明に合意した[11]。

アメリカ合衆国大統領及び連合王国に於ける皇帝陛下の政府を代表する「チャーチル」総理大臣（首相）は会合を為したる後両国が世界の為一層良き将来を求めんとする其の希望の基礎を成す両国国策の共通原則を公にするを以て正しと思考するものなり。

一、両国は領土的其の他の増大を求めず。

二、両国は関係国民の自由に表明せる希望と一致せざる領土的変更の行わるることを欲せず。

三、両国は一切の国民が其の下に生活せんとする政体を選択するの権利を尊重す。両国は主権及自治を強奪せられたる者に主権及自治が返還せらるることを希望す。

四、両国は其の現存義務を適法に尊重し大国たると小国たると又戦勝国たると敗戦国たるとを問わず一切の国が其の経済的繁栄に必要なる世界の通商及原料の均等条件に於ける利用を享有することを促進するに努むべし。

五、両国は改善せられたる労働基準、経済的向上及び社会的安全を一切の国の為に確保する為、右一切の国の間に経済的分野に於て完全なる協力を生ぜしめんことを欲す。

六、「ナチ」の暴虐の最終的破壊の後、両国は一切の国民に対し其の国境内に於て安全に居住するの手段を供与し、且つ一切の国の一切の人類が恐怖及欠乏より解放せられ其の生を全うするを得ることを確実ならしむべき平和が確立せらるることを希望す*。

七、右平和は一切の人類をして妨害を受くることなく公の海洋を航行することを得しむべし。

八、両国は世界の一切の国民は実在論的理由に依ると精神的理由に依るとを問わず強力の使用を抛棄するに至

*訳注：傍点訳者、次章冒頭の内容に関連する。

ることを要すと信ず。陸、海又は空の軍備が自国国境外への侵略の脅威を与え又は与うることあるべき国に依り引続き使用せらるるときは将来の平和は維持せらるることを得ざるが故に、両国は一層広汎にして永久的なる一般的安全保障制度の確立に至る迄は斯る国の武装解除は不可欠のものなりと信ず。両国は又平和を愛好する国民の為に圧倒的軍備負担を軽減すべき他の一切の実行可能の措置を援助し及助長すべし。〉[12]

これが後に「大西洋憲章」と呼ばれる声明であるが、精巧に仕組まれたプロパガンダであった。声明はラジオを通じて繰り返し読み上げられた。新聞は、この声明文に太字のロゴを使った見出しをつけて紹介した。さらに、政府予算で大きな文字で印刷されたポスターが全国の学校や公共施設に掲示されたのである。

この憲章は、かつてウッドロー・ウィルソン大統領が訴えた十四カ条原則などのスピーチの内容のほとんどを取り入れていた。ウィルソン大統領の声明がそうであったように、この声明も、スターリンやヒトラーによって主権や自治を奪われた国々にとっては、嵐の中に見る灯台の光のようなものとなった。

先に書いたように、議会は、ルーズベルト政権の疑似戦争行為に反発していた。またこの頃下院では徴兵期間の延長法案がわずか一票差で可決された。* この採決結果を見て、与党民主党・野党共和党両党の指導者は、対独宣戦布告が議会で採決された場合、大差で否決されるだろうと理解したのである。[13]

八月十四日、声明はワシントン上院で議論された。パット・マッカラン上院議員〔訳注：民主党、ネバダ州〕は、これでは「我が国は宣戦布告したのも同然だ」と憤った。デイヴィッド・I・ウォルシュ上院議員〔訳注：民主党、マサチューセッツ州〕は、「憲法で認められた大統領権限を大きく逸脱する」と非難した。D・ワース・クラーク上院議員〔訳注：民主党、アイダホ州〕も、ロバート・R・レイノルズ上院議員〔訳注：民主党、ノースカロライナ州〕もその非難に加わった。

逆に、共同声明を絶賛する議員もいた。アルベン・バークレー上院議員〔訳注：民主党、ケンタッキー州〕は、「自由と民主主義を信じるすべての人の心に響くであろう」と述べ、クロード・ペパー議員〔訳注：民主党、フロリダ州〕は、「素晴らしい。世界独立宣言のようなものだ」と語った。トム・コナリー上院議員〔訳注：民主党、テキサス州〕、エルバート・D・トーマス上院議員〔訳注：民主党、ユタ州〕あるいはW・リー・オダニエル上院議員〔訳注：民主党、テキサス州〕なども同様の意見であった。[14]

しかし、ワシントンの議員は、会談でなされた他の政治的な、そして軍事的な協議の内容を聞かされていなかった。それが公になるのはだいぶ後のことであった。[15]

チャーチル首相は、八月二十四日のラジオ放送で、ルーズベルト大統領は参戦に同意したと次のように語った。

〈アメリカ大統領と英国代表（チャーチル）は、大西洋憲章の中で、ナチスの暴政を完全に破壊することを約束した。これはきわめて厳粛かつ重大な保証である。この約束は守られなければならない。いや必ず守られるのである。これを実現するための方策が話し合われた。またそれを現実にする作業がすでに動き出している。[16]〉

チャーチルはあの大西洋上での会談の性格を後になって次のように書いている。

〈その後も、陸海軍の上層部の間で協議は続けられた。そして広範囲の分野での合意がなった[17]（傍点著者フーバー）。〉

この会談について最も信頼性のある情報は、国務次官サムナー・ウェルズの備忘録である。この備忘録は、真珠湾

＊訳注：一九四〇年に徴兵制が実施されたが徴兵期間は一年であった。一九四一年十一月には初年に訓練された徴兵の期限がくるため、ルーズベルト政権は徴兵期間の延長を狙った。下院の評決は賛成二〇三、反対二〇二であった。

攻撃調査委員会の場で明らかになった。[18] 彼は軍事協定がなされていたことを認めたのである。[19]

〈チャーチル氏は、ケープヴェルデ諸島の占領を企図しているとしていた。将来、島の防衛は我が国に任せるという前提である。もちろんその時点では我が国はそのような行動ができる立場になっていることが前提である。〉

憲章には、「望む」「努力する」「期待する」「信じる」という言葉がちりばめられていて、「合意した」とか「協定」とかいう言葉が使われていなかった。この憲章が憲法に抵触するのではないかという疑念を避ける工夫であった。

＊原注

1 *Pearl Harbor Attack*, testimony of Vice Admiral Richmond K. Turner, USN, April 3, 1944, Part 26〔*Proceedings of Hart Inquiry*〕, p. 265, question 10. あるいは Testimony of Rear Admiral Husband E. Kimmel, USN (ret.), *Pearl Harbor Attack* hearings, Part 6, p. 2502.〔編者注：第31章原注17参照〕

2 *New York Times*, July 8, 1941. あるいは *The Public Papers and Addresses of Franklin D. Roosevelt*, 1941, pp. 255ff.

3 Great Britain, House of Commons, *Parliamentary Debates*, Official Report (Hansard), 5th Series, Vol. 373, p. 182. あるいは *The Unrelenting Struggle*, p. 176.

4 *The Grand Alliance*, p. 150.

5 *New York Times*, July 8, 1941.

6 同右、July 10, 1941.

7 同右、July 12, 1941.

8 同右。

9 同右、August 6, 1941.

10 両国の出席者は以下のとおり。

〈米国〉

Franklin D. Roosevelt, W. Averell Harriman, Sumner Welles, Harry L. Hopkins, Admiral Ernest J. King, Admiral Harold R. Stark, General George C. Marshall, Major General Henry H. Arnold, Rear Admiral Richmond K. Turner, Commander Forrest P. Sherman, Rear Admiral Ross T. McIntire, Major General Edwin M. Watson, Captain John R. Beardall.

〈英国〉

Winston S. Churchill, Sir. Alexander Cadogan, Lord Beaverbrook, Lord Cherwell, Admiral of the Fleet Sir. Dudley Pound, General Sir. John Dill, Air Chief Marshall Sir. Wilfred Freeman, Colonel L. C. Hollis, Commander Charles Thompson, J. M. Martin.

出席者の出典は以下。

〔U. S. Department of State,〕*Foreign Relations of the United States,*〔*Diplomatic Papers*〕*, 1941*〔United States Government Printing Office, 1958〕, Vol. I, pp. 341ff. あるいは *Roosevelt and Hopkins,* pp. 349, 353, 363. あるいは *Fleet Admiral King: A Naval Record,* pp. 331-335.

11　〔訳注〕大西洋憲章〈http://www.ndl.go.jp/constitution/etc/j07.html〉

12　*New York Times,* August 15, 1941. あるいは *The Public Papers and Addresses of Franklin D. Roosevelt,* 1941, pp. 314-315.

13　*New York Times,* August 13-14, 1941. あるいは Carlisle Bargeron, *Confusion on the Potomac*〔Wilfred Funk, 1941〕, p. 218ff.

14　*New York Times,* August 15, 1941.

15　詳細が公になったのは次の資料による。

Pearl Harbor Attack（一九四六年）あるいは *Roosevelt and Hopkins*（一九四八年）あるいは *Foreign Relations of the United States, 1941,* Vol. I（一九五八年）あるいはチャーチル自身の告白である *The Grand Alliance*（一九五〇年）。

軍事的協議の内容については以下の資料で明らかになった。

United States Army in World War II, United States Army Department. あるいは Mark Skinner Watson, *The War Department, Chief of Staff: Prewar Plans and Preparations,* United States Army, 1950.

16　*New York Times,* August 25, 1941. あるいは *The Unrelenting Struggle,* p. 237.

17　*The Grand Alliance,* p. 437.

18　*Pearl Harbor Attack,* Part 4, pp. 1783-1792.

19　同右、p. 1786.

第37章　ドイツを刺激する方法　その二

この時点で、ヒトラーが大西洋憲章に対する怒りを表明しようと思えばできた。それはこの憲章にある「『ナチ』の暴虐の最終的破壊の後」〔訳注：大西洋憲章の第六項部分〕の表現を指摘すれば足りた。

八月十九日、『シカゴ・トリビューン』紙は、前日に行なわれた大統領と有力議員との会談内容を伝えた。ここで、ルーズベルト大統領は、大西洋憲章での合意事項はアメリカ軍のヨーロッパ派遣を要求するものになっていることを認めたと報じた。与党民主党リーダーのアルベン・W・バークレー上院議員は、この報道を虚偽だと言いきった。[1]

報道の一週間前に、ペンシルバニア州ベスレヘムで、クラーク・H・ウッドワード海軍少将（退役）が鉄鋼プラント労働者を前にして、「（我が国は）近いうちに参戦することになる」と述べていた。ウッドワード少将は、市民防衛連邦委員会（Federal Board of Civilian Defense）なる組織で海軍の立場を代表する委員であった。

この発言を取り上げた『ニューヨーク・ヘラルド・トリビューン』紙は、少将が次のように述べたことを報じた。[2]

〈現実問題として、我が国はすでに戦争状態に入っている。ごまかしはやめたほうがよい。〉

そして少将がこう主張したと続ける。

〈(ドイツと日本のような) 不道徳な戦争国家を敗北させるためには、イギリスと中国を徹底的に支援しなくてはならない。

軍需物資を生産し、それを供給しなくてはならず、そのためには船団を護衛する必要がある。したがって護衛艦隊は戦いに巻き込まれることになるということだ。現時点では百パーセントの確度で我が国の参戦を断言できないが、私自身は、近々に我が国は戦いの当事者になると思う。〉

チャーチル首相の発言はかなりあけすけであった。国民に向けての八月二十四日のラジオ演説で次のように述べている。[3]

〈アメリカの参戦は近いのか？　その答えを知る者はただ一人である。ヒトラーは未だに対米宣戦布告していない。その理由は、もちろん彼がアメリカを好いているからではない。宣戦布告の理由が見つけられないからでもない。ヒトラーはすでに半ダースの国を屠《ほふ》ってきた。軍事力の犠牲もほとんどなかった。しかし対米戦を躊躇《ためら》っているのは、すさまじいプレッシャーを（アメリカから）感じているからである。

ヒトラーは、（近隣諸国を）一つずつ潰してきた。それが彼のやり方である。単純な方針である。そうやって彼は世界の大部分の隷属化を進めてきた。〉

九月一日、チャーチル氏は、ルーズベルト氏に対して大英帝国各地からの部隊を中東に輸送してくれるように要請した。[4]ルーズベルト氏はそれに応じ、四万人の兵士が搬送された。

九月四日、アメリカ海軍の駆逐艦グリアーがドイツ潜水艦の魚雷攻撃を受けた、同船はアイスランドに郵便を運んでいた、グリアーは爆雷で反撃した、と発表した。翌日の記者会見で大統領は、ドイツ潜水艦から攻撃を受けたと述べた。[5]

九月十一日、アメリカ艦船に対する度重なるドイツの攻撃は明らかな戦争行為であると説明した。駆逐艦グリアー事件に言及し、こう述べている。

〈ナチス政府によるアメリカ艦船に対する攻撃はこれが初めてではない。おそらくこれからも続く。〉

彼は、アメリカ船舶ロビン・ムーア号が攻撃された事件についても述べている。

〈数カ月前のことだが、我が国の商船ロビン・ムーア号もドイツ潜水艦に攻撃され南大西洋の海底に沈んだ。これは国際法違反であり、あらゆる人権に違背する行為である。〉

しかし、ロビン・ムーア号は実際に禁制品（軍需物資）を運んでおり、乗員・乗客は、撃沈前に船を離れる猶予が与えられていた。

大統領は続けて次のように述べた。

〈一九四一年七月、我が海軍の戦艦をドイツ潜水艦が追い、臨戦態勢を取った。潜望鏡がはっきりと見えていた。〉

これはおかしな話だった。当時、戦艦のスピードが出せる潜水艦など存在しなかった。

大統領は次にこう語った。

〈五日前のことだが、警備中の我が海軍艦船が三人の漂流者を救助した。彼らは、米国所有の船舶セッサ号の生

存者だった。同船はパナマ国旗を掲げていた。〉

セッサ号は軍需品を運んでおり、アメリカ国旗も掲げていなかった。

大統領はさらにこう述べた。

〈同じく五日前のことだが、我が国商船スチール・シーフェアラーがドイツ軍機によって撃沈された。スエズ運河から南へ二二〇マイルの紅海を航行中であった。[6]〉

スチール・シーフェアラー号はアメリカ国旗を掲げていたが、エジプトに展開する英軍のための物資を運んでいた。この件では乗員は全員救出されている。

ワシントン上院は、駆逐艦グリアーのログ（日誌）の公開を要求した。スターク提督は、上院海軍問題委員会に対し、日誌を公開せず、状況説明に終始した。それによれば、英国空軍機がグリアーにドイツ潜水艦の位置を知らせ、その情報によってグリアーは潜水艦探索行動に入った。潜水艦を発見するとおよそ三時間半にわたって追尾した。ドイツ潜水艦はついにそれに耐えられずグリアーに向けて魚雷を発射した。このように説明した。これがドイツ潜水艦による「攻撃」の実態だったのである。グリアーは潜水艦を見失うまで爆雷攻撃を続けていた。[7]

私の再びの訴え

我が国が第二次世界大戦に引きずり込まれる可能性が大であったが、それでもまだかすかな望みはあった。参戦せず、独裁者同士が戦い弱体化するのをまず見守るべきだとの主張を繰り返すことが私の義務だと考えた。

九月十六日、シカゴからのラジオの全国放送を通じて次のように訴えた。[8]

〈我が国民に、もう一度、我が国は今次のヨーロッパの戦いにどのように対処すべきかについて訴えたい。可能なかぎり冷静でかつ分析的な訴えでなくてはならないと考える。落ち着いて頭を冷やした議論が必要な時だからだ。

一〇週間前から、世界の戦いの情勢が大きく変化した。

我が国が一歩一歩戦争への道を歩んでいることは誰の目にも明らかになってきた。このままでは若者を戦場に送ることになる。このことについて、今日、ここでじっくりと検討したい。

我が国の自由主義制度の精神に基づくのであれば、議会による宣戦布告がないかぎり、若者を戦場に送るようなことがあってはならない。

私は、いや私だけではなく九九パーセントの国民も、全体主義は忌まわしいものであると考えている。それはナチズムでも共産主義でも同じである。どちらも、信仰の自由を否定する非倫理的な思想である。どちらの考えとも妥協することはできない。そうすることは神への冒瀆である。どちらも唾棄すべき思想である。どちらもとんでもなく残酷で、数百万の人々の命を奪っている。ナチズムであれ共産主義であれ、このような思想と妥協する国民がいたら私は激しく嫌悪せざるを得ない。

世界の現実を冷静に見れば、一〇週間前に比べ、絶対的全体主義が世界を覆う危機は薄れている。ヒトラーとスターリンが骨肉相食《あいは》む戦いを続け、互いに体力を消耗しているからである。

ヒトラーは英国海峡を渡れず、（独ソの戦いで）イギリスは航空機、戦車、艦船の生産に余裕が生まれている。我が国からの軍需品の支援も続いている。（潜水艦攻撃で）失う船舶も物資も減っている。イギリスは難攻不落となったといってもよい。

感情ではなく理性で考えることのできる者なら、我が国は新しい兵器でしっかり防衛能力を高めておけば、ヒトラーによって侵略を受けることなどあり得ないことがわかる。少し前に同じ発言をしたが非難された。しかし私の主張の正しさは、陸軍参謀であるフィリップ大佐の書いていることからもはっきりしている。彼は次のように主張している。

「（航続距離の長い）爆撃機が開発されたことで（攻撃力が高まったことで）、我が国沿岸への侵攻はほぼ不可能になった」

したがって、我が海軍が、侵入する敵海軍よりも劣っていると仮定しても、上陸などできない。

「このことは北米大陸だけでなく南米大陸の防衛についても当てはまる」

もっと言えば、ヒトラーがヨーロッパ中の造船所を支配しても、大西洋を無事に渡ってこられるような艦隊など五年経っても造れはしない。

我々に常識があれば、干渉主義的な考えであってもそうでない立場であっても、我々がすべきことは生産量を高め（自衛力を高め）ながらイギリスに必要な機材を送ることである。この方針はヨーロッパであっても対日外交であっても同じことである。その上で、事態がどのように推移していくかを見守ればよい。

現在の大統領は、軍の艦船を交戦地域に遣ったり、民間船に禁制品の軍事物資を運ばせたりしている。このような行為を議会は認めていない。宣戦布告もなされていない。そんな中でこうしたことを大統領がしていいのかということなのである。

国民にもう一度訴えたい。過去の反省を忘れてはならない。

第一次大戦参戦前も、私たちは独裁的なドイツやその同盟国に憤った。私たちは、戦争の犠牲者を思い、同情した。アメリカの参入で、古い体制のヨーロッパ大陸に、新しい秩序を築き、自由と正義をもたらすことができると信じた。世界を民主主義に一歩でも近づけることができると思った。すべての戦いをこれで終わりにできると信じて戦ったのである。

当時の私は参戦すべきだと訴えた。だから私自身、あの戦争に我が国を導いたことにも、いったん平和がなったことにも、そしてその後のごたごたにも責任がある。私はいずれの歴史にも関わっていた。だからこそ国民に向かって、この事実を基に、また記録を基にして自身の経験と知識で語ることができると思っている。

結局、先の戦争ではヨーロッパの勝者も貧しくなった。恐ろしいほどの悲惨さと不正義を味わった。そのために復讐心が燃え上がった。敗戦国には罰を与え、植民地を奪い、賠償金を要求した。復讐心を抱えた国民を代表する政治家は、ウィルソン大統領が考えるような平和の理想に基づいた行動を取ることができなかった。和平交渉の場には、千年にもわたる憎しみと恐怖心が渦巻いた。ヨーロッパに和平を築くはずの会議にそうした感情が溢れたのである。それがヨーロッパにおける交渉の性格であったが、我が国の政治家はそうした状況にはまったく不慣れだった。

あの経験を踏まえればわかるように、アメリカは二六もの異なる民族のいるヨーロッパにも、それ以外の地域にも、自由や理想を力で押しつけることはできない。(そうしたことができると思うことは)狐火《きつねび》を見るようなものだ。そんな怪しい理想の実現のために再び若者の命を犠牲にしてはならない。

ロシアはいま祖国防衛に忙しい。それは当然のことである。ただ祖国防衛の戦いが正当であることと、その戦いに我が兵士を遣るということはまったく別の話である。そのような決断をする前に、そのことの是非をじっくりと考えなくてはならない。ロシアも民主主義を抑圧する侵略的な国家である。そのロシアを勝たせるために我が国が兵を遣ったらどうなるのか。ロシア国内の奴隷状態にある人々、(ロシアの危機に晒される)ヨーロッパの人々、そして我々自身の持つ自由がどんなことになるのか。共産主義の勝利のために戦うことが何をもたらすか。こうしたことについてしっかりと考えなくてはならない。

つまり、派兵の是非は、我が国の将来との関連の中で検討されなくてはならない。そしてまた、この戦いで命を失ったり不具になったりする兵士の視点や、満足な食事も摂れず、粗末な家に住み、十分な教育を受けられない国民の視点で考えなくてはならないということである。国民の三分の一はそうした生活を強いられている現状がある。それがこのまま何世代も続いてよいのだろうか。また(参戦することで)我が国内での自由が犠牲になることはないのだろうか。

我が国の方針はいかにあるべきか。孤立か介入か。実はどちらの政策を取ることも難しく、かつ賢明ではない。

我々がなすべきことはこの国の守りを固めることである。南北アメリカ大陸にある二〇の国の防衛も含んでいる。それは決して（利己的な）孤立主義ではない。

民主主義のために防衛力を高める作業は決して（利己的な）孤立主義ではない。

我が国は、国力をしっかりと温存すべきである。無駄にしてはならない。ヒトラーが戦線を拡大し衰弱し倒れた時に、荒廃からの再建が必要になる。和平構築の作業が始まる。その時こそ我が国の（温存した）国力を使うべきなのである。この方針は単純に、孤立主義とか干渉主義とかという言葉では表現できない。

南北大陸にある自由主義体制と国民の自由を守りきること。これが、我々がこれまで築いてきた文明への貢献である。決して（利己的な）孤立主義として非難されるものではない。むしろ人類全体への奉仕の作業なのである。

若者を戦場に送り、殺させたり殺されたりすること。これが干渉主義である。

我が国の歴史を振り返ってみよう。（旧大陸の戦いを嫌い）自由を求めて大西洋を越え、この新大陸にやって来たのではなかったか。先人たちのたゆまぬ努力と、時に流された血によって自由を育んできた。我が国の自由は、自由が干からびた世界にあって砂漠のオアシスなのである。（干渉主義者の主張するように）自由の消えたヨーロッパ大陸の戦いに介入すれば、我が国内に残る自由のオアシスまでも干上がってしまうだろう。）

九月三十日、チャーチル氏は、アメリカの参戦を煽る層には好ましくない議会演説を行なった。一九四一年の第3四半期に、イギリスおよび連合国側と中立国が失った船舶は、第2四半期の三分の一に激減したと説明したのである。[9]

十月十七日、駆逐艦キアニーはイギリスに向けて軍需品を搬送していた。キアニーはアイスランドから南西三五〇マイル（約五六〇キロメートル）の位置にいた。アメリカ本土からは一五〇〇マイル（約二四〇〇キロメートル）の地点だった。キアニーはそこでドイツ潜水艦に爆雷攻撃を仕掛けたのである。ドイツ潜水艦は反撃した。キアニーは港に入ることができたが一一人の戦死者を出していた。事件の経緯は、スターク提督が数日後に開かれた上院の委員会で認めている。ノックス海軍長官も認めている（十月二十九日）。武器貸与法では、我が海軍が〈支援物資を運ぶ船舶を〉護衛することさえ禁じていた。

十月二十二日、アメリカ第一主義委員会のロバート・E・ウッド将軍は、大統領は議会に対してはっきりと戦争か平和かの議決を求めるべきであると訴えた。しかし大統領は議会の判断を求めようとしなかった。

十月二十七日、大統領は、「すでに戦いは始まっている」と述べ、こう結んだ。

〈戦争の準備が必要だ。[10]〉

ルーズベルト氏はドイツから明白な攻撃があったと繰り返した。これに対して、アーサー・クロックが疑念を表明した（十一月五日）。クロックは知的で正直な人物である。『ニューヨーク・タイムズ』紙のワシントン支局長であった。彼は、コロンビア・カレッジの同窓会の席上で、ルーズベルト氏の発言について意見した。

〈ヒトラーは、（アメリカが攻撃されたという非難に対して）そうではないと事実をもって反論するだろう。（言葉の定義をしっかり考えろと）辞書まで投げてよこすかもしれない。

なぜ我が国政府は事実を誤魔化そうとするのか。[11]〉

後の、真珠湾攻撃調査委員会の場で、スターク提督は十一月七日にハート提督に次のように書いたことを明かした。

〈海軍は、大西洋方面ではすでにドイツと交戦状態にある。このことを国民はよくわかっていないようだ。わかっていようがいまいが、すでに戦いが始まっている。それが現実だ。[12]〉

この調査委員会で、バートランド・W・ギアハート議員〔訳注：共和党、カリフォルニア州〕とスターク提督の間で次のようなやりとりがあった。[13]

〈（あなたがドイツと戦争状態にあると言っているのは）大統領がそのようにドイツに対応せよと指示している結果ではないか。だからドイツ潜水艦と交戦状態に陥った。そしてあなたは、大西洋上では真珠湾攻撃前にすでにドイツとの戦いは始まっていると言った。そうではないですか。（ギアハート）

そのとおりです。ドイツとの戦いは攻撃命令が出てから始まっています。大統領の九月のスピーチがあってからです。海軍が攻撃命令を発したのは十月に入ってからです。法律上、我々は戦争状態に入っていません。宣戦布告が出ていないからです。しかしキング提督の指揮下にある一部の地域では、その区域に入るドイツ艦船とは戦争状態になっていました。（スターク）〉

十一月七日、チャーチル氏はハルの町〔訳注：英国東部海岸にある〕で、「英国は再び自身の将来を自ら決めることができるようになった」と発言した。これを受けてニューヨークのメディアは、「チャーチル首相、最悪期は脱したと発言」「危機は脱した、とチャーチル語る」「チャーチル、最悪の危機は乗り越えた」などの見出しで、イギリスの将来が楽観できることを伝えた。[14]

ここまでに挙げた状況をみれば、大統領は、我が国艦船に対しドイツによる明らかな攻撃があったと主張したものの、議会がそれを額面どおり受け入れていないことがわかる。

私は、ヒュー・ギブソンと共にバーナード・バルークと昼食をとった（十一月九日）。バルークは、ルーズベルト氏が、「ヒトラーに唾を吐きかければ、奴は必ず反抗してくる」と語っていたと教えてくれた。

＊原注

1 *Chicago Tribune*, August 19-20, 1941. あるいは *New York Times*, August 20, 1941.

2 *New York Herald Tribune*, August 13, 1941.

3 *New York Times*, August 25, 1941. あるいは *The Unrelenting Struggle*, pp. 237-238.

4 *The Grand Alliance*, pp. 491-493.

5 *New York Times*, September 6, 1941. あるいは *The Public Papers and Addresses of Franklin D. Roosevelt*, 1941 volume, p. 374.

6 *New York Times*, September 12, 1941. あるいは *The Public Papers and Addresses of Franklin D. Roosevelt*, 1941 volume, pp. 384-392.

7 *New York Times*, October 15, 1941. あるいは *Congressional Report*, 77th Congress 1st Session, Vol. 87, Part 8, pp. 8314-8315.

8 *Addresses Upon the American Road, 1940-1941*, pp. 103-114. あるいは *New York Times*, September 17, 1941.

9 *New York Times*, October 1, 1941. あるいは *The Unrelenting Struggle*, p. 265.

10 *New York Times*, October 28, 1941. あるいは *The Public Papers and Addresses of Franklin D. Roosevelt*, 1941 volume, pp. 438-444.

11 *New York Times*, November 6, 1941.

12 *Pearl Harbor Attack*, Part 5, p. 2121. 〔編者注：第31章原注18参照〕

13 同右、p. 2310.

14 *New York Herald Tribune*, November 8, 1941. あるいは *New York Journal-American*, November 7, 1941. あるいは *New York Sun*, November 7, 1941.

第38章 日本を刺激する方法 その一：全面経済制裁と日本からの講和提案

本書は一九四一年以前の対日関係を詳しく記すことを目的としていない。しかし、我が国が戦争に突入することになった直接の原因が日本である以上、真珠湾攻撃に至るまでの経緯を書かないわけにはいかない。アメリカ政府は(対日交渉の経緯を)国民に隠していた。そしてその後の教育でも、何があったか歴史の真実を教えていない。だからこそ、対日交渉の経緯はしっかりと書いておかなくてはならない。

一九四一年六月のヒトラーによるソビエト攻撃で、国際的な力関係にはっきりとした転換が起きた。ヒトラーのソビエト攻撃は、日独伊三国同盟を揺るがした。このことによって、日本では、ソビエトとの戦いの可能性が一気に高まった。これに加え、我が国は日本に対して経済制裁を実施し、海軍を(太平洋方面に)展開させることで日本にプレッシャーをかけていた。中国を支援するためであった。そのことで日本の危機は高まっていた。

日本は中国に対する侵略的戦争で、主要な海岸線を占領していた。しかし征服には至らず戦いは泥沼化していた。このような情勢の中で日本は英米両国との関係を悪化させた。ルーズベルト大統領は、中国を支援しようと日本に対する経済制裁を徐々に強めていった。さらに、太平洋艦隊の基地を本土西岸の港からハワイの真珠湾に移した。日本の軍国主義的行動の中心となっていたのは、陸軍であり、陸軍省だった。日本海軍は、むしろリベラル勢力と見なされていた。そうした勢力は近衛文麿公(首相)に指導されていた。近衛首相は、緊張緩和を何とか実現したいと考えていた。特に米英両国との関係改善を図りたかった。

日本から関係改善を求める公式提案があったのは一九四一年五月のことである。その提案は、野村吉三郎提督によってもたらされた。彼はきわめて親米的な人物であり、近衛によって駐米大使に任命されていた。しかし、野村の交渉の成果はことごとく東京の松岡洋右外務大臣の妨害にあった。松岡は反米感情を持っていた。

一九四一年七月十八日、近衛は新内閣を組織した。松岡に代えて豊田貞次郎提督を外務大臣に据えた。彼も親米的な人物だった。豊田の任命は、ルーズベルト大統領およびハル国務長官に対するメッセージであった。リベラル勢力の台頭を伝える意味があった。[1]

日本の状況は、侵略行為をやめ、中国に自由を回復させるのに好都合な環境に変化していたのである。

一九四〇年九月、グルー駐日大使は対日禁輸政策を実行すべき時期に至ったと伝えていたが、一九四一年に入ってからは日本との関係改善は可能であり、経済制裁はむしろ危険であると訴えていた。

全面経済制裁

グルー大使の意見がありながら、一九四一年七月二十五日、ルーズベルトは日本からの提案を一顧だにせず、日本に対する経済制裁を突然に強化したのである。ヒトラーのスターリンへの攻撃が始まった一カ月後のことである。[2] 日本向け輸出および日本からの輸入をすべて政府の管理下に置いた。さらに米国における日本の資産を凍結した。これにイギリスとオランダが続いた。

この制裁によって日本がとれる選択肢は次の三つに限定されてしまった。

一、南方に進み、食糧および石油などを占領地域で確保する。占領する地域はタイ、マラヤ、蘭領東インド諸島*などとなる。

二、経済制裁の首魁《しゅかい》たるアメリカを攻撃する。

三、再び、米英のアングロサクソン連合との和平構築を目指す。

八月四日、近衛首相は陸海軍大臣と協議し、ルーズベルト大統領との直接会談の道を探ると発表した。引き続き和平の条件を探るという決定は、海軍の支持を得、陸軍も同意していた。天皇は、できるだけ早く大統領との会見に臨むよう指示した。[3]

八月八日、東京からの指示に基づいて、野村大使はハル国務長官に対して、ルーズベルト大統領との首脳会談を正式に申し入れた。場所はアメリカ領土の太平洋側のどこかにしたいという提案だった。スチムソン陸軍長官は提案を受け入れることに反対であった。彼は八月九日の日記に次のように書いている。

〈この会談の申し込みは、我々に断固とした行動を起こさせないための目くらましである。[4]〉

大西洋憲章を話し合った時期（一九四一年八月九日から十四日）には、チャーチルもルーズベルトも日本の動きがわかっていた。二人は日本に対して何らかの行動を起こすことを決めていた。近衛首相の提案を無視した上で、日本に対して強い警告を発することを決めた。ただ、チャーチルは大統領が十分に強硬な対日メッセージを出せるのか、懸念していた。

八月十二日、チャーチルは王璽尚書《おうじしょうしょ》**に、次のように電信で指示した。

〈我々は日本に対して強い警告を発するように注力した。アメリカ大統領の強い意志を感じさせる言葉にさせたいと考えた。国務省は穏やかな表現にする恐れがあるが、大統領はきつい言葉を使った警告にすると約束してくれた。[5]〉

＊訳注：ほぼ現在のインドネシアにあたる。
＊＊訳注：国王御璽を管理する役職、当時はクレメント・アトリーがこの職にあった。

チャーチル氏は、強硬な態度を保持する一方で、日本は必要な食糧やその他の資源を求めてイギリスの極東植民地に対して軍事行動を起こしてくるのではないかと危惧していた。ルーズベルト氏は、チャーチルの不安を和らげる目的で、日本との交渉を長引かせた。日本が早まった（軍事）行動に出ないようにする狙いがあった。

フォレスト・デイヴィスとアーネスト・リンドレイはその著書『いかにして戦いは始まったか（*How War Came*）』の中でルーズベルトが次のように語っていたと書いている。

〈「交渉の引き延ばしは三カ月くらいでどうだろう」との（ルーズベルトの）言葉にチャーチルは同意した。しかしチャーチルは、英米両国がすぐにでも共同行動（警告）を起こさなければ、対日交渉がずるずると長引くことになると心配した。

「任せておいてくれ。三カ月程度日本をあしらっておくのは簡単なことだ」とルーズベルトはチャーチルを安心させた。[6]〉

私は後に著者のデイヴィス氏に、この情報はどこから得たのか聞いた。彼は、「ウェルズ国務次官からだ。彼はその場にいたのだ」と教えてくれた。

大西洋憲章の打ち合わせから戻ったルーズベルト氏は、野村大使と会った（八月十七日）。彼は野村大使に声明文を示したが、それは大西洋上の会談でチャーチルとともに草稿を練ったものだった。ただ野村大使に渡した書面は、国務省が内容を若干修正していた。ハル国務長官の言葉を使えば、飴（オリーブの枝）と鞭（警告）をはっきりとさせたのである。[7]

鞭の部分は次のように表現されていた。

〈現在の状況に鑑みると、我が米国政府は、日本政府に対して次のように警告しなくてはならない。もし日本政府が軍事力による支配計画をこのまま遂行し、近隣諸国を力で脅すことを続けていけば、我が国政府は、合衆国および米国民の合法的権益を守り、安全保障を確かなものにするために必要なあらゆる措置をただちに取らざるを得なくなるであろう。[8]〉

飴の部分は次のようなものだった。

〈日本政府はその現在の考え方をより明確にして発表することが望まれる。我が国政府はすでに繰り返し日本への要求事項を日本政府に示してきたところである。[9]〉

会談の場で、野村大使は、近衛首相との首脳会談を要請する書面を手交した。要請の内容はすでにわかっていた。大使は、近衛は必ず合意ができると信じていることをルーズベルトにはっきりと説明した。[10] 近衛首相がこうした会談を提案することは、政治的に大きなリスクとなる。会談の失敗は彼の政治生命の終わりを意味していたからである。[11] ルーズベルトは野村に、会談に反対ではないと答え、会談の地としてアラスカを提案した。[12]

グルー駐日大使の報告

グルー駐日大使は日記をつけ、そのコピーは毎月、国務省（極東部長の）スタンリー・ホーンベックに送られていた。一九四一年八月十八日にグルー大使が豊田外相〔訳注：豊田貞次郎〕と長時間話し合ったことがわかっている。（日記によれば）この会談で豊田は近衛の訪米について次のように語っていた。

〈日本の歴史の中で（現職）首相の外国訪問は前例がない。しかし、近衛は大統領との会談を実現すると固く決めている。世界を破滅から救いたい、太平洋地域に和平を築きたい、そのためにはいかなる手段も厭わない。近

衛にはそうした強い思いがある。[13]〉

この日、グルーはワシントンの本省に自身の考えを電信で伝えた。

〈大使は、何とか彼自身の権能の範囲の中で、日本とアメリカが戦うような無益なことを回避させたいと願っている。両国の戦いの可能性は日に日に高まっている。日本の提案〔訳注：首脳会談〕については放っておくようなことをせず、十分な（前向きな）検討がなされるべきだと訴える。近衛公とルーズベルト大統領の会談が生むだろう効果は計り知れないものがある。その好機が訪れている。高潔な政治家として（戦争を回避できる）行動が取れる機会である。太平洋方面の和平実現に立ちはだかる障壁を乗り越えられるかもしれないのである。[14]〉

この間、グルー大使は、経済制裁で日本は屈服するという考え方を否定した。八月十九日には、ワシントンに次のように意見した。

〈日本政府は経済制裁によってその力が限界に達してしまった。我が国との戦いなどできるはずもない。だからこそ日本政府は前例にない提案〔編者注：近衛・ルーズベルト会談〕を望んでいる。このように考えるかもしれないが、そうではない。むしろ逆である。日本は（アメリカと戦うことになれば）とんでもなく悲惨なことになるかもしれない。しかし、日本政府が、そうなることをも覚悟して、外国政府の圧力に屈するよりも戦うほうがましだと考えることは十分に考えられるのである。[15]〉

グルーは、ワシントン政権の一部が「日本がアメリカに牙を剝くはずがない」と考えていることに強い警鐘を鳴らした。彼はその警告を繰り返した。二月七日、五月二十七日、七月十七日、七月二十二日と国務省に意見した。日本への経済制裁が始まってからも、前記のように八月十九日の電信で警告した。さらに八月二十七日、九月五日、同二十九日、十一月三日と彼の訴えはやまなかった。[16]

日本政府は、アメリカのメディアの論調が日本に対してきわめて敵対的であると抗議していたが、国務省はそれに対し、八月二十七日に回答した。アメリカのメディアのそのような論調は、日本（外交）の非妥協的態度が原因であり、それを変えたければ、日本政府の側で何らかの改善のための行動を起こすこと（傍点著者フーバー）が求められる、そうすればアメリカ世論も変化する、というものであった。[17]それから一一年後にグルー大使は、この国務省の回答こそが、ワシントンがまったく妥協を考えていないことをはっきりと示していた、と述べている。彼はその著書『波瀾の時代（*Turbulent Era*）』の中で次のように書いている。

〈この電信による回答と、私が八月三十日午後六時に発した提案書に本省が何の行動も起こさなかった事実に鑑みれば、ワシントンの政権は、とにかく日本政府側の「前向きな行動（positive action）」を期待しているだけで、アメリカ政府側は近衛の動きの助けとなるようなことは何ひとつしようとしなかったことがわかる。近衛は、政権を瓦解させることなく、アメリカが期待する「前向きな行動」を何とか起こしたかったのである。

日本の首相がアメリカ大統領に会って、何とかアメリカ側が満足できる条件を提示できるかもしれないと言っているにもかかわらず、我が政府はその要請をすげなく断わった。前述の電信での返信内容、あるいは（野村大使が進める）ワシントンの交渉が何の進捗《しんちょく》もみせない事実、あるいは近衛の訪米による首脳会談の要請を（すぐに）実現させようとしなかった事実などに鑑みれば、近衛の政府がもたなくなるというのは誰にでもわかることであった。[18]〉

八月二十八日、野村大使は近衛からの親書（八月二十七日付）をルーズベルト大統領に手交した。グルー大使はこの時も大統領は首脳会談に応じるべきだと訴えた。[19]

〈私は、現在の日米関係の悪化の理由は、相互理解の欠如に起因する思い違いと相互不信にあると考えます。両国関係の悪化が、第三国*の策謀に拍車をかけています。

私自身、大統領にお会いして忌憚《きたん》なく意見を交換したいと考えるのはそのためです。

私は、両首脳はすぐにでも会談すべきだと考えます。そして広い見地から太平洋地域全般にかかわる懸案について協議し、解決策を探るべきなのです。その他の細かな案件は首脳会談後に両国の有能な官吏に対処させればよいのです。〉

近衛からの申し入れに対するハル国務長官の反応は、彼自身の回顧録に詳しい[20]。

〈近衛の政府が、我々が了承できる条件を呑むとは到底考えられない。近衛も豊田も野村も、首脳会談の開催を極秘にしたいと言っている。もしこのことが漏れると、反近衛勢力が会談の妨害に出てくることを恐れているからだ。

我々は、近衛自身に日本外交の舵を切って真の和平を実現できるような合意の用意があるとは聞いていない。

この数週間、東京からは、何度もルーズベルト・近衛会談を望む声が届いている。グルー大使もそれを訴えている。確かにグルーは日本の情勢を驚くほどよく把握している。しかし彼には、ワシントンにいる我々ほどには世界全体を見渡しての判断はできていない。〉

ここで不可解なことが起きている。確かに右記のハルの回顧録にあるように、近衛公は首脳会談の提案については極秘にしておくよう要請していた。彼自身の日本での立場を守るためである。それにもかかわらず、この情報が九月三日付の『ニューヨーク・ヘラルド・トリビューン』紙で報じられたのである。おそらく（国務省の）高官からのリークであろう。首脳会談の案件の中身を知る者は国務省の幹部しかいない。同日、ホワイトハウスの報道官スティーブン・T・アーリーは、近衛が太平洋地域でのルーズベルトとの会談を提案したことなどないと報道を否定した。アーリーの声明は次のようなものだった。[21]

〈一、大統領はそのような提案を受けていない。
二、『ヘラルド・トリビューン』紙が情報の確認をしてきていれば、私は否定していた。〉

ルーズベルトとの会談を強く望む近衛公は、グルー大使と極秘で会っている。近衛との会談を前に、グルーはワシントンに次のように打電した。[22]

〈米日関係を再調整するにはリスクを冒さざるを得ないでしょう。（近衛・ルーズベルト会談で惹起する）リスクの程度は、会談を拒否し、徐々にレベルを上げていく経済制裁が引き起こす軍事衝突のリスクに比べれば小さなものです。〉

グルーと近衛は九月六日に会談した。グルーは、自身が行なったこの会談についての大統領宛て報告は、彼の外交官としてのキャリアの中で最も重要な文書になるだろう、と近衛に語っている。[23]近衛との会談後のグルーの報告書は次のようなものであった。

〈今晩、（近衛）首相から、彼の友人宅での晩餐に招待されました。そこでの会談は三時間に及びました。私た

＊訳注：英国、中国あるいはソビエトの外交を指しているのだろう。

ちは、きわめて率直に両国間の諸問題について意見を交わしました。首相は本官に、親電によって（personal-ly）首相の考えを大統領に伝えてくれるよう懇請しました。

首相および日本政府は、国務長官が示した米日関係改善の四条件を、最終的なものとして、また心から満足するものとして認めるでしょう。〉

グルー大使は、ハル国務長官にも近衛との会談内容を報告した[24]。

〈米日関係を改善できるのは彼（近衛）だけです。彼がそれをできない場合、彼の後を襲う首相にそれができる可能性はありません。少なくとも近衛が生きている間にそんなことができる者はいないでしょう。そのため、近衛公は、彼に反対する勢力があっても、いかなる努力も惜しまず関係改善を目指すと固く決意しています。（首相は）現今の日本の国内情勢に鑑みれば、大統領との会談を一刻の遅滞もなく、できるだけ早い時期に実現したいと考えています。近衛首相は、両国間のすべての懸案は、その会談で両者が満足できる処理が可能になるとの強い信念を持っています。彼は私との会談の最後に、自らの政治生命を犠牲にし、あるいは身の危険を冒してでも日米関係の再構築をやり遂げると言明しています。〉

国務長官の回答は九月九日にあった。ハルは、「日本の首相の（必ず合意を実現するという）保証の言葉を是とする」としたものの、「日本政府がさらなるイニシアティブを取るのを待ちたい」と答えたのである[25]。

九月二十二日、グルーは大統領に親書をしたためた。（首脳会談で）必ずや、両者が納得できる和平が実現できると訴え、会談の早期実現を願う文面であった[26]。

大統領への祈りのごとき訴え

その哀訴のような親書が、ルーズベルト大統領とハル国務長官のもとに届いたのは九月二十九日であった。親書には（ロバート）クレイギー英国駐日大使のメッセージも添えられていた。二つの親書は、世界の外交現場で長い経験を積んだベテラン外交官の平和への祈りのような文書だった。

グルーは次のように訴えていた。

〈私は、この（米日関係改善の）好機を見逃すようなことはしてはならないと切に願うものであります。

日本は、自らのこれまでの外交の誤りに足を絡めとられていますが、その危うい立場から何とか抜け出そうと努力しています。本官がすでに本省に伝えたとおり、世界で起きている事件が日本の外交に衝撃を与えています。そのことによって日本国内のリベラル勢力が、政治の中枢に戻りかけています。いまがその時だと思います。この新しい状況こそが（米日関係を）好転させる好機なのです（傍点はグルー本人がイタリック体として強調した部分）。世界で起きている事件の影響は、日本の（政治）状況を、（我が国の外交にとって）望ましい方向に変化させています。米日関係好転の種が播《ま》かれたのです。注意深く播かれたこの種を芽吹かせ育てられれば、日本の思想が刷新され、両国関係は完全なる再調整ができるかもしれないのです。

（米国内の）一部勢力は、どのような米日の合意がなったとしても、それは日本に休息の時間を与えるようなものだ、その間に軍事力を再構築し、次の好機を待って再び侵略行為を続けるなどと主張しているようです。私はそのような主張に対して、それはまったくの間違った考えだと断言することはできません。こうした勢力は、米英蘭が、「対日経済制裁を強めていく」[27]という従来の方針を続ければ、日本経済は破綻し、社会的・経済的・金融的混乱に陥る、そうなった時に日本は拡張的外交政策を放棄すると主張しています。仮にこの主張が正しいとしても、我が国は難しいどちらかの選択をしなくてはなりません。一つは、（現在実施しているような）経済制裁の段階的強化によって日本の首を徐々に絞めつけるやり方を継続してよいのか。もう一つは、日本との間に建設的な妥協を求めるやり方に切り替えるか。後者のやり方は決して「いわゆる（消極的な）宥和政策」と言われるような方策ではありません。長期的視野に立って見た時に、疑問符がつくようなやり方を取ってはなりません。本官は、後者である建設的妥協の道を探るべきだと信じます。それがうまくいかなかったとしても、我々はいつでもあらたな経済制裁を加えられる立場にあるのです。〉

グルーはこのように述べた上で、太平洋方面での和平を構築しても、他の地域の情勢に鑑みれば防衛準備だけは怠ってはならないとした。

〈日本に対してどのような態度で臨むにしろ、リスクが存在します。それでも本官が願う大統領と首相の会談が実現すれば、極東情勢がこれ以上悪化するのを防ぐことになると信じます。いまが好機です。会談を実施したからといって戦争になるとか、戦争のリスクを高めるといった恐れはありません。むしろこの機会を逃してしまえば、日本との戦争のリスクを一気に高めてしまうことになると危惧するものです。

日本人の心理は西洋のいかなる国の人種のそれとも異なっています。日本人を西洋人の尺度で判断することはできません。現在直面している課題を勘案しながら、彼らの心理を理解しようとしなくてはなりません。

日本が（会談の実現前に）、原則においても具体的な実行の方途についても、しっかり説明し、それが我が国の満足のいくものであることをはっきりさせなくてはならないとする主張があります。そのような態度は、時間を弄《もてあそ》んでいることに他なりません。その間に重大事件が起き、近衛内閣の評判が大きく毀損することもあり得るのです。なんとかアメリカとの間で妥協点を見出したいと考える勢力も、このことを憂慮しているのです。憂慮すべき方向に事態が進んでしまえば、非合理的なことも起こり得るのです。つまり対米戦争です。近衛内閣が崩壊し、軍国主義的独裁者が政権に就けば、その政権は、我が国との衝突を避けようとする態度は見せないでしょう（傍点編者）。〉

様々な難しさを挙げたうえで、彼はこう述べている。

〈近衛公は、首脳会談が実現すれば、必ずや我が国を満足させる重大な保証を約束する用意があると聞いています。互いの腹を探り合う（外交上の）やりとりでは決して明らかにできないところまで、首脳会談では踏み込んでくると思われます。

近衛首相および彼を支持する勢力が明らかにした前向きで誠実な態度に一定の信用をおくべきでしょう。そうでなければ、太平洋方面での戦争の回避は難しくなるのです。本官は、首脳会談というまたとない機会を逃さないことが、政治的手腕の見せどころではないかと信じるものです。日本の和平の条件を探る動きが、反対勢力に潰される前に会談は実施されなくてはなりません。こうした勢力は日に日に勢いを増し、我が国との宥和を図る動きを妨害し、そういった動きを潰しにくると危惧されているのです。〉[28]

ロバート・クレイギー英国駐日大使の本国政府への公電も、グルーの判断を後押しする内容であった。[29]大使は、「いまこそ極東問題を解決するまたとない好機である」と、イーデン外相とハリファックス卿（英国駐米大使）に訴えていた。一九四一年九月二十九日・三十日の公電は次のような内容であった。[30]

〈彼（松岡洋右前外相）が閣内から去ったことで、日本の政治状況に大きな変化が起きています。枢軸べったりだった外交から、より穏健な勢力が盛り返しています。

その勢力は急いで外交の舵を切りたいと考えています。しかし、公には漠然とした物言いしかできません。それにもかかわらず、アメリカはとにかく細かな点についてまで、どうしようとするつもりなのか、はっきりさせるように日本に要求しています。それはアメリカの時間稼ぎのように感じられます。アメリカの要求が、日本人の心理をまった斟酌《しんしゃく》していないこと、そして日本国内の政治状況を理解していないことは明白です。日本の状況は、（首脳会談を）遅らせるわけにはいかないのです。アメリカがいまのような要求を続ければ、極東問題をうまく解決できる絶好の機会をみすみす逃すことになるでしょう。私が日本に赴任してから初めて訪れた好機なのです。

アメリカ大使館の同僚も、そして私も、近衛公は三国同盟および枢軸国との提携がもたらす危険を心から回避しようとしている、と判断しています。もちろん彼は、日本をそのような危機に導いた彼自身の責任もわかっています。日本政府の大きな方針転換を支える勢力は、米日関係を改善する明確な動き（首脳会談）が早期に起きなければ、枢軸国側の激しい怒りに直面することを理解し恐れています。（近衛）首相は、対米関係改善に動くことに彼の政治生命をかけています。そのことは天皇の支持を得ています。もし首脳会談ができず、あるいは開催のための交渉が無闇に長引くようなことがあれば、近衛もその内閣も崩壊するでしょう。

アメリカ大使館の同僚も本官も、この好機を逃すのは愚かなことだという意見で一致しています。確かに近衛の動きを警戒することは大事ですが、そうかといってその動きを冷笑するようなことがあってはなりません。いまの悪い状況を改善することはできず、停滞を生むだけです。

言わずもがなですが、日本に対する経済的制裁は、日本が明らかな方針変更を実行するまでは継続してかまわないのです。〉

九月三十日、グルー大使は次のような公電を送った。

〈近衛公は、ホノルルあるいはアラスカ、あるいは大統領が指定するいかなる場所にも出立できるよう海軍の艦船を準備させている。同行する陸海軍あるいは文官もすでに選ばれており、出発を待ちわびて「うずうずしている」状況である。[31]〉

二人の外交官の訴えを簡潔にまとめれば次のようになる。

a、日本を、経済制裁あるいは脅かしによって屈服させることはできない。

b、日本は、国家的屈辱を飲まされるよりも、「腹切り（hara-kiri）」のごとき自殺的行動を起こす可能性がある。

c、対等の関係での交渉（首脳会談）が太平洋地域のどこかで開催されれば、どのような条件でも、それなりの理屈があれば受ける用意があり、近衛がそうすることは（天皇に）承認されている。

d、これが（米日関係改善の）最後の機会である。

十月二日、ハル国務長官は野村大使に国際的なモラルを説教する書面を手交した。[32]この文書は東京に混乱をもたらした。

十月七日、近衛の私設秘書官牛場友彦が、東京の駐日大使館付参事官ユージーン・ドーマンに、近衛が困惑していると伝えてきた。[33]

〈近衛公はこれ以上何ができるかわからないと困惑している。彼に反対する勢力が近衛内閣攻撃を準備していることは明らかであり、この先の見通しは暗い。

アメリカは、日本とはいかなる（条件であっても）合意する意思を持っていないのではないか。〉

牛場の観察は正しかったのである。このことをよく示しているのが、陸軍省内のスチムソン長官の手書きのメモである。そこには次のように彼の意見が書かれていた。[34]

〈日本との交渉そのものは了解したが、その交渉で、大統領と首相の直接会談が成るようなことがあってはならなかった。もしそうした会談が行なわれ、そこで何らかの妥協が成れば、きわめて重要である中国との関係が危機に晒されることを恐れたのである。〉

十月十日、日本の外相（豊田）はグルーに対し、十月二日の（ハルからの）書面は何を言おうとしているかわからないと伝えた。また豊田外相は野村大使に対し、ハルの真意を確認するよう指示（十月三日）したとも述べた。

〈（この文書は）日本政府に対し、米国政府が望む条件を日本の義務として明示せよと要求しているのだろうか。[35]〉

これ以前（十月六日）にも、豊田は、（野村からの）報告がこの件について触れられていなかったのでハルに確認するよう指示したことや、十月九日に野村大使が日本の（首脳会談の）要請についての（米政府側の）考えを確認することができなかったと本省に報告してきたことをグルーに明かし、何とか間に入ってほしいと要請したのである。その上で彼に次のような文書を手交した。[36]

〈貴政府は日本政府に対し、貴政府が満足するような（日本の採るべき）条件を示そうとされているのか？〉

ハルは自身の回顧録の中で、ここに記した日本政府との交渉の模様をほとんど書いていない。そして交渉についてはただ否定的に書いている。それは次のようなものだった。[37]

〈（真珠湾攻撃の前の）半年間、日本政府と交渉を続けた。近衛と同政権は限定的な妥協を仄めかすだけであった。（それは）明らかに、日本が侵略的な方針を全面的に見直す用意ができていないことを示していた。華北および内蒙古からの撤兵を拒否していた。この地域の支配には軍隊が欠かせないからである。我が国が国家防衛のためにドイツと戦うことになった場合、日本は対米宣戦布告しないと明言することを拒否した。さらに日本は、

極東における経済上の特殊権益は継続されるべきだとの主張を変えなかった。〉

この文章には真実がほとんど書かれていない。近衛の提案、グルーやクレイギーの公電、そして当時の世界の情勢を見れば、そのことは明らかである。いずれにせよ、近衛と会談することによって、我が国が不利になることは何一つなかったのである。

近衛の失脚

グルー大使が警告したとおり、アングロサクソン連合との和平交渉に失敗した近衛は失脚した。彼は確かに首脳会談実現に政治生命をかけていたのである。十月十六日、グルーは次のように書いている。[38]

〈近衛内閣がこの日の午後崩壊した。米日首脳会談の試みが進捗を見せなければ、近衛が失脚することは確実だった。ただその日がこれほど早くやって来るとは思わなかった。〉

近衛の失脚は二十世紀最大の悲劇の一つとなった。彼が日本の軍国主義者の動きを何とか牽制しようとしていたことは賞賛に値する。彼は何とか和平を実現したいと願い、そのためには自身の命を犠牲にすることも厭わなかったのである。[39]

近衛の対米交渉に対するグルーの評価

近衛失脚の三日後の十月十九日、グルーは日記に次のように書いた。

〈なぜ我々（我が国）は、日本との戦争を急ぐのだ。ヒトラーが敗れれば、対日問題はおのずから解決するのだ。

ヒトラーは（間違いなく）敗れることになるからである。[40]〉

チャーチルの態度

チャーチルは、彼の書く歴史の中では、クレイギー大使からの書簡を無視している。大使の公電を受けた英国外務省が、それをチャーチルに伝えなかったとは考えにくい。大使の公電は極東の和平に関わる（重要な）内容を含んでいたからである。ルーズベルトの日本に対する態度に、チャーチルがどのように考えていたかを検討することには十分に意味がある。

一九四一年八月の大西洋憲章の打ち合わせの場で、日本の状況に対する不安をサムナー・ウェルズ国務次官に打ち明けている。[41]

〈何らかのはっきりとした声明が必要だ。アメリカのそのような明確な声明だけが、日本のこれ以上の南方進出を止めることができる。日本が南下すれば、イギリスと日本の衝突を避けることは絶望的となる。これがチャーチルの考えだった。さらに彼は、英日両国の戦いになれば、日本の保有する多数の巡洋艦がインド洋や太平洋にあるイギリス商船を捕獲するか破壊するだろうと述べた。

アメリカが介入しなければ、イギリス本国と、英連邦*の生命線は寸断されよう。チャーチルはこのように述べ、私（ウェルズ）に対して、アメリカが声明を出すよう懇請した。つまり（これ以上の南下は）イギリス、アメリカ、オランダとの戦いになること。ソビエトも参戦の可能性があること。このことをはっきりと謳《うた》った声明を望んだのである。もし声明が出ない場合、英国が受ける（日本の攻撃による）衝撃はきわめて厳しいものになろう、と語った。〉

チャーチルはこのようにウェルズに語ってはいたが、日本が（米英を敵にした）戦いを始めるとは思っていなかったようだ。彼は次のように述べていた。[42]

〈私の考えは米国国務省と同じである。日本はアメリカの圧倒的な力の前に、最終的には妥協し、アメリカの要求を受け入れるだろう。

万一日本が戦いを挑むことがあっても、それはそれでかまわない。我々が抱える問題〔訳注：対ドイツ戦争〕に比べれば大したことではない。日本がイギリスを攻撃すれば、アメリカは参戦してくれると思う。そうならなければ蘭印の防衛は不可能である。それだけではなくアジアにおける大英帝国の防衛もままならない可能性が高い。日本の侵略でアメリカが参戦してくれればそれにこしたことはない（傍点編者）。〉

チャーチルは、（アメリカの主導した）対日経済制裁に全面的に参加した（一九四一年七月二十六日）。しかし、この決定がもたらす事態を危惧していた。

〈時が経つにつれて、七月二十六日にルーズベルト大統領が実施した対日制裁がもたらす恐るべき効果（影響）について不安になってきた。この制裁には我が国もオランダも加わっていた。このままでは、英米海軍は太平洋およびインド洋方面で日本海軍と衝突するのではないか。それが心配だった。[43]〉

八月二十九日、チャーチルは海軍大臣宛てに自身の考えを伝えていた。

〈日本はいま、米英ソ三国に抑え込まれようとしている。ただでさえ日本は中国での戦いに手一杯である。日本

＊訳注：インド、オーストラリア、ニュージーランドなど。

はアメリカと何とか交渉しようとするだろう。少なくともこれからの三カ月はそうなるだろう。その間は、さらなる侵略的行為はないだろうし、枢軸国につくこと（参戦すること）はないだろう[44]〉

グルー大使の戦後の感慨

一九五二年、グルー大使はこの時期（一九四一年の夏の終わり頃）の状況を回顧している。

〈この危機的時期にあって、我が大使館は、繰り返しワシントンに公電を打ち、日本の政治状況を考慮するよう要請した。この一〇年来初めて建設的な交渉ができる機会が到来したことを訴えた。我々は、近衛公が、この国に和平への道を歩ませることができる立場に就いていると確信していた[45]〉

しかし彼の訴えをワシントンは聞こうとしなかった。

〈我々の公電に対してワシントンからの回答はほとんどなかった。ワシントンへの報告は、暗闇の中で川面に小石を投げるような感覚であった。小石がさざ波を立てているのかどうかさえもわからなかった。ただ、私の訴えをワシントンでは誰も信じようとはしていないことだけはわかっていた。つまり私の意見は歓迎されていなかったのである。それでも、私たちは、日々変化する状況を慎重に分析し、ワシントンに欠かさず報告した[46]〉

グルー大使は、ルーズベルトとハルの行動に強い不満を持ち、その気持ちを繰り返し表明している[47]。先に紹介した十月二日付の報告に対してのハルの態度もそうだった。日本側からの問い合わせや提案に何の行動も起こさず、彼がようやく動いたのは、近衛内閣が倒れてからずいぶんと日が経った十一月二十六日のことだったのである[48]。

グルーの回想は次のように続いている[49]。

〈日本政府は我が国政府に対し、何とかして、自国の政策変更を可能にするインセンティブのようなシグナルを出してほしいと懇願し続けていた。これまでの誤った外交政策を是正させたかったのである。しかし、我が国政府は冷酷にも（coldly）その要請に決して応えようとはしなかった。その結果、一九三九年には平沼男爵の、一九四一年には近衛公の要請がすげなく拒否された。二人はしっかりとした政治家であった。二人は、将来を見据えることができ、我が国との、あるいは他の民主国家との良き関係の構築に舵を切ろうとしていた。このような日本の指導者に対して我がアメリカが取った態度は、真に先を見据えた建設的な政治であったのだろうか。〉

グルー大使そしてクレイギー大使の意見は、議会にもアメリカ国民にも知らされることはなかった。それがわかったのはずっと後のことである。

＊原注

1　Joseph Grew, *Ten Years in Japan*,〔訳注：邦訳『滞日十年』（上・下）石川欣一訳、ちくま文庫、二〇一一年〕Simon and Schuster, 1944, pp. 406ff. あるいは Joseph Grew, *Turbulent Era*, Houghton Mifflin Company, 1952, Vol. II, p. 1295.

2　*New York Times*, July 26, 1941.

3　*Pearl Harbor Attack*, Part 20, pp. 3999-4001. 戦後明らかになった資料によれば、日本海軍は和平を探ることを願っていたことがわかる。七月後半、提督永野修身軍令部総長は天皇に対し、何とかアメリカとの和平の道を探るべきだと注進した。必要であればドイツとの協定を破棄することも必要だと述べた。提督は、とにかく対米戦争を回避すべきことを訴えた。天皇は、日露戦争時のような決定的な勝利の可能性について尋ねたが、永野は、勝利することは難しいと答えている。

International Military Tribunal for the Far East, Record, p. 10185—from the entry of 31 July'41, Kido Diary.〔編者注：フーバーの出典は極東軍事裁判（東京、一九四六年から四八年）の速記録による〕

4　ヘンリー・L・スチムソン日記未刊部分。ハーバート・ファイスの言葉に依拠。*The Road to Pearl Harbor*, Princeton University Press, 1950, p. 259.

5 *The Grand Alliance*, p. 446.

6 Forrest Davis and Ernest Lindley, *How War Came*, Simon & Schuster, 1942, p. 10.

7 *The Memoirs of Cordell Hull*, Vol. II, p. 1018. あるいは *Roosevelt and Hopkins*, pp. 356-357.

8 *The Memoirs of Cordell Hull*, Vol. II, p. 1018.

9 同右、p. 1020.

10 *Turbulent Era*, Vol. II, pp. 1301ff. あるいは Joseph C. Grew, *Ten Years in Japan*, pp. 416-421.〔訳注：原書には出版社名、出版年が記載されていない。Simon and Schuster, 1944 版であろう〕

11 戦後になって明らかになった情報、特に近衛の回想と、木戸の日記がフーバー研究所に蔵書されている。その資料から、近衛が示した対米和平の条件に陸軍が不満であっても、天皇も海軍も近衛を援護するとしていたことがわかっている。またＡＰ通信社が近衛の自殺（一九四五年十二月十六日）の三カ月前に彼をインタビューしているが、近衛は、「ルーズベルト大統領との会談が実現すれば、勢いを増す軍の強硬派に対して皇室（The Imperial House）が（それを抑える）介入する口実ができると確信していた」と語った。これについては左記資料も参照。

New York Times, September 14, 1945. あるいは Pearl Harbor Investigation, Part 20, pp. 3999-4000.

12 *Pearl Harbor Attack*, Part 17, p. 2753. あるいは Part 20, p. 4001.

この会談についての野村の交信は、陸軍のマジック（Magic）部隊（陸軍通信情報部）に傍受されていた。したがって、その内容がルーズベルトに報告されていたことは確かだと思われる。

13 *Ten Years in Japan*, p. 420.（豊田の発言はグルーの引用である）

14 〔U. S. Department of State, *Papers Relating to the*〕*Foreign Relations*〔*of the United States*〕, *Japan: 1931-1941*〔United States Government Printing Office, Washington: 1943〕, Vol. II, p. 565.

15 *Turbulent Era*, Vol. II, p. 1311.

16 同右、pp. 1282-1289.

17 同右、p. 1339.

18 同右、p. 1340.

19 *Foreign Relations*〔*of the United States*〕, *Japan: 1931-1941*, Vol. II, pp. 572-573. あるいは *Turbulent Era*, Vol. II, p. 1305.

20 *The Memoirs of Cordell Hull*, Vol. II, pp. 1024-1025.

21 *New York Times*, September 4, 1945.

22 *Foreign Relations*〔*of the United States*〕, *Japan: 1931-1941*, Vol. II, p. 603.

23 *New York Times*, December 28, 1945. あるいは *Pearl Harbor Attack*, Part 20, p. 4006.

24 *Foreign Relations*〔*of the United States*〕, *Japan: 1931-1941*, Vol. II, pp. 604-606. あるいは *Ten Years in Japan*, pp. 425-428.

25 〔U. S. Department of State,〕*Foreign Relations*〔*of the United States, Diplomatic Papers*〕, 1941, Volume IV, *The Far East*, United States Government Printing Office, 1956, pp. 432-434.

26 *Turbulent Era*, Vol. II, p. 1315f.〔編者注：この親書については、彼の *Ten Years in Japan* の中では触れられていない。*Ten Years in Japan* は、*Turbulent Era* の八年前に出版されていた

〔訳注：*Ten Years in Japan* は一九五二年の出版である)。歴史家は、なぜこの時、この親書のことをグルーが書かなかったかを問う必要がある〕

27　グルー大使は「対日経済制裁を強めていく」という表現の意味を私（フーバー）に説明してくれた。彼によれば、すでに日本に対して行なわれている制裁を今後も継続するという意味でこの表現を使ったとのことだった。

28　九月二十九日のグルーの公電の全文は以下。*Turbulent Era*, Vol. II, pp. 1316-1323. あるいは *Foreign Relations*〔*of the United States*〕, *Japan: 1931-1941*, Vol. II, pp. 645-650.

29　Sir. Robert Craigie, *Behind the Japanese Mask*, Hutchinson & Co., London, 1945, p. 133.

30　Craigie to Anthony Eden, *International Military Tribunal for the Far East*, Record, 25848-25852.
日本政府は、「非難されざる出所」からクレイギー大使の意見を入手し、ワシントンの野村大使に彼の公電内容の骨子を伝えていた（一九四一年十月三日）。米海軍情報部はこの情報を解読し、ワシントンの関係部署に報告した（十月四日）。
Pearl Harbor Attack, Part 12, pp. 50-51.

31　*Ten Years in Japan*, pp. 444-445.

32　*Foreign Relations*〔*of the United States*〕, *Japan: 1931-1941*, Vol. II, pp. 656-661.

33　同右、p. 662.

34　*Pearl Harbor Attack*, Part 5, p. 2092. あるいは同、Part 14, p. 1388.

35　*Foreign Relations*〔*of the United States*〕, *Japan: 1931-1941*, Vol. II, pp. 677-678.

36　同右、p. 678.

37　*The Memoirs of Cordell Hull*, Vol. II, p. 1035.

38　*Ten Years in Japan*, p. 456.

39　近衛に対するこの評価が間違っていないことは、彼の後の行動からわかる。彼は戦争に協力することを拒否したが、講和を求めるためにモスクワに飛ぶことを了承している。モスクワ訪問は一九四五年七月に予定されていたが、ソビエトの反応が鈍く現実のものとはならなかった。戦後、近衛は日本の復興に力を尽くしたいと願ったが、（対米戦争の）陰謀に加担したと責任を問われた。彼は戦争犯罪人として裁かれることを拒否し、自ら命を絶った。

40　*Turbulent Era*, Vol. II, p. 1286.

41　*Pearl Harbor Attack*, Part 4, p. 1785. チャーチルとルーズベルトが大西洋で会うことを日本は知っていた。野村はそのことを八月七日に東京に打電している（*Pearl Harbor Attack*, Part 12, p. 14）。

42　*The Grand Alliance*, p. 587.

43　同右、p. 588. チャーチルは、シンガポールの防衛強化を米海軍に頼ろうとしていた。

44　同右、p. 859.

45　*Turbulent Era*, Vol. II, pp. 1263-1264.

46　同右、p. 1273. あるいは *The Road to Pearl Harbor*, p. 298ff.

47　*Turbulent Era*, Vol. II, pp. 1272, 1273, 1333, 1334, 1342, 1343, 1347.

48　同右、p. 1338.

49　同右、pp. 1348-1349.

第39章　日本を刺激する方法　その二：太平洋方面での和平を探る再びの好機

一九四一年十月十八日、近衛内閣が崩壊し、東條英機将軍が首相に就任した。閣僚は一人を除いてすべて軍国主義者であった。そうでなかった一人が東郷茂徳外相であった。* 東郷は、アングロサクソン連合と戦うことに反対するグループに属していた。

一九四一年十月二十五日、グルー大使は、天皇が再び（戦争に向かう動きを止めるために）介入したことを報告した。このことをグルーは次のように書いている。[1]

〈天皇は主要な枢密院顧問や軍の指導者の会議の席で、対米戦争にはならないような、しっかりした外交方針で事を進めているか確認した。陸海軍の代表はこの質問に答えなかった。しかし、天皇は祖父である明治天皇の方針を示しながら、軍は天皇の意思に従うよう指示した。天皇が（外交の意思決定に）介入することはこれまでになかったことだった。〉

一九四一年十月末には、日本はもう一つの難題を抱えていた。同盟関係にあるヒトラーのソビエト侵攻作戦が、短期間に征服を完遂することが狙いであったにもかかわらず、レニングラード、モスクワの戦いで、失敗に終わっていたことであった。日本は、駐モスクワ大使と駐在武官の報告でその状況を理解していた。

ロシアは伝統的な〝縦深防御〟戦術を以てヒトラーと戦っていた。かつてナポレオンを撃退したやり方だった。この戦いでもそれが奏功していた。第二のナポレオン（ヒトラー）の攻勢を少なくとも止めていた。ドイツ軍は、赤軍そのものだけでなく、遮蔽物のない土地、雨、やってくる冬、焦土作戦、破壊された道路や鉄道に悩まされていた。[2]

ロシア北部の戦いでは、ドイツ軍はレニングラード郊外に達していた（九月二十四日）。中部ロシアでは、十月十六日にはモスクワへ数マイルのところに迫っていた。南部ロシアではオデッサ（十月十六日）からハリコフ（十月二十四日）に達した。

しかし、ドイツは大きな痛手を負っていた。十月五日、ソビエト情報局長（The director of the Soviet Information Bureau）は、ドイツ軍の戦死傷者および捕虜は三〇〇万、破壊され、鹵獲《ろかく》された兵器は戦車一万一〇〇〇両、大砲一万三〇〇〇、航空機九〇〇〇機であると発表した。当然、これらの数字は割り引いて考える必要がある。これだと、ドイツ軍はロシア攻撃に編成した戦力の半分を失ったことになる。しかし、この発表はソビエトがヒトラーの野望を砕いたという自信の表れであることは確かだった。[3]

確かに十月末には天候悪化によりドイツの攻勢は止まった。十一月末には散発的な攻撃を仕掛けているが、冬の到来に備えなくてはならなかった。ヒトラーは、ナポレオンが味わったと同じ辛酸を嘗めていた。ヒトラーの同盟国日本にとっても芳しくない状況であった。

英国の不安再び

チャーチルは、この頃再び不安になっている。アメリカの参戦を待ち焦がれていたが、その気配は感じられなかった。十一月五日、彼はルーズベルトに次のように打電した。[4]

＊著者注：首相のTojoとTogoは（発音が）似ているが混同してはならない。

〈日本は未だに決断していない。天皇も軍を抑えているようだ。（対日政策は）大西洋憲章の打ち合わせの際に協議し、貴殿は対日交渉では時間稼ぎをするとした。確かにそのやり方はうまくいっていた。しかし、いま共同で実施している対日経済制裁で、日本が和平を求めるのか、あるいは戦争に打って出るのかよくわからない。〉

イギリスは日本の情勢が気になって仕方がなかった。十一月十二日、駐ワシントン大使ハリファックス卿はウェルズ国務次官を訪ね、クレイギー大使と東郷外相の会談の報告書を見せた。東郷は大使に、彼が直面している諸々の難しい問題について説明し、また、なぜイギリスが同国にとっても重要な日米関係（の改善）のために動こうとしないのかわからず困惑していると語っていたと報告書は伝えている。クレイギー大使からの報告は次のようなものだった。

〈東郷外相は、アメリカは意図的に交渉を引き延ばしていると感じている。彼らはその理由もわかっている。もし本当にそうであれば、これ以上交渉を継続することが難しくなるだろう。[5]〉

チャーチルは、ハルの要求、つまり日本はヒトラーとムッソリーニとの関係を切るべしという要求に懐疑的だった。彼は外務大臣宛てに次のように書いていた[6]（十一月二十三日付）。

〈日本に三国同盟を否定せよと要求することは必要なことだと思わない。そんなことよりも日本が米英との戦いの可能性を回避することのほうがドイツには痛手だろう。〉

この時期のチャーチルの頭の中はヒトラーとの戦いで一杯であったに違いない。彼が後に書いた史書を見れば、この時期の日本についての記述は少ない[7]。チャーチルの史書は数十万語もの大作であるが、日本に関わる記述はわずか五〇〇〇語ほどである。それもほとんどが、さほど重要ではないことだ。（日本を暴発させる可能性の高い）経済制裁についての記述も少なく、近衛首相の和平提案についてはほんのわずか、申し訳程度に触れているだけである。

日本の休戦提案

天皇の意向を受け、東郷は対米交渉に新しい方針で臨むことを決めた。

十一月三日、日本から新提案が示されることがわかっていたグルー大使は、ワシントンに打電し、日本は経済制裁によって崩壊しないだろう（屈しないだろう）と、これまでの警告を繰り返した。[8]

〈在東京大使館は、我が国の多くの経済学者が主張するような事態、つまり日本は（経済制裁によって）窮乏し、経済が疲弊し、軍事大国の地位から滑り落ちるような事態が起こることは決してないと確信しております。日本人の心の機微を斟酌すれば、厳しい経済制裁によって対日戦争を回避できるという考えはきわめて危険な仮説であります。経済制裁によって日本との衝突を回避することはできないでしょう。

大使（グルー）は、我が国が日本と戦うような事態になることには反対です。この意見書はそのことを伝えることが目的です。日本はそうした事態が自殺行為になるとわかっていても、遮二無二そのような行動（自殺行為）に出る可能性があります。頭で考える合理的な思考によれば、そんなことをするはずがないという結論になりますが、「日本の合理的な考え方（Japanese sanity）」を西洋の論理で測ることはできないのです。〉

グルーは十一月四日の日記に次のように書いている。[9]

〈もし米日戦争勃発という事態になったら、私の考えを訴えた公電〔訳注：右記の意見書〕を、後世の歴史家が見逃すようなことがあってはならないと思う。和平交渉が失敗すれば、日本は生きるか死ぬかの、いちかばちかの国家的な腹切りに打って出る（committing national hara-kiri）可能性がある。日本は、いま経済制裁に苦しんでいるが、そのような制裁に遭っても決して屈しない国に変貌したいと願っている。我々のように日々日本の空気に触れている者にとっては、そうなることが「あり得る（possible）」という段階から、「そうなるだろう（probable）」という段階まできているということがよくわかる。〉

同日の日記は次のように続いている[10]。

〈加瀬〔訳注：俊一〕が十二時十分にやって来た。外務省本省からワシントンの野村の交渉に助力するために来栖《くるす》を送りたいという内容の文書を持ってやって来た。〉

来栖三郎大使は前駐独大使であった。彼がワシントンに入ったのは十一月十五日のことである。ハル国務長官はこの頃、日本軍の昆明《こんめい》およびビルマ・ロードに対する攻撃の可能性があるなか、軍の対日政策について確認していた。十一月五日、参謀総長マーシャル、海軍作戦部長スタークは、日本の攻勢のあることをはっきりと危惧していた。二人は、ルーズベルトに対し、日本を牽制するようにとのメモを提出した。そこには次のようにあった。

〈懸案となっているのは、日本に対して積極的に軍事的圧力をかける行動の是非である。そうした行動は、どれほどうまく隠して実行したとしても、日本との戦いになるであろう。

極東における我が国の防衛体制を強化するまでは、対日戦争は避けるべきである。日本との戦いは次のような事態が惹起した場合にのみ考慮されるべきである。

一、日本軍による米国、大英連邦あるいは蘭印への直接攻撃があった場合。

二、日本軍が東経一〇〇度、北緯一〇度を越えタイに侵入するか、ポルトガル領チモール、ニューカレドニア

あるいはロイヤルティー諸島*を侵略した場合。〉

この報告書の終わりの部分に、「日本に対して最後通牒を発してはならない」[11]（傍点著者フーバー）とあった。このことは見逃してはならない重要な事実である。

十一月四日および五日、ワシントンは東京から野村大使に発せられた訓電を傍受した。戦争を回避するための新提案を示すものであった。傍受された提案の原案は二つあった。提案Aが認められない場合は提案Bが提示されることとされていた。[12]

アメリカ議会もアメリカ国民も、このような提案が日本からなされていることは一切知らされていなかった。その存在がわかったのは数年後のことである。

A案の要旨は次のようなものだった。

一、日本は、通商無差別原則を、他の地域でも同様に適用されるのであれば、アジア全域に適用することを承認する。

二、日本は、三国同盟同盟国に対しては、その条文を自らの解釈に基づいて行動する。ドイツやイタリアの解釈に従うものではない。

三、中国との講和が実現しだい、日本は二年以内に撤兵する。ただし、北支の諸陣地モンゴルとの国境付近、海南島は除くものとする。またインドシナからは中国との和平成立しだい撤兵する。

十一月七日、スチムソンは、各省長官の意見をまとめるために大統領が次のように話したことを書き留めている。[13]

〈彼（ルーズベルト）は、極東問題については、彼がこれから話すことを政権の最初の統一見解にしたいとして

＊訳注：ニューカレドニア島東方にある諸島。

語りはじめた。日本の動きを〈英領マラヤあるいは蘭印で〉我が国が〈軍事的に〉叩いた場合、国民はそれを支持するか否かの判断についての見解であった。また、どのような戦術を対日戦で使うかであった。彼は、そういうことを会議室の大テーブルを回りながら〔訳注：車椅子で移動しながらの意か〕説明した。国民は我々が戦いを始めたら支持するだろうとの感触で各省が一致した。〉

十一月七日夜、野村大使はハルに会い、A案の内容を詳しく説明した。その上で、できるだけ早く大統領と会談したいと要請した。[14]

十一月十日、野村が大統領との会談について東京に打電した内容が傍受された。

〈我々は〈大統領との〉会談を継続することに全力を尽くす。米国が切に望んでいるのは、（一）戦争の拡大回避と（二）永続的な和平の構築である。[15]〉

野村大使は、大統領が日本の提案を検討すると答えたことを報告している。しかし、ハルはその回顧録で、A案は満足できるものではないと書いていた。

十一月十五日、ハルは野村に、A案は満足できるものではないと回答した。しかし、通商問題については、互恵関税協定、通商障壁の解消、対中貿易の独占的特権の撤廃などを含めた、より包括的なものにすることを提案している。

オラフリン君は、日本の休戦提案の内容を私に知らせてくれた。野村大使から彼に提案内容が明かされていたのである。私はオラフリン君に次のように書いた（十一月十六日）。

〈日本との戦いは無意味である。〈この政権は〉戦争したい、場所はどこでもよい、と考えているようだ。〈政権幹部は〉どうも、対日戦争については世論の抵抗感が少ないようだ。ヨーロッパに部隊を遣ることに対する反発

より弱い。〉

ハル国務長官の回顧録によれば、十一月十八日、ハルは日本がドイツやイタリアと結んだ三国同盟は不正義だと、野村と来栖にお説教したらしい。[16]

十一月二十日、野村大使は、東京からの指示を受け、ハルにB案を提示した。[17]外交用語でいう「暫定協定（Modus Vivendi）」であり、一般用語でいえば「休戦（truce）」提案であった。当然、このB案は傍受され解読されていたので、アメリカ側はその内容を知っていた。その要旨は次のようなものであった。

一、日米両国は、南東アジアおよび南太平洋地域に武力進出を行なわない。ただし、日本軍が駐留する仏印の一部は除くものとする。

二、日中両国の間に和平が成立するか、あるいは太平洋地域に公正な和平が確立する場合は、仏印に駐留する日本軍を撤退させる。また、現在交渉中の条件が合意をみれば、最終合意ができるまで暫定的に、南部仏印に駐留する軍を北部仏印に移動させる。

三、日米両国は、蘭印からの必要物資の獲得が保証されるよう相互に協力する。

四、日米両国は、通商関係を資産凍結前の状態に戻し、米国は、日本が必要とする石油を供給する。

五、暫定協定の期間中は、日本と中国の和平交渉の努力に障害となる政策や行動を取らない。[18]

ハルはこの暫定協定の条件は、まったく受け入れられなかったと回顧録に書いている。[19]

十一月二十二日、ハル国務長官は、イギリスおよび中国の大使、オランダとオーストラリアの公使を呼び、日本の二十日の提案と、国務省が準備した対案を協議した。対案に添付する一〇の和平条件（国務省起草）についても話し合われた。これに対して不満を表明したのは中国大使（胡適《こてき》）だけであった。[20]

ハルは次のように書いている。

〈我々の対案を日本が受け入れる可能性は三つに一つだろう。〉

十一月二十四日、ハルは再び連合国の代表を集め、対案となる休戦協定案を協議した。この会議で、本国政府からの指導を受けていたのはオランダ公使だけだった。ハルは、イギリス、中国、オーストラリア政府の関心の薄さと協力姿勢の欠如に憤っている。[21]

十一月二十五日、中国代表はまたしても米国協定案に反対を表明した。

この日、大統領は会議を招集した。出席したのは、ハル国務長官、スチムソン陸軍長官、ノックス海軍長官、マーシャル参謀総長、スターク海軍作戦部長である。会議を記録したスチムソンの議事録が真珠湾攻撃調査委員会に提出されている。[22]

〈問題は、いかにして彼ら（日本）を、最初の一発を撃つ立場に追い込むかである。それによって我々が重大な危険に晒されることがあってはならないが（傍点著者フーバー）。〉

このような態度を我が国が取ることは、相手がどのような国であれ理解に苦しむことである。[23]

この日の夜、チャーチルがワシントンに打電し、中国の立場に同情していることを伝えた。これについてもハルは回顧録で触れている。[24]

〈中国の反対およびそれに同情的なチャーチルからの公電について、省内の極東問題の専門家たちと意見を交わした。その結果、こちらから暫定協定案を出すことはやめにした。ただ、我々が要求する一〇の条件を紛争解決の要件とした。もともと我々の暫定協定案はそのような性質のものであった。〉

対日交渉に関与した共産主義者

私はここで、対日交渉の場面で強い影響を及ぼしたのではないかと思われる、我が政権内に潜り込んでいた共産主義者の行動を問題にしたい。モスクワは、我が国と日本の間に和平がなってもらっては困ると思っていた。そうなってしまえば、蔣介石は日本軍との戦いから解放され、華北に籠る毛沢東の共産党政府を潰しにくることになるからである。この頃、大統領の名代のような立場で重慶にいたのがオーウェン・ラティモアであった。彼は、ホワイトハウスで、ルーズベルト大統領の行政担当補佐官をしていたロークリン・カリー[25]に、次のように打電した[26]。

〈私（ラティモア）は、暫定協定案に対する総統（蔣介石）の強い反発について、急ぎ大統領に知らせなければならないと感じている。中国との〔編者注：「日本との」の間違いか〕間の暫定協定はいかなるものであっても、アメリカを信じる中国の気持ちを裏切ることになるだろう。アメリカに捨てられたという感情を回復するのは難しい。過去の支援実績があっても、これからの支援を増大させても、信頼の回復を図ることは難しくなる。もし日本が外交的勝利を収めることになれば、中国国民のアメリカへの信頼を持続させることはできないだろう。総統はこのように憂慮している。〉

ハル国務長官は、十一月二十五日に、中国の外務大臣からアメリカを非難する文書が届いたことを記録している。その文書には、アメリカは中国を犠牲にして日本との宥和を図っていると記されていた[27]。スチムソンとノックスも、ラティモアの教唆を受けた蔣介石からの抗議文書を同じ日に受け取っていた[28]。

＊原注

1 *Ten Years in Japan,* p462. この内容については戦後押収された日本側の資料から間違っていないことが確認されている。東郷外相を嶋田（繁太郎）海相や古参の政治家（the Elder Statesmen）が支持していたことがわかっている。

2 J. F. C. Fuller, *The Second World War,* Duell, Sloan and Pearce, New York, 1949, pp. 122ff. あるいは Wladyslaw Anders, *Hitler's Defeat in Russia,* Henry Regnery Company, Chicago, 1953, p. 59. あるいは Vice Admiral Kurt Assmann, "*The Battle for Moscow, Turning Point of the War,*" Foreign Affairs, January 1950, pp. 320–323.

3 *New York Times,* October 6, 1941.

4 *Pearl Harbor Attack,* Part 19, p. 3467.

5 同右、p. 3479.

6 *The Grand Alliance,* p. 595.

7 Winston S. Churchill, *The Second World War,* 6 volumes.

8 *Foreign Relations of the United States, Japan: 1931–1941,* Vol. II, pp. 702–704. あるいは *Ten Years in Japan,* pp. 468–469.

9 *Ten Years in Japan,* p. 470.

10 同右。

11 *Pearl Harbor Attack,* Part 14, pp. 1061–1062.

12 同右、Part 12, pp. 94ff.

13 この部分のスチムソン日記の内容は、*Pearl Harbor Attack,* Part 11, p. 5432. で明らかにされている。

14 *Pearl Harbor Attack,* Part 12, p. 104.

15 同右、p. 112.

16 *The Memoirs of Cordell Hull,* Volume II, pp. 1064ff.

17 *Pearl Harbor Attack,* Part 12, p. 161.

18 *Foreign Relations of the United States, Japan: 1931–1941,* Vol. II, pp. 755–756. あるいは *The Road to Pearl Harbor,* p. 309.

19 *The Memoirs of Cordell Hull,* Volume II, p. 1069.

20 同右、p. 1074.

21 *Pearl Harbor Attack,* Part 14, pp. 1143–1146.

22 同右、Part 11, p. 5433.

23 真珠湾攻撃調査委員会で、J・O・リチャードソン提督が証言している（一九四〇年十月八日）。彼は、一九四〇年から四一年まで、太平洋艦隊司令長官であった。彼は次のように述べた。

「私は大統領に、我々は（日本との）戦争になるのでしょうか、と尋ねた。大統領は、日本が常に間違いを犯さないでいることはないだろう、戦火はやまず戦場は拡大している、遅かれ早かれ奴らは間違いをしでかす、その時は我が国も参戦する、と答えた」（*Pearl Harbor Attack,* Part 1, p. 266）

24 *The Memoirs of Cordell Hull,* Volume II, p. 1081.

25 第4章参照。カリーは共産党にきわめて近い人物だった。彼は後にボリビアに移住した。〔編者注：ボリビアではなくコロンビアである。〕カリーは一九三九年から四五年まで、ルーズベルト大統領の行政補佐官であった。大統領はカリーを、自身の名代のような立場で中国に二度、特使として派遣した。第二次大戦後、ソビエトのエージェントであると非難された。彼はそれを否定し続けたが、現在では、ソビエト情報部がワシントンに張り巡らせたスパイ組織に情報を漏洩していたことは確定している。カリーは、一九四五年に、このソビエト・スパイ組織から、正式にスパイとしてリクルートされた。結局、起訴されることなく、戦後数年してコロンビアに移住した。*Spies: The Rise and Fall of the KGB in America*, pp. 262-267.〕

26 *Pearl Harbor Attack*, Part 20, p. 4473.

27 *The Memoir of Cordell Hull*, Vol. II, p1077. 文書の原文については *Pearl Harbor Attack*, Part 14, p1170.

28 *Pearl Harbor Attack*, Part 14, p1161.

第40章　日本を刺激する方法　その三：最後通牒

一九四一年十一月二十六日、ハル国務長官は一〇項目の条件を日本大使に手交した。[1] この時点ではアメリカ国民に書面は公開されていなかった。

書面は二部に分かれていた。第一部は、他国に対する領土的野心や侵略行為あるいは内政干渉を禁ずることを相互に確認する旨の声明を促すものだった。そこには、領土保全と主権の不可侵、通商の機会均等、紛争解決のための国際協力と国際調停の遵守、過剰な通商制限の撤廃、天然資源取得の公平性、主要産業発展のための国際金融機関の設置などが提起されていた。

第二部は米日両国政府の採るべき措置が書かれ、「合衆国政府および日本国政府は以下の措置を採ることを提案する」と始まっていた。それは（一〇項目からなり）次のようなものだった。[2*]

一、米日両国政府は、大英帝国、中国、日本、オランダ、ソビエト、タイ、アメリカ合衆国の間で多国的不可侵条約を締結すべし。

（合衆国政府及び日本国政府は英帝国支那日本国和蘭蘇聯邦泰国及び合衆国間多辺的不可侵条約の締結に努むべし）

二、米日両国政府は、米国、英国、中国、日本、オランダ、タイ政府間で、各国政府がインドシナの領土主権を尊重し、その領土主権に対する脅威が惹起した場合には、そのような脅威に対処するに必要なあるいは適当な方策を講ずる協定を締結するための協議をただちに進めることを約するように努むべし。

その協定は、締結各国がインドシナとの貿易あるいは経済関係において特恵的待遇を求めたり受けたりせず、また各国政府のためにそれぞれの（米日両国の）影響力を使い、仏領インドシナにおける貿易および通商において、平等な待遇を確保できるよう尽力すべし。

（当国政府は米、英、支、日、蘭、及び泰政府間に各国政府が仏領印度支那の領土主権を尊重し、且つ印度支那の領土保全に対する脅威に対処するに必要且つ適当なりと看做さるべき措置を講ずるの目的を以って即時協議する旨誓約すべき協定の締結に努むべし

斯かる協定は又協定締約国たる各国政府が印度支那との貿易若しくは経済関係に於いて特恵的待遇を求め、又は受けざるべく且つ各締約国の為仏領印度支那との貿易及び通商に於ける平等待遇を確保するが為尽力すべき旨規定すべきものとす）

三、日本政府は、中国及びインドシナからすべての陸軍、海軍、空軍の兵力及び警察力を引き揚げるべし。

（日本国政府は支那及び印度支那より一切の陸、海、空軍兵力及び警察力を撤収すべし）

四、米日両国政府は、軍事的、政治的及び経済的に、重慶に臨時に首都を置いた中華民国国民政府以外のいかなる政府あるいは政権をも支持しないものとする。

（合衆国政府及び日本国政府は臨時に首都を重慶に置ける中華民国国民政府以外の支那に於ける如何なる政府、若しくは政権をも軍事的、経済的に支持せざるべし）

五、両国政府は、中国におけるすべての治外法権を放棄する。その権利には、外国租界地及び居留地、並びに一九〇一年の義和団事件議定書によって決められた諸権利をも含むものとする。

＊訳注：以下、（　）内に昭和十六年十一月二十七日来電第一一九二号、一一九三号の翻訳文を示した。

両国政府は、英国その他の政府が、外国租界地、居留地並びに一九〇一年の義和団事件議定書によって決められた諸権利を放棄することに同意するよう努力する。

（両国政府は外国租界及び居留地内及び之に関連せる諸権益並びに一九〇一年の団匪事件〔訳注：義和団事件のこと〕議定書に依る諸権利を含む支那に在る一切の治外法権を放棄すべし

両国政府は外国租界及び居留地に於ける諸権利並びに一九〇一年の団匪事件議定書による諸権利を含む支那に於ける治外法権廃棄方に付き英国政府及び其の外の政府の同意を取り付くべく努力すべし）

六、米日両政府は通商協定の締結に努力する。協定は互恵的最恵国待遇及び通商障壁の低減を目指すものとする。これには、米国は、生糸を自由品目リストに据え置く企図を含むものとする。

（合衆国政府及び日本政府は互恵的最恵国待遇及び通商障壁の低減並びに生糸を自由品目として据え置かんとする米側企図に基き合衆国及び日本国間に通商協定締結の為協議を開始すべし）

七、米日両政府は、それぞれが合衆国にある日本資産、日本にある合衆国資産の凍結を解除する。

（合衆国政府及び日本国政府はそれぞれ合衆国に在る日本資金及び日本国に在る米国資金に対する凍結措置を撤廃すべし）

八、両国政府は、ドル円為替レート安定のための協定を結ぶ。その際の適当な資金の拠出については、半額を日本、半額を合衆国政府の負担とする。

（両国政府は円払い為替の安定に関する案に付き協定し右目的の為適当なる資金の割り当ては半額を日本国より半額を合衆国より給与せらるべきことを合意すべし）

九、両国政府は、いずれかが第三国と締結する協定が本協定の根本の目的と矛盾するような解釈をされることがあってはならないことに同意する。本協定の目的は太平洋方面における和平の確立とその保持である。

（両国政府は其の何れかの一方が第三国と締結しおる如何なる協定も同国に依り本協定の根本目的即ち太平洋地域全般の平和確立及び保持に矛盾するが如く解釈せらるべきことを同意すべし）

一〇、両国政府は、他国政府が、本協定に定める政治及び経済上の原則を遵守かつその原則を適用するようその影響力を行使する。

（両国政府は他国政府をして本協定に規定せる基本的なる政治的経済的原則を遵守し、且つ之を実際的に適用せしむる為其の勢力を行使すべし）

十一月二十七日、我が国軍高官は、「現在の米日交渉が合意なしで終わってしまえば、日本からの攻撃がある」との意見を出していた。ハル国務長官は次のように回顧録に書いている。[3]

〈マーシャル将軍とスターク提督は大統領に覚書を出した。その写しは私にも届いている。その中で彼らはまだ時間が欲しいと訴えていた。増援部隊がフィリピンに向かっている最中であった。二人は、日本がアメリカ、英国あるいはオランダを攻撃するか直接的脅威となる場合にのみ反撃を検討するよう要請した。〉

ハルは、十一月二十八日の戦争作戦会議についても書いている。その席で二十六日に日本に提出した一〇項目の条件を総括した。

〈「日本との間で合意に達する可能性は現実的に見ればゼロである」と述べた。[4]〉

一九四五年十二月七日、真珠湾攻撃調査委員会とマーシャル将軍とのやりとりは次のようなものだった。[5]

〈調査委員会「あなたは十一月後半から十二月初めまでの外交交渉の進捗《しんちょく》状況について十分な報告を受けていましたか」

マーシャル「もちろんすべてについて報告を受けていたわけではありません。それでもほとんど知らされていたと言えます。ハル氏との個人的なやりとりについて言えば、交渉の最後の頃に、日本の特使とのやりとりについての感慨を強い調子で述べたことがありました。彼は『奴らは戦争を考えている。十分に注意をしておいてほしい』と述べました」〉

また真珠湾攻撃調査の過程で、マーシャルは、戦いの勃発が一月でも遅れたら、日本はヒトラーのロシアでの敗北を知ることになり、日本の米国攻撃はなかったかもしれないとも述べていた。[6]

一九四六年の真珠湾攻撃調査委員会でのマーシャルへの質問は次のようなものだった。[7]

〈ブリュースター上院議員「あなたとスターク提督のどちらも、日本からの攻撃は、少なくとも二、三カ月は遅れたほうがよいと思っていたわけですか」

マーシャル「そう願っていました」

ブリュースター上院議員「ということは、暫定協定についての交渉があったのですね」

マーシャル「そうです」〉

十一月二十八日、大統領の記者会見があった。大統領は七月二十五日以来、四カ月ぶりに日本との交渉について語った。大統領は、近衛の（首脳会談の）提案にも、東郷の提案にも、あるいは二日前のハルの一〇項目の提案（ハル・ノート）にも触れなかった。メディアは少なくとも東郷の和平提案については知っていた。大統領とメディアのやりとりは次のようなものだった。[8]

〈記者「大統領、要するにこの協議は現状維持を図るために行なわれているのですね」

大統領「（間を置いて）ちょっと待ってくれ。現状維持のためとは言っていない。つまり……」
記者「暫定的な現状維持ですか？」
大統領「（間を置いて）中国をそのままにはできない。中国については現状維持など考えていない」
記者「（言葉を差し挟むように）そういうことですね」
大統領「（言葉を続けて）まあ、そういう意味ではインドシナも同様だ」
記者「今後の侵略行為についても対処すると？」
大統領「将来についてもそうだが、我々は現在の侵略行為を何とかしようとしている」
記者「中国問題についての我が国の立場は変わらないということですね」
大統領「絶対にだ（Absolutely）」
記者「妥協の余地はないと」
大統領「ない」〉

十一月二十九日、東京から、日本のメディアはハルの提案は最後通牒であると非難しているとの報告が入った。もちろん、我が軍の指導者も、ハル・ノートは最後通牒だと理解していた。そうでなければ、彼らはハル・ノートを出したことに抗議しなかったはずだ。同様に、そうでなければ、マーシャルは麾下《きか》の地域司令官に、「日本は交渉をやめるようだ」[9]などとは知らせなかったはずだった。

このことについてハルの回顧録では次のように書かれている。[10]

〈十一月二十九日、オーストラリアのケイシー公使が面会を求め、オーストラリアは米日間の仲介に入りたいと伝えてきた。私は、外交でどうにかなるという段階は終わった、外交交渉で得られるものは（もはや）ない、と答えた（傍点編者）。〉

ワシントン高官の中には、日本がアメリカに戦いを挑むはずがないと考えていた者がいた。彼らは、仮にそうなっても、戦いは数カ月で終わると見ていた。私は、この頃ノックスが書いた親書を見たことがある。

〈日本という国を地図の上から三カ月で消してみせる。[11]〉

ハントレイ・N・スポルディング（前ニューハンプシャー州知事）はノックス長官の親友だった。その彼が私に、「日本が（我が国と戦えば）二カ月持たない」と言っていた。

ジェイムズ・ファーレイは、一九三三年から四〇年までルーズベルト政権の閣僚（郵政長官）であった。彼は後になって私に次のように語ってくれた。

〈ハルもルーズベルトもまさか日本が戦うことを選ぶとは思わなかったのだよ。〉

十二月二日、ルーズベルトは記者会見で米日関係について語った。またインドシナ半島をめぐるエピソードも披露した。しかし、彼は日本側から暫定協定の提案があったことは決して語らず、ハルの「最後通牒（Hull's Final Dispatch）」についても口を閉ざしたのである。[12]

十二月五日、ハルは次のように書いている。[13]

〈私は、東京およびその他の極東の外交官に対して、国務省本省と連絡が途絶えた場合、暗号表、秘密文書、パスポート等を破棄し、事務所の閉鎖とローカル職員の解雇を実施するよう指示した。〉

この時点で、ハルは、自ら提示した書面（ハル・ノート）が、（日本を刺激して）戦争を引き起こすことがわかっていたに違いないのである。そうでなければ、十一月二十八日の作戦会議であのような発言をしたり、十一月二十九日のオーストラリア公使リチャード・ケイシーにあのような見解を述べるはずもなく、あるいは在外公館に事務所閉鎖や秘密書類破棄の指示を出すはずはないのである。[14]

クラーク・H・ウッドワード海軍少将（退役）が当時を振り返っている。連合軍の優勢な海軍力を語った後、彼は次のように述べた。[15]

〈極東での戦いは、日本の領海ないしはその周辺海域でのものになろう。日本の艦隊は、基地から遠くには出られない。仮に南方へ出てしまえば、我が海軍と英国海軍によって進路を遮断されるだろう。〉

十二月六日、ルーズベルト大統領は、日本の天皇に和平を願う公電を打った。[16] ハルは、その公電内容を下書きしながら、こう論評した。「この公電は効果の疑わしいものだ。ただ公電を送ったという事実を記録に残すだけのものだ」[17]

＊原注

1　第39章参照。
2　*New York Times*, December 8, 1941. あるいは *U. S. Department of State Bulletin*〔Vol. V〕December 13, 1941, pp. 462-464. あるいは〔U. S. Department of State, *Papers Relating to the*〕*Foreign Relations*〔*of the United States*〕. *Japan, 1931-1941*〔United States Government Printing Office,〔Vol. II〕pp. 768-770.
3　*The Memoirs of Cordell Hull*, Vol. II, p. 1087. あるいは *Pearl Harbor Attack*, Part 14, p. 1083.
4　*The Memoirs of Cordell Hull*, Vol. II, p. 1087.
5　*Pearl Harbor Attack*, Part 3, p. 1148.
6　同右、p. 1149.
7　*Pearl Harbor Attack*, Part 11, p. 5177.
8　Samuel I. Rosenman, comp., *The Public Papers and*

Addresses of Franklin D. Roosevelt, 1941 volume, p. 502.

9 *Pearl Harbor Attack,* Part 14, pp. 1328–1329.

10 *The Memoirs of Cordell Hull,* Vol. II, p. 1089. あるいは Lord Casey, *Personal Experiences, 1939–1946,* David McKay Company, Inc., New York, 1962, pp. 54–58.

11 *Pearl Harbor Attack,* Part 5, pp. 2089–2090: Memo by Hornbeck, November 27, 1941: "Problem of Far Eastern Relations—Estimate of Situation and Certain Probabilities."

　十一月二十七日のホーンベックのメモによれば、「日本政府は、アメリカとただちに武力衝突となることを望んでいない、計画もしていない、そうなるとも思っていない」。「十二月十五日の時点で、戦争になっている確率は、五対一で『否』である。（一九四二年）一月十五日の時点でも三対一で『否』だろう。三月一日であれば五分五分の確率になろう。アメリカが、太平洋方面でただちに戦争状態になるとは考えにくい」と語っていた。

12 *The Public Papers and Addresses of Franklin D. Roosevelt,* 1941〔volume〕, pp. 508–510.

13 *The Memoirs of Cordell Hull,* Vol. II, p. 1093.

14 　一九四一年十二月四日、真珠湾攻撃の前に『シカゴ・デイリー・トリビューン』紙と『ワシントン・タイムズ・ヘラルド』紙のセンセーショナルな報道があった。陸軍作戦課による戦争準備がほぼ完成に近づきつつあると報じたのである。また、戦いはアメリカが仕掛けることを示唆していた。記事は実際の作戦計画を正確に示していた。この情報漏洩で陸軍省は大騒ぎになった。議会も驚き、大統領は戦争をする意思があると疑う者たちの主張を補強した。情報漏洩については *Wedemeyer Reports!,* pp. 15ff. に詳しい。ウェデマイヤー将軍は次のように語っている。

「『シカゴ・トリビューン』紙の記者は、ビクトリー計画の最も重要な部分をコピーしたかのように報じている。（記事を書いた）マンリー記者は、漏洩されたこの驚くべき情報は、世界の文明国の人々の運命に大きな影響を与えることになる、我が国の意思決定と関与を明確に示すものだ。それがついに、世界の目に触れることになったのである、と書いた」

15 *New York Journal-American,* December 7, 1941.

16 *New York Herald Tribune,* December 8, 1941.

17 *Pearl Harbor Attack,* Part 14, p. 1202.

第41章　日本を刺激する方法　その四：真珠湾

グルー駐日大使は何度も注意を促していた。日本は、アメリカの言うとおりの国になるか、飢えて死んでしまうかの選択を迫られれば、自殺行為（hara-kiri）になることがわかっていながら戦うことを選ぶ可能性がある。（この警告どおり）日本は、十二月七日〔訳注：米国時間〕に真珠湾を攻撃した。

ルーズベルト大統領は、十二月八日、議会で演説し、日本帝国に対する宣戦布告の承認を議会に求めた。同十一日には、ドイツおよびイタリアに対する宣戦布告を求めた。こうして我々は第二次世界大戦に参戦した。我が国の主要同盟国は、ソビエトと大英帝国となった。

スチムソン陸軍長官は、どこかでアメリカが戦争に突入することをひたすら望んでいた。彼は十二月七日の日記に次のように書いた[1]。

〈日本が我が国を攻撃したとの報を受けた時、私の最初の感慨は、これでようやく我が国がどっちつかずの立場にいることから解放されたというものだった。（日本の真珠湾攻撃で）国民がようやく一致団結できる。〉

海軍の受けた損害

日本の真珠湾攻撃で、およそ三五〇〇人が死傷した。死者は二三〇〇を超えた。戦艦八隻が撃沈されるか大破し、数カ月は使用不能になった。戦艦だけでなく巡洋艦二隻、駆逐艦三隻が、失われるか大破した。また二〇〇機の航空機も破壊された。日本側の戦死者は六八人と見られた。[2]

十二月十日、二隻のイギリス戦艦がマレー半島沖で撃沈された。その日に英国参謀総長に任命されたアラン・F・ブルック卿は日記に次のように書き留めた。

〈アフリカからインド洋そして太平洋まで、我々は海洋覇権を失った。[3]〉

一九四二年七月までの七カ月間、機能不全に陥った米、英、蘭三国の海軍艦船数は、戦艦一五、航空母艦五、巡洋艦一五以上、駆逐艦二〇であった。能力が最も落ちた時点では、ただちに行動できる艦船は一四〇万トンになっていた。二二〇〇万トンから激減したのである。この期間に敵はほとんど損害を受けていなかった。したがって、敵国はブルック卿が書いた以上に、世界の海の覇権を握ったのである。アメリカの太平洋側の沿岸には日本の潜水艦が出没し、大西洋岸ではドイツ潜水艦の攻撃が続いていた。

陸の戦いでは、真珠湾攻撃から七カ月の間に、日本はフィリピン、タイ、グアム島、ウェーク島、アラスカ・アリューシャン列島のアッツ島とキスカ島、香港、マラヤ、シンガポール、ベンガル湾のアンダマン諸島、蘭領東インド諸島、太平洋南西部のイギリス領の島々、そしてビルマのほとんどを占領した。日本は、マラヤ、蘭印、ビルマ、タイから、戦争遂行に必要な資源の確保ができたのである。

海の覇権の喪失は、連合国側商船の驚くほどの損失になって表れた。海軍省は後に私に数字を提供してくれた。真珠湾以前の商船の総トン数は、連合国および中立国からチャーターできるものを合わせておよそ二五〇〇万トンだった。海上における敵の攻撃が本格化した一九四二年二月以降の一年間で、八一〇万トンが撃沈された。もちろん多くの船員が犠牲になった。新造船は喪失した船舶の半分にも満たなかった。

戦争遂行に必要な輸送船の数を揃えるには二年は必要だった。連合国にとっては何十億ドルもの費用負担となる数字だった。

残っている米英の艦船は、ハワイ、アメリカ太平洋岸、インドの防衛や、戦争に不可欠な資材を運ぶ輸送船の護衛に充てられた。護衛が十分でなかったことは、この時期に大量の弾薬や軍需品が失われたことでも明らかだった。一九四二年四月、五月、六月の間に、二五万トンもの武器・弾薬が海に沈んだ。英国海軍は、地中海方面では少なくなった海軍軍船を分散して商船の護衛に充てたため、ドイツとイタリアは北アフリカに容易に兵員を輸送できた。このことによって、北アフリカの英軍はロンメル将軍に敗北することになってしまったのである（一九四二年六月）。

米国、英国、オランダは東南アジア方面で領土を喪失した結果、植物性油脂、米、ゴム、麻の三分の二の供給が途絶えた。粗糖の供給は四分の一に減った。原油と錫《すず》はそれぞれ四分の一、四分の三が失われた。さらに銅（鉱）、亜鉛（鉱）、タングステン（鉱）も多くの供給先を失い、キニーネの供給は全面的に途絶えた。

食糧、ガソリン、ゴム、錫などの供給量の減少で、アメリカでも大英帝国でも他の連合国でも、供給は一定の配給量を決められた。その結果、ゴムや錫、そして麻の代用品の生産設備に大金を投じなければならなかった。また、国内の不採算鉱山を利用するために、あらたな（余計な）投資を余儀なくされたのである。

日本との戦いは三年半後に終わった。[4] しかし、それで戦いが終わったということにはならなかった。

＊原注

1 *Pearl Harbor Attack*, Part 11, p. 5438.
2 同右、Part 1, pp. 58, 59, 188.
3 Arthur Bryant, *The Turn of the Tide*, Doubleday & Company, Inc., 1957, p. 226.

4 日本との戦いになった責任、つまり誰が、何を、いつ、どこでしたかについての研究書が数多く出版された。そのいくつかについては次章で説明する。

第42章　日本を刺激する方法　その五：誰に責任を負わせるか

日本側の交信の解読で、ワシントン政府は、日本が連合国のどこかを攻撃することはわかっていた。ワシントンでの（真珠湾攻撃前の）数時間の出来事は分析の対象となり、多くの研究書が発表された。調査に基づいたもの、思惑に満ちたもの、そうした文献には、真摯な研究もあれば、ただ単に（政権を）批判するだけのものもあった。アメリカ国民は、グルー大使の警告を知らされていなかった。私の知るかぎり、敗北必至の自殺行為に打って出る国家などあるはずがないと思っている者ばかりだった。

常識的に考えれば、日本の攻撃対象は蘭印あるいはフィリピンになるはずであった。連合国の経済制裁による苦しい状況を緩和するために、そうした地域を攻撃するはずだった。軍を動かすためには、蘭印の石油が必要だったのである。

この頃の状況を理解するためには、アルバート・C・ウェデマイヤー将軍の書いた分析が役に立つ。彼は先に書いたように、当時、ワシントンにいて陸軍の作戦立案に重要な役割を果たしていた。彼の著書『ウェデマイヤー報告書』には次のように書かれている。[1]

〈十二月六日、解読された暗号は、日本が翌日に、太平洋中央部あるいはフィリピンないしは蘭領東インド諸島のどこかを攻撃することを示唆していた。この時点で、我が軍の最高指揮官である大統領は、ラジオを使って、ただちに世界に警告を発することができた。日本の攻撃が近々にあることを示す証拠を持っていると伝えることができた。それをしていれば、シンガポールから真珠湾まで、ただちに警戒態勢に入ることができた。十分な防衛がとれなかったとしても、少なくとも日本の攻撃を鈍らせるくらいのことはできた。たとえばハワイだが、主要艦船は混み合った真珠湾から外洋に出しておくこともできた。（幸運なことに）キンメル提督は、最も大事な航空母艦を遠くに配置しておくだけの先見の明はあった。さらに言えば、太平洋中部にいた機動部隊は、日本の艦隊の艦載機が飛び立つ頃に攻撃ができていたかもしれない。いずれにせよ（大統領が警告を発していれば）我が軍には戦えるチャンスがあったかもしれないのである。

L・F・サフォード大佐は、当時、ワシントンの海軍通信部で機密保全を担当していた。彼は、海軍提督（トーマス）ハートによる調査*に対して、次のように答えている。

「十二月四日、我々は二つの独立した情報源から、日本はアメリカ、英国を攻撃する、ただしソビエトとは戦わないとする情報を入手していた。ワシントン時間の十二月六日午後九時、日本が対米宣戦布告するという確かな情報を得た。布告の時間は近々に示されるということだった」。サフォード大佐はこの情報はきわめて重要であると考え、暗号解読と同時に、軍情報部に報告されたと証言していた。

「一九四一年十二月七日午前十時十五分（ワシントン時間）、我々はワシントンの陸軍暗号解読部隊（Signal Intelligence Service）から、日本が同日午後一時（ワシントン時間）に、国務長官に対して宣戦布告の文書を手交するという確定的な情報を得た。ワシントンの午後一時は、ハワイでは夜明けで、フィリピンではほぼ深夜にあたる時間だった。このことは、およそ三時間で飛行部隊によるハワイへの奇襲攻撃があることを示唆していた」。サフォードによれば、海軍のクレイマー大尉が、海軍長官に報告する前に、このことを伝えるメモを暗号解読部

*訳注：海軍は前アジア艦隊司令官トーマス・ハート提督に真珠湾攻撃に関する調査を命じた。調査期間は一九四四年二月十五日から同年十月二十日まで。

隊から発信していた。

ルーズベルト大統領は、警告を（ラジオを通じて）発する十分な時間があった。推測になるが、もし警告が発せられていたら、日本は奇襲攻撃を中止した可能性もあった。いずれにせよ、三五〇〇人の米国人を、反撃の機会もないままで死なせることはなかったのである。〉

アメリカ軍の歴史上最悪の敗北を見て、ノックス海軍長官は急ぎハワイに飛んだ。十二月十五日、彼は次のような声明を発表した。[2]

〈ハワイの軍は、航空機による奇襲攻撃への警戒ができていなかった。この件について公的な調査が必要である。大統領がただちに必要な措置を取る。〉

ノックスは大統領に秘密の報告書を提出していた。[3]

〈空からの攻撃に対しては戦闘機による迎撃が最も有効である。しかし、（真珠湾には）十分な数の戦闘機は配置されていなかった。戦闘機の多くが、英国、中国、オランダ、ロシアに回されていた。

戦闘機に次いで重要な武器は対空砲である。このタイプの砲は危険なほどにハワイでは不足していた。これについては陸軍司令官に責任はない。彼はたびたびこのような砲の不足を訴えていた。〉

十二月十六日、キンメル提督（海軍）とショート将軍（陸軍）には、それぞれハワイの司令官を解任するという命令が電信で伝えられた。時を同じくして、大統領はオーウェン・ロバーツ最高裁判事を調査委員会の長に命じた。ロバーツ委員会の報告書は、ハワイの二人の指揮官が警戒を怠り、防衛準備ができていなかったと非難するものだった。[4]

ノックス長官はこれを承認した。

〈（私が何も言わずとも）報告書が（二人に責任があることを）語っている。[5]〉

しかし、アメリカ国民はワシントンの報告に満足しなかった。三年も経たないうちに、海軍はハート提督による調査を実施した（一九四四年二月から六月）。陸軍もこの年の七月から十月にかけて調査委員会を設けている（陸軍真珠湾委員会）。多方面から調査を要求する声が上がったからである。調査委員会の報告は、マーシャル将軍を含む高官の不注意を非難した。彼らは、傍受された暗号から奇襲の情報を摑んでいた。それをショート将軍に知らせて警戒を促さなかった。このことに対する批判だった。

スチムソン陸軍長官は、陸軍真珠湾委員会の報告書に納得できなかった。彼は、ヘンリー・C・クラウゼン中佐に、上記陸軍報告書を補完する目的で調査を命じた。クラウゼン調査は、一九四四年十一月から一九四五年九月にかけて行なわれた。もう一つの陸軍の調査もあった（クラーク調査）。こちらは一九四四年九月および一九四五年七月から八月に実施された。クラーク調査は、上層部でどのように（解読された）情報が扱われたかに焦点が絞られていた。

また海軍調査委員会もあり、これは一九四四年七月から十月にかけて調査が進められた。同委員会は、キンメル提督の責任は無しとし、スターク提督（作戦部長）を非難したものになっていた。海軍では他にも調査がなされている（ヒューイット調査）。この調査は一九四五年五月から七月まで行なわれた。

海軍調査委員会と陸軍真珠湾委員会の報告書は、一九四五年八月二十九日まで公開されなかった。

陸軍真珠湾委員会の報告書が公開されると、スチムソン長官は、マーシャル将軍の責任を問う報告書の内容を批判した。スチムソンは、マーシャル参謀総長を庇《かば》い、責任はショート将軍にあるとした。[6]『ニューヨーク・タイムズ』紙のアーサー・クロックはこの件について次のようにコメントした。[7]

〈こうした報告書は慎重だった。ぎりぎりのところで、ホワイトハウスの責任までは踏み込まなかった。それでも軍や政府の外交の詳細をかなり明らかにしていた。ルーズベルト大統領は、(まだ戦争が続いていただけに)大統領が軍の最高指揮官であるという点を強調し続けていた(そのために報告書はホワイトハウスの責任には踏み込めなかった)。〉

国内世論の圧力で、陸海軍は七つの調査を実施したことになる。しかし、軍法会議は開かれなかった。開かれていればキンメル提督もショート将軍も裁判の場において彼ら自身で説明し(実際に何があったかを暴露し)、弁明することができたはずであった。

議会の真珠湾調査委員会

ワシントン議会は政府や軍による調査に納得しなかった。一九四五年には議会に(上下両院合同)調査委員会が設置された。同委員会の調査が最も重要なものになった。[8] 調査は一九四五年十一月から翌四六年五月まで実施された。すでに真珠湾の事件から四年が経ち、戦いも終わっていた。

同委員会以前の調査と同委員会の調査は、「真珠湾攻撃(Pearl Harbor Attack)」の表題でまとめられた。十一巻の証拠書面、十巻の議会調査報告書に加え、それまでに行なわれた調査内容を十八巻にまとめていた。

議会報告書は、政治的配慮をせざるを得なかった。上下両院合同調査委員会のメンバーの過半数は与党議員であった。そうした中でまとめられた多数意見書の結論は次のようなものだった。[9]

〈一、一九四一年十二月七日の真珠湾攻撃は、(米国の)挑発なくして行なわれた日本帝国による侵略的行為であった。

二、攻撃を仕掛けたこと、およびその結果の最終的な責任は日本政府にある。

三、アメリカ政府の外交方針および実際の外交が日本の行為を正当化することはない。国務長官は、陸軍および海軍に対して外交交渉の進捗《しんちょく》を完全に報告していた。また国務省は遅滞することなく、そして明確に、陸海軍両省に対して、米日関係が外交から軍事の段階に移行したことを伝えている。

四、当調査委員会の聞き取り以前およびその期間中に、大統領、国務長官、陸軍長官、海軍長官は、議会からの宣戦布告を得やすくするべく、日本を騙し、挑発し、怒らせ、甘言を弄し、あるいは無理やりに我が国を攻撃させるよう仕向けたのではないかとの非難があった。しかし、当委員会はそれを示す証拠を見出すことはできなかった。入手した証拠に鑑みれば、（彼らは）我が国の伝統的な外交方針に沿って、卓越した能力と先見性を以て責任を全うしたと言える。

五、大統領、国務長官および政府高官は、できるかぎり努力し、我が国の栄誉を傷つけることなく、かつ安全保障を担保しながら対日戦争を回避しようとしていた。

六、真珠湾の悲劇は、陸軍および海軍が、接近しつつある敵（機動）部隊を察知するための適当な対策を取ることに失敗した結果である。

七、ほとんど誰もが、日本が真珠湾にある艦隊を攻撃したことに驚いた。確かに、ワシントンおよびハワイにおいては、航空機による攻撃の危険性について認識していたが、それはあくまでも可能性であった。ただ、日本との戦争が切迫していることは認識されていた。

八、ワシントンからの（日本との戦いが切迫しているという）警告があったことに鑑みれば、ハワイの司令官は義務の遂行に失敗したと言える。〉

この調査報告書（多数派意見書）には以下のメンバーが署名した。

アルベン・W・バークレイ上院議員（民主党・ケンタッキー州）

ウォルター・F・ジョージ上院議員（民主党・ジョージア州）

スコット・W・ルーカス上院議員（民主党・イリノイ州）
ジェア・クーパー下院議員（民主党・テネシー州）
J・ベイヤード・クラーク下院議員（民主党・ノースダコタ州）
ジョン・W・マーフィー下院議員（民主党・ペンシルバニア州）
バートランド・W・ギアハート下院議員（共和党・カリフォルニア州）
フランク・B・キーフ下院議員（共和党・ウィスコンシン州）

疑問として湧いてくるのは、調査委員会は確かに党派性が強かったにしても、日本に対する完全な経済制裁を実施していた時期のグルーやハルの交信、あるいはクレイギー大使とイーデンとのやりとりを読み取り、それを理解することはできたはずではなかろうか、ということだ。それにもかかわらずこのような結論になったことは疑問である。

調査委員の一人であるキーフ下院議員は、（多数派意見書に署名したものの）次のような意見を付記している。[10]

〈私は（民主党による）多数派意見の結論と勧告内容の大半に同意する。

この意見書を作成するにあたり、委員会は長期間にわたって精力的な調査を進めた。その過程で、ハワイの司令官の責任を追及するためにいかなる判断基準を適用するにせよ、その基準は、ワシントンの高官にも同じように適用されるべきだと言い続けてきた。しかし、取り上げられる事実関係に偏向があったのではないか。たぶん意図的ではないのだろうが、ハワイ（の司令官）を責める一方でワシントンの責任を最小化したいとの思いがあったのではないか。私にはそう感じられた。

ワシントンの責任についてはできるだけ軽くしようとする動きがあったのではないかとの疑念を拭うことはできない。〉

少数派意見書は次のメンバーによって提出された。

ホーマー・ファーガソン上院議員（共和党・ミシガン州）
オーウェン・ブリュースター（共和党・メイン州）
少数派意見書は次のような内容であった[11]。

〈ロバーツ委員会の調査が性急に実施され、その結果が（責任の所在について）不完全で、結論も曖昧であったことはきわめて残念である。喚問された証人には、宣誓証言した者も、そうでない者もいた。また聴取された証言の中には、記録に残されていないものもあった。

（証拠となる）文書、記録などの扱いについては与党議員が主導権を握っていた。

個々のメンバーが独自で保存ファイルその他の記録を調査することも与党多数派議員によって否定された。その調査を、委員会の顧問弁護士の立ち会いのもとで進めることさえ否定された。このことは、良かれ悪しかれ、真実を探ろうとする動きを妨害する意図があったことを疑わせる。

消えていたり抜けている証拠を探すにも許可を要求された。消えてしまった証拠を探す行為には許可を求められた。記録の紛失などない、という強硬な声明が出された。おそらく大統領府の圧力によるものだろう。その結果、いくつかの証拠は確かに見つからず、紛失の理由も不適切だった。

陸海軍の情報部門から、傍受された日本の戦争計画や意図を示す秘密の交信内容を入手することができた。この情報から、十一月二十六日（ハル・ノート手交）以降、戦争の可能性が高まり、日本の攻撃が迫りくる状況であることははっきりしていた。

陸海軍の得た情報は、急迫する戦争の可能性を示しており、その情報は政府上層部に伝えられていた。そうした情報は、危機に対処すべき責任者、つまり大統領、国務長官、陸軍長官、海軍長官、参謀総長、海軍作戦部長に上げられていた。

外交文書や委員会が聴取した証言を勘案すれば、日本に最初の一発を撃たせるように仕向けたという主張を補強する多くの証拠がある。ワシントン政府上層部の一九四一年十一月二十五日以降の指導に沿ったものだ。

次のような戦術が取られたことが、そのこと（日本に先制させること）を示している。マーシャル将軍とスターク提督は、陸海軍ともに対日戦の準備が整っていないことを理由に、日本との断交を遅らせるよう大統領に要請していた。その要請は十一月五日および同月二十七日になされたが、大統領は拒否している。

また太平洋艦隊を真珠湾に置いたのは、日本と交渉するにあたり、日本の侵略的傾向を牽制して我が国の要求に妥協させることが主な理由であった。しかし、これは太平洋艦隊司令官リチャードソン提督のアドバイスを無視したものだった。リチャードソン提督は抗議したため司令官職を解任されている。リチャードソン提督の意見に、前海軍作戦部長のウィリアム・D・リーヒーは同意していた。

本調査委員会の聴取した証言や証拠書類によれば、ロバーツ委員会の第十六番目の結論に同意せざるを得ない。それは次のようなものであった。

「外交、陸軍および海軍に関わる部署および一般メディアにおいては、日本は近々に極東で軍事行動を起こすという意見ばかりであった」

政府の致命的な過誤は、我が国自身の安全保障こそが憲法に定められた政府の義務であるにもかかわらず、それを蔑《ないがし》ろにして世界（の民主主義）を保護するキャンペーンを張っていたことである。

ワシントン上層部は、キンメル提督およびショート将軍に日本との交渉の進捗状況や、傍受された暗号通信情報について知らせていない。彼らは二人に対して日本の攻撃の緊迫性を伝えることができた。そうすれば真珠湾の防衛準備が可能になり、完璧な警戒態勢を敷くことができた。

十一月二十日の日本の暫定協定提案のメリットとデメリットの評価は別途しなくてはならないが、この提案を受け入れれば、十分な軍備増強を図りたいと願っていたマーシャルとスタークは、そのための時間が取れたに違いなかった。

ワシントンがその義務を果たせず、真珠湾が適当な防衛態勢を敷けなかった責任は以下のメンバーにある。

フランクリン・D・ルーズベルト
ヘンリー・L・スチムソン
フランク・ノックス
ジョージ・C・マーシャル
ハロルド・R・スターク
レオナルド・T・ジェロー〔訳注：陸軍少将〕
ハワイの防衛義務を果たせなかった責任は以下の二人にある。
ウォルター・C・ショート
ハスバンド・E・キンメル〉

ロバート・A・セオボールド提督は、真珠湾の駆逐艦隊司令官であった。彼は（明らかになった）事実を検討した上で、次のように述べている。[12]

〈ルーズベルト大統領は、日本に対する外交的、経済的圧力を緩めることなく徐々に強めていった。日本を戦争に追いやることが狙いだった。そして同時に、太平洋艦隊を真珠湾に置いたままにした。これは奇襲攻撃の呼び水であった。大統領のやり方は完全なる外交的勝利だった。日本に先に戦争行為に出てもらいたいという思いが、大統領や彼の文官顧問らに、軍事的なアドバイスを無視させたのである。このような結論にならざるを得ないことには、もはや議論の余地はない。軍のアドバイスが考慮されていたら、真珠湾攻撃による被害も多少は軽減されていたに違いない。〉

ロバーツ委員会の報告が出た一二年後、ウィリアム・H・スタンドレイ提督がロバーツ委員会を批判した。彼は同委員会のメンバーだった。提督は、キンメルとショートになされた不正義を次のように書いている。[13]

〈二人の将軍は犠牲にされた。軍法会議にかけられたとしても、司令官としての義務を怠ったとの疑いは晴れていただろう。

この〝事件〟（真珠湾攻撃）を、ワシントン高官のある者たちは待ち望んでいた。アメリカ世論を対枢軸国との戦争やむなしへと導きたかった。ようやくその「事件」*が起きたのである。*〉

「真珠湾事件」について、一九四七年にジョージ・モーゲンスターン**が『パール・ハーバー——秘密の戦争の内幕***（*Pearl Harbor: The Story of the Secret War*）』を出版した。徹底的な検証の上に立った著作だった。モーゲンスターンは次のように結論づけた。[14]

〈疑わしき者に有利に解釈したとしても、ワシントンの（疑われている）高官はまだ多くの疑問に答えてはいない。彼らは戦争になる可能性をよくわかっていた。それにもかかわらず、その情報を（ハワイの司令官に）伝えようとしなかった。その情報を明確に、遅滞なく、（日本の）一撃が加えられる可能性のある現場に伝えようとしなかった。

真珠湾の事件は、我が国の参戦を狙う勢力にとっては、参戦を渋る議会の束縛から解放され、戦いに消極的な国民を戦争に導くための口実となった。

真珠湾事件は、目に見える最初の日本との戦いだった。しかし（ルーズベルト）政権が仕掛けていた秘密の戦争という視点からすれば、その（日本に対する）秘密の戦争の最後の戦いであったと言える。秘密の戦争は、我が国の指導者が敵と決めた国との戦いである。どの国が敵かは、宣戦布告によって公式に敵国となるずっと前から決められていた。秘密の戦争は、敵国に仕掛けられるだけではない。プロパガンダや嘘の情報を流し、国民世論を操作しようとする。つまりアメリカ国民に対しても仕掛けられているのだ。我が国の〈日本に対する経済制裁などの〉外交は、実際には戦争行為と変わらないものであっても、我が国が戦争しないための方策だと言い換えられた。戦争するためには憲法の制約があるが、その制約も上手に回避した。日本に対する宣戦布告は議会が行なったが、この時点では戦争になっている状況を追認するだけの意味しかなくなっていた。〉

ウィリアム・ヘンリー・チェンバリンもその書『アメリカ第二の聖戦（*America's Second Crusade*）』の中で次のように結論づけている。[15]

「スターク提督の証言（ルーズベルト大統領は海軍艦船に対して、ドイツ船への攻撃命令〔一九四一年十月八日付〕を発した）などに鑑みれば、ルーズベルト政権は、長いこと戦争を目論んでいて、その始まりが真珠湾であった、という結論にならざるを得ない。武力衝突になるための仕掛けは、真珠湾攻撃のずっと前から進められてきた」

ジョージ・F・ケナンはアメリカ外交に長く関わった外交の専門家であり、ロシア文化や歴史に詳しい人物だが、彼はこう結論づけている。[16]

〈日本との戦いを避けるという方針が、入念にそして現実に則して（ルーズベルト政権によって）実施されていたら、アメリカ外交はかなり違うものになっていただろう。その外交の結果もまた違っていたにちがいない。〉

客観的な視点を持つ英国の歴史家ラッセル・グレンフェル大佐****は、次のように書いている。[17]

＊訳注：スタンドレイ提督は真珠湾攻撃を「事件（incident）」と記述している。
＊＊訳注：『シカゴ・トリビューン』紙記者。
＊＊＊訳注：邦訳『真珠湾――日米開戦の真相とルーズベルトの責任』渡邉明訳、錦正社、一九九九年。
＊＊＊＊訳注：『デイリー・テレグラフ』紙の記者でもあった。

〈ある程度の事情がわかっている者は、日本が悪辣な奇襲攻撃をアメリカに仕掛けたなどとは考えない。真珠湾攻撃は、予期されていただけでなく期待されていた。ルーズベルト大統領がアメリカを戦争に導きたかったことに疑いの余地はない。ただ、政治的な理由で、最初の一撃は相手側から発せられる必要があった。だからこそ日本に対する締め付けを強めていったのである。その締め付けは、自尊心のある国であれば、もはや武器を取るしかないと思わせるところまでいっていた。アメリカ大統領によって日本は、アメリカを攻撃させられることになっていた。オリバー・リトルトンは英国の戦時生産大臣であったが、一九四四年に、「日本は真珠湾を攻撃するよう挑発されたのである。アメリカが戦争に無理やりに引きずり込まれた、などと主張することは茶番以外の何物でもない」と述べている。〉

我が国はあの戦争に参入し悲惨な戦いを経験した。我が国の参戦によって生まれた惨禍を、いまや人類全体が味わうことになった。この悲惨な状況に至る最初の事件はおよそ三〇年前にすでに始まっていたのである。真実の歴史がしっかりと語られること、そして、多くの戦争の犠牲（者）から教訓を学ぶことが重要である。たくさんの人が亡くなった。その原因は、指導者の拙い政治指導にあった。そのことが忘れられるようなことがあってはならない。だからこそ私はこの回顧録を執筆した。

そうでなければジョージ・サンタヤーナ[*]の言うように、「歴史を忘れる者はそれ（過ち）を繰り返してしまう」ことになるのである。

＊原注

1 *Wedemeyer Reports!*, pp. 429–430.

2 *New York Times*, December 16, 1941.

3 *Pearl Harbor Attack,* Part 5, p. 2342.
4 同右、Part 39, pp. 1–2.
5 *New York Times,* January 25, 1942.
6 同右、August 30, 1945.
7 同右、September 4, 1945.
8 *Report of the Joint Committee on the Investigation of the Pearl Harbor Attack,* 79th Congress, 2nd Session Document No. 244 〔United States Government Printing Office, 1946〕.
9 同右、pp. 251–252.
10 同右、pp. 266–266A.
11 同右、pp. 497–573. パーシー・L・グリーヴス・ジュニアは、議会合同調査委員会の少数派メンバーの調査にあたった（歴史の）専門家であった。彼は次のように述べている。
「これまでに真珠湾攻撃に関わる多くの調査がなされたが、その結論はまちまちだった。すべての事実が明らかになることはないだろう。調査と称されるもののほとんどに、事実を隠蔽し、（真実を探る者を）誤解させ、混乱を引き起こすような悪意があった。最初から最後まで、事実や多くのファイルが非公開とされ、公開された情報は調査対象である（ルーズベルト）政権に有利なものばかりだった」

「事実を求めて証拠を探そうとするたびに、いろいろな理由が取って付けられ、公開が叶わなかった。『個人の日記の中に埋もれていて探せない』『外国政府との交渉マター』『（公開されても）意味のない文書』などという理由だった」

Percy L. Greaves Jr., "The Pearl Harbor Investigations" in *Perpetual War for Perpetual Peace,* edited by Harry Elmer Barnes, The Caxton Printers., Ltd., Idaho, 1953, p. 409.
12 Rear Admiral Robert A. Theobald, U. S. N. (ret.), *The Final Secret of Pearl Harbor,* The Devin-Adair Company, 1954, p. 5.
13 Admiral William H. Standley, U. S. N., Ret., "More About Pearl Harbor," in *U. S. News and World Report,* April 16, 1954.
14 George Morgenstern, *Pearl Harbor: The Story of the Secret War,* The Devin-Adair Company, 1947, pp. 328–330.
15 William Henry Chamberlin, *America's Second Crusade,* Henry Regney Company, 1950, p. 353.
16 George F. Kennan, *American Diplomacy, 1900–1950,* The University of Chicago Press, 1951, p. 82.
17 Captain Russell Grenfell, R. N., *Main Fleet to Singapore,* The Macmillan Company, 1952, pp. 107–108.

＊訳注：アメリカの哲学者、スペイン系。

第2部

第11編

度重なる会談　その一

序

第1部では、我が国が第二次世界大戦にいかにして巻き込まれたかを書いた。そこに至る数々の事件や、それを引き起こした勢力について記述した。

共産ロシア（ソビエト）、英国、アメリカ、中国といくつかの小国が連合を作り「連合国（United Nations）」と称した。連合国の主要敵国はヒトラーのドイツ、ムッソリーニのイタリア、軍国主義者に支配された日本であった。この三国は一般にベルリン・ローマ・東京枢軸と呼ばれた。この枢軸には南東ヨーロッパ（Southeast Europe）の小国が加わった。

連合国の指導者は定期的に会談し、軍事作戦や政治方針について協議した。こうした会談では同時に軍事戦略が調整された。そこでの政治的な合意と（指導者の個別の）合意内容の解釈が世界の人々の運命を決定したのである。

チャーチル首相、ルーズベルト大統領、スターリン元帥、蔣介石総統が会談する際には、それぞれが大型随行団を引き連れてきた。参加スタッフの具体的な名前は（脚注で）適宜示していくことにする。指導者自身が参加できない場合には、その合意内容が後日伝えられた。当然のことであるが、軍事戦略あるいは戦術が公開されることはなかった。戦いの具体的な状況、連合軍側の勝敗、前進と後退の詳細は従軍記者が伝えてきた。したがって、大まかな戦況は国民の知るところであった。

連合国首脳の会談後には、ほとんどの場合、コミュニケ（公式声明）が出された。こうした声明には具体的な情報は含まれていなかった。大概、何のために戦いに勝たなくてはならないかが、特に大西洋憲章の忠実な実現が戦いの目的であることが何度も繰り返された。戦いも終盤に近づくと、連合国の声明は枢軸国の判断に影響を与えようとするものになった。

しかし、現実には、会談での政治的な合意や計画は秘密にされていた。その多くが我が国の将来に影響を与えるものだったが、戦後になってもしばらくは明らかにされなかったのである。国務省は多くの資料を発表していたが、削除された項目があったり、事実を覆い隠すような表現があった。その結果、歴史家が実態を把握することが難しくなった。それでも多くの資料をチェックし照合する作業を通じて、全体像が明らかになってきた。それを本書の中で示したい。

この研究で特に役立ったのは、会談に参加した人物たちが出版した書物である。また、会談後に何が起きたかを観察することも大事な作業だった。

会談や主要な軍事作戦については名前が付けられている。会談については「トライデント（Trident）」「クアドラント（Quadrant）」、軍事作戦には「トーチ」「オーバーロード」などといった名称が付けられていた。これらは秘密を守るための暗号コードであり、連絡や覚書を残すには都合のよい符号のようなものだった。五〇を超えるコードがあった。こうしたコードの意味をわかっていないと読者は混乱する。そこで政治的な会談に付けられた名称について説明しておきたい。同じ開催地で複数回なされた会談については第一回、第二回、第三回などとしてある。軍事作戦コードについても言及することになるが、その場合、作戦の日付と場所と目的を示すことにする。

また、会談の内容の理解を深めるために、その時期の戦況を短くまとめた。当然ながら、会談の内容はその時点の戦況を反映するものだからである。

以下は政治的な意味を持つ会談のリストである。

一、大西洋会談〈一九四一年八月九日〜十二日〉出席者：ルーズベルト大統領、チャーチル首相

二、第一回ワシントン会談〈一九四一年十二月二十二日〜一九四二年一月十四日〉出席者：ルーズベルト大統領、チャーチル首相

三、大西洋憲章批准会議〈一九四二年一月〉出席者：二六カ国代表（ワシントンにて二六カ国代表が批准に集まった）
四、第二回ワシントン会談〈一九四二年六月十八日～二十五日〉出席者：ルーズベルト大統領、チャーチル首相
五、カサブランカ会談〈一九四三年一月十四日～二十四日〉出席者：ルーズベルト大統領、チャーチル首相、自由フランス代表シャルル・ド・ゴール将軍
六、第三回ワシントン会談〈一九四三年五月十二日～二十五日〉出席者：ルーズベルト大統領、チャーチル首相、宋子文（蔣介石代理）
七、第一回ケベック会談〈一九四三年八月十一日～二十四日〉出席者：ルーズベルト大統領、チャーチル首相、カナダ首相マッケンジー・キング、宋子文
八、第一回モスクワ会談〈一九四三年十月十九日～三十日〉出席者：コーデル・ハル国務長官、アンソニー・イーデン外相、ヴァチェスラフ・モロトフ外相、傅秉常《ふへいじょう》（蔣介石代理）〔訳注：駐ソ大使〕
九、第一回カイロ会談〈一九四三年十一月二十二日～二十六日〉出席者：ルーズベルト大統領、チャーチル首相、蔣介石総統
一〇、テヘラン会談〈一九四三年十一月二十八日～十二月一日〉出席者：ルーズベルト大統領、チャーチル首相、スターリン元帥
一一、第二回カイロ会談〈一九四三年十二月二日～七日〉出席者：ルーズベルト大統領、チャーチル首相
一二、ダンバートン・オークス会談〈一九四四年八月二十一日～十月七日〉出席者：連合国代表（戦後の和平維持機構の草案作成が目的の会議）
一三、第二回ケベック会談〈一九四四年九月十一日～十六日〉出席者：ルーズベルト大統領、チャーチル首相、マッケンジー・キング首相
一四、第二回モスクワ会談〈一九四四年十月九日～二十日〉出席者：スターリン元帥、チャーチル首相、アンソニ

ー・イーデン外相、アヴェレル・ハリマン米駐ソ大使
一五、マルタ会談〈一九四五年一月三十日～二月二日〉出席者：チャーチル首相、米国代表〈ルーズベルト氏のマルタ島着は二月二日〉
一六、ヤルタ会談〈一九四五年二月四日～十一日〉出席者：ルーズベルト大統領、チャーチル首相、スターリン元帥
一七、国連憲章会議〈一九四五年四月二十五日～六月二十六日〉出席者：連合国代表〈戦後の和平維持機構の憲章〔国連憲章〕批准が目的の会議、サンフランシスコで開催〉
一八、ポツダム会談〈一九四五年七月十七日～八月二日〉出席者：トルーマン大統領、チャーチル首相、クレメント・アトリー首相〈途中、選挙で与党となったアトリーがチャーチルと交代〔七月二十八日〕〉

右記に挙げた以外にも会談があった。なかでも重要なものは、ロンドンのセント・ジェイムズ宮殿で開かれたものである〈一九四一年九月二十四日〉。ここでは英国とロシアがフランスにおける第二戦線の構築について話し合い、また当時の段階での連合国代表が集まった。

〈フランスにおける〉第二戦線の構築

スターリンはイギリスに、海峡を越えてフランスに上陸し、ドイツを攻撃するよう繰り返し要請していた〔第二戦線構築要請〕。スターリンは、それによってドイツの兵力が分散し、ソビエトに対する圧力が減殺されることを望んでいた。スターリンは真珠湾攻撃前の時点から複数回〈一九四一年七月十八日[1]および九月三日[2]〉要請していた。イギリスは危険な立場に追い込まれていた。結局チャーチルは、スターリンの要請を断わった[3]〈九月四日〉。

〈私が言えることとは、確かにフランス方面に戦線がないことが敵を利している、という事実を認めるだけであ

る[4]。〉

セント・ジェイムズ宮殿会議

セント・ジェイムズ宮殿での会談は、チャーチルの要請で実施された（一九四一年九月二十四日）。主たる目的は、大西洋憲章の再確認であった。この時点では参戦していないアメリカは会議に代表を遣っていない。これについて、ポーランド駐米大使ヤン・チェハノフスキは次のように述べている[5]。

〈連合国すべての代表が参加した。ソビエト連邦の代表は、（イワン）マイスキー駐英大使とボゴモロフ駐ポーランド大使であった。

マイスキー大使のスピーチは心を動かすものだった。彼は、ソビエトの外交方針は民族自決の原則に基づくと主張した。

さらに彼は、「ソビエトは、すべての国の独立と領土的主権を守り、社会秩序を整え、それぞれが望む政体で政府を組織する権利を有し、経済的・文化的繁栄を追求することを支援する」としたのである。

マイスキーは、「いかなる侵略的勢力も、他国にその意志を無理強いすることはできない。侵略国家による脅威に対して自由を愛する人々が抵抗することを、ソビエトは支援してきたし、その努力はいまでも続いている」とも述べた。〉

マイスキーはこのように述べた後で、大西洋憲章を受け入れ、その精神に沿っていくとした。彼は次のように締めくくった*。

〈大西洋憲章の原則に基づく方針に沿って、ソビエト政府は、ルーズベルト米国大統領およびチャーチル英国首相の発表した基本方針に同意することを宣言する。発表された基本方針は現行の国際情勢に鑑みてきわめて重要な意味を持つものである。〉

これに続いてイーデン外相は次のような決議を発表した。

〈英国、ベルギー、チェコスロバキア、ギリシャ、ルクセンブルク、オランダ、ノルウェー、ポーランド、ソビエト連邦、ユーゴスラビア、ド・ゴール将軍が代表する自由フランスは、ルーズベルト米国大統領およびチャーチル英国首相によって近頃発表された声明（大西洋憲章）を検討した。

その上で各国政府は、その声明の精神の実現を目指し、最大限の努力を重ねることを世界に知らしめるものとする。〉

このセント・ジェイムズ宮殿での合意文書は、いまは都合よく忘れられてはいるが、ソビエトは確かに大西洋憲章に沿って行動すると公式に約束したのである。

スターリンとの会談準備

戦いが始まってからの二年間の懸案は、スターリンとの直接会談であった。ルーズベルト大統領は、自身のスターリンとの直接会談は、チャーチル氏が参加しないという条件であれば実現が容易になると考えた。

大統領は、真珠湾攻撃のおよそ三カ月後の一九四二年三月十八日、チャーチル首相に次のように書いた。[6]

＊編者注：傍点はチェハノフスキによる。

〈あなたの気分を害したくないが、私の気持ちをはっきり伝えておきたい。私は自分がやれば（スターリンと直接会えれば）、貴国外務省あるいは我が国国務省のスタッフよりもうまくスターリンを扱えると思っている。彼は、貴国の指導者層すべてを嫌っている。しかし彼は私に好感を持っている。私は彼の気持ちが変わらないように願っている。〉

ハル国務長官は、ルーズベルト氏がこの三週間後に、スターリンに対してアラスカ周辺での会談を要請したことを認めている。スターリンはこの要請を受けなかった。[7]

スターリンは、カサブランカ会談（一九四三年一月）前に、会談の要請を二度断わっている。[8] 二人の首脳（ルーズベルト、チャーチル）は、明らかにスターリンとの会談を実現したかった。しかし、スターリンは、ロシアにおける軍事情勢が危機的な状況にあって、国を出ることはできないと断わり続けていた。

ソビエトにいたジョン・R・ディーン少将（米国軍事使節）は、次のように記録している。[9]

〈カサブランカ会談では、ルーズベルト大統領は、マーシャル将軍をモスクワに遣らせたかったようだ。しかし、スターリンは、マーシャルの訪問には何の意味もないと考えた。彼の思いを知る者は、スターリンが参謀総長（マーシャル）を軽視していることはわかっていた。ソビエトの指導者たちは、マーシャルの訪問は、ソビエトの事情を探りにくる以外には意味がないものと見ていた。〉

当時のポーランド駐米大使であったヤン・チェハノフスキは、ルーズベルトの苛立ちの言葉を次のように書いている[10]（一九四三年四月）。

〈この男（スターリン）をこれまでに五回も誘った。しかし彼はいつでも私と会うのを避けてきた。〉

一九四三年五月頃、大統領はあらためて、チャーチル抜きであればスターリンは会うのではないかと考えたらしい。ルーズベルトはかつて駐ソ大使であったジョセフ・E・デイヴィスをモスクワに遣り、彼を通じて親書を直接スターリンに届けさせた。一九四三年五月五日付の親書の内容は次のようなものだった[11]。

〈外交の形式主義から抜け出したいと思っています。そこで、最も単純でうまいやり方は、完全に非公式な会談がよかろうと思います。あなたと二人だけで、数日打ち合わせを行ない……公式な文書も声明も必要最小限にとどめておけばよいでしょう。〉

この呼びかけに、スターリンは前向きに回答し、七月ないしは八月の会談を示唆した[12]。この頃チャーチルはワシントンにいた（第三回ワシントン会談）。特使のデイヴィスはモスクワへ移動していた時期である。そうでありながらルーズベルトは、スターリンとの会談については口を閉ざしていた。一カ月後の六月三十日、ルーズベルトは、アヴェレル・ハリマン大使*をロンドンに遣り、スターリンとの会談計画について伝えさせた。チャーチルの反応はきわめて渋いものだった。その結果、ルーズベルト・スターリンの非公式会談構想は流れたのである[13]。ルーズベルトは、第一回ケベック会談（一九四三年八月）にスターリンを呼ぼうとしたが叶わなかった[14]。

スターリンとの直接会談設定に失敗すると、チャーチル氏とルーズベルト氏は、モスクワでの四カ国外相会議を提案した。これにはスターリンも同意し、一九四三年十月の開催が決まった（第一回モスクワ会談）。この会議に出席したハル国務長官、イーデン外相には、可能であれば、どこか適当な場所でスターリンと会談できるよう交渉することが指示されていた。二人の交渉の結果、一カ月後にテヘランで会談することが決定した[15]。スターリンには短い旅だ

＊訳注：彼の駐ソ大使赴任は同年十月から。

が、ルーズベルトとチャーチルにとっては長い旅になる土地であった。

スターリンはテヘランに続いて、ヤルタ（一九四五年二月）とポツダム（一九四五年七～八月）で首脳会談に臨んだ。ヤルタでは、スターリン、ルーズベルト、チャーチルが会った。ポツダムではスターリン、トルーマン、チャーチルが会った。チャーチルは、この会談の最中に選挙に敗れたため、途中で新首相クレメント・アトリーに交代した。

結局、連合国の三首脳が第二次大戦の期間に（同時に）顔を合わせたのは三回であった。ルーズベルトとチャーチルは二人だけ、あるいは他の首脳も交えて一一回会っていた。

＊原注

1 〔U. S. S. R., Ministry of Foreign Affairs,〕 *Stalin's Correspondence with Churchill, Attlee, Roosevelt and Truman, 1941-45,* Lawrence & Wishart, London, 1958, Vol. I, p. 13.

2 同右、p. 21.

3 同右、p. 22.

4 同右、p. 24.

5 〔Jan〕 Ciechanowski, *Defeat in Victory,* Doubleday & Company, 1947, pp. 50-51.

6 Winston S. Churchill, *The Hinge of Fate,* Houghton Mifflin Company, 1950, p. 201.

7 *The Memoirs of Cordell Hull,* Vol. II, p. 1249.

8 *Roosevelt and Hopkins,* p. 671.

9 John R. Dean, *The Strange Alliance,* The Viking Press, 1947, p. 144.

10 *Defeat in Victory,* p. 153.

11 *F. D. R.: His Personal Letters,* 〔1928-1945,〕 Vol. II, pp. 1422-1423.

12 *Stalin's Correspondence with Churchill, Attlee, Roosevelt and Truman, 1941-45,* Vol. II, p. 66.

13 *Roosevelt and Hopkins,* pp. 737-739.

14 *The Memoirs of Cordell Hull,* Vol. II, p. 1252.

15 同右、pp. 1252, 1254, 1292-1296, 1313.

第43章 第一回ワシントン会談（一九四一年十二月二十二日～一九四二年一月十四日）

第一回ワシントン会談はルーズベルト大統領とチャーチル首相の二人の会談であった。[1]この頃の戦況は、危機的で意気が上がらない状態であった。ただ、スターリンがヒトラーの侵攻を押し返した（前年の十一月）ことと、北アフリカ戦線ではイギリス軍がドイツ、イタリアの侵攻に何とか耐えている戦況だけが明るい材料だった。

第一回ワシントン会談では二つの重要事項が決定された。第一はワシントンに米英連合参謀本部を設置することであった。英国は軍幹部をワシントンに常駐させることを決めた。連合参謀本部は、すべての軍事作戦を統括し、両国の軍事作戦の統合を図り、兵力および軍需品の効率的な配分を担うことになった。また情報の流れも調整した。[2]

実際のところ、戦争遂行の大筋については、イギリスとの調整がすでに一九四一年二月のABC合意の段階でできていた。真珠湾攻撃の一〇カ月も前のことである。その基本は、対ドイツおよび対日戦にアメリカが参戦する場合、戦力はまずドイツに集中するということであった。[3]

戦略はそう決まってはいたが、第一回ワシントン会談では、イギリスはその合意が暫定的なものと理解されているのではないかと不安になっていた。アメリカが戦力を対日戦争に向ける可能性を懸念していたのである。しかし、その不安はすぐに消えた。マーシャルとスタークが以下のような覚書を示したからである。

〈日本との戦いは始まったが、我々はドイツが主敵だと見なす考えに変わりはない。まずドイツ戦に勝利するこ

とが目標になる。ドイツが敗れれば、イタリアも日本もそれに続いて白旗を上げる。〉[4]

第一回ワシントン会談のもう一つの成果は、連合国協定（The United Nations Pact）の調印が成ったことである。この協定は、枢軸国と戦う国のすべてが、大西洋憲章の原則に従うことを約したものだった。そして各国はその資源を供出し融通し協力して戦争遂行にあたることも決められた。会談の声明文は次のようなものだった。[5]

〈調印国は、一九四一年八月十四日にアメリカ合衆国大統領および大ブリテン・北アイルランド連合王国首相による声明、いわゆる大西洋憲章の原則および目的について同意した。

生命、自由、独立、信教の自由を防衛し、人権と法的正義を自国内あるいは他の国において保持するためには敵に対する完全なる勝利が不可欠であると認め、他国を隷属下に置こうとする野蛮で残忍な勢力に対して共同で対処することを約すものである。調印各国はここに以下のことを宣言する。

一、調印各国は各々が持つ軍事的・経済的なすべての資源を、三国同盟国やそれに同調する国との戦いに振り向ける。

二、調印各国は互いに協力し、敵国と単独での休戦協定あるいは講和条約を結ばない。

ヒトラー主義（Hitlerism）に対する戦いに物資を供出し支援することになろう国々も、この声明に加わることができる。〉

当初の声明には二六カ国が参加し、後に二一カ国が加わった。初めから参加した国は左記のとおりである。

オーストラリア　ベルギー　カナダ　中国　コスタリカ　キューバ　チェコスロバキア　ドミニカ　エルサルバドル　ギリシャ　グアテマラ　ハイチ　ホンジュラス　インド　ルクセンブルク　オランダ　ニュージーランド　ニカラグア　ノルウェー　パナマ　ポーランド　南アフリカ　ソビエト連邦　大ブリテン・北アイルランド連合王国　ア

メリカ合衆国　ユーゴスラビア
調印国の中で左記の国々は調印時にはヒトラーの占領下にあり、調印は亡命政府の代表によるものであった。したがって彼らにとっては、この声明は自国の将来の独立と自由の獲得に格段の意味があった。
ベルギー　オランダ　チェコスロバキア　ノルウェー　ギリシャ　ポーランド　ルクセンブルク　ユーゴスラビア
声明（宣言）は一九四二年一月一日に調印された。

＊原注

1　この会談には以下のような軍関係者が参加した。

【米国】
ジョージ・C・マーシャル将軍　参謀総長
ハロルド・R・スターク提督　海軍作戦部長
アーネスト・J・キング提督　合衆国艦隊司令長官
W・R・セクストン少将　海軍将官会議議長（President of General Board）
フレデリック・J・ホーン少将　海軍作戦副部長
ジョン・H・タワーズ少将　海軍航空局長
リッチモンド・K・ターナー少将　海軍作戦部
トーマス・ホルコーム将軍　海兵隊司令長官
ヘンリー・H・アーノルド少将　陸軍航空部隊
L・T・ゲロー少将　陸軍作戦部

【英国】
ダドリー・パウンド提督　英国艦隊司令長官
ジョン・ディル元帥　英国陸軍
チャールズ・ポータル元帥　英国空軍
ほか六名の陸海軍代表

2　連合参謀本部について、チャーチルは次のように書いている。「（第一回）ワシントン会談の成果は後世の歴史家が高く評価することになろう。特に後に名の知られることになる連合参謀本部の設置は重要であった。本部はワシントンに置いた。ただ英国参謀メンバーはイギリスを離れることはできなかったから、（他の）軍首脳をワシントンに常駐させた」「ワシントンに派遣されたスタッフは毎日いや毎時間といってもよいほどに、ロンドンの本部に状況を知らせていた。したがってイギリス参謀本部の意向は昼夜を問わず、米国の担当者に伝えることができた。戦争期間を通じておよそ二〇〇回の公式会議が開かれた」（*The Grand Alliance*, pp. 686-687.）

3　*Roosevelt and Hopkins*, p. 273.

4　同右、p. 445.

5　*Review of the United Nations Charter, A Collection of*

Documents, Document No. 87, 〔United States〕 Senate 〔Committee on Foreign Relations,〕 Subcommittee on the United Nations Charter, 83rd Congress, 〔1st Session,〕 United States Government Printing Office, 1954, pp. 38–39.

第44章

第二回ワシントン会談（一九四二年六月十八日〜二十五日）

第二回ワシントン会談に参加したのはルーズベルト大統領とチャーチル首相および両国の関係者である。[1]

当時の戦況

会議開催の頃の連合国は劣勢であった。世界の海上覇権も（自国の）沿岸部を除けば失ったも同然であった。商船は確保されてはいたが、年に八〇万トンを失っており、新造量はこの半分に過ぎなかった。

ドイツとイタリアの艦船は地中海を自由に遊弋《ゆうよく》できた。両国は北アフリカ戦線での軍の補強を容易に実施し、同地のイギリス軍はエジプト方面に退却を余儀なくされていた。

ロシア戦線では、ヒトラーの軍は前年の十一月に侵攻を押しとどめられていたが、攻勢を再開した。この会談の頃には、ドイツ軍は（クリミア半島の軍港）セバストポルにまで迫っていた。

フィリピンではアメリカ軍がこの会談の一カ月前（五月）に（日本軍に）降伏していた。

アメリカ本土では大量の兵士が訓練を受け、造船能力も増強されていることが、わずかではあるが明るいニュースだった。また軍需品の生産量はアメリカ・イギリス両国で上向いていた。

第二戦線問題

第二戦線構築問題は重要な懸案であった。一九四二年二月二十六日、ソビエト駐米大使マクシム・リトヴィノフは、ニューヨークの海外記者クラブ（The Overseas Press Club）で講演し、対枢軸国の戦いの第二戦線構築を連合国に訴えていた。彼は、同時に二カ所以上で戦線を構築することを要求した。[2]

米軍はすでにイギリスに到着していた。大統領は、マーシャル将軍、アルバート・C・ウェデマイヤー中佐、ハリー・ホプキンスをロンドンに遣って第二戦線構築について協議させた。彼らは合意を取り付けてワシントンに戻っていた。[3]

第二回ワシントン会談の二週間前、ソビエトのモロトフ外相がロンドン経由でワシントンに入った。訪問の目的は、第二戦線構築をあらためて要求することであった。

（政権顧問のロバート・）シャーウッドは、ホプキンスの残したメモを頼りに、次のように書いている。

〈大統領は、マーシャル将軍に状況を確認させた。スターリンに、第二戦線構築の準備はできていると伝えられるか見極めさせたかったのである。マーシャルの答えは「イエス」であった。この返事を受けて、大統領はモロトフ外相に、今年中（一九四二年）に戦線構築ができるものと考えているとスターリンに伝えてよいと語った。[4]〉

ルーズベルトの約束は数日後（六月十一日）にホワイトハウスの発表でも繰り返されている。[5] この発表はモロトフの訪問についてのものだった。[6]

〈この（モロトフ外相の）訪問は、忌憚のない意見交換の機会として有意義なものだった。

会談の中で、本年度中に第二戦線構築のためのタスクフォース（特別チーム）を設置することが急務であると

の認識で一致した。〉

チャーチルは、六月二十五日にワシントンを発った。第二戦線構築については（あまり積極的ではなく）限定的なコミットメントしかしていない。その一五日前（六月十日、モロトフはモスクワへの帰途にロンドンを訪問していた）、モロトフはチャーチルから注意深く言葉を選んで書かれた覚書（aide-mémoire）を渡されていた。そこには、イギリスの立場は（アメリカとは）若干異なることが述べられていた。以下の記述がその一部である。[7]

〈我々は一九四二年八月ないしは九月に大陸への上陸作戦を準備している。しかしこの作戦はいかなる犠牲を払ってでも実施するといった類のものではない。ロシアの望みであっても、また連合国がそれを望んでも、失敗に終わるような作戦を進めるわけにはいかない。予定する上陸作戦の時期に、状況が作戦遂行を可能にするものになっているかを予測することはできない。その意味で、我々は（作戦を実施するかどうかを）確約することはできない。〉

七月十六日、マーシャル将軍、キング提督そしてハリー・ホプキンスは、ルーズベルトの指示を受けてロンドンに飛んだ。[8]彼らはチャーチルの考え（大陸上陸作戦に消極的な考え）を変えさせようとしたが失敗した。結局、第二戦線構築計画は一九四三年まで延期されることになった。

七月十八日、スターリンはチャーチルから親書を受けた。そこには現在の海の戦況と今後の作戦について書かれていたが、第二戦線構築については言及されていなかった。これに対してスターリンは次のように返書した[9]（七月二十三日）。

〈私は貴信を次のように読んだ。すなわち、貴国と我が国（ソビエト）とで発表したコミュニケ、一九四二年中に第二戦線構築の緊急的手段を取る必要性を述べたものであるが、貴政府はそれを一九四三年まで延期したいと考えている。

第二戦線構築問題については、私の考えと違う方向に進んでいるようで心配だ。我が国(ソビエト)とドイツが(激しく)戦っている戦況に鑑みれば、第二戦線構築が一九四三年までずれ込むことはとても容認できない。〉

スターリンの(怒りの)言葉を受けて、チャーチルとハリマンはモスクワに飛んだ(八月十二日)。一九四二年中に第二戦線を構築することはできないと説明するためであった。ハリマンはこの翌日、ワシントンにスターリンとの会談内容を報告した。スターリンは口をきわめて罵り、延期決定に憤ったと伝えている。[10]

〈昨晩、首相(チャーチル)と私は、長時間にわたりスターリンと会談した。モロトフ(外相)と英国駐ソ大使も同席した。話し合いのテーマは、英米両国の一九四二年および四三年に予定されている作戦と、それがソビエトの直面している戦況にどう影響するかであった。

私の観察では、いまの状況に鑑みてこれ以上は望めない結果が得られたと思う。チャーチルは、スレッジハマー作戦(第二戦線構築作戦)について様々な可能性を論じ、延期の理由を子細に説明した。また(十分に準備された延期後の)英国海峡越えの(上陸)作戦はより強力なものになるとも説明した。

スターリンはすべての論点において直截な意見を述べ、それは侮辱的とも取れるほどであった。ドイツを恐れ、リスクを冒すことを恐れるなら戦いに勝てるはずはないとまで述べた。〉

八月十三日のクレムリンでの会談では、スターリンはチャーチルとハリマンに覚書を手交した。それはあらためて、一九四二年の内に第二戦線を構築するよう要求するものだった。これについてシャーウッドは次のように書いている。[11]

〈ハリマンも述べているように、会談はかなり刺々しいものだった。スターリンは、「英国陸軍が我がロシア兵のごとく勇敢に戦えば、ドイツを怖がるようなことはなかろうに。もちろん貴国の空軍は頑張っているが」と嫌味を述べた。これにチャーチルは憤ったが、「ロシア兵は確かに勇敢に戦っていることに鑑みて、あなたの（侮辱的な）物言いは許そう」と応じた。〉

この頃のロシアが直面していた戦況については、アンデルス中将*の著書で知ることができる。[12]

〈ロシアの被害は甚大であった。戦死、負傷、捕虜などによって、一九四二年一月一日の段階で、その兵力は二三〇万に届かなくなっていた。兵士だけではなく、兵器や弾薬などの損失も大きかった。さらに、工業地帯がドイツの占領下に入ったことで補給が難しくなっていた。こうした状況だっただけに連合国からの膨大な軍需物資の支援が重要な役割を果たした。それがあったからこそ、危機的状況を脱することができた。その間にウラル以東に生産工場を移す時間を稼ぐことができた。一九四二年末までは戦いのイニシアティブをドイツが握っていたことは、赤軍の状況がいかに危うかったかを示すものである。〉

原子爆弾

ワシントンでの公式会談（六月十八日〜二十五日）を終えると、チャーチルはハイドパーク（のルーズベルトの私邸）に移った。そこで二人は原子爆弾について話し合っている。

シャーウッドは著書『ルーズベルトとホプキンス』の中で次のように書いている。[13]

＊訳注：ヴワディスワフ・アンデルス。ポーランド陸軍をソビエト内で組織。

〈ハイドパークで話し合われたテーマの一つは、原爆（の開発）であるが、大統領府などの発表するいかなる声明でも触れられることはなかった。このことが発表されたのは大統領の死後四カ月のことであった。* 二人はウラニウムの核分裂実験の進捗状況について語り合った。チャーチルはこの計画を、「難しいが、今までにない新しい（novel）プロジェクト」だと呼んだ。この計画をイギリスは「チューブ・アロイズ（Tube Alloys）」、アメリカは「エスワン（S-one）」と名付けていた。後日チャーチルは、ホプキンスに次のような電信を送っている。「私は、このプロジェクトについて、我が国は対等のパートナーとしてすべての進捗状況についての情報を共有すると理解している。記録は残していないが、私の理解と大統領のそれとは違わないものだと思う」〉

チャーチル首相は原爆の開発がこの時に始まったと考えているようだが、この理解は開発計画に詳しいアメリカの歴史家の解釈とは違っている。しかし、核爆弾の可能性について一九四二年六月に話し合われたのは確かで、歴史的に意味のある事件だった。また前記のように、チャーチルが、開発生産の情報の共有について書いていることも重要である。チャーチルは自著（*The Hinge of Fate*）の中で次のように書いている。[14]

〈ハイドパークに移った時に、この話題（原子爆弾）を持ち出した。私はこの件についてのメモを持っていた。しかし、この話題は翌日（二十日）に持ち越された。大統領はワシントン（の部下たち）に（最新の）情報を要求していた。

私は大統領に（原子爆弾という用語を使わない）曖昧な表現で、科学者たちから、開発に大きな進捗があり、この戦争が終わる前には開発に成功する見込みのあることを聞いていると話した。大統領も私も、これ（核爆弾の開発）について傍観しているわけにはいかなかった。我々はドイツが重水の確保に努めていることを知っていた。** 重水という用語は不吉な響きがあった。（私に届く）秘密文書にしばしば出てくるようになっていた。

私は、（このような状況に鑑みて）それぞれが持っている情報を共有し、対等のパートナーとして開発に臨むべきことを強調した。どこにその研究施設を作るべきかが検討された。私は、我が国の科学者を信頼していた。彼らの開発作業が進捗していることに自信があった。それを大統領に伝えた。それが大統領の運命的な決断につながった。〉

大きな戦略転換

（第二回）ワシントン会談では、チャーチルは、フランス領北アフリカ侵攻作戦を提案した。後に「トーチ（Torch）作戦」と命名された計画である。作戦の詳細については次章（第45章）で扱うことにする。

ワシントン会談後に次のような声明が発表された。[15]

〈ワシントン発六月二十七日：ルーズベルト大統領およびチャーチル首相の共同コミュニケは以下のとおりである。

一週間にわたり、大統領と首相は、連合国によって全世界で繰り広げられている戦いに関わる重要案件すべてについて入念に検討した。

その結果、我々の不利な点も、逆に有利な点もはっきりと理解することができた。

我々は敵の戦力およびその資源について十分な情報を持っていた。

すべての軍需品の今後の生産についてであるが、全体的に楽観視している。これまでの生産計画の最高レベルまでには達していないが、それに近づいている。

ただ戦場が世界各地に広がっているだけに、軍需品の輸送が連合国の課題となっている。

＊訳注：ルーズベルトは一九四五年四月十二日に死去。
＊＊訳注：重水は中性子の減速材に使用される。

枢軸国による潜水艦攻撃で商船に大きな損害が続いている。それでも、生産そのものは順調に増産に向かっている。今回の会談を受けて、米英海軍は、損害を減らす作戦を実行するものと期待する。

連合国は戦争の勝利に向けて、これほど真剣にそして細部に至るまで検討したことはなかった。

我々は、ドイツの攻撃に対するロシアの抵抗を評価し賞賛するものである。また中国の（日本に対する）抵抗を喜ぶものである。我々は対日戦争計画および中国支援計画についても入念な検討を重ねた。

当然のことながら計画の詳細を発表することはできない。ただ、両首脳および軍顧問によって検討された作戦によって、ドイツは対ロシア戦力を他の地域に振り向けざるを得なくなるだろう。

首相と大統領は、今回の会談前の一九四一年八月と十二月に二度協議している。（両首脳は）その頃に比べて、勝利への見込みはより高くなっていると確信した。〉

＊原注

1　参加した軍関係者は以下のとおりである。

【英国】
アラン・ブルック将軍　参謀総長
ヘイスティングス・イスメイ少将　帝国防衛委員会事務局長
G・M・スチュワート准将　陸軍作戦部長

【米国】（公式には記録されていないが、以下のスタッフが出席したものと考えられる）
ジョージ・C・マーシャル将軍　参謀総長
アーネスト・J・キング提督　合衆国艦隊司令長官
ヘンリー・アーノルド少将　陸軍航空軍司令官

2　*New York Times*, February 27, 1942.

3　*Wedemeyer Reports!*, pp. 97, 105, 112, 114–134.

4　*Roosevelt and Hopkins*, p. 563.

5　同右、p. 574.

6　*The Public Papers and Addresses of Franklin D. Roosevelt*, 1942 volume, pp. 268–269.

7　*The Hinge of Fate*, p. 342.

8　*Fleet Admiral King: A Naval Record*, pp. 400–401. あるいは *Roosevelt and Hopkins*, p. 606.

9　*Stalin's Correspondence With Churchill, Attlee, Roosevelt and Truman, 1941–1945*, Vol. I, p. 56.

10　*Roosevelt and Hopkins*, p. 617.

11 同右、p. 620.

12 Władysław Anders, *Hitler's Defeat in Russia*, Henry Regnery Company, 1953, p. 80.

13 *Roosevelt and Hopkins*, p. 593.

14 *The Hinge of Fate*, pp. 379–381.

15 *New York Times*, June 28, 1942.

第45章 トーチ作戦（北アフリカ侵攻作戦）の立案

ヨーロッパ戦線の基本戦略は常にフランスに第二戦線を構築することであった。それに備えてアメリカ軍は可能なかぎり迅速にイギリスに集結した。しかし、イギリス海峡に面したドイツの防衛網を崩すほどには十分な戦力を増強できなかった。

第二回ワシントン会談では、チャーチルは仏領北アフリカ侵攻作戦（トーチ作戦）を強く主張した。侵攻作戦は、英米軍の海軍航空戦力によって支援されなくてはならなかった。[1]

この作戦について懐疑的意見もあった。ウェデマイヤーは次のように書いている。[2]

〈マーシャル将軍も含めて我々は、北アフリカへの侵攻は、イギリスも同意していたこれまでの作戦計画（フランスに第二戦線構築）からの大きな転換となると考えた。

トーチ作戦は実質的には無駄な側面での戦い、つまり「余興のような戦い（side show）」と言えたが、戦術的には十分な成功を収めた。〉

マーク・クラーク将軍*はその著書の中で、チャーチルは、アメリカ軍がやりたいと思っていたイギリス海峡越えの上陸作戦を何としても阻止したいと考えていた、と述べている。[3]

〈アイク（アイゼンハワー）も私も、フランスへの直接侵攻が最良の計画だと考えていた。ヨーロッパ大陸でドイツとの戦いを一刻も早く展開することが必要だと考えていた。トーチ作戦は、一九四二年度内に実行したかった限定的なフランス侵攻作戦、あるいは四三年に予定していた大規模な侵攻作戦の狙いを妨げることになると感じた。〉

アメリカ側の思惑にもかかわらず、チャーチル氏は自身の考えを押し通した。

フランス領北アフリカはヴィシー政権が支配していた。ヴィシー政権はドイツに支配されていた。同地域にはヴィシー政権のフランス海軍艦船と一万五〇〇〇のフランス兵士が待避していた。トーチ作戦の決行でそうしたフランス軍が連合国側に与《くみ》し、フランス解放の戦いに参加することが期待された。

フランスの北アフリカ領は、六〇〇マイル（約九七〇キロメートル）の大西洋岸、および八〇〇マイル（約一二九〇キロメートル）の地中海沿岸に拡がり、およそ二〇〇マイル（約三二〇キロメートル）のスペイン領モロッコを取り囲んでいた。

ドイツ、イタリア、（ヴィシー政権の）フランス軍は地中海沿岸一〇〇〇マイル（約一六〇〇キロメートル）にわたって展開し、東部ではイギリス軍の支配下にあるエジプトに迫っていた。指揮官はロンメル将軍であった。エジプトを守る英軍の指揮官はバーナード・モンゴメリー将軍だった。

フランス軍はイギリス軍をひどく嫌っていた。イギリスは、（アフリカ西端の）ダカール港やフランスの港に駐留していた（ヴィシー政権の）フランス海軍を攻撃していたからである。したがって北アフリカでの作戦は米軍主導で実行されたほうが好ましかった。

＊訳注：北アフリカ戦線での連合国副司令官。

アイゼンハワー将軍は当時イギリスにいたが、この作戦の連合国司令官に任命された。彼は、マーク・クラーク将軍を副司令官とし、ジョージ・パットン将軍に上陸作戦の指揮を執らせた。[4]

ロバート・D・マーフィー駐アルジェリア米国総領事が、フランス軍指導者との交渉を指示された。

この作戦では（困難だったが）、エジプトに駐留するモンゴメリー将軍指揮下の英国第八軍が一九四二年十月に攻勢をかけ、ロンメル将軍麾下のドイツ、イタリアおよび（ヴィシー政権側の）フランス軍を大敗させた。* 歴史家のアーサー・ブライアントは自著（*The Turn of the Tide*〔潮目が変わった時〕）の中でこの戦いを次のように描写している。[5]

〈（エル・アラメインの戦いで）ドイツ軍は、砂漠地帯の西部で戦車三五〇両、大砲四〇〇〇門を鹵獲《ろかく》され、三万の兵士が捕虜となった。ロンメル将軍と残存部隊は完全に退却し、アフリカ軍団は壊滅した。この戦いでドイツは四個師団、イタリアは八個師団を失った。〉

フランス領モロッコへの上陸作戦は、一九四二年十一月八日に開始された。上陸部隊はアメリカ本国から派遣された部隊が担当した。いくばくかの反撃があったが、その主体は（ヴィシー政権の）フランス海軍であった。いずれにせよアメリカ軍は迅速にモロッコを占領した。

イギリスに駐留していたアイゼンハワー指揮下の軍は、十一月八日から十二日にかけてアルジェ（Alger）に上陸した。この時も若干の抵抗はあったが、アルジェ・フランス総督ジャン・フランソワ・ダルラン提督とマーク・クラーク将軍の間で休戦協定が結ばれた。

クラーク将軍は、フランス領西アフリカ総督のピエール・ボワソンを説得し降伏させた。ダルラン提督は狂信者により暗殺され、後任にはアンリ・H・ジロー将軍が就いた。この人事は連合軍が了承した。

（北アフリカの占領をほぼ終えたため）連合国首脳はカサブランカで一九四三年一月十四日に会談することを決めた。

＊原注

1　トーチ作戦は、第二次世界大戦の中でも連合国の最も成功した作戦の一つである。成功は、アイゼンハワー、ウェデマイヤー、クラーク、パットン、ドゥーリットル将軍らの手腕に負うところが大きい。英国のモンゴメリー、アレキサンダー、ブルック、ポータルらの将軍の貢献も同様に大きい。

2　*Wedemeyer Reports!*, pp. 163–170.

3　Mark W. Clark, *Calculated Risk*, Harper and Brothers, 1950, p. 28.

4　北アフリカ侵攻計画については、世界情勢との関わりの側面だけを述べた。連合軍とフランス高官との細かな交渉の模様については、本書の狙いと外れるため割愛した。この作戦の詳細については左記の書で知ることができる。

Dewight Eisenhower, *Crusade in Europe*, Doubleday and Company, 1948.

Winston S. Churchill, *The Hinge of Fate*, Houghton Mifflin Company, 1950.

Mark W. Clark, *Calculated Risk*, Harper and Brothers, 1950.

Allbert C. Wedemeyer, *Wedemeyer Reports!*, Henry Holt and Company, 1958.

5　Arthur Bryant, *The Turn of the Tide*, Doubleday and Company, 1957, p. 422.

＊訳注：第二次エル・アラメインの戦い。

第46章　カサブランカ会談（一九四三年一月十四日〜二十四日）

カサブランカ会談は、一九四三年一月十四日に始まった。この会談もルーズベルト大統領とチャーチル首相によるもので、スターリンは出席できなかった（出席した高官は注に示した）[1]。

戦況

会談の終わる頃になっても、北アフリカ東部戦線ではロンメル将軍の部隊が抵抗を続けていた。ロシアでは、ドイツ軍がスターリングラード〔訳注：現ヴォルゴグラード〕の戦いで敗北し、敗れたドイツ軍はソビエトに投降していた（一九四二年十一月）。

〈スターリングラードの戦いは、独ソ戦の転換点となった。軍事的な潮目が変わっただけでなく、心理面・政治面ともに大きな影響を与えた。ドイツはこの敗戦以降、劣勢が続いた[2]（ヴワディスワフ・アンデルス中将）。〉

太平洋方面では、ダグラス・マッカーサー将軍が、ニューギニアおよびソロモン諸島の戦いで成果を上げていた。特にガダルカナル島を征したことが重要だった。

カサブランカ会談の時点では、日本は中国の華北、華中および太平洋沿岸部を占領していた。蔣介石の国民党政府は重慶《じゅうけい》（四川省）への退却を余儀なくされ、そこを首都とした。毛沢東の中国共産党は華北の延安に拠点を置き、組織的に支配地域の拡大を図っていた。したがって国民党は日本軍と共産党との両面での戦いを強いられていた。

連合国側の保有商船は、敵潜水艦の攻撃で大きな損失を被り続けていたが、造船設備が整い建造量を増やしていた。

カサブランカ会談において検討された軍事作戦

この会談では「連合国の戦力はUボートへの対応に力点を置く」[3]ことが決められた。また、次の本格攻勢は、シチリア島上陸から始まるイタリア侵攻であることも決められた。

（スターリンの要求していたフランスでの）第二戦線構築については、一九四三年八月に、も、し、可、能、な、ら、ば（傍点著者フーバー）、限定的な作戦を実施することが決められた。それでも、ドイツ軍が十分に弱体化した場合に備えて、（いつでも作戦可能になるように）上陸部隊をイギリスに集めた。[4]

この会談の結果は、ルーズベルトの了解を得て、スターリンに伝えられた[5]（一九四三年二月九日）。

〈我々は、持てる戦力を限界まで使って、八月の（イギリス）海峡を越えての（上陸）作戦を準備中です。この作戦には英米軍が参加します。輸送に必要な艦船と強襲上陸艦に限りがあることが問題です。もし天候あるいはその他の理由で延期された場合には、より強力な部隊編成で九月の決行を考えています。もちろん決行の可能性は、その時点でのドイツの防衛力如何にかかっています。〉

スターリンは、八月ないし九月の渡峡上陸作戦の約束に満足していなかった。彼は、苛立ちをぶつける親書をチャーチルとルーズベルトに送っている。「ドイツに対する西部方面からの圧力は一九四三年の春あるいは夏には必要だ」[6]とスターリンは主張した。そうすれば東部戦線でのロシアに対する圧力が軽減できるのである。

アジア方面ではビルマにおける攻勢が決定された。同地の日本軍はインドからの援蔣ルートを遮断していた。この作戦では、イギリスはインドから派兵してビルマに上陸し、蔣介石軍が同時に攻撃を仕掛け、アメリカは空からこれを支援することになった。作戦実施は第三回ワシントン会談開催の時まで延期された。

カサブランカ声明

一九四三年一月二十六日、カサブランカ会談の公式声明が発表された。会談参加者のリストが提出された後、声明内容が示された。それは次のようなものであった。[7]

〈この一〇日間にわたって参加者によって熱心な議論が行なわれた。関係者会議は日に二度ないし三度開かれ、その進捗状況は適宜、大統領と首相に伝えられた。

世界全体の戦況が各方面ごとに検討された。すべての戦力は入念に検討され、各地でいっそう激しくなる海、陸、空の戦いの準備を進めた。

これほど長時間にわたって英米両国の検討会議が行なわれたのは初めてのことである。本年（一九四三年）の対独伊日戦争の方針について、両首脳および関係者は完全な意見の一致をみることができた。一九四二年には戦況の好転が続き、今後もきわめて有利な戦いになることを確信した。

スターリン閣下も大統領（ルーズベルト）と首相（チャーチル）との会談に招待されていた。しかしスターリンは、対独戦争で攻勢をかけている重要な時期であり、彼自身が最高司令官であったことから、ロシアを離れることができなかった。もし彼が出席することになっていれば、より（ロシアに）近い所で会談がなされていただろう。

大統領も首相も、広大な前線で対独戦を有利に進めているロシアの重責を十分に理解している。したがって、ロシアが最も重要視しているのは、適当な地点に新たな前線を作り、ドイツ軍を引き寄せることでロシア陸軍の負担を軽減することであることも理解している。

スターリン閣下は、今後の戦争計画についてしっかりと説明を受けている。大統領と首相は、蔣介石総統とも連絡を密にしている。総統には、中国における重要な戦いをいかに支援していくかについて十分な説明がなされている。

大統領と首相の会談を利用して、アンリ・ジロー将軍（フランス領アフリカ司令官）を招き、連合国参謀本部との打ち合わせができた。彼とド・ゴール将軍の協議も行なわれることが決まった。二人は頻繁に連絡を取り合っていた。

両首脳および連合国参謀本部は、一九四三年の戦争計画の打ち合わせを済ませ、任務に戻った。それぞれの動きは連携したものになる。〉

この会談はおよそ二〇年前に実施されたものであるが、国務省は未だに会談内容を記録した文書を示していない。しかし、その内容は軍関係の記録、プレス・リリースあるいは会談参加者の発言を通じて知ることができる。[8]

無条件降伏要求声明

カサブランカ会談では主として軍事問題が協議された。しかし、ここで重要なのは、この会談で、無条件降伏の要求がなされたことであった。

公式会談の終了（一九四三年一月二十四日）にあたって、ルーズベルト大統領とチャーチル首相は記者会見を開いた。会見の最後にルーズベルトは、非公式ながら、次のように自身の考えを付け加えたのである。

〈（私とチャーチル首相は）ドイツ、日本およびイタリアには無条件降伏を要求することを決定した。[9]〉

これについてチャーチルは次のように回想している。

〈大統領が、すべての敵国に無条件降伏を要求すると一月二十四日の記者会見で述べるのを聞いた時にはいささか驚きを感じた。イスメイ将軍も同様に驚いたようだった。私は大統領に続いて発言したが、彼を支持し、彼の言葉を追認した。[10]〉

チャーチルは、ハリー・ホプキンスがルーズベルトから聞いた言葉も引用している。

〈突然記者会見が決まって、ウィンストンも私も十分な準備ができていなかった。その時に（南北戦争時に）グラント将軍が南軍に無条件降伏を要求したことを思い出した。それで、気づいた時には（三国に）無条件降伏を要求すると言ってしまっていた。[11]〉

ルーズベルトの顧問シャーウッドも、ホプキンスの話を基に次のように書いている。

〈ルーズベルトは、彼の発言（無条件降伏の要求）についてチャーチルには責任はないとした。ルーズベルトは自身の発言は予め考えていたものではなかったことを示唆していた。[12]〉

参謀本部はこの件について事前に意見を求められていなかった。ウィリアム・リーヒー提督は自著の中で次のように書いている。

〈私が知るかぎりこの件（無条件降伏要求）については、合同参謀本部は意見を求められていない。軍事的観点から見れば、無条件降伏要求は、軍事作戦の遂行に新たな障害になった。敵に無条件降伏を要求すれば、（敵は最後まで戦うことになり）敵を壊滅させるしかなくなるからである。戦いが終わる前に、条件付き降伏を容認したほうが我々に有利であると思われる場面がいくつかあった。しかし、その選択肢は許されていなかった。[13]〉

こうした記述に鑑みれば、（無条件降伏要求は）ルーズベルト氏一人の責任であろう。しかしチャーチル氏は別な説明の中で、彼はその要求を発表することを認め、ルーズベルトが彼に代わって発表したとも言っている。

〈冷徹な熟考を重ねた上で、カサブランカ会談の声明ですべての敵国に無条件降伏を要求することを大統領は決定した。私は我が国の戦時内閣の代表としてそれに同意していた。我々が無条件降伏に固執したことで、一般民衆への残虐行為が発生し、連合国の勝利に汚点を残したという非難はあたらない。[14]〉

一九四三年二月十二日、ルーズベルト氏はホワイトハウス特派員協会で、あらためて無条件降伏要求を表明したのである。[15]

「無条件降伏要求」がもたらしたもの

無条件降伏要求は戦いの続く中で何度も繰り返された。この要求によって何が起きたかについては、ここではっきりと述べておきたい。

アルバート・C・ウェデマイヤー将軍は、カサブランカ会談の時期には参謀本部の作戦計画部門にいた。彼は自著の中で、ルーズベルト氏の無条件降伏要求声明について次のように書いている。

〈あの無条件降伏要求声明によって、ドイツ軍を最後の一兵まで戦わざるを得ない状況に追い込んでしまった。私はこの状況に憂慮した。ドイツには少なくない反ヒトラーの人々がいて、彼を排除したいと考えていた。我々の考えている以上の人々がそう願っていた。しかし、反ナチスとは違うタイプの反ドイツの感情も（我が国には）強く、それがよく理解できなかった。無条件降伏要求によって、ドイツ人は一丸になって戦わざるを得ない状況に陥ってしまった。[16]〉

カサブランカ会談の七カ月後（一九四三年八月）のことであるが、ホプキンスが第一回ケベック会談の場に、ワシントンの軍の最高レベルの人物からの覚書を持参したことを、シャーウッドが明かしている。その覚書には、ドイツへの無条件降伏要求によってドイツは壊滅し、戦後のヨーロッパはロシアによって支配されることになるだろうと書かれていた。[17]

ルーズベルト氏も自らの無条件降伏要求がもたらすだろう状況が心配になったのだろう、一九四三年八月には次のような声明を出した。

〈枢軸国の支配下にある人々は、無条件降伏要求を恐れる必要はない。無条件降伏に同意すれば、解放された人々によって、自らの選択による自由な政治的行動が可能になる。また経済的安定も得ることができる。この二点は（設立される）国際連合が目指す重要な目標である。無条件降伏によって、ナチスに代わって国際連合が新たな専制者となるようなことを心配する必要はない。[18]〉

スターリンは無条件降伏要求には抗議した。彼も事前の協議を受けていなかった。カサブランカ会談から一〇カ月後のテヘラン会談では、彼の考えを示す次のような覚書の一文がある。

〈スターリン元帥（Marshal Stalin）は、戦争手段として見た場合、ドイツに課す条件を定義しない無条件降伏要求の方針が適当であるか否かについて問うている。無条件降伏要求は条件を曖昧にするものであり、それがドイツ国民を一つにしてしまう逆効果になりかねない。降伏条件を明らかにしておけば、仮にその条件がどれほど厳しいものであっても、ドイツ国民は、何を覚悟しなくてはならないかをはっきりと認識できる。スターリン元帥は、そのほうがドイツの降伏を早めるのではないかとの意見である。[19]〉

ハル国務長官はテヘラン会談の終わった一九四三年十二月十七日、アイゼンハワー将軍の参謀から電信メッセージを受けた。そこには、テヘランでは、スターリンもチャーチルも無条件降伏要求の方針には反対であったと理解していると書かれていた。[20]ルーズベルトはハルに対して、この条件を変えるつもりはないと述べた。[21]

一九四四年一月半ば、ハルはこの問題を再度提起した。条件を詰める対話の可能性について言及したのである。大統領は一月十七日付の文書でこれも拒否したことがわかっている。[22]

一九四四年二月二十二日、チャーチルは英国議会の演説で、ルーズベルトの無条件降伏要求に対するドイツの厳しい反応を和らげることを試みた。

〈ここではっきりとさせておきたいのは、無条件降伏によって、ドイツ国民が奴隷状態に置かれるとか、破滅させられるようなことにはならないということである。[23]〉

世論の批判

ハンソン・W・ボールドウィンは、『ニューヨーク・タイムズ』の編集者で軍事を専門とするが、彼の意見は次のようなものであった。[24]

〈（無条件降伏要求は）おそらく、この戦争における最大の失敗となるだろう。先の大戦では、ウィルソン大統領は、ドイツ皇帝および軍国主義的ユンカー層（地主貴族層）とドイツ一般国民の間にははっきりと違いがあることを示した。今次の戦いでは、スターリンは、ヒトラーおよびナチスと一般国民との間に違いがあるとした。ドイツ軍部の間にも前者との溝があるとしていた。こうした溝に楔《くさび》を打ち込む、つまり支配する者と、される者を離反させる機会を見逃していない。しかしその機会は、ルーズベルトとチャーチル（の無条件降伏要求）によって失われてしまった。無条件降伏要求は、無条件の抵抗を生む。反ヒトラー勢力の意志を削ぐ。その結果、この戦争は長引くことになろう。そして死ななくてもよい犠牲者を生むだろう。和平をむしろ避けようという動きの助長につながるだろう。

無条件降伏要求は外交の政治的破綻である。戦争目的は戦いにまず勝利することである。無条件降伏要求を発することで、（連合国は）合理的な和平へのプログラムを持っていないことを露呈した。いたずらに時間を費消し、無駄な犠牲を生むことになる。この要求のもつネガティブな性格によって、積極的な和平構築の動きは大きなハンディキャップを背負うことになる。

無条件降伏要求を決めたことで、戦いに勝利しても、それが必ずしも安定的な和平をもたらさないことになった。リデルハート*は、「（この要求によって）ヨーロッパにおける（軍事）バランスが完全に消滅する」と書いている。

無条件降伏要求の意味するものは、際限なき戦いの継続である。限定的な戦いにすることで、戦後の和平をより安定的なものにできる。そうでない事例も確かにある。ローマは、ライバルのカルタゴの地に塩を撒き、火を放ち武力で壊滅させた。

政治的な意味を持たざるを得ない無条件降伏要求と、戦略爆撃の名の下に実行されている無差別空爆を以てしては、戦後のトラブルの芽を完全に摘む（カルタゴに対してローマがやったような）ことは期待できない。〉

リデルハートは、戦後、ドイツ軍将校にインタビューしている。

〈私が話を聞くことができたすべての人物が、無条件降伏要求には戦争を長引かせる効果があったと述べていた。彼らは、もし無条件降伏要求がなければ、ドイツ軍あるいは個々の兵士は集団的に、あるいは個別的に早い段階で降伏していただろう。[25]〉

アルブレヒト・フォン・ケッセル**は、日記の中で、反ヒトラーの地下組織は無条件降伏要求によって大きなハンディキャップを負ったと書いている。

〈ヒトラーとドイツ国民の間に楔を打ち込むことがきわめて困難になった。[26]〉

無条件降伏要求が連合軍のイタリア攻略作戦を難しくしたことは、英国戦時政府の閣僚であったハンキー卿***の記述からも明らかである。[27]

〈交渉は長引いてしまった。その原因は主として我々が無条件降伏を要求したことにある。連合国の政治家は、バドリオ****を悩ませ続けた。バドリオは、彼らが期待したイタリア指導者であり、バドリオも自らの身の危険を顧みず彼らの助言に従って（連合国との妥協を探って）おり、連合国側も彼に期待していた。それにもかかわらず、そのような態度を取ったのである（悩ませてしまった）。（交渉が遅れる一方で）ドイツは、イタリア方面に多くの師団を送り込み、防衛体制を順次強化した。その結果、連合軍は多大な犠牲を生むことになった。そしてヨー

---

*訳注：Sir Basil Henry Liddell-Hart、英国の軍事評論家。
**訳注：反ヒトラーの地下組織クライザウ・サークルのメンバー。
***訳注：Maurice Hankey、官僚最高職の官房長官を務めた。
****訳注：Pietro Badoglio、イタリア首相（一九四三年七月〜一九四四年六月）。

ロッパでも最も豊かなイタリアの国土が惨めに破壊されたのである。枢軸国の防衛の弱点、柔らかな下腹部と称されていたイタリアは、無条件降伏要求の結果、逆に要塞化されてしまったようなものだった。交渉の遅れが連合軍に多大な損害を生んだ。〉

ハンキー卿は無条件降伏要求に対するドイツの反応についても書いている。

〈無条件降伏要求で、ドイツ人は最後の最後まで戦うと決めてしまった。それによって戦いが長引いてしまった。ドイツの指導者の誰一人として、屈辱的な無条件降伏に署名しようとする者はいなかったからである。〉

ハンキー卿は無条件降伏要求の問題を次のようにまとめている。

〈この要求によって、戦いは長期化し、悲惨なものになった。我が国も不要な犠牲を被り、戦後の和平を、真に永続的なものにすることも難しくしてしまった。〉

一九四三年初め頃、スペインの外相フランシスコ・ゴメス伯爵*は、英国駐スペイン大使サムエル・ホーア卿に次のような覚書を送っていた。彼は〈無条件降伏要求が惹起する問題を〉見通していた。[28]

〈現在進行中の状況が将来にわたって継続すれば、ロシアがドイツ領内深く侵攻してくることは間違いない。そうであれば、我々は当然に自問しなくてはならない。ドイツを完全に破壊することはせずに、勝手な振る舞いができなくしたうえで、すべての隣国に嫌われながらも共産主義の防壁とするか、それともソビエト化されたドイツのどちらを選ぶかを考えてみなければならないということである。ドイツがソビエトの勢力下に入れば、ソビエトのエンジニア、特殊技能を持った労働者や技術者に協力することができる。ドイツの力を利用したロシアは、太平洋から大西洋までを広く支配する、空前の大帝国になるだろう。もう一点自問しなくてはならないことがある。ヨーロッパは、まとまりのない地域であり、戦争と異国の支配によって血を流してきた。そんな地域で（ドイツの敗北という状況を受けて）、誰がスターリンの野望を抑え込めるかということである。それができる国など一つもないことは、はっきりしている。〉

アレン・ダレスはこの頃、アメリカの対ヨーロッパ・プロパガンダおよび地下工作の責任者であった。彼は次のように書いている[29]。

〈（ドイツ宣伝相の）ゲッベルスは、無条件降伏要求は、「完全なる隷属」そのものであると訴えた。ドイツ国民に、無条件降伏を受け入れたら奴隷状態になると思わせることに成功した。ゲッベルスやボルマン[**]らは、無条件降伏要求への反発を利用して、まったく無益な戦いを何カ月にもわたって引き延ばすことに成功した。〉

エドワルド・C・W・フォン・セルザムはドイツ外務省の職員だったが、『ニューヨーク・タイムズ』紙に次のような一文を寄せている（一九四九年七月三十一日付）。

〈無条件降伏を要求する声明が出たことで、（反ヒトラー派への対応に迷う）将軍たちの大半が反ヒトラー派から距離を置くことを決めた。彼らはヒトラーについていくことを覚悟したのである。こうして反ヒトラー派の動

＊訳注：Francisco Gómez-Jordana y Sousa、任期は一九四二年九月～一九四四年八月。
＊＊訳注：Martin Bormann、ヒトラー総統の秘書。

きは大きな打撃を受けて、連合軍にあくまでも抵抗するというヒトラーの体制を強化させてしまった。これがカサブランカ会談において発せられた声明の真の悲劇なのである。〉

英国政府の閣僚の一人ビーバーブルック卿も同じような見解である。彼は、一九四九年十一月半ばに（カナダの）トロントで演説した。その中で、無条件降伏要求は、このたびの戦争で（指導者が犯した）最も愚かな過ちであり、その結果、（永続的な）平和の構築と戦後の復興の望みが絶たれた、と嘆いた。

ジョン・R・ディーン将軍〔訳注：米陸軍少将〕も次のように書いている。[30]

〈無条件降伏を求めるルーズベルト大統領のスローガンが、最後まで戦うことが（ドイツ民族が）生き残るための方策だとする敵国指導者のプロパガンダの主張を助長してしまった。〉

*原注

1 【米国出席メンバー】（ ）内は当時の役職

ハリー・ホプキンス（英米軍需品配分委員会委員長）

W・アヴェレル・ハリマン（米駐ソ大使）

ロバート・マーフィー（米国駐北アフリカ領事）

ジョージ・マーシャル将軍（陸軍参謀総長）

アーネスト・J・キング（海軍最高司令官）

ヘンリー・H・アーノルド中将（陸軍航空隊指揮官）

B・B・サマーヴェル中将（陸軍調達部門指揮官）

ドワイト・アイゼンハワー中将（連合国北アフリカ軍最高司令官）

マーク・K・クラーク中将（チュニジア駐留第五軍司令官）

F・M・アンドリュース中将（陸軍）

カール・スパーツ少将（連合国北アフリカ軍航空隊司令官）

【英国出席メンバー】

フレデリック・レザーズ卿（戦時運輸大臣）

ダドリー・パウンド提督（第一海軍卿）

アラン・ブルック将軍（参謀総長）

チャールズ・ポータル元帥（空軍司令官）

ジョン・ディル元帥（ワシントン派遣参謀首席）

ルイス・マウントバッテン提督（中将）（連合作戦部長）
ヘイスティングス・イスメイ少将（国防省付参謀長）
ハロルド・マクミラン（在北アフリカ連合軍担当領事）
アンドリュー・カニンガム提督（北アフリカ連合海軍司令官）
ハロルド・アレキサンダー将軍
アーサー・テダー空軍元帥

2　*Hitler's Defeat in Russia*, p. 153.

アンデルスは、ドイツ陸軍の（フランツ・）ハルダー将軍の日記を引用している（pp. 47-48）。それによれば、この時点ですでにドイツの状況が芳しくないことが知れる。ハルダーは次のように書いていた。

「我々がロシアを過小評価していたことは明らかになってきている。彼らは非情なまでの決意を持って戦いの準備を進めていた。全体主義国家ならではの準備であった。全体主義の考えを組織構成、経済配分、意思決定の伝達システムに適用した。その目的は戦力強化を最大限に図ることであった」

「緒戦において我々は、敵の戦力を二〇〇個師団と見込んでいた。しかし現時点で三六〇個師団に増えている。兵士は、我々の基準からすれば十分な装備がなされていなかったし、指揮官の指導力も劣っていた。しかし、一ダースの敵を葬っても、すぐに次の一ダースの新手が現われた」

「広大な前線に散開した我が軍には、敵陣深く切り込める地点はなかった。そこに絶え間ないロシア軍の攻撃が続いた。彼らの攻撃は成功することがあった。拡がり過ぎた前線をすべてにわたってカバーする兵を配置できなかったから、（無防備の）空間が生じざるを得なかったのだ。そこを攻められた」

(Franz Halder, The Halder Diaries, VII, 36)

3　*The Hinge of Fate*, pp. 692-693. あるいは *The Turn of the Tide*, pp. 457-459.

4　*The Hinge of Fate*, p. 693.

5　*Stalin's Correspondence with Churchill, Attlee, Roosevelt and Truman, 1941-45*, Vol. II, pp. 54-55.

6　同右、p. 56.

7　*New York Times*, January 27, 1943.

8　The Official〔U. S. Department of State〕volume of documents on the Cairo and Teheran Conferences of 1943, released June 17, 1961. によれば一九四三年一月のカサブランカ会談の内容については、同省発行の「Foreign Relations series」に収録されるとしている。

9　*Roosevelt and Hopkins*, pp. 693-694.

10　*The Hinge of Fate*, pp. 686-687.

11　同右、p. 687. あるいは *Roosevelt and Hopkins*, p. 696.〔訳注：なおグラント将軍の南軍リー将軍に対する降伏交渉の模様は、拙著『日米衝突の根源』「第4章　南北戦争」（二〇一一年、草思社刊）に詳しい〕

12　*Roosevelt and Hopkins*, p. 696.

13　William D. Leahy, *I Was There*, McGraw-Hill Book Company, 1950, p. 145.

14　Winston S. Churchill, *Onwards to Victory*, Little, Brown and Company, 1944, p. 25.

15　*The Public Papers and Addresses of Franklin D. Roosevelt*, 1943, volume, p. 80.

16　*Wedemeyer Reports!*, p. 186.

17　*Roosevelt and Hopkins*, pp. 748-749. あるいは第□章参照。

〔編者注：フーバーの原稿には章を示す数字が抜けている〕

18 *New York Times,* August 26, 1943.

19 *Roosevelt and Hopkins,* pp. 782-783.

20 *The Memoirs of Cordell Hull,* Volume. II, pp. 1571-1572.

21 同右、pp. 1576-1577.

22 *F. D. R.: His Personal Letters,*〔*1928-1945,*〕Vol. II, p. 1485.

23 *New York Herald Tribune,* February 23, 1944.

24 Hanson W. Baldwin, *Great Mistakes of the War,* Harper & Brothers, 1950, pp. 14, 24-25.

25 B. H. Liddell Hart, *The German Generals Talk,* Wiliam Morrow & Co., 1948, pp. 292-293.

26 〔編者注〕アルブレヒト・フォン・ケッセルはドイツ外務省職員であり、反ヒトラー組織の末端にいた。彼の日記はアレン・ダレスの書（*Germany's Underground,* The Macmillan Company, New York, 1947, p. 132）の中で引用されている。フーバーのこの引用は、ケッセルの言葉ではなくダレスのものである。

〔訳注〕アレン・ダレスの第二次大戦期および終戦直後の対独・対ソ工作活動については、『ダレス兄弟――国務長官とCIA長官の秘密の戦争』（スティーブン・キンザー著、渡辺惣樹訳、草思社、二〇一五年刊）に詳しい。

27 The Right Hon. Lord Hankey, *Politics, Trials and Errors,* Henry Regnery Company, 1950, pp. 45, 50.

28 Rt. Hon. Sir Samuel Hoare, *Complacent Dictator,* Alfred A. Knopf, 1947, pp. 183-184.

29 *Germany's Underground,* pp. 132-133.

30 John R. Deane, *The Strange Alliance,* The Viking Press, 1947, p. 162.

第12編

度重なる会談　その二

第47章　第三回ワシントン会談（一九四三年五月十二日～二十五日）

第三回ワシントン会談はトライデント（TRIDENT）と呼ばれた。会議はルーズベルト大統領とチャーチル首相の間で行なわれた。中国案件が協議される時には中国外相（外交部長）の宋子文《そうしぶん》が呼ばれることがあった。[1]

明らかにされない内容

この会談についての唯一の公式説明は、ルーズベルト大統領が一九四三年五月二十七日に出したものである。それは以下である。

〈ワシントンにおける連合軍幕僚会議は終了した。今次の戦いのすべての戦線における今後の作戦について合意をみた。[2]〉

会談内容については公式記録が発表されることになっていた。しかし、二〇年以上が経った私の執筆時点においてもそれは明らかにされていない。会議では政治的に重要な問題が検討されている。したがって、その内容を掴むには、他の情報源を探らなくてはならない。[3] 幸いなことに、ホプキンス、キング、リーヒー、スティルウェル、シェンノートが、この会談について本を書いている。それによってそれぞれの視点から見た会談内容がわかる。

戦況

カサブランカ会談（一九四三年一月）後の四カ月間で、戦況は連合国側に有利に展開した。潜水艦戦にも好転が見られた。チェスター・ウィルモットはその書（*The Struggle for Europe*）の中で次のように書いている。[4]

〈カサブランカ会談の一週間後、ヒトラーは連合国船舶への攻撃をいっそう強化することを決めた。これによって大西洋における戦いは新局面に入った。同年二月頃を振り返って英国海軍省は、「これまでにドイツが、これほどの戦力をたった一つの目的（米国から英国への物資海上輸送の破壊）に動員したことはなかった」と記録している。〉

ウィルモットは、ドイツの潜水艦攻勢のピークは三月であり、その後は連合国側が主導権を握ったと書いている。[5]

〈チャーチルは英国議会の一週間後の演説で、「これまでの四六カ月の海の戦いの中で、一九四三年六月は（イギリスにとって）最高の月であった」と述べた。この時、彼はその事実を裏付ける数字を出していない。しかし、確かに被害の数字はそれを示している。（ドイツ潜水艦によって）大西洋で沈められた商船の数は、三月には九〇だったものが、五月には四〇、六月にはわずかに六となっていた。〉

ロシア方面の前線では、スターリングラードの攻防に続いてロシアによる二度目の冬の反転攻勢が進んでいた。一月から三月までの戦いで、ドイツ軍およびその同盟国の戦死者と捕虜の数は五〇万を超えた。[6] ドイツはこの大きな犠牲にもかかわらず、春の反攻を仕掛け、一時的にロシア軍の侵攻を食い止めている。

中国戦線では、毛沢東は北部支那において中国共産党の支配地域を拡大した。この頃、中国共産党は四〇万の軍隊で、六〇〇〇万の人口を持つ地域を支配下に置いた。一方、蔣介石は日本軍との戦いにおいて劣勢であった。ビルマ・ルートはビルマを占領した日本軍によって封鎖され、蔣介石は、物資の供給を米軍の空輸に頼っていた。この空輸作戦はきわめて困難なものであった。[7]

第三回ワシントン会談でも、イギリス海峡を越えて（北部フランスに）第二戦線を構築する時期と（具体的な上陸の）地点が協議された。しかし、計画は再び延期され、一九四三年春ではなく一九四四年五月に変更された。[8] 再度の延期にスターリンは不満であった。[9] 彼の反応についてはロバート・シャーウッドが書いている。[10]

〈TRIDENT会議で決まった第二戦線構築に関わる計画書の写しをスターリンは受け取ったが、彼は明らかに不満であった。具体的な日にちは定かではないが、六月にスターリンはチャーチルに親電を送った。その中でスターリンは、過去一三カ月においてなされた第二戦線構築に関わる（米英の）約束を再検討したが、西欧同盟国には意図的な悪意があると結論づけざるを得ないと抗議した。

チャーチルは、重要なメッセージをスターリンに送る場合、予めルーズベルトに相談するのが常であった。二人は頻繁に交信していたと言ったほうが正確かもしれない。スターリンの非難の言葉にチャーチルは頭に血が上ったようだ。強い調子の返答をスターリンに送り返した。もしルーズベルトがその内容を予め読んでいたら、決して同意しなかっただろう。その結果、米英の対ソ関係は緊張した。スターリンはリトヴィノフをワシントンから、マイスキーをロンドンから召還した。〉

シャーウッドの記述が正しいことは、「スターリンのチャーチル、アトレー、ルーズベルトおよびトルーマンとの交信記録　一九四一—一九四五」（ソビエト外務省）で確認することができる。そこには一九四三年六月二十四日にスターリンがチャーチルに実際に発したメッセージが収録されている。その中で、チャーチルとルーズベルトが第二戦線を一九四三年中に構築すると約束していたことが指摘されていた。その上でスターリンは次のようにチャーチルに書いていた[11]。

〈私が貴殿にお伝えしたいのは、ソビエト政府の（第三回ワシントン会談に対する）失望だけではないということです。同盟国に対する信頼の念の揺らぎであります。いまその信頼関係を保てるかどうかが試されています。決して忘れてほしくないのは、（第二戦線が構築されないために）被っている我が軍の甚大な損害です。我々の損害の規模に比較したら米英軍の損害は取るに足らないといってもよいでしょう。〉

チャーチルは次のように回答した[12]（一九四三年六月二十七日）。

〈私は人力の及ぶかぎり、あなたを支援するべく尽力してきました。（私のソビエト支援の）信念は西欧同盟国に対するあなたの憤懣があっても決して揺らぐものではありません。（第二戦線構築を遅らせることを）我が議会および国民に説明することは難しくないと考えています。もちろん、遅れることで軍の作戦に疑問が投げかけられることはあるでしょうが。〉

中国の戦況

中国の状況については第三回ワシントン会談の重要案件であった。中国問題はこれに続いた会談でも何度も取り上げられることになった。この問題についての協議には、ジョセフ・スティルウェル中将とクレア・L・シェンノート少将が指導的役割を果たした。

ジョセフ・スティルウェル中将

蔣介石総統の要請に基づいて、ルーズベルト大統領は、ジョセフ・スティルウェル中将を総統の軍事顧問に任命した（一九四二年一月二十日）。アメリカの参戦から二カ月も経っていない時期の決定であった。ジョセフ・スティルウェル将軍は、だいぶ以前のことであるが、北京に武官として駐在した経験があった。彼は、漢語をしゃべることができ、中国をそれなりに知っていた。彼はマーシャル参謀総長のお気に入りであった。スティルウェル将軍は筋金入りの軍人であり、気が短いところがあった。この会談の頃には、彼は蔣介石に対して強い憤懣の念を持っていた。残された日記に繰り返しその気持ちが記録されていた[13]。

会談ではシェンノートが、日本軍攻撃のために彼の空軍力を強化し、インドから中国への空輸計画を拡大する計画が承認された。しかし、スティルウェルは、シェンノートの計画が、自身の提案するビルマでの攻勢計画を阻害する可能性があるとして反対であった。スチムソン（陸軍長官）は回顧録にこう記している。

〈かなりの反対があったが、シェンノートの計画は認められた[14]。〉

会談での決定を受けて、シェンノート計画を実行に移す大統領令が出された。シェンノートは戦後に出版した回顧録（一九四九年）で、スティルウェルが大統領令に従うことを拒んだと書いている[15]。スティルウェルの蔣介石に対する悪感情がその原因である。スティルウェルは蔣介石に対する気持ちを次のように書いている[16]。

〈（蔣介石は）汚い虫のような奴だ。鼻につく異臭を放っている。こちらが何をするにつけ、人を見下すような態度で質問してくる。彼を助けようとしているにもかかわらず、こちらの邪魔をしてくる。我々は彼に対して何から何まで与えている。兵士、兵器、航空機、医療品、信号機、自動車、緊急避難施設はもとより、だらしない兵隊の訓練もしてきたし、奴の配下のとんでもない参謀や将軍連中と言い合いまでしなくてはならなかった。奴は、自らが神であるかのように振る舞う独裁者だった。自身の兵隊を飢えさせるのも平気だった。世界最悪の無学の男であるにもかかわらず、我々の計画のちょっとした欠陥に文句を言ってきた。〉

ハル国務長官は、スティルウェル将軍に五人（ジョン・スチュアート・サービス、レイモンド・P・ラッデン、オーウェン・ラティモア、ジョージ・アチソン、ローリン・カリー）の顧問を付けていた[17]。

スティルウェル将軍と顧問たちは、蔣介石の国民党と、毛沢東の共産党を提携させることを考えた。そうすることで対日戦争のための軍事力を一本化できると考えた。そのための最初のステップは、蔣介石政権に毛沢東の指名するメンバー二人を加えさせることであった。

スティルウェル・グループを、駐重慶アメリカ大使クラレンス・E・ガウス（Gauss）が支持した。スティルウェルは大使館員ジョン・P・デイヴィスを延安の毛沢東のもとに遣った。アメリカの支援に完全に依存していた蔣介石はこの動きに反対できなかった。しかし、共産党員を閣僚に登用することはきっぱりと拒絶した。スティルウェルと顧問たちは、意識していたか否かは別にして、政治的な圧力グループ化したのである。つまり、軍事目的以上に政治結社のような性格を有するようになっていた。彼らは、蔣介石は腐敗した反動政治家であるとのキャンペーンを張った。逆に毛沢東を、農地改革者だと誉めそやした。これについては後述する。

クレア・L・シェンノート将軍

シェンノートは陸軍航空隊大尉で一九三七年初めに退役し、その年に中国に向かった。蔣介石の空軍顧問となり、一九四一年にアメリカ人義勇兵による航空隊を中国空軍の中に作り上げた。この部隊は後に「フライング・タイガー」と呼ばれることになる。彼らは華々しい活躍を見せた。アメリカの参戦が決まると、シェンノートは陸軍に戻り、第三回ワシントン会談の時点では、少将の地位に上り中国空軍の指揮にあたっていた。彼は、蔣介石を徹底的に支援した。

アルバート・C・ウェデマイヤー将軍はシェンノートとスティルウェルの二人の確執を実際に見ていた。彼は著書の中で次のように記している[18]。

〈スティルウェルはマーシャル将軍の執務室で中国戦線における問題を協議した。マーシャル将軍は、私の同席を許した。スティルウェルは文字どおり蔣介石を酷評した。苦力《クーリー》階級の、傲慢な人間で、決して信用できない、彼とはとてもやっていけないとマーシャル将軍に不満を爆発させた。

シェンノートには、私が一九三七年に中国を訪問した時に会っている。彼は見るからに闘士の風貌を備えていた。がっしりとした体軀で、皮膚はなめし皮のように強靱に見えた。人を射るような茶色い瞳、突き出た顎。それが彼の闘志と意志の強さを示しているようであった。そうでありながら、話しぶりは穏やかで、好感の持てる態度であった。

彼に蔣介石の評価を聞いたが、（スティルウェルのそれとは）正反対であった。偉大なる民主主義の指導者、敬虔なキリスト教徒、高潔なる人格、真の愛国者といった言葉が続いた。私はシェンノートに、蔣介石総統の「脅迫」について尋ねた。この春に私が重慶に入った際に、総統が、アメリカからの（十分な）支援が得られなければ（対日）戦争をやめると言ったことについて、彼の考えを聞いたのだ。シェンノートは「総統はどんなことがあっても戦いをやめるようなことはしない」と述べた。〉

会談後の状況

一九四三年六月二十四日に、ジョン・P・デイヴィスは国務省に報告書を書いている。第三回ワシントン会談のちょうど一カ月後に書かれたこの文書が、当時のスティルウェル・グループのやり方を記録している。[19]

〈中国の共産主義者は世界革命思想から距離を置き、ナショナリズムの方向に舵を切っている。また、彼らは国内の政治経済の方針についても、より穏健なものに修正している。こうした動きが、コミンテルンの指示によるものかどうかを詮索することはほとんど意味がない。彼らの方針変更は歴史的な視点あるいは（彼らの組織の）

発展という視点から見れば、きわめてまっとうである。

共産主義者は、国民の支持を受けている。正直な改革者という評価である。彼らは、国民党政権とその腐敗のシステムへの挑戦者となっている。

共産主義者は、国民党からの呼びかけ（国民党政権への参画と共産軍の廃止）には決して応じることはないだろう。そうしてしまえば、共産党そのものが消えることになるからである。〉

ロシア（ソビエト）大使館は、重慶でもロンドンでもワシントンでも、毛沢東に対する蒋介石の態度を非難し、反蒋介石プロパガンダを開始した[20]。国務省も蒋介石にプレッシャーをかけた。蒋介石はこれに対抗して、それまで中国共産党がどれほど約束を違《たが》えたかを示す文書を発表した（一九四三年九月十三日）。それでも、共産党との提携を匂わせて、こう言っている[21]。

〈もし中国共産党が、誠意をもって約束を履行するのであれば、同党に対して再び同情の念をもって接することもやぶさかではない。協力して対日戦争を戦い、国家再建にあたることができる。我が党は、対日戦争遂行に誠意をもってあたっている。〉

当時ジョージ・クリール*が中国を訪れ、次のように書いている[22]。

〈当然のことだが、第三回ワシントン会談のニュースは蒋介石のもとに届いていた。蒋介石は怒りを隠せないで

＊訳注：調査報道で著名なジャーナリスト。

いた。〈国務省の〉報告書からもわかるように、重慶のスティルウェルの本部は、アドラムの洞窟*と化していた。そこはアメリカの左翼的人物の巣窟であった。左翼思想を持つ作家、新聞記者あるいは国務省の下級官僚がたむろしていた。彼らは〈スティルウェル将軍の〉激しい国民党政府非難の声を熱心に聞いた。その一方で、中国共産党のほうが愛国心に優れていると将軍に訴えた。こうした状況の中で、蒋介石はスティルウェルの更迭を要求することを決めた。結局、彼がそうしなかったのは、夫人の宋美齢《そうびれい》とその姉のマダム・キングに説得されたからである。**〉

*原注

1　【米国主要出席メンバー】
ハリー・ホプキンス
W・アヴェレル・ハリマン
ジョージ・マーシャル将軍
アーネスト・J・キング提督
ウィリアム・D・リーヒー提督
ジョセフ・スティルウェル中将
クレア・L・シェンノート少将
ジョゼフ・T・マクナーニー中将
ヘンリー・H・アーノルド将軍
【英国主要出席メンバー】
ヘイスティングス・イスメイ少将
ダドリー・パウンド提督
アラン・ブルック将軍
チャールズ・ポータル元帥
ジェイムズ・ソマーヴィル提督
リチャード・パース（Peirse）元帥
ビーバーブルック卿
チャーウェル卿（Lord Cherwell）
レザーズ卿

2　*New York Times*, May 28, 1943.

3　政府のカイロ・テヘラン関連文書の中では、外交関係シリーズ文書続編で第三回ワシントン会談の内容が出版される予定だと書かれている。*Foreign Relations of the United States, Diplomatic Papers, The Conference at Cairo and Teheran, 1943*, United States Government Printing Office, 1961, p. 4.

4　Chester Wilmot, *The Struggle for Europe*, Harper & Brothers, 1952, p. 125.

5　同右、p. 127.

6　William L. Langer, *An Encyclopedia of World History*,

Houghton Mifflin Company, 1948, p. 1153.

7　四六八回の空輸が失敗しており、多くのパイロットが犠牲になった。それでも一九四五年の終戦までに七三万トンを空輸した。Lin Yutang, *The Vigil of a Nation,* The John Day Company, 1949, p. 119. あるいは Claire L. Chennault, *Way of a Fighter,* G. P. Putnam's Sons, 1949, p. 234.

8　*I Was There,* p. 161.

9　〔U. S. S. R., Ministry of Foreign Affairs,〕 *Stalin's Correspondence with Churchill, Attlee, Roosevelt and Truman, 1941–1945,* Vol. I, E. P. Dutton & Co., Inc., 1958, pp. 131–132.

10　*Roosevelt and Hopkins,* p. 734.

11　*Stalin's Correspondence with Churchill, Attlee, Roosevelt and Truman, 1941–1945,* Vol. I, pp. 138, 140–141. 同、Vol. II, pp. 73–76.

シャーウッドの記述については、次の文献からも裏付けることができる。

William H. Standley and Arthur A. Ageton, *Admiral Ambassador to Russia,* Hennry Regnery Company, 1955, pp. 467–468, 472.

12　*Stalin's Correspondence with Churchill, Attlee, Roosevelt and Truman, 1941–1945,* Vol. I, pp. 140–141.

13　スティルウェル将軍は一九四六年に死去した。未亡人は彼の残した日記や手紙をまとめた書（*The Stilwell Papers,* William Sloane Associates, Inc.〔edited by Theodore H. White〕）を出版した〔訳注：出版は一九四九年〕。

14　*On Active Service in Peace and War,* p. 534.

15　*Way of a Fighter,* pp. 220–221, 224.

16　*The Stilwell Papers,* p. 210.

17　ここに挙げられた人物の容共的姿勢については本書第 4 章に書いた。

18　*Wedemeyer Reports!,* pp. 202–203.

19　U. S. Department of State, *Foreign Relations of the United States; Diplomatic Papers, 1943, China,* United States Government Printing Office, 1957, pp. 260, 262, 263.

20　Herbert Feis, *The China Tangle,* Princeton University Press, 1953, pp. 86–87.

21　U. S. Department of State, *United States Relations with China,* Department of State Publication 3573, 1949, p. 531.〔編者注：この文書は後に中国白書（*The China White Paper*）と呼ばれることになる〕

22　*Russia's Race for Asia,* p. 97.

＊訳注：サウル王に追われたダヴィデが隠れた洞窟（旧約聖書）。

＊＊訳注：原書には Madame King とあるが、Kung の誤りと思われる。宋美齢の姉宋靄齢《あいれい》は実業家孔祥熙《こうしょうき》の妻。

第48章　第一回ケベック会談（一九四三年八月十一日〜二十四日）

この会談に出席した首脳はチャーチル首相、ルーズベルト大統領およびマッケンジー・キング（カナダ首相）である。いくつかの会議には蔣介石の代理として宋子文《そうしぶん》が参加した。[1]

戦況

太平洋方面では、マッカーサー将軍の軍が日本軍を、ソロモン群島のガダルカナル島（一九四三年二月八日）およびアリューシャン諸島のアッツ島（同年五月三十日）から撤退させた。マッカーサー将軍は七月一日から、南太平洋方面で同時攻勢を開始していた。レンドヴァ島〔訳注：ソロモン諸島の小島〕を攻略（七月二日）し、ニュージョージア島のムンダにある日本軍基地を落とした（八月七日）。ムンダ攻略はケベック会談の四日前のことである。

地中海方面では、英米連合軍が、仏領北アフリカでの作戦を終え、独伊軍を降伏させていた（一九四三年五月）。ケベック会談の三カ月前のことである。連合軍は、イタリア領の島パンテレリア（パンテッレリーア）〔訳注：シチリア島の西部にある離島〕を占領（六月十一日）し、さらにシチリアに上陸（七月十日）した。一連の対イタリア攻勢で、ムッソリーニは首相を失脚した（七月二十五日）。この頃の英米連合軍の兵力は四〇万ほどである。地上部隊が二〇万、空軍が八万、残りは軍務要員であった。[2]

ロシア方面では、ヒトラーが四度目の対ソ攻勢を仕掛けて（七月五日）いるが、ロシア陸軍はそれを押しとどめることに成功し、攻勢に転じていた。その結果、ドイツ軍の拠点オレル（Orel）とベルゴロード（Belgorod）を奪還した（八月五日）。

Uボート対策も順調で、五月に失われた艦船は一八万七〇〇〇トンに減じていた。[3]

非公開

第一回ケベック会談の内容は公開されていない。しかし、参加者の書き残したものから会談の主要な内容がわかっている。

チャーチルによる〝ヨーロッパの柔らかな下腹部〟攻撃の提案

参加者の一人ハル国務長官は次のように書いている。[4]

〈私のケベック到着前の数日間、ルーズベルト大統領とチャーチル首相はこれからの戦いの進め方について集中した議論を行なっていた。

二人は、北部フランスへの進攻は、一九四四年春に実施することで合意していた。それでも、チャーチル首相はヨーロッパへの進攻は、バルカン半島から始めるべきだとの信念を変えていなかった。バルカン半島は「ヨーロッパの柔らかな下腹部」であった。チャーチルはこの考えをテヘラン会談まで主張し続けた。チャーチルは、英米がバルカン半島から進攻することによって、バルカン半島や南部ヨーロッパにソビエトが進出して永続的な覇権を構築することを防げると考えていた。彼は、そのような事態になることはイギリスには大きな打撃であり、もちろん我が国（米国）にとっても同様だ、と思っていた。〉

ウェデマイヤー将軍の記録には次のようにある。[5]

〈クアドラント（QUADRANT）会談（第一回ケベック会談）へ出発する直前の八月十日、ホワイトハウスで大統領と合同参謀本部の会議があった。大統領は、出席メンバーにチャーチル氏がまだ、バルカン半島からの進攻計画を主張していると語った。スチムソンが、チャーチル首相の狙いは、そうすることでバルカン諸国での反ドイツの蜂起を促そうと考えていると言って、大統領の発言を修正した（modified)。

大統領はイギリスの考えを理解できないと述べたが、これは興味をそそる発言であった。彼はソビエトがバルカン諸国を支配するなどと考えてもいなかったのである。ソビエトは、スラブ諸国家の親善友好関係の構築を願っているだけであると理解していた。〉

後れた国々（植民地）の信託統治

アメリカには反植民地主義の考えが根強かった。その感情がこの会談で明確に示された。

ハル長官は回顧録の中で、イーデン外相と植民地諸国の信託統治について協議したことを明かしている。[6] ハルは外相に信託統治の試案を手交した。イーデンは民族自治には段階があり、「独立」の定義が国ごとに異なることを指摘した。これについてハルは次のように書いている。[7]

〈これは、長い目で見た場合の世界の発展という観点から避けて通れない問題だった。私はその後のイギリスとの会談でも繰り返し議題に挙げた。〉

ハル国務長官はチャーチル氏の語った強い言葉を忘れていたのかもしれない。この前年にチャーチルは、大英帝国解体を目撃するために首相になったのではない、[8] とはっきりと述べていた。

原子爆弾

すでに第44章で指摘したように、チャーチルとルーズベルトの間では原子爆弾について、ハイドパークの第二回ワシントン会談（一九四二年六月）で何がしかの話し合いがあった[9]。原子爆弾を指す暗号は「チューブ・アロイズ（管合金）」だった。その後、開発は相当進捗していた。

チャーチルは、ケベック会談の地から、副首相宛てに次のような電信メッセージを送っている[10]（八月二十五日）。

〈会談のスタートは上々だ。いくつかの厄介な問題について合意することができた。東南アジア方面の司令部問題、チューブ・アロイズ案件、フランス亡命政府の承認問題などである。〉

最重要案件であった原爆については、ルーズベルトとチャーチルの間で秘密協定が結ばれていた。協定の存在が明かされたのは、一一年後の、チャーチルの議会説明の中でのことであった（一九五四年四月五日）。この頃、米議会では核技術について他国と情報を共有することを禁ずる法案が検討されていた。これについて英国議会で質疑があり、チャーチルの回答によって秘密協定の存在がわかったのである。チャーチルは次のように述べた[11]。

〈私は一九四三年にルーズベルト大統領と結んだ協定について明らかにしておきたい。これに言及するのは初めてのことであるが、そうすることが、我が国益に適うと信じるからである。そうすることは英米両国にとっても役立つことなのである。協定は私とルーズベルト大統領がケベックの会談で調印したのである。アイゼンハワー大統領は、私がこの秘密協定を明らかにすることに同意してくれている。協定内容の写しは議会が閲覧できるように用意してある。

ただ、いくつかの点については、はっきりさせておきたい。私は当時自身でメモを取っている。

第一点は、開発された兵器を、互いを攻撃するために使わないこと。

第二点は、第三国にそれを使う場合は他方の同意が必要であること。

第三点は、両国の同意がないかぎり第三国に「チューブ・アロイズ」に関わる情報を流さないこと。

第四点は、開発にあたって米国の負担が大きいことを認める。これは戦争遂行上の賢明な役割分担である。英国は、米国の大きな負担を認識したうえで、戦後の（核の）工業的あるいは商業的利用については、米国大統領が決定し英国首相に示される条件に従うこととする。また我が国はそうした利用について、米国大統領がフェアであり正当であると認める以上のことはせず、世界の経済的利益の向上を目指すものに限ることを明確にした。〉

この（秘密）協定は外交関係に関わるものでありながら上院に諮問されていないし、当然に批准もされていない。この問題については後日（議会で）議論されたものの何の結論も出ていない。

＊原注

1 【米国主要出席メンバー】
コーデル・ハル国務長官
ヘンリー・スチムソン陸軍長官（一日のみの参加）
フランク・ノックス海軍長官
ジョージ・マーシャル参謀総長
ウィリアム・D・リーヒー提督
アーネスト・J・キング提督
ヘンリー・H・アーノルド将軍
ハリー・ホプキンス
スティーブン・アーリー
ブレホン・B・サマーヴェル陸軍中将
ウィルソン・ブラウン海軍少将
トーマス・T・ハンディ准将
【英国主要出席メンバー】
アンソニー・イーデン外相
アラン・ブルック将軍
ジョン・アンダーソン卿（戦争評議会委員長）
ダドリー・パウンド提督

チャールズ・ポータル元帥
ジョン・ディル元帥
ルイス・マウントバッテン卿海軍中将
ヘイスティングス・イスメイ少将

2 *Wedemeyer Reports!*, p. 214.

3 *The Struggle for Europe*, p. 126.

4 *The Memoirs of Cordell Hull*, Vol. II, p. 1231.

5 *Wedemeyer Reports!*, pp. 241-242.

6 *The Memoirs of Cordell Hull*, Vol. II, pp. 1234-1238.

7 同右、p. 1238.

8 Winston S. Churchill, *The End of the Beginning*, Little, Brown and Company, 1943, p. 268.

9 *The Hinge of Fate*, p. 378ff.

10 Winston S. Churchill, *Closing the Ring*, Houghton Mifflin Company, 1951, p. 93.

11 〔Great Britain,〕 *Parliamentary Debates* (Hansard), Fifth Series, Vol. 526, House of Commons, 3rd sess., 40th Parl. of U. K., 1953-54, April 〔5〕, 1954, 〔p. 50〕.
ジョージ・クロッカー（George Crocker）はその著（*Roosevelt's Road to Russia*, Henry Regnery Company, 1959）の中で、この秘密協定の重要性を指摘している（p. 194）。

第49章　第一回モスクワ会談（一九四三年十月十九日〜三十日）

第一回モスクワ会談は（首脳会談ではなく）四カ国の外相など大臣級レベルの会議であった。代表となったのは、コーデル・ハル（米国務長官）、アンソニー・イーデン（英国外相）、ヴァチェスラフ・モロトフ（ソビエト外相）、傅秉常《ふへいじょう》（駐ソ大使）である。[1] 当時の戦況は、この会談の一カ月後に開催されたカイロおよびテヘラン会談の項で詳述する。

会談の内容は、一九四三年十一月一日に出された外相コミュニケで知ることができる。その主要部分は次のようなものであった。[2]

〈三カ国の外相は初めて一堂に会することができた。

会議では、ドイツおよびそのヨーロッパの衛星国（her satellites）との戦いをいかに早く終わらせることができるかについて協議した。忌憚《きたん》のない意見を交わすことができた。また各国の参謀本部を代表する軍事顧問の参加で、軍事に関わる協議もスムーズに進めることができた。〉

各国の継続的な協力は、戦いの終了まで続くとの声明が続いた。

〈会談では、ヨーロッパ問題諮問委員会をロンドンに設置することを決めた。委員会は三カ国（米英ソ）に対して、諸問題を検討した上で意見書を提出することになる。

対イタリア政策については専門部会を設置し、同国の軍備以外の政策を調整する。

また三カ国の外相は、オーストリアは独立を回復させる考えであることを表明した。独立にあたっては（独立の条件を考える際）、オーストリアが、自身の（ナチスドイツからの）解放にどれほど努力したかが考慮されるとした。〉

さらに三カ国外相は、大西洋憲章の遵守、相互協議、無条件降伏要求、対独降伏要件に一致協力すること、および（戦後の）和平維持のための国際機関の設置について意見の一致をみたと発表した。

〈戦後における各国の軍備に関わる規制については、連合国が協力し十分に協議したうえで決定されることも明らかにされた。[3]〉

スターリン元帥はこの声明を承認し、ハル国務長官は次のように語った。[4]

〈各国代表が調印するのを見て、私は喜ばしく思った。戦いが終わった後には、和平維持の国際機関が設置されることが決まったのである。その機関は必要なら軍事力の行使が可能なのである。〉

ドイツの残虐行為に対する懲罰

この会談を利用して、ドイツの残虐行為に対する三カ国首脳の共同声明が発表された。声明の主要部分は次のとおりである。[5]

〈戦いに怯《ひる》んでいるヒトラーの信奉者とフン族のごとき連中は、その野蛮性を激化させている。その犯罪的な残虐性は、彼らの支配から解放されつつあるソビエト領土内、そしてフランス、イタリアの地で明らかになっている。

米英ソ三カ国は、同盟国三二カ国の意思を代表して、ドイツに対して次のような警告を発するものである。どのような（あらたな）政府が成立し、休戦協定が成立したとしても、残虐行為、虐殺に関わったドイツの軍人とナチス党員は、当該行為を行なった地に送られ、同地における法律によって裁かれ罰せられることになる。犯罪がなされた土地の特定ができないドイツ人犯罪者の事例にも分け隔てなく適用され、連合国の総意によって罰せられることになる。〉

この会談には公にされなかった目的があった。それはチャーチル、ルーズベルトおよびスターリンの三首脳会談の手筈を整えることであった。三者会談は過去二年間実施できていなかった。三者会談は一九四三年十一月二十八日にテヘランで開かれることが決定した。

四カ国外相会談の謎

（ハル）国務長官は十一月十八日にワシントンに戻った。彼は会談の成果について議会で説明した。多くを語ったが、その中で次のような発言があった。[6]

〈今回の会談で発せられた声明の中身は、現実に執行されつつある。今後は、同盟関係やパワーバランスなどを念頭に置いた各国の勢力圏（spheres of influence）という考えは不要になるものと思われる。安全保障上、国益上、そうした思想が必要だった不幸な時代は過去のものになった。〉

ハル国務長官は回顧録の中で、イーデン英外相から次のような提案がなされ、これに合意されたとも書いている。[7]

〈戦後のヨーロッパはこれを分割したうえで管理するのではなく、地域全体を共同で管理するのが好ましいという三カ国の見解を表明する、との提案が（イーデン外相から）なされたが、私は、我が国は、この問題についてはこの会談では決めないほうがよいだろうと述べた。

モロトフ外相は、ソビエト政府は分割管理や勢力圏といった考えに興味を示すとは思えないと述べた。彼はまた、同国政府がヨーロッパの分割管理あるいは勢力圏設定の意向は持っていないと請け合った。〉

共同管理あるいは分割管理の案件は、モスクワ会談の長い声明文の中でまったく触れられていない。ハルが回顧録で書いているような記録はない。そうした合意がその後の四大国（米英ソ中）の指導者の行動に何の影響も与えていないにもかかわらず、ハルの心理ではそれが固定観念となっていたのかもしれない。

＊原注

1　【米国主要出席メンバー】

アヴェレル・ハリマン米駐ソ大使

ジョン・R・ディーン将軍（武器貸与法に基づく対ソ支援のモスクワ駐在責任者）

グリーン・H・ハックワース〔訳注：国務省法律顧問〕

ジェイムズ・C・ダン〔訳注：国務省高官〕

【英国主要出席メンバー】

アーチボルト・クラーク・カー卿（英駐ソ大使）

ヘイスティングス・イスメイ少将

【ソビエト主要出席メンバー】

クリメント・ヴォロシーロフ元帥

アンドレイ・ヴィシンスキー外務人民委員代理（外務次官）

マクシム・リトヴィノフ外務人民委員代理（外務次官）

A・A・グリズロフ少将（参謀本部）

G・F・サスキン（外務省高官）
なお三国とも各分野の専門家を顧問として帯同している。

2 *New York Herald Tribune*, November 2, 1943.

3 同右。

4 *The Memoirs of Cordell Hull*, Vol. II, p. 1307.

5 *New York Herald Tribune*, November 2, 1943.

6 同右、November 19, 1943.

7 *The Memoirs of Cordell Hull*, Vol. II, p. 1298.

第50章 ルーズベルト、チャーチル、スターリン、蔣介石の思惑

この後開かれたカイロ会談（一九四三年十一月）、テヘラン会談（同年十二月）について書く前に、米英ソ中首脳の思惑について触れておきたい。二つの会談は重要であるだけに、首脳らの思惑をまとめておくことは肝要である。四首脳（ルーズベルト、チャーチル、スターリン、蔣介石）は、対独・対日戦争に勝利するという点は共通していたが、それぞれに個別の、そして各首脳固有の狙いがあった。

ルーズベルトの非帝国化（De-Empiring）構想

ルーズベルト氏は「非帝国化構想」を持っていた。彼の標的はドイツ、イタリア、日本だけではなかった。彼は英仏蘭の非帝国化を目論んでいた。そうでありながら、彼の非帝国化構想には一カ国だけ例外があった。巨大できわめて攻撃的な帝国ソビエトであった。

彼の非帝国化構想は、一九四一年の大西洋憲章を決めた会談の時から始まっていたのである。[1] ルーズベルトは、武器貸与法に基づく支援にあたっても、イギリスの非帝国化を求めていた。[2] 真珠湾攻撃からわずか六〇日経った時点の一九四二年三月十日から、チャーチルに圧力をかけはじめている。[3]

一九四二年四月初め、ルーズベルト氏は、ルイス・A・ジョンソンを、続いてウィリアム・フィリップスをインドに遣り、同地の民族主義者の独立志向を煽らせた。ルイス・A・ジョンソンの行動に、インド総督は抗議している。[4]

フィリップスは後日自著の中で、自身のインドでの活動を明かしている。[5]

一九四二年六月にモロトフ外相がワシントンを訪問しているが、大統領のモロトフへの発言をシャーウッドが記録していたことが国務省の記録でわかっている。大統領は次のように言っていた。[6]

〈世界各地に多くの島々を含む植民地がある、こうしたところは弱体化した宗主国から独立させるべきである、そうしたほうが我々の安全保障にとって有利である、と（モロトフに）述べ、スターリンにそうした地域を信託統治する国際機関の設置を検討するよう示唆したのである。

これに対してモロトフは、その他の案件を考慮しつつ、大統領の信託統治の原則はモスクワにおいて前向きに検討されるでしょう、と答えている。

これを受けて大統領は、自身の構想を（ソビエトが）受け入れれば、（国際連盟時代の）委任統治の考え方は破棄されることを意味する、と指摘している。

植民地制度の一端は、ベルサイユ条約における委任統治という考え方で構築されていた。英国はこの条約で八六万三〇〇〇平方マイル（約二二四万平方キロメートル）を得た。その地域の人口は八〇〇〇万であった。フランスは、二四万八〇〇〇平方マイル（約六四万平方キロメートル）に人口五五〇〇万を得ていた。ベルギーも、アフリカに広大な委任統治領があった。[7] ベルサイユ条約以降、こうした委任統治領は、植民地体制の中に組み込まれていた。これに楔《くさび》を打ち込むには戦争による以外の方法はなかった。

ホプキンスによれば、シャーウッドは、大統領とモロトフの協議についてさらに踏み込んで記録していた。[8]

植民地の問題について、大統領はインドシナ、シャム（タイ）、マラヤそして蘭印を例に出した。蘭印については将来自治できる国になるだろう、そのことはオランダもすでに理解していると語った。いつ自治のできる政府ができるかは地域間で時間の差が出るだろうが、独立機運はどの地域でも同じようなものである。したがって長期的視点で見れば、白人国家はこの地域を植民地のまま従来どおり支配できると期待してはならない。

人民委員《コミッサール》は、この（白人国家による植民地支配の）問題について、連合国は真剣に向き合う必要があるとの意見であった。モロトフ外相は、大統領の提案どおりになるのではないかとも述べた。大統領は、和平が実現してしまえば、（自身の）提案の実現は難しくないだろうと答えている。〉

ルーズベルト大統領の子息エリオットは、自著の中で、カサブランカ会談における大統領の発言を記している。[9]

〈要するに、イギリスの植民地の問題がすべてである。（同国の植民地である）インドは当然だが、（同国の植民地）ビルマも仏印や蘭印（の問題）に影響を与える。すべてが相互に関連している。一国が自由を獲得すればそれは他に伝播する。だからこそチャーチル氏は（同じように世界に植民地を保持するフランスの）ド・ゴール将軍を自身の味方に引き入れたいのである。ド・ゴールの植民地を失いたくない気持ちはチャーチルにひけをとらないからだ。

私（ルーズベルト）は、チャーチルにも他の同盟国のリーダーにも、我が国が彼らとともに戦っているのは、彼らが保有する旧態依然とした中世的な（植民地）帝国を守るためではないと何度も言ってきた。（だからこそ）イギリスは大西洋憲章に調印した。イギリスは、我が国がその考えを変えていないこと、その精神に沿った行動を（彼らに）取らせると決めていることを理解してほしいものだ。〉

シャーウッドはホプキンスから聞いた言葉を残している。ホプキンスは、ワシントンを訪問（一九四三年三月十二日〜三十日）したイーデン英外相に次のように語っていた。[10]

〈私は、会談を鑑みると、今夜はヨーロッパ問題だけに限って協議し、もう二晩はその他の地域について打ち合わせたい、一つは南西太平洋地域と極東地域、もう一つはアフリカ地域の問題である、とイーデンに提案した。

これらの地域の扱いについては、意見の相違が明らかだった。それでも私は両国がこの問題について率直に意見を戦わせるべきだと考えた。（具体的に言えば）香港、マレー海峡、インドなどの問題である。〉

ハルは、モスクワ会談に出発する直前（一九四三年十月六日）のルーズベルトとの会話を次のように回想している。[11]

〈ルーズベルト氏は、信託統治問題について（イギリスに）圧力をかけ、（新しい考え方を）広い地域で適用するようにさせるべきだと語った。バルト諸国から南大西洋のアセンション島〔訳注：英領の島〕や香港まで、と言っていた。〉

チャーチル首相にとっては戦いに勝利することが最も重要なことであったが、それに続けて大英帝国の保持という目的があった。欲を言えば帝国をさらに拡大したいとまで考えていた。「自分は大英帝国を清算するために首相に選ばれたわけではない」という彼の発言からわかるように、植民地の保持はチャーチルの重大な関心事であった。チャーチルの植民地拡大あるいは勢力圏拡張の狙いは、第二回モスクワ会談の合意書（一九四四年十月九日）に滲み出ている。これについては第58章で詳述するが、チャーチルとスターリンはバルカン諸国に対する影響力を両国で分割することで合意していたのである。影響力の程度は次のようにパーセント表示で決められた。[12]

・ルーマニア：ソビエト九〇％、その他の諸国一〇％
・ギリシャ：イギリス（アメリカの承認の上で）九〇％、ソビエト一〇％
・ユーゴスラビアおよびハンガリー：折半
・ブルガリア：ソビエト七五％、その他の諸国二五％

スターリン元帥の狙い

独裁者スターリンは、共産主義者の根本的な目的である世界の共産化思想を決して忘れることはなかった。本書の記述で彼の構想は見事にうまくいったことがわかる。

蔣介石の狙い

蔣介石には三つの狙いがあった。毛沢東を打倒し中国の共産化を防ぐ、日本との戦いに勝利し独立を守る、過去数百年にわたる外国勢力の侵略から脱却する、の三つである[13]。

＊原注

1　Chester Wilmot の *The Struggle for Europe* の六三三ページおよび六三四ページには次のような記述がある。

「ルーズベルトの植民地主義に対する攻撃は、大西洋憲章を打ち合わせた頃から始まっていた。チャーチルは大西洋憲章について英国議会に報告（一九四一年九月九日）しているが、その中で、『大西洋憲章の協議の場では、ナチス占領下にある国々の主権の回復を念頭に置いていた』と述べた。チャーチルはこの問題は、大英帝国に忠誠を誓う国や民族が発展的に自治に向かうこととはまったく異質である、と主張した」

「一方、大統領は大英帝国の植民地が含まれないというような限定的な考えではなかった。大西洋憲章の協議の際に、大統領はチャーチルに対して、『ファシストに対する戦いを続けながら、世界の植民地支配下にある人々を解放しないというようなことは信じられない（考えられない）』と伝えている。そのため彼はチャーチルの準備した草稿に、『大統領および首相は、強制的に主権を奪われた人々がこれを回復し自治政府となることを望む』の一節を挿入させたのである。ルーズベルトは、ヨーロッパ諸国に占領された植民地だけではなく、世界全体の植民地を対象にすることを想定していた」

「ルーズベルトはさらに、『両国は、世界の国々が、国の大小や今次の戦いの勝者・敗者にかかわらず、等しい条件で、交易が可能になり、世界の資源を利用できるよう努力する』の一文を入れようとした。これは、大英帝国間の優遇措置を決めたオタワ協定に狙いを定めた内容であった。これに理解を示しながら、チャーチルは、『等しい条件で』の文言を、『現に存在する義務に十分な配慮がなされたうえで』に替えるよう主張した。（主張は認められたが）アメリカ側の圧力を一時的に押しとどめる効果しかなかった」

2　*Roosevelt and Hopkins*, pp. 506–508.

3　*The Hinge of Fate*, p. 218.

4　*Roosevelt and Hopkins*, pp. 524–525.

5　William Phillips, *Ventures in Diplomacy*, The Beacon Press, 1952, pp. 342–396.

6　*Roosevelt and Hopkins*, pp. 572–573.

7　*The Ordeal of Woodrow Wilson*, p. 228.

8　*Roosevelt and Hopkins*, pp. 573–574.

9　Elliott Roosevelt, *As He Saw It*, Duell, Sloan and Pearce, 1946, pp. 72, 121–122.

10　*Roosevelt and Hopkins*, p. 712.

11　*The Memoirs of Cordell Hull*, Vol. II, pp. 1304–1305.

12　Winston S. Churchill, *Triumph and Tragedy*, Houghton Mifflin Company, 1953, p. 227.

13　戦争が終了すると、スターリンとの合意は反故《ほご》にされ、彼との間で決まっていた分割の分け前のすべてを失った。インドと南アフリカは実質的に独立し、大英帝国は弱体化した。一方のスターリンはその帝国の拡大に成功した。ヨーロッパの一五カ国と、台湾を除く中国と朝鮮の半分を含む帝国を作り上げた。フランスは（現実の戦いでは）敗北していながら、その帝国の大半を保持することができた。オランダは最終的に失っている〔編者注：この一文は説明が不十分だが、オランダのアジア植民地喪失を指していると考えられる〕。

第13編

度重なる会談　その三

第51章　カイロ・テヘラン会談（一九四三年十一月二十二日〜十二月七日）

構成、戦況、公開情報

一九四三年十一月二十二日から十二月七日、テヘランおよびカイロで会談が開かれた。カイロでは二度の会談があった。連合国首脳ではチャーチルとルーズベルトはすべての会談に出席したが、スターリンはテヘランだけに出席した。蔣介石総統が出席したのは最初のカイロでの会談だけであった。[1]

カイロ・テヘラン会談時における戦況

カイロ・テヘラン会談の一二カ月前から戦況は連合国優位に傾いていた。

ロシア方面では、広がり過ぎた前線、焦土作戦、冬将軍、強力な赤軍がドイツ軍の障害となり、ヒトラーの運命にナポレオンの影が忍び寄っていた。スターリングラードの戦いでも敗北し、一九四三年一月三十一日および二月二日の二度の降伏があった。それでも、ヒトラーは一九四三年春にはコーカサス地方における攻勢を再開した。ロシアはそれを防ぎ、同年九月までには反攻に出ている。ヒトラーの軍はロシアから撤退を始めていた。ヒトラーの怒りは凄まじく、経験を積んだ将軍を次々に解任した。ハルダー、フォン・ブラウヒッチュ、フォン・ボック、フォン・ルントシュテット、グデーリアン、ヘプナー、フォン・レープ、フォン・シュポネックらが犠牲になっていた。

カイロ・テヘラン会談の一カ月前、スターリンは公開の場で次のように述べていた。

〈我が国とドイツとのこの一年の戦いで、ドイツのファシスト軍隊は四〇〇万以上の将兵を失った。そのうち一八〇万人以上は戦死者である。また一万四〇〇〇の航空機、二万五〇〇〇の戦車、四万の砲を失っている。〉[*2]

太平洋方面では、ダグラス・マッカーサー将軍がニューギニアおよびソロモン群島を征圧し、オーストラリアを日本の攻撃の危険から救っていた。マッカーサー将軍指揮下の陸軍およびニミッツ提督の指揮する海軍は、制空権および制海権を握っており、日本海軍はアジアの軍港の近辺から外に出て行動することはできなくなっていた。日本軍はアリューシャン諸島を放棄していた。それでも、日本軍は東シナ海の防衛はまだ可能であり、中国本土では広範な地域を占領していた。中国政府は重慶に追いやられていた。

海の戦いでは、連合軍は修理および新造によって軍艦の保有量は、一九四二年半ばの二〇〇万トンから、カイロ・テヘラン会談の時点では三三〇万トンに増強されていた。一方の枢軸国の戦力は、合計しても一二〇万トンに減少していた。連合軍は、アジア沿岸部のほんの一部を除き、世界の制海権を握っていた。民間船の被害も激減していた。時に敵船や潜水艦による攻撃もあったものの、一九四二年には月に六〇万トン以上を失っていたものが、この頃には二〇万トン以下になっていた。新造船のトン数は喪失した船舶量を上回っていた。

連合軍は北アフリカを完全に征圧し、イタリア方面に進軍し、ナポリの南方（サレルノ）にまで到達していた。イタリア軍の一部は降伏していたが、ローマ方面の戦線ではドイツ軍とともに戦っていた。しかしユーゴスラビアからは撤退していた。

＊著者注：スターリンのこの数字は誇張である。ドイツはロシア方面にこれだけの兵力を展開させていなかった。

カイロ・テヘラン会談でどのような政治的合意や約束がなされたのかを知ることは簡単ではなく、歴史家を悩ませてきた。会談で発表されたコミュニケや公式発表あるいは声明は、当然のことかもしれないが、制限されたものであった。実際に何が話し合われたのかを知るには時間が必要であった。チャーチルやルーズベルトの演説からその内容の一部がわかることもあったが、内容の多くは、会議の出席者が著した書物や彼らの言葉を通じて明らかになったのである。また、当時の資料を閲覧できた者の研究によってわかってきたこともあるし、状況証拠やその後に起きた出来事を勘案することでその輪郭を現わしてくることもあった。[3]

国務省が、会談の公式記録（*Foreign Relations of the United States—The Conferences at Cairo and Teheran, 1943*）を発表したのは、一九六一年六月のことであった。結局、実際の会談から一八年も待たなければならなかった。カイロ・テヘラン会談に続いて（後述する）ヤルタ会談があった。ヤルタ会談についてはカイロ・テヘラン会談の公式記録の八年前に発表されていた。

カイロ・テヘラン会談の公式記録は二七万語にのぼる膨大なものであった。それでも、出席者の証言や状況証拠に鑑みると、会談のすべてが報告されているわけではないとの疑念が湧く。たとえば、国務省の記録から、第一回カイロ会談では、ルーズベルトとチャーチルは五回、ルーズベルトと蔣介石は三回会っていることがわかっている。しかし、（一九六一年の）公式記録では、「そうした記録が見つからない（no record can be found）」とされている。

しかし、軍関係者の会談の記録は完全なもので、かつ誠実に記録されていると言える。また、ロシア語通訳を担当した国務省のチャールズ・E・ボーレンの記録も良心的なものと言えよう。

カイロ・テヘラン会談の公式記録では、「ルーズベルトとチャーチルは四度協議しているが記録がない」とされ、三度にわたるルーズベルト、チャーチル、イスメト・イノニュ*、セルゲイ・ヴィノグラドフ（ソビエト駐トルコ大使）との会談についても、「記録なし」とされている。したがって、これらの協議で何が話し合われ、何が決まったのかは曖昧なままである。

カイロ・テヘラン会談の真実を探ろうと、私はドナルド・M・ドーザー教授に連絡をとった。彼は国務省歴史部のスタッフであり、カイロ・テヘラン会談の記録の公刊準備に携わっていた。ドーザー教授によれば、彼は国務省から一九五四年七月に解任されたらしい。カイロ・テヘラン会談から一一年が経っていた頃である。教授は会談に関わる資料が隠されたり破棄されていることに抗議し、その公開を要求していた。彼は自身の解任を不当だとして（政府機関である）公務員評議会（Civil Service Commission）に訴えた。それにより解任の決定はいったん覆ったが、一九五六年に再び解任されている。彼は私に口頭で証言したことを手紙の形で追認し、それを公にすることを了承してくれた。この問題に関連する部分は左記のとおりである。

〈一九六一年八月十五日

フーバー大統領殿

二週間前に、我が国の大戦中の外交、特にカイロ・テヘラン会談（一九四三年十一月から十二月）について語り合うことができました。その際に私の述べた内容を以下のとおり書き留めました。

私は国務省歴史部の担当者として、カイロ・テヘラン会談関連文書を纏《まと》める作業を始めた最初の人間です。ですから数週間前に国務省から刊行された文書は、会談に関わる文書を完全に収めていないことを知っています。私が編纂を開始したのは一九五三年十月のことでしたが、国務省に残されている記録があまりに少ないことにショックを受けました。ルーズベルトのチャーチル、スターリン、蔣介石との会談は国務省が設定したのではなく、ホワイトハウスが進めたものでした。国務省から会談に臨むことのできた者はおらず、会談での決定事項を書き留めたメモなどは国務省にはファイルされていなかったのです。

＊訳注：トルコ共和国第二代大統領。

私が編纂作業を始めた時点でわかったことは、国防総省の記録、ステティニアス国務長官関連文書、モーゲンソー財務長官関連文書、ホプキンス関連文書、ハイドパークのルーズベルト関連文書の調査がきわめて不十分であり、役に立たないものだったことです。一九五三年五月には国務省は第二次大戦中の会談に関する記録を公開するとの約束をしていました。しかし、国務省の関係者は明らかに記録の刊行を嫌がっていたのです。確かに国家安全保障の観点からの危惧も多少ありましたが、（公開を嫌がったのは）そうした理由よりも、むしろ特定の個人の政治的あるいは歴史的評価を傷つけたくないという動機に基づいていました。私自身、かなりの努力をして資料を集め、それが今回公刊された文書に収録されています。なかには見たことのない文書も収録されています。たとえば、ルーズベルトが、ムルク下院議員*に出したという（公刊本の）八七七ページにある一九四四年三月六日付の手紙です。これはまったくの偽物です。

私は一九五六年一月に国務省を離れました。その時点ではカイロ・テヘラン会談の記録は十分に集まっていませんでした。今回公刊された資料についての私のコメントは、私が収集作業に携わっていた当時の記憶に基づいています。もちろん離職時点で文書を持ち出すとかチェックリストを作るといったことはできるはずもありません。したがって今回公刊されたものを（オリジナルの）文書と比較するようなことはできません。そうした制約がありますが、（公刊本には）次のような削除がなされていると言えます。

一、ハル、イーデンおよびモロトフのモスクワ会談（一九四三年十月）の前あるいはその最中に、少なくない数の国務省高官がポジション・ペーパー（公式見解書）を作成しています。私の記憶では二〇ページから二五ページの文書でした。見解書は、世界各地の外交問題を分析するものでした。準備された見解書が、カイロおよびテヘランの会談で話し合われた問題を理解するのに重要なのです。ですから私は見解書を公式記録集に収録するよう勧めました。しかし、わずか二つのポジション・ペーパーが収録されるにとどまっています。一方で、モスクワ会談に関わる資料はその多くが収録されるというちぐはぐさです。

収録されている二つのポジション・ペーパーの一つ（一六二―一六四ページ）は、中東における石油利権の問題を扱い、もう一つのペーパー（一六八—一七一ページ）は、中部太平洋の小島の領有権を巡るものです。しかし私が覚えている他のポジション・ペーパーは、より重要な案件を扱っていました。戦後ドイツの扱い、ソビエトロシアとの今後の付き合い方、ポーランドおよびユーゴスラビア問題、中国支援、極東問題などです。これらのポジション・ペーパーを執筆したのは、ジョセフ・バレンタイン、アルジャー・ヒス、ジョージ・ハバード・ブレイクスリーらです。しかしこれらのポジション・ペーパーは、国務省歴史部長G・バーナード・ノーブルによって除外されました。私は抗議しましたが、どうにもなりませんでした。

二、私のおよそ半年にわたる粘り強い交渉の結果、ジョン・ペイトン・デイヴィス・ジュニアの二二二ページないし二二三ページの日記を入手することができました。カイロ会談について記録した日記です。しかしせっかく手に入れたにもかかわらず、その日記は編纂資料からノーブル部長によって除外されたのです。理由は、日記の収録は体裁が悪い（not dignified）というものでした。発表された文書の脚注でこの日記のことが若干触れられていますが、内容そのものは一部たりとも収録されていません。しかしこの日記には、十二月五日だったか六日だったかになされた、ルーズベルトとスティルウェルの重要な会話の内容が書かれていました。そこにはテヘランにおけるスターリンとの会談で、蔣介石を見捨てるようスターリンに説得されたことが記録されていました。つまりルーズベルトは、スターリンとの会談の数日前にカイロで蔣介石に約束したことを守らないという内容だったのです。この方針の変更は、一九四九年に共産主義者によって中国が征服されたことで現実になったのです。

三、今回の公式記録から削除されている資料には、十一月二十二日から二十六日のカイロでの会談で、ルーズベルトが蔣介石に約束した内容を示していたものがあります。削除された資料にはバッカニア作戦〔訳注：ラングーン上陸作戦〕、ターザン作戦〔訳注：ビルマ北部作戦〕あるいは蔣介石への金融支援について記されていました。また、ルーズベルトが（接収する）イタリア海軍艦船の三分の一をスペインに供与する提案に関する資料も削除さ

＊訳注：Joseph Mruk。共和党、ニューヨーク州。

れていました。ルーズベルトの提案は具体的で、この部分の資料の削除については後日問題になっています。四、より重大な問題のある削除は、ルーズベルトがチャーチルに送った電信文書です。私の記憶では、一九四三年十月二十三日、二十四日あるいは二十五日に送られたものです。この中でルーズベルトは、ソビエトの代表を米英の統合参謀本部に迎え入れ、兵站や戦略に関わるすべての情報をソビエトに共有させたらどうかと、チャーチルに提案していました。しかし一方でソビエトにはいかなる情報提供も求めていません。この提案は、マーシャル、リーヒー、アーノルド、キングも承認していました。これについては、リーヒーが著した『私はそこにいた（*I Was There*）』に別な表現を使って書かれています。またチャーチルの回顧録でこの時期を扱った部分で遠回しに言及されています。この件については公式記録でも言及はありますが、電信記録そのものは削除されています。削除の理由については、容易に推測できるでしょう。

右記に挙げた例はまさに言語道断とも言える（意図的な）削除です。公式文書の資料は、要するに骨抜きにされているのです。公式文書には各所に削除部分が連続した黒点になって示されています。そうした部分がきわめて多く、ここでリストにして示すこともできないほどです。各ページにそうした削除があるといってもよいほどです。その結果、公式記録を読む者は全体像を摑むことができません。何が削除されているのかを推測し、なぜ削除されたのかを推し量るしかないのです。推測は歴史家には苦しい作業です。そして、このような恣意的な削除はアメリカ国民に対してフェアではないのです。国民は自国の大統領の外交記録はそのすべてを知る権限があると私は確信しております。

ドナルド・M・ドーザー〉

私は、ここでこのような削除が誰の名誉を守ろうとしてなされたのかについて推測することはやめておきたい。

＊原注

1 【米国主要出席メンバー】
ハリー・ホプキンス
ウィリアム・リーヒー提督
ジョージ・C・マーシャル将軍
アーネスト・J・キング提督
ヘンリー・H・アーノルド将軍
ジョセフ・スティルウェル中将
ブレホン・B・サマーヴェル中将
レイモンド・A・ウィーラー少将
ジョージ・E・ストレトマイヤー少将
クレア・L・シェンノート少将
アルバート・C・ウェデマイヤー少将
ジョン・R・ディーン少将
トーマス・T・ハンディ少将
ミューア・S・フェアチャイルド少将
ラッセル・ウィルソン中将（海軍）
チャールズ・M・クック・ジュニア少将（海軍）
バーナード・H・ビエリ少将（海軍）
オスカー・C・バジャー少将（海軍）
ウィルソン・ブラウン少将（海軍）
ロス・T・マッキンタイア少将〔訳注：ルーズベルト付軍医〕
クラレンス・E・オルセン少将（海軍）
エドウィン・M・ワトソン少将
リチャード・K・サザーランド少将
フランク・D・メリル准将
ヘイウッド・S・ハンセル・ジュニア准将
ローレンス・S・クーター准将
パトリック・H・タンシー准将
フランク・N・ロバーツ准将
オースチン・K・ドイル大尉
フォレスト・B・ローヤル大尉
エドムンド・W・バロウ大尉
ウィリアム・L・フレスマン大尉
エメット・オドネル・ジュニア大佐
クロード・B・フェレンバウ大佐
トーマス・T・ティンバーマン大佐
ジョセフ・スミス大佐
ウィリアム・W・ベッセル・ジュニア大佐
トーマス・W・ハモンド大佐
ウォルター・E・トッド大佐
ルーベン・E・ジェンキンス大佐
アンドリュー・J・マックファーランド大佐
エリオット・ルーズベルト大佐
ビクター・D・ロング中佐
フランク・マッカーシー中佐
ジョージ・A・フォックス中佐
ウィリアム・W・チャップマン少佐
ジョン・ボエティガー少佐
デ・ウィット・グリアー少佐
ジョージ・H・E・ダーノ少佐

ジョン・ヘンリー少佐
G・E・F・ロジャース大尉
ヘンリー・H・ウエア大尉

ドワイト・アイゼンハワー将軍はカイロのスタッフ会議のみ出席した。

ルーズベルト大統領は、必要に応じて次のような高官も出席させた。

ジョン・G・ウィナント駐英大使、アヴェレル・ハリマン駐ソ大使、パトリック・ハーレー（無任所大使）、ローレンス・スタインハート（駐トルコ大使）、アレクサンダー・C・カーク（駐エジプト領事）、ジョン・J・マックロイ（陸軍次官補）、ジェイムズ・M・ランディス（顧問）、チャールズ・E・コーヘン（顧問）、ルイス・W・ダグラス（戦時船舶管理局副局長）

【英国主要出席メンバー】
アンソニー・イーデン外相
アラン・F・ブルック卿
チャールズ・ポータル元帥
アンドリュー・カニンガム提督
ジョン・ディル元帥
ルイス・マウントバッテン提督
フレデリック・レザーズ卿
アレクサンダー・カドガン卿
アーチボルト・クラーク・カー卿
ハロルド・レッドマン准将
リチャード・R・コールリッジ中佐
ヘイスティングス・イスメイ少将
A・カートン・デ・ウィアート中将
トーマス・リデル＝ウェブスター大将
エドワード・ラム大佐
ジェファード・ル・ケスヌ・マーテル中将
セシル・スタンウェイ・サグデン准将
アントン・ヘッド准将
E・H・W・コブ准将
ジョン・カークランド・マックネア准将
レズリー・チェイスモア・ホリス准将
ウィリアム・エリオット准将（Air Commodore）
J・H・ラスセル大佐
ロバート・E・レイコック少将
アーサー・H・バース少佐
ヒュー・A・ランギ大佐
W・A・C・H・ドブソン中佐

【中国主要出席メンバー】（第一回カイロ会談）
蔣介石夫人〔訳注：宋美齢〕
商震将軍
林蔚中将
Yang Hsuan-Ch'eng, 海軍中将
周至柔陸軍中将
Chu Shih-ming, 少将
Tsai Wen-chih, 少将
王寵恵（国防最高委員会秘書長）

【ソビエト主要出席メンバー】（テヘラン会談）
ヴァチェスラフ・モロトフ外相
バレンティン・ミハイロヴィッチ・ベレズコフ（通訳）
クリメント・ヴォロシーロフ元帥（スターリン顧問）

ミハイル・アレクセイヴィチ・マキシモフ（ソビエト駐イラン大使）
ウラジーミル・ニコラエヴィッチ・パヴロフ（スターリン専属通訳）

【第二回カイロ会談に参加した他の主要人物】
ヤン・クリスチャン・スマッツ元帥（南アフリカ首相）
イスメト・イノニュ（トルコ大統領）
シュクリュ・サラジオウル（トルコ首相）
ヌーマン・メネメンジオウル（トルコ外相）
ゲオルギオス二世（ギリシャ）
ペータル二世（ユーゴスラビア）
モハメド・アリ皇子（エジプト）

【テヘラン会談に参加した他の主要人物】
モハンマド・レザー・シャー・パフラヴィー（イラン国王）
アリー・ソヘイリー（イラン首相）
モハメド・サード・マラゲーヒ（イラン外相）
フセイン・アラ（イラン王室相）

2　Joseph Stalin, *The Great Patriotic War of the Soviet Union*, International Publishers, 1945, p. 93. および *New York Times*, November 7, 1943.

3　関係者の書き残した書物をリストにした。すでに出典として挙げたものがあるが、ここに一覧にした。

Winston S. Churchill, *The Hinges of Fate*.
同、*Closing the Ring*.
同、*Triumph and Tragedy*.
William D. Leahy, *I Was There*.
Robert Sherwood, *Roosevelt and Hopkins*.
Ernest J. King and Walter Muir Whitehill, *Fleet Admiral King: A Naval Record*.
William H. Standley and Arthur A. Ageton, *Admiral Ambasador to Russia*.
Cordell Hull, *The Memoirs of Cordell Hull*.
Dewight Eisenhower, *Crusade in Europe*.
James F. Byrnes, *Speaking Frankly*, Harper & Brothers, 1947.
John R. Dean, *The Strange Alliance*.
Edward R. Stettinius, Jr., *Roosevelt and the Russians: The Yalta Conference*.
Henry Stimson and McGeorge Bundy, *On Active Service In Peace and War*.
William C. Bullit, *The Great Globe Itself*, Charles Scribner's Sons, 1946.
Mark W. Clark, *Calculated Risk*.
Arthur Bliss Lane, *I Saw Poland Betrayed*, The Bobbs-Merrill Company, 1948.
Jan Ciechanowski, *Defeat in Victory*.
Albert C. Wedemeyer, *Wedemeyer Reports!*.

第52章 第一回カイロ会談（一九四三年十一月二十二日〜二十六日）

第一回カイロ会談の主役はチャーチル首相、ルーズベルト大統領、蔣介石総統の三人であった。スターリン元帥は参加していない。

記録によれば、五日間で、軍あるいは外交関係者による二四回の会議が開かれたことになっている。会議の主要テーマは世界各地の戦況を分析し、今後の戦略を打ち合わせることであった。[1] 主役三人が揃って参加した会議は三回あった。ルーズベルトと蔣介石だけの会談も三度あり、またアメリカの軍事・外交関係者が蔣介石と打ち合わせた協議も三度あった。

カイロにおける最も重要な中国案件は、カサブランカ会談で提案された、日本の占領からビルマを取り戻す戦略の検討であった。作戦は、（a）英米軍によるインド北東州からの侵攻、（b）中国軍によるビルマ北方からの侵攻、（c）上記の攻撃に合わせて英軍がベンガル湾のアンダマン諸島に上陸を敢行、さらにビルマ本土のラングーン（現ヤンゴン）近郊に上陸する、というものであった。

ルーズベルト大統領は、作戦の遂行にあたって、米国は全面的に協力することを蔣介石総統に約束した。しかし、一九四三年十一月二十五日のカイロ会談の公式記録にはわずかに次のような言及が記されているだけである。[2]

〈会談の中身を示す記録は見つかっていない。

おそらく、チャーチル首相の書（*Closing the Ring*, p. 328）にあるように、大統領は蒋介石総統に、数カ月以内にベンガル湾における海上作戦を展開することを約したものであろう。〉

この会談ではさらに二つの重要な案件が協議された。一つはロシア（ソビエト）に対日戦争を始めさせる案件であり、もう一点は、トルコを連合国側に立って参戦させる案件であった。第二点については第二回カイロ会談でも引き続き協議された。

ロシアを対日戦争に参加させる案件は、統合参謀本部の記録が残っている。[3]

〈ハリマン駐ソ大使は、ドイツが降伏し次第、ソビエトは米英の対日戦争に参加したがっている、と考えていた。しかし、彼らは日本との条約（日ソ中立条約）を破ってしまうことは時期尚早だと恐れていた。ウラジオストク経由で供給されている大量の軍事物資の価値が高く、日本との戦いになればそれに支障が出ることを恐れたのである。ハリマン大使は、（対日）戦争をできるだけ早く終結させることがいかに重要かを徹底的に強調すべきだ、と主張した（傍点著者フーバー）。〉

ビルマ方面の作戦についてはテヘラン会談でも再び議題となっている。

第一回カイロ会談の共同声明（一九四三年十二月一日）は次のようなものであった。[4]

〈対日戦争計画については、いくつかの作戦計画で合意を見た。連合国三国（米英中）は、日本に対して陸海空から容赦ない圧力をかける方針で一致した。日本に対する圧力はすでに大きくなっている。

三国は日本の侵略を抑え込み、その行為を罰するために戦っているのであって、自国の利益のためではない。領土的野心もない。日本は一九一四年の大戦勃発以来占領してきた（信託統治下にある）太平洋の島々を剝奪されなければならない。また日本が中国から盗んだ（stolen from the Chinese）満州、台湾、澎湖《ほうこ》諸島は、中華民国に返還されなければならない。それだけではなく、日本は暴力と欲望にまかせて獲得した領土から放逐されなくてはならない。三国は、奴隷状態に置かれている朝鮮の人々を憂い、時機を見た上で、朝鮮は自由となり独立すべきであると考える。

三国はこのような対日戦争目的を共有し、日本と戦う他の連合国と協力し、日本から無条件降伏を引き出すために、困難かつ長期にわたる作戦を辛抱強く続けていくことを決定した。〉

＊原注

1　英米両国の軍事関係者の間で一一回の協議があり、そのうちの三回にルーズベルト、チャーチル両氏が参加している。

2　U. S. Department of State, *The Conferences at Cairo and Tehran, 1943*, United States Government Printing Office, 1961, pp. 349-350.

3　同右、p. 328.

4　同右、pp. 448-449.

第53章　テヘラン会談（一九四三年十一月二十七日〜十二月一日）

組織、情報、軍事

組織

ルーズベルト大統領とチャーチル首相が揃ってスターリン元帥と会談するのはテヘランが初めてのことであった。真珠湾攻撃から二年が経っていた。[1]テヘランは、スターリンにとっては一日の飛行距離の地であったが、チャーチルとルーズベルトは到着に数日を要した。テヘラン会談のメンバーの一人ジョン・R・ディーン将軍はこう記している。[2]

〈アメリカ大統領は、車椅子から車に、車から船に、目的地に到着すれば飛行機に抱え上げて乗せられた。世界をおよそ半周する目的は、ただJ・V・スターリンと会うためなのである。（辛い移動を強いられる）大統領を見て、苛立ちを覚えざるを得なかった。〉

情報

第51章ですでに述べたが、テヘランでいったい何があったかについては、わかっている情報、消された情報、そして隠された情報がある。まず、会談後に出された公式コミュニケは次のようなものであった。[3]

〈三首脳声明：アメリカ合衆国大統領、大英帝国首相、ソビエト首相は、連合国の一員であるイランの首都において四日間にわたり（今後の）外交政策を協議し、共通の外交目標を決定した。

連合国は戦争遂行において、およびその後に訪れる和平の構築において協力して対処することを確認した。

これからの戦いについては、三国の軍関係者が議論に加わり、ドイツ軍壊滅に向けて歩調を合わせた作戦を展開するため協議した。作戦の範囲、時機については完全に意見の一致を見た。作戦は東部、西部そして南部から進められる。三国が意見の一致を見たことによって連合国の勝利は間違いないものとなった。

和平についてであるが、三国の協調こそが和平を永続的なものにすることを理解している。また三国は、（和平構築に向けての）我々および連合国各国が担うことになる大いなる責任を十分に認識している。我々は、世界の圧倒的多数の人々の善意の願いを実現しなくてはならない。これからの世代に、戦争のもたらす苦しみや恐怖を味わわせるようなことをしてはならないのである。

外交専門家を交えて、今後惹起するだろう外交的な問題についても議論した。今後は国の大小にかかわらず、すべての国が協力し（和平のために）積極的な貢献をしていかなくてはならない。各国の人々の心は三国の人々と同様に暴政を排し、奴隷状態からの解放を望んでいる。抑圧や不寛容の社会からの解放を願っている。我々は、そうした国々の人々の考えを歓迎し、彼らが民主主義国家の一員となることを願うものである。

我々は陸ではドイツ陸軍を、海ではUボートを、空からは軍事工場を徹底的に破壊する。

攻撃は容赦なく、さらに激しさを増すことになる。

我々の友好的な協議を通じて、世界の人々が暴君から解放され、各自の願いや理念に則って自由に生きることができる日が来ることは間違いないと自信を持って言える。我々は希望と決意を以てここに集まった。そして（会談を終えて）いままた別れることになるが、その友情、（協調の）精神、（戦いの）目的は変わらないのである。

一九四三年十二月一日署名

F・D・ルーズベルト
ヨシフ・スターリン
W・チャーチル〉

軍事案件

テヘランでは、いくつかの重要な軍事作戦が協議された。署名された合意書は当然ではあるが秘密とされた。テヘラン会談では以下の項目が決定されている。[4]

〈テヘラン会談における軍事合意

一、ユーゴスラビアの反ナチスパルチザン勢力に対して、可能なかぎりの物質的支援を実施する。またコマンド作戦*を通じた支援も実施する。

二、軍事的に見て、トルコは、今年度中に連合国の一員として参戦することが強く望まれる。

三、スターリン元帥は、トルコに対するブルガリアの対宣戦布告かあるいは攻撃があれば、ソビエトはただちにブルガリアを攻撃すると述べたことに留意したい（took note）。さらに本会談は、この発言がトルコを連合国の一員として参戦させる案件を協議する際に表明された事実に留意したい。

四、オーバーロード作戦（フランス第二戦線構築作戦）は一九四四年五月中に、南フランス侵攻作戦と併せて実施すると決定した。南フランス侵攻作戦は、可能なかぎりの上陸用舟艇を使用する。スターリン元帥は、この作戦と同時期に攻勢をかけ、ドイツ軍の東部戦線から西部への展開を阻止すると語った。

---

*訳注：特殊・精鋭部隊による作戦行動。

五、今後のヨーロッパにおける作戦遂行にあたっては、連合国三国の軍は緊密に連携することが決まった。特に、前記の作戦遂行にあたって敵を欺いたり混乱させる作戦が行なわれることになるが、これについても連携を密に取ることが確認された。

一九四三年十二月一日

FDR　署名

ИC　署名〔編者注：スターリンのイニシャル〕

WSC　署名〉

米英軍による（イギリス）海峡越えの作戦

本作戦（オーバーロード作戦）の詳細はテヘラン会談以前に決定され、指揮官にはドワイト・アイゼンハワー将軍が選ばれた。この作戦は、一九四二年、四三年にスターリンに対して約束されていたものだったが、ようやく一九四四年五月に実行することが決まった。また、南部イタリアに展開する軍（マーク・W・クラーク将軍）の一部を南フランス侵攻作戦（アンヴィル計画）に向けることが決定した。

ローマおよびポー川渓谷

マーク・クラーク将軍の率いる部隊には、ローマおよびポー川渓谷地域を占領させることが決まった。

ヨーロッパの柔らかな下腹部

チャーチル首相は、第一回ケベック会談（一九四三年八月十一日～二十四日）で、「ヨーロッパの柔らかな下腹部」を狙う作戦を提唱した。この作戦は、イタリア本土侵攻作戦およびイギリス海峡越え作戦と併せて検討された。イタリア本土への攻撃は、アドリア海あるいはエーゲ海から北に向かう計画であった。チャーチルがこの作戦を推したのは、共産主義者に、ユーゴスラビア、オーストリア、チェコスロバキア、そしてハンガリーを占領させない狙いがあったからだった。これらの地域は、ドイツ軍が撤退すれば、ソビエトが占領することになるのは必然であった。（イタリア方面から侵攻することで）そうした事態を防ごうとするチャーチルの作戦は、アラン・ブルック将軍（英参謀総長）が支持した。ブルック将軍は、イギリス海峡からの侵攻作戦は五カ月から六カ月を要するだろうが、その作戦の前にドイツ軍を分散させる何らかの作戦が必要であると指摘していた。[5] この点はチャーチルも繰り返し指摘していたことであった。会談中に開かれた合同参謀会議（十一月二十八日）の席でのチャーチルの意見は次のようなものだった。[6]

〈チャーチルは、ローマ占領からオーバーロード作戦実行までの間に、およそ半年が（準備のために）無駄に費やす時間となってしまうことを心配していた。オーバーロード作戦のために部隊を移動させる二次的な作戦が必要になることは明らかだった。

彼は、オーバーロード作戦の日程を予め決めてしまうことで、地中海方面の作戦の展開が犠牲になると述べたことは、はっきりと記録に残しておきたかった。（地中海方面での戦いの継続で）ドイツ軍を分散させておくべきと考えていた。したがって、オーバーロード作戦の実行を五月にするという日程のためだけに、地中海方面の作戦を犠牲にしてはならず、（地中海方面での作戦に）十分な配慮がなされるべきであると主張した。〉

会議に出席していたジョン・R・ディーン将軍は次のように記録している。[7]

〈チャーチルは得意の話術にジェスチャーを交えて自説を展開した。その語り口は時に滑らかで丁寧、ユーモラスかつ愉快そうだった。しかし時に、葉巻をぎゅっと押し潰したり、怒鳴り声を出したりして（性急なオーバーロード作戦の実施を）慎むよう主張したのである。

チャーチルの言い分に対するスターリンの反論は簡潔なものであった。オーバーロード作戦に力点を置くべきで、その遂行を遅らせることがあってはならないとするものであった。〉

会議の模様はシャーウッドの著書『ルーズベルトとホプキンス』の中でも触れられていて、ディーンの叙述を裏付けている。[8]

〈チャーチルは彼の話術を駆使して持論を展開した。スターリンは、チャーチルの鋭い舌鋒に怯むことなく反論した。〉

マーク・クラーク将軍は右記の会議には参加しておらず、連合軍のイタリア侵攻作戦を指揮していたが、チャーチルの考えを強く支持していた。彼はその著書『計算されたリスク（*Calculated Risk*）』の中で次のように書いている。[9]

〈欧米諸国とソビエトとの関係が大きく変わってしまう作戦の検討は、ソビエトに有利な結果となってしまった。もっと我々に有利な展開が可能なはずであった。私のレベルを超えた、より高いレベルで決定されたものであった。しかし第五軍を分散させない作戦を展開していれば何ができたかは、軍事的視点から明白である。これは私だけの考えではなく、他の軍事関係者も同様の意見である。

南フランスでの作戦のために（第五軍を）分散させ、イタリア方面での作戦の展開を弱めることがなければ、バルカン半島へ軍を進めることができた。そうしなかったのは政治的に見れば大いなる失策であった。

三国首脳会談でスターリンは軍事的狙いだけではなく政治的な目標もしっかりと持っていた。彼には我々の軍をバルカン半島には入れないという考えがあった。バルカン半島には赤軍を侵攻させると決めていた。我々がイタリア方面から南フランスに戦力を分散させれば、我々が中央ヨーロッパを諦めることになるのはわかりきったことであった。テヘラン会談でスターリンが南フランス侵攻作戦（アンヴィル計画）を強力に主張したのは当然のことであった。私には英米首脳がなぜ間違った判断をしたのか理解できない。

ローマ陥落後、我々の軍が最終攻撃作戦を進めることができたら、ケッセルリンク将軍指揮下のドイツ軍を壊滅させることはできたのである。そうしておけば、アドリア海の向こう岸はもうユーゴスラビアである。もう少し行けばウィーンがあり、ブダペストがありプラハがあった。

私自身がこうした考えを持つに至るのにはいささかの時間を要したが、いずれにせよ（南フランス侵攻のために）軍を分散させたことは政治的にも軍事戦略的にも誤りで、我々は間違った目標を立ててしまったのである。後になって、つまりオーストリアまで進んだ時点で、バルカン半島に一気に軍を進めなかったことは大きな失策であったことがはっきりした。赤軍がやって来る前に我々が軍を進めていれば、ドイツはもっと早く倒れていただろうし、この地域でのソビエトの影響力は小さなものになっていた。

ドイツ参謀本部から見ても、我々がバルカン半島に軍を進めなかったことは謎であったろう。〉

チャーチルのスターリンとの交渉には弱点があった。彼の狙いが、中央ヨーロッパに共産主義が拡散することを防ぐことにあると口には出せなかったことである。一九四四年九月の時点で、チャーチルは次のように語っている。[10]

〈私は何としても中央ヨーロッパの特定の地域に、ロシアの機先を制して軍を進めておきたかった。〉

彼は、一九四四年九月十三日（第二回ケベック会談）にも同様な考えを示していた。[11]

〈我々は急いでイタリアから軍を進めウィーンを目指すべきであった。ロシアはバルカン半島を狙い、ソビエト

の影響力の拡大を狙っていた。〉

戦後になってのことであるが、チャーチルは彼の考えどおりの作戦が取れなかったことを悔やんでいる。[12]

〈アイゼンハワー将軍指揮下の軍がヨーロッパ北部まで来た時には、すでに好機は失われていた。（南仏の）リヴィエラに軍を進めてしまったことで、イタリア方面の力が削がれてしまった。結局、イタリアの完全な解放にさらに八カ月を使ってしまうことになった。機を失することなくウィーンに軍を進めることができなかった。わずかにギリシャまで進軍できたに過ぎなかった。ヨーロッパ南東部の（ナチスからの）解放に我々の軍の影響力を残すことができなかった。〉

チャーチルはルーズベルトの（スターリン寄りの）姿勢を批判している。[13]

〈大統領は自身の軍事顧問らの偏見に押されていた。そのために考えがブレてしまった。その結果、あまり意味のない作戦を選んでしまい、せっかくの好機を生かすことができなかった。〉

＊原注

1　テヘランでは合わせて二二回の協議があった。五つは事務方の会談であった。ルーズベルト自身は一七の会談に臨み、そのうちの五回は、チャーチル首相は出席せず、スターリン元帥あるいはロシア高官とのものだった。

三首脳が揃った会談は一〇回であった。チャーチルが出席した協議は一〇回、スターリンは一三回だった。多くのスタッフが参加していたことは間違いないが、公式記録には名簿が残されていない。

記録は八万二〇〇〇語もあるが、そのうちの半分以上が戦況や軍事に関わるものである。

2　*The Strange Alliance*, p. 160.
3　*The Conferences at Cairo and Tehran, 1943*, pp. 640–641.
4　同右、p. 652.
5　同右、pp. 515–517.
6　同右、pp. 506–507.
7　*The Strange Alliance*, p. 42.
8　*Roosevelt and Hopkins*, p. 789.
9　*Calculated Risk*, pp. 368, 370, 371, 372.
10　*Triumph and Tragedy*, p. 148.
11　同右、p. 151.
12　同右、p. 126.
13　*Closing the Ring*, p. 346.

第54章 テヘラン会談におけるその他の合意事項

第一回カイロ会談を受けての声明（カイロ宣言：一九四三年十二月一日）では、「日本が中国から奪った領土すべて」を中国領土として回復させることが謳《うた》われていた。そうした領土には満州、台湾そして澎湖諸島が含まれていた。テヘラン会談では、スターリンに対するチャーチルの次のような発言が記録されている。[1]

〈首相（チャーチル）はスターリン元帥に、カイロ宣言の極東に関わる部分を読んでいるか尋ねた。スターリン元帥は、読んではいるが内容についてコミットメントすることはできないと答えている。ただ、宣言そのものとその内容は承認（approve）するとした。朝鮮が独立することは良いことであり、満州、台湾、澎湖諸島を中国に戻すべきだとも語った。

首相と大統領は、スターリンの考えに同意した。〉

チャーチルは、（ロシアの欲しがる）太平洋側の不凍港の問題を提起している。[2]

〈（スターリンは）極東には一年を通して閉ざされることのない港を持っていない。ウラジオストクも（冬季には）閉ざされる港であり、その上、（重要な）海峡は日本が支配していると述べた。

大統領は、ソビエトの極東に不凍港を加えることを考えており、大連も候補の一つであると述べた。スターリンはその考えは中国が嫌うだろうと答えた。
これについて大統領は、中国は不凍港を国際管理下に置くとの考えを好むだろうと思うと返している。〉

イランの将来

イランの将来についてはは合意が見られた。イランは、ロシアへの支援物資のルートとして連合国が占領していた。テヘラン宣言で三首脳は、イランの独立と領土保全を保障した。また大西洋憲章のイランへの適用も明らかにしていた。

〈連合国は、イランが平和を指向する国々と共に、国際平和機構実現の動きに参加することを期待した。それは大西洋憲章の精神に則った戦後の和平と繁栄を実現しようとする試みである。これについては（イランを含む）四カ国が合意し署名した。[3]〉

この署名で、ソビエトが大西洋憲章を承認するのは六度目になった。

ドイツの戦後処理

ドイツ降伏後の扱いに関しては相当な時間を費やして議論された。ドイツの非武装化と解体（dismembered）については合意を見た。またナチス思想を国民の心からいかに払拭するかも検討された。
スターリンは一九四三年十一月二十八日の会談で自身の考えを披歴したことが、（通訳の）チャールズ・E・ボーレンの覚書に残されている。[4]

〈ドイツ（の戦後処理）について、スターリン元帥は、大統領から、あるいはチャーチルから提示された案はすべて、ドイツを服従させ支配するためには適当ではないとの態度であった。多くの場面で、スターリンは、ドイツに対する扱いをより厳しいものにせよと首相と大統領に迫った。スターリンは、ドイツ国民を（思想的に）改革できるとは思ってもいなかった。戦いの中でのドイツ労働者のソビエトに対する態度を厳しく非難していた。〉

トルコに対する態度

トルコをどのようにして、そしていつ連合国の一員として参戦させるかについては長時間議論された。その議論は次のように記録されている。[5]

〈首相は、トルコを参戦させる案件はきわめて重要だという見解であった。トルコを連合国の一員とすれば、ダーダネルス海峡、ボスポラス海峡を通過して黒海に通じる航路が開ける点を重視した。エーゲ海にある（イタリア占領下の）ロードス島などの島々を攻撃し、両海峡を（安全に）通過してソビエトに対する支援物資の供給が可能になる。作戦の成功でそうした支援が恒常化できる、と主張した。〉

テヘランでは、ルーズベルト大統領とチャーチル首相がトルコ大統領と会談することが提案された。二人は十二月四、五、六日（第二回カイロ会談）にイスメト・イノニュ（トルコ大統領）と会談した。その内容は第二回カイロ会談の章で詳述する。

シベリアの航空基地

十一月二十九日、ルーズベルト大統領は、スターリン元帥にシベリアの基地の使用を求める書面を出した。日本を攻撃する爆撃機のための基地であった。[6]スターリンは検討すると答えた。しかし結局そうした基地が提供されることはなかった。

ヨーロッパ諮問委員会設置問題[7]

ヨーロッパ諮問委員会の設置については、第一回モスクワ会談（一九四三年十月）で合意されていた。ハルは会談から戻ると、諮問委員会の機能を次のように議会で説明した[8]（十一月十八日）。

〈（第一回モスクワ）会談では、ヨーロッパ諮問委員会をロンドンに設置することで合意を見た。委員会自体は実行権限を持たず、その権能はアメリカ合衆国、英国およびソビエトの三カ国政府に進言することだけである。敵国領土に関する非軍事的案件等について、参加各国から要請を受けて進言するものである。敵対感情の排除については継続的に研究し、その方策を進言することになる。〉

諮問機関の設置はテヘラン会談で正式決定された。[9]

領土的野心に反対する合意

〈さらに（チャーチル）首相は、戦後世界を管理する、あるいはそうすることの信任を受ける国は領土的野心を持たないことが重要であると述べた。この点について主要な連合国間で合意できれば、戦後においても和平を継続的に維持することが可能になると確信していると語った。彼は、（領土に）飢えた国や（領土拡張に）野心的な国は危険であり、十分に豊かで幸福な国々が指導的立場に就くべきだと考えていた。

これについては大統領もスターリン元帥も同意した。[10]〉

この合意はその後たちまち忘れられることになる。

和平維持機構の設置

ルーズベルトは、十一月二十九日にスターリン元帥と会談し、和平維持のための国際機構の設置についてかなり長い時間を取って説明したことが記録されている。[11]

〈大統領は次のような概要を説明した。

（一）国際連合はおよそ三五のメンバー国によって構成される大きな組織となるだろう。定期的に異なる場所に集まり、その下部機構に対する指示事項を検討する。

これに対してスターリン元帥から、この機構はヨーロッパに限定されるものか、あるいは世界全体に関わるものかの質問があったが、大統領からは世界全体に関わる機構であるとの説明があった。

大統領は、執行委員会ともいうべき組織が設置され、その構成国はソビエト、合衆国、イギリスおよび中国であり、その他にヨーロッパから二カ国、南米から一カ国、近東から一カ国、極東から一カ国、大英帝国領から一カ国を考えていると述べた。この構成についてチャーチル氏は不満であり、その理由は大英帝国の投票権が二つしかないことである、と（スターリンに）語った。執行機関が議論するのは非軍事的な分野、たとえば農業、食糧問題、保健あるいは経済に関わる事項である。この国際機構は各地で会合を開くことになる。

スターリン元帥は、機構の決定は世界の国々を拘束するものであるか質問した。

大統領の答えはイエスでもありノーでもあった。機構は、紛争当事国が受け入れることを期待する解決案の提示ができるが、大統領は、合衆国議会は拘束力を持つ機構を認めないと考えていた。そのため大統領は第三の機構を考えていることを明かした。大統領はその機構を「四人の警察官組織（The Four Policemen）」と呼び、メンバー国はソビエト、合衆国、英国、中国であるとした。この機構には、危機に際して、ただちに対応できる権限を持たせるとの構想だった。〉

スターリン元帥は、地域の問題を扱う下部機構も必要ではないかとし、また危機の際には米軍が（たとえば）ヨーロッパに派遣され、機構の決定を強制するかどうかについて問題を提起した。

〈大統領は、アメリカは、ヨーロッパには空軍や艦船の派遣を考えるが、イギリスとソビエトは、地上軍を派遣するものと考えていると説明した。また大統領は、和平が危機に瀕した際の対処について二つのやり方を提示した。一つは、そうした危機が小国の革命などによって起きる場合であった。この場合は、隔離政策つまり国境の封鎖や禁輸などのやり方を取る。もう一つの場合、つまり危機がより深刻な場合は、四カ国は世界の警察官として当該国に最後通牒を発し、拒否された場合はただちに空爆を開始し、軍を侵攻させたいとした。[12]〉

スターリンの言葉は和平維持のための機構の設置に同意したと解釈される。[13]

＊原注

1　*The Conferences at Cairo and Tehran, 1943*, p. 566.
2　同右、p. 567.
3　*New York Herald Tribune*, December 7, 1943. あるいは *The Conferences at Cairo and Tehran, 1943*, p. 647.
4　*The Conferences at Cairo and Tehran, 1943*, p. 513.
5　同右、p. 503.
6　同右、p. 618.
7　〔編者注〕第54章の原稿（一九六四年一月の日付のあるフーバーによる第54章の研究資料〔Herbert C. Hoover Papers, Box 63, Envelop 6〕）によれば、フーバーはヨーロッパ諮問委員会の項については削除しようと考えていたらしい。削除された原稿は、第54章に関わる資料を収めた前記の保管箱にファイルされていた。削除された部分には、「P. 70a」との表記があった。このことはフーバーあるいは秘書が、当該部分を第49章末に挿入しようとしていたらしいことを示す。フーバーの最終的な判断は、よくわからないところがある。そのため、この部分を編者の判断で第54章に挿入した。一九六三年九月のバージョン（Z＋H版）でもそうなっていた。

8 *International Conciliation*, No. 396, January, 1944, p. 115: "Report on the Moscow Conference," Address by C. Hull before the Congress, November 18, 1943.

9 〔編者注〕一九六四年一月の原稿には「カイロ会談で公式決定」と記述されているが、ヨーロッパ諮問委員会設置の公式決定はすでに（モスクワ会談で）決定されていた。カイロの二度の会談ではその具体化について議論された。

10 *The Conferences at Cairo and Tehran, 1943*, p. 568.

11 同右、p. 530.

12 同右、pp. 531-532.

13 同右、p. 531.

第55章　第二回カイロ会談（一九四三年十二月二日〜七日）

会談の主要参加人物は、ルーズベルト大統領、チャーチル首相の二人である。蔣介石は、すでに中国に帰国していた。会談に参加した米英両国の外交官および軍の関係者は第一回カイロ会談と同じである。[1]

トルコに対する参戦要請

大統領は、チャーチル首相とイノニュ大統領と予定を延長して長時間会談した。その内容については詳細な記録が残っているが、あまり重要な案件はないので、会談の結果について簡単にまとめるだけにする。

イノニュ大統領は連合国寄りの姿勢を取り、英国とは長期にわたり軍事同盟を結んでいた。そのため対独戦では英国と協力したいと考えていた。しかし、トルコの当時の軍事情勢は、参戦が難しい状況にあった。イノニュは、軍は参戦の準備が整っていないと説明した。ドイツ軍はトルコ国境付近に展開し、参戦準備がわかればドイツ軍の侵攻を招く可能性があった。連合国にはこれに間に合うような支援は期待できなかった。

ルーズベルトとチャーチルはトルコの参戦を強く望んだが、イノニュ大統領はその時点での参戦を拒否した。トルコが最終的に参戦したのは一九四五年二月二十五日であり、ドイツ軍はトルコ国境付近からすでに撤退していた。つまりカイロ会談の一五カ月後、ドイツ降伏の三カ月前にトルコは参戦した。

ビルマを占領する日本軍に対する攻撃[2]

右記作戦については第一回カイロ会談で、ルーズベルト、チャーチル、蔣介石の間で合意を見たことをすでに書いた。[3] 蔣介石は、ルーズベルトの作戦は必ず実行されるという約束を得て帰国していた。しかし、この点についてカイロ会談の公式記録は曖昧だ。約束が交わされていたことは確かである。そのことは、テヘラン会談においてこの作戦中止を決めていることからわかる。[4]

ルーズベルトの私的顧問を務めたウィリアム・D・リーヒー提督は、カイロで次のように語っている。[5]

〈（チャーチルは）翌日（十二月二日）には、イギリス代表らが、（ルーズベルトが）極東の連合国（中国）に与えた約束に明確に反対することがわかっていた。ルーズベルトの蔣介石への約束とは、ビルマ北部の地上作戦を以てビルマ奪還の強力な戦いを実施するというものである。これは南のベンガル湾アンダマン諸島への陸海共同の攻撃と併せて実行されることになっていた。〉

リーヒー提督は、ルーズベルト自身がこの約束を反故《ほご》にする打ち合わせに入っていたとも書いている。[6]

〈アメリカ軍幹部は（一九四三年十二月六日）午後五時にルーズベルトと打ち合わせた。大統領は、自身の約束を反故にすることをしぶしぶながら了承した。しかし蔣介石に代案を示したいとの意向であった。これは最高指揮官の決定であったから、その是非をめぐる議論はそれ以上は続けなかった。中国の指導者（蔣介石）が、我々が約束を違《たが》えたと非難することができる立場にいたのは確かなことである。〉

キング提督は自身がお墨付きを与えた伝記の中で次のように語っている。[7]

〈大統領の決定は蒋介石への約束を破るものであった。キングは落胆した。これは、大統領がたびたび参謀本部の助言を無視した例の一つであった。それを嘆いたとしても詮無いことであるが、もし約束どおり作戦が実行されていれば、戦後の状況は変わっていたであろう。〉

第二回カイロ会談における中国問題

日本の占領下にあるビルマへの攻撃（の計画変更）について、ルーズベルトは会議開催中に蒋介石総統に電信で理解を求めた[8]（十二月五日）。

〈スターリンとの会談で、ヨーロッパ大陸の戦いにおいて、（来年の）晩春から大規模な作戦を進めていくことになりました。それがうまくいけば、ドイツとの戦いは一九四四年の夏が終わる頃には片を付けられる見込みが出てきました。この（ヨーロッパにおける）大規模作戦には大型揚陸艇が必要であり、ターザン作戦（蒋介石による北部ビルマの日本軍攻撃）と同時に始めるベンガル湾での陸海共同作戦を成功させるのに十分な艦船を用意することが不可能となりました。

　こうした状況を考慮したうえで、ターザン作戦を予定どおり実行するかどうか決めていただきたい。ターザン作戦と同時にベンガル湾において航空母艦とコマンドによる共同奇襲作戦を実行するか否か、ということです。ただしB29爆撃機による鉄道およびバンコク港の攻撃は実施できるものと思ってほしい。

　それとも、ターザン作戦を十一月まで延期しますか。この場合は十分な海上からの大規模作戦が可能です。もちろん（貴国への）物資の空輸は続け、貴国の空軍・陸軍への支援が滞ることはありません。

　私自身は、対独戦争の早期決着は、中国と太平洋にとって大きなメリットがあるものと考えています。〉

蔣介石総統からの返事は十二月九日に、まだカイロにいたルーズベルトに届いている。それは次のようなものだった。[9]

〈十二月六日付の貴信を受領しました。中国に戻ってから、妻（宋美齢）に、カイロ宣言が我が軍および我が国民の士気をどれほど高めたかを（貴殿に）お知らせするよう指示したところです。対日戦争の士気は十分に盛り上がりました。これについての公式書面は、貴殿のお手元に届けられるところです。シェルトン機長がお届けするでしょう。

第一に指摘したいのは、カイロ宣言の前、我が国民の間にはアメリカおよび英国の態度に疑念が生まれていました。中国一国だけで我々の共通の敵との戦いを進めざるを得ないのかと危惧しておりました。しかし、こうした心配もカイロ宣言で吹き払われました。三国（中国、米、英）が共同し太平洋方面で一気に攻勢をかけることが確約されたからであります。

第二点ですが、（貴信にあるような）政策および戦略の急転換が我が軍や国民に知れると、かなりの悪影響が出てくるだろうと憂慮しております。日本の攻撃に我が国が耐えられなくなることまで危惧しております。

第三点ですが、確かに貴殿の指摘するとおり、ドイツを早期に敗北させることで、我が国も他の連合国も素晴らしく優位に立てることは間違いありません。戦争では一局面の勝利が他方面の戦いに影響を与えるものですが、一方で、もし仮に中国が日本に降伏するような事態となれば、それも他方面にまずい影響を生んでしまうのです。それでも私は、この重大局面を乗りきるために、貴殿の考えを受け入れることにいたしました。もちろんこの決断によって、私の戦争指導がより困難なものになることは十分理解していただけるものと考えています。

中国の戦いの問題は、我が軍の戦力が弱いだけではなく、経済がきわめて悪い状況にあることです。それが軍や国民の士気を極端に削いでいるのです。いつ前線が崩壊してしまうか予断できない状況なのです。戦況や経済状況を考慮しますと、我々は半年も待てません。一九四四年十一月まで待てないことは確実です。

テヘラン宣言からは、連合国の戦力はヨーロッパ戦線にシフトされ、対日戦力は削減されるように読み取れます。そうなってしまえば、中国戦線は日本の機械化された空と陸の攻撃の餌食になってしまいます。日本は、来年には中国での戦いにけりをつける戦略でしょう。日本が攻勢に出てくることは間違いないでしょう。中国方面の危険を排除し、かつ消沈している国民の士気を再び鼓舞し、太平洋方面の戦いに臨もうとしているのです。私がこのような状況に直面していることをご理解ください。私は貴殿がリアリストであることを承知しています。貴殿の忠実な同志として、このような情勢をぜひとも理解してほしいと思っています。一刻も早い返信をお待ちしています。〉

＊原注

1　六日間に計二八回の会議があった。このうちの七回は軍事関係者だけのものであり、チャーチルとルーズベルトの会談は八回だった。これには二人だけの会談と両国代表らが同席する場合があった。

2　〔編者注〕フーバーは、この項目を第53章に入れる予定であった。一九六四年初め、アシスタントの一人ロレッタ・キャンプが、これを第55章に移すことを提案した。この提案をフーバーが了解したかは不明だが、時系列的に彼女の判断は正しいので、編者はこの部分を第55章に挿入した。

3　第52章参照

4　*The Conferences at Cairo and Tehran, 1943*, pp. 479, 484, 488, 498, 587. あるいは *I Was There*, p. 212. あるいは *Closing the Ring*, p. 376.

5　*I Was There*, p. 212.

6　同右、p. 213.

7　*Fleet Admiral King: A Naval Record*, pp. 525–526.

8　*The Conferences at Cairo and Tehran, 1943*, pp. 803–804.

9　Charles F. Romanus and Riley Sunderland, *United States Army in World War II, China-Burma-India Theater, Stilwell's Command Problems*, Office of the Chief of Military History, Department of the Army, Washington, D. C., 1956, pp. 74–75.

第56章　テヘラン会談の二つの約束が招来した一五カ国の自由の破壊[1]

テヘラン会談については、まずさほど重要でない案件を扱い、二つの重要な問題については本章に纏《まと》めることにした。二つの問題とは、ルーズベルト、チャーチル、スターリンの間の二つの合意のことであり、それは今世紀最悪の自由に対する裏切りであったということである。

合意事項を明示的に示す彼らの署名の入った文書はない。カイロ・テヘラン会談の公式文書でも、わずかに仄めかされているだけである。しかし、裏切りの合意があったことは、ルーズベルト、ハル、チャーチルのその後の発言ではっきりと証明することができる。スターリンの動きを見てもそうした合意が存在することが確かであることがわかる。

第一の秘密合意は、ソビエトによる七つの民族の完全なあるいは部分的な併合を認めたことである。こうした国々は、第一次大戦以前はソビエト領土だったが、戦争の結果、ソビエトの了解のもとにソビエト領土から自由になっていた。

もう一点は、ソビエトがその周辺部に親ソ的な国を持つことが許されたことである。親ソ的な国とは実質的には共産主義者の支配下にある（入る）国である。

暗黙の了解あるいは秘密協定によって、結局一五の国が共産主義に飲み込まれ、彼らの独立と自由は消えた。

ソビエトによる七つの民族併合

ドイツ軍が撤退し、その脅威が消えた地域はたちまちソビエトが併合した。エストニア、ラトヴィア、リトアニア、ベッサラビア、ブコビナ、フィンランドの一部、ポーランドの一部である。こうした地域の歴史をここで振り返っておきたい。

第一次世界大戦の終戦（休戦）少し前からその直後の時期（一九一八年から一九年）、ロシアからの独立を果たしたフィンランド、エストニア、ラトヴィア、リトアニアは共産主義者の侵攻を受けたが、その後実戦に未熟な労農赤軍との苦しい戦いを経て独立を維持してきた。ソビエトは、こうした国々の独立を承認し、講和条約も結んでいた。それから第二次世界大戦までのおよそ二〇年間、彼らは自由を謳歌し生活水準は上がった。[2]

ヒトラーがソビエト侵攻を決めた一九四一年六月以降、こうした国々はドイツ軍が占領していた。カイロ・テヘラン会談が開かれた時期にも占領が続いていた。占領下にある人々は一九四一年八月の大西洋憲章に希望を見出していた。ソビエトを含む二六カ国が同憲章に調印した一九四二年一月には、その希望はますます膨らんだのである。

一九三九年、スターリンはこうした国々の併合を認める側と同盟関係を結ぶ交渉をしていた。チェンバレン首相は、この反倫理的要求を拒否した。当時一介の議員であったチャーチル氏はスターリンの要求を呑むべきだと主張した。要するにチャーチル氏はこうした国々の自由に何の関心もなかったのである。アメリカが真珠湾攻撃を受けて参戦してから三カ月後の一九四二年三月七日、チャーチルは次のようにルーズベルトに書いていた。[3]

〈戦いの激化により、私は、大西洋憲章が、（第一次大戦の）ドイツ攻撃前に占領していた地域をロシアが取り戻すことまで否定するような解釈をしてはならないと思っています。もし貴殿がそれを了解すれば、我々には、ソビエトと同盟国になる条約を結ぶ自由裁量権が与えられるのです。〉

このようにルーズベルトに伝えた二日後の三月九日、チャーチルはその内容をスターリンに明かした。この案件がテヘランで協議された時、その場にいた一人ハリー・ホプキンスは次のように書いている。[4]

〈大統領は、バルト海へのアクセスの保証に関心を持っていると答えた。彼は、キール運河*周辺に信託統治領のようなものを作る構想を描いていたようだ。この時、ソビエト側の通訳ミスで、バルト海をバルト諸国としてしまい、スターリンは、大統領がバルト諸国の将来について語っていると誤解した。スターリンはその誤訳を基に、バルト諸国は、その自由意思によりソビエトへの帰属に投票したと断固たる態度で答え、この案件は協議されることはなかった。〉

スターリンが述べたような自由選挙が実施された記録はどこにもない。いずれにせよこのスターリン発言でバルト諸国の運命が決まった。ヒトラーの軍がこうした国々から撤退すればどうなるかが決まったのである。スターリンの発言に、ルーズベルトとチャーチルが抗議したという記録も見出せない。ヒトラーの軍が撤退すると、こうした国々はソビエトに併合されたのである。

フィンランドはドイツ側に立って戦っていた。テヘラン会談の時期も連合軍と戦っていた。ドイツ軍撤退後のフィンランドの扱いについては、テヘランで協議された。それは次のように記録されている。[5]

〈(チャーチル)首相は、英国政府は、ソビエトがまずその西部国境を満足する形で決めてほしいと考えていると言い、ただフィンランドは独立国のままであってほしいと述べた。〉

スターリンはソビエトの要求を説明した。

〈一、我がフィンランドと結んだ条約（一九四〇年）どおりとしたい。ただペツァモ州（Petsamo）とハンコ（Hanko）の交換の可能性は考慮したい。ただしその場合、ハンコはフィンランドへの租借とし、ペツァモは（ロシアの）恒久的領土とする。
二、フィンランドがソビエトに与えた損害の五〇パーセントの補償。具体的な補償額は後日協議する。
三、ドイツとの断交、フィンランド国内のドイツ人の追放。
四、フィンランド軍の再編成。〉

ドイツ軍が撤退すると、ソビエトは（右記要求にかかわらず）フィンランド東部と北部の広い地域を併合した。その地はニッケル鉱山や森林資源などの天然資源が豊富であった。またこの結果、ソビエトは北部ノルウェーと国境を接するまでになった。

我々が追究したかぎりにおいて、ルーズベルトとチャーチルが、ソビエトが要求した条件に反対した形跡はない。

ポーランド

ポーランドの将来についてもテヘランで協議されている（一九四三年十一月二十八日）。それは次のようなものだった。[6]

〈チャーチル氏は、「今夜はポーランド問題について話したいが」と問い、英国が対独戦争を決めたのは一九三九年にドイツがポーランドに侵攻したからであり、英国政府はポーランドを、強力な、独立国として再建したいと考えていると述べた。ただしその国境については具体的に示さなかった。

＊訳注：北海とバルト海をつなぐ運河。

スターリン元帥は、この場でポーランド問題を協議する必要はなく、そうしたいとも思わないと答えた。

チャーチル氏は、ソビエト・ポーランド国境について、個人的には何の執着もない、考慮されるべきは、ソビエト西部における安全保障の側面だろうと答えた。その上で、強い独立国としてのポーランドの再建を望む英国政府の立場を繰り返した。ヨーロッパ全体が調和を見るにはそのことが重要であると思われるとした。

イーデン外相は、スターリンの考えるポーランドの西の国境線が（ドイツの）オーデル川であるとの確認を求めた。

スターリン元帥は、敢然とした態度で、ポーランドにとって国境線がそうなることが望ましく、ポーランドの西部国境がそうなるように支援する、と語った。

チャーチル氏は、三首脳がテヘランにおいて、ポーランドの国境問題について合意しておくことが重要だと述べた。そうすれば、それを（ロンドンの）ポーランド亡命政府に伝えることができる。個人的にはポーランドの国境は西に広げたほうがよいと思っているとの考えを示した。〉

三首脳は十二月一日にポーランドの国境問題をあらためて協議した。スターリンは、ポーランドの東部国境はカーゾン線までロシアに併合されると主張し、ポーランドが失う領土は（西の）ドイツとの国境を拡げることで調整すべきであると提案した。[*7]

（ロンドンの）ポーランド亡命政権は、この合意を聞き、激しく抗議した。ポーランドの強い不満については本書の下巻「ケーススタディ」の章で扱うことにする。

世界に自由をもたらすためのエピソード

テヘラン会談（十二月一日午後）における「併合」案件と「ソビエト近隣の友好国化」に関わる合意について、シャーウッドは次のように言及している。この言及はホプキンスが承認している。[8]

〈ルーズベルトはスターリンとモロトフと非公式な会談を持った。彼らにアメリカの政治の要諦を理解させることが狙いだった。

ルーズベルトはスターリンに、アメリカ国内に六〇〇万から七〇〇万のポーランド系移民がいることを理解させたかったのである。ポーランド系に加え、バルト三国（リトアニア、ラトヴィア、エストニア）出身者もおり、彼らは他の国民と同じように選挙権があり、彼らの意見を蔑ろにできないことを伝える必要があった。スターリンはその状況を理解すると述べ、したがって、その問題に対処するためには何らかのプロパガンダ工作が必要だと述べた。〉

通訳のチャールズ・ボーレンがシャーウッドの記述を裏付けている。[9]

〈大統領はスターリン元帥に、率直な意見交換をしたいので会えるかどうか尋ねたと言った。大統領は、アメリカの国内政治について話したいと言ったのである。

ルーズベルトは、一九四四年に選挙があること、彼自身は再選（四選）を望まないが、戦争が終結していなければ出馬せざるを得ないかもしれないことを伝えた。

さらにアメリカ国内には六〇〇万から七〇〇万のポーランド系移民がおり、その票を失いたくないことを述べた。大統領は、スターリンがポーランドの独立を認めながらもソビエトとの東部国境は西へ移し、ポーランドの西部国境についてはオーデル川まで西に移動させたいとしていることを理解していると語った。しかし、米国内の政治状況に鑑みて、テヘランでこの案件（ポーランド国境問題）に関する協議に入ることはできない。来年の

＊編者注：カーゾン線は第一次世界大戦後、連合国最高会議で決められた国境線である。決定は一九一九年十二月八日。

冬になっても決定できない可能性がある。したがって、もちろん現時点で公的にはいかなる合意もすることはできないことに理解を求めた。

これに対しスターリン元帥は、状況は理解したと述べた。大統領は、少なくない数のリトアニア、ラトヴィア、エストニア出身者が米国内に存在することを説明したうえで、彼自身がバルト三国の歴史を十分に理解し、この地域は近年、ロシアの一部であったこともわかっていると述べた。さらに冗談めかした調子ではあったが、赤軍がこの地域を占領しても、米国がソビエトと戦うということにはならないと付言したのである。〉

要するにルーズベルトは、テヘランにおいて、七つの民族（国家）をソビエトが併合することに暗黙の了解を与えたのである。ルーズベルトが、国境を接した友邦を作るとのソビエトの方針を承認したことについては、さらに別の章で検討する。

この問題についてはジョージ・F・ケナンの意見が参考になる。ケナンは、ヨーロッパの外交事情に詳しい研究者である。[10]

〈一九四三年十一月のテヘラン会談で、チャーチルとルーズベルトは、スターリンにある考え方を提示した。それはポーランドを西に数百マイル移動させることである。そうすることでソビエトの要求を満たしてやり、ドイツの領土をポーランドに渡す、つまりドイツを（ソビエトの要求を満たすための）犠牲にするやり方であった。ポーランドにオーデル川までを割譲することになれば、その地域に居住する数百万のドイツ系住民は移住させなければならない。

私は（両巨頭の判断が）理解できなかったし、いまでもよくわからない。国境を人工的に作られ、領土内の人々を大量に移住させなければならないポーランドは、その安全保障をソビエトに頼らなくてはならなくなる。そのことをどうして彼らは理解できなかったのだろうか。

ポーランドの国境をいじることは、ポーランドをソビエトの保護下に追いやることである。ポーランドが共産主義の国になろうがそうでなかろうが、ソビエトの保護が必要になる。こうなることをチャーチルあるいはルーズベルトはわからなかったのだろうか。いずれにせよポーランド国境の西方移動の提案は、東欧の将来の安定を考える考慮がまったくなかったということだ。そしてまた、それは二人が書き上げた大西洋憲章にもはっきりと違背することなのである。（それにもかかわらず）この提案は、スターリンからというよりも、チャーチルとルーズベルトからなされたであろうことを思うと悲しくなる。〉

（ソビエトに）友好的な隣国

ソビエトの隣国を（ソビエトの）友邦にするという構想は、十二月一日のテヘラン会談の公式文書の中に見出すことはできない。ただ、チャーチルが次のように述べたことが記録されている。[11]

〈英国政府は、第一に、将来において、ソビエトの西部国境がドイツからの突然の攻撃を受ける可能性について憂慮するものである。〉

ソビエトの隣国を友邦にするという了解があったことは、チャーチル、ルーズベルト、ハルの言葉や、その後のソビエトの行動で確かである。スターリンは会談後ただちに、ドイツ撤退に備え、これら隣国に共産主義者の閣僚を準備するべく動いた。友好的隣国はすぐに形成された。西ポーランド（West Poland）、東ドイツ、チェコスロバキア、ハンガリー、アルバニア、ブルガリア、ユーゴスラビア、ルーマニア。こうした国々はソビエトのいわゆる「衛星国」「傀儡国《かいらいこく》」となったのである。

こうした国々が衛星国化し自由を失ったプロセスは後述する。

＊原注

1 〔編者注〕一九六四年一月に記された56章から59章の原稿には、明らかにフーバーの筆跡とは違う手書きのメモが挿入されていた。事実関係の校正を担当していたキャンプ女史のものでもなかった。フーバー研究所の研究員であるジュリアス・エプスタイン氏だろうと思われる人物が、このメモをチェックした形跡もある。編者はこの書き込みが、フーバーが許可したものかどうか確認できないため、挿入部分を採用していない。編者は明らかな事実誤認やタイプミスなどを除いて、フーバーの筆跡でない部分は採用しないことにしている。

2 Herbert Hoover, *An American Epic*, Vol. II & III, Henry Regnery Company, 1960, 1961.

3 *The Hinge of Fate*, p. 327.

4 *Roosevelt and Hopkins*, p. 782.

5 *The Conferences at Cairo and Tehran, 1943*, p. 592.

6 同右、p. 512.

7 同右、pp. 597-599.

8 *Roosevelt and Hopkins*, p. 796.

9 *The Conferences at Cairo and Tehran, 1943*, p. 594.

10 George Kennan, *Russia and The West Under Lenin and Stalin*, Little Brown and Company, 1961, pp. 360-366.

11 *The Conferences at Cairo and Tehran, 1943*, p. 598.

第57章 カイロ・テヘラン会談についてのルーズベルト大統領の声明

一九四三年十二月二十四日、カイロ・テヘラン会談から帰国したルーズベルト氏は、ラジオ放送で次のように国民に語った。[1]

〈カイロとテヘランの会談で、私は初めて蔣介石総統とスターリン元帥に会うことができた。強い意志を持つ二人とテーブルに着いて直接の会談に臨むことができた。カイロ（蔣介石）とテヘランではテーブルを挟んでの会談だったが、我々は同じ船に乗っているような感覚だった。

（蔣介石総統とは）軍事戦略を打ち合わせたのはもちろんだが、極東方面での恒久的平和の維持について広範囲にわたって話し合うことができた。

（スターリン元帥とは）今次の戦いに勝利するための、そして戦後の永続的和平の枠組みに関わるすべての案件について率直に意見を交わすことができた。

我々が懸念したのは、国の大小を問わず、各国の安全保障、幸福あるいは生活水準の引き上げといった基本的な問題であった。

若干米語的な言い回しで表現すれば、スターリン元帥やロシアの人々とはうまくやっていける（get along）と思っている。

各国の権利はその国の大きさに関係なく尊重され保護される。それは我が国において各個人の権利が守られるのと同じようなものである。

強者（国）が弱者（弱小国）を支配するという思想は、我々の敵国の考えであって、我々はそうした考えを拒否する。

それぞれの国の持つべき権利（の大きさ）は、そうした国がどれほど自由獲得のために戦ったかによって判断されるべきである。それが常識である。敵の支配下にある小さな国々も自由を求めて戦うだろうが、我々はそうした国々に対して深く敬意を払うものである。

この一年間、いやもっと言えば、この数週間で新しい歴史が作られた。これまでの歴史に見られなかった、全人類にとってより良き歴史である。

カイロ・テヘラン会談では軍事案件について協議したが、それ以上に重要だったのは、我々が世界の将来について協議したことである。何のためにこの戦争を戦っているのか。それをはっきりさせるための話し合いができたことである。〉

ルーズベルト氏は、年を越した一九四四年一月十一日のワシントン議会での演説で、あらためてテヘランでの会談に言及した。[2]

〈ハル国務長官あるいは私自身が、何らかの秘密協定を（スターリンと）結んだのではないか、我が国は何かの約束をしてきた、我が国がサンタクロースのような役割を担わされたのではないかとの疑念があるらしいが、ここではっきりと言っておきたい。

チャーチル氏、スターリン元帥そして蒋介石総統は、我が国の憲法規定に精通している。言わずもがなだが、ハル長官も私も精通している。

我々はもちろん協議の上で、我が国の果たす役割を約束してきた。できるだけ早期に敵を敗北させるため、連合国側の全戦力の結集が求められるような広範かつ具体的な軍事計画を約束したのである。
秘密の政治的配慮や財政支援の約束といったものは一切存在しない。〉

テヘラン会談のおよそ二カ月後の一九四四年二月七日、ハル国務長官はハリマン駐ソ大使に次のような訓令を電信している。[3]

〈大統領からスターリン宛てのメッセージを国務省で作成したが、その中で大統領は、ポーランドに対するロシアの関心について言及している。これはテヘランでの会談内容に基づくものである。大統領は、この問題（ロシアのポーランドへの関心）については、いかなる要望も、提案も、スターリンに対してしていないことを明確にしておきたい。ただ、スターリンの最も重要視している案件が、ロシアの将来の安全保障であることは十分に理解している、とのことである。〉

これはアメリカがポーランドの将来（運命）に何の関心もないことを示すもので、ポーランドはスターリンの自由にしてかまわないというメッセージと感じられる言い方にほかならない。一九四四年二月になると、チャーチル首相が、ポーランド問題をめぐってテヘラン会談の場で秘密協定があったことを明かした。これについてムルク下院議員はルーズベルトに確認を求めた。それに対するルーズベルトの回答は次のようなものであった[4]（一九四四年三月六日）。

〈この件について何も申し上げることはない。先にあなたに書いて示したように、テヘラン会談で秘密協定はありません。私も私以外の民主党の（会議に参加した）メンバーも、そのような秘密の約束をしたことはありませ

ん。軍事協定はもちろんありますが、それはポーランド問題とは一切関係のないものであります。〉

一九四四年十月二十一日、ルーズベルトはあらためて次のように述べている。[5]

〈テヘランから帰国後、私は公式声明として、いかなる秘密協定も結んでいないことを言明した。私の誠実な態度にもかかわらず、外交のイロハを知らない者が、秘密協定があるのではないかと言い続けている。彼らは外交の本質に疎いのであろう。〉

チャーチル首相による二つの重要な協定の暴露

一九四四年二月二十二日、チャーチル首相はイギリス議会で演説した。その内容はソビエトの隣国に関わる何らかの協定があったことを窺わせるものであった。[6]

〈ロシアが将来の西方からの攻撃に対して安全保障を求めるのは当然のことである。我々はロシアがそれを確実にするために何でもすることになる。ロシアの軍事増強を認めることもそうであるし、国際連合による（ロシアの安全保障を求める動きの）承認あるいは同意といったものが必要である。ロシアが西の国境を安全にしたいと願うのは理解できるし、また当然なことだ。〉

この演説の五カ月後（一九四四年八月二日）には、議会で次のように述べている。[7] いわゆる「友好的な近隣諸国(friendly border states)」についての考えを示したものだった。

〈彼ら（ソビエト）は、ポーランドが親ソ的な友好国になることを願った。彼らの考えは理解できる。

ルーマニアはそうでなくてはならないし、ブルガリアもそうだろう。〉

一九四四年九月二十八日、チャーチル氏は議会の演説で再び「友好的な近隣諸国」ドクトリンを支持している。[8]

〈ロシアが当然獲得すべき（西方からの攻撃に対する）安全保障の問題が解決されなければならないと考える。西の国境に関わるロシアの願いを叶えるために最大限の努力を惜しまない。〉

一九四五年一月十八日、チャーチルはあらためて議会で発言し、スターリンが近隣諸国を支配することを容認する秘密協定があったことを示している。[9]

〈最近のことであるが、ブルガリアとルーマニアがソビエト軍の管理下に入った。またソビエトの管理下にある軍がユーゴスラビア（政府）と直接交渉にあたっている。ユーゴスラビアの扱いについて、我々（英米）とソビエト政府の間には誤解があり、その方針は正反対なのではないかとの疑念が湧いているのは理解できる。まったくの混乱状態にあるユーゴスラビアに（ソビエトの管理下にある）軍が入っていけば、そうした不安が生まれるのは当然だ。外務大臣と私はモスクワに赴きスターリン元帥と協議した。その上で両国政府は、東欧地域に対して同じ方針であたることを確認した。戦後、これらの地域を分割したり、ある国の勢力圏に置くようなことがないのは当然である。この重要な時期に連合国間に摩擦が起きないことを確認したのである。また私は英国政府の代表として、スターリン元帥と頻繁に電信による協議を重ねた。多くの困難な問題を検討し、その内容は常にルーズベルト大統領に報告した。

共通の目的を達成するために、ロシアの支援を受けているベオグラードのチトー政権と、我々および全連合国が承認するロンドンのユーゴスラビア王国（亡命）政権の間で協定を結ぶよう働きかけた。我々はチトーとスバシッチの間で締結された協定（The Tito-Subasitch Agreement）は、ユーゴスラビアの直近の未来にとって最良のものであると信じる。〉

『サタデー・イブニング・ポスト』の報道

（アメリカ国内では、ルーズベルトの声明があっても）カイロ・テヘラン会談で何らかの密約があったのではないかとの疑念は消えなかった。そのためか、ルーズベルト氏は『サタデー・イブニング・ポスト』の記者を呼んで記事を書かせる挙に出た。呼ばれたのは有能な記者フォレスト・デイヴィスで、記事はあくまでデイヴィスの責任で執筆された。

デイヴィスは記事の草稿を書き上げると、ルーズベルト氏に見せている。ルーズベルト氏は自身の手で必要な修正を行なった。デイヴィス氏は私（フーバー）に、ルーズベルト氏が修正した原稿のオリジナルが手元にあると語ってくれた。デイヴィスの書き上げた記事は『サタデー・イブニング・ポスト』に二度にわたって掲載された（一九四四年五月十三日、二十日）。

デイヴィス氏によれば、ルーズベルト氏は（戦後の）和平構築のための重要な枠組みの大構想（a great design）を発見したと語ったらしい。その構想とは、ソビエトに宥和政策を取り、彼の考える枠組みの中にスターリンを取り込むことであった。

私がここで指摘しておきたいのは、カイロ・テヘラン会談の記録によれば、スターリンは、和平維持の国際組織を作るというルーズベルト氏の構想に暗黙の了解を与えたという事実である。スターリンを説得する必要はなかった。ルーズベルトの考えは先の章（第54章）で示したように、世界を四人の警察官（米英ソ中）で守るというものだったからである。[10]

『サタデー・イブニング・ポスト』の報道は重要な意味を持っていた。この報道で、テヘランで実際のところ何が協議されていたのかを示す情報が裏付けられたからである。そこに深く関係する部分を書き出しておきたい。[11]

〈「大統領の真の狙いは、繊細かつ巧妙な方法で、外部に知られることがないようにしなくてはならなかった。ルーズベルト氏は、自身の狙いを実現するためには、とにもかくにも、クレムリンの不興を買うことは断じて避けなくてはならなかった。顧問らの中には、スターリンには強硬な態度を取るべきだと主張する者もいたが、大統領はソフト路線を取ると決めた。聖書の「（難局を恐れず）挑戦すべし（walk the second mile）」〔訳注：マタイ伝〕の一節に従ったのである。」〉

デイヴィス氏はこう続ける。

〈方針の核はスターリンに協力の確約を取りつけることだった。そう考えたのはスターリングラードの戦いの頃からであり、テヘランでもその方針は変わっていなかった。我が国が、ロシアとポーランド政府の間に立って仲介をしなかったことを理解するには、ルーズベルトのこの考え方を理解しておく必要がある。英国の了解を背景に、クロアチアの共産主義パルチザンの指導者チトーを支持することを決めたのは、そうした理由だった。スターリンの、降伏したイタリアの海軍軍船の分け前要求にも大統領は迷うことなく肯定的な返事をしている。我が国が、フィンランドに対してソビエトとの戦いをやめるように進言し、その際にソビエトが要求する条件に言及しなかったのは、ルーズベルトの（対スターリン）交渉戦術の一環なのである。

こうした妥協にもかかわらず、スターリンがルーズベルトの意向に沿わなかったらどうするか。米英とは違う狙いを持っていたらどうするか。ルーズベルトは、スターリンが全ポーランド、フィンランド、バルカン諸国あるいは（国内の共産主義者を使って）ドイツまでも支配下に治めるようなことはないという、どんな保証を持っていたのだろうか。ひとたび赤軍がこうした国々を占領すれば、スターリンはモスクワの支援を受けていた地下組織を簡単に承認できるのである。鎌とハンマー（ソビエト）に支配されたヨーロッパ。バルト海から、ロシアの湖のような黒海へ抜け、ダニューブ渓谷までロシアの保護国ばかりとなるヨーロッパ。ソビエトはライン川までその影響力を伸ばすかもしれない。こうした状況は、一九三九年の、分裂し、まとまりのないヨーロッパの状態よりも悪化していると言えよう。

ルーズベルト氏は他のどの政治家もなしたことのない大きな賭けに出た。ソビエトは和平を希求している、だから必ず西ヨーロッパ諸国と協調する。そう確信しているのである。〉

三巨頭の人間関係について、デイヴィスは次のように書いている。この文章はルーズベルトが了承したものである。[12]

〈スターリン氏はゆっくりではあったが、ルーズベルト氏に魅せられ警戒感を解いていった。ルーズベルト氏の魅力はよく知られていたし、スターリン氏も陽気な人物だと理解されていた。

スターリン氏の少し棘を含んだ発言はチャーチル氏に向けられた。それが三人の信頼関係にしだいに影響を与えた。チャーチル氏は、すぐにイライラし、スターリン氏に反論していた。それが血の気の多い言葉の応酬になる前に、ルーズベルト氏はなだめ役という骨折り仕事を自ら買って出たのである。四日間の会談を通してスターリンは、チャーチルには生皮を剝ぐような辛辣な言葉を度々発したが、ルーズベルト氏に対する態度はそれとはかなり違った。

首相（チャーチル）は、貴族の名門の出であり、ジョージ王朝時代からの革命的な血を引くだけに意見をはっきり述べる人物であった。テヘランでの会談がもつれたのも当然と言えば当然だった。

二人が火花を散らしている中で、ルーズベルト氏は持ち前の気安いジョークで場をやわらげた。大統領は、気の利いた言葉を使ったり、時に長口舌をふるい、イギリス人とロシア人のギャップを埋め、妥協の道を探ったのである。〉

『サタデー・イブニング・ポスト』の編集者は、次号には、同誌の記者デマリー・ベスに、「ルーズベルトの大構想（Great Design）の対価」という記事を書かせている。その重要な部分は次のとおりである。[13]

〈スターリン元帥はテヘランの会談で我々から前払い金を手に入れたようなものであることがわかった。彼は、東ヨーロッパには（ロシアに有利な）国境の線引きが必要だと主張した。その主張では、大西洋憲章にある領土的野心の放棄や、四つの自由の原則が一切考慮されていなかった。

彼の領土的要求にどこまでの妥協がなされたのだろうか？　イギリスについて言えば、我が国は暗黙にではあるが、大英帝国の植民地の保全あるいは他の西ヨーロッパ諸国のそれを認めている。そして今度は、ロシアの東ヨーロッパに対する要求を暗黙の内に了承した。

公式文書では、ルーズベルト氏がそうした譲歩をしたことは記録されていない。したがって、ハル国務長官は、四月の時点で、「私も大統領も、いかなる政治的秘密協定や金融面での裏取引はしていない」と言えた。

しかし現実には、テヘラン会談ですべてが変わったと言える。ルーズベルト大統領の交渉のやり口、つまり何が何でもスターリンの信頼を得るという戦術に沿って、スターリンの嫌う事案を協議しなかったのである。ルーズベルト氏の友好的（宥和的）態度はスターリンの要求に対する暗黙の了承であり、スターリンのその後の行動は彼もそう理解したことを示している。

ルーズベルト氏はスターリンの東ヨーロッパに関わる要求に沈黙し、スターリンの大西洋憲章の（勝手な）解釈に抗議していない。憲章の精神はロシア国境（の国々）にも当然に適用され、それが東ヨーロッパの領土問題の解決の精神となるはずだった。少なくとも我が国ではそうなると思われていた。

ルーズベルト氏の戦術は、結果的にバルト諸国の扱いをロシアの思うままにするのみならず、ドイツとの協定に基づいて一九三九年および一九四〇年にロシアが併合したポーランドやルーマニアの分け前をロシアが回復することにも同意した。

スターリンはルーズベルト氏の友好的態度に勇気づけられ、ユーゴスラビア、ギリシャ、チェコスロバキア、ポーランド、トルコ、ブルガリアに対して強硬な外交政策を取ることになる。そうした態度は対イタリア、対フランスに対しても取られた。

要するにテヘランでは、ルーズベルト氏がスターリンの側についたことで、英国首相（チャーチル）は、自身の主張を変えざるを得なくなったのである。その結果、彼はルーズベルト氏以上の妥協をするはめになった。いま明らかになっているのは、ロシアとイギリスはヨーロッパを分割し、それぞれの勢力圏下に置くことで意見の一致を見ていたことである。〉

私（フーバー）の考え

ここまでの叙述を終え、私自身のテヘラン会談に対する意見を述べたいと思う。もちろん会談のすべてを把握しているとは言えないが、会談に出席していたパトリック・J・ハーレー将軍は私に、チャーチル、ルーズベルト、スターリンは、ロシアがある国を併合し、国境を接する国々を親ソの国にすることを了解したのだと語った。ハーレー将軍は私の政権では陸軍長官を務め、ルーズベルト政権では無任所大使であった。将軍は、ロシア側がアメリカをどう見ていたかも語ってくれた。彼は、西ヨーロッパの民主主義国家がスターリンと結ぶいかなる協約も、戦後の和平維持には何の役目も果たさないだろうと疑っていた。将軍が直接接触したスターリンも赤軍幹部も、西ヨーロッパの民主主義を激しく嫌悪していた。嫌悪の度合いはナチスに対する嫌悪を上回るものだった。
私（フーバー）はシカゴでの共和党大会（一九四四年六月二十七日）で次のように発言した。私のスピーチは全国に放送されている。[14]
〈我が国民がこの戦争を戦う目的はただ一つである。我々は平和な暮らしをしたいのである。いまのような戦争をもう見たくないのだ。我が国はいくつかの太平洋の島を国防上必要とするが、それ以上の領土的な野心はない。他国を支配しようとも考えていない。我が国は特権を享受する国になろうとも思っていない。

我々が願っているのは、他国の支配から解放された自由である。その状態はいろいろな表現ができよう。人民の解放、自治、あるいは主権の回復とでも言えよう。自由そのものが重要なのであり、それなくしては永続的な平和もあり得ない。奴隷状態にある人々は、自由を求める戦いをやめはしないからである。〔編者注：傍点は著者フーバーによる〕

国家間の関係には変えられない要素がある。各国固有の歴史、周辺環境、理念、国民の心情といったものは不変であり、役人の決定によって変わるものではない。したがって諸外国との関係においても、それが突然に変わることはない。書物や、演説や、高官のパーティーで変えられはしない。その国固有の歴史はその国が唱えるスローガン以上に重要である。

他者の自由を尊重する思想は我が国の歴史に深く根差し、国民もそれを支持している。この国民感情はウッドロー・ウィルソン大統領の訴えた一四カ条の原則や大西洋憲章によって生まれたものではない。アメリカ国民が独立を獲得する過程での苦しみや犠牲を通じて形成された感情である。解放を求める訴え、自由を求める声がモンロー主義を生んだのであるし、さらにはその声によってメキシコ戦争（米墨戦争）、米西戦争、そして第一次世界大戦を戦うことになった。先の大戦から二〇年を経て、いま再び戦いを進め、若者の命を犠牲にしている。それは自由を求める声に応えようとするからである。

自由を求める声に無関心であれば、我が国にはどの戦争も必要なかった。中国の自由に無関心のままでいたら真珠湾を攻撃される事態も起きなかった。いま我々が払っている犠牲も、ヨーロッパでの自由が危機に晒されているからにほかならない。

したがって、ポーランドの自由を保障しない妥協を、我が国民は歓迎しない。外国の支配からの解放を求める他の国についても同様である。この戦いの結果が、自由を求める動きの制約になるようなことがあってはならない。この戦争でアメリカが軍事的に世界最強の国となるのは疑いないことである。それは同時に政治的にも最強となることを意味している。その力は世界に自由をもたらすためのものである。それがいたずらに浪費されることがあってはならない。〉

私はこう述べた後、『サタデー・イブニング・ポスト』誌で報じられた、いわゆる「ルーズベルトの〝大構想〟(Great Design)」を批判した。

〈ルーズベルト氏はテヘラン会談において重要な「大構想」を持っていたと聞いている。報じられた内容から判断すれば、その構想は、パワーポリティックスであり勢力均衡外交そのものである。とても自由を求める外交とは言えない。永続的な和平は、国家間の友好を基礎にする。パワーポリティックスによってもたらされるものではない。

テヘランでは何ら政治的なコミットメントをしていないとしても、あの会談後のロシアの行動は、主権を回復したはずの人々に明らかに負の影響をもたらすものである。大西洋憲章は、自由をズタズタにされた国々に一筋の光明を与えたことは確かである。大統領の「大構想」がいかなるものかについて、アメリカ国民にその全体像をしっかりと示してもらう必要がある。

テヘラン会談については他にもわからない点がある。我が国の統治の仕組みでは、大統領は議会の意思も国民世論も代弁することはできない。我が国の外交を成功たらしめるには、その内容を明らかにする必要がある。その方針は熟考され、かつ国民の理解を得たものでなくてはならない。秘密外交では成功は覚束ない。我が国の外交は、脅しや騙しや卑劣なパワーポリティックスによるものであってはならない。

ウッドロー・ウィルソン大統領は自身の「大構想」〔訳注：国際連盟へのアメリカの参加〕を、甘言を弄したり、個人的な交渉力を使って実現しようとして失敗した。心ある国民はウィルソン大統領の一九一九年の過ちを再び

（ルーズベルト大統領が）繰り返すのではないかと懸念している。アメリカは、大統領の力によるパワーポリティックス外交から脱却しなくてはならない。〉

私は確かにこのようなスピーチをした。しかしその内容は誤解に基づいていた。テヘランでは大西洋憲章などまったく考慮されていないことを知らなかった。憲章の精神は、若干切り刻まれることがあっても（犠牲にされるところがあっても）、その本質の精神は維持されているものだと考えていた。

フォレスタル日記

ジェイムズ・フォレスタル海軍長官は、スターリンに対するルーズベルトの宥和的外交に明らかに落胆していたようである。彼は友人に次のような手紙（一九四四年九月二日付）を書いていた。[15]

〈我がアメリカの人間から、我々は自らの安全保障を念頭に行動したと仄めかされるたびに、奴（スターリン）は最悪のファシスト、あるいは帝国主義者だと言ってやりたくなる。奴は、バルト諸国、ポーランドの半分、ベッサラビアのすべてを要求し、地中海へのアクセスまで求めた。皆が奴を、気さくで、率直で、おおむねうまくやっていけそうな愉快な人物だというが、それは彼が何が欲しいかを包み隠さず、はっきりさせたからなのだ。〉

＊原註

1　*New York Times*, December 25, 1943.
2　同右、January 12, 1944.
3　*The Memoirs of Cordell Hull*, Vol. II, p. 1439.
4　*F. D. R.: His Personal Letters*, p. 1498.（傍点は著者による）
5　*New York Times*, October 23, 1944.（傍点は著者による）
〔編者注：フーバーはこのルーズベルトの言葉に次のようなコ

メントを書き入れていた。

「ルーズベルトはスターリンにアメリカの国内政治について説明している事実がある。それを鑑みると、ルーズベルトのこの声明は政治手法としては正しいと信じたい。ただこの問題を掘り下げ、ルーズベルトの倫理的責任を検討するにはかなりの紙幅を使って論じなくてはならない」

フーバーは一九六四年一月の原稿で、この部分を第57章から削除している〕

6 Winston S. Churchill, *The Dawn of Liberation*, Little, Brown and Company, 1945, pp. 25–26.

7 同右、pp. 208–210.

8 同右、p. 253.

9 *Onwards to Victory*, p. 7.

10 *The Conferences at Cairo and Tehran, 1943*, p. 531.

11 Forrest Davis, "What Really Happened at Teheran," *The Saturday Evening Post*, May 13, 1944, p. 37.

12 同右、pp. 11, 39, 41.

13 Demaree Bess, "The Cost of Roosevelt's Great Design," *The Saturday Evening Post*, May 27, 1944, pp. 17, 90.

14 Herbert Hoover, *Addresses upon the American Road, 1941–1945*, D. Van Nostrand Company, 1946, pp. 251–254.

15 *The Forrestal Diaries*, p. 14.

第58章 二つのことが承諾されていたことを示すスターリンの行動

「二つのとてつもない約束」で、一五の民族（国家）が共産主義者の支配下に入ってしまった。テヘランでそれを承諾していたことは、スターリンが会談後すぐに行動に出たことからも明らかだ。彼は、ドイツ軍が撤退を始める前からすでに東欧で行動に移っていた。これに対してルーズベルト、チャーチル両氏が抗議したという記録はない。

フィンランド

一九四四年二月、ドイツの劣勢が明らかになっていた頃だが、フィンランドはロシアと和平交渉に入った。私は先に、スターリンがテヘランで提示していた条件を示したが、それは八億ドル相当の賠償金で、交換レートは戦前のレートで計算するということだった。[1] この賠償額は、アメリカであれば二億五〇〇〇万ドルの要求に相当する。ルーズベルト氏は、フィンランドにこの要求を受け入れるように促した。[2] ハル長官もその意向を示した。しかし、フィンランド議会はロシアの要求を拒否した[3]（一九四四年三月二十一日）。ルーズベルト氏は、フィンランド公使をワシントンから追放すると、同国との外交関係を断絶した。[4]

一九四四年八月四日、フィンランド議会は、カール・グスタフ・マンネルヘイム元帥を大統領に選出した。彼はドイツにフィンランドからの退去を要請した。ドイツ軍は、他所に駐留軍を移す必要があったためその要請を受けたが、退路にある民家をことごとく破壊していった。

九月四日、マンネルヘイム大統領はソビエトとの講和を求めた。講和は九月十九日になったものの、その条件はテヘランでスターリンが要求していたものとほぼ同じであった。賠償金に加え、対ソ戦を指導した者を逮捕し、戦犯として裁くことを要求した。自由を求める彼らの戦いを戦争犯罪としたのである。また内閣の構成はスターリンが納得するものでなくてはならないとの条件まで付いた。

バルト諸国

バルト諸国の独立と自由獲得の望みはテヘランで消えた。テヘラン会談後に、こうした国々の亡命政府高官から、独立のために介入することを望むルーズベルト宛ての書簡が相次いだ。大西洋憲章の精神に訴えた請願だった。そうした願いが一九四四年九月十二日と十月十七日に届いたが、それに国務省は対応しなくてはならなかった。

〈バルト諸国に関わる事案は国務省の担当者の関心を呼んでいる。[5]〉

バルト諸国には地下組織が生まれ、ソビエトによる虐殺の実態（場所、時間など）を示す情報を収集した。そこには次のような記録があった。[6]

〈エストニアからは六万九一〇人の人々がソビエトに送られていった。そうした人々の階層は多岐にわたっていた。このうち七一二九人に一〇年から二〇年の強制労働の刑が下された。一八〇〇人が処刑され、三万二一八七人が赤軍兵士に編入された。

ラトヴィアでは、六万人以上が消えていた。うち二万人が女性で、子供も九〇〇〇人含まれていた。ジュネーブの赤十字は行方が知れない人々三万五〇〇〇人のリストを作成した（一九四三年）。一七〇〇人は処刑された。

リトアニアでは、少なくとも五万人がロシアに送られた。そのうち三〇〇〇人がロシア秘密警察（ＮＫＶＤ）

によって処刑された。子供たちは家族から引き離され、若き共産主義者の訓練所に送られた。

強制移住させられる者は、鍵のかかった家畜列車に放り込まれ、水も衛生設備もない状況に置かれた。彼らはシベリアや沿海州方面に送られた。〉

ブコビナ、ベッサラビア

一九四四年八月末、ドイツ軍はルーマニアから撤退した。スターリンは間髪を入れず、同地域を占領し併合した。

ポーランド

二つの密約の存在を最も明瞭に示すのはポーランドのたどった運命である。ポーランドは共産主義国家群に組み込まれた。この時期のいわゆる自由主義国の指導者がいかに軟弱であったかを如実に語る好例である。ポーランドについては、「ケーススタディ」で後述する。

東部ポーランドはドイツ軍の撤退で、赤軍がたちまちカーゾン線までを占領し併合した。西部ポーランドは、共産主義者が実質的権限をもつ指導組織を作った。組織のメンバーはおよそ二〇人であったが、うち一二人が古参の共産党員だった。その他のメンバーも、リベラル勢力に属していた。この組織はルブリン〔訳注：現ポーランド南東部の都市〕に設置された。

チェコスロバキア

エドヴァルド・ベネシュ大統領はテヘラン会談の（隠された）趣旨をすぐに理解し、モスクワに飛んだ。テヘラン会談のわずか一カ月後に、彼はスターリンとの間で協定を結ぶことに成功した（一九四三年十二月十二日）。協定は、ドイツからの解放後の暫定政府には共産主義者の代表を受け入れ、共産ロシアの友好国になることを約したものであった。[7]

この協定の五カ月後の一九四四年五月、ドイツが撤退するとベネシュ大統領は暫定政権を組織したが、そこには多くの共産主義者がいた。

アルバニア

アルバニアからドイツ軍が撤退したのは一九四四年末である。アルバニアの共産主義者は、ロシアとユーゴスラビア（チトー将軍）の支援を受けて政権を奪取した。一九四四年十二月までには、反対政党は一掃され、続く選挙で共産主義者エンヴェル・ホッジャが首相に選出された。[8]

ハンガリー

テヘラン会談後すぐに、スターリンはモスクワで共産主義者ヤーノシュ・ギュンギュシによる暫定政権を作らせた。およそ一年後にドイツ軍が撤退すると赤軍がハンガリーを占領し（一九四四年十一月）、スターリンの傀儡《かいらい》政権を立てた。実質的権限は赤軍司令官ヴォロシーロフ元帥とハンガリー共産党の指導者ラーコシ・マーチャーシュが握った。

ブルガリア

ドイツ軍の撤退が迫った時期に、国内の民主主義勢力はドイツ傀儡政権を倒し（一九四四年九月二日）、コンスタンティン・ムラヴィエフを首班とする暫定政権を樹立した。このわずか三日後に、ソビエトが同国に宣戦布告。ブルガリアはたちまち降伏した（九月九日）。赤軍はブルガリアを占領し、民主政権を排除し、ムラヴィエフ首相は投獄された。ソビエトが古参の共産主義者ゲオルギ・ディミトロフを首班とする政権を打ち立てると、[9]ディミトロフは民主主義を求めるおよそ二〇〇〇人の指導者層を粛清した。[10]

アメリカ人特派員レオン・デンネンは次のようにレポートしている[11]（一九四四年十二月三十日）。

〈アメリカ国民は真実を知らされていない。ブルガリアの純粋な民主主義革命に対するソビエトロシアの激しい抑圧の実態が明かされていない。ロシア軍は戦車、銃剣そして我が国の武器貸与法によって送られた武器をもって、共産主義者による政府を押し付けた。親米勢力はトルブーヒン将軍によって銃殺され、あるいは投獄された。〉

ユーゴスラビア

第53章では、テヘラン会談において、チトーらの共産主義者によるユーゴスラビア支配を容認する文書を示した。一九四三年十二月一日に、ルーズベルト、チャーチル、スターリンが署名したものである。

この時点では、ユーゴスラビアには二つの地下組織が活動していた。一つは反共産主義者のドラジャ・ミハイロヴィッチ将軍の組織であった。同組織はドイツ軍の侵攻（一九四一年）以来抵抗を続けていた。一方の組織はヨシップ・ブロズ・チトーが率いていた。彼は共産主義者ばかりの抵抗組織を作り上げていた（一九四二年）。チトーはスターリンのエージェントとして二〇年にわたって活動してきた人物だった。彼はスペインの反フランコ勢力としてスペイン内戦に参加した経験もあった。ユーゴスラビアのソビエト衛星国化は、チトー擁立の時点で決まったようなものだった。

ホプキンスによれば、チトーの擁立はルーズベルト自らテヘランで提案したようである。[12]

〈ルーズベルトは、ユーゴスラビアのチトーと行動を共にしたアメリカ陸軍士官の報告書をスターリンに読ませたいと言った。ルーズベルトは、ドイツに対するチトーの抵抗運動をきわめて高く評価していた。〉

ここで言う陸軍の報告書は陸軍ＯＳＳ（戦略情報局）が作成したものだった。この報告書ではミハイロヴィッチに対する評価は低かった。[13]

〈ミハイロヴィッチはその（反共の）政治信条と将来計画をあまりに強烈に出してしまい、正しい判断をすることができないという致命的な誤りを犯した。彼は我々の共通の敵（ドイツ）以上に、共産主義を警戒してしまった。〉

亡命していたユーゴスラビア国王ペータル二世は、カイロ会談の際にルーズベルトを訪問した。[14] カイロ・テヘラン会談の公式記録には会談の中身は記録されていない。しかし国王はその書[15]（*A King's Heritage*）の中で、ミハイロヴィッチとチトーの提携の可能性を話し合ったとしている。

アイゼンハワー将軍は、合同参謀会議（一九四三年十一月二十六日）でこの件について意見を述べていた。[16]

〈必要な支援物資はすべてチトーに送られるべきだ。ミハイロヴィッチは役に立たない。〉

いかなる理由にせよ、テヘラン会談で、ミハイロヴィッチは排除されることが決まっていた。この決断は自由に対する裏切りそのものだった。

一九四三年十二月四日、チトーはユーゴスラビアに暫定政権を樹立した。ルーズベルトとチャーチルがまだカイロにいた頃であった（第二回カイロ会談）。暫定政権は「ユーゴスラビア民族解放委員会」と命名され、そのメンバーは共産主義者ばかりであった。

ペータル二世は、テヘランから帰国途上のルーズベルトとの面会を求めた。[17]

〈私はテヘランから戻るルーズベルト氏との面会を望んだ。しかしそれは断わられた。大統領の体調がひどく悪く、誰にも会えないということだった。〉

チャーチルは一九四四年二月二十二日の議会での演説で、テヘランでのチトーの扱いについて語った[18]。

〈ユーゴスラビアについてはチトー支援を決めた。

ユーゴスラビアには二つの抵抗組織があった。一つはミハイロヴィッチ将軍が指揮していた。彼らは迅速に反独の戦いを開始し、旧セルビア勢力を抱えていた。ユーゴスラビア政府がドイツによって崩壊してしばらくは、この組織が対独ゲリラ戦を続けた。

もう一つの抵抗勢力も生まれた。一九四一年秋、チトーに率いられたパルチザンが激しい対独戦を開始したのである。彼らはドイツ軍に大きな打撃を与え、広範囲にわたって支配権を確保していった。チトーのゲリラ戦術は優れていて、彼の勢力は強力でありかつ逃げ足も速かった。チトーのパルチザン勢力はたちまちミハイロヴィッチ将軍の勢力を圧倒することになった。

チトーは自由を求める勢力にとって抜きん出た才能を持つリーダーであった。不幸にも、二つの勢力は敵対していくことになる。現時点では、チトーの勢力が、ユーゴスラビア王国を代表すると主張するミハイロヴィッチ将軍の勢力を何倍もの規模で圧倒している。

私（チャーチル）は、チトーの動きをこの一年間注意深く見ていた。必要な支援をしてきたし、いまもそれを続けている。〉

ミハイロヴィッチは結局チトーによって逮捕され、共産主義者によって裁かれ処刑された[19]。

この処置（処刑）についてアメリカ政府が抗議したという記録はない。イギリス政府も抗議していない。ミハイロヴィッチこそが、ドイツの占領（一九四一年）に初めて立ち上がった人物である。ミハイロヴィッチは、勇敢にも、セルビアを通る鉄道を破壊し、それによってギリシャの英国陸軍を助けているにもかかわらずである。

ミハイロヴィッチ将軍の貢献と、彼がいかにして捨てられたかについては多くの文献がある。その一つがルース・ミッチェルの著作である。彼女はウィリアム・ミッチェル司法長官の妹である。[20]（それらの文献の中で）ミハイロヴィッチの悲劇が描かれ、なぜ（米英の）助けがなかったかについての言い訳がなされている。彼が反逆者として裁かれた偽りの裁判についても多くの記事が新聞に掲載されている。

一九四四年五月二十四日、チャーチルは議会演説で再びこの問題について触れた。その演説では、チトーは共産主義思想から一歩抜け出した人物だとして彼を擁護したのである。[21]

〈我々が忘れてはならないのは、ミハイロヴィッチ個人だけを見ていてはならないことである。二〇万人にものぼるセルビア系の小作農がいて、彼らは反ドイツであり当然ながら親セルビアだった。彼らの思想は小さな土地を所有する典型的な小作農のそれであった。彼らは、クロアチアやスロヴェニアの農民よりも共産主義には消極的であった。チトーは、自身の共産思想を愛国的指導者の顔の下に隠した。彼は繰り返し、セルビアの土地所有制度や社会体制を引っくり返すようなことは考えていないと述べていたのである。〉

この頃、ロンドンのユーゴスラビア亡命政権は国王ペータル二世とイヴァン・スバシッチ首相の指導下にあったが、民主主義的な組織であった。亡命政権は英米政府の圧力で、チトーの「ユーゴスラビア民族解放委員会」と協定を結んだ（一九四四年六月十六日）。その協定ではチトーが暫定政権の指導者となり、亡命政権の民主主義勢力がそれに参加することになった。[22]

協定が結ばれた二カ月後の一九四四年八月、チャーチルはチトーおよびスバシッチと会談し、二つの組織の協力を約束させた。チトーはチャーチルに、この時点では、ユーゴスラビアに共産主義を強制しないと約束していた。チャーチルがそれを公式に声明するよう促すとチトーは拒否している。[23]

ドイツ軍は一九四四年十月にユーゴスラビアから撤退した。チトーはすぐに暫定政府を樹立したが、一五人の閣僚は共産党員あるいは容共的人物であった。非共産主義者はスバシッチ他わずかに一名であり、彼らにはほとんど実権のない官職が与えられた（十一月一日）。

人間の自由に関するこうした動きの結果は、ディオニシエ司教が指導するアメリカ・セルビア人委員会（Committee of American Serbs）の報告に詳しい。司教はテヘラン会談の一年後（一九四四年十二月一日）、次のような声明を発表している。[24]

〈四万以上の人々がベオグラードとセルビアで逮捕された。彼らは、亡命政権の官僚、軍人あるいはドイツで捕虜になっている者たちの家族である。亡命者が独裁者チトーへの忠誠を誓うまでの人質である。それまで彼らは強制収容所に送られ、（忠誠が示されなければ）処刑されるのである。この日（一九四四年十二月一日）までに、ベオグラードでは、指導的立場にある市民二四五人が逮捕され、処刑された。ベオグラードの解放者と見なされているチトーの軍が彼の指示に従って執行したのである。〉

ルーマニア

テヘラン会談の時点では、ルーマニアはドイツの側に立って連合軍と戦っていた。テヘラン会談では、イーデン英外相が、ルーマニアとの講和条件は無条件降伏以外にないと主張した。[25]

チャーチル氏は、一九四四年五月二十四日の議会演説で、ルーマニアの将来について次のように述べた。[26]

〈ロシアがルーマニアに提示した条件には、同国の社会の基準を変更することには言及されていない。状況を鑑みれば実に寛容な条件である。〉

ルーズベルトがソビエトの対ルーマニア政策を承認し、ハル国務長官は抵抗していたことを、次章（第59章）で明らかにする。

ドイツ軍の撤退で、ルーマニアは軍事的には降伏した（一九四四年八月二十四日）。若き国王ミハイ（一世）は平和的クーデターにより親ドイツ政権（イオン・アントネスク将軍）を排除し、新首相にはコンスタンチン・サナテスク将軍を任命した。しかし、彼は新政権に共産主義者を入れることを強要され、ロシアの要求する講和条件を受け入れなくてはならなかった。その条件にはロシアへの賠償が規定されていた。ルーマニアは一九四四年九月一日から一九四五年十二月三十一日までに、以下の品目をソビエトに賠償金として引き渡さなくてはならなかった。[27]

牧牛　三一万七〇〇〇頭
羊　三六万五〇〇〇頭
豚　一三万五〇〇〇頭
馬　一二万頭
穀物　六〇万八〇〇〇トン
飼料　九万四〇〇〇トン
原油　三六一万一〇〇〇トン
木材　五五万七〇〇〇立方メートル

バルカン諸国の将来についてスターリンと協定したチャーチル

チャーチル首相は一九四四年十月、モスクワに飛んだ（第二回モスクワ会談）。会談の詳細については第61章であらためて扱う。チャーチル氏は十月九日に行なわれたスターリンとの会談で、両国の版図を大きく広げるための打ち合わせをしていた。[28]

〈この日の午後十時、クレムリンにおいて最初の重要な会談があった。参加者は私とスターリン、モロトフ、イーデン、ハリマン、そして通訳のバース少佐（英国側）とパブロフ（ソビエト側）だけであった。

私は頃合いを見て、バルカン諸国の問題について協議してしまおう、と発言した。「貴国の軍隊はすでにルーマニアとブルガリアに入っているが、我が国にも利権があり、英国人も暮らしている。小さな問題に拘泥しないで処理したい。まず提案したいのはルーマニアに対する貴国の影響力は九〇とし、かわりにギリシャに対する我が国の影響力を九〇としたい。またユーゴスラビアについては五分五分としたい」というのが私の示した合意案であった。この発言がロシア語に訳されている間に、私は紙の半分を使って次のように書きつけた……

ルーマニア　　ロシア　九〇％　　他国　一〇％

ギリシャ　　英国　九〇％（ただし米国の同意要）　　ロシア　一〇％

ユーゴスラビア　　五〇―五〇％

ハンガリー　　五〇―五〇％

ブルガリア　　ロシア　七五％　　他国　二五％

こう書きつけた紙片をテーブル越しにスターリンのほうに押しやった。この時彼は通訳を通じてその内容を聞いていた。しばらく沈黙した後、スターリンは青鉛筆を使って大きなチェックマークを付け紙片を私に戻した。これで決まりだった。長い沈黙があったが、その間マークの付けられた紙片はテーブルの中央に置かれたままであった。

私は沈黙を破って、「こんなふうにあっさりと数百万の人々の運命が決まるのは皮肉なものだ。この紙は焼いてしまいましょう」と言うと、スターリンは、「いや、あなたが持っていてくれてかまわない」と答えたのである。〉

この（チャーチルが語る）エピソードこそがテヘランにおいて、（ソビエトの隣国を親ソ国家にしてもかまわないという）「友好的な隣国」の密約があったことの証左なのである。スターリン元帥の共産主義者政権がハンガリー、ブルガリア、ユーゴスラビアそしてルーマニアにすでにでき上がっている現実の中では、他の国の要求するパーセンテージが意味を持つチャンスはほとんどなかった。[29]

チャーチル氏がこのモスクワ訪問について議会説明を行なったのは一九四四年十月二十七日のことであった。モスクワでの合意の二週間後のことである。彼は次のように報告した。[30]

〈バルカン諸国の問題は複雑な要素が絡み合っている。黒海と地中海をめぐる利害関係も考慮されなくてはならなかった。それでも我々は合意することができた。ギリシャ、ルーマニア、ブルガリア、ユーゴスラビア、あるいはバルカン諸国ではないもののハンガリーといった国々に関する方針やドクトリンは逸脱してしまったが、そのことによって我が国の安全保障がすぐにも危険に晒されることはないと考える。いずれにせよ、我々はこうした国々に対してうまくやっていくための合意ができた。一つの国あるいは同地域全体としてもうまくやれるはずだ。そうすることで共通の敵に対する戦いを、集中的に、かつ（ロシアと）協調しながら遂行できるのである。戦い終了後にも可能なかぎり穏やかな和解条件が見出せるものと期待している。実際、ユーゴスラビア王国政府を代表するスバシッチ氏とチトー元帥の間を、英露両国で取り持った。我々は両者を招き、共通の利害のために協力させ、私がナポリで開催する協議への参加を了承させている。

これら一連の交渉は、一年前のテヘランでの決定に基づくものである。〉

この最後の一文が、テヘランで非公開の協定が結ばれたことの証である。それが八つの国の運命を決めていたのである。

ギリシャについては先述のとおり九〇パーセントの支配権をイギリスが持つことが決まった。

スターリンはギリシャ国内の共産主義者の独自の動き、つまり政権を奪取しようとすることまでがこの合意で抑制されるとは考えなかった。ギリシャのその後についてチャーチルは次のように書いている。[31]

〈ドイツ軍のギリシャからの撤退に伴い、アテネには連合国との公式な関係を持つ政権が戻った。同政権の設置にはルーズベルト大統領の完全なる承認があった。国王と王弟が再び君主となることを望んだのは当然だった。しかし、イギリスは、（再び君主制に戻すかについては）国民投票にかける方針とした。米国内の左翼勢力に対して、我が国の対ギリシャ外交の方針は、その将来をギリシャ国民の自由な意志に任せるというものだと主張できるからであった。

一九四四年十二月初旬、共産主義者たちは大胆にもアテネで政権奪取を試みた。小人数のイギリス部隊が共産主義者に戦いを挑んだ。これによって共産主義者の動きは抑制され、ギリシャ政府は体制を立て直す余裕ができた。結果的にギリシャが共産主義国家になることを防ぐことができた。〉

チャーチル氏は、一九四四年十二月五日の議会演説で次のように述べた[32]。

〈ギリシャはいま内戦の危機に瀕しているが、我が国はそうなることを防ぐべく努力している。ギリシャに対しては連合国の軍隊が責任を持たなくてはならない。その点については連合国首脳の間で合意されている。〉

イギリスが共産主義者を抑え込んだやり方に対して、我が国のメディアにいくつかの厳しい批判が現われた[33]。ルーズベルト氏は一九四四年十二月十三日にチャーチルに電信でメッセージを伝えた。公にはイギリスのやり方を支持することはできないというものだった。これに対してチャーチルは次のように答えている[34]（十二月十七日）。

〈我が軍のギリシャ占領は、貴殿の完全なる同意に基づくものです。〉

共産主義者は内戦を覚悟していた。これを潰したのはスコビー中将の率いる英国陸軍であった。共産主義勢力との協定が成立したのは一九四五年二月十二日である。これに従って共産勢力は武器を置いた。その条件は政党としての存在を認めることであった。選挙制度の確立と王政の回復の可否は国民投票によって決することが条件となっていた。

＊原注

1 Hugh Shearman, *Finland*, London Institute of World Affairs, 1950, passim.

2 *The Public Papers and Addresses of Franklin D. Roosevelt*, 1944 volume, p. 103. および *The Memoirs of Cordell Hull*, Vol. II, pp. 1449-1450.

3 *New York Times*, March 22, 1944.

4 *The Memoirs of Cordell Hull*, Vol. II, p. 1450.

5 Lithuanian American Information Center Pamphlet, *Supplement to The Appeal to Fellow Americans On Behalf of the Baltic States by United Organizations of Americans of Lithuanian, Latvian and Estonian Decent*, November 1944, pp. 8, 15-18.

6 "The Baltic States," *The New Leaders*, vol. 28, April 14, 1945, p. 12.

7 この内容は一九四六年にベネシュ大統領が自ら著者（フーバー）に明かしたものである。

8 Ernest O. Hauser, The Red Rape of Albania, *The Saturday Evening Post*, November 26, 1949, p. 26. あるいは Andrew Gyorgy, *Governments of Danubian Europe*, Rinehart & Company, 1949.

9 World Peace Foundation, *Documents on American Foreign Relations*, Vol. III, July 1944-June 1945, Princeton University Press, 1947, pp. 239-243. あるいは *New York Times*, September 6, 1944.

10 Leon Dennen, *The New Leader*, April 14, 1945. あるいは Hal Lehrman, *Russia's Europe*, D. Appleton-Century Company, 1947, pp. 258-277.

11 Leon Dennen, "A Guide Through Balkan Chaos," *The New Leader*, December 30, 1944.〔編者注：原稿には一九四五年四月十四日とあるが、編者が修正した〕

12 *Roosevelt and Hopkins*, p. 784. あるいは *The Conferences at Cairo and Tehran, 1943*, pp. 606-615.（この文書はチトーを好意的に評価している）

13 *The Conferences at Cairo and Tehran, 1943*, p. 608.

14 同右、p. 345.

15 King Peter II of Yugoslavia, *A King's Heritage*, G. P. Putnam's Sons, 1954, pp. 195-196.

16 *The Conferences at Cairo and Tehran, 1943*, p. 361.

17 *A King's Heritage*, p. 199.

18 *The Dawn of Liberation*, pp. 17, 20-21.
19 「パルチザン」はチトーの勢力（共産主義者）の実体をカムフラージュするための用語と思われる。
20 〔編者注〕この記述は間違いである。彼女は、ウィリアム・ミッチェル准将の妹である。彼は米国空軍のパイオニアとされている。彼女の蓋棺録は *New York Times*, October 26, 1969, p. 82.
21 *The Dawn of Liberation*, p. 122.
22 *Documents on American Foreign Relations*, Vol. VII, July 1944-June 1945, p. 907.
23 *Triumph and Tragedy*, p. 90.
24 ユーゴスラビアが最終的に共産主義国家となった経緯は後述する。
25 *Foreign Relations of the United States, Diplomatic Papers, The Conferences at Cairo and Tehran, 1943*, p. 166.
26 *The Dawn of Liberation*, p. 127.
27 ブカレストに派遣された米国使節団が得た秘密情報（一九四六年五月八日）。〔編者注：フーバーはこの数字についての出典はこれだけしか明かしていない〕
28 *Triumph and Tragedy*, pp. 226-228.
29 〔編者注〕原稿には注番号が振られていたが、対応する注は空欄になっている。
30 *The Dawn of Liberation*, pp. 285-287.
31 Churchill, What Really Happened in Greece, *Reader's Digest*, July, 1947, pp. 110-113. あるいは *Triumph and Tragedy*, pp. 283-325.
32 *New York Times*, December 6, 1944.〔編者注：フーバーの原稿にはチャーチル発言の引用にいくつかの間違いがあったが編者が修正した〕
33 同右。
34 *Triumph and Tragedy*, p. 304.

第59章　コーデル・ハル国務長官の困惑

ハル長官は「二つの重要な合意」がテヘランでなされた現実をなかなか理解できないでいた。彼自身がそれを決めた会談に出席していなかったからである。彼の困惑について考察しておきたい。そうすることが、「二つの重要な合意」の存在の証明にもなる。

彼がなかなかその存在に気づかなかったのは、テヘラン会談の一カ月前の第一回モスクワ会談の合意があったためである。モスクワでは、英露の間で勢力圏を求めないこと、抑圧的政策を取らないことが決まっていた。一九四三年十一月十八日にはその理解に基づいてワシントン議会に説明していた。テヘラン会談の九日前のことである。[1]

〈モスクワでの四カ国合意によって、勢力圏、同盟、勢力均衡《バランス・オブ・パワー》などを求めないことが決まった。かつてのように安全保障を求めて、あるいは国益の拡張を狙って駆け引きをする必要がなくなった。〉

ハル長官の説明に偽りがなかったことは間違いない。

一九四四年一月二日、ウェンデル・ウィルキーは疑念を呈し、こう言った。[2]

〈誰もが、ロシアがその隣国の政治体制をどうするつもりなのかと言っている。つまりフィンランド、ポーラン

ド、バルト諸国、バルカン諸国の小国を彼らがどう扱おうとしているか気を揉んでいる。〉

ロシアの新聞はウィルキーの憂慮にすぐさま反応し（一月五日）、すでに合意を見た案件に誰も口を挟むことはできないと表明した。この反応にハルは警戒心を抱いたのである。[3]

〈ソビエトの新聞『プラウダ』は、ウェンデル・ウィルキーの惹起した疑念に対して、辛辣な意見を返してきた。彼の疑念は、ロシアの隣国であるフィンランド、ポーランド、バルト諸国、バルカン諸国の今後の政治体制に関するることであった。『プラウダ』の回答は、我が国世論に悪い影響を与えている。なぜならその回答は、ソビエト政府の一存で事を進めていくとの表明に他ならないからである。〉

ハルはイギリスの対応を知ってさらに驚くことになる。[4]

〈一九四四年五月三十日のことだが、ハリファックス卿（英駐米大使）が、英露で交わした我が国政府の合意について見解を質《ただ》してきた。合意とは、ロシアはルーマニアを、イギリスはギリシャに影響力を持つというものであった。大使は、バルカン諸国、特にルーマニアへの対応をめぐって、英露両国の間に亀裂が生じていることを憂慮していた。〉

ハルは、明らかに両国間の「円満に結ばれた合意（The Friendly Nations Agreement）」を知らなかったから、合意に対する英国の執着にいっそう困惑した。ロシアはこの合意（ロシアの隣国の親ソ化容認）を正式なものにするよう英国に要求していたのである。このためイギリスはルーズベルト氏にこれを容認するよう求めた。記録によれば、ルーズベルトは合意事項を文書化することは何としてでも避けようとしていただけに、イギリスの要請への対応をハルに任せていた。ハルは（テヘラン会談で）勢力圏に関わる合意事項などないと固く信じていた。

しかし、第二回モスクワ会談（一九四四年十月）で勢力圏に関わる合意の存在が確実であることに気づくことになる。ハルの回顧録には次のようにある。[5]

〈英露の間に何らかの合意が存在していて、大統領の黙諾を受けてすでに効力を発揮しているのではないかとの懸念は、もはや懸念ではなくなった。一九四四年十月、チャーチル首相とイーデン外相はモスクワに飛び、スターリンとモロトフと会談し、両者は合意内容をさらに進展させた。バルカン諸国に対する影響力の度合いをパーセンテージで示し数字にまでしたのである。

ロシアはこれを受けて、一九四四年六月の合意どおり、ルーマニアとブルガリアなどのバルカン諸国はロシアの勢力圏に当然のごとく囲い込んだ。このように理解せざるを得なくなったことで、一九四五年二月のヤルタ会談では、厄介な問題に直面することになるのである。〉

ハルの困惑については、米駐ポーランド大使（前駐ユーゴスラビア公使）のアーサー・ブリス・レーンの以下の言葉から推察することができる。この当時レーンは国務省本省勤務に戻っていた。[6]

〈ホワイトハウスと駐モスクワ大使館の間には、アメリカ海軍の施設を利用した特別な通信手段が設けられていた。大統領、あるいはハリー・ホプキンスは国務省の公式ルートを使うことなく、ハリマン駐ソ大使へ直接指示を出すことができた。通常は大統領が直接駐在大使と連絡を取る際に使われた。その結果、国務省は、ホワイトハウスとモスクワ大使館の間のやりとりを把握していないことがよくあった。〉

レーン氏は一九四四年十一月二十日の大統領との会話についても述べている。[7]

〈ルーズベルト氏は、ソビエトはポーランドをロシアの勢力圏下に置き、将来の侵略に対する防疫線（Cordon Sanitaire）にすると考えていると語った。彼は、ソビエトがポーランドを防衛の砦にしようとしていることは理解できると述べたのである。スターリンは、第一次世界大戦後、連合国がボルシェビキ思想に対する防疫線を東部に形成した事例を指摘し、*ソビエトが、その西部国境をしっかりと防衛したいと考えるのは当然であると主張していた。〉

レーン氏はさらにこう付言している。[8]

〈私は、ポーランドの独立を保つべきだとソビエトに伝えなくてはならないと意見した。この件について我が国の姿勢をはっきりさせることが重要であると主張した。当時の我が軍は陸海空ともに世界最強であり、大統領はそのような外交を進めることを期待され再選されているとも述べた。彼は十一月の選挙で勝利していた。私は我が国がこの時以上に強力な軍事力を持つとは考えられなかった。

大統領は「君は私にロシアと戦うべきだと言うのかね」と自嘲しつつも、断固とした態度で応じた。

これに対して私は「ロシアとの戦争などは考えてもいません。（ポーランドの処理については）断固たる態度を示すべきであり、決して妥協してはならないと考えるのです。そうすれば我々の外交目標（ポーランドの独立）は達成できると思います。注意すべきなのは、ソビエトの考えるポーランドの独立は我々のそれとはかなり違うということです」と意見を述べた。

「スターリンを信用する、ポーランドを悪いようにはしない」。これが大統領の返事だった。

＊訳注：アメリカ、日本などによるシベリア出兵を指していると思われる。

「残念ですが、私はそうは思いません。スターリンのこれまでの行動を見れば、とても信用できません」と最後まで反論した。〉

テヘラン会談の墓銘碑

人類の指導者ともいうべき面々は、テヘランで恐ろしい悪魔を野に放ってしまった。こうした事態を私は恐れていた。私は二年半前の私のスピーチ（一九四一年六月二十九日）の中で、アメリカ国民に警告したつもりであった（第34章参照）。

〈我が国はスターリンに支援を約束してしまった。これは、世界の民主主義に対する軍国主義的共産主義者の挑戦を手助けするようなものだ。軍事的視点から見ればイギリスとロシアの協力には価値はあるだろう。しかし、四つの自由を守るために戦わなくてはならないという主張を悪い冗談に変えてしまうのだ。対ソ支援に留まらず、現実に参戦し勝利しても、それはスターリンがロシア支配を万全なものにし、さらにはその力を世界中に拡散させるのに手を貸すことに他ならないのだ。（スターリンを支援する戦いであれば）私たちは、若者たちに、世界に民主主義と自由を取り戻すために命を投げ出せなどとは言えないのだ。〉

＊原注

1 *The Memoirs of Cordell Hull*, Vol. II, pp. 1314-1315.
2 *New York Times Magazine*, January 2, 1944.
3 *The Memoirs of Cordell Hull*, Vol. II, p. 1437.
4 同右、p. 1451.
5 同右、p. 1458.
6 *I Saw Poland Betrayed*, p. 68.
7 同右、p. 67.
8 同右、p. 66.

第14編

度重なる会談　その四

第60章　第二回ケベック会談（一九四四年九月十一日〜十六日）

出席者

第二回ケベック会談は一九四四年九月十一日に始まった。ルーズベルト大統領、チャーチル首相、マッケンジー・キング首相（カナダ）およびそのスタッフから成る会談であった。[1]

コミュニケ

会談後に次のようなコミュニケが発表された。[2]

〈大統領（ルーズベルト）、首相（チャーチル）および合同参謀本部は会議を重ねた。議題は対独・対日戦に関わるすべての案件である。短期間の会議であったが、ヨーロッパ戦線における戦争終結に関わる案件、および最終局面に来ている太平洋戦線に関わる諸問題と太平洋の野蛮人撲滅（the destruction of the barbarians of the Pacific）について協議され、合意を見た。

最も難しかった案件は、日本に対していつ大量の軍を動員するかであった。参加国は日本との戦いに強い関心を持っていた。〉

会談の内容は発表されなかったが、その後の各国の動静と参加者の著した著作によって明らかになる。

モーゲンソーによるドイツ農業国化構想（モーゲンソー・プラン）

このケベック会談では秘密協定があった。その後の世界のあり方に悪魔的な影響を与えるものだった。それは財務長官ヘンリー・モーゲンソーの、ドイツ農業国化構想であった。ドイツを、わずかに消費財を生産できる程度の農業国にしてしまおうと考えたのである。秘密協定の内容は次のようなものであった。[3]

〈大統領と首相（チャーチル）は、ドイツを再軍備させない最良の方策について議論した。この問題はルールおよびザール地方の処理が関わっていた。

ドイツの金属、化学、電気などの諸工業を民生用から軍用に移すことがどれほど容易であったかは、この戦争の苦い経験を通じてはっきりとわかった。また忘れてならないのは、ドイツはロシアをはじめ隣国の工業の大部分を破壊し尽くした事実である。そうした国々が、ドイツに残る工業設備を移設して自国の工業の回復を図ることには正当性がある。したがって、（設備を失うことになる）ルールとザール地方の工業は操業停止となり閉鎖となる。両地域では、国際機関の監視下で、工場が解体されなくてはならない。またこの地域が誤魔化しによって再び工業化されることがあってはならない。

ルールとザール地方から軍事産業を排除する計画は、すなわちドイツを基本的には農業および酪農に依存する国に変えていくことを意味するものである。

この計画について首相および大統領の合意をみた。

（この文書にはO・K〔キング〕、F・D・R〔ルーズベルト〕、W・S・C〔チャーチル〕が署名している。日付は一九四四年九月十六日）〉

会談の一週間後、この合意は『ウォールストリート・ジャーナル』紙に漏れ、主な内容が詳しく報道された。[4] 数日後、私は他の要件でヘンリー・スチムソン陸軍長官を訪問した。私は、彼に『ウォールストリート・ジャーナル』紙の報道について彼の知るところを尋ねた。彼によれば、一九四四年八月末の閣議で、モーゲンソー財務長官が、前記のような対独政策の提案をしたが、その場で彼自身とハル国務長官が拒否したと明かしてくれた。それを受けて、大統領はハル、スチムソン、モーゲンソーの三人にこの計画の再検討を命じたらしい。

スチムソン長官はファイルを取り出し、ケベック会談の合意文書を私に示した。そこには彼自身の否定的な意見と、招来するだろう問題が書かれていた。彼の意見にハルも同意していたらしい。スチムソンによれば、ハル国務長官も彼も、ケベック会談への参加は要請されていなかった。一方の英国側は、チャーチル首相にはハルとスチムソンの役職に相当する閣僚が随伴していたのである。

国務省の記録によれば、モーゲンソー・プランには、イーデン外相が反対していた。[5] チャーチルは次のように書いていた。[6]

〈このプランを聞いて私は猛反対した。しかし、大統領とモーゲンソー氏（彼から多くの説明を受けた）の二人はそのプランに執着していた。我々は少なくとも検討することには同意した。

我が戦時内閣による検討も必要であった。もしそれができていたら、ドイツ農業国化計画はお蔵入りであった。〉

しかし、お蔵入りにはならなかった。二年八カ月後、ジョージ・ソコルスキー（コラムニスト）は自身のコラム[7]（一九四七年五月二十一日）で、若干異なる文言で同プランのテキストを載せ、彼のコラムの一読者がこの案件を国務省に質したところ、次のように知らされたと書いた。

〈我が国政府は、いわゆるモーゲンソー・プランなるドイツ処理政策を採用したことはない。〉

この声明は、署名された合意書面に鑑みると、全体的真実を語っていないことがわかる。

アメリカ国内の共産主義者がモーゲンソー・プランに与えた影響

これらのプラン作成にあたってモーゲンソーに強い影響を与えたのは、ハリー・デクスター・ホワイトである。彼は財務次官補であった。ケベック会談の九日前の一九四四年九月二日、ドイツの戦後のあり方について国務省、陸軍省および財務省の担当者が協議の場を持った。国務省の記録では次のように書かれている。[8]

〈モーゲンソー・プランをホワイト氏が提示したのはこの会議であった。彼はその趣旨の概要を長々と説明した。彼の説明（解釈）は文書そのものよりも過激であった。〉

ホワイトは後に下院非米活動委員会（HUAC: House Un-American Activities Committee）で証言し、[9]自身がモーゲンソー・プランの作成に深く関わったことを明らかにしている（一九四八年八月十三日）。モーゲンソーもこれを認め、「私の考えを熱心に文章にしてくれた」と述べた。国務省職員H・フリーマン・マシューズは、ケベック会談の四日後の一九四四年九月二十日に、ホワイトはケベックに赴き、英国の説得にあたったとメモに残していた。[10]

一九四五年に入ると、共産党のエージェントであることを悔いたエリザベス・ベントレーとウィテカー・チェンバースが、FBIに、ホワイトがスパイの一員であると告発した。FBIはそれが確認されたことをホワイトハウスに報告している（一九四五年十一月八日）。しかし報告は揉み消された。この問題に関わる全体像が公になったのは、九年後のことであった。それを明らかにしたのは司法長官であり、上院司法委員会だった[11]（一九五三年十一月）。ホワイトは確かにソビエト政府に多くの資料を提供していた。幸運にも、この行為が明らかにされる前に彼は世を去っている。*

歴史家にとって幸いなことに、一九四五年十月にモーゲンソーは自らのプランについて書いた本を出版した。そのなかで彼は計画の全貌を明かしたが、その内容は会談後に発表された合意内容よりもはるかに過酷なものだった。[12]

ドイツ軍の完全な動員解除、軍需産業の解体、ルール地方の石炭鉱山業の清算（設備の破壊ないしは連合国による接収）、賠償金の支払い（インターナショナル・ゾーン内の工業設備を連合国に移転、国外のドイツ人の強制労働〔徴用〕の容認、移転可能な全資産の充当といった方策による）、ドイツ航空産業の撤廃と将来の再生防止。これらの方針が述べられていた。さらに、（ドイツ本土からは飛び地になっていた）東プロシアは、ソビエトとポーランドによって分割されることになっていた。その上でドイツを二分割し、ザール地方はフランス領に併合という案であった。教育と報道規制によってドイツ的精神の抹殺までも提案していた。

モーゲンソー・プランがその後のヨーロッパの再構築にどれほどの悪影響を与えたかについては後述する。[13]

イタリア

ケベック会談後、チャーチル氏はハイドパークの大統領私邸でルーズベルト大統領と会談した（九月十八日、十九日）。二十六日には共同声明を出しているが、重要案件が話し合われたことが確認できる内容であった。[14]

〈大統領および首相は引き続き月曜日、火曜日（九月十八日、十九日）にハイドパークで協議を続けた。議題は戦後のヨーロッパ処理であった。現時点では、軍事戦略上および他の連合国が検討中であるとの理由から、その内容を公にすることはできない。

イタリアについては次のような考えである。

「イタリア国民は、ファシストおよびナチスから解放され、この一二カ月にわたって、自由を望み民主主義を求める強い意思を示した。また和平と正義を希求する国際連合の一員として参加したいとの考えである」

「国の再生を目指すイタリアの人々の行動を応援する必要がある。彼らは邪悪なファシスト体制を完全に排除しようとしている。我々はイタリアの人々に、我々の共通の敵（ドイツ）の敗北に貢献する素晴らしい機会を与えたいと思う」

「言わずもがなだが、ローマで起きた暴動に米国民も英国民も眉をひそめている。しかし、あらたに責任を負託されたイタリア国民およびその政府は、あのようなことが再び起きるのを防ぐことができよう」

「法と秩序と正義。これが維持できることが条件であるが、イタリアが自ら政治を進めるような手配がなされていくべきである。この考えを明確にする意味もあり、連合国統制委員会の名称を連合国委員会に変更する」

「駐伊英国高等弁務官は駐伊大使を兼ねることとする。ローマの米国代表はすでに大使の肩書を得ている。イタリア政府の代表がワシントンおよびロンドンに駐在できることになるよう期待している」

「対イタリア政策でまず始めなくてはならないのは、国民を飢餓、病そして恐怖から救出することである。我々はＵＮＲＲＡ（連合国救済復興機関）の両国代表を通じて、同機関が医療品やその他の必需品をイタリアに送ることを決定するよう働きかけている。この考えを他国代表が理解していると聞いて喜んでいる」

「ムッソリーニ時代の失敗で弱体化し、ドイツの破壊的な活動によって搾取されたイタリア経済であるが、再建を急がなくてはならない」

「経済再建は、共通の敵であるドイツと日本との戦いに必要な軍事産業の分野から始め、この分野に資源を優先的に配分することになる。軍事戦略上の観点からも、エネルギー産業の回復、鉄道・道路・電信のインフラ補修を進めなくてはならない。そのために必要な技術者を、短い期間にはなるが、同国に派遣し、復旧を支援する」

「敵国通商法（The Trading With the Enemy Acts）の適用も変更される必要がある。これによってイタリアと

＊訳注：一九四八年八月十六日死去、自殺が疑われている。

他国との商業契約が可能になり、イタリア国民の利益を復活させる」

「我々は、イタリアからファシズムの痕跡を一刻も早く一掃したいと考える。すべてのドイツ軍がイタリアから排除され、連合国の軍隊の駐留が不要になった時、自由選挙が実施される。これによってイタリアは自らを自由国家の一員として位置づけることになる」〉

＊原注

1 【米国主要出席メンバー】
ヘンリー・モーゲンソー財務長官
ウィリアム・リーヒー提督
ジョージ・C・マーシャル将軍
アーネスト・J・キング提督
ヘンリー・H・アーノルド将軍
ブレホン・B・サマーヴェル陸軍中将
エモリー・S・ランド海軍中将
ラッセル・ウィルソン海軍中将
チャールズ・M・クック・ジュニア海軍少将
L・D・マコーミック海軍少将
トーマス・T・ハンディ陸軍少将
ミューア・S・フェアチャイルド陸軍少将
ローレンス・S・クーター陸軍少将
スティーブン・アーリー大統領秘書
【英国主要出席メンバー】
アンソニー・イーデン外相
チャーウェル卿〔訳注：Frederick Lindemann、物理学者〕
モラン卿〔訳注：Charles Wilson、チャーチル主治医〕
フレデリック・レザーズ卿
チャールズ・ポータル元帥
アンドリュー・カニンガム提督
ジョン・ディル元帥
ヘイスティングス・イスメイ少将
パーシー・ノーブル提督
G・N・マックレディー中将
ウィリアム・ウェルチ空軍元帥
ロバート・E・レイコック少将

2 *New York Times*, September 17, 1944.

3 〔編者注〕フーバーの原稿にはこの書面の出典が記載されていない。しかし後日この内容は以下の文献に採録された。
U. S. Department of State, *Foreign Relations of the United States, The Conference at Quebec, 1944*, United States Government Printing Office, 1972, pp. 466-467.

4　*Wall Street Journal*, September 23, 1944.

5　*The Conferences at Malta and Yalta, 1945*, p. 135.

6　*Triumph and Tragedy*, pp. 156–157.

7　*New York Times*, May 21, 1947.

8　*The Conferences at Malta and Yalta, 1945*, p. 160.

9　HUAC, *Hearings Regarding Communist Espionage in the United States Government*, 80th Congress, 2nd Session, Part 1, July-August-September, 1948, p. 904. あるいはハーバート・ブラウネル・ジュニア司法長官の一九五三年十一月六日の記者会見。モーゲンソー長官はホワイトがプラン作成に関わっていたことを自著（*Germany is Our Problem*, Harper & Brothers, 1945）の中で書いていない。

10　*The Conferences at Malta and Yalta, 1945*, p. 134.

11　U. S. Congress, Senate Committee on the Judiciary, Subcommittee to Investigate the Administration of the Internal Security Act and Other Internal Security Laws, 83rd Congress, 1st Session, Hearings, *Interlocking Subversion in Government Departments*, Part 16, November-December, 1953, pp. 1110-1142.

12　*Germany is Our Problem.* また彼自身が寄稿した『ニューヨーク・ポスト』紙の連載記事でも内容が確認できる（*New York Post*, November 24-29, 1947）

13　モーゲンソーの構想がケベックで承認されて二年半後、私（フーバー）はトルーマン大統領からドイツの混乱した経済状況について調査報告するよう命じられた。ドイツの混乱によってアメリカおよび他のヨーロッパ地域がいかなる悪影響を被っているかについてのレポートも求められた。調査報告書は一九四七年二月および三月に印刷された。そこでは、モーゲンソー・プランが世界経済の回復に悪影響を与えたことも記されている。

14　*New York Times*, September 27, 1944.

第61章 第二回モスクワ会談（一九四四年十月九日〜二十日）

第二回モスクワ会談には、チャーチル首相、スターリン元帥、イーデン外相が参加した。これにアヴェレル・ハリマン大使がオブザーバーとして加わった。

この時期の戦況は、ロシア方面の戦線では、ドイツ軍がロシア領土とその周辺国からすでに撤退し、逆に赤軍は東プロシアに侵攻していた。イタリア政府は降伏しており、連合国に加わっていた。ドイツ軍は未だ北部イタリアを占拠してはいたが撤退を始め、フローレンス（フィレンツェ）から引き揚げていた。

フランスでは米英軍のオーバーロード作戦およびアンヴィル作戦が始まっており、フランス解放の戦いに移行していた。九月半ばにはフランスにおける戦いでは米英軍の優勢が明らかだった。一九四四年九月十二日には両軍はドイツ領内に侵攻した。第二回モスクワ会談の一カ月前のことである。赤軍は、フィンランド、エストニアの大半とラトヴィア、リトアニアを占領した。ポーランドではヴィスワ川（Vistula）まで軍を進めていた。さらにハンガリー、ユーゴスラビアに迫っていた。

ルーズベルト大統領は、彼のいない場面でチャーチルとスターリンが交渉することが気がかりだった。ルーズベルトはハリマンを通じてスターリンに次のような電信を送った[1]（一九四四年十月三日）。

〈私としては、貴殿、チャーチル氏と私の三人での会談を望んできました。しかし、（チャーチル）首相は、貴

いものと理解しています。世界大戦が続く中で、軍事的あるいは政治的に我が国が関心
殿との会談を今行としてありません。このことは貴殿には十分に理解していただいていると思います。未だ
を寄せない分野ない事項については、我々三人によって解決策を見出すべきであると確信しています。そうい
方針が決ま回のお二人だけの会談の必要性を理解しないものではありませんが、私としては今回の二者会談は、
う意味で計画される三者会談のための事前の打ち合わせと考えています。三者会談は、我が国の選挙が終了しし
これら
だく いつでも開けます。

したがって私は、お二人の会談に、私の名代としてハリマン君のオブザーバー参加を要請するものです。言うまでもありませんが、彼にはお二人の間で打ち合わされる重要事項について、我が国政府を代表しての関与はできません。

また、ここであらためて明確にしておきたいのですが、私は貴殿の対日戦争についての参加（提案）については完全に了承するものです。この件についてはディーン将軍から、合同参謀本部の考えを示す書面が届けられると思います。対独戦は偉大なる三国（米英ソ）によって着々と（優勢に）進められているところです。米ソが協力して両国の共通の敵（日本）にあたり、同様の勝利を収めることは間違いありません。〉

これはルーズベルト大統領の、自分のいない場で事を決めるなという警告だったが、それにもかかわらず二者の間でいくつかの重要事項について合意がなされた。

バルカン諸国に対する英ソ両国による分割合意

二つの秘密合意の存在を示す証拠については第58章で詳述した。チャーチル氏とスターリン元帥は、バルカン諸国に対する支配の程度をパーセンテージに示してまで合意し、それぞれがその帝国の拡張を進めていた。第二回モスクワ会談後の一九四四年十月二十七日、チャーチル氏は英国議会に次のように説明している。[2]

〈バルカン諸国の案件は諸問題を抱えている。黒海や地中海への（アクセス）利権も絡んでいる。それでも（モスクワでは）完全なる合意に達することができた。ギリシャ、ルーマニア、ブルガリア、ユーゴスラビア、あるいはバルカン諸国に含まれないハンガリー等に対して、英ソ両国の方針の違いはあるものの、その意見の相違が、（対独の）共同の戦いの支障にはならない自信がある。英ソ両国は、こうした国々に対する方針に関してうまくやっていけるとの合意を見た。単独で対処する場合もあるし、両国共同で対処する場合もある。いずれにせよ両国の考えは、戦いの勝利に全力を尽くし、共通の敵に対して歩調を合わせた行動をとることにある。戦いの後には、可能なかぎり穏やかな解決策を見出すことにしたい。実際ユーゴスラビアについては、英ソ共同で、スバシッチ氏のユーゴスラビア王国政府およびチトー氏の組織と交渉にあたっている。我々は両者を（ロンドンに）招き、共通の目標のために協調の道を探るよう要請した。両者はそれを私とのナポリでの会談で了承した。

モスクワでの協議は、一年前のテヘランでの誇るべき決定（the great decisions）の実現に向けて行なわれたものである。〉〔編者注：傍点は著者フーバーによる〕

ポーランド

ポーランドに関わる協議は、同国が抜き差しならない状況に陥っていることに関連している。ソビエトに使嗾《しそう》されたポーランド人による反独の反乱が発生した。この事件についてはポーランドの「ケーススタディ」で詳述する。[3]

この頃、赤軍は川を渡ればワルシャワという地点まで来ていたが、反乱軍を助けようとはしなかった。モスクワにはロンドン[illegible]た亡命政権のミコワイチク首相が来ており、スターリンに反乱を支援するよう要請したが、スターリンは動こうと[illegible]かった。会談では、モロトフ外相がミコワイチクに対して、テヘラン会談でポーランドの分割を了承していること[illegible]た。東部はロシア領に、西部には傀儡《かいらい》政権が設立されると説明した。ミコワイチク首相は、チャーチルとハリマ[illegible]の真偽を確認した。チャーチルはそれが事実であると回答したが、ハリマンは大統領に確認

するまで返事ができないとしたのである。

ロシア（ソビエト）と対日戦争

ロシアの対日戦争参戦問題はここでも協議された。会議に出席していたジョン・R・ディーン将軍は詳細な記録を残していた。[4]この案件でもスターリンの姿勢はテヘランでのそれを変えようとしていない。それは、ドイツ降伏後に対日戦争に参加する、というものである。その攻撃に備えて、アメリカからの武器貸与法に基づく支援の軍需物資とイギリスからの支援品はシベリアに備蓄すると説明した。ロシアが対日戦争に踏み切ったのは一九四五年八月八日である。ヒトラーの降伏から九三日後のことであった。

十月二十一日、チャーチルとスターリンは次のような共同コミュニケを発表した。[5]

〈十月九日から十八日までの間、英国代表チャーチル氏、イーデン氏はスターリン元帥およびモロトフ氏と両国の政治顧問、軍事顧問らを交えて協議した。

テヘラン会談での合意事項を、現在の戦況およびケベック会談の協議内容を踏まえて検討した。我々はすべての前線で連合国軍に有利に戦いが進んでいることを確認した。

多くの政治事案については率直で自由な意見の交換をみた。特にポーランド問題についてはソビエトと英国政府の間で真剣な協議がなされた。

協議は、ポーランド（亡命）政府の首相および外相、（ポーランド国内の代表である）国家評議委員会委員長とルブリンを拠点にする国民解放委員会議長の意見を聞きながら進められた。

協議を通じて意見の溝を埋め、誤解を解くことができた。いくつかの案件についての協議は継続している。

ヨーロッパ南東部の流動的な動きは十分に検討され、ブルガリアの休戦条件については合意をみた。

ユーゴスラビアについては、英ソ両政府はまず撤退しつつあるドイツ軍の排除に全力を尽くし、その上で、ユーゴスラビア王国政府と国民解放戦線側の統合によって国内問題を解決に導く考えである。終戦後、ユーゴスラビア国民自身の憲法を作り上げる権利については、決して蔑ろにされるものではない。

今回の会談は合衆国政府の理解と承認のもとで開かれた。協議には米国駐モスクワ大使アヴェレル・ハリマン氏がオブザーバーとして参加した。〉

＊原注

1 *Roosevelt and Hopkins*, p. 834.
2 *The Dawn of Liberation*, pp. 285–287.
3 「ケーススタディ」は下巻。原書五八五ページ「A Step-by-Step History of Poland」
4 〔編者注〕原稿ではこの注は空欄になっていたが、おそらく左記の書である。
The Strange Alliance, pp. 244–249.
5 *New York Times*, October 21, 1944.

第62章　スターリンとの折り合い

武器貸与法に基づく援助

スターリンと彼の部下は、モスクワ会談の場面では、英国とアメリカの代表に対して非協力的であった。この頃の英国は、ロシアに対して軍需物資の支援ができるはずもなかった。自国の需要に応えるのに精一杯であった。ロシアへの支援はもっぱらアメリカの担当となった。アメリカが直面した苦労については、ウィリアム・H・スタンドレイ提督[1]とジョン・R・ディーン将軍[2]の共著に詳しい。

スタンドレイ提督が、駐ロシア大使に任命されたのは一九四二年二月九日のことである。彼は生粋の海軍軍人であっただけに、共産主義者の態度に怒りを抑えられないことが度々あった。テヘラン会談の八カ月前（一九四三年三月八日）には、ついに怒りを爆発させている。[3]

〈この地に赴任して以来、我が国から物資支援を受けている事実をロシアのメディアに知らしめようとした。我々の支援は、武器貸与法に基づくものだけではなく、赤十字、あるいはロシア・アメリカ救援基金からのものもあった。しかし彼らはその事実を受け入れようとは（報道しようとは）しなかった。

彼らは、今次の戦いを彼ら自身の力だけで進めているという印象を内外に植え付けようとしていた。〉

提督は、こうした憤懣を抱えながらも、ロシア人官僚の態度を容認せざるを得なかった。軍事上必要な情報の提供を拒否されていたにもかかわらずである。彼らは、米国関係者の前線視察を許さなかった。武器貸与法に基づく支援要請についても要求の根拠を示さなかったし、それ以外の細かな案件でも非協力的であった。アメリカ側からいかなる要請を投げかけても反応は鈍かった。[4]

スターリンはアメリカから訪問者を受け入れることがあったが、大使の同伴を許さなかった。スタンドレイ大使は本国政府の態度にも不満であった。彼の憤懣はＡＰ電で伝えられている。[5]

〈スタンドレイ大使の赴任以来、アメリカから重要人物がモスクワを訪問している。ウェンデル・ウィルキー、パトリック・ハーレー、アヴェレル・ハリマン、最近ではジョセフ・デイヴィスである。

大使はこうした人物の訪問を英国放送（British Broadcasting System）の報道で知ることが何度もあった。大使は本省に何のための訪問なのか確認したこともあったが、回答がなかったことが少なくとも一回はあった。

デイヴィス氏がスターリン宛ての大統領親書を持参したことがあった。大使は同行したが、スターリンとの会見の場に同席することはできず、帰宅せよと命じられた。大使はそれに従うしかなかった。〉

大使が職を辞したのは一九四三年十月一日のことである。後任にはアヴェレル・ハリマンが任命された。[6] また、武器貸与法のモスクワ現地責任者は、フェイモンヴィル将軍*であったが、ジョン・R・ディーン少将に代えられた。ディーンの書[7]によれば、彼もロシアからの協力を得ることはできなかったことがわかる。[8]

〈ロシアが自ら約束している協力の態度を見せるまで、ロシアへの支援はいったん止めるべきであると何度思ったかしれない。〉

ディーンはロシアの非協力的な態度を次のように分析していた。[9]

〈共産党指導者の長期目標ははっきりしていたから、資本主義国の指導者たちも当然自分たちと同じような（利己的な）狙いを持っていると考えるのは筋が通っていた。資本主義国の指導者がロシアに近づこうとするのは、ロシアの情報を探るためであり、必ず始まるであろう二つのイデオロギー（共産主義、資本主義）の戦いに備えているのだ、と疑っていた。〉

ディーン将軍はこれに続いて共産主義一般についても書いている。[10]

〈ソビエトの指導者が、共産主義と資本主義の共存は不可能であると考えていることはもはや疑いの余地がない。現在のソビエトの指導者が赤軍占領地域に共産主義を強制しようとしているのは明らかである。まだ支配していない地域には、不可避的に始まる資本主義との戦いに備えて、有利な環境を整えようとしている。

彼らが、モスクワを司令本部とした世界共産主義（革命）を企図していることは確実である。軍事力を使用することなくその目的を達成するほうがいいが、武力行使ができると考える場面では、躊躇なくそうするだろう。〉

ディーン将軍は、ロシアがある一面だけは対米協調を見せることがあるとも書いている。米国官僚のために開くパーティーでの彼らの態度であった。[11]

＊訳注：Philip Ries Faymonville 准将。

〈（我が国の）政府高官は、乾杯のたびに米英ソ関係を良好にするべく甘い態度をとるようであった。私はよくあんな乾杯を繰り返すことができるものだと呆れた。パーティーが終わるたびに、我が国から何千機もの航空機が供与される。そうすると彼らは、長期間止めておいたビザを発行した。こちらの要求を通すためには次に何を送らなければならないのかと我々は考える。その一方で彼らは、次は何を要求しようかと知恵を絞るのだ。〉

ディーンはルーズベルト氏の対ソ方針についてこうコメントしていた。[12]

〈（ルーズベルトは）ソビエトに約束した支援物資はとにかく早く届けろという態度だった。そのことで他の作戦に生じる影響など何も考慮しなかった。

彼のこうした態度が対ソ宥和政策の始まりと言えた。その失策からの回復は未だできておらず、いまでも我が国を苦しめている。〉

ハル国務長官が第一回モスクワ会談のためにモスクワを訪問した際（一九四三年十月）、ディーン将軍はハルに要望を伝えている。ソビエトに軍事作戦上の協力を求めるものであった。英米空軍によるドイツ爆撃のための飛行場の便宜供与、気象情報の共有、米ソ間の通信施設あるいは航空通信システムの改善といった内容であった。ハルは、モロトフから「趣旨において同意する（agreement in principle）」旨の言質だけは取り付けた。[13]ディーンはロシアの態度を見て次のように書いている。[14]

〈私は今後のソビエト官僚との交渉にあたっては、二つの点が重要であることに気づいた。一つは、対外政策については、いかなる官僚と交渉しても彼らは常に上位者と相談しなくてはならないことである。彼らは、外国人との交渉にあたって自身の考えを表すことさえも恐れた。自身の言葉が、党の方針と外れていては危ないと感じていたからである。

二つ目の点は、「趣旨において同意する」との返事には何ら実質的な意味がないということであった。〉

ここまで武器貸与法に基づく支援の現地における問題を語った。ここでソビエトに対する武器貸与という行為それ自体の問題を検討したい。

武器貸与法に基づくソビエトへの支援が始まったのは、ロシアがヒトラーの侵攻をモスクワとレニングラードの一歩手前で阻止することができた一九四一年十月から十一月以降のことである。支援が始まるとその規模はたちまち大きくなった。我が国がロシアに与えた支援は概算で、重量では一六五二万三〇〇〇トン、金額にすると一〇六億七〇〇〇万ドルにのぼった。具体的な品目は、トラック三七万五〇〇〇台、ジープ五万二〇〇〇台、戦車七〇〇〇両、その他戦闘用車両六三〇〇台、砲車二三〇〇台、軍用オートバイ三万五〇〇〇台、航空機一万四七〇〇機、対空砲八二〇〇台、機関車両一九〇〇両、ディーゼル車両六六両、一般鉄道車両一万一〇〇〇両、電話機四一万五〇〇〇台、乗用車貨物用タイヤ三七八万六〇〇〇本、石油製品二六七万トン、食糧四四七万八〇〇〇トン、軍靴一五〇〇万足、石油精製設備六基、他にもモーター、タイヤ製造設備などがあった。

これに加えて英国からの支援物資、総額三億一二〇〇万英ポンド分（一二億四八〇〇万ドル相当）があった。米英両国の支援額は総計で一一九億一八〇〇万ドルになった。これにはカナダからの支援額は含まれていない。[15]

＊原注

1 *Admiral Ambassador to Russia*, 1955.
2 *The Strange Alliance*, 1947.
3 *New York Times*, March 9, 1943.
4 具体的な事例は *Admiral Ambassador to Russia* に詳しい。
5 *New York Times*, June 8, 1943.
6 私（フーバー）が、オフレコで、ハリマンのソビエト批判、スターリン批判を聞いたのはこの三年後のことである。

7 *The Strange Alliance*, 1947.

8 同右、p. 254.

9 同右、p. 295.

10 同右、pp. 319–322.

11 同右、p. 84.

12 同右、p. 89.

13 *The Memoirs of Cordell Hull*, Vol. II, p. 1302.

14 *The Strange Alliance*, p. 20.

15 ヴワディスワフ・アンデルス少将（ポーランド）の著書には次のような記述がある（*Hitler's Defeat in Russia*, p. 225)。

「戦いも終盤になると、ソビエトは工作機械や工業設備をいっそう欲しがるようになった。この要求にはアメリカ国内で反発が出た。ソビエトは戦後（の対立）に備えて軍事力強化を考えていると疑ったのである。また、英米から提供されている軍需品を日本にひそかに売っているのではないかとの疑念もあった。欧米列強がまだ日本と激しい戦いを続けている時であった。横流ししている品目は英国製戦車ではないかと考えられた。疑いが深まっていたにもかかわらず、スターリンは支援を受けるためにはどんな機会も利用して同盟国を騙そうとした。彼の態度は格別驚くべきことではない。そうしなければスターリンはスターリンではなくなってしまうのだ」

著者略歴――――

ハーバート・フーバー *Herbert Hoover*

1874年アイオワ生まれ。スタンフォード大学卒業後、鉱山事業で成功をおさめ、ハーディング大統領、クーリッジ大統領の下で商務長官を歴任、1929年〜1933年米国大統領（第31代）。人道主義者として知られ、母校スタンフォードにフーバー研究所を創設。1964年死去。

編者略歴――――

ジョージ・H・ナッシュ *George H. Nash*

歴史家。ハーバード大学で歴史学博士号取得。2008年リチャード・M・ウィーヴァー賞受賞（学術論文部門）。フーバー研究の第一人者として知られる。著書に“*Herbert Hoover and Stanford University*”他。

訳者略歴――――

渡辺惣樹 わたなべ・そうき

日本近現代史研究家。北米在住。1954年静岡県下田市出身。77年東京大学経済学部卒業。30年にわたり米国・カナダでビジネスに従事。米英史料を広く渉猟し、日本開国以来の日米関係を新たな視点でとらえた著作が高く評価される。著書に『日本開国』『日米衝突の根源 1858-1908』『日米衝突の萌芽 1898-1918』（第22回山本七平賞奨励賞受賞）『朝鮮開国と日清戦争』『アメリカの対日政策を読み解く』など。訳書にマックファーレン『日本 1852』、マックウィリアムス『日米開戦の人種的側面 アメリカの反省 1944』など。

裏切られた自由 （上）

フーバー大統領が語る第二次世界大戦の
隠された歴史とその後遺症

2017年 7 月19日 第 1 刷発行
2024年12月19日 第14刷発行

著　者　ハーバート・フーバー
編　者　ジョージ・H・ナッシュ
訳　者　渡辺惣樹
装幀者　間村俊一
発行者　碇　高明
発行所　株式会社 草思社
〒160-0022　東京都新宿区新宿 1-10-1
電話　営業 03(4580)7676　編集 03(4580)7680
振替　00170-9-23552

本文印刷　株式会社三陽社
付物印刷　中央精版印刷株式会社
製本所　大口製本印刷株式会社

ISBN978-4-7942-2275-6 Printed in Japan　検印省略